제2판

*Introduction to Social Welfare*

# 사회복지학개론

권 승

박영story

# 제2판 머리말_PREFACE

사회복지학개론 초판이 나온 지 어언 3년이 되었다. 그동안 가까운 지인들의 의 례적인 인사말임을 잘 알고 있지만, '군더더기 없이 이해하기 쉽게 쓴 개론서'라거나, '사회복지학 관련 시험 준비에 도움이 될 기본서'라는 등의 초판에 대한 평을 들었을 때는 그간 애쓴 노력을 보상받는 느낌이었다. 하지만 적지 않은 오탈자와 어색한 문 장은 차치하더라도 몇몇 내용상의 오류를 발견했을 때는 쥐구멍이라도 찾고 싶은 심 정이었다. 솔직히 하루라도 빨리 개정판을 준비해야겠다는 생각뿐이었다. 하지만 필 자의 우둔함과 게으름으로 이제야 개정판을 출간하게 되었다. 우선 이 자리를 빌려 부족한 책을 구독해 주신 교수님들과 학생들 및 독자 제현들께 진심으로 송구함과 감 사의 마음을 전한다.

본 개정판은 초판과 구성면에서 달라진 것이 없다. 개정판의 출간목적 자체를 초 판의 오류와 부족한 부분을 수정·보완하는 데 두었기 때문이다. 본 개정판에서는 오 탈자에 대한 교정과 함께 잘못 기술된 부분을 충실히 수정하고, 내용과 설명이 부족 한 부분을 대폭 보강하는 데 주력했다. 개론서에 반드시 담을 필요가 없다고 판단되 는 내용은 과감히 삭제하였다. 특히, 초판 이후 사회복지학 관련 시험에 출제된 내용 중 초판에서 충분히 다루지 못한 내용에 대해서는 개정판에 충실히 반영하고자 노력 했다. 초판에서 제시했던 자료는 가능한 최신 자료로 다시 정리하였다.

하루가 다르게 급변하는 환경에서 사회복지현장 역시 많은 변화를 경험하고 있 다. 특히, 사회복지의 실질적인 구현을 위한 방법과 내용에 대해 다양한 논의가 활발 히 진행되는 상황에서 시간과 지면상의 이유로 본 개정판이 해당 이슈와 관심사를 충 분히 담아내지 못한 점은 아쉬움으로 남는다. 그럼에도 불구하고 본 개정판이 사회복 지학도뿐만 아니라 시험을 준비하는 수험생과 사회복지에 관심을 가진 모든 분들께 조금이나마 여러모로 도움이 되는 사회복지학 개론서가 되기를 바란다.

더 나은 개정판을 위해 따뜻한 마음으로 초판의 문제점을 지적해 주고 대안을 함께 고민해 준 동료 학자분들께 이 자리를 빌려 한 번 더 심심한 감사의 말씀을 드린다. 또한, 초판부터 이번 개정판까지 많은 협조와 지원을 아끼지 않으신 박영사의 안상준 대표님과 박영스토리의 노현 대표님, 조성호 이사님 그리고 조영은 편집자님을 비롯한 모든 직원분들께 진심으로 감사함을 표한다.

존재만으로도 큰 힘이 되어 주는 아내 希, 대견한 아들 塡과 딸 秀! 모두에게 깊은 사랑과 고마움을 전하며...

2024년 1월
저자　권　승

# 머리말_PREFACE

60년 전만 해도 외국의 원조에 의존하며 살아가는 최빈국의 신세였던 우리나라는 '한강의 기적'이라 일컫는 경제성장을 이뤄내며 명목GDP 순위 세계 10위의 국가로 발돋움했다. 하지만 외환위기와 금융위기 극복과정에서 발현된 사회적 양극화의 문제는 우리 사회를 또 다른 어려움으로 내몰고 있다. 실제로 경제위기에 따른 고통이 저학력, 저소득층에 집중되면서 사회적 불평등 구조는 더욱 심화되었고, 비정규직을 비롯한 취약계층의 상대적 박탈감은 더욱 고조되었다. 또한 세계에서도 그 유래를 찾을 수 없는 낮은 출산율과 급속도로 진행되고 있는 고령화는 멀지 않은 미래에 우리 사회의 존폐를 가를 수도 있는 큰 위협요인으로 대두되고 있다. 특히 2020년 현재, 코로나 바이러스 감염증(COVID-19) 사태는 모든 영역의 기존 질서를 무너뜨리며 지구촌 전체를 혼돈의 상황으로 몰아넣고 있다.

이러한 국가적 위기 속에서 그 해결방안을 찾는 일은 결코 녹록한 일이 아니다. 설령 해결방안을 찾았다 해도 그 방안에 대한 국민적 합의를 이루는 일은 훨씬 더 어려운 과업일 수 있다. 그 이유는 개인이 처한 상황뿐 아니라 각자가 옳다고 믿는 가치가 너무나도 다르기 때문이다. 하지만 분명한 것은 복지는 결코 공짜가 아니라는 사실이다. 복지라는 열매를 따 먹기 위해 누군가는 반드시 세금으로 그 값을 치러야 한다. 따라서 증세 없는 복지는 허구다. 그럼에도 불구하고 우리나라 근로자의 약 40%는 근로소득세를 한 푼도 내지 않는 면세자이다. 또한 소득이 투명하게 잡히지 않는 자영업자의 비율은 전체 근로자의 약 25%나 된다. 이러한 상황에서 자신과 가족을 위해 피땀 흘려 번 돈을 세금으로 가져가는 정부를 반기는 납세자는 없을 것이다.

사회복지학을 전공하기 위해 대학에 입학한 학생뿐 아니라 사회복지에 관심을 가진 일반 국민이 처음 접하게 되는 사회복지학 개론서는 매우 중요하다. 그들의 손에 처음 쥐어진 사회복지학 개론서가 사회복지에 대한 그들의 단순한 이해를 넘어 사회복지에 대한 옳은 가치를 심어주는 데에도 큰 영향을 미칠 수 있기 때문이다. 사회복지는 더 이상 진보 진영만의 전유물이 아니며, 그렇게 되어서도 안 된다. 또한 사회복지가 더 이상 경제성장의 종속물이 되어서도 안 된다. 특히 사회복지는 위정자들의 포퓰리즘의 수단이 되어서는 결코 안 된다.

이러한 비판 의식하에 이 책은 저자가 지난 17년간 대학강단에서 '사회복지학개론' 과목을 강의해 오면서 준비한 자료를 바탕으로, 독자들에게 사회복지의 개괄적인 내용을 제공하려는 목적에서 저술되었다. 특별히 저자는 다음과 같은 점들을 염두에 두고 이 책을 집필하였다. 첫째, 사회복지학에 처음 입문하는 독자들을 위해 가능한 이해하기 쉽게 저술하고자 하였다. 사실상 책 내용에 대한 독자의 이해를 방해하는 요소는 다양하다. 내용 자체가 어려워서일 수도 있고, 저자의 글 쓰는 방식에 기인할 수도 있다. 특히 개론서는 해당 학문의 가장 기본적이면서도 광범위한 내용을 포괄할 수밖에 없는데, 지면의 제한으로 인해 많은 내용을 축약하여 서술하는 경우가 대부분이다. 이는 해당 내용에 대한 독자의 이해를 어렵게 하는 중요한 원인이 된다. 이러한 점들을 고려하여 이 책에서는 불필요하게 어려운 용어나 수사적인 글은 가급적 피하고자 하였다. 대신에 반드시 숙지해야 할 내용에 초점을 맞춰 명료하고도 충실한 설명을 제공하는 데 지면을 할애하였다.

둘째, 이 책은 사회복지학 관련 과목을 시험 과목으로 준비하는 수험생을 위한 길잡이의 역할을 할 수 있도록 저술하였다. 물론 사회복지학 관련 각종 시험들이 다루는 전 분야를 한 권의 저서에 깊이 있게 모두 담는 것은 애당초 불가능한 일이다. 하지만 15년 전부터 현재에 이르기까지 각종 공무원 시험의 출제위원을 역임하며 얻게 된 통찰력을 기반으로 수험생이 반드시 숙지해야 할 핵심적인 내용을 빠짐없이 싣고자 노력하였다. 특히 공인된 기관에서 출제되는 시험문제의 경우, 특정 저서 한 곳에서만 다루고 있는 내용은 출제되지 못하며 여러 저서에서 공통으로 다루는 주제를 중심으로 출제되기 때문에 내용의 보편성을 높이는 데 초점을 맞췄다.

# 머리말_PREFACE

셋째, 이 책이 대학에서 사회복지학개론 과목의 강의교재로 사용될 수 있다는 점을 고려하여 집필하였다. 일반적으로 대학교 수업의 한 학기 단위가 16주인데, 오리엔테이션, 중간고사 및 기말고사 기간을 제외하면 실질적인 수업기간은 대략 14주가 된다. 본 개론서는 그 기간에 맞춰 총 14장으로 구성하였다.

이 책의 내용은 4부, 14장으로 구성되어 있다. 제1부 '사회복지기초론'은 1장과 2장으로 구성되어 있으며, 독자들에게 사회복지에 관한 본격적인 설명에 앞서 인간과 사회환경 및 시장과 정부에 대한 내용을 우선적으로 이해하게끔 하였다. 제2부 '사회복지일반론'은 3장에서 7장에 이르는 총 다섯 개의 장으로 구성되어 있다. 사회복지의 개념, 역사, 가치와 윤리, 이념 및 구성 요소 등 사회복지에 관한 가장 기본적인 내용을 수록하였다. 제3부 '사회복지방법론'에서는 사회복지를 수행하는 미시적, 중시적, 거시적 방법인 사회복지실천, 사회복지행정, 사회복지정책에 관한 내용을 8장에서 10장까지 총 세 장에 걸쳐 수록하였다. 마지막 제4부 '사회복지분야론'에서는 사회복지 실천대상을 중심으로 아동복지, 노인복지, 장애인복지, 가족복지 등 4개의 핵심 실천분야를 11장부터 14장까지 총 네 개의 장에 걸쳐 각각 수록하였다.

조금이나마 독자들에게 유익한 사회복지학 개론서를 제공하기 위해 나름대로 고민과 정성을 다했음에도, 저자의 지적 한계로 미흡한 점들이 적지 않음을 고백하지 않을 수 없다. 특히 두 마리 토끼를 잡겠다는 심정으로 강의교재와 수험서의 역할을 모두 할 수 있는 개론서를 집필하려다 보니 내용의 참신성보다는 보편성에 주력할 수밖에 없는 한계가 발생하였다. 또한, 대학의 학기에 맞춰 14개의 장으로 국한하여 집필하려다 보니 주요 영역, 특히 사회복지 실천분야의 많은 영역을 담지 못한 문제도 발생하였다. 부족한 부분들은 향후 깊은 고민을 통해 보완해 나가도록 할 것이다. 독자 제현들의 건설적인 비판과 애정 어린 조언을 진심으로 기대한다. 더불어 이 책이 대한민국의 사회복지에 대해 관심을 갖고 있는 많은 분들에게 작은 지침서의 역할을 할 수 있게 되기를 바란다.

　끝으로 이 책이 나오기까지 많은 협조와 지원을 아끼지 않으신 박영사의 안상준 대표님과 박영스토리의 노현 대표님, 조성호 이사님 그리고 편집을 맡아준 조보나 대리님을 비롯한 관계자분들의 배려와 수고에 진심으로 감사함을 표한다. 특히 이 책이 출간되기까지 늘 그래왔듯이 묵묵히 옆에서 힘이 되어 주고 격려를 보내준 내 편인 듯, 내 편 아닌, 내 편 같은 아내 希, 경도되지 않은 건전한 상식을 가진 시민으로 성장해 준 든든한 아들 塡과 예쁜 딸 秀, 가족 모두에게 사랑과 고마움을 전한다.

2021년 1월
저자　권 승

# 목차_CONTENT

# 목차_CONTENT

# 4부 사회복지분야론

# 목차_CONTENT

MEMO

# 사회복지
# 기초론

"인간은 환경을 창조하고,
환경은 인간을 창조한다."
- 무명 -

"사회적 상호작용은 학습의 기원이자 엔진과도 같다."
- 레프 비고츠키(Lev Semenovich Vygostsky) -

인간은 출생에서부터 죽음에 이르는 전 생애에 걸쳐 다양한 욕구와 문제 및 위험에 직면한다. 사회복지는 이러한 욕구를 충족시키고, 문제와 위험을 예방·해결하기 위한 해당 사회의 총체적인 대응 노력이라 할 수 있다. 따라서 욕구, 문제, 위험은 제도로서의 사회복지를 등장하게 만든 동인이다. 한편, "인간은 본래 정치적 동물(zoon politikon)이다."라고 천명한 아리스토텔레스의 말처럼 인간은 크고 작은 공동체를 이루고 타인들과 끊임없이 관계를 형성하며 살아가는 사회적 존재이다. 인간이 공동생활을 위해 조성한 구성체인 사회는 그 자체의 존속을 위해 주요한 기능들을 수행한다. 그러한 기능들은 복합적인 사회규범 체계라 할 수 있는 다양한 사회제도를 통해 수행되는데, 사회복지도 그러한 사회제도 중의 하나이다. 이 장에서는 인간의 욕구, 문제 및 위험의 개념을 학습하고, 사회의 주된 기능과 그 기능을 수행하는 주요 사회제도에 대해 살펴보고자 한다.

# CHAPTER 01 인간과 사회환경

## 01 | 욕구

### 1) 욕구의 개념

인간은 환경에 의해 영향을 받으며 자신을 환경에 맞춰 적응해 나가는 수동적 존재임과 동시에 환경을 자신에게 맞도록 변화시키는 능동적 주체이다. 이러한 인간을 사회복지는 '환경 속의 인간(person in environment)'이라는 관점으로 이해하면서 인간과 환경의 상호작용에 깊이 주목한다. 즉 사회문제를 해결하기 위한 거시적 접근방법에서뿐만 아니라 개인이 겪는 개별적 문제의 해결을 위한 미시적 접근방법에서도 개인을 둘러싼 환경의 영향에 주목하며, 인간과 환경 간의 관계에서 해결의 실마리를 찾고자 노력한다.

인간을 포함한 모든 유기체는 외부환경과 끊임없이 상호작용한다. 외부 환경과의 상호작용 과정에서 인간은 자신의 내적인 균형상태가 끊임없이 파괴됨과 동시에 균형상태를 다시 회복하려는 노력을 반복한다. 예를 들어 외부의 온도가 올라가면 인간의 내적인 균형상태(체온 36.5℃)가 파괴되는데, 인간은 균형상태를 다시 회복하기 위해 옷을 벗거나 선풍기나 에어컨을 작동시킨다. 반대로 외부 온도가 내려가면 옷을 껴입거나 난방을 통해 내적인 균형상태를 유지하고자 한다. 이러한 과정을 통해 유지되는 균형상태를 미국의 생리학자 캐넌(Walter Bradford Cannon)은 '호메오스타시스(homeostasis)', 즉 '항상성'이라고 명명하였다. 결국 인간을 포함한 유기체는 생존을 위해 호메오스타시스를 유지해야만 하는데, 이를 위해서는 외부 환경으로부터 적절한 양의 산소, 수분, 기타 영양소의 섭취는 물론 체온을 보존하고 정신적·정서적 안정상태를 유지하며 원활한 신진대사를 해야만 한다.

결국 욕구(needs)는 호메오스타시스(균형상태)로부터의 이탈로 인해 유기체의 안정성이 깨져 발생하며, 균형상태를 회복하기 위해 무엇인가를 필요로 하는 것이라 정의할 수 있다. 또한, 욕구란 필요한 어떤 조건이나 대상을 확보하지 못해 야기된 결핍 상태를 충족하기 위해 무엇인가를 필요로 하거나 원하는 상태를 의미한다(Plant, Lesser & Taylor-Gooby, 1980).

인간은 이러한 욕구를 스스로 충족하고자 부단히 노력한다. 하지만 그것이 여의치 않을 경우에는 외부의 도움이 필요한데, 이러한 외부의 도움을 제도화한 것이 결국 사회복지라 할 수 있다(남세진·조흥식, 1995). 하지만 사회복지가 인간의 모든 욕구를 충족시키기 위해 작동하는 것은 아니다. 사회복지는 우선적으로 인간의 생존을 위해 필수적인 기본욕구를 충족하거나 생활 수준을 최저기준 이상으로 끌어올리는 데 관심을 둔다(Richards & Thomson, 1984). 여기서 기본욕구(basic needs)란 모든 사람에게 공통으로 존재하면서, 반드시 채워져야 하는 최소한의 욕구를 의미한다. 즉 기본욕구는 성, 연령, 학력, 사회경제적 지위와 관계없이 모든 인간이 공통으로 가지고 있는 욕구이며, 인간의 삶을 유지하기 위해 필수적으로 충족되어야 하는 욕구이고, 최소한의 인간적인 생활 수준을 영위하고자 하는 욕구를 의미한다(현외성 외, 2000). 이러한 기본욕구는 고정된 불변의 것이 아니라 시간과 장소, 해당 사회의 사회경제적 수준과 지향하는 이념 등에 따라 욕구의 내용과 수준이 다르게 결정되는 변동성을 가진다.

## 2) 욕구의 분류

### (1) 마슬로우의 욕구 분류

마슬로우(Abraham Maslow)는 그의 초기 연구(1954)에서 인간의 욕구는 그 중요도에 따라 낮은 수준의 욕구에서 높은 수준의 욕구로 일련의 계층을 구성한다는 '욕구위계이론(욕구위계론: Hierarchy of Needs Theory)'을 주장하였다. 욕구위계이론에 따르면, 가장 하위수준에 해당하는 욕구의 강도가 가장 강하고 최상위 수준에 해당되는 욕구의 강도가 가장 약하다. 특히 하위수준의 욕구가 일정 수준 충족되지 않으면 상위수준의 욕구는 발생하지 않는다.

5단계 욕구위계이론

마슬로우는 <그림 1-1>에서 볼 수 있는 바와 같이 욕구를 단계별로 생리적 욕구, 안전의 욕구, 사랑(애정) 및 소속의 욕구, 존중의 욕구, 자아실현의 욕구 등 다섯 가지로 분류하였다. 최하위 단계의 생리적 욕구(physiological needs)는 신체적 균형을 유지하는 데 필요한 욕구로 식욕, 수면욕, 성욕 등의 가장 기본적이고 본능적인 생물학적 욕구를 말한다. 두 번째 단계인 안전의 욕구(safety needs)는 신체적, 정서적 위협으로부터 자신을 보호하고 평안을 보장받고자 하는 욕구이다. 세 번째 단계의 사랑 및 소속의 욕구(love & belonging needs)는 사회적 욕구로도 일컬어지는데, 우정, 친밀함, 수용 등 타인과 애정 관계를 형성하고 준거집단에 소속되고자 하는 욕구를 의미한다. 네 번째 단계는 존중의 욕구(esteem needs)로, 존경의 욕구로도 일컬어진다. 존중의 욕구는 두 종류로 구분되는데, 하나는 자존감, 성취감, 독립심 등 '자신에 대한 존중(esteem for oneself)'의 욕구이며, 또 다른 하나는 지위, 위신, 명망 등 '타인으로부터 인정과 존경(respect from others)'을 받고자 하는 욕구이다. 마지막 최상위의 다섯 번째 단계는 자아실현의 욕구(self-actualization needs)이다. 이는 자신의 성장과 발전을 위하여 잠재력을 극대화하고 자신의 완성을 추구하는 욕구를 의미한다.

### 결핍욕구와 성장욕구

마슬로우는 5단계 욕구위계이론에서 제시한 다섯 가지의 욕구를 <그림 1-1>에서와 같이 다시 결핍욕구와 성장욕구로 구분하였다.

결핍욕구(deficiency needs: D-needs)는 필요로 하는 것의 부족으로부터 발생하는데, 최하위의 생리적 욕구부터 네 번째 단계인 존중의 욕구까지 해당한다. 결핍욕구는 일단 충족되면 다시 결핍될 때까지는 더 이상의 욕구가 발생하지 않는다. 또한, 결핍욕구는 충족되지 않는 기간이 길어질수록 그 욕구의 강도가 더 강해진다.

성장욕구(growth needs)는 존재욕구(being needs: B-needs) 또는 메타욕구(meta needs)로도 일컬어지는데, 마슬로우는 최종 단계의 욕구인 자아실현 욕구를 성장욕구로 분류하였다. 성장욕구는 인간으로서 성장하고 발전하고자 하는 열망으로부터 발생한다. 이러한 성장욕구는 결핍욕구와는 달리 충족된 이후에도 지속적으로 욕구가 발생하며 심지어 더 강해지기도 한다.

▎그림 1-1   마슬로우의 욕구 위계(5단계)

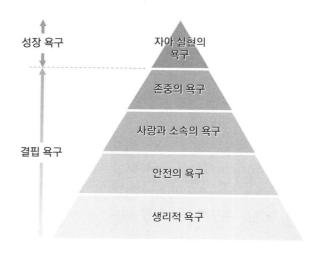

마슬로우의 욕구위계이론은 가장 널리 알려진 동기이론의 하나로 이후에 등장한 동기이론들의 이론적 기반을 제공하였다. 하지만 욕구위계이론은 첫째, 욕구의 계층은 고정되어 있지 않고, 각 단계가 명확히 구분되지도 않으며, 둘째, 인간의 행동은 단일 욕구가 아닌 복합적 욕구에 의하여 동기가 부여될 수 있고, 셋째, 어떠한 욕구가 모든 사람에게 반드시 동일한 반응을 일으키는 것은 아니며, 넷째, 반드시 하위 단계의 욕구가 어느 정도 충족되어야 상위 단계의 욕구가 나타나는 것은 아니라는 점에서 비판받는다.

### 8단계 욕구위계이론

마슬로우는 후속 연구를 통해 기존의 5단계 욕구 외에 <그림 1−2>에서 볼 수 있는 바와 같이 인지적 욕구와 심미적 욕구(Maslow, 1970a) 및 초월 욕구를 추가하여 (Maslow, 1970b) 소위 욕구위계이론 8단계를 제시하였다.

우선 인지적 욕구(cognitive needs)는 지식에 대한 호기심과 탐구 욕구를 의미하는 것으로, 욕구위계이론 8단계에서 존중의 욕구 다음인 다섯 번째 단계에 위치한다.

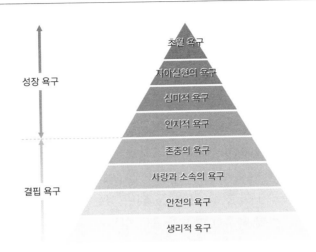

다음으로 심미적 욕구(aesthetic needs)는 미학적 욕구로도 지칭되는데, 자연과 예술에서 조화와 미적 감각 그리고 내적인 아름다움을 추구하는 욕구이다. 심미적 욕구는 욕구위계이론 8단계에서 인지적 욕구 다음 단계인 여섯 번째 단계에 위치한다.

욕구위계이론 5단계에서 최상위 욕구였던 자아실현 욕구는 욕구위계이론 8단계에서 인지적 욕구와 심미적 욕구보다 상위인 일곱 번째 단계에 위치한다(Maslow, 1970a).

마지막으로 초월 욕구(transcendence needs)는 자아초월 욕구로도 일컬어지는데, 자아실현의 욕구보다 상위에 위치하는 여덟 번째 단계의 최상위 욕구이다. 이는 자신의 완성을 넘어 타인과 세계에 기여하고자 하는 욕구를 의미한다.

이들 인지적 욕구, 심미적 욕구, 자아실현의 욕구 및 초월 욕구는 모두 성장욕구에 해당한다.

한편, 마슬로우는 후속 연구를 통해 욕구의 위계는 엄격하고 불변하는 것이 아니며, 외적 환경이나 개인별 차이에 따라 변화할 수 있음을 인정했다. 또한, 대부분의 인간의 행동은 하나의 욕구가 아니라 다양한 욕구에 의해 동기가 부여된다고 주장하면서 자신의 초기 입장에서 변화된 모습을 보였다(Maslow, 1970a).

## (2) 알더퍼의 욕구 분류

알더퍼(Alderfer, 1969)는 마슬로우의 욕구위계이론을 발전시켜 인간의 욕구를 존재욕구(Existence needs: E), 관계욕구(Relatedness needs: R), 성장욕구(Growth needs: G) 등 3종류로 구분하고, 'ERG 이론'을 제시하였다.

첫째, 존재욕구는 모든 유형의 물질적, 생리적 욕구를 의미하는데, 배고픔, 갈증 등과 같은 기본적 욕구뿐만 아니라 봉급, 부가급여, 작업환경 등에 대한 욕구도 포함한다. 이러한 존재욕구는 <그림 1-3>에서 보는 바와 같이 마슬로우의 첫 번째 단계의 생리적 욕구와 두 번째 단계의 안전의 욕구 일부에 해당한다.

둘째, 관계욕구는 가족, 친구, 동료 등 의미 있는 사람들과의 관계형성에 대한 욕구로, 마슬로우의 두 번째 욕구인 안전의 욕구 일부와 세 번째 단계인 사랑과 소속감의 욕구, 그리고 네 번째 단계인 존중의 욕구 중 타인으로부터 존경받고자 하는 욕구에 해당한다고 할 수 있다.

셋째, 성장욕구는 개인의 창조적이고 생산적인 성장, 잠재력의 극대화 등과 관련된 욕구로, 마슬로우의 존중의 욕구 중 자신에 대한 존중의 욕구와 자아실현의 욕구에 해당한다.

❚그림 1-3  욕구위계이론과 ERG 이론 비교

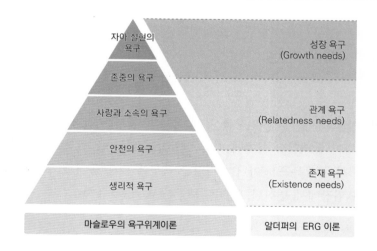

알더퍼의 ERG 이론은 하위 욕구가 충족될수록 상위 욕구에 대한 바람이 커진다는 점에서 마슬로우의 이론과 유사점이 있다. 하지만 ERG 이론은 하위 욕구가 반드시 일정 수준 충족되어야 상위 욕구로 진행한다는 마슬로우의 주장을 정면으로 반박한다. 특히 알더퍼는 '좌절-퇴행(frustration-regression)' 메커니즘을 제시하면서 상위 욕구가 충족되지 않을 경우, 오히려 하위 욕구에 대한 중요성과 바라는 바가 커진다고 주장하였다. 또한, 마슬로우의 초기 주장과 달리 인간의 행동은 한 가지 이상의 복합적인 욕구들의 작용으로 나타난다는 사실을 강조하였다.

이러한 측면에서 ERG 이론은 욕구에 기초한 인간의 행위를 설명하는 데 있어 여타의 동기부여 이론보다 탄력적이며 타당한 측면이 있다는 평가를 받는다. 하지만 알더퍼의 좌절-퇴행 메커니즘에 대한 다른 학자들의 후속 연구는 일관된 결과를 보여주지 못하는 한계를 가진다(Wanous & Zwany, 1987).

📖 REFERENCE 1-1　　허즈버그의 동기-위생이론

'2요인 이론(Two-Factor Theory)'으로 일컬어지기도 하는 허즈버그(Frederick Herzberg)의 '동기-위생이론(motivator-hygiene theory)'은 마슬로우의 욕구위계이론, 알더퍼의 ERG 이론과 함께 대표적인 동기이론으로 꼽힌다. 대부분의 동기이론이 '만족(satisfaction)'과 '불만족(dissatisfaction)'을 동일선상에 있는 개념으로 간주하는 것과 달리 동기-위생이론에서는 두 개념을 독립적인 차원으로 보고 있다는 중요한 차이가 있다. 다시 말해, 허즈버그는 '직무 만족(job satisfaction)'의 반대 개념은 '직무 불만족(job dissatisfaction)'이 아니라 '직무 만족이 되지 않은 상태(NO job satisfaction)'이며, '직무 불만족(job dissatisfaction)'의 반대 개념은 '직무 만족(job satisfaction)'이 아니라 '직무 불만족이 발생하지 않은 상태(NO job dissatisfaction)'라고 주장한다.

동기-위생이론에서 제시되고 있는 2 요인, 즉 동기요인과 위생요인 중 동기요인(motivators, motivating factors)은 성취감, 인정, 일 자체, 책임감, 발전, 성장 등과 같은 개인적 성장 또는 잠재력의 실현과 관련된 요인을 의미한다. 이러한 동기요인이 충족되

면 직무 만족으로 이어지기 때문에 동기요인을 '만족요인(satisfier)'이라고 일컫기도 한다.

반면에 위생요인(hygiene factors)은 회사규정, 관리감독, 상사와 동료와의 관계, 작업조건, 임금, 지위, 직업 안정성 등 불안이나 고통을 피하려는 욕구와 관련된 요인이다. 이러한 위생요인이 충족되지 않으면 직무 불만족으로 이어지기 때문에 위생요인을 '불만요인(dissatisfier)'이라고도 일컫는다.

동기-위생이론은 위생요인의 충족은 단지 직무 불만족 요인을 제거하는 것일 뿐 직무 만족과는 관계가 없으며, 직무 만족에 긍정적인 영향을 주기 위해서는 결국 동기요인을 강화해야 한다고 주장한다(Herzberg, 1968). 예를 들어 불편한 작업환경을 개선하는 것으로는 직무수행을 위한 동기부여가 되지 않는다. 그 이유는 작업환경은 위생요인이어서 설령 충족되어도 직무 만족을 발생시키거나 직무성과의 향상으로 이어지지 않기 때문이다. 반면에 직무 성취감이나 책임감 등과 같은 동기요인이 충족되면 직무 만족을 느끼게 되어 직무성과의 향상으로 이어지게 된다(손영우, 2014). 결국 허즈버그는 조직의 직무성과를 향상하기 위해서는 동기요인이 충족되어야 한다고 주장하였다.

## (3) 브래드쇼의 욕구 분류

브래드쇼(Bradshaw, 1972)는 사회서비스의 중요한 문제 중의 하나로 사회적 욕구를 정의하는 방법을 들면서, 사회적 욕구를 욕구 인식 기준에 따라 '규범적 욕구', '감지적 욕구', '표현적 욕구', '비교적 욕구' 등 네 가지로 구분하였다.

첫째, 규범적 욕구(normative need)는 해당 분야의 전문가가 어떠한 주어진 상황을 바람직하지 못한 상황에 해당한다고 규정한 욕구이다. 다시 말해, 전문가가 일정 수준 이상을 '바람직한 수준(desirable standard)'이라 규정하고 개인이나 집단의 처한 상황이 그 수준에 못 미칠 경우, 그들을 욕구가 있는 상태로 판단하는 것이다. 일반적으로 공공부조 수급자의 선정 기준이 되는 최저생계비를 비롯하여 장애 정도, 정상 영양 수준 등은 규범적 욕구를 결정하는 기준이 된다. 하지만 규범적 욕구라 할지라도 절대적인 것은 되지 못하는데, 실제로 지식의 발전이나 사회의 가치 변화 및 기준을 정하는 자의 전문성, 지식, 경험 등에 따라 크게 영향을 받고 변화한다.

둘째, 감지적 욕구(felt need)란 욕구상태에 있는 개인이나 집단의 느낌에 의해 인식되는 욕구를 말한다. 즉 개인이나 집단의 주관적 지각에 따른 욕구라고 할 수 있다. 일반적으로 감지적 욕구는 전화, 우편조사 등을 통해 그러한 욕구가 있는지를 당사자에게 질문하여 측정한다. 이러한 감지적 욕구는 대상자의 인식 정도에 따라 달라지기 때문에 보편적으로 수용할 수 있는 욕구 상태 여부를 파악하는 데는 적절하지 않다고 할 수 있다.

셋째, 표현적 욕구(expressed need)란 욕구충족의 추구행위를 통해 외부로 표출된 욕구를 뜻한다. 즉 표현적 욕구는 자신의 욕구를 충족하기 위해 실제 행동으로 표출한 욕구라고 할 수 있다. 따라서 특정 사회복지서비스를 받을 필요성을 느끼고, 받을 자격을 갖추었더라도 해당 서비스를 받기 위한 신청을 하지 않는다면, 감지적 욕구와 규범적 욕구는 있으나 표현적 욕구는 없는 것이다.

넷째, 비교적 욕구(comparative need)란 현재 욕구가 있는 사람과 비교하여 규정되는 욕구를 의미한다. 즉 사회복지 수급자와 비교하여 동일한 조건에 처해 있다고 판단되는 사람을 욕구상태에 있는 것으로 규정하는 것이 그 예라 할 수 있다. 이러한 비교적 욕구는 당사자의 실질적인 욕구를 측정하는 것이 아니기 때문에 제공되는 서비스의 수준이 욕구충족의 수준과 일치하지 못하는 경우가 적지 않다는 문제가 있다.

## 02 | 문제

### 1) 문제의 개념

문제(problems)의 사전적 정의는 해결하기 어렵거나 대처하기 곤란한 일을 뜻하는데, 사회복지학에서는 일반적으로 사람에게 해결욕구를 유발시키는 불만족스러운 상태 또는 조건으로 정의된다(Anderson, 1975). 다시 말해, 문제는 인간의 욕구충족을 가로막는 조건이나 상황을 지칭하기도 하며, 때로는 욕구가 충족되지 않은 상태, 그 자체로 해석되기도 한다. 이처럼 문제는 욕구와 밀접한 연관성을 갖는다.

한편, 문제는 직면하는 상황에 대한 인간의 문제인식에 의해 결정된다고 할 수 있다. 즉 비록 처한 상황이 열악할지라도 당사자가 그것을 전혀 불만족스럽게 여기지 않는다면 그 상황은 문제로 인식되지 않는다. 또한, 그 상황을 불만족스럽게 느낄지라도 한 개인 또는 소수의 사람에게만 적용되는 것이라면, 그 상황은 개인적 문제로 간주될 뿐 사회문제로 전환되지 않는다. 더욱이 다수가 불만족스럽게 느끼는 상황일지라도 그것을 해결하고자 하는 욕구가 없다면 그 또한 문제화되지 않는다. 따라서 문제는 불만족스러운 상황이 다수의 사람에게 문제로 인식되고 해결의 욕구가 유발될 때 비로소

사회문제로 발현될 기본적인 조건을 갖추게 된다.

## 2) 문제의 종류

### (1) 개인문제

미국의 가장 영향력 있는 급진주의 사회이론가로 꼽히는 밀즈(C. Wright Mills)는 문제를 '개인문제(private troubles)'와 '공공이슈(public issue: 공공문제)'로 구분하였다. 개인문제는 개인이 소중히 여기는 가치가 위협받고 있음을 스스로가 느끼는 것을 의미한다. 개인문제는 일반적으로 문제를 안고 있는 당사자의 고유한 내재적 특성이나 제한된 사회생활에서 당사자가 교류하는 사람과의 관계로부터 발생한다. 따라서 개인문제를 이해하고 해결하기 위해서는 개인의 생애 경험과 자신에게 직접적인 영향을 미치는 환경에 주목하여야 한다(Mills, 1959; Mills, 1967). 개인문제가 사회 구성원 대다수에게 공통적으로 나타날 때, 그 개인문제는 사회문제로 전환될 수 있는 최소한의 조건을 갖추게 된다.

### (2) 사회문제

#### ① 사회문제의 정의 및 특성

밀즈(Mills, 1967)는 공공 이슈(public issues)를 개인이 속한 지엽적인 환경이나 제한된 삶의 영역을 초월하여 사회의 제도 등과 관련한 문제로 규정하였다. 결국 밀즈에게 있어 공공 이슈는 사회문제를 뜻하는 개념이며, 사회문제는 대중이 소중히 여기는 가치가 위협받는 공공의 문제를 의미한다. 호튼과 레슬리(Horton & Leslie, 1981)는 사회문제를 사회의 많은 구성원에게 부정적인 영향을 미치며, 집단행동을 통해 어떠한 조치가 취해져야만 하는 바람직하지 않은 조건과 상황이라고 정의하였다. 특히 쿠란과 렌제띠(Curran & Renzetti, 1993)는 사회문제를 사회적으로 중요한 위치에 있는 인물들이 사회에 해가 되거나 바람직하지 않다고 생각하는 조건이라고 주장하면서 사회문제 규정에 있어 정책결정자들의 인식과 역할을 중요시하였다. 또한, 설리번(Sullivan, 2000)은 사회문제를 사회적으로 영향력 있는 집단이 자신들의 가치를 위협하고 있다고 생각하며, 많은 사람에게 부정적인 영향을 미치고, 집단행동을 통해 해결 가능하다고 생각하는 조건으로 정의하고 있다.

결국, 특정 현상(상황)을 사회문제로 규정하기 위한 조건으로는 첫째, 해당 현상이 사회적 가치(또는 규범)에서 벗어나고, 둘째, 해당 현상이 상당수의 사회 구성원에게 부정적인 영향을 미치며, 셋째, 해당 현상의 원인이 개인의 결함이 아닌 사회구조적인 문제에 기인하고, 넷째, 다수의 사회 구성원이나 영향력 있는 사람들이 해당 현상을 문제로 인식하고 있으며, 다섯째, 사회가 해당 현상의 개선을 원하고 있고, 여섯째, 해당 현상의 개선을 위하여 집단적인 사회적 행동이 요청되며, 일곱째, 집단행동을 통해 해당 현상의 해결이 가능해야 한다(Rubington & Weinberg, 1981).

이러한 조건들은 결국 사회문제의 특성이라고도 볼 수 있는데, 이러한 특성 가운데 두 번째의 특성, 즉 사회문제가 상당수의 사회 구성원에게 부정적인 영향을 미치는 속성을 '보편성(universality)'이라 하며, 세 번째의 특성, 즉 사회문제의 원인이 개인의 결함이 아닌 사회구조적인 문제로 야기되는 속성을 '사회성(sociality)'이라 한다.

② 사회문제의 접근방식

아이트젠과 그의 동료들(Eitzen, et. al., 2009)은 사회문제가 발생하는 원인에 대해 접근하는 방식을 크게 '개인 비난 접근법(person-blame approach)'과 '체계 비난 접근법(system-blame approach)'으로 구분하였다.

개인 비난 접근법

개인 비난 접근법에 따르면 인간사회에는 보편적인 규범이 존재하는데, 사회문제란 이러한 보편적 규범으로부터 일탈한 행위를 의미한다. 특히, 일탈을 범한 자들은 개인적 장애, 성격적 결함, 사회 부적응 등으로 인해 규범을 어긴다고 본다. 결국 개인 비난 접근법은 빈곤, 실업, 범죄 등 사회문제의 원인을 게으름, 무지, 부적응 등 개인의 결함에서 찾으면서, 사회문제로 고통받는 자들을 병리적이고 문제가 있는 존재로 인식하는 관점이다.

이러한 개인 비난 접근법은 사회체계의 불평등과 불공정으로 인해 발생하는 문제를 도외시하고 기존 사회제도의 문제점과 부조리에 대해 정당성과 면죄부를 부여함으로써 부적절한 사회체계를 변화하려는 시도를 어렵게 만드는 한계가 있다. 또한, 개인 비난 접근법은 문제를 겪는 개인들에 대한 그릇된 고정관념(예를 들면, 가난한 사람들은 나태하고 책임감이 없다)을 강화한다는 측면도 비판을 받는다. 개인 비난 접근법을 옹호하는 이론으로는 '빈곤문화론'[1], '사회(적) 다윈주의(social Darwinism)'[2] 등이 있다.

### 체계 비난 접근법

체계 비난 접근법은 사회문제가 개인의 결함 때문이 아니라 사회구조의 문제로 인해 발생한다고 인식하는 관점이다. 다시 말해, 불공정한 소득분배, 미비한 사회보장제도, 불평등한 사법체계 등으로 인해 빈곤, 실업, 범죄 등의 사회문제가 발생한다는 것이다.

체계 비난 접근법을 옹호하는 자들은 사회문제를 이해하기 위해서는 사회의 권력 분배를 이해해야 한다고 주장한다. 즉 빈곤의 이유는 개인이 나태해서가 아니라 권력을 갖지 못한 빈민의 욕구를 충족시킬 수 있는 사회제도의 부재 및 결함으로부터 비롯되기에 이를 개선해야 문제가 해결된다는 것이다. 하지만 사회도 결국 인간이 만든 체계이며 개인들의 상호작용의 결과물이므로 사회문제를 사회구조의 문제로만 인식하려는 체계 비난 접근법 또한 분명한 한계를 지닌다.

**REFERENCE 1-2**　　빈곤 문화론

빈곤문화론(the theory of the culture of poverty)은 1958년 인류학자인 오스카 루이스(Oscar Lewis)의 멕시코 빈민에 대한 연구를 통해 크게 알려졌다. 빈곤문화론은 빈민들이 해당 사회의 지배계층이 누리는 문화와는 질적으로 다른 하위문화를 이루며 살아간다고 주장한다. 따라서 빈민들의 태도, 가치, 행동 등은 지배문화를 누리는 사람들과는 본질적으로 다르며, 이러한 행태는 사회화 과정을 통해 세대 간 세습된다는 것이다. 결국 빈곤문화란 계층화된 자본주의 사회에서 주변적 위치에 머물러 있는 빈민들의 절망과 무력감을 반영하는 삶의 적응 방식이라 할 수 있다.

빈곤문화는 다음과 같은 독특한 특징을 지닌다. 첫째, 개인의 태도, 성격, 가치 등과

---

1) 빈곤문화론에 대한 자세한 설명은 1장의 [REFERENCE 1-2]를 참고하시오.
2) 사회 다윈주의에 대한 자세한 설명은 4장의 [REFERENCE 4-3]을 참고하시오.

관련하여, 빈곤문화에서 성장한 개인들은 운명주의, 무력감, 열등감, 미래가 아닌 강한 현재 지향성, 남성 우월주의(남성다움에 대한 숭배), 병리현상에 대한 높은 관용, 역사의식과 계급의식의 부재 등의 특성을 갖는다. 둘째, 가족 특성과 관련하여, 결혼생활의 불안정으로 인한 모계 중심 사회, 조기 성경험, 높은 사망률 등의 특성을 나타낸다. 셋째, 거주 지역의 특성과 관련하여, 열악한 주거 상태, 과밀한 집단거주, 사생활 보장 부재, 아동학대 등의 특성을 갖는다. 넷째, 일반 사회로부터의 소외와 관련하여, 만성적인 실업, 차별, 공포, 의심, 경찰에 대한 적대감, 정부와 관료에 대한 불신, 교회에 대한 냉소주의 등의 특성을 보인다.

빈곤문화에 관한 논의는 보수주의적 관점과 자유주의적 관점으로 양분되어 진행되어 왔다. 보수주의적 관점은 빈민들이 무기력, 무희망, 노동 동기 부족 등 그들의 세습되는 빈곤문화로 인해 계속 빈곤할 수밖에 없으며, 결국 빈곤의 책임은 빈민 자신들에게 있다고 본다. 국내의 빈곤문화에 대한 이해는 이러한 보수주의적 관점을 그대로 반영하여 빈곤문화론을 개인 비난 접근법을 옹호하는 이론으로 간주해 왔다.

반면, 자유주의적 관점은 빈곤의 원인을 기회의 부족, 즉 교육, 취업 등의 결여와 같은 사회구조적인 원인에서 비롯된다고 주장한다. 실제로 오스카 루이스는 모든 빈민 지역에서 빈곤문화가 나타나는 것은 아니며, 특정 지역의 빈민 집단에서 나타나는 독특한 생활양식임을 강조하면서, 빈곤문화의 원인으로 사회구조적인 측면을 경시해서는 안 된다고 지적하였다(박윤영, 1998).

---

**REFERENCE 1-3**   예외주의와 보편주의

라이언(Ryan, 1971)은 사회문제의 해결을 위한 접근방식으로 예외주의와 보편주의를 제시하였다.

우선, 예외주의(exceptionalism)는 사회문제를 개인과 가족에 영향을 미치는 예견할 수 없고 통제할 수 없는 상황의 결과로 간주한다. 다시 말해, 사회문제는 특정한 범주에 속하는 개인의 결함이나 사고로 다분히 예외적이고 예측할 수 없는 방식으로 발생한다는 것이다. 따라서 이를 해결하기 위한 방식은 개별적인 접근방법이어야 한다고 본다.

반면, 보편주의(universalism)는 사회문제를 특정 계층의 사람들만이 아니라 모든 사람에게 발생할 수 있는 현상으로 본다. 또한, 사회문제란 매우 불완전하고 불공평한 사회

체계의 속성으로부터 발생하는 것으로 인식한다. 따라서 문제를 겪고 있는 사람들을 결함이 있거나 비정상적인 존재로 간주하지 않는다. 특히 보편주의는 사회문제를 예견할 수 있으며 공공의 노력으로 예방할 수 있다고 본다.

## 03 위험

### 1) 위험의 개념

위험(risk)은 현대사회의 중요한 특징과 변화를 설명하는 데 빠질 수 없는 핵심적인 요소 중의 하나이다. 현대사회를 '위험사회'로 규정한 울리히 벡(Ulrich Beck)은 위험이란 "우리를 위협하는 발생할 가능성이 있는 미래의 사건"이라고 정의한다(Beck, 1992). 즉 위험은 자연재해, 전쟁, 질병, 범죄, 실업, 안전사고, 지구 온난화 등 인간이 전 생애를 통해 겪을 수 있는 삶에 위협이 되는 모든 위기 상황을 의미한다고 할 수 있다.

특히 사회복지 분야에서 위험은 복지국가의 대응이 필요한 사회적 위험의 개념으로 더욱 조명을 받고 있다. 사실상 한 국가의 복지 성패는 구성원의 욕구를 충족시키는 능력과 그들의 복지를 위협하는 위험을 얼마나 잘 관리할 수 있는지에 달려있다(Neubourg & Weigand, 2000a). 따라서 복지국가를 지향하는 모든 국가에서는 이러한 위험에 대한 대응방안을 적절히 마련하는 것이 핵심적인 과제라고 할 수 있다.

구사회적 위험

산업화 이전의 전통사회에서 사회적 위험이란 주로 전쟁이나 홍수, 가뭄, 지진 등의 자연재해를 의미하였다. 그러나 노동력을 상품화하여 생계를 꾸려가는 초기 산업사회에서는 질병, 장애, 노령, 실업, 산업재해 등과 같이 사회 구성원의 소득감소를 필연적으로 가져와 빈곤을 발생시키는 요인들이 사회적 위험으로 간주되었다. 물론 빈곤은 어느 시대, 어느 사회에서나 존재하는 위험이다. 하지만 산업화는 핵가족화를 촉발시켜 가족, 친지 등의 전통적이고 비공식적인 위험대처 기제를 붕괴시켰고, 농경사회에서는 존재하지 않았던 실직, 퇴직, 산업재해 등의 근대적 고용과 관련된 새로운 형태의 위험을 창출시킴으로써 위험의 논의에 있어 중요한 변화를 가져왔다(Holzmann & Jørgensen, 2000).

1880년대 독일에서 사회보험이 도입된 이후, 1970년대 말 후기산업사회가 도래하기 이전까지 서구에서 확립되어 발전해 온 전통적인 복지국가는 실제로 산업화에 따른 근대적 고용과 관련된 사회적 위험에 대처하기 위한 각국의 대응기제라 할 수 있다. 복지국가의 황금기라 일컫는 1950년대와 1960년대에는 미국을 비롯한 서구의 가정은 대부분 남성이 직장에서 임금노동을 하며 생계를 책임지고, 여성은 가정에서 가사와 자녀양육을 담당하는 핵가족 형태를 이루고 있었다. 또한, 당시는 소위 자본주의의 황금기라 불릴 만큼 세계 자본주의 역사에서 가장 지속적이고 수익성 있는 경제성장의 시기였기에 일할 의사가 있는 남성은 쉽게 취업할 수 있었다. 이들의 고용은 매우 안정적이었으며 특별한 문제가 없는 한 처음 들어간 직장에서 은퇴할 때까지 일할 수 있었다. 특히 이들이 받는 급료의 수준은 한 가족이 중산층의 삶을 살아갈 수 있을 만큼 충분히 높았다. 이러한 가족이 빈곤의 위험에 처하게 되는 경우는 근로자인 아버지(남편)가 질병이나 산업재해 등으로 노동력을 상실하거나 노령으로 인해 은퇴하여 노동시장에서 더 이상 소득을 올릴 수 없는 때에 국한되었다. 이러한 문제에 대응하기 위해 서구의 대다수 국가는 공적연금, 의료보험, 산재보험, 고용보험 등과 같은 사회보장제도와 다양한 복지프로그램을 확대하면서 고전적 복지국가체제를 구축해 왔다.

이와 같이 초기 산업사회에서 필연적으로 빈곤을 발생시키는 질병, 장애, 노령, 실업, 산업재해 등과 같은 위험을 구사회적 위험(old social risks) 또는 전통적인 사회적 위험이라 일컫는다.

신사회적 위험

1970년대 말부터 서구사회는 초기산업사회와 질적으로 다른 새로운 유형의 사회 형태로 이행해 가기 시작하였는데, 이러한 새로운 사회 형태를 후기산업사회라 일컫는다. 후기산업사회는 제조업의 침체 및 서비스 경제의 확대 등으로 대변되는 탈산업화와 신자유주의[3]사상에 따른 경제사회적 변화를 특징으로 한다.

후기산업사회의 특징은 과거와는 다른 새로운 위험들을 태동시켰다(이주하, 2016). 즉 제조업의 쇠퇴로 안정적인 대규모 고용이 더 이상 불가능해졌으며, 경제성장률 하락과 노동시장의 유연화[4] 등으로 인해 미숙련 노동자들의 고용불안정은 가중되었고, 비

---

3) 신자유주의란 20세기 후반 대두된 정치, 경제, 사상적 조류를 뜻하는 용어로, 정부의 시장개입을 비판하고 시장의 기능과 민간의 자유로운 활동을 중시하며 개방화, 자유화, 민영화, 탈규제 등을 특징으로 하는 사상이다.
4) 노동시장 유연성 혹은 노동 유연성이란 기업이 노동의 투입량, 즉 인력을 얼마나 쉽게 늘리거나 줄일 수

정규직과 근로빈곤층은 확대되었다. 특히 여성의 고학력화와 경제활동 증가는 성별분업에 기반을 둔 가정 내 여성의 무임금 가사노동 및 돌봄노동을 더 이상 지속가능하지 않게 만들었다(EU 2000a; Daly, 2000). 이러한 일련의 변화로 인해 후기산업사회에서는 초기산업사회에서 볼 수 없었던 불안정 고용, 장기 실업, 근로 빈곤, 일·가정 양립 불가 등 새로운 형태의 사회적 위험이 대두되었는데, 이를 신사회적 위험(new social risks)이라 일컫는다(Bonoli, 2006).

---

### 📖 REFERENCE 1-4  근로장려세제와 근로장려금

열심히 일을 해도 소득이 낮아 빈곤을 벗어나지 못하는 계층을 근로빈곤층(working poor)이라 한다. 근로장려세제(Earned Income Tax Credit)는 일종의 부의 소득세(negative income tax)로, 근로하는 저소득가구(근로빈곤층)에게 세금환급의 형태로 현금지원을 함으로써, 이들의 근로를 장려하여 복지혜택을 제공하려는 근로연계형 소득지원정책이다. 미국은 1975년부터 근로장려세제를 도입하여 운영하기 시작하였고, 우리나라에서는 2008년에 근로장려세제가 시행되어 2009년부터 근로장려금이 지급되고 있다.

2023년 현재, 우리나라의 근로장려금은 다음의 조건을 충족해야 신청할 수 있다. 첫째, 2022년 6월 1일 기준으로 가구원 전체 재산 합계액이 2억 4,000만 원 미만이어야 하며, 둘째, 2022년 총소득(사업소득+근로소득+종교인소득+기타소득+이자·배당·연금소득)이 단독가구는 2,200만 원, 홑벌이 가구는 3,200만 원, 맞벌이 가구는 3,800

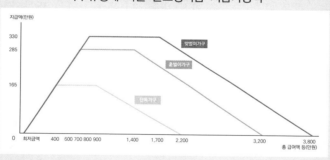

가구유형에 따른 근로장려금 지급가능액

만 원 미만이어야 한다.

한편, 근로장려금은 가구원 구성과 총 급여액에 따라 금액이 산정되는데, 소득에 따라 단

---

있느냐를 의미한다. 예컨대, 불황을 맞아 기업이 종업원을 해고할 필요가 생겼는데, 노조의 반발로 마음대로 해고할 수 없다면 노동(시장)의 유연성이 낮다고 말한다. 본문에 적혀 있는 '노동시장의 유연화'는 노동시장의 유연성이 높아져 노동자의 해고가 편해졌음을 뜻한다. 기업은 당연히 노동시장의 유연성이 높은 환경을 선호하는 반면, 노동자들은 직업의 안정성이 보장되는 유연성이 낮은, 즉 경직된 노동시장을 선호한다.

독가구는 최대 165만 원, 홑벌이 가구는 최대 285만 원, 맞벌이 가구는 최대 330만 원의 근로
장려금을 받을 수 있다.


### 신사회적 위험 발생 경로

테일러−구비(Taylor−Gooby, 2004)는 신사회적 위험을 "후기산업사회로의 이행
과정에서 발생하는 경제적, 사회적 변동의 결과로 인해 사람들이 생애 전반에 걸쳐 직
면하는 위험"으로 규정하면서, 신사회적 위험이 발생하게 되는 경로를 다음과 같이 제
시하였다(Taylor−Gooby, 2004).

첫째, 생산기술의 발달에 따라 미숙련 생산직의 비중이 감소하게 되었고, 이러한
노동시장 구조의 변화가 학력과 고용 간의 관련성을 더욱 강화함으로써 교육수준이 낮
은 사람들이 실업과 장기 빈곤에 빠질 위험이 높아졌다.

둘째, 여성의 경제활동 증가에 따라 일·가정 양립이 어려운 미숙련의 저임금 여성
층, 특히 여성 가구주의 한부모 가정이 빈곤 위험에 크게 노출되었다.

셋째, 노인인구의 증가에 따라 돌봄과 직장을 병행하기 힘든 여성들이 결국 노동
시장에서 철수함으로써 홑벌이로 전락하게 된 가정은 빈곤 위험에 직면하게 되었다.

넷째, 일부 국가에서 나타나는 현상이지만, 민간 서비스(private service)가 확대됨에
따라 민영화된 공적연금과 의료보험 등에서 소비자가 선택을 잘못하거나, 혹은 민간 서
비스에 대한 규제수준이 효과적이지 않을 경우 빈곤 위험에 처할 가능성이 높아졌다.

이러한 새로운 사회적 위험의 대두에 따라 사회적 위험의 대상도 빈곤계층은 물론
중간계층으로까지 확대되고 있다. 하지만 후기산업사회에서도 산업사회적 속성은 여전
히 남아 있기 때문에 21세기 현대사회에서 신사회적 위험의 등장이 곧 구사회적 위험
의 종료를 의미하는 것은 아니며, 오히려 구사회적 위험 외에 새로운 사회적 위험의 유
형이 추가로 대두된 것으로 보는 것이 타당하다(Taylor−Gooby, 2004). 다시 말해, 구사
회적 위험이 임금 상실 등의 산업사회적 문제에 집중했다면, 신사회적 위험은 탈산업사
회의 특성으로부터 발현되는 문제에 초점을 맞추고 있다. 이러한 차원에서 한국 사회는
구사회적 위험과 신사회적 위험이 공존하고 있는 위험사회로, 이러한 위험들에 대처하
기 위한 국가의 사회적 위험관리전략을 새롭게 재편하여 조속히 대응방안을 마련해야
하는 어려움에 직면해 있다.

### REFERENCE 1-5  후기산업사회의 도래가 전통적인 복지국가에 미친 영향

1970년대 말, 후기산업사회의 도래에 따른 제조업의 쇠퇴와 서비스 경제의 확대는 그동안 구축되어 온 전통적인 복지국가에 다음과 같은 매우 큰 위기를 안겨 주었다.

첫째, 생산성(어떤 재화를 생산하는 데 투입된 생산요소, 즉 토지, 자본, 노동의 양에 대한 산출량의 비율)이 높은 제조업 부문과는 달리 생산성이 낮은 서비스 부문의 확대로 경제성장이 위축되면서 일자리와 임금이 감소하게 되었다. 이는 조세수입과 사회보험료의 감소로 이어졌으며, 인구 고령화에 따른 사회복지 지출 증가와 함께 정부의 재정적 압박을 가중시켰다.

둘째, 제조업 부문은 기술, 지식 등에 있어 숙련도의 차이가 크게 나지 않지만 서비스 부문은 숙련도의 차이가 매우 크다. 이러한 서비스 경제의 확대는 전문적 지식과 기술이 필요한 서비스 직종(IT, 의료, 교육, 법률, 금융서비스 등)을 증가시킴과 동시에 전문적 지식이나 기술이 필요 없는 저숙련 서비스 직종(점원, 택배, 경비서비스 등)을 다수 양산함으로써 임금격차를 확대시켰고, 결국 소득양극화 및 근로빈곤층(working poor)의 문제를 발생시켰다. 이는 사회복지 지출의 증가와 함께 정부의 재정적 압박을 가중시키는 요인이 되었다.

셋째, 노동시장의 성별분업으로 인해 제조업이 주로 남성 집중 산업인 반면, 서비스업은 여성 집중 산업으로 간주된다. 따라서 과거 남성의 점유가 컸던 제조업의 쇠퇴로 인해 일자리를 잃은 남성 실업자들은 여성 집중의 서비스업 부문에 재취업하기가 어려워 장기 실업에 빠지거나 비정규직에 머무르는 문제가 발생하였다. 결국 실업자의 양산은 사회복지 확대에 있어 가장 중요한 요인 중 하나인 납세자의 수가 줄어드는 결과를 가져와 정부의 재정적 압박을 가져왔다.

넷째, 서비스 경제의 확대로 여성의 노동시장 참여가 증가한 것은 사실이다. 하지만 여성의 고용이 주로 마트 캐셔, 텔레마케터 등 저임금 서비스 부문에 집중됨으로써 많은 여성이 직업은 있으나 소득이 높지 않은 문제가 발생하게 되었다. 결국 여성의 저소득은 국가의 세입 감소를 가져왔고, 정부의 재정 상태를 악화시켰다.

다섯째, 서비스 경제의 확대로 여성의 경제활동이 증가함에 따라 그동안 돌봄노동을 주로 담당하던 주체가 사라지면서 돌봄의 공백화 현상이 나타났다. 또한, 여성에게는 여전히 직장에서의 일과 가정에서의 돌봄을 함께 수행해 주기를 바라는 사회적 기대로 인해 일-가정 양립의 문제가 발생하게 되었다. 과거와 달리 맞벌이를 해야만 적절한 가계 수입이 보장되는 상황에서 이러한 돌봄공백과 일-가정 양립의 문제는 여성의 노동시장 진출의 걸림돌로 작용하였고, 맞벌이를 유지할 수 없는 가구는 빈곤의 위험에 처할 가능성이 높아졌다.

## 2) 위험의 분류

### (1) 국제노동기구의 위험 분류

국제노동기구(ILO)는 제2차 세계 대전 중, 사회보장에 관한 기본구상을 추진하여 종전 후인 1952년, '사회보장 최저기준에 관한 조약(102조)[Social Security (Minimum Standards) Convention, 1952 (No. 102)]'을 통해 사회보장을 구체화시켰다. 이 조약은 국가가 보장해야 할 9개 부문별 사회보장급여의 최저 수준을 제시하고 있는데, 이들 부문별 사회보장급여로부터 국가가 대응해야 할 사회적 위험을 유추할 수 있다.

ILO 조약에서 제시하고 있는 부문별 사회보장급여에는 의료급여(medical care: Article 7−12), 상병급여(sickness benefit: Article 13−18), 실업급여(unemployment benefit: Article 19−24), 노령급여(old age benefit: Article 25−30), 산재급여(employment injury benefit: Article 31−38), 가족급여(family benefit: Article 39−45), 모성급여(maternity benefit: Article 46−52), 장애급여(invalidity benefit: Article 53−58, 폐질급여로도 일컬음), 유족급여(survivors' benefit: Article 59−64) 등이 포함된다.

따라서 ILO의 사회보장 최저기준에 관한 조약에서는 질병, 실업, 퇴직, 노령, 산재, 가족부양, 임신 및 출산, 장애, 부양자 사망 등을 사회적 위험으로 인식하고 있음을 유추할 수 있다.

### (2) 헤이츠맨과 동료들의 위험 분류

헤이츠맨과 그의 동료들(Heitzmann, Canagarajah & Siegel, 2002)은 위험을 자연적 위험을 포함하여 총 7종류로 구분하였다. 첫째, 자연적 위험(natural risks)이란 홍수, 산사태, 화산폭발, 지진, 가뭄, 태풍 등의 위험을 의미한다. 둘째, 건강 위험(health risks)

은 질병, 부상, 장애, 전염병, 기근 등을 포함하는 위험이다. 셋째, 경제적 위험 (economic risks)이란 실업, 흉년, 기업도산, 재정위기, 통화위기 등의 위험을 뜻한다. 넷째, 생애주기 위험(life-cycle risks)은 출생, 노령, 사망, 가족해체 등의 위험을 말한다. 다섯째, 사회적 위험(social risks)은 범죄, 가정폭력, 테러, 전쟁, 사회적 격변 등의 위험을 의미한다. 여섯째, 정치적 위험(political risks)은 성차별, 인종차별, 정치적 불안, 쿠데타 등의 위험을 말한다. 일곱 번째, 환경적 위험(environmental risks)은 지구 온난화, 대기오염, 수질오염, 삼림 파괴, 토지 황폐화, 핵 재난 등을 의미한다.

## (3) 드 느보아와 베간드의 위험 분류

드 느보아와 베간드(De Neubourg & Weigand, 2000)는 사회적 위험을 보편적 위험, 생애주기 위험, 범주적 위험 등 세 가지로 분류하였다.

첫째, 보편적 위험(universal risks)은 연령, 성별, 지위 등에 관계없이 누구나 겪을 수 있는 위험을 의미한다. 교통사고, 안전사고 등과 같은 다양한 사고 위험이 보편적 위험의 대표적인 예라 할 수 있다. 이러한 보편적 위험의 발생 가능성은 일견 누구에게나 동일해 보이지만 사실상 특정 집단에 따라 차이가 있다. 예를 들면, 교통사고 사망자 수는 65세 이상의 연령층이 다른 연령층에 비해 높은 반면, 물놀이 사고의 경우에는 20대 이하 연령층이 다른 연령대에 비해 더 많은 비중을 차지한다.

둘째, 생애주기 위험(life-cycle risks)은 어떠한 특정 연령대나 생애주기의 특정 단계에서 유달리 많이 나타나는 위험이라 할 수 있다. 노년층에 집중적으로 나타나는 알츠하이머병이 대표적인 예라 할 수 있다.

셋째, 범주적 위험(categorical risks)은 계급 위험(class risks) 또는 집단 위험(group risks)이라고도 일컫는데, 사회의 어떤 특정한 직종이나 성(性)에 발생하는 위험이라 할 수 있다. 예를 들면, 광부에게 나타나는 특정 폐질환이나 여성에게만 나타나는 유방암 또는 남성에게만 나타나는 전립선암 등이 대표적인 범주적 위험이라 할 수 있다.

사회환경

## 1) 사회의 개념

사회는 언어·규범·가치관·문화 등을 상호 공유하고, 특정한 제도를 형성하여 질서를 유지하며, 구성원을 재생산하면서 존속하는 인간집단을 의미한다. 인간은 자신이 속한 사회집단 속에서 타인들과 지속적인 상호작용을 하며 사회의 공통된 생활양식과 가치 및 관습 등을 습득하게 된다. 따라서 인간과 사회는 불가분의 관계라 할 수 있다.

### 사회명목론

인간과 사회와의 관계를 설명하는 대표적인 이론으로는 '사회명목론'과 '사회실재론'이 있다. 사회명목론은 사회유명론(社會唯名論)이라고도 일컫는데, 이는 개인만이 참다운 실재이며, 사회는 개인의 집합체에 불과한 명목상의 존재로 인식하는 사회이론이다. 따라서 사회명목론에서는 사회보다 개인이 중시되며 개인은 능동적이고 독립된 존재로 간주되는 반면, 사회는 개인의 이익을 실현하는 수단에 불과한 것으로 본다. 이러한 사회명목론은 사회구조나 제도의 영향력을 간과한다는 한계를 지닌다.

### 사회실재론

사회실재론은 사회를 개인이 모인 단순한 총합 이상의 실체이자 객관적인 존재로 보는 시각이다. 따라서 사회실재론에서 사회는 개인에 대한 우월성과 구속력을 가진다. 이러한 사회실재론에 따르면 사회는 개인과는 다른 고유한 특성을 가지며 사회 구성원인 개인의 삶에 지대한 영향을 미치는 존재가 된다. 반면에 개인은 독립적인 존재가 아니며 수동적인 존재로 간주된다. 이러한 사회실재론은 개인의 주체적인 행위를 설명할 수 없다는 한계가 있으며, 특히 사회 전체를 위해 개인의 희생을 정당화한다는 비판을 면하기 어렵다.

## 2) 사회의 기능

사회는 그 존립을 위해 구성원을 재생산하면서 그들의 기본적인 욕구를 충족시키기 위해 다양한 기능들을 수행한다. 워렌(Warren, 1973)은 지역사회가 '생산·분배·소비', '사회화', '사회통제', '사회참여', '상호부조' 등 다섯 가지의 주요한 사회적 기능을 수행한다고 주장하였다. 이러한 워렌의 주장을 기초로 하여 길버트와 스펙트(Gilbert & Specht, 1986)는 지역사회의 주요 기능을 다음의 다섯 가지로 제시하고 있다.

첫째, 생산·분배·소비(production-distribution-consumption)의 기능이다. 이는 사회 구성원이 일상생활을 영위해 나가는 데 필요한 재화와 서비스를 생산하고, 이를 일정한 경로를 통해 분배하여 개별 구성원의 욕구에 따라 소비하도록 하는 기능을 의미한다.

둘째, 사회화(socialization)의 기능이다. 이는 사회의 문화, 가치, 규범, 행동 양태 등을 해당 사회의 구성원이 학습하도록 하는 기능을 의미한다. 이러한 사회화는 개인의 일생을 통해 지속적으로 이루어진다.

셋째, 사회통제(social control)의 기능이다. 이는 사회질서를 유지하기 위해 사회 구성원을 통제하고, 그 사회의 규범에 순응하게 하는 기능을 의미한다. 실제로 사회는 법률, 규칙 등을 제정하여 구성원들이 사회의 가치, 규범 등을 지키고 순응하도록 하여 질서를 유지하고 공권력을 활용하여 사회적 일탈이나 사회해체를 막는 기능을 수행한다.

넷째, 사회통합(social integration)의 기능이다. 사회체계가 정상적인 기능을 수행하기 위해서는 사회 구성원들 간의 결속력과 사기(morale)가 필요하다. 사회통합(social integration)의 기능은 사회 구성원 상호 간의 신뢰를 바탕으로 결속과 사기를 진작시킴으로써 사회에 대한 소속감을 불러일으켜 사회의 존속을 유지할 수 있도록 하는 기능을 의미한다. 이러한 사회통합의 기능은 정치적, 경제적 격변기에 특히 강조된다.

다섯째, 상부상조(mutual support)의 기능이다. 이는 경제제도를 비롯한 사회의 주요한 제도들을 통해 개개인의 욕구를 충족시킬 수 없을 때, 구성원들 서로가 도움을 주고받는 기능을 의미한다. 산업화 이전의 사회에서 상부상조의 기능은 주로 가족, 친척, 이웃 및 친목단체 등의 1차적 집단에 의해 주로 수행되었다. 하지만 산업화 이후 사회관계의 형태가 복잡해지고 개인의 욕구가 다양해짐에 따라 1차적 집단에 의해 수행되던 제한된 형태의 상부상조의 기능만으로는 사회 구성원의 욕구를 충족하고 문제를 해결하는 것이 어렵게 되었다. 그에 따라 상부상조의 기능을 체계적이고 상시적으로 수행할 공식적인 사회복지제도가 수립되게 되었다.

탈콧 파슨스

구조기능주의(structural functionalism)의 대표적인 학자 중 한 사람인 탈콧 파슨스(Talcott Parsons)는 'AGIL〔Adaptation (적응), Goal attainment(목표달성), Integration(통합), Latency (잠재성: 체제 유지)〕' 도식을 통해 사회가 지속하기 위해 반드시 충족되어야 할 요건, 즉 사회체계가 필수적으로 수행해야 할 4가지 기능을 제시하였다.

첫째, 적응(adaptation)은 외부환경으로부터 충분한 자원을 확보하고 체계 전역에 할당하는 기능을 의미한다. 파슨스는 경제하부체계(economic subsystem)가 적응기능과 관련 있다고 보았다.

둘째, 목표달성(goal attainment)은 체계가 달성하려는 목표의 우선순위를 정하고, 인적·물적 자원을 동원하여 목표를 달성하는 기능을 의미한다. 파슨스는 정치하부체계(political subsystem)가 목표달성 기능과 관련 있다고 보았다.

셋째, 통합(integration)은 일관성과 안정성을 위한 규제 및 조정의 달성 기능을 의미한다. 체계 단위 간, 즉 사회 구성원들 간의 존립 가능한 상호관계를 조정, 유지, 통합하는 기능을 수행한다. 또한, 통합은 적응, 목표달성, 잠재성 등 다른 세 가지 기능적 필수 요건 사이의 관계를 관리하고 조정하는 역할도 수행한다. 파슨스는 사회공동체 하부체계(social community subsystem)가 통합 기능과 관련 있다고 보았다.

넷째, 잠재성(latency)은 사회의 가치와 문화를 새로운 세대에 전달하는 기능을 의미한다. 잠재성은 체계 내에서 행위자의 역할을 제대로 수행하게 하는 동기부여의 수단을 제공하는 기능을 수행한다. 파슨스는 문화하위체계(sultural subsystem)가 잠재성과 관련 있다고 보았다.

## 3) 사회제도

사회제도란 가치체계에 근간을 두고 형성되는 복합적인 사회규범체계로서 사회의 필수적인 기능들을 가장 효과적이고 효율적으로 수행하기 위해 인간이 만들어 낸 수단이다. 또한, 사회제도는 사회기능을 수행하는 조직과 기관을 집합적으로 일컫는 용어이기도 하다.

사회제도는 일단 형성되고 나면 세월이 흘러 해당 사회의 구성원들이 바뀌어도 쉽게 변화되지 않는 지속성을 가진다. 이러한 사회제도는 구성원들의 행동양식을 규정함으로써 개인의 행동양식을 예측가능하게 해주며 사회의 통합을 유지하고 사회를 발전시키는 긍정적인 측면을 가진다.

하지만 사회제도는 개인의 의지와 관계없이 개인의 행동과 자유를 규제하는 속성을 동시에 가진다. 즉 제도를 위반한 행동에는 어떠한 형태로든 제재가 가해진다. 이로 인해 개인의 자유와 삶에 부정적인 영향을 미치기도 한다. 특히 불공정한 제도는 다양한 사회문제를 발생시켜 구성원들로 하여금 고통을 받게끔 한다. 이러한 상황이 지속되면 개인은 사회제도에 대하여 저항하게 되는데, 이러한 저항이 집단적으로 일어날 때 사회 변동이 일어나게 된다.

한편, 앞에서 언급한 사회의 주요 기능 중, 첫째, 생산·분배·소비의 기능은 <표 1-1>에서 볼 수 있듯이 경제제도에 의해 주로 수행된다. 인간에게 필요한 재화를 생산·분배·소비하는 기능을 수행하는 대표적인 기관은 기업이다. 하지만 의료서비스를 제공하는 의료기관, 금융서비스를 제공하는 은행과 증권사 등의 금융기관, 교육서비스를 제공하는 교육기관 및 공공서비스를 제공하는 정부도 서비스를 생산·분배·소비하는 기능을 수행하는 주요 기관에 해당한다.

둘째, 사회화의 기능은 주로 가족제도에 의해 수행된다. 하지만 사회화는 개인의 일생을 통해 지속되는 과정이며, 현대사회에서는 학교와 직장도 사회화의 기능을 수행하는 주요 기관에 해당된다.

셋째, 사회통제의 기능을 주로 수행하는 제도는 정치제도이다. 사회통제의 기능을 담당하는 일차적인 기관은 정부이며, 정부는 경찰력과 사법권 등 공권력을 통해 법을 집행하는 강제력을 발휘한다.

넷째, 사회통합의 기능은 종교제도에 의해 주로 수행된다. 사회통합의 기능을 담당하는 일차적인 기관은 종교기관이며, 사회복지기관도 사회통합의 기능을 담당하는 주요 기관 중 하나이다.

다섯째, 상부상조의 기능은 주로 사회복지제도에 의해 수행된다. 상부상조의 기능을 담당하는 일차적인 기관은 산업화 이전에는 가족 및 종교단체였으나, 현재는 정부나 사회복지시설 및 기관이다.

상부상조의 기능을 수행하는 제도로서의 사회복지는 인간의 존엄성 확립과 인권보장에 기여하며, 소득재분배를 통한 양극화 해소 및 사회 구성원의 최저한의 생존을 보장한다. 특히 모든 사회 구성원들이 공동체에 함께 참여하며 살아갈 수 있도록 지원함으로써 사회통합과 사회연대의 유지에도 큰 역할을 한다.

〈표 1-1〉 사회 기능과 담당 사회제도

| 사회 기능 | 사회제도 |
|---|---|
| 생산, 분배, 소비 | 경제제도 |
| 사회화 | 가족제도 |
| 사회통제 | 정치제도 |
| 사회통합 | 종교제도 |
| 상부상조 | 사회복지제도 |

"정부의 시장개입은 불가피하다.
그러나 시장의 잠재력이 최대한 발휘될 수 있는
환경을 만드는 게 우선이다."
- 존 맥밀런(John McMillan) -

1970년대 말까지 약 30년간 황금기를 누렸던 복지국가가 석유파동에 따른
세계경제의 침체로 인해 위기에 처하게 되자 신자유주의자들은 정부의 개
입이 근로·투자 의욕을 감소시켜 경제의 효율성을 떨어뜨렸다면서, '작은
정부'만이 경제를 활성화할 수 있다고 주장하였다. 그러나 다른 한편에서
는 세계화에 따른 빈곤 증가와 양극화 심화 등의 사회문제를 해결하기 위
해서는 정부의 역할이 오히려 더 커져야 한다고 역설하였다. 이처럼 첨예
하게 대립된 견해의 근저에는 시장과 정부의 역할에 대한 서로 다른 신념
의 차이가 깔려있다. 공공 사회복지가 정부의 개입을 전제로 한다는 차원
에서 이러한 시장과 정부의 역할에 대한 견해는 해당 사회의 사회복지 발
전 방향에 직접적인 영향을 미친다. 따라서 이 장에서는 시장과 정부라는
두 거대 기구의 역할 및 시장기능 중시자와 정부개입 중시자의 시각 차이
에 대해 살펴봄으로써 앞으로 우리 사회가 나아가야 할 방향은 무엇인지에
대해 생각해 보고자 한다.

# CHAPTER 02 · 시장과 정부

## 01 효율성 대 공평성

한정된 자원의 배분을 둘러싼 문제는 사실상 효율성과 공평성의(형평성의) 문제로 축약된다.

효율성은 경제적 측면의 문제인데, 한정된 자원을 배분함에 있어 최소의 비용으로 최대의 효과를 얻는 것을 의미한다. 이는 특히 정부가 정책을 집행하는 과정에서 공공 자원을 사용할 때, 국민의 부담과 피해를 최소화하면서 가장 큰 정책효과를 거둘 수 있어야 한다는 차원에서 매우 중요한 판단 기준이 된다.

이에 반해 공평성은 정치적인 문제라 할 수 있다. 즉 희소한 자원의 활용에서 오는 혜택을 사회 구성원에게 공정하게 배분하는 것을 의미하는데, 이는 결국 사회 구성원의 욕구를 가장 잘 충족시킬 수 있는 방안을 선택하는 것이다.

하지만 문제는 자원배분에 있어 효율성과 공평성이라는 두 목표가 서로 상충한다는 것이다. 예를 들어, 정부가 모든 국민에게 일정 금액을 균등하게 지원한다면 공평성은 제고되지만, 제한된 자원을 크게 필요치 않은 국민에게까지 배분함으로써 효율성은 떨어지게 된다.

이처럼 서로 양립하기 어려운 효율성과 공평성의 문제를 두고 일반적으로 대부분의 국가는 재화와 서비스의 배분을 시장기능에 맡기는 시장경제체제와 정부가 직접 통제·관리하는 계획경제체제 중 하나를 극단적으로 선택하기보다는 두 방식이 공존하는 혼합경제체제를 채택한다. 우리나라 역시 근본적으로는 시장경제체제를 지향하지만 많은 부분에 정부가 개입하고 있다. 하지만 문제는 정부가 어느 정도 시장에 개입해야 최상의 결과를 얻을 수 있는가이다.

이러한 측면에서 공공복지가 제대로 작동하기 위해서는 첫째, 세금을 누구로부터 거둘 것이며, 둘째, 세금을 얼마나 거둘 것이고, 셋째, 징수한 세금을 누구를 위해 사용할 것인지 등에 관한 정부의 적절한 역할 범위에 대해 사회적 합의를 이루어 내는 것이 무엇보다 중요하다.

## 02 시장은 완벽한 기제인가?

### 1) 시장의 의미

일반적으로 시장(market)은 사람들이 물건을 사고팔기 위해 모이는 장소를 뜻한다. 하지만 경제학에서 의미하는 시장은 공간적 제약을 뛰어넘어 자체의 논리 속에 존재하는 추상적 시장, 즉 상품, 서비스, 노동력 등을 사려는 사람과 팔려는 사람이 있는 상황을 의미한다.

시장경제체제는 시장 원리에 따라 가격기구(price mechanism)에 의해 재화와 서비스 등을 생산, 분배, 소비하는 체제를 말한다. 즉 가계와 기업이 경제활동의 중심축이 되어 자신들의 이익을 추구함으로써 부와 자원이 이들 개별경제주체에 의해 사유(私有)되고, 이들 경제주체가 시장가격에 기초하여 생산·분배 등의 경제적 의사결정을 자유롭게 행하는 체제를 시장경제체제라 한다.

이러한 시장경제체제는 어떠한 경제체제보다도 더 효율적이라는 평가를 받는다. 그 이유는 아담 스미스(Adam Smith)가 말한 '보이지 않는 손'이라 불리는 가격을 활용할 수 있기 때문이다.[1]

실제로 가격은 다음과 같은 매우 중요한 기능을 수행한다.

첫째, 경제주체들에게 정보를 전달하는 기능을 수행한다. 즉 생산자들은 자신이 생산하는 재화의 가격과 재화를 생산하는 데 소요되는 비용(생산요소의 가격) 등을 고려하여 어떻게 생산하는 것이 최선인지를 결정한다. 이와 마찬가지로 소비자들도 재화의 가격을 보고 소비(구매) 여부를 결정한다. 이처럼 가격은 생산자와 소비자의 의사결정에 필요한 정보를 제공한다.

둘째, 가격은 생산자와 소비자의 행동양식을 변경하게 하는 유인(incentive)을 제공하는 기능을 한다. 첫 번째 가격 기능의 설명으로부터 유추할 수 있듯이 상품가격이 올라가면 생산자 입장에서는 더 많은 이윤을 얻기 위해 상품을 더 많이 생산하고자 하는 유인이 생긴다. 반대로 상품가격이 내려가면 상품생산을 줄이려는 유인이 생긴다. 반

---

[1] 시장에서는 가격이라고 하는 보이지 않는 손이 작용하여 자원배분이 이루어진다. 즉 가격을 매개로 하여 공급자와 수요자의 선택에 의해 자원이 배분되면 최적의 배분이 이루어지고 '파레토 효율(Pareto Efficiency)'이 달성된다고 본다. 파레토 효율이란 다른 경제주체의 후생(효용)을 손상시키지 않고서는 한 경제주체의 후생을 증가시킬 수 없는 상태를 의미한다.

면, 가격 상승은 소비자들에게는 상품소비를 줄이도록 하는 유인을 제공한다. 반대로 상품가격이 내려가면 소비자는 상품소비를 늘리려는 유인이 생긴다. 결국, 가격의 유인을 생산자들과 소비자들이 정상적으로 따른다면, 생산 및 소비 활동은 저절로 효율적인 방향으로 조정되게 되는 것이다(이준구, 2004).

셋째, 가격은 자원배분(소득분배) 기능을 수행한다. 예를 들어, 옷 가격이 상승할 경우, 옷을 더 많이 생산하기 위해서는 노동력, 옷감, 염료 등이 더 필요하게 된다. 결국, 옷을 생산하는 기업과 그에 종사하는 근로자들은 이윤과 소득이 증가하며 옷감과 염료 등의 원자재 가격도 상승함으로써 옷감과 염료를 제조하는 기업의 이익과 그곳 노동자들의 임금도 상승하게 된다. 그 과정에서 소득분배가 자연스럽게 이루어진다.

REFERENCE 2-1    아담 스미스(Adam Smith, 1723-1790)

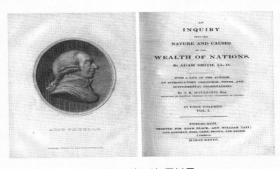

아담 스미스의 국부론

스코틀랜드 출신의 영국의 정치경제학자이자 사회철학자인 아담 스미스(Adam Smith)는 '경제학의 아버지'라 불린다. 그는 1776년, 『국부론(國富論)』의 원제(原題)인 『국부(國富)의 성질과 원인에 관한 연구(An Inquiry into the Nature and Causes of the Wealth of Nations)』에서 최초로 자유방임주의를 표방하였다.

『국부론』을 저술할 당시 신흥 산업도시인 글래스고에서 산업혁명의 태동을 직접 감지한 아담 스미스는 자본주의 사회에서 일어나는 재생산 과정에서 자율성의 중요성을 깊이 인식하였다. 따라서 중앙정부의 규제를 강화하는 영국의 중상주의 정책을 비판했다. 그는 『국부론』에서 국가가 여러 경제활동에 간섭하지 않는 자유경쟁 상태에서도 '보이지 않는 손', 즉 가격에 의해 자원이 적절히 배분된다는 사실을 강조하면서 시장경제야말로 파는 사람과 사는 사람 모두에게 만족스러운 결과를 낳는 체제라고 주장하였다. 아담 스미스는 사회 구성원이 자신의 이익을 좇아 행동할 때, 오히려 사회 전체적으로도 이익이 된다고 표명하면서 이기적 본능이 박애심이나 희생정신보다 더 강력하게 인간에게 동기부여를 할 수 있다고 피력하였다. 하지만 그는 사람들이 도덕적 결정을 내릴 때 무조건 자신의 이익을 추구하는 것이 아니라, 일종의 양심이라고 할 수 있는 '공명정대한 관찰자(impartial spectator)'를 항상 염두에 두고 자신의 이익을 추구한다고 보았다.

## 2) 시장경제체제의 장·단점

### (1) 시장경제체제의 장점

시장경제체제는 다음과 같은 장점을 갖고 있다(김승욱 외, 2004).

첫째, 시장은 자원배분을 가장 효율적으로 할 수 있다. 시장기능 중시자들이 시장경제를 옹호하는 이유도 바로 시장기능의 효율성 때문이다. 실제로 국가가 모든 공무원을 동원한다 해도 국민의 선호에 맞춰 수많은 재화와 서비스를 적절히 배분하는 것은 거의 불가능하다. 설령 그것이 가능한 일이라 해도 막대한 비용이 소요된다. 하지만 소비자들과 생산자들이 자유롭게 경쟁하는 시장에서는 수요와 공급의 원리에 의해 시장가격이 결정된다. 결국 시장가격은 경제생활에서 자원을 매우 효율적으로 배분하는 역할을 한다. 즉 시장은 가격기구를 통해 어떠한 비용도 들이지 않고 많은 소비자에게 수많은 재화와 서비스를 그들의 선호에 맞게 놀라울 만큼 적절히 배분하며, 동시에 많은 생산자에게 수많은 투입물(inputs)을 가장 생산적으로 사용할 수 있도록 해준다.

둘째, 시장은 일반적으로 정부보다 신축성이 높아 상황 변화에 더 잘 적응할 수 있으며, 혁신 등 발전의 유인책을 스스로 부여한다.

셋째, 시장경제체제에서는 민간 경제활동이 촉진된다. 특히 소수의 기업에 의한 독점을 방지할 수 있다면 경제력이 분산되는 효과를 얻게 된다. 이러한 경제력 분산은 정부의 민주적 운영을 가능하게 하며 개인의 자유도 신장시킨다.

넷째, 시장경제체제에서 자원의 배분은 소비자의 선호에 따라 결정되기 때문에 소비자 주권이 보장된다.

### (2) 시장경제체제의 단점

시장경제체제가 많은 장점을 보유하고 있지만 그렇다고 완벽한 것은 결코 아니다. 시장경제체제는 다음과 같은 단점을 갖고 있다.

첫째, 시장경제체제는 개별경제주체에게 소득이 공평하게 분배되는 것을 보장할 수 없는 문제가 있다. 일반적으로 시장경제체제에서는 시장에서 형성된 노동의 가격인 임금에 의해 소득분배가 결정된다. 하지만 A 중소기업의 신입사원 연봉 2,500만 원, B 대기업의 신입 직원 연봉 5천만 원, 미국 프로 야구 선수 연봉 400억 원 등 노동력을 제공한 사람의 임금수준은 천차만별이며, 이러한 분배상태는 물론 분배의 기준이 공평하다는 보장이 없다.

둘째, 시장경제체제에서는 개별경제주체들의 소득격차가 심화된다. 그 이유는 시장경제체제에서의 지배계급은 당연히 부유한 사람들인데, 이들이 자신들의 이익을 포기하고 다른 보통 사람들의 이익이 더 커지도록 자신들의 힘을 행사하는 경우는 거의 없기 때문이다. 또한, 자본과 토지 등의 생산요소를 소유하고 있는 자본가들은 자본수익이나 지대 등의 소득을 정당하게 올릴 수 있어 부익부 빈익빈 현상은 당연히 발생하게 된다. 이처럼 시장경제체제에서는 개별경제주체들의 능력 차이나 이미 축적된 부의 유무로 인해 소득분배의 불균형이 더욱 심화되는 문제가 상존한다(김승욱 외, 2004).

셋째, 시장경제체제는 경제를 항상 안정된 상태로 유지하지 못한다. 경제가 안정된 상태를 유지하려면 개별경제주체들의 행동이 적절히 조정될 필요가 있다. 즉 경제가 설령 침체될 가능성이 보여도 소비자는 활발히 소비하고 기업은 적극적으로 투자해야 경제가 완전히 침체되지 않고 살아난다. 하지만 미래에 대한 불안을 느낀 소비자와 기업은 반대로 허리띠를 졸라맴으로써 경제가 더욱 침체되게 만든다. 정부가 주도하는 계획경제체제라면 정부가 경제주체의 행동을 어느 정도 조정할 수 있지만, 시장경제체제는 그런 조정기능을 수행할 주체가 존재하지 않는다. 물론 시장경제체제의 경우, 경기 침체기에는 상품가격이 내려가 소비지출이 촉진되고, 반대로 경기가 과열되면 가격이 상승하여 소비를 감소시키는 방식으로 가격이 어느 정도의 조정기능을 수행하기는 한다. 하지만 현실적으로 가격은 충분한 신축성을 갖고 있지 못해 조정기능이 제대로 작동되지 않는 경우가 적지 않다(이준구, 2004).

## 3) 시장실패

지구상의 현존하는 많은 국가가 시장경제체제를 선택하고 있는 이유는 효율성의 측면에서 다른 어떤 체제도 따라올 수 없을 만큼 탁월하기 때문이다. 하지만 시장경제체제에서도 비효율성이 나타날 수 있다. 즉 재화와 서비스가 소비자들이 원하는 것보다 적게 생산되기도 하고, 반대로 더 많이 생산되기도 한다. 이때 적게 생산된다는 것은 자원이 필요한 곳에 충분히 배분되지 않았다는 것을 의미하며, 더 많이 생산된다는 것은 희소한 자원이 불필요하게 낭비된 것이라고 볼 수 있다. 이는 모두 비효율성이 나타난 것이다. 이처럼 가격기구가 무력화되어 자원이 효율적으로 배분되지 못하는 현상을 가리켜 '시장실패(market failure)'라고 한다.

이러한 시장실패가 초래되는 대표적인 이유로는 불완전경쟁(독점, 과점), 외부효과, 공공재 및 정보 비대칭 등을 들 수 있다.

## (1) 불완전경쟁

시장실패의 첫 번째 원인은 불완전경쟁이 발생하는 경우이다. 다시 말해, 불완전경쟁으로 인해 가격기구가 제 기능을 수행할 수 없어 자원의 효율적인 배분이 이루어지지 않게 되는 시장실패가 발생한다.

사실상 경제학에서 시장이 효율적인 결과를 가져온다는 말은 완전경쟁이 이루어지고 있다는 전제하에서 가능한 것이다. 불완전경쟁이란 완전경쟁의 조건이 갖춰지지 않은 상태를 말하며, 완전경쟁이 이루어지지 않는 시장을 불완전경쟁시장이라고 한다.

불완전경쟁의 종류에는 공급자가 한 명인 독점, 공급자가 소수인 과점 등이 있다. 하나의 기업이 시장을 지배하는 독점 시장에서는 새로운 기업에 대한 진입장벽이 매우 높으며, 하나의 생산자(공급자)가 제품의 공급 수량과 가격 설정의 주도권을 쥐게 된다. 이러한 상황은 소수의 생산자가 존재하는 과점 시장에서 서로 가격담합을 하는 경우도 마찬가지다. 이처럼 생산자가 한 명 또는 소수(담합)인 경우, 자신의 이익을 최대화하기 위해 제품가격을 일반적인 경쟁 상태보다 높게 설정하고 생산량을 필요량보다 적게 공급함으로써 자원의 효율적 배분을 불가능하게 만든다.

한편, 일반적인 경쟁시장에서 기업은 재화생산의 평균비용(average cost)[2]과 한계비용(marginal cost)[3]을 최대한 낮추어 비용을 절감하려고 한다. 하지만 경쟁이 없는 상황에서는 그러한 노력이 없어도 기업의 생존에 큰 영향을 미치지 않는다. 따라서 불완전경쟁 하에서는 최저의 비용으로 기업을 운영하려는 유인이 떨어져 자원배분의 비효율성이 나타나게 된다. 하비 리벤슈타인(Harvey J. Leibenstein)은 이처럼 불완전경쟁 상태에서 경영의 효율성을 추구하지 않아 조직 관리상의 비효율이 발생하는 것을 'X-비효율성(X-inefficiency)'이라고 일컬었다.[4]

---

2) 평균비용은 상품 1단위당 생산비용을 말한다.

3) 한계비용은 상품 생산량을 1단위 증가시키는 데 추가적으로 드는 비용을 말한다.

4) 자유시장 경제체제를 갖춘 국가는 일반적으로 기업의 불완전경쟁을 허용하지 않기에 시장의 모든 기업은 경영의 효율성을 추구하여 운영비용을 최소화하려고 노력한다. 하지만 민간 기업과는 달리 정부 조직은 서

이러한 불완전경쟁의 폐단을 막기 위해 정부는 시장참여자들이 공정하게 경쟁할 수 있는 규칙과 질서를 마련하고 그것을 지키도록 함으로써 비효율적인 자원배분이 일어나지 않도록 노력한다. 예를 들면, 독과점 금지법, 공정거래법 등을 통해 부당하게 가격을 인상하거나 생산량을 과도하게 줄여 시장가격에 영향을 주려는 독과점 기업들의 횡포를 막아 효율적인 자원배분이 가능하도록 조치한다.

---

**REFERENCE 2-2** | 완전경쟁시장의 조건

완전경쟁시장이 성립하기 위해 다음과 같은 4가지 전제 조건이 충족되어야 한다.
첫째, 시장에 다수의 판매자(생산자)와 구매자(소비자)가 존재하여 개별 생산자와 소비자는 가격에 아무런 영향을 미칠 수 없어야 한다. 둘째, 모든 생산자가 생산하는 제품은 대체(代替) 가능하며 아무런 차이가 없는 동질적인 제품이어야 한다. 셋째, 특정 산업으로의 진입과 퇴진이 완전히 자유롭고 용이해야 한다. 넷째, 모든 경제주체가 완전한 정보를 보유할 수 있어 정보 비대칭성이 발생하지 않아야 한다(학습용어사전 경제, 2018).

## (2) 외부효과

시장실패의 두 번째 원인으로는 '외부효과(external effects)', 즉 '외부성(externalities)'이 있는 경우이다. 외부효과란 어떤 경제주체의 경제활동이 다른 경제주체에 의도하지 않은 편익(이익)이나 손해(비용)를 안겨주었지만, 그에 따른 대가를 받거나 비용을 지불하지 않는 현상을 말한다.

외부효과 중에서도 다른 사람에게 혜택(편익)을 주는 긍정적인 외부효과(정의 외부효과)를 '외부경제(external economies)'라고 하며, 손해를 입히는 부정적인 외부효과(부의 외부효과)를 '외부불경제(external dis-economies)' 또는 '외부비경제'라고 한다.

예를 들어, 지역의 한 대학이 캠퍼스를 아름답게 꾸미고 학교 담장을 허물어 주변을 다니는 지역주민들에게 기쁨을 안겨 주고 주변 집값을 상승시켰다고 해 보자. 그렇다고 해서 지역주민들이 대학에 어떠한 대가를 지불하지는 않는다. 이럴 경우, 외부경

---

비스 공급에 있어 독점적인 지위를 갖고 있어 혁신이나 경영의 효율성을 추구하려는 유인이 현저히 부족하다. 그로 인해 정부조직에서는 조직관리와 운영상의 비효율성을 의미하는 X-비효율성(X의 비효율성)이 나타나게 됨에 따라 일반적으로 X-비효율성을 정부실패의 원인으로 간주한다.

제가 발생하였다고 한다.

반면, 어떤 기업이 제품 생산을 위해 공장을 가동하면서 배기가스를 배출하여 의도치 않게 지역주민의 세탁비용이 상승하는 피해가 발생했다고 하자. 이 경우, 기업은 지역주민에게 어떠한 보상도 하지 않으며, 제품의 생산비용에 공해억제 비용을 포함하지 않고 가격을 결정할 것이다. 결국, 공해를 억제하기 위해 지불했어야 하는 비용은 거래 당사자인 기업이나 제품의 소비자가 아닌 제3자의 지역주민이 부담하게 되는 것이다. 이럴 경우, 외부불경제가 발생하였다고 한다.

이러한 외부효과가 발생하면 개인이 필요로 하는 생산량과 사회적으로 필요한 생산량이 다르게 나타나는 비효율적인 자원배분이 나타나게 된다. 우선, 외부경제는 개인의 편익이 사회적 편익보다 적거나, 개인의 비용이 사회적 비용보다 큰 상태를 뜻한다.[5] 즉 위의 외부경제의 예에서 사회 전체(대학＋지역 주민)로 보았을 때, 대학이 조경을 가꾸고 학교 담을 허무는 것이 더 이익일지라도 개별경제주체인 대학은 자신이 비용부담을 하면서까지 그런 일을 하려 하지 않을 것이다. 따라서 사회적으로 필요한 생산량보다 적은 과소생산이 일어나게 된다. 이럴 경우, 정부는 대학에 적절한 인센티브를 제공함으로써 과소 생산의 문제를 해결해야 한다. 즉 정부가 대학에 보조금을 지원함으로써 대학이 아름다운 캠퍼스를 조성하고 개방하도록 유도하여 외부경제로 인한 과소생산의 문제, 즉 시장실패를 해결하여야 한다.

한편, 외부불경제는 개인의 편익이 사회적 편익보다 크거나, 개인의 비용이 사회적 비용보다 적은 상태를 의미한다.[6] 위의 외부불경제의 예에서 기업이 방출하는 공해로 인한 사회적 비용이 생산자와 소비자들이 얻는 이익보다 크다고 할지라도, 개별경제주체인 공장은 공해를 줄이기 위해 비용을 지출하려 하지 않을 것이다. 따라서 정부는 사회 전체적으로 불이익이 되는 외부불경제 발생에 대해 개입하여 범칙금 부과 등을 통해 공해 배출을 규제함으로써 외부불경제로 인한 시장실패를 해결해야 한다.

---

5) 외부경제의 예에서 대학의 조경 조성을 통해 사람들의 행복감이 상승하고 집값 상승 등으로 지역주민의 편익이 증대(＋)되었지만, 대학 입장에서는 조경 비용을 지출함으로써 개인(대학)의 편익은 마이너스(－)가 된다. 이 경우 사회적 편익을 간략히 대학(개인)과 지역주민 편익의 합이라고 하면, 대학의 편익 값이 마이너스(－)이므로 대학의 편익은 사회적 편익보다 당연히 적다. 즉 개인의 비용이 사회적 비용보다 크다.

6) 외부불경제의 예에서 기업은 공장 가동을 통해 제품을 생산함으로써 기업(개인)의 편익이 증대된다. 하지만 기업이 방출하는 공해로 인해 지역주민의 편익은 마이너스(－)가 된다. 이 경우에 사회적 편익을 간략히 기업과 지역주민 편익의 합이라고 하면, 지역주민 편익의 값이 마이너스(－)이므로 기업(개인)의 편익은 사회적 편익보다 당연히 크다. 즉 개인의 비용이 사회적 비용보다 적다.

## (3) 공공재

시장실패의 세 번째 원인으로는 '공공재(公共財: public goods)'의 경우를 들 수 있다. 공공재란 국방, 치안, 소방, 도로, 공원 등과 같이 어떠한 경제주체에 의해 생산이 이루어지면 구성원 모두가 소비 혜택을 누릴 수 있는 재화와 서비스를 일컫는다.

이들 공공재는 시장에서 거래되는 재화나 서비스와는 달리 '소비의 비경합성'과 '소비의 배제 불가능성'이라는 특징을 갖는다.

소비의 비경합성(non-rivalry)은 한 개인의 소비가 다른 사람의 소비를 저해하지 않는 특성을 의미한다. 예를 들어 피자와 같은 사유재(私有財: private goods)의 경우, 내가 8조각 중 5조각을 먹어 버리면 다른 사람은 3조각밖에 먹지 못하게 된다. 하지만 내가 집에서 하루 종일 TV를 시청해도 다른 사람이 그의 집에서 같은 프로그램을 시청하는 것에 아무런 영향을 주지 않는다. 이처럼 공공재는 사람들이 소비를 위해 서로 경쟁할 필요가 없는 소비의 비경합성이라는 속성을 지닌다.

한편, 소비의 배제 불가능성(non-excludability)이란 소비에 대한 대가, 즉 가격을 지불하지 않더라도 소비를 배제시킬 수 없는 특성을 말한다. 예를 들어 만일 국방서비스를 시장에 맡겨 판매한다면 그것을 구매하는 사람은 아무도 없을 것이다. 왜냐하면 전쟁이 나면 국방서비스를 구매한 사람과 구매하지 않은 사람을 구별하여 서비스를 제공할 방법이 마땅히 없어, 결국 모두 동일하게 서비스를 제공받기 때문이다. 이처럼 비용을 부담하지 않는 사람도 혜택을 누릴 수 있는 소비의 배제 불가능성의 특성으로 인해 공공재는 이른바 '무임 승차자(free rider)'의 문제가 생기게 된다. 즉 아무도 비용을 부담하지 않고 혜택을 받으려는 문제로 인해 공공재가 생산되지 않는 결과를 낳게 된다.

결국 공공재는 소비의 비경합성으로 인해 소비하는 사람이 설령 증가해도 재화를 생산하는 비용이 늘어나지 않기 때문에 가격을 매기는 것이 바람직하지 않다. 또한, 공공재는 소비의 배제 불가능성 때문에 이용자에게 비용을 치르게 하기도 어렵다. 따라서 공공재의 공급을 시장에 맡기면 채산을 전혀 맞출 수가 없어 공공재의 생산을 맡으려는 기업이 나타나지 않아 사회적으로 적절한 수준의 재화와 서비스가 공급될 수 없다. 이러한 이유로 적정한 수준의 공공재가 생산·공급되기 위해서는 정부가 개입할 수밖에 없다.

## (4) 정보의 비대칭성

시장실패가 발생하는 네 번째 원인은 '정보의 비대칭성' 때문이다. 완전경쟁시장에서는 모든 경제주체가 동일하게 완전한 정보를 보유하고 있다고 전제한다. 하지만 실제로는 정보를 획득하기 위해 비용이 들게 마련이며, 이로 인해 모든 경제주체가 동등한 정보를 보유할 수 없다. 정보의 비대칭성이란 이처럼 경제주체 간에 보유하고 있는 정보의 양과 질이 동일하지 않고 비대칭적인 것을 의미한다.

정보의 비대칭이 존재하면 거래주체들이 동일한 정보를 가지고 거래할 때에 비해 비효율적인 자원배분이 발생하여 시장실패가 초래된다. 이러한 정보의 비대칭으로 인한 시장실패의 대표적인 사례로는 역선택과 도덕적 해이가 있다.

### 역선택

역선택(adverse selection)은 1970년 '역선택 이론'을 제시한 애컬로프(George A. Akerlof)의 논문 「레몬시장 이론(Market for Lemons)」에서 처음 쓰인 용어로, 정보의 격차가 존재하는 시장에서 도리어 품질이 낮은 상품이 선택되는 경우를 의미한다. 즉 정보를 갖고 있지 않은 자가 자신에게 오히려 불리한 선택이나 의사결정을 하게 되는 행위라 할 수 있다. 예를 들어 중고차를 판매하려는 자(이하 판매자)는 중고차의 품질에 대한 정확한 정보를 갖고 있는 반면, 중고차를 구매하려는 자(이하 구매자)는 그렇지 않다. 만일 구매자가 품질이 좋은 중고차라면 1,000만 원에, 품질이 좋지 않은 중고차라면 300만 원에 구매할 용의가 있다고 가정해 보자. 하지만 구매자는 중고차의 품질을 정확히 알 수 없으므로 기댓값[7]을 자신의 구입 가격으로 판매자에게 제시할 것이다. 이때 중고시장에 좋은 중고차와 나쁜 중고차가 반반씩 있다고 가정하면, 기댓값은 (1,000만 원×0.5)+(300만 원×0.5)로 650만 원이 된다. 구매자가 구입가격으로 제시할 650만 원이라는 금액은 좋은 품질의 중고차를 팔려는 사람(1,000만 원을 받고 중고차를 팔 의향이 있는 사람)의 입장에서는 너무 낮은 금액이고, 나쁜 품질의 차를 팔려는 사람(300만 원을 받고 중고차를 팔 의향이 있는 사람)의 입장에서는 매우 좋은 금액이 된다. 따라서 좋은 품질의 차를 팔려는 사람은 판매를 포기하고 중고차 시장을 떠나 버리게 되고, 나쁜 품질의 차를 팔려는 사람만 중고차 시장에 남게 됨으로써 결국 구매자는 나

---

7) 어떤 확률과정을 무한히 반복했을 때 평균으로 기대되는 값

뻔 중고차를 사게 되는 잘못된 선택, 즉 역선택을 하게 된다.

이러한 역선택의 문제를 극복할 수 있는 방법으로 마이클 스펜스(Michael A. Spence) 교수는 신호(signaling)이론을 제안하였다. 예컨대 중고차 판매자들이 일정 기간 무상수리 서비스를 제공할 경우, 이런 서비스 자체가 소비자들에게 중고차 품질에 큰 하자가 없음을 반증하는 신호로 받아들여져 역선택을 방지할 수 있다. 즉 정보를 많이 가진 사람(판매자)이 자신의 이익을 위해 정보를 소유하지 못한 사람(구매자)에게 해당 정보를 제공함으로써 정보의 불균형을 해소하여 역선택을 막을 수 있다.

역선택은 생명보험 가입 시에도 나타날 수 있다. 즉 보험회사는 보험에 가입하려는 사람(이하 가입자)의 위험도에 대하여 완전한 정보를 가지고 있지 않다. 사실상 보험회사 측에서는 위험도별로 가입자를 구별하여 차별적인 보험료를 제시하는 것이 가장 바람직하다. 하지만 양질의 가입자를 식별하기 위한 비용이 너무 많이 들기 때문에 가입자별로 보험료에 차등을 두는 것은 불가능하며, 일률적인 평균보험료율로 계약을 맺을 수밖에 없다. 이 경우, 신체가 건강하거나 사고 위험이 낮은 직종에 종사하는 사람은 자신이 보험회사에 지불해야 하는 보험료가 너무 비싸다고 생각하기 때문에 결국 보험시장에서 탈퇴한다. 하지만 자신이 지불해야 하는 보험료가 저렴하다고 생각하는 위험도가 높은 가입자는 보험시장에 남게 됨으로써 결국 보험회사는 위험도가 높은 사람과만 계약을 맺게 되는 역선택이 발생한다.

이러한 역선택을 방지하기 위해 조세프 스티글리츠(Joseph E. Stiglitz) 교수는 스펜스 교수와는 정반대 방식으로 정보의 불균형을 해소하는 방안을 제시했다. 다시 말해, 정보가 적은 사람이 정보를 많이 소유한 사람으로부터 소위 스크리닝(screening)이라는 메커니즘을 활용해 필요한 정보를 얻어냄으로써 정보의 불균형 문제를 해결할 수 있다는 것이다. 예를 들어 정보가 없는 보험회사가 다양한 종류의 보험 상품을 제시하여 고객 스스로 상품을 선택하게 하면, 고객은 자신이 보유한 사적 정보를 반영하여 자신에게 유리한 보험상품을 선택할 것이다. 이 과정에서 보험회사는 고객의 선택을 통해 고객에 대한 사적 정보를 역으로 유추할 수 있게 되어 역선택을 방지할 수 있다.

### 도덕적 해이

조지프 스티글리츠 교수에 의해 처음 개념이 소개된 도덕적 해이(moral hazard)는 정보의 비대칭으로 인해 자신의 행동이 상대방에 의해 쉽게 파악될 수 없는 경우, 행동에 대한 정보를 가진 측이 최선의 노력을 다하지 않아 상대방에게 손해를 끼치는 경우를 의미한다. 예를 들면, 화재보험에 가입한 자가 보험을 믿고 화재예방 노력을 소홀히 함으로써 화재발생 가능성이 높아지는 경우가 도덕적 해이에 해당한다. 또한, 생명보험에 가입한 자가 보험 가입 이후 자신의 건강관리를 덜 하는 경우도 마찬가지이다. 이러한 도덕적 해이의 문제를 막기 위해 보험회사는 화재로 인한 손실보상으로 보험금 전액을 지급하지 않고, 보험 가입자에게도 보험금을 일부 부담하게 하는 제도를 도입하기도 한다.

도덕적 해이의 문제는 기업 경영에서 주주(주인)와 전문경영인(대리인) 간의 관계에서도 발생한다. 전문경영인은 주주로부터 권한을 위임받아 주주의 이익을 위해 일하는 대리인이다. 하지만 일반적으로 전문경영인이 주주보다 기업 경영에 관해 더 많은 정보를 알고 있는 정보의 비대칭 상황이 발생한다. 이와 같은 상황에서는 대리인인 전문경영인이 주주의 이익보다는 자신의 이익을 위해 주요 경영 사안을 결정하는 도덕적 해이가 발생할 가능성이 있다. 이러한 도덕적 해이를 방지하기 위해 전문경영인에 대한 감시 강화 또는 스톡옵션 제공 등의 방법이 활용된다.

결국 정보의 비대칭성으로 인해 발생하는 이러한 역선택과 도덕적 해이는 시장실패를 초래하며, 정부개입의 필요성이 제기되는 또 하나의 근거가 된다.

## 03 　 정부는 시장실패의 만병통치약인가?

### 1) 정부 개입의 이유

시장과 정부는 각기 경제 질서의 확립과 자원의 효율적 배분 또는 소득의 공평한 분배 등을 통해 경제의 안정과 성장을 도모한다. 하지만 앞에서 살펴본 것처럼 가격기구의 무력화에 따른 시장실패는 효율성을 자랑하는 시장경제체제가 만능이 아님을 확인시켜 준다. 정부개입을 정당화하는 논리를 제시한 후생경제학의 대표적 학자인 피구(Arthur Cecil Pigou)는 그의 저서 『복지의 경제학(The Economics of Welfare, 1920)』에서 사회적 편의시설을 공급하는 데 있어서 시장의 성과가 만족스럽지 못하다는 점을 구체적으로 지적하며, 이러한 문제해결을 위해 정부가 나설 것을 촉구하였다. 이러한 그의 주장에 근거하여 후생경제학에서는 시장실패가 발생하면, 정부와 같은 집단적 결정 메커니즘이 시장 메커니즘을 대체하여 자원배분의 문제를 해결해야 한다고 강조한다

(Cullis & Jones, 1992).

　　이와 같이 정부는 '보이지 않는 손'이 제대로 작동하지 못하는 시장실패를 치유하기 위해 시장에 개입한다. 즉 정부개입 옹호론자들은 시장경제체제에서는 독과점에 따른 소수에 의한 지배와 담합과 같은 불공정한 게임이 발생할 가능성이 높으며, 사회적으로 필요한 양만큼 공공재의 생산이 불가능하고, 특히 시장에서는 형평성을 담보할 수 없는 문제가 발생하기 때문에 자원배분의 비효율성을 예방하고 형평성을 제고하기 위해 정부의 개입은 불가피하다고 주장한다.

📖 REFERENCE 2-3 　　정부의 개입 수준에 따른 사상체계

사상체계는 정부의 개입 정도에 따라 ① 국가만능주의(완전계획경제주의), ② 유럽식 복지국가주의, ③ 케인스주의, ④ 신자유주의, ⑤ 자유주의(야경국가), ⑥ 무정부주의로 구분할 수 있다. 숫자가 낮을수록 정부의 기능을 중시하는 사회주의적 성격이 강한 반면, ⑥ 무정부주의를 제외하고 숫자가 높을수록 시장기능을 중시하는 자본주의적 성격이 강하다. ①은 계획경제체제, ②, ③은 혼합경제체제, ④, ⑤는 시장경제체제라 하며, ⑥에 입각한 정부는 존재하지 않는다. 결국, ①, ②, ③은 정부개입을 중시하는 사상에 가깝고 ④, ⑤는 시장기능을 중시하는 사상이라 할 수 있다.

　　정부개입을 중시하는 사상은 첫째, 시장경제의 원활한 작용과 경제안정을 위해 정부가 적극적으로 개입해야 한다는 케인스 주의, 둘째, 시장경제의 원활한 작동을 통한 효율성보다는 형평성을 중시하여 정부가 소득재분배를 보다 적극적으로 실천하여 복지국가를 건설해야 한다는 유럽식 복지국가주의, 셋째, 국가가 모든 것을 책임지고 시장을 완전히 대체하여 완전한 평등을 추구해야 한다는 국가만능주의로 구분할 수 있다.

## 2) 정부실패[8]

정부실패(government failure)는 미국의 경제학자인 울프(C. Wolf, Jr.)가 '비시장 실패(nonmarket failure)'를 논하면서 일반화된 개념으로, 정부의 개입이 자원배분의 효율성과 형평성을 높이기는커녕 오히려 자원배분의 비효율성과 불공정성을 심화시키는 현상을 말한다. 하지만 정부실패의 유형이나 원인은 시장실패처럼 학자들의 일치된 견해가 존재하는 것은 아니다. 여기에서는 비시장(nonmarket), 즉 정부에서 제공하는 재화와 서비스의 수요와 공급은 시장의 수요 및 공급과는 구별된다는 전제하에 여러 유형의 비시장 실패(nonmarket failure)를 수요와 공급에 내재하는 특성에 따라 제시한 울프(Wolf, 1988, 1989)의 '비시장 실패론(Theory of Nonmarket Failure)'을 중심으로 정부실패의 유형(원인)에 대해 살펴보고자 한다.

### 비용과 수입의 분리

정부실패의 첫 번째 유형(원인)은 '비용과 수입의 분리(the distinction between costs and revenues)'이다. 사실상 시장에서는 재화나 서비스를 생산하거나 어떤 활동을 수행하는 데 소요되는 (생산)비용(costs)과 그러한 활동을 지속할 수 있게 하는 (판매)수입(revenues)이 가격이라는 기제를 통해 서로 밀접하게 연계되어 있다. 하지만 공공재와 공공서비스를 제공하는 정부활동은 이러한 연계 고리가 존재하지 않는다. 즉 정부활동을 지속가능하게 하는 수입은 정부가 공급하는 공공재나 공공서비스의 판매수입이 아니라, 국민으로부터 징수한 세금, 사용료, 수수료 등의 비가격적 원천을 통해 조달된다. 따라서 정부가 생산하는 공공재나 공공서비스의 적절한 양과 가치는 생산을 위한 비용과 분리되어 결정된다.

이처럼 어떤 활동을 지속가능하게 하는 수입(유지비용)이 그 생산비용과 연계되지 않으면, 산출물을 생산하는 데 필요 이상의 과다한 자원이 사용되거나, 시장실패를 정상화하기 위해 필요한 양보다 더 많은 정부활동이 공급되기 쉽다. 특히, 조세를 통한

---

8) 시장실패나 정부실패를 다루고 있는 사회복지개론서는 의외로 많지 않다. 특히 정부실패에 대한 상세한 설명을 담고 있는 경우는 극히 드물다. 그 이유는 아마도 시장실패의 문제를 해결하기 위해 정부의 개입을 기본 전제로 하는 사회복지 영역에서 정부의 실패를 다루는 것이 모순된다고 여기기 때문일 것이다. 하지만 정부의 역할과 기능의 확대를 무조건 주장하기보다는 오히려 정부의 역할과 기능의 확대에 따른 한계와 부작용을 확실히 인지하고 극복할 수 있는 대안을 마련할 때, 사회복지에 대한 국민의 긍정적인 인식을 유도할 수 있을 것이다.

수입의 어느 부분이 정확히 어떤 재화나 서비스를 생산하는 데 사용되었는지 특정하기 어려워 정부활동은 부가적인 비용(redundant costs)이 소요되거나 시간이 지남에 따라 비용이 상승하는 경향을 보인다.

결론적으로 비용과 수입의 분리에 따라 부가비용이 소요되고 상승하며, 특히 정부의 생산활동에 소요되는 비용이 관료들의 개인 돈이 아니기 때문에 정부조직에서는 시장조직과 달리 효율성을 고려할 유인이 낮아 비효율적이고 낭비적인 지출이 많아질 수밖에 없어 결국 정부실패가 발생한다.

### 내부성과 조직목표

정부실패의 두 번째 유형(원인)은 '내부성(internalities)과 조직목표'이다. 시장조직이든 정부조직이든 모든 조직은 조직성과를 측정할 수 있는 기준, 즉 성과지표를 가지고 있다. 시장조직의 경우에는 조직의 성과기준으로 이윤, 매출액, 시장점유율 등 가격체계와 강력하게 연계된 명확한 기준이 존재한다. 하지만 정부조직은 가격체계와 연계된 성과기준이 존재하지 않는다. 정부조직은 독점적 지위를 누리고 있기에 경쟁을 통한 비용통제의 기준을 마련하려는 유인이 크지 않다. 따라서 성과를 평가하는 데 있어 원가 의식이 부족하고 단지 투입요소인 인력과 예산의 극대화만을 추구하는 경향을 보이는 문제가 발생하는데, 이를 내부성이라 한다(남궁근, 2017).

결국 내부성은 정부 관료들이 전체 국민에 대한 봉사라는 조직 본래의 공적인 목표보다 예산과 인력 확보라는 자신이 속한 조직 내부의 사적인 목표와 이익을 우선시함으로써 예산낭비라는 비효율이 발생하는 것을 의미한다. 이러한 내부성 때문에 시장실패를 교정하기 위한 정부의 개입은 오히려 효율성을 저하시키는 결과를 가져와 결국 정부실패를 초래한다.

### 파생적 외부효과

정부실패의 세 번째 유형(원인)은 '파생적 외부효과(derived externalities: 파생적 외부성)'이다. 이는 정부 관료들이 비록 본업에 충실하더라도 인간 능력의 한계로 인해 의도하지 않은 부작용이 발생하는 문제이다. 설령 정부가 유용한 정보를 더 많이 가지고 있고 관료들이 우수하다고 할지라도 수립한 정책이 의도한 바가 아닌 예기치 못한 결과(unexpected consequences)를 낳음으로써 문제를 더욱 어렵게 만드는 경우가 적지 않다. 이로 인해 정부의 개입이 시장 상황을 더욱 어렵게 만드는 정부실패가 발생한다.

### 권력의 편재에 따른 분배적 불공평

정부실패의 네 번째 유형(원인)은 '권력의 편재에 따른 분배적 불공평(distributional inequality)'이다. 이는 시장실패를 교정하고 공공 후생의 증진을 위해 정부가 시장에 개입할 때, 정부정책의 결정 권한이 소수의 의사결정권자에게 집중되어 있어 특정 계층이나 특정 지역만이 혜택(보조금이나 세제상의 우대조치)을 보는 권력의 불공정 행사에 따른 문제를 의미한다. 즉 시장에서의 불공평 문제가 소득이나 부의 분배에 관한 것이라고 한다면, 비시장에서 불공평의 문제는 권력이나 특혜에 관한 것이라고 할 수 있다. 이처럼 권력이 불공정하게 행사될 경우, 분배의 정의를 실현하기 위한 정부의 개입이 오히려 분배의 불공평을 초래함으로써 정부실패가 발생한다.

### X의 비효율성

울프가 제시한 비시장 실패 유형에 포함되지는 않지만, 이미 본 책의 시장실패 부분에서 언급한 바 있는 'X의 비효율성(X-inefficiency)'도 또 하나의 정부실패의 유형에 해당한다.

어떤 기업이 노동, 기계, 기술 등 주어진 자원을 이용하여 최대의 산출물을 얻는다면, 이를 'X의 효율(X-efficiency)'이라고 하고, X의 효율을 달성할 수 없을 때 이를 X의 비효율이라고 한다. 하비 라이벤슈타인(Harvey Leibenstein)은 완전경쟁시장에서는 기업이 비효율적으로 운영되면 도태되기 때문에 X의 비효율이 존재하지 않지만, 독점과 같은 불완전경쟁시장에서는 경쟁이 존재하지 않아 조직관리를 비효율적으로 하더라도 생존할 수 있어 그로 인한 경제적 손실, 즉 X의 비효율이 발생하게 된다고 주장한다.

이러한 맥락에서 경쟁에 노출되지 않고 독점적인 위치에 있는 정부조직은 정상적인 경쟁시장에서의 기업과는 달리 혁신이나 경영의 효율성을 추구하기 위한 유인이 현저히 낮고 조직이 방만하게 운영될 가능성이 높다. 그로 인해 조직관리상의 비효율(구성원의 비자율성, 규칙과 절차의 강요, 비대한 관리부서 등), 즉 X의 비효율에 따른 정부실패가 발생한다.

## 04 빈부격차

### 1) 빈부격차에 대한 견해

#### 시장기능 중시자

시장경제체제에서는 소득분배가 공평하게 이뤄지지 않기 때문에 빈부격차가 필연적으로 발생한다. 하지만 시장기능 중시자들에게 이러한 불평등은 너무나도 자연스러운 현상이며, 평등사회를 구현하기 위한 인위적인 정부의 개입은 오히려 문제가 된다. 다시 말해, 평등사회를 구현하기 위해 정부가 시장에 개입하여 부유한 자로부터 세금을 더 거두어 가난한 자에게 나눠주는 것이야말로 문제이며 불공평한 일이라는 것이다.

시장기능 중시자들은 더 열심히 일하고 더 검소하게 살아온 대부분의 부유한 사람들로부터 세금을 거둬 나태하고 낭비적인 삶을 살아온 가난한 사람들에게 나눠 주는 것을 공평하다고 할 사람은 없을 것이라고 역설한다. 특히 경쟁의 결과로 나타나는 소득의 차이에 의한 빈부격차는 인간에게 더 열심히 노력하며 살아가게끔 하는 원동력이 된다고 믿는다. 따라서 이들은 절대적 극빈층의 기본적인 욕구를 충족하는 문제만 해결된다면 빈부격차는 용인되어야 한다고 주장한다(이준구, 2004).

시장기능 중시자들에게 문제가 되는 빈부격차는 정부로부터 인·허가 등의 특혜를 받거나, 특히 독과점과 같이 시장에서 공정한 경쟁을 통하지 않고 얻어지는 수혜로 인해 발생하는 빈부격차이다. 시장기능 중시자들은 이러한 정부의 개입에 의한 시장의 왜곡은 반드시 시정되어야 한다고 주장한다. 결국 시장기능 중시자들에게 있어 정부가 해야 할 일은 시장기능이 제대로 작동하도록 공정한 경쟁에 장애가 되는 요인들을 제거하고, 투입된 노력에 비례하여 소득이 공정하게 배분될 수 있도록 기회의 균등을 보장해 주는 것이다. 다만, 기회가 주어져도 공정한 경쟁의 대열에 참여하기 어려운 노약자와 장애인 등 사회적 약자를 위한 정부의 개입에 대해서는 시장기능 중시자들도 인정한다(이정전, 1993).

#### 정부개입 중시자

정부개입 중시자들은 물질적 조건에 대한 균등한 향유가 인간의 보편적이고 도덕적인 가치를 회복시키기 위한 핵심적인 요소라고 보면서 결과적 평등을 강조한다. 따라서 이들은 능력이 지배하는 사회가 발생시키는 빈부격차의 문제를 정부가 적극적으로 개입하여 해결해야 한다고 믿는다.

정부개입 중시자들은 빈부격차의 심화로 인해 사회적 위화감이 조성되고 국민적 단결력이 저하될 것을 우려한다. 이들은 빈부격차로 인해 경제력이 소수에 집중됨에 따라 민주적인 사회질서가 위협받을 가능성이 커지게 된다고 주장한다. 특히 빈부격차의 심화로 인해 빈곤층이 증가하게 되면 노숙자 문제, 범죄 증가 등 각종 사회문제가 발생함으로써 빈곤하지 않은 계층에게도 큰 불안 요인이 된다고 경고한다(김승욱 외, 2004).

이러한 빈부격차의 문제를 전적으로 시장에 내맡기는 나라는 없으며, 어떠한 방식으로든 문제를 해결하기 위해 정부가 개입한다. 하지만 노동윤리가 무너진 채 국가가 제공하는 복지에 전적으로 의존하며 살아가는 이들의 도덕적 해이 문제를 어떻게 해결할 것인지에 관한 질문에 대해 정부개입중시자들은 명확한 해답을 내놓지 못하고 있는 것이 사실이다.

## 2) 빈부격차 측정 방법

빈부격차는 소득의 불평등 분배를 의미한다. 소득분배는 크게 기능별 소득분배와 계층별 소득분배로 나눌 수 있다. 기능별 소득분배는 어떠한 생산요소(노동, 자본, 토지 등)를 소유하고 있는지에 따라 사회집단을 노동자·자본가·지주라는 계급으로 분류하여, 각 계급 간에 소득이 어떻게 분배되는가를 파악하는 방법을 말한다. 반면, 계층별 소득분배는 소득의 크기에 따라 계층을 나누어 전체 소득에서 각 계층의 소득이 차지하는 비율을 살펴보는 것이다.

일반적으로 소득분배라고 하면 후자의 계층별 소득분배를 의미한다. 계층별 소득분배는 보통 개인 단위가 아닌 가계 단위에서 파악되는데, 그 이유는 학생 등과 같이 소득원이 없는 사람도 많고 사람들의 기본 단위가 가계이기 때문이다. 계층별 소득분배 이론에서 빈부격차를 측정하는 대표적인 방법으로는 10분위 분배율, 5분위 배율, 로렌츠 곡선, 지니계수 등이 있다(김승욱 외, 2004).

### (1) 10분위 분배율

10분위 분배율(deciles distribution ratio)은 1973년 스탠포드 대학의 아델만(Irma

Adelman) 교수와 모리스(Cynthia Taft Morris) 교수가 발표한 소득분배 정도 판별법이다. 10분위 분배율은 한 나라의 모든 가구를 소득의 크기순으로 배열하고 이를 10% 단위로 균분하여 10등급으로 분류한 후, 소득이 가장 낮은 1등급에서 4등급까지의 소득의 합, 즉 소득 최하위 40%의 소득의 합을 소득이 가장 높은 9등급과 10등급, 즉 소득 최상위 20%의 소득의 합으로 나눈 비율을 말한다.

$$10분위 분배율 = \frac{최하위\ 40\%\ 소득\ 계층의\ 소득액}{최상위\ 20\%\ 소득\ 계층의\ 소득액}$$

10분위 분배율은 0~2의 값을 갖는다. 만약 한 나라의 소득분배가 완전히 평등하다면, 즉 최하위 40% 가구가 전체 소득의 40%를 가져가고 최상위 20% 가구가 전체 소득의 20%를 가져간다면, 10분위 분배율은 2가 된다. 반면 소득분배가 완전히 불평등하다면, 즉 최하위 40% 가구의 소득이 전체 소득의 0%라면 10분위 분배율은 0이 된다. 따라서 10분위 분배율이 2에 가까울수록 소득격차는 작고, 반대로 0에 가까울수록 소득격차는 크다. 일반적으로 10분위 분배율이 0.45 이상이면 분배가 잘 된 고평등 분배국가이고 0.35~0.45라면 저평등 분배국가(중간 수준의 분배국가)이며, 0.35 이하이면 불평등 분배국가로 분류한다. 10분위 분배율은 측정이 간단하여 실제 소득분배를 연구할 때 많이 이용되지만, 사회 구성원 전체의 소득분배 상태를 나타내지 못한다는 단점이 있다.

## (2) 5분위 배율

5분위 배율(income quintile share ratio)은 한 나라의 모든 가구(또는 도시근로자 가구)를 소득의 크기순으로 배열하고 이를 20% 단위로 균분하여 5등급으로 분류한 후, 최상위 20%의 소득을 최하위 20%의 가구소득으로 나눈 비율을 의미한다.

$$5분위 배율 = \frac{최상위\ 20\%\ 소득\ 계층의\ 소득액}{최하위\ 20\%\ 소득\ 계층의\ 소득액}$$

5분위 배율은 1~무한대의 값을 갖는데, 5분위 배율은 소득분배가 완전히 평등하면 1, 소득분배가 완전히 불평등하면 무한대의 값이 나온다. 따라서 5분위 배율의 값이 커질수록 불평등한 국가이다.

결국 5분위 배율은 최하위 20% 가구의 소득에 비해 최상위 20%의 가구 소득이 몇 배나 되는가를 보여줌으로써 해당 사회가 얼마나 불평등한지를 파악하게 해준다. 예를 들어, 최상위 20% 가구 소득의 합이 1,000만 원이고, 최하위 20% 가구 소득의 합이 100만 원이라면 5분위 배율은 10(1,000만 원/100만 원)이 된다. 이는 최상위 20%의 가구 소득이 최하위 20%의 가구 소득에 비해 10배가 많다는 것을 의미한다. 5분위 배율은 측정이 간단하지만, 10분위 분배율과 마찬가지로 사회 구성원 전체의 소득분배 상태를 나타내지 못한다는 한계를 지닌다.

---

**REFERENCE 2-4** 　5분위 분배율과 10분위 배율

'5분위 배율'과 '5분위 분배율'을 혼용하여 사용하는 경우를 간혹 볼 수 있다. 하지만 우리나라 통계청에서는 5분위 분배율이라는 용어를 사용하지 않는다. 따라서 5분위 배율, 엄밀히 말하면 '소득 5분위 배율(income quintile share ratio)'이 옳은 용어이다.

한편, 10분위 배율은 10분위 분배율과 엄연히 다른 개념이지만, 두 용어 모두 공식적으로 사용되는 용어이다. 10분위 배율은 5분위 배율과 유사하게 전체 가구를 소득에 따라 10분위로 균등하게 나누어 소득 최상위 10%의 가구소득을 최하위 10%의 가구소득으로 나눈 값이다. 즉 10분위 배율은 소득 최상위 10%가 소득 최하위 10%의 몇 배의 소득을 보유하고 있는지를 보여주는 값이며, 10분위 배율이 클수록 불평등한 국가이다. 예를 들어 어떤 사회의 10분위 배율이 8.5라면, 그 사회의 소득 최상위 10%가 최하위 10%보다 8.5배의 소득을 가지고 있다는 것을 의미한다.

---

## (3) 로렌츠 곡선

소득의 불균등한 분배 정도를 한눈에 볼 수 있게 해주는 로렌츠 곡선(Lorenz curve)은 계층별 소득 분포 자료로부터 인구 누적 비율과 소득의 누적 점유율 사이의 대응 관계를 표시한 곡선이다. 즉 <그림 2-1>에서 보는 바와 같이, 소득이 낮은 사람부터 높은 사람 순으로 전체 인구를 나열하여 총인구를 100으로 설정하고 가로축은 인구누적비율로, 세로축은 이 사람들의 소득을 차례로 누적한 총소득을 100으로 하는 소득누적비율로 설정한 후, 인구누적비율과 해당 소득누적비율이 만나는 점들을 연결

한 선을 로렌츠 곡선이라고 한다.

<그림 2-1>의 사각형에서 대각선(OO´)는 '평등선' 또는 '균등선(line of equality)', '완전평등선' 또는 '완전균등선(perfect equality line or line of absolute equality)', '균등분포선' 또는 '균등분배선(line of equal distribution)' 등 다양한 명칭으로 일컬어진다. 대각선상의 A점은 해당 사회의 50%의 인구가 전체 소득에서 정확히 50%의 소득을 보유하고 있음을 보여준다. 결국, 균등분포선은 인구누적비율과 소득누적비율이 일치하는, 즉 모든 인구가 동일한 소득을 보유해 완전히 평등한 소득분배 상태임을 나타내는 선이다. 그러나 현실에서는 모든 국민이 동일한 소득을 갖는 완전한 균등분배가 발생하지 않기 때문에 곡선(OBO´)와 같은 로렌츠 곡선이 만들어진다. 로렌츠 곡선상의 B점은 총인구의 50%가 전체 소득의 20%를 보유하고 있음을 보여준다.

대각선(OO´)과 로렌츠 곡선(OBO´)이 만드는 면적(Z)은 '불균등 면적'이라고 일컬어지는데, 그 나라의 소득 불균등 정도를 보여준다. 결국, 불균등 면적이 클수록, 다시 말해 로렌츠 곡선(OBO´)이 대각선(OO´)으로부터 멀어질수록 해당 사회의 소득 불균등 정도가 크다는 것을 의미한다.

▎그림 2-1 로렌츠 곡선

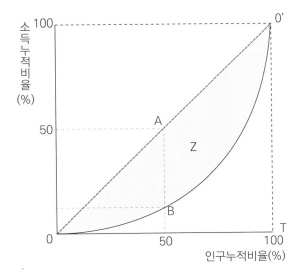

## (4) 지니계수

앞에서 설명한 로렌츠 곡선은 한 나라의 소득 불평등 정도는 물론 두 나라 이상의 소득 불평등 정도를 쉽게 비교할 수 있게 해 준다. <그림 2−2>에서 볼 수 있듯이 A 국과 B국의 로렌츠 곡선을 비교했을 때, A국의 경우에는 전체 인구의 50%가 전체 소득의 30%를 점유하고 있다. 하지만 B국에서는 전체 인구의 50%가 전체 소득의 20%만을 점유하고 있다. 즉 대각선(OO′)과 로렌츠 곡선(OBO′)이 만드는 면적이 더 큰 B국 (X+Y)이 A국(X)보다 소득 불평등 정도가 더 크다는 것을 쉽게 알 수 있다.

▌그림 2-2 두 나라의 로렌츠 곡선

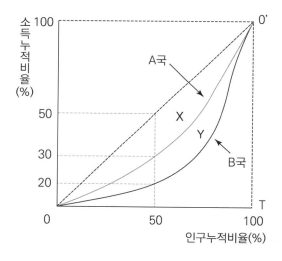

하지만 <그림 2−3>과 같이 두 나라의 로렌츠 곡선이 서로 교차하는 경우, 어떤 나라가 소득이 더 불균등하게 분배되어 있는지를 구분하기 어렵다. 이 문제를 해결하기 위해 고안된 것이 바로 지니계수(Gini coefficient)이다.

지니계수는 <그림 2−1>의 직각이등변삼각형(OTO′)의 면적에서 소득불균등 면적(대각선과 곡선 사이의 면적)이 차지하는 비율이다. 다시 말해, 불균등 면적(Z)을 직각이등변삼각형 OTO′의 면적으로 나눈 값을 지니계수라 한다.

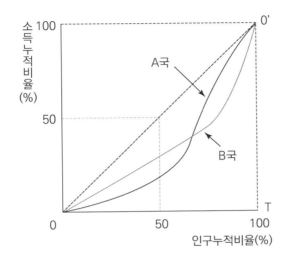

$$지니계수 = \frac{불균등\ 면적(Z)}{직각\ 이등변삼각형(OTO')의\ 면적}$$

지니계수는 0~1의 값을 갖는다. 소득분배가 완전평등 상태이면 불균등 면적이 0 이므로 지니계수는 0이 되고, 소득분배가 완전히 불평등하면 불균등 면적이 이등변삼 각형 면적과 같아져 지니계수는 1이 된다. 즉 지니계수 값이 클수록 소득이 불평등하게 분배되어 있는 것이다. 일반적으로 지니계수가 0.35 이하면 소득격차가 적은 균등분배 국가로, 0.35~0.4이면 소득격차가 보통 수준인 국가로, 0.4 이상이면 소득격차가 큰 국 가로, 0.5 이상이면 소득격차가 매우 큰 불균등분배국가로 분류한다. 이러한 지니계수 는 한 사회의 전체 인구와 총소득을 가지고 소득분배 상태를 계산한 값이기 때문에 특 정 소득계층의 소득분배 상태를 알 수 없다는 한계를 지닌다.

📖 REFERENCE 2-5  절대적 빈곤과 상대적 빈곤

빈곤은 '절대적 빈곤(absolute poverty: 절대 빈곤)'과 '상대적 빈곤(relative poverty: 상대 빈곤)'으로 구분할 수 있다.

우선, 절대적 빈곤이란 인간의 생존을 위해 필요한 최소한의 생활마저 유지하지 못하는 수준의 빈곤을 의미한다. 일반적으로 빈곤의 절대적이고 객관적 기준이 되는 빈곤선(poverty line)을 설정하고 개인이나 가구의 소득이 빈곤선에 미치지 못하는 경우 절대적 빈곤 상태에 놓여 있는 것으로 판단한다.

이러한 절대적 빈곤선을 설정하는 방법에는 전물량 방식과 반물량 방식이 있다. 전물량 방식은 영국의 사회학자 라운트리(Seebohm Rowntree)에 의해 도입된 방식으로 인간이 생활하는 데 필요한 식품, 의복 등의 모든 생필품을 선정하고 각 생필품의 최저 수준을 정하여 그것을 가격으로 환산한 총합으로 빈곤선을 설정한다. 반물량 방식은 미국의 경제학자 오샨스키(Mollie Orshansky)가 제시한 것으로 모든 필수품이 아닌 최저생활에 필요한 식료품비만 산출하고 그것에 일정한 값을 곱하여 빈곤선을 설정하는 방식이다.

반면, 상대적 빈곤이란 한 사회 내에서 다른 사람들과 비교하여 상대적으로 생활수준이 떨어지는 상태를 의미한다. 따라서 상대적 빈곤은 사회의 전반적인 생활수준과 관련되어 있고, 빈곤을 사람들 간의 격차의 문제로 보면서 한 사회의 소득 불평등과 상대적 박탈의 개념을 반영한다. 결국 상대적 빈곤이 큰 사회는 소득 불평등이 심한 사회이다.

상대적 빈곤의 측정은 사회마다 임의로 설정한 기준선인 상대적 빈곤선을 기준으로 하여 그에 미달하는 상태에 있을 때 상대적 빈곤에 해당하는 것으로 본다. 우리나라는 중위소득의 50%를 상대적 빈곤선으로 설정하여, 그에 미달하면 상대적 빈곤층으로 규정한다. 여기서 중위소득이란 전체 가구를 소득순으로 나열하였을 때, 한가운데 지점에 위치하는 가구의 소득을 말한다. 예를 들어, 한 국가의 상대적 빈곤율이 14.7%라는 의미는 해당 국가의 중위소득의 50% 미만의 소득을 얻는 가구 비율이 전체 가구의 14.7%라는 뜻이다.

## 3) 빈부격차 해소 방안

### (1) 소득재분배의 방법

국가는 시장에 의한 불평등한 소득분배 상태를 완화하기 위하여 정책적 개입을 하는데, 이를 소득재분배(income redistribution) 정책이라고 한다. 소득재분배 정책에는 조세정책과 정부지출(보조금 지급)이 있다.

우선 조세정책의 경우, 누진세율을 적용한 소득세 징수가 가장 대표적인 소득재분배 방법이라 수 있다. 그 외에 부모 사망 후 자식에게 재산이 이전될 때 부과되는 상속세, 재산이 무상으로 이전되는 경우에 부과되는 증여세, 고소득층이 주로 사용하는 사치품에 부과되는 특별소비세 등이 소득재분배를 위한 조세정책에 해당한다.

한편, 정부지출은 말 그대로 정부가 공공의 목적을 위해 집행하는 모든 비용지출을 의미한다. 즉 공무원 급여, 치안 및 국방서비스 등 공공재 공급, 사회간접자본 확충, 보조금 지급 등을 위해 소요되는 모든 지출이 이에 해당한다. 이 가운데 보조금 형식의 정부지출은 조세와 함께 소득재분배를 위한 직접적이고 효과적인 수단이다. 소득재분배를 위한 대표적인 보조금으로는 저소득층, 노인, 장애인 등 경제적 자립이 어려운 계층의 생계 보조나 경제적 자활을 위해 지출되는 소득이전적 사회복지비를 들 수 있다.

## (2) 소득재분배의 유형

소득재분배의 유형은 '수직적 재분배'와 '수평적 재분배', '세대 내 재분배'와 '세대 간 재분배', '장기적 재분배'와 '단기적 재분배' 등으로 구분할 수 있다.

첫째, 수직적 재분배는 서로 다른 소득계층 간의 소득 이전(income transfer), 즉 고소득층에서 저소득층으로 소득이 재분배되는 것을 말한다. 수직적 재분배가 발생하는 대표적인 제도로는 공공부조를 들 수 있다. 공공부조는 누진세율이 적용되는 일반조세를 재원으로 하여 자산조사를 통해 빈곤층에게 국가가 책임을 지고 국민의 최저생활을 보장함으로써 최후의 안전망 기능을 수행한다. 우리나라의 가장 대표적인 공공부조로는 국민기초생활보장제도를 들 수 있다.

REFERENCE 2-6    국민기초생활보장제도

우리나라의 대표적인 공공부조인 국민기초생활보장제도는 1997년 말 외환위기로 인해 심각한 실업과 빈곤문제를 겪는 상황에서, 빈곤층의 인간다운 삶을 보장하기 위해 1999년 9월 7일 제정되었고, 2000년 10월 1일 시행되었다.

이 제도는 빈곤층에 대한 소득보장을 사회권의 하나로 인정하고, 근로능력 유무와 무

**연도별 기초생활보장 수급 중단자(탈수급자) 추이**  (단위: 명)

자료: 조은희 국민의힘 의원실

관하게 모든 빈곤층에 대한 소득보장을 규정하였으며, 자활 사업을 통해 근로연계복지(workfare)를 강조하고 있다는 특징을 갖고 있다.

국민기초생활보장제도에 따라 생계급여, 주거급여, 의료급여, 교육급여 등 총 7개의 급여가 지원된다. 첫째, 생계급여는 수급자의 생계를 유지하기 위해 일상생활에 기본적으로 필요한 의복비, 음식물비, 연료비 등에 소요되는 비용을 현금으로 지급한다. 둘째, 주거급여는 주거안정을 위해 임차급여의 경우 기준임대료를, 수선유지급여의 경우 주택을 소유한 가구에 대하여 주택 노후도 등 주택 상태를 종합 점검하여 보수 범위를 경·중·대보수로 차등 적용해 수선을 지원하는 제도이다. 셋째, 의료급여는 질병·부상·출산 등으로 도움이 필요한 기초생활보장수급자에게 지급되는 급여이다. 의료급여 수급권자는 1종 수급권자와 2종 수급권자로 구분되는데, 입원 진료의 경우 1종 수급권자는 본인부담금이 없고 2종 수급권자는 전체 비용의 10%를 부담한다. 외래 진료의 경우에도 1종 수급권자는 이용하는 의료기관에 따라 1,000원~2,000원의 본인 부담금이 있지만, 2종 수급권자는 전체 비용의 15%까지 지불하게 되어 있다. 의료급여는 본인부담이 없거나 소액만 지급하는 특성으로 인해 2·3차 의료급여기관으로 진료가 집중될 수 있는 소지가 높아, 의료자원의 효율적 활용과 대형병원으로의 환자 집중현상을 방지하기 위하여 건강보험의 2단계 요양급여와 달리 3단계 급여절차를 규정하고 있다. 넷째, 교육급여는 학교나 시설에 입학해 입학금, 수업료, 학용품비, 그 밖의 수급품 등이 필요한 기초생활보장수급자에게 지급되는 급여이다. 다섯째, 해산급여는 생계급여, 주거급여 및 의료급여 중 하나 이상의 급여를 받는 수급자 중 조산을 했거나 분만 전후로 조치와 보호가 필요한 기초생활보장수급자에게 지급되는 급여이다. 여섯째, 장제급여는 생계급여, 주거급여 및 의료급여 중 하나 이상의 급여를 받는 수급자가 사망해 사체의 검안(檢案)·운반·화장 또는 매장, 그 밖의 장제 조치가 필요한 경우에 지급되는 급여이다. 일곱째, 자활급여는 수급권자의 자활을 돕기 위해 자활에 필요한 금품의 지급 또는 대여, 자활에 필요한 근로능력의 향상 및 기능습득의 지원, 취업알선 등 정보의 제공, 창업교육, 기능훈련 및 기술·경영 지도 등 창업지원, 자활에 필요한 자산형성 지원 등의 명목으로 지급되는 급여이다.

국민기초생활보장제도의 수급자를 선정하는 데 있어, 2015년 국민기초생활보장법 개정 이전에는 최저생계비를 기준으로 그 이하에 해당하는 기초생활수급자에게는 생계·의료·주거·교육 급여 등을 제공하였고, 최저생계비의 120% 이하에 해당하는 차상위계층에게는 초·중·고 학비 일부 등을 지원했었다. 하지만 2015년 국민기초생활보장법의 개정에 따라 그 이전까지 수급자 선정 및 급여 기준으로 활용해 온 최저생계비 대신 상대적 빈곤개념을 도입하여 '기준 중위소득'을 근거로 생계, 의료, 주거 및 교육급여 대상 가구를 선정하고 있다. 기준 중위소득이란 국민기초생활보장법' 제20조 제2항에 따라 보건복지부 장관이 중앙생활보장위원회 심의·의결을 거쳐 고시하는 국민 가구소득의 중위값을 말한다. 보건복지부는 중앙생활보장위원회를 열고 매년 8월 1일까지 다음 해에 사용할 기준 중위소득을 결정한다.

2023년 현재, 기준 중위소득은 1인 가구 207만 7천892원, 2인 가구 345만 6천155원, 3인 가구 443만 4천816원, 4인 가구 540만 964원, 5인 가구 633만 688원, 6인 가구 722만 7천981원이다. 가구의 소득인정액9)이 이렇게 결정된 기준 중위소득의 30% 이하인 가구는 생계급여, 40% 이하는 의료급여, 47% 이하는 주거급여(2022년에는 46%), 50% 이하는 교육급여를 받을 수 있다. 예를 들어 1인 가구의 경우, 소득인정액이 중위소득 2,077,892원의 30%인 623,368원 이하면 생계급여(2023년 현재, 4인 가족 기준 최대 162만 원 지원)를 받을 수 있다. 따라서 자신의 소득인정액이 월 400,000원이라면 623,368원에서 400,000을 감한 223,368원을 매월 생계급여로 지원받는다.

한편, 국민기초생활보장제도의 지원을 받기 위해서는 소득인정액이 기준에 부합해야 하며 동시에 몇몇 급여의 경우에는 부양의무자 기준을 충족해야 한다. 부양의무자란 부양할 책임이 있는 사람으로서 수급권자의 1촌 직계혈족 및 그 배우자를 말한다. 단, 사망한 1촌의 직계혈족의 배우자는 부양의무자에서 제외된다. 즉 아들 또는 딸 사망 시, 며느리 또는 사위는 부양의무자 범위에서 제외된다. 따라서 부양의무자 기준이 충족되었다는 것은 부양의무자가 없는 경우, 부양의무자가 있어도 부양능력이 없는 경우, 부양의무자가 부양능력이 미약한 경우로 수급권자에 대한 부양비 지원을 전제로 부양능력이 없는 것으로 인정하는 경우, 부양의무자가 있어도 부양을 받을 수 없는 경우를 말한다.

이러한 부양의무자 기준이 적용되는 수급자는 의료급여·생계급여 수급자이며, 주거급여·교육급여는 적용되지 않는다. 다만, 생계급여의 경우에는 2021년 10월 문재인 정부에서 생계급여 부양의무자 기준을 폐지한다고 발표했으나, 실제로는 부양의무자의 연 소득이 1억 원을 초과하거나 일반재산이 9억 원을 초과하는 경우, 수급권자는 생계급여 대상에서 제외되기 때문에 완전히 부양의무자 기준이 폐지된 것이 아니라 부분적으로 완화된 것에 불과하다.

반면, 수평적 재분배란 서로 다른 소득계층 간의 소득 이전이 아니라 사회적인 욕구의 차이가 있는 집단 간에 이루어지는 소득 이전, 즉 집단 내에서 위험부담을 나누기 위해 행해지는 재분배라 할 수 있다. 예를 들면, 건강한 사람으로부터 질병이 있는 사

---

9) 국민기초생활보장제도에의 소득인정액이란 소득평가액과 재산의 소득환산액을 합한 금액이다.
　　소득인정액＝소득평가액＋재산의 소득환산액
　　소득평가액＝실제소득－가구특성별 지출비용－근로소득공제
　　재산의 소득환산액＝(일반·금융재산의 종류별 가액－기본재산액－부채)＋자동차 재산 가액}×재산의
　　　　　　　　　　　종류별 소득환산율

람에게로 소득이 재분배되는 건강보험, 취업자로부터 실업자에게로 소득이 재분배되는 고용보험 등이 수평적 재분배를 위한 대표적인 제도들이다. 또한, 가족수당도 수평적 재분배의 좋은 예이다. 가족수당의 재정은 전 국민이 공동으로 내는 조세이며, 가족수당 급여는 부양가족이 있는 가족에게만 제공되고, 부양가족이 많을수록 더 많이 받게 되는 구조가 대부분이다. 따라서 가족수당은 부양해야 할 가족이 없는 사람으로부터 부양해야 할 가족이 있는 사람에게로 소득이 이전되는 수평적 재분배가 발생하는 제도이다.

혹자들은 사회보험[10]에서 수평적 재분배만 나타난다고 말하는데, 그것은 옳은 주장이 아니다. 실제로 사회보험인 건강보험과 국민연금 등에서는 수평적 재분배뿐만 아니라 수직적 재분배의 효과도 나타난다. 즉 건강보험의 경우, 소득이 높을수록 더 많은 보험료를 낸다. 하지만 건강보험의 혜택은 납부한 보험료의 액수와 관계없이 모든 사람에게 평등하게 제공된다. 따라서 비록 공공부조만큼 효과가 크지는 않을지라도 건강보험에서도 수직적 재분배 효과가 나타난다. 또한, 국민연금도 고소득층보다 저소득층에게 상대적으로 높은 소득대체율을 적용하고 있어 수직적 재분배의 효과가 나타난다. 즉 연금액을 산출하는 데 있어, 국민연금 가입자 전체의 3년 평균소득을 기준으로 그보다 소득이 낮은 저소득층일수록 납입 보험료 대비 연금 수령액 비율이 높아지는 구조로 설계되어 있기에 국민연금에서도 수직적 재분배의 효과가 나타난다.

REFERENCE 2-7    우리나라의 사회보험

우리나라의 4대 사회보험은 산업재해보상보험(산재보험), 고용보험, 건강보험 및 국민연금을 말한다.

첫째, 산업재해보상보험은 산업재해를 입은 노동자를 보호하기 위하여 사회보험 중 가장 일찍 마련된 보험이다. 1963년 11월 산업재해보상보험법이 제정 및 공포되었으며,

---

10) 사회보험은 국가가 보험의 원리와 방식을 도입하여 만든 사회보장의 하나이다. 즉 사회보험은 국민을 대상으로 질병·사망·노령·실업, 기타 신체장애 등으로 경제활동 능력의 상실과 소득의 감소가 발생하였을 때 보험방식에 의해 보장되는 제도이기에 그 운영과 방법론에서 보험기술과 보험원리를 따르고 있다는 점에서 공공부조와는 다르다. 또한 사회의 연대성과 강제성이 적용된다는 점에서 사(私)보험과 다르다. 사회보험이 다루는 보험사고로는 업무상의 재해, 질병, 분만, 폐질(장애), 사망, 유족, 노령 및 실업 등이 있으며, 이러한 보험사고는 몇 가지 부문으로 나뉘어 사회보험의 형태를 이루게 된다. 즉, 업무상의 재해에 대해서는 산업재해보상보험, 질병과 부상에 대해서는 건강보험(질병보험), 폐질·사망·노령 등에 대해서는 연금보험, 그리고 실업에 대해서는 고용보험 제도가 있으며, 이를 4대 사회보험이라 한다.

1964년 7월 상시 근로자 500인 이상 사업장을 대상으로 제도가 처음 실시되었다.

산업재해보상보험의 특징은 크게 3가지인데, 첫째, 노동자의 업무상 재해에 대하여 사용자에게 고의 과실의 유무를 묻지 않고 재해로 인한 손해의 배상 책임을 지게 하는 무과실책임주의이다. 둘째, 보험사업에 소요되는 재원인 보험료는 원칙적으로 사업주가 전액 부담한다. 셋째, 산업재해 발생시 손해 전체를 보상하는 것이 아니라 평균임금을 기초로 보상한다.

산업재해보상보험의 종류는 다음과 같다. 1) 요양급여 : 업무상 재해로 요양기간이 4일 이상인 경우 지급한다. 2) 휴업급여 : 업무상 재해에 따른 요양으로 인해 취업하지 못한 기간 1일에 대하여 평균임금의 70% 상당액을 지급한다. 3) 장해급여 : 업무상 재해의 치유 후, 당해 재해와 상당한 인과관계가 있는 장해가 남게 되는 경우 그 장해 정도에 따라 지급한다. 4) 간병급여 : 요양급여를 받은 자가 치유 후 의학적으로 상시 또는 수시로 간병이 필요한 경우 실제로 간병을 받는 자에게 지급한다. 5) 상병보상연금 : 요양급여를 받는 근로자가 요양을 시작한 지 2년이 경과되어도 치유되지 않고 대통령령으로 정하는 중증요양상태등급 기준에 해당하며, 요양으로 인해 취업하지 못하는 환자에 대하여 휴업급여 대신에 보다 높은 수준의 보험급여를 지급한다. 6) 유족급여 : 업무상 재해로 사망하거나 사망 추정 시, 그 유족의 생활보장을 위하여 지급한다. 7) 장례비 : 근로자가 업무상의 사유로 사망한 경우, 평균임금의 120일분에 상당하는 금액을 그 장례를 지낸 유족에게 지급한다. 8) 직업재활급여 : 장해급여자의 재취업 촉진을 위해 직업훈련비용 및 직업훈련수당을 지급하고 원직장복귀촉진을 위한 직장복귀지원금, 직장적응훈련비, 재활운동비 등을 지급한다.

둘째, 국민건강보험은 질병이나 부상으로 인해 발생한 고액의 진료비로 가계에 과도한 부담이 되는 것을 방지하기 위하여, 국민들이 보험료를 내고 보험자인 국민건강보험공단이 이를 관리·운영하다가 필요시 보험급여를 제공함으로써 국민 상호간 위험을 분담하고 필요한 의료서비스를 받을 수 있도록 하는 사회보장제도이다.

국민건강보험은 1977년 500인 이상 사업장의 근로자를 대상으로 하여 직장의료보험제도를 처음으로 시행하였다. 1998년 공무원 · 사립학교교직원의료보험과 전국 각지의 지역의료보험조합을 통합하였고, 2000년 직장의료보험조합을 국민의료보험관리공단과 통합하여 현재의 국민건강보험체제가 완성되었다.

국민건강보험 가입자는 직장가입자와 지역가입자로 구분된다. 모든 사업장의 근로자 및 사용자와 공무원 및 교직원은 직장가입자가 된다. 직장가입자에 의하여 주로 생계를 유지하는 자로서 건강보험법 시행규칙에서 정한 요건을 모두 충족하는 경우 직장가입자 신청에 의하여 피부양자가 될 수 있다. 직장가입자와 그 피부양자를 제외한 자는 지역가입자가 된다. 직장가입자의 경우 본인과 회사가 각각 보험료의 50%를 부담한다.

셋째, 1988년 실시된 국민연금제도에 관해서는 이 책 제12장 노인복지 5절 1)-(2) 국민연금제도에 상세히 설명하였으니 참조하기 바란다.

넷째, 고용보험은 고용주의 사정이나 근로자의 불가피한 사유로 직장을 잃게 된 경우 근로자의 구직활동 및 재교육을 지원하는 사회보험이다. 1993년 10월에 1인 이상 사업장으로 고용보험 적용이 확대되었다. 고용보험 가입 근로자가 실직 후 재취업을 위해 노력하는 동안 실업급여가 지급된다. 실업급여에는 구직급여, 연장급여, 취업촉진수당 등이 있는데, 이 중 구직급여가 일반적으로 우리가 일컫는 실업급여이다.

원칙적으로 근로자를 고용하는 모든 사업 또는 사업장의 사업주는 고용보험의 당연가입대상이다. 다만, 사업장의 규모 등을 고려하여 일부 사업(장)은 고용보험 당연가입대상에서 제외하고 있다. 반면, 사업의 규모 등으로 고용보험법의 당연가입 대상사업이 아닌 임의가입사업의 경우, 근로복지공단의 승인을 얻어 보험에 가입할 수 있다. 이 경우 사업주는 근로자(적용제외 근로자 제외) 과반수 이상의 동의를 얻은 사실을 증명하는 서류(고용보험 가입 신청서)를 첨부하여야 한다.

고용보험은 적용 사업에 고용된 모든 근로자에게 적용된다. 하지만 65세 이후 고용되거나 자영업을 개시한 자, 1개월간 소정근로시간이 60시간 미만인 자, 공무원, 사립학교 교직원 연금법의 적용을 받는 자, 별정우체국 직원, 외국인 근로자 등은 적용을 제외하고 있다.

지금까지 설명한 4대 사회보험 외에 고령이나 노인성 질병 등으로 인하여 6개월 이상 혼자서 일상생활을 수행하기 어려운 노인 등에게 신체활동 또는 가사지원 등의 장기요양급여를 사회적 연대원리에 의해 제공하는 사회보험인 노인장기요양보험제도를 포함하여 5대 사회보험이라 한다.

둘째, 소득재분배의 유형 가운데 세대 내 재분배란 한 세대 안에서 이루어지는 소득재분배를 의미한다. 예를 들면, 젊은 시절 근로기간 동안 연금 가입자가 납부하는 보험료를 적립해 놓았다가, 은퇴 후 적립한 보험료로 연금급여를 지급하는 '적립방식(reserve-financed or fully funded system)'의 연금이 세대 내 재분배의 대표적인 예라 할 수 있다.

반면, 세대 간 재분배는 한 세대에서 다음 세대로 소득이 이전되는 것을 말하는데, 청년집단에서 노인집단으로, 또는 성인으로부터 아동에게 소득이 이전되는 것을 말한다. 예를 들어, 현재 일하는 젊은 세대가 납부하는 보험료로 노령 세대가 수령하는 연금 급여를 부담하는 '부과방식(pay-as-you-go)' 연금이 세대 간 재분배 효과가 나타나는 대표적인 제도에 해당한다.

국민연금 소득대체율이란 생애 평균소득 대비 노후에 받을 수 있는 연금 수령액 비율로, 국민연금의 급여 수준이나 노후소득의 적정성을 보여주는 지표이다. 예를 들어, 은퇴 전에 생애 평균 월 소득이 500만 원인 사람이 은퇴 후에 월 100만 원의 연금을 수령한다면, 소득대체율은 20%(100만÷500만×100)가 된다. 반면, 월 소득이 200만 원인 사람이 월 60만 원의 연금을 수령한다면, 소득대체율은 30%(60만÷200만×100)가 된다.

1988년, 우리나라에서 국민연금제도를 처음 도입했을 당시 보험료율은 소득의 3%에 불과한 반면, 소득대체율은 무려 70%에 달했다. 그 후 1993년에 보험료율은 6%로 인상되었고, 1998년에 실시된 국민연금 1차 개혁을 통해 보험료율을 다시 9%로 인상한 이후 2023년 현재까지 그대로 유지되고 있다. 우리나라의 국민연금 보험료율 수준은 경제협력개발기구(OECD)의 절반 수준이며, 실제로 영국 25.8%, 독일 18.7%, 일본 17.8% 등 세계 주요 국가들보다 매우 낮다.

한편, 도입 당시 70%에 달했던 소득대체율은 1998년 국민연금 개혁을 통해 1999년부터 2007년까지 60%로 낮춰졌으며, 2008년 또 한 번의 개혁을 통해 50%로 다시 낮춰진 이후, 매해 0.5% 포인트씩 떨어뜨려 2028년부터는 40%가 되게끔 설계되었다. 2023년 기준으로 국민연금의 소득대체율은 42.5%이다.

소득대체율은 '명목 소득대체율'과 '실질 소득대체율'로 구분된다. 가입 기간이 40년 이상인 연금 수령자의 소득대체율을 명목 소득대체율이라 하고, 가입 기간에 따라 실제로 받는 연금액 수준을 반영한 소득대체율을 실질 소득대체율이라 한다. 앞에서 2023년 기준으로 우리나라 국민연금의 소득대체율이 42.5%라고 했는데, 이때 소득대체율은 명목 소득대체율을 말한다. 다시 말해, 국민연금을 40년 동안 납부하고, 자신의 평균소득과 전체 가입자의 평균소득이 같다는 전제하에 본인의 생애 평균소득의 42.5%를 연금으로 지급받는다는 뜻이다. 결국, 가입 기간이 40년보다 짧으면, 연금액은 그마저도 줄어든다. 문제는 2023년 현재, 국민연금이 도입된 지 35년에 불과하여 실질 소득대체율은 당연히 명목 소득대체율에 미치지 못한다는 것이다. 실제로 2020년 기준, 우리나라 국민연금 신규수급자의 평균 가입 기간은 18.6년이며 실질 소득대체율은 24.2%에 불과하다.

셋째, 장기적 재분배와 단기적 재분배는 시간을 기준으로 하여 재분배 유형을 구분한 것이다. 장기적 재분배는 생애에 걸쳐 발생하는 재분배를 말하는데, 젊어서 일할 때 소득의 일부를 적립해 두었다가 퇴직 후 연금으로 돌려받는 적립방식의 연금이 좋은 예이다. 반면에 단기적 재분배는 현재 나타난 욕구의 충족을 위해 현재의 자원을 사용하여 소득재분배를 도모하는 것으로, 공공부조가 대표적인 예라 할 수 있다.

### (3) 소득재분배의 효과

소득재분배의 효과는 제도의 형태와 내용 및 발전 정도 등에 따라 차이가 있다. 일반적으로 복지급여의 크기, 보호하는 위험 종류의 범위(위험 보장의 종류) 및 적용 범위의 포괄성 등에 따라 상이하게 나타난다.

우선 복지급여 크기의 경우, 급여 산정방식이 일반적으로 저소득층에 유리하게 설계되어 있어 급여지출의 크기가 클수록 소득재분배의 효과도 큰 경향을 보인다. 또한, 사회적 위험에 노출될 가능성이 높은 사람들은 대체로 소득이 낮은 계층에 집중되어 있기 때문에 사회보장제도가 대응하고 있는 사회적 위험의 종류가 많을수록 소득재분배의 효과는 증대된다. 특히 사회보장제도의 적용범위(산업, 직종, 계층)가 넓을수록 소득재분배의 효과는 크게 나타난다고 할 수 있다.

소득재분배의 효과를 파악하기 위해 일반적으로 '지니갭(Ginigap)'을 활용한다. 지니갭은 시장소득 지니계수에서 가처분소득 지니계수를 제한 값을 의미한다. 지니갭의 값이 클수록 소득재분배 효과가 크다.

지니갭을 통해 '소득 불평등 개선도'를 구할 수 있다. 소득 불평등 개선도는 지니갭을 시장소득 지니계수로 나누어 100을 곱한 값이다. 만일 소득 불평등 개선도의 값이 35라면, 소득재분배 정책을 통해 35%만큼 소득 불평등이 개선되었다는 것을 의미한다.

$$\text{소득 불평등 개선도} = \frac{\text{시장소득 지니계수} - \text{가처분소득 지니계수}}{\text{시장소득 지니계수}} \times 100$$

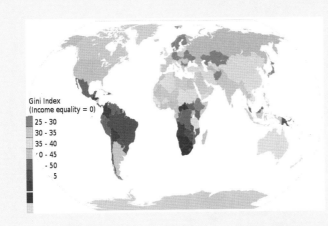

Gini Index
(Income equality = 0)
- 25 - 30
- 30 - 35
- 35 - 40
- 0 - 45
- - 50
- 5

시장소득이란 근로소득, 사업소득, 재산소득, 사적 이전소득(은퇴한 노인이 소득이 있는 자녀로부터 정기적으로 받는 용돈 등) 등을 합산한 소득을 의미하며, 이를 기초로 산출한 지니계수를 시장소득 지니계수라 한다.

한편, 가처분소득은 개인 소득 중 소비와 저축을 자유롭게 할 수 있는 소득을 말한다. 즉 가처분소득이란 시장소득에서 세금, 사회보장 보험료(건강보험, 국민연금 등의 보험료), 사적 이자 지급(은행 대출 이자 등) 등을 공제하고, 공적 이전소득(국민연금 급여 등 사회보장 급여)을 더한 소득을 의미하는데, 이를 기초로 산출한 지니계수를 가처분소득 지니계수라 한다.

PART

# II

---

# 사회복지
# 일반론

"도덕 그 이상을 목표로 하라.
단순한 선함이 아닌 목적이 있는 선함을 가져라"
- 헨리 데이비드 소로우(Henry David Thoreau) -

"우리는 일로써 생계를 유지하지만,
나눔으로 인생을 만들어 나간다."
- 윈스턴 처칠(Winston Churchill) -

사회복지의 개념은 시대와 국가에 따라 다양하게 정의되어 왔다. 실제로
사회복지가 현대사회의 중요한 제도로서 발현되는 과정과 그 결과는 시대
별 각 나라의 사회적 가치와 철학 및 이념 등에 따라 상이하다. 미국으로
대표되는 자유주의 복지국가, 독일로 대표되는 조합주의 복지국가, 그리고
스웨덴으로 대표되는 사민주의 복지국가에서는 각기 서로 다른 사회복지
의 이념에 따라 고유한 형태의 사회복지제도를 형성하고 있다는 사실이 이
를 뒷받침해 준다. 따라서 사회복지라는 용어를 단일한 개념으로 정의하려
는 시도는 그리 쉬운 작업이 아니다. 본 장에서는 사회복지의 개념을 정립
하는 데 유용한 몇몇 준거 틀을 기반으로 사회복지가 담고 있는 다양한 개
념을 파악하고, 사회복지활동을 촉발시키는 동기에 대해 알아보고자 한다.

# CHAPTER 03 사회복지의 개념과 동기

## 01 사회복지의 개념

### 1) 협의 · 광의의 개념

사회복지는 주요한 사회제도 중의 하나이면서 동시에 전문 직종이자 학문 분야의 하나를 의미하는 용어이기도 하다. 특히, 제도로서의 사회복지 개념은 시대와 국가에 따라 다양하게 정립되어왔다. 하지만 사회복지가 주요한 사회제도의 하나로, 현대 산업사회의 발달과정에서 필연적으로 파생되는 다양한 사회적 문제와 위험을 예방 · 해결하고 구성원의 욕구를 충족시키기 위한 사회적 노력의 총체라는 사실에는 큰 이견이 없다. 이러한 사회복지는 다음과 같이 협의의 개념과 광의의 개념으로 구분할 수 있다.

#### (1) 협의의 개념

협의의 사회복지란 사회복지 대상자를 전체 국민이 아닌 아동, 노인, 장애인 등 사회적 약자에 한정하여, 이들이 자립할 때까지 일시적으로 경제적 지원을 포함한 다양한 사회적 서비스를 제공하는 것을 의미한다. 일반적으로 유럽의 복지국가와는 달리, 사회사업(social work)을 중심으로 사회복지를 이해하고 있는 미국의 경우에는 사회복지를 이러한 협의의 개념으로 인식하는 경향이 강하다. 실제로 미국 사회복지학계의 거두인 카두신(Alfred Kadushin, 1972)은 "사회복지는 흔히 국민 전체의 복리를 지원 · 제고하는 것이라고 정의되고 있지만, 실제로 사회복지의 범위는 보다 협의적이고 잔여적인 방향을 취하고 있다."고 지적하면서, 특히 "미국의 사회복지는 전체 국민 중 특수계층(빈곤, 노령, 정신적 · 신체적 장애 등 특수한 상황으로 인해 보호와 도움이 반드시 필요한 계층)의 욕구를 충족시키려는 정책, 프로그램, 서비스를 의미한다."고 주장하였다. 따라서 협의의 사회복지는 취약계층을 위해 제공되는 국가의 공공부조와 일련의 사회서비스를 뜻하는 매우 제한된 개념이라 할 수 있다. 이러한 맥락에서 협의의 사회복지는 사회복지의 잔여적 관점,[1] 라이언(Ryan)의 예외주의(exceptionalism)[2] 및 보수주의의 이념과 궤를 같이한다.

## (2) 광의의 개념

광의의 사회복지는 사회복지 대상자를 보호가 필요한 특수 계층에 국한하지 않고 전체 사회 구성원으로 확대하여, 이들 모두의 복리를 증진하고 삶의 질을 제고하기 위한 사회의 총체적인 노력을 의미한다. 복지국가의 상징으로 여겨지는 노르딕 국가들은 사회복지의 이러한 광의의 개념을 취하고 있다.

광의의 사회복지 개념은 로마니신의 정의에서 잘 나타난다. 그에 따르면, 사회복지란 개인과 사회 전체의 복리를 증진하려는 모든 형태의 사회적 노력을 포함하며, 사회문제의 치료와 예방, 인적자원의 개발, 인간생활의 향상에 직접적 관련을 갖는 일체의 시책과 과정을 포괄하는 개념이다(Romanyshyn, 1971). 또한, 바커(Barker, 2003)는 사회복지란 "사회유지에 기본이 되는 사회적·경제적·교육적·건강적 욕구를 사회 구성원들이 충족할 수 있도록 지원하는 국가의 프로그램, 급여 및 서비스 체계"라고 정의하고 있다.

한편, 광의의 사회복지는 대상적인 측면 외에도 제도로서의 사회복지가 수행하는 역할과 밀접한 관련이 있다. 즉 광의의 사회복지는 과거와 달리 가족이나 시장경제를 통해 산업화에 따른 다양한 사회문제를 해결하기 어려워진 상황에서 사회복지가 다른 사회제도의 기능을 보완하는 정도의 역할을 넘어 사회의 필수적인 제도로서 제일선의 기능을 담당하는 수준으로 확대·제고되어야 한다는 인식을 포함하고 있는 개념이다.

결론적으로 광의의 사회복지 개념은 협의의 개념과는 달리 사회복지의 대상을 요보호자에서 전 국민으로 확대하고 있으며, 사회복지의 제도적 관점[3] 및 보편적 사회복지의 관점과 궤를 같이한다고 할 수 있다.

---

1) 사회복지의 잔여적 관점에 관한 보다 더 자세한 설명은 3장 1절 2)−(1) 잔여적 관점을 참고하시오.
2) 예외주의에 관한 설명은 [REFERENCE 1−3] 예외주의와 보편주의를 참고하시오.
3) 사회복지의 제도적 관점에 관한 설명은 3장 1절 2)−(2) 제도적 관점을 참고하시오.
4) 사회적 승인과 사회적 책임성이란 사회복지활동이 사회적으로 승인된 목적과 방법으로 수행되어야 하며,

가족, 친척, 이웃 등과 같이 대면적 접촉과 친밀감을 바탕으로 구성원 간의 전인격적 관계를 이루는 1차 집단이 도움이 필요한 개인이나 가족 구성원에게 물질적, 정서적 지원을 제공할 경우, 이들 1차 집단을 비공식적 지원체계라 일컫는다.

이러한 비공식적 지원체계의 활동을 과연 사회복지 활동으로 간주해야 하는가에 대해서는 학자마다 의견이 나뉜다. 윌렌스키와 르보(Wilensky & Lebeaux, 1965)는 현대 산업사회에서 어떠한 활동이 사회복지 활동으로 인정받기 위한 조건으로 비영리성, 사회적 승인과 사회적 책임성[4], 인간 욕구에 대한 통합적 접근[5], 인간의 소비욕구에 대한 직접적인 관심[6] 등과 함께 공식적인 조직에 의한 활동이어야 함을 명확히 하고 있다. 즉 윌렌스키와 르보는 가족이나 친구, 이웃의 비공식적이고 개별적이며 자의적인 지원 행위를 사회복지 활동으로 인정하지 않는다. 송근원 · 김태성(1993)도 이러한 윌렌스키와 르보의 주장에 동의하고 있다.

반면, 존슨(Johnson, 1999)은 복지혼합경제(a mixed economy of welfare)에서 사회복지서비스를 생산하고 전달하는 사회복지 영역을 ① 국가가 중심이 되는 국가 영역(state sector), ② 상업보험과 시장이 중심이 되는 상업적 영역(commercial sector), ③ 자원봉사자, 비영리조직 등이 중심이 되는 자원(발)적 영역(voluntary sector), ④ 가족, 친구, 이웃 등이 중심이 되는 비공식적 영역(informal sector)으로 구분하면서, 비공식적 지원체계를 사회복지 영역의 하나로 명확히 규정하고 있다. 또한, 돌고프와 펠드스테인(Dolgoff & Feldstein, 2000)도 영리적 목적의 사회서비스와 비공식적 지원체계를 사회복지의 주요한 부문으로 간주한다.

사실상 비공식적 지원체계는 오래전부터 매우 중요한 사회복지 공급체계로서의 역할을 수행해 왔다. 정부가 가장 중요한 사회복지 공급체계로 간주되는 현대 산업사회에서도 비공식적 지원체계는 사회복지 공급에 있어 여전히 중요한 위치를 점하고 있는 것이 사실이다. 이러한 측면에서 비공식적 지원체계의 활동 역시 큰 틀에서의 사회복지 활동으로 간주하는 것이 타당하다고 여겨진다.

---

사회적 책임을 지는 공익활동이라는 의미이다.

5) 인간 욕구에 대한 통합적 접근이란 사회복지활동이 인간 욕구에 대해 단일한 접근이 아니라 사회적·경제적·심리적·정신적 관심을 포함하는 통합적인 접근을 해야 한다는 의미이다.

6) 인간의 소비욕구에 대한 직접적 관심이란 사회복지활동이 배고픈 자에게는 음식을, 거처가 없는 자에게는

## 2) 잔여적 관점과 제도적 관점

윌렌스키와 르보(Wilensky & Lebeaux, 1965)는 사회복지를 '잔여적 관점'과 '제도적 관점'으로 구분하였다.

### (1) 잔여적 관점

사회복지의 잔여적 관점(residual conception of social welfare)이란 가족이나 시장 등이 제 기능을 적절히 수행하지 못하는 이례적인 경우에 한하여, 그로 인해 파생되는 문제를 해결하기 위해 사회복지제도가 필요하다고 보는 소극적이며 한정적인 개념이다. 잔여적 관점에 의하면 사회복지급여는 개인이나 그의 가족이 취할 수 있는 스스로의 모든 노력과 조치가 완전히 고갈된 이후에 제공되어야 하며, 그 지원 또한 응급상황 동안에만 단기적으로 제공되어야 한다(Weyers, 2013). 따라서 개인이나 그의 가족이 자립할 수 있는 능력을 다시 회복하면, 사회복지급여의 제공은 당연히 중단되어야 한다고 본다. 이와 같이 잔여적 관점에서는 국가의 개입과 역할이 최소 수준으로 제한되는데, 그 이유는 높은 수준의 사회복지급여 제공이 수급자의 자활 의지를 방해한다고 믿기 때문이다(박용수, 2006).

잔여적 관점에 따르면, 사회복지제도는 한 사회 내에서 항상 필수적인 제도가 아니라 위기발생 시에만 그 기능을 수행하는 일시적, 대체적, 보충적인 제도일 뿐이다. <그림 3−1>의 '잔여적 개념'에서 볼 수 있는 것처럼 사회복지제도는 가족제도, 정치제도, 경제제도, 종교제도 등 주요 사회제도들과는 달리 실선이 아닌 점선으로 표시되어 있다. 이는 사회복지가 제도로서 자신만의 고유 영역을 확보하지 못하고 있으며, 다른 주요 사회제도들과 격을 나란히 할 수 없는 임시적이고 보충적인 제도에 불과함을 상징적으로 보여주는 것이다.

잔여적 관점은 사회 구성원이 겪는 문제가 사회구조의 문제 때문이 아니라 개인의 역기능과 사회적 부적응으로부터 기인한다고 본다. 문제의 근본적인 책임은 개인에게 있으며, 이들 개인은 무능하고 무책임하며 무절제한 병리적인 존재로 취급받는다(Zastrow, 2010). 따라서 사회복지급여의 제공은 수급자의 국민적 권리가 아닌 국가가 시혜를 베

---

숙소를 제공함으로써 개인의 소비자로서의 욕구에 직접적으로 관심을 가져야 한다는 의미이다.

푸는 것으로 간주하고 수급자에게 낙인(스티그마)을 찍는다.

　　이러한 잔여적 관점의 근본적인 한계는 가족이나 시장 등이 제 기능을 적절히 수행하지 못하는 경우를 매우 이례적인 상황으로 간주한다는 데 있다. 산업화 이전과는 달리 현대 산업사회에서 가족은 현저히 기능이 약화되었고, 만능으로 여겼던 시장도 시장실패로 인해 제대로 작동하지 못하거나 자본주의에 내재된 태생적 한계로 인해 부의 불평등 분배문제가 갈수록 심화되고 있다. 따라서 가족이나 시장이 제 기능을 적절히 수행하지 못하는 경우가 이례적인 것이 아니라 상시적인 것이 되어 버린 현 상황에서, 잔여적 관점의 사회복지의 개념으로 우리 사회가 겪고 있는 많은 문제를 해결할 수 있을 것으로 기대하는 것은 무리가 있다. 결국 사회복지의 잔여적 관점은 급격한 사회변화를 제대로 반영하고 있지 못하는 관점이라 할 수 있다.

## (2) 제도적 관점

　　사회복지의 제도적 관점(institutional conception of social welfare)은 현대 산업사회에서 가족과 시장은 제 기능을 적절히 수행할 수 없는 필연적인 한계가 있으며, 그로 인한 사회문제의 발생을 지극히 당연한 것으로 인식하는 데서 출발한다. 제도적 관점은 사회복지를 이러한 제반 문제의 해결과 사회의 유지·발전에 필수적인 기능을 수행하는 중요한 사회제도로 보는 적극적 시각이다.

　　사실 현대 가족은 다양한 비전형적인 가족유형이 확산되고 있고, 여성의 경제활동 참여가 증가하면서 가족의 양육과 돌봄 기능은 과거와는 비교할 수 없을 정도로 약화되었다. 또한, 노동시장의 구조적 문제로 인한 실업과 비정규직 등의 위험은 대부분의 현대인에게 노출되어 있는 것이 사실이다.

　　이러한 상황에서 사회복지의 제도적 관점은 국가의 역할을 확대하고 사회적 연대와 결속을 강조하면서, 사회복지 대상자를 요보호 대상자에게만 국한할 것이 아니라 모든 국민을 대상으로 하여 사회권으로서 사회복지급여를 보편적으로 제공할 것을 주장한다(박용수, 2006).

　　제도적 관점에서는 사회복지제도를 일시적이고 보충적인 제도가 아니라 사회의 유지와 국민 모두의 최적의 삶을 보장하기 위해 필수적이며 독자적인 기능을 수행하는 제도로 인식한다. 실제로 <그림 3-1>의 제도적 관점의 그림에서 확인할 수 있듯이 제도적 사회복지는 잔여적 관점에서처럼 점선이 아닌 다른 주요 사회제도들과 마찬가지로 동일한 실선으로 표시되어 있다. 이는 사회복지제도가 기능적인 측면에서 다른 주요 사회제도들과 일부분 중복영역을 갖지만 동시에 어떤 제도와도 공유하지 않는 독자적인 고유영역을 확보하고 기능하는 제도임을 보여 준다(Gilbert & Terrel, 2005).

　　사회복지의 제도적 관점에 따르면 사회 구성원이 처한 문제는 개인의 결함이 아니라 사회체제의 불완전성이나 불공정성 등과 같은 사회구조적 문제에서 기인하는 것으로 인식한다. 따라서 사회복지급여를 받는 것은 사회 구성원으로서의 정당한 권리로 간주되며 사회복지 수급자에게 낙인이 찍히지 않는다. 이러한 사회복지의 제도적 관점은 다양한 사회적 위험이 만연한 현대 산업사회에서 제도로서의 사회복지의 중요성과 그 역할을 제대로 대변해 주고 있는 관점이라 할 수 있다.

▌그림 3-1 사회복지의 잔여적 관점과 제도적 관점

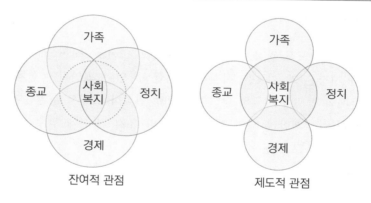

자료: Gilbert & Specht(1986)

REFERENCE 3-2　로마니신의 사회복지 변화 방향

　　로마니신(Romanyshin, 1971)은 국가발전 단계를 논하면서 사회복지가 ① 잔여적 모형에서 제도적 모형으로, ② 자선에서 시민의 권리로, ③ 특수성에서 보편성의 성향으로, ④ 최저조건에서 최적조건의 급여나 서비스로, ⑤ 개인의 변화에서 사회의 개혁으로, ⑥ 민간지원에서 공공지원으로, ⑦ 빈민을 위한 복지에서 복지사회의 구현으로 변화·발전하고 있다고 주장하였다.

## 02 사회복지의 유사 개념

### 1) 사회사업과 사회보장

#### (1) 사회사업(social work)

사전적 의미의 사회사업은 "사회 공중의 생활개선과 보호를 위하여 개인 또는 단체에 의해 행해지는 사업"으로 정의된다(국립국어원 표준국어대사전). 하지만 사회복지학계에서 사용하고 있는 사회사업이라는 용어는 1900년 사이먼 패튼(Simon Patten)에 의해 처음 사용된 영·미권의 'social work'을 번역한 용어이다(Rengasamy, 2010). 이는 과거 비전문가들에 의해 제공되었던 사회복지서비스와 프로그램을 전문적으로 제공할 인력과 방법론의 필요에 의해 생겨난 응용과학 학문임과 동시에 전문 직종을 의미한다.[7]

---

[7] 미국에서 주로 사용하는 social work을 어떻게 번역할 것인가의 문제는 우리나라 사회복지학계의 오래된 숙제이다. 일각에서는 social work을 '사회사업'으로 번역하는 것에 대해 이의를 제기하면서 영어 발음 그대로 '소셜웍'으로 지칭할 것을 제안하기도 한다. 또 다른 일각에서는 아예 '사회복지'로 구분 없이 사용할 것을 주장하기도 한다. 하지만 사회사업(social work)과 사회복지(social welfare)가 전혀 다른 개념인 것

전문직으로서의 사회사업의 기원은 19세기 영국에서 출범하여, 미국에서 꽃피우고 열매를 맺은 자선조직협회의 활동과 인보관 운동(Settlement House Movement)에서 찾을 수 있다. 제4장에서 보다 자세한 설명이 이어지겠지만, 자선조직협회와 인보관 운동은 전통적인 사회복지실천(사회사업실천) 3대 방법론[8]으로 일컬어지는 '개별사회사업(case work)', '집단사회사업(group work)', '지역사회조직사업(community organization)'의 모태가 되었다.

사회사업의 정의와 관련하여 우선 전미사회복지사협회(National Association of Social Workers, 1973)는 사회사업을 "개인, 집단 또는 지역사회가 사회적 기능을 수행하기 위한 역량을 향상시키거나 회복할 수 있도록 지원하며, 이러한 목적을 달성하기 위해 우호적인 사회적 여건을 조성하는 전문적인 활동"으로 정의하고 있다. 핀커스와 미나한(Pincus & Minahan, 1973)은 "사회사업이란 사람들이 일상의 과업수행과 고통 경감 및 영감과 가치를 실현할 수 있도록 그들과 그들의 능력에 영향을 미치는 환경 간의 상호작용에 관여하는 것"이라고 주장하였다. 또한, 국제사회복지사연맹(International Federation of Social Workers)에서는 사회사업을 "사회변화와 발전, 사회적 결속력, 인간의 권한부여(empowerment)와 해방(liberation)을 증진하는 실천에 기반을 둔 전문직이자 학문 분야"로 규정하고 있다.

결국, 사회사업이란 개인, 집단, 지역사회가 당면한 문제를 스스로 해결할 수 있도록 사회사업가(social worker)[9]가 도움을 제공하는 전문적인 서비스이다. 이러한 맥락에서 사회복지 실천현장에서 일어나는 많은 활동 가운데 사회사업(social work)의 전문적인 지식과 기술을 갖춘 사회사업가에 의해 수행되지 않는 활동, 예를 들어 비전문 자원봉사자에 의한 봉사활동은 엄밀히 말해 사회사업이라 할 수 없다.

우리나라에서는 사회사업가 대신 사회복지사라는 직명을 사용한다.[10] 사회복지사

---

을 인정하면서도, 양자의 구분 없이 사회복지로 통용해서 사용하는 것은 문제가 아닐 수 없다. 따라서 필자는 자선사업과의 구분을 확실히 하면서, social work의 특성을 제대로 드러내기 위해 social work을 '전문사회사업'으로 번역하여 활용할 것을 개인적으로 제안한다. 다만 이 책에서는 독자들의 혼란을 최소화하기 위해 social work을 사회사업으로 지칭하여 사용한다.

8) 사회복지실천(사회사업실천) 3대 방법론에 관한 좀 더 자세한 설명은 4장 4절 3)-(1) 사회복지실천 3대 방법론 정립을 참고하시오.

9) 사회사업가는 사회사업(social work)의 과학적이고 전문적인 지식과 기술을 바탕으로 클라이언트가 당면한 문제를 해결할 수 있도록 도움을 주는 전문가를 지칭하는 용어이다.

10) 이 책에서는 사회사업가 대신 사회복지사라는 용어를 사용한다.

는 사회복지사 1급 또는 2급 자격증을 가지고 있는 자들이다. 일반적으로 1급 자격증 소지자는 전문가, 2급 자격증 소지자는 준전문가, 자격증이 없는 사람은 비전문가로 간주한다.

지금까지 설명한 사회사업을 사회복지와 구별하는 데 있어, 프리드랜더와 앱테(Friedlander & Apte, 1980)는 사회복지란 국민의 복리에 기본적인 것으로 인정되는 사회적 욕구를 충족시키고, 사회질서의 회복을 위해 제반 급부를 확보하거나 강화하는 법률, 프로그램, 급여 및 서비스 체계인 반면, 사회사업은 인간관계에 대한 과학적 지식과 기술을 바탕으로 개인, 집단, 지역사회가 개인적 또는 사회적 만족과 자립을 확보하도록 도움을 주는 전문적 서비스라고 주장한다. 또한, 샌더스와 페더슨(Sanders & Pedersen, 1984)은 사회사업이란 사회복지사가 전문직 종사자로서 수행하는 핵심 기능과 전문적인 지원서비스라고 정의하면서, 사회사업과 사회복지 간에는 명백한 상호 연관성이 있으며, 사회사업은 보다 광범위한 사회복지의 한 분야라는 맥락에서 전문적인 기능으로 인식해야 한다고 주장한다.

REFERENCE 3-3    사회복지사(사회사업가)

전미사회복지사협회(NASW: National Association of Social Workers)에 따르면 사회복지사(social worker)란 사람들이 문제해결과 대처능력을 증진할 수 있도록 원조하고, 사람들이 필요로 하는 자원을 획득하도록 지원하며, 사람들 간의 상호작용 및 사람과 환경의 상호작용을 촉진하고, 조직이 사람들에게 반응하도록 만들며, 사회정책에 영향을 미치는 존재라고 규정하고 있다(Barker, 2003).

## (2) 사회보장

사회보장(social security)은 출산, 양육, 실업, 질병, 노령, 사망, 재해 등에 따른 개인의 소득상실을 대비하여 국가에 의해 일정 수준의 소득을 보장해 주는 제도로서 일반적으로 공공부조와 사회보험으로 구성된다.

사회보장의 개념이 태동된 시기는 19세기 후반 경이다. 사실상 자본주의 사회가 확립된 19세기 후반까지도 빈곤의 책임은 개인에게 있다는 인식이 매우 강했다. 하지만 1873년 경제공황에 따른 만성불황으로 인해 실업자가 양산되자 빈곤의 책임이 개인보다 사회에 더 크게 있다는 인식의 전환이 일어나기 시작했다. 이에 따라 1880년대 독일을 시작으로 사회보험 제도가 생겨났고, 1891년에는 근대적 의미의 공공부조가 덴마크에서 최초로 등장하면서 사회보장의 개념이 태동되었다.

그 후, 1929년에 발발한 대공황을 계기로 1935년 미국에서 사회보장법(Social Security Act)이 제정되면서 사회보장이라는 용어가 처음 공식적으로 사용되었다. 그 당시 미국의 사회보장제도는 연금제도, 공공부조 및 다양한 공적 서비스를 포괄하고 있었다(이규식, 2012). 하지만 사회보험이 크게 발달하지 못한 미국에서는 시간이 지나면서 사회보장이라는 용어가 연금제도를 지칭하는 용어로 축소되는 경향을 보였다. 또한, 사회보장의 또 다른 한 축인 공공부조가 미국에서는 열심히 일하는 국민의 돈을 나태하고 무책임한 자들이 빼앗아가는 부정적인 의미가 담긴 '복지(welfare)'라는 명칭으로 일컬어지게 된 것도 사회보장의 개념이 축소하게 되는 데 한몫을 하였다(최일섭·정은, 2008).

사회보장이라는 용어가 널리 사용되기 시작한 시기는 1942년 영국의 베버리지 보고서에 의해 사회보장계획이 발표된 이후부터라 할 수 있다. 베버리지(W. Beveridge)가 영국 정부에 제출한 보고서인 '사회보험과 관련 서비스(Social Insurance and Allied Service)'에서는 사회보장을 실업이나 질병 혹은 재해로 인해 소득이 감소하거나, 노령에 의한 퇴직으로 소득이 중단되거나, 주 생계부양자가 사망하거나, 출생·사망·결혼 등으로 추가적인 비용이 지출될 경우를 대비하기 위한 소득보장 제도로 정의하고 있다(Beveridge, 1942). 이러한 사회보장에 대한 영국식 개념은 최근까지도 유지되고 있다.

한편, 우리나라는 1960년 제4차 개정헌법에 처음으로 국가의 사회보장에 관한 노력을 규정하였다. 그 후, 사회보장 증진에 관한 국가의 의무를 규정한 개정 헌법 제30조를 기반으로 1963년 11월, '사회보장에 관한 법률'이 제정되었다. 하지만 동 법률은 사회보장의 기본계획, 이론 정립 등 세부적인 사항을 담으려는 당초의 구상과는 달리 실제로는 전문 7개 조(條)에 불과한 상징적이고 형식적인 법안에 머물렀다. 그 후 1995년 12월, '사회보장기본법'이 제정되면서 '사회보장에 관한 법률'은 폐기되었다.

현재 '사회보장기본법'은 제1조에 "사회보장에 관한 국민의 권리와 국가 및 지방자치단체의 책임을 정하고 사회보장정책의 수립, 추진과 관련 제도에 관한 기본적인 사항을 규정함으로써 국민의 복지증진에 이바지하는 것을 목적으로 한다."고 명시함으로써 국민의 헌법상 생존권적 기본권의 실현을 위한 국가 및 지방자치단체의 의무와 책임을 분명히 규정하고 있다. 또한, 동법 제3조 제1호에 따르면, 사회보장이란 출산, 양육, 실업, 노령, 장애, 질병, 빈곤 및 사망 등의 사회적 위험으로부터 모든 국민을 보호하고 국민 삶의 질을 향상시키는 데 필요한 소득·서비스를 보장하는 사회보험, 공공부조 및 사회서비스를 의미한다. 즉 우리나라의 사회보장은 사회보험, 공공부조 및 사회서비스의 세 요소로 구성되어 있다.

## 2) 사회서비스와 사회복지서비스

### (1) 사회서비스

사회서비스(social service)는 1920년대 영국에서 공식적으로 사용된 용어이다(김상균, 1990). 이 시기 영국의 사회서비스는 노령연금, 의료보험, 실업보험 및 기타 공적 서비스를 통칭하는 광범위한 개념이었다. 영국의 복지제도가 비약적으로 발전하기 시작한 1940년대 중반 이후, 사회서비스는 사회보장, 보건서비스, 노인 및 장애인 대상의 복지서비스, 아동 보육, 청소년 서비스, 교육정책, 주택정책 등을 포괄하는 개념으로 더욱 확장되었다. 하지만 1968년 '지방정부 사회서비스법(Local Authority Social Service Act)'이 제정된 이후, 사회서비스는 '사회정책(social policy)'이라는 용어로 대체되었다. 한편, 기존의 사회서비스 중 노인 및 장애인 복지서비스, 아동 보육서비스, 청소년 복지서비스 등만 따로 떼어져 개별사회서비스(personal social service: 대인사회서비스라고도 함)라는 용어로 대체되었다. 이후 영국에서 사회서비스는 개별사회서비스를 뜻하는 제한된 용어로 변질되었다(백인립, 2013).

이러한 사회서비스의 개념을 정의하는 데 있어 주목할 점은 사회서비스와 사회보장 간의 관계가 명확하지 않다는 점이다. 다시 말해, 나라마다 사회보장제도의 범주가 달라 어느 나라에서는 사회서비스가 정부의 사회보장 프로그램 중 하나로 분류되는 반면에 다른 나라에서는 정부 차원이 아닌 전혀 다른 외부 기관에서 별도로 관리되고 제공되는 프로그램으로 간주되기도 한다. 또한, 몇몇 국가에서는 사회보장 프로그램이 사회서비스를 포함하는 개념이지만 다른 국가들에서는 사회서비스가 사회보장과는 구별되거나 오히려 사회보장을 포괄하는 더 넓은 개념으로 사용되기도 한다(Merriam, 1962).

우리나라의 경우, 전술한 바와 같이 '사회보장기본법' 제3조 제1호에 사회보장이란 사회보험, 공공부조 및 사회서비스를 지칭한다고 규정함으로써 사회서비스를 사회보장제도를 구성하는 하나의 요소로 간주한다. 그리고 동법 제3조 제4호에서는 사회서비스를 국가·지방자치단체 및 민간부문의 도움이 필요한 모든 국민에게 복지[11], 보건의료[12], 교육[13], 고용[14], 주거[15], 문화, 환경 등의 분야에서 인간다운 생활을 보장하고 상담, 재활, 돌봄, 정보의 제공, 관련 시설의 이용, 역량 개발, 사회참여 지원 등을 통하여 국민의 삶의 질이 향상되도록 지원하는 제도로 규정하고 있다.

## 📖 REFERENCE 3-4    휴먼서비스(Human Service)

휴먼서비스에 대한 개념을 정의하려는 시도는 오랫동안 계속되어 왔다. 메흐르(Mehr, 1986)는 휴먼서비스를 "개인이 겪는 사회복지적, 심리적, 행동적, 법적 문제 등을 극복할 수 있도록 돕는 분야"라고 정의한다. 쇼유럴(Scheurell, 1987)은 휴먼서비스란 사회화를 증진하거나 개인적, 집단적 문제를 해결하는 데 주된 목적을 두는 사회서비스를 의미한다고 하면서, 교육, 고용, 건강, 주택, 소득보장, 정보, 법, 여가, 종교 등을 망라하는 분야라고 주장한다.

새로운 서비스들이 휴먼서비스의 틀 내에서 제공되어 짐에 따라 새로운 서비스 대상자들이 휴먼서비스의 수혜자 범주로 계속 진입하고 있으며, 그에 따라 휴먼서비스 분야는 계속 변화, 성장하고 있는 상황이다(Zins, 2001).

이를 계기로 관련 문헌들이 휴먼서비스에 대한 매우 다양한 정의를 제시하고 있지만, 여전히 모두가 동의하는 개념정의가 도출되지 못하고 있는 것이 사실이다(Schmolling,

---

11) 복지 분야의 사회서비스로는 아동·장애인·노인 보호 서비스, 보육 서비스 등을 들 수 있다.
12) 보건의료 분야의 사회서비스로는 간병·간호 서비스를 들 수 있다.
13) 교육 분야의 사회서비스로는 방과 후 활동·특수교육 서비스 등을 들 수 있다.
14) 고용 분야의 사회서비스로는 직업 소개, 지도 및 직업훈련 서비스 등을 들 수 있다.
15) 주거 분야의 사회서비스는 취약계층을 위한 주거복지서비스를 들 수 있다.

Youkeles & Burger, 1997).

다만, 휴먼서비스의 6가지 주요 공통요소인 서비스 제공자(provider), 수혜자(recipient), 환경(environment), 조직(organization), 욕구(need) 및 방법(method)을 기반으로 휴먼서비스의 개념분석을 시도한 진(Zin, 2001)은 휴먼서비스란 클라이언트의 욕구충족과 나아가 전반적인 삶의 질을 증진시키기 위해 고안된 체계적으로 조직된 사회서비스라고 정의하고 있다.

## (2) 사회복지서비스

서구의 사회복지 관련 문헌을 살펴보면 사회서비스(social service)나 복지서비스(welfare service)라는 용어는 자주 등장하지만, 사회복지서비스(social welfare service)라는 용어를 찾기란 쉽지 않다. 실제로 사회복지서비스는 주로 우리나라와 일본에서 사용하는 용어이다.

우리나라 '사회복지사업법' 제2조 제6호에서는 사회복지서비스를 국가·지방자치단체 및 민간부문의 도움이 필요한 모든 국민에게 삶의 질 향상을 위해 사회보장기본법 제3조 제4호에 따른 사회서비스[16] 중 사회복지사업을 통해 제공되는 서비스로 규정하고 있다. 즉 사회복지서비스는 사회서비스에 포함되는 개념이다.

REFERENCE 3-5 │ 사회복지사업

'사회복지사업법' 제2조 제1호에 따르면, 사회복지사업이란 다음 각 목의 법률에 따른 보호·선도(善導) 또는 복지에 관한 사업과 사회복지상담, 직업지원, 무료 숙박, 지역사회복지, 의료복지, 재가복지(在家福祉), 사회복지관 운영, 정신질환자 및 한센병력자의 사회복귀에 관한 사업 등 각종 복지사업과 이와 관련된 자원봉사활동 및 복지시설의 운영 또는 지원을 목적으로 하는 사업을 말한다.

---

16) 사회서비스란 국가·지방자치단체 및 민간부문의 도움이 필요한 모든 국민에게 복지, 보건의료, 교육, 고용, 주거, 문화, 환경 등의 분야에서 인간다운 생활을 보장하고 상담, 재활, 돌봄, 정보의 제공, 관련 시설의 이용, 역량 개발, 사회참여 지원 등을 통하여 국민의 삶의 질이 향상되도록 지원하는 제도를 말한다(사회보장기본법 제3조 제4호).

가. 국민기초생활 보장법

나. 아동복지법

다. 노인복지법

라. 장애인복지법

마. 한부모가족지원법

바. 영유아보육법

사. 성매매방지 및 피해자보호 등에 관한 법률

아. 정신건강증진 및 정신질환자 복지서비스 지원에 관한 법률

자. 성폭력방지 및 피해자보호 등에 관한 법률

차. 입양특례법

카. 일제하 일본군위안부 피해자에 대한 생활안정지원 및 기념사업 등에 관한 법률

타. 사회복지공동모금회법

파. 장애인 · 노인 · 임산부 등의 편의증진 보장에 관한 법률

하. 가정폭력방지 및 피해자보호 등에 관한 법률

거. 농어촌주민의 보건복지증진을 위한 특별법

너. 식품등 기부 활성화에 관한 법률

더. 의료급여법

러. 기초연금법

머. 긴급복지지원법

버. 다문화가족지원법

서. 장애인연금법

어. 장애인활동 지원에 관한 법률

저. 노숙인 등의 복지 및 자립지원에 관한 법률

처. 보호관찰 등에 관한 법률

커. 장애아동 복지지원법

터. 발달장애인 권리보장 및 지원에 관한 법률

퍼. 청소년복지 지원법

허. 그 밖에 대통령령으로 정하는 법률

## 03 | 학문으로서의 사회복지

### 1) 사회과학과 사회복지학

사회복지는 전술한 바와 같이 상부상조의 기능을 수행하는 사회제도를 지칭한다. 하

지만 다른 한편으로는 우리가 '사회복지학'이라 부르는 교과목 또는 학문 분야를 의미하기도 한다. 즉 사회복지는 개인, 집단, 지역사회에 사회복지서비스를 전달하는 기관, 사회복지 프로그램 및 정책 등에 관한 교과목이자 학문이다. 따라서 (예비)사회복지사를 교육하고 훈련시키는 것은 사회복지의 중요한 기능 중 하나라 할 수 있다(Zastrow, 2000).

일반적으로 과학은 연구대상에 따라 크게 자연과학과 사회과학으로 구분된다. 우선 자연과학은 자연현상, 특히 자연의 합법칙성에 관한 일정한 이론체계를 연구하는 학문이다. 반면에 사회과학은 인간과 인간 사이의 관계에서 일어나는 사회현상과 인간의 사회적 행동을 탐구하는 과학의 한 분야이다.

과학(학문)은 지식의 활용목적에 따라 순수과학(순수학문)과 응용과학(응용학문)으로 분류할 수 있다. 순수학문은 순수 이론의 정립을 위해 사회현상이나 자연현상을 이론적, 과학적으로 연구하는 학문이다. 반면에 응용학문은 순수학문의 이론을 바탕으로 현실적 문제의식에 입각하여 인간사회에 유용하게 사용될 수 있는 방법들을 개발하는 학문이다. 따라서 응용학문은 실천현장에서 전문적으로 업무를 수행할 사람들을 양성하는 것을 주된 목표로 한다(김태성, 2004).

따라서 정치학, 경제학, 사회학, 심리학 등은 순수사회과학인 반면, 사회복지학은 사회복지 현상을 이론적으로 연구하는 기능도 수행하지만 응용사회과학이자 실천학문으로 분류하는 것이 더 타당하다.

20세기에 들어서야 학문적 정립이 가능했던 사회복지학은 그 학문적 기반을 구축하는 과정에서 사회과학의 여타 분과로부터 많은 영향을 받은 것이 사실이다. 다시 말해, 사회복지정책은 정치학, 사회학, 경제학 등으로부터, 사회복지행정은 행정학, 경영학 등으로부터, 사회복지실천은 심리학, 정신분석학 등으로부터 큰 영향을 받았다. 따라서 사회복지학은 사회과학의 여타 분과 학문들과 불가분의 관계가 있으며 밀접한 교류관계를 유지해야 한다. 데이비스(Davis, 1950; 조흥식 외, 2015 재인용)는 그 이유에 대해 첫째, 사회과학이 발전시킨 인간과 사회적 행동에 관한 지식을 충분히 이용하면 사회복지실천에 적용하여 활용할 수 있는 새로운 통찰력을 얻을 수 있으며, 둘째, 사회복지의 목적, 기능, 전제, 방법 등에 대한 평가, 검증, 수정이 많으면 많을수록 사회복지는 인류사회에 더욱 많은 기여를 할 수 있고, 셋째, 사회복지는 사회과학이 필요로 하는 인간의 생활경험에 관한 풍부한 자료를 보유하고 있기 때문이라고 주장한다.

이처럼 여러 학문분야로부터 학문적 부채를 지고 있음에도 불구하고 사회복지학이 여타 학문과 구별되는 가장 큰 특징은 바로 가치성에 있다. 학문적 존재의 가장 중요한 이유를 소외계층의 보호에서 찾는 사회복지는 집합주의(collectivism)를 강조한다. 이는 가치중립적(value-neutral) 또는 몰가치적(value-free) 이론 지향만이 과학이라는 주장과는 분명히 입장을 달리하는 것이다(조흥식 외, 2015).

사회복지학의 또 다른 특징은 주지하다시피 다학문적(multi disciplinary) 성격을 지닌다는 것이다. 사회복지학의 다학문적 성격은 사회복지학 전공자들에게 종합사회과학을 하고 있다는 자긍심을 갖게 한다(조흥식 외, 2015). 하지만 '종합'이라는 말이 '만능'이라는 말을 의미하지는 않는다. 더욱이 "모든 것은 아무 것도 아닐 수 있다"라는 말처럼 이도 저도 아닌 것으로 간주될 수 있다. 오랫동안 논의의 대상이 되어 오고 있는 사회복지학의 정체성에 대한 문제도 사실 이러한 사회복지학의 다문학적 성격에 크게 기인한다.

## 2) 사회복지학의 정체성 문제

학문으로서 사회복지학의 정체성 문제는 네 가지 쟁점을 중심으로 논의할 수 있다. 첫째는 타 학문과의 상대적인 독립성에 관한 문제이고, 둘째는 학문으로서 사회복지학의 내적인 체계성과 일치성에 관한 문제이며, 셋째는 응용학문으로서 사회복지학의 과학성(이론성)과 실천성에 관한 문제이고, 넷째, 사회복지학의 문화적 토착성과 관련된 문제이다.[17]

### (1) 타 학문과의 독립성 문제

현재 사회복지학은 단독 분과학문으로 인정받고 있으나, 연구방법이나 접근법에 있어 독립성은 여전히 취약한 것이 사실이다. 그 이유는 학문의 역사가 상대적으로 짧고 연구자들의 역량 한계 때문이기도 하지만, 상당 부분은 앞에서 언급한 사회복지학의 종합과학적 특성에 기인한다고 할 수 있다. 하지만 사회복지학의 종합과학적 특성에도 불구하고 독립과학으로서의 발전을 이루기 위해서는 무엇보다도 사회복지학의 내적인 체계를 확립하고 이론적 축적을 이루는 것이 필요하다.

---

17) 이 책에서 논의하고 있는 사회복지학의 정체성 문제에 관한 내용은 이혜경. (1996). "한국사회복지학의 정체성"의 논지를 토대로 수정·정리한 것이다.

## (2) 내적인 체계성과 일치성 문제

사회복지학의 내적인 체계성과 일치(일관)성의 문제는 사회복지 정책, 행정, 실천 등을 어떻게 하나의 학문으로 합성할 것인가? 어떻게 세부 전공을 분류할 것인가? 등과 관련된 문제라 할 수 있다.

미국에서는 사회복지학, 정확히 말하면 사회사업학(social work)을 전통적으로 '거시(Macro)' 대 '미시(Micro)'로 구분하는 이분법적인 방법을 주로 사용한다. 미국의 영향을 받은 우리나라에서도 사회복지학을 '정책(거시)' 대 '실천(미시)'으로 구분해 왔다.

이러한 구분에 있어 문제점은 우선 '실천'의 개념이 불명확하여 사람들에게 많은 혼란을 야기한다는 것이다. 사실 사회복지학 전공자 중에도 '실천'을 클라이언트와의 대면 접촉을 통한 직접적 서비스(direct service) 제공을 의미하는 용어로 이해하는 사람이 적지 않다. 그 이유는 미국에서조차 실천이 미시적 실천에 경도된 개념으로 사용되고 있기 때문이다. 하지만 사회복지학은 그 자체가 실천학문이며, 따라서 직·간접의 여부를 떠나 모든 사회복지활동은 '실천'을 강조한다. 심지어 미국에서는 '정책실천(policy practice)'이라는 용어가 오래전부터 사용되고 있으며, 실제로 사회복지정책은 거시적 실천이자, 간접적 실천으로 규정되어 왔다(Jansson, 1990).

그럼에도 불구하고 우리나라 사회복지학계에서 '정책' 대 '실천'의 이분법 분류를 여전히 유지하는 이유 중 하나는 아마도 '정책'에 대응되면서 '실천'을 대체할 마땅한 용어를 찾는 것이 어렵기 때문이 아닐까 생각한다. 사실 필자도 본 책의 초판에서 '(미시적) 실천'을 대체할 용어를 찾다가 궁여지책으로 '임상'을 제시했었다. 하지만 '임상' 역시 미시 사회사업(micro social work)의 한 분야로서 '실천'을 대체할만한 적절한 용어가 아닌 것을 인정하는 바이다. 따라서 여기에서는 이분법 전공 분류에서 '실천'에 대응하는 적절한 용어개발에 대한 논의를 촉구하는 것으로 일단 정리하고자 한다.

한편, '정책' 대 '실천'의 이분법 분류의 또 하나의 문제는 아동복지, 노인복지, 장애인복지, 가족복지 등과 같은 사회복지서비스 분야를 전공하는 사람들의 전공 분류를 어렵게 한다는 점이다(김태성, 2004).

이러한 문제를 해결하기 위해 '정책' 대 '실천'의 전공분류 이분법을 세분화하여 삼분법, 사분법 등으로 분류하는 방안이 제시되기도 한다(김혜란, 1997; 김태성, 2004 재인용). 특히 전공 분류의 혼란을 방지하고 명확성을 제고하기 위해 '정책', '행정', '실천' 및 '서비스'의 사분법적 분류를 주장하는 학자들도 있다. 하지만 이러한 사분법적 분류를 따른다 해도 현실적으로 여전히 전공 분류에 혼란이 발생한다. 그 이유는 사회복지 서비스 분야(아동, 노인, 장애인, 가족 등)를 전공한 학자들이 사회복지정책이나 사회복지 실천에 깊이 연관될 수밖에 없기 때문이다(김태성, 2004).

따라서 이러한 문제를 해결하기 위해 미국의 주요 사회복지대학원에서 활용하는 방법을 차용하는 것을 고려해 볼 만하다. 다시 말해, '사회복지 접근방법(concentration)' 과 '사회복지 분야(specialization)'의 두 영역으로 구분한 후, 사회복지 접근방법 (concentration)은 정책(행정 포함), 실천의 이분법으로 분류하거나 정책, 행정, 실천의 삼분법으로 구분한다. 한편, 사회복지 분야(specialization)는 아동, 노인, 장애인, 가족 등 사회복지 실천분야로 구분하는 것이다. 이러한 방식을 따르면, 자신의 전공을 사회 복지 접근방법에 있어서는 '정책'으로, 사회복지 분야에 있어서는 '노인'으로 선택한 경 우, '노인복지 정책'이 자신의 세부전공이 된다. 반면에 자신의 전공을 사회복지 접근방 법에 있어 '실천'으로, 사회복지 분야에서는 '아동'으로 선택한 경우, '아동복지 실천'이 자신의 세부전공이 되는 것이다.

## (3) 이론성과 실천성의 균형 문제

이미 언급한 바와 같이 사회복지학은 이론성(과학성)보다는 실천성이 강조되는 실 천학문 또는 응용학문이다. 실천학문은 현장에서 활용할 수 있는 문제해결방법을 중시 한다. 따라서 실천학문의 연구결과는 단편적이기 쉬우며 학문으로서의 일관성을 유지 하기도 어렵다. 사회복지학이 '이론이 빈약한 학문'이라는 지적을 받아온 것도 실천적 인 측면을 지나치게 강조해 온 데에서 연유한다.

학문적 실천성도 과학적인 이해와 체계적 이론, 즉 과학적인 이론성에 기반을 두 어야 한다. 또한, 이론과 실천의 상호의존성은 사회복지학의 정책이나 실천 모두에 적 용되어야 한다. 사회복지의 실천이 관련 전문직과의 경쟁에서 도태되지 않기 위해서는 이론체계가 탄탄해야 하며, 사회복지정책도 이론적 기반 위에 개발되고 수립될 때 그 효과성을 기대할 수 있다.

따라서 학문으로서 사회복지의 실천적 특성을 유지하고 정체성을 확립하기 위해서 는 실천방법론의 개발뿐 아니라 연구방법론의 개발 등 이론적 체계를 구축하는 데에도 진력하여야 한다.

### (4) 문화적 토착성 문제

문화적 토착성의 문제는 미국의 사회사업 이론을 별 여과 없이 받아들인 결과로 인해 발생하는, 서구의 이론과 우리 사회의 현실 간의 괴리를 극복해야 하는 과제를 의미한다.

실제로 가족의 유대가 여전히 강하게 남아 있는 우리 사회에서 개인주의에 기초한 서구의 사회복지실천 원칙을 그대로 받아들여 적용하는 것은 결코 적절하지 않은 일이다. 또한, 서구와는 빈곤의 수준과 성격이 다른 우리나라에서 빈곤의 해결책으로 개인의 성격적 결함을 전제로 한 개별사회사업 접근법이 과연 적절한 것인지, 나아가 북유럽 복지선진국의 복지정책 모형을 우리 사회가 그대로 수용하는 것이 옳은 것인지, 만일 그렇지 않다면 우리에게 적합한 복지정책 모형은 무엇인지 등에 대한 해답은 아직 분명히 제시되지 않고 있다.

따라서 우리 사회에 적합한 사회복지학의 토착화를 위해서는 첫째, 서구의 사회복지 이론과 성립 배경을 정확히 이해하고, 둘째, 우리 사회의 현실을 명확히 진단해야 하며, 셋째, 서구의 이론과 실천모델을 우리 사회에 적절히 접목할 수 있도록 실험과 평가의 작업이 반복되어야 한다.

## 04 사회복지의 동기

마카로브(Macarov, 1995)는 사회복지의 동기로, 상부상조의 정신(the desire to engage in mutual aid), 종교적 믿음(religious beliefs), 정치적 요인(political factors), 경제적 이유(economic reasons), 이념적 요인(ideologies that affect social welfare) 등 다섯 가지를 제시하였다. 결국, 사회복지는 이러한 동기들의 복합적 작용의 결과물이라 할 수 있다. 여기에서는 마카로브가 제시한 사회복지의 동기 다섯 가지와 '측은지심' 및 '전문 직업적 동기'를 더하여 총 일곱 가지의 사회복지 동기에 대해 살펴보고자 한다.

### 1) 측은지심

맹자는 인간의 본성을 측은지심(惻隱之心: 불쌍하고 가엾이 여기는 마음), 수오지심

(羞惡之心: 자신의 옳지 못함을 부끄러워하고, 남의 착하지 못함을 미워하는 마음), 사양지심
(辭讓之心: 겸손하여 남에게 양보하는 마음), 시비지심(是非之心: 옳고 그름을 가릴 줄 아는
마음) 등 4단(四端)으로 요약한다.

이 가운데 타인을 가엾이 여기는 측은지심은 적선을 포함한 다양한 기부행위나 자
원봉사를 수행하는 주된 동인(動因)으로 작동한다. 하지만 걸인에 대한 적선 행위를 사
회복지활동으로 간주하는 것에 대해서는 이견이 존재한다. 다시 말해, 그러한 행위는
자선의 차원에 불과할 뿐이며, 그것이 사회복지활동으로 간주되기 위해서는 집단적 차
원의 공식적 원조행위(후원모금기관이나 사회복지기관 등에 기부)와 연결되어야 한다는
것이다(김상균 외, 2013).

한편, 기부행위나 자원봉사활동이 때때로 사회적 명망과 인정을 받거나 세금 감면
등의 경제적 이득을 얻기 위한 순수하지 못한 이유로 행해지기도 한다. 하지만 사회복
지 동기로서의 측은지심은 사회복지 행위자의 순수성과 자발성을 그 특징으로 한다. 이
러한 측면에서 측은지심에 의한 사회복지활동은 '일방적(unilateral)'이라는 특징을 갖는
다. 이는 다음에 설명할 상부상조의 정신이 '쌍방적(bilateral)'이라는 특징을 갖는 것과
비교되는 특징이라 할 수 있다. 다시 말해, 상부상조는 도움을 준 한쪽이 도움을 받은
상대방으로부터 훗날 도움을 기대하는 행위인 반면, 측은지심에 의한 사회복지활동은
주는 자가 받는 자로부터의 반대급부는 물론 어떠한 사사로운 이익도 기대하지 않는
순수한 행위를 의미한다.

## 2) 상부상조의 정신

상부상조는 서로 돕는다는 의미이다. 이는 인간이 가족공동체를 이루며 살아가기
시작한 태곳적부터 자연발생적으로 성립된 생존을 위한 일종의 묵시적 계약이라 할 수
있다. 인간은 필연적으로 타인의 도움을 필요로 하며, 상호 간의 협력은 경쟁보다 훨씬
유리한 생존전략이라 할 수 있다. 또한, 일반적으로 타인으로부터 도움을 받으면 그 도
움에 대한 보답이 따라야 관계의 지속이 가능하다. 이러한 맥락에서 상부상조에 의한
사회복지활동은 쌍방 간의 원조행위라 할 수 있다.

상호 간에 도움을 주고받는 상부상조의 행위는 가족공동체 내에서 가장 빈번하게
나타나지만, 상부상조의 정신에 입각한 서비스나 프로그램이 비공식 조직을 넘어 조직
적인 시스템 내에서 수행되면 공식적인 사회복지제도로 전환된다. 우리나라의 경우, 전

통사회에서의 계, 두레, 품앗이 등과 현대사회의 자조집단과 노동조합 등은 이러한 상부상조의 정신을 바탕으로 결성된 공식·비공식 조직이라 할 수 있다.

이러한 상부상조의 핵심적 목표는 위기 인식의 산물이자 사회적 위험에 대한 집단적인 대응이라 할 수 있는 사회적 연대를 확산하는 것이다. 현대의 다양한 사회복지제도, 특히 사회보험은 바로 상부상조, 즉 사회적 연대의 원리가 작용하여 태동한 결과물이다.

## 3) 종교적 믿음

대부분의 종교는 타인에 대한 사랑이나 어려움을 겪는 사람들에 대한 도움을 계명으로 삼고, 그에 대한 실천을 강조한다. 따라서 종교적 믿음은 사회복지의 또 하나의 중요한 동기가 되었으며, 이를 통해 수행되는 개인적, 집단적, 제도적 자선활동은 과거부터 빈민구제의 중요한 기제로 작동해 왔다.

종교적 동기에 의한 자선활동은 대부분 종교기관이나 단체를 통해 제도화되어 왔는데, 이 과정에서 자선의 방법과 수혜자의 자격조건 등에 대한 결정이 필요했다. 하지만 자선의 방법, 수혜자격의 기준을 결정하는 데 있어 종교적 가치를 반영하는 제도화 작업은 자선과 교리전파를 분리할 것인지, 신자와 비신자를 구분할 것인지 등에 대한 논의를 완전히 끝내지 못한 채 여전히 진행 중이다.

사회복지의 개념이 사회적 약자나 소외계층에 대한 보호로부터 모든 구성원의 권리로 변화됨에 따라 종교적 믿음이라는 사회복지의 동기가 약화된 것은 사실이다. 하지만 종교적 신념을 기반으로 한 종교인들의 자원봉사나 종교기관이 수행하는 자선활동은 여전히 사회복지활동의 중요한 역할을 담당하고 있다.

## 4) 정치적 요인

국가가 사회복지를 제공하는 중요한 이유 중의 하나는 정치권력의 획득이나 유지, 사회 안정 등 정치적 요인 때문이다. 즉 사회통제의 한 수단으로 사회복지를 제공함으로써 국민의 반감을 억제하고 사회적 혼란을 무마하여 정치권력을 이어가고자 하는 정치적 목적이 사회복지의 중요한 동기가 된다.

정치적 목적에 의해 제공된 사회복지의 대표적인 사례로는 사회보험을 세계 최초로 도입한 독일의 경우를 들 수 있다. 노동자 계급이 주축이 되어 탄생한 독일사회주의 노동당은 생산수단의 즉각적인 사회화를 요구하기 시작했고, 이에 위협을 느낀 지배계급은 채찍과 당근정책을 함께 사용하였다. 즉 당시 독일의 재상이었던 비스마르크는 노동자계급에 대한 탄압과 함께 양보책으로 사회보험을 세계 최초로 제도화한 것이다.

이러한 정치적 동기에 의한 사회복지 제공 사례는 1935년 미국의 사회보장법(Social Security Act)이 제정된 배경에서도 찾을 수 있다. 사회보장법은 1929년에 발발한 대공황으로 인해 대규모의 실업과 사회경제적 문제가 분출되자 이로 인한 사회혼란을 방지하기 위해 당시 루즈벨트 정부에 의해 마련된 고육지책의 일환이었다. 또한, 빈민구제에 대한 국가의 책임을 최초로 명시한 영국의 엘리자베스 구빈법(Elizabethan Poor Law) 제정의 주된 목적 중 하나도 부랑걸인들의 위협을 줄여 사회불안 요인을 제거하는 것이었다. 우리나라의 1960년대 군사정권 시절에 제정된 명분입법에 불과한 많은 사회복지 관련 법안과 최근 선거 때마다 불거지는 소위 포퓰리즘(대중영합주의)적 선심성 복지공약들은 권력의 획득과 유지라는 정치적 동기에 의해 사회복지를 활용하는 대표적인 사례라고 할 수 있다.

## 5) 경제적 이유

대다수의 사람들은 경제가 일정 수준 이상으로 성장하기 전까지는 사회복지제도의 발전을 기대하기 어렵다고 믿는다. 이러한 믿음은 경제와 사회복지, 즉 성장과 분배는 양립할 수 없는 상충되는 개념이며, 사회복지는 경제에 부정적인 영향을 미친다는 인식에서 기인한다. 다시 말해, 제한된 자원을 비생산적이고 소모적인 사회복지에 투입한다는 것은 자원의 효율성을 저하시키는 행위라고 생각한다. 더욱이 사회복지 제공에 따른 인간의 복지 의존성은 도덕적 해이를 조장하기 때문에 사회복지의 발전은 경제성장에 부정적인 영향을 미칠 뿐이라고 믿는다. 이러한 인식으로 인해 우리나라도 1960년대부터 40여 년간 성장지상주의에 경도되어 오로지 경제성장만을 위해 매진해 왔으며, 선성장-후분배의 철학이 우리 사회에 깊이 뿌리내려지게 되었다.

하지만 사회복지가 경제에 부정적인 영향만을 미치는 것은 아니다. 오히려 국가는 경제적 이유로 사회복지제도를 발전시킨다. Macarov(1995)는 그러한 경제적 이유로 다음의 세 가지를 제시한다.

첫째, 사회문제의 예방과 해결을 통해 사회적 비용을 감소하기 위해 사회복지를 제공하고 발전시킨다. 예를 들어, 부부 간 갈등으로 인해 가족해체가 발생하게 되면, 소득이 없는 구성원을 위한 공공부조 제공이나 요보호 아동을 보호하기 위한 적지 않은 사회적 비용이 소요된다. 따라서 정부는 적은 비용으로 부부갈등을 해결하기 위한 상담서비스 등을 제공함으로써 가족해체에 따른 막대한 사회적 비용을 절감하는 경제적 효과를 거둘 수 있다.

둘째, 사회문제가 경제에 미치는 부정적인 영향을 감소하기 위해 사회복지를 제공하고 발전시킨다. 즉 실업, 빈곤 등과 같은 사회문제는 필연적으로 개인이나 가구의 소득감소를 가져오게 되며, 그에 따른 구매력 저하로 인해 총소비수요를 낮춤으로써 경기침체나 불황, 나아가 공황으로까지 이끄는 요인으로 작용한다. 따라서 사회복지를 제공함으로써 저소득층의 소득을 높이려는 정부의 조치는 내수를 진작시켜 경제에 미치는 악영향을 감소시키기 위한 노력의 일환이라 할 수 있다. 예컨대, 과거 국민들에게 지급하였던 코로나 지원금이나 미국의 '스냅(SNAP: Supplemental Nutrition Assistance Program)'이나 '윅(WIC: Special Supplemental Nutrition Program for Women, Infants, and Children)' 등은 사회복지급여의 제공을 통해 저소득층의 구매력을 증진시켜 소비 제고를 통한 경제 활성화를 도모하려는 복지프로그램이라 할 수 있다.

셋째, 경제적 과정의 부산물로 사회복지가 제공·발전될 수 있다. 즉 자본주의 국가의 경제성장 과정에서 불평등은 필연적인 현상이다. 따라서 이러한 불평등 또는 양극화의 문제를 해결하기 위해 고안되는 다양한 사회복지정책들은 경제성장 과정의 부산물로 태동된 것이라 할 수 있다. 우리나라의 대표적인 공공부조제도인 국민기초생활보장제도나 실업자를 위한 직업훈련서비스 등도 불평등과 양극화를 해소하기 위해 경제성장 과정의 부산물로 고안된 복지제도이자 서비스라 할 수 있다.

REFERENCE 3-6    스냅(SNAP) & 윅(WIC) 프로그램

스냅(SANP)은 '보조 영양 지원 프로그램(Supplemental Nutrition Assistance Program)'의 약칭이다. 이는 원래 미국의 대표적인 공공부조 프로그램 중 하나였던 푸드 스탬프(Food Stamp)가 2008년 10월, 스냅으로 명칭을 변경하여 현재에 이르고 있는 것이다.

스냅은 저소득층 가정이나 개인에게 매월 지급되는 일종의 식량 보조 프로그램이다. 이는 예전처럼 식료품을 살 수 있는 푸드스탬프 쿠폰을 제공하는 대신 EBT라는 카드에

매월 수혜금액을 자동으로 입력시켜 줌으로써 이 카드를 가지고 슈퍼마켓에서 원하는 식료품을 구입할 수 있도록 한 프로그램이다. 미국 정부가 정하는 빈곤선의 100~165%(가족 중 노약자 유무에 따라 달라짐) 이하에 속하는 개인이나 가정이 수혜대상이다.

한편, 윅(WIC)은 여성, 유아 및 아동을 위한 '특별 영양 보충 프로그램(Special Supplemental Nutrition Program for Women, Infants, and Children)'의 약칭이다. 이는 저소득층 임산부와 산모 및 5세 이하 어린이의 건강을 향상시키기 위해 식품을 제공하거나 건강 식단에 대한 정보, 건강관리법 등의 서비스를 제공하는 연방정부 지원 프로그램이다. 프로그램 운영은 각 지역 정부 산하 보건국 및 보건소 등이 맡고 있다. 수령자는 '윅 바우처(WIC voucher)'라는 일종의 식료품 구입 쿠폰을 갖고(일부 주에서는 현금카드처럼 생긴 EBT 카드 활용) WIC 프로그램이 지정하는 식료품만을 구입할 수 있다. 미국 농림부에 따르면 미국에서 출생한 유아의 45%가 WIC 프로그램을 이용한다. 지원 제품은 분유, 우유, 달걀, 치즈, 이유식, 시리얼, 야채, 과일, 곡물 등이다.

## 6) 이념적 요인

이념(ideology)은 어떠한 것을 이상적으로 여기는 견해 또는 추구하는 가치라 할 수 있다. 일반적으로 한 사회나 국가에는 다양한 이념들이 혼재한다. 하지만 특히 정치적, 경제적 이념의 경우, 하나의 이념이 지배적인 이념으로 자리 잡고 있거나, 혹은 두 개의 이념이 구성원 간에 첨예하게 대립하며 존재하는 경우가 대부분이다.

이러한 이념은 가장 강력한 사회복지 동기 중의 하나인데, 제6장에서 설명할 페이비언 사회주의, 사회민주주의 등이 사회복지 발전에 긍정적인 영향을 미친 대표적인 이념들이라 할 수 있다. 그 외에 이타주의(altruism), 인도주의, 평등주의 등도 사회복지의 중요한 이념적 동기라 할 수 있다.

이타주의는 나보다 남을 먼저 생각하는 이념으로, 행동의 목적을 타인에 대한 행복에 둔다. 이타주의는 이기주의와 대립되는 개념으로 외부로부터의 어떠한 보상도 기대하지 않고 타인을 위한 선(이득)을 행동의 목적이자 의무의 기준으로 생각하는 이념이라 할 수 있다. 한편, 인도주의는 인간의 존엄성을 기반으로 인류의 복지와 행복에 관심을 두고 이를 증진하도록 지원하는 이념이다. 마지막으로 평등주의는 자유주의 등과 함께 현대의 인권 개념을 지원하는 주요 사상이다. 이는 모든 인간이 법적, 정치적, 경제적, 사회적으로 공평하게 다루어질 것을 지향하는 정치적 신념이자, 경제적 불평등의 제거를 통한 물질적 평등을 옹호하는 사회철학이다.

## 7) 전문직업적 동기

사회복지의 전문직업적 동기는 이타적인 원조행위를 전문직업화하여 실천하는 것을 의미한다. 다시 말해, 사회복지 관련 교육을 이수하고 자격증을 획득한 후, 전문직업인으로서 사회복지사가 되어 타인을 돕는 가치를 실현하는 것을 뜻한다. 이러한 사회복지의 전문직업적 동기는 사회복지사가 사회복지실천에 헌신하는 주요 동기가 된다.

직업으로서의 사회복지는 전문직으로 간주되는데, 전문직은 자신의 직업 영역에 대한 독점권을 부여받고, 고객의 복리를 위하여 자신의 특별한 지식을 활용하는 직업군이라 할 수 있다. 이러한 차원에서 전문가는 소명(召命)에 기초한 의무를 이행해야 하며, 이것이 직업적으로 전문가 집단을 단순 기술자와 구분해 주는 기준이 된다. 따라서 전문직업인으로서의 사회복지사는 기능적 권위를 내세우고 특별한 처우를 요구하기에 앞서 전문가로서의 특권을 배제하고 클라이언트와 사회에 대한 책임성을 우선적으로 받아들이는 자세를 갖추는 것이 필요하다.

"역사는 사실의 쓰레기통이 아니며 연대의 실꾸리가 아니며
번잡한 고증과 복잡한 언행록이 아니다. 한 나라의 역사는 그
민족, 사회, 문화의 성립과 발전을 가장 간단하고 요령 있게
인과적으로 표현한 것이어야 한다."
- 육당 최남선 -

사회복지의 생성과 역사적 발달과정을 이해하려는 시도의 목적은 해당 사
회의 시대별 사회문제와 그 대응 노력의 성패에 관한 고찰을 통해 현재 우
리 사회에 적용할 수 있는 적합한 사회복지제도를 수립하는 데 유용한 지침
을 얻기 위함이다. 따라서 사회복지 역사에 관한 연구의 의의는 사회복지의
역사적 전개과정을 살펴봄으로써 그 동태적 법칙을 고찰하고, 그 과정에서
사회복지의 한계와 문제를 밝혀내어 발전 방향을 모색하는 데 있다고 할
수 있다. 본 장에서는 영국을 중심으로 공공 사회복지의 태동에서부터 복
지국가의 형성과 융성을 거쳐 위기에 따른 재편 과정에 이르는 사회복지
의 역사적 발달과정을 고찰하고, 우리나라의 사회복지 발전과정을 살펴봄
으로써 우리 사회에 적합한 복지체계 수립을 위한 함의를 얻고자 한다.

# CHAPTER 04 ● 사회복지의 역사

## 01 고대 및 중세의 공공복지

국가가 국민의 안녕을 위해 제공하는 공공복지의 공식적인 출현은 일반적으로 1601년 제정된 영국의 엘리자베스 구빈법을 그 시점으로 삼는다. 하지만 어려움에 처한 국민을 보살피기 위한 국가의 구빈활동은 그보다 훨씬 이전인 고대국가의 성립시기부터 어떠한 형태로든 존재해 왔다. 그 이유는 국가의 존립을 위해서는 생산인구의 보호와 질서유지가 필수적이었기 때문이다.

기원전 3200년경 이후 이집트, 메소포타미아, 인도, 중국 등에서 소위 고대 4대 문명이 차례로 태동한 이래, 절대 군주 지배하의 고대국가는 주로 노동력 확보를 위한 수단으로 공공복지를 발전시켰다. 실제로 이집트에서는 치수사업, 파라오의 무덤 및 사원 건축 등의 대규모 공공사업에 동원될 노동력 확보를 위해 곡물 배분과 구제가 국가에 의해 이루어졌다. 또한, 메소포타미아의 제6대 왕이었던 함무라비는 자신이 제정한 함무라비법전을 통해 고아, 과부 등의 사회적 약자를 보호하는 내용을 명문화하였다.

이후, 기원전 500년경에 성립된 그리스 도시국가에서는 시간이 지날수록 계급분화가 가속화되면서 부유층을 중심으로 지배계층이 형성되었다. 그리스 도시국가에서 박애는 지배계층의 의무로 여겨졌고, 비상사태에 대비한 이들의 기부금이 박애의 핵심을 이루었다. 하지만 지배계층의 기부 행위는 귀족이나 상인 중 곤경에 빠진 이들을 돕는데 국한되었을 뿐, 노동자나 실업자 등 하층계급을 위한 기부는 존재하지 않았다(Day, 1997; 김정기 외, 2002 재인용).

한편, 게르만 민족의 대이동의 영향으로 서로마제국이 마지막 황제 로물루스 아우구스투스가 폐위당하면서 멸망하게 되는 5세기 후반(A.D. 476)부터 15세기 말까지 약 1,000년 동안의 시기를 봉건제가 중심이 된 중세사회라 한다. 일정한 영토 내에서 영주가 경제권과 군사권을 쥐고 지배력을 행사하는 봉건제하에서 영주들은 가혹한 세금을 징수하며 자신의 사리사욕을 채우기에 급급하였다. 이러한 상황에서 자선사업은 주로 기독교 수도원을 중심으로 수녀가 된 여성들에 의해 수행되었다(윤영자 · 최영순, 2002).

특히 이 시기에 생활이 어려운 자들의 보호나 구제와 관련하여 주목할 조직은 공제조합이라 할 수 있는 길드(guild)이다. 길드는 고대 로마시대에 꼴레지아(collegia)라고 불린 협회와 유사한 단체로, 상인과 수공업자 등이 서로 상부상조하는 동료의식을 기반으로 조직한 단체이다. 길드는 회원 간에 도움을 주고받기 위해 회비를 걷어 빈곤한 회원에 대한 장례비와 유족의 생계를 지원하고, 빈곤한 회원의 딸을 위한 결혼지참금을 지급하며, 회원 모두를 포함한 환자에게 보호를 제공하였다(백종만 외, 2001).

비록 이 시기의 사회복지가 중세사회의 구조적 문제를 간과했다는 비판을 피하기는 어렵지만, 자선사업이나 박애사업을 비롯한 현대 민간 사회복지에 적지 않은 영향을 끼쳤다는 점에서 그 의의를 찾을 수 있다.

## 02 | 중세 이후 구빈제도의 발전과정

### 1) 엘리자베스 구빈법 이전의 구빈제도

#### (1) 노동자 칙령과 케임브리지법

14세기 중엽 무렵부터 봉건주의가 점차 퇴색되어가고 새로운 경제 질서가 대두되면서 빈곤의 위험은 가중되기 시작했다. 특히 영국은 1348년 발생한 흑사병으로 인해 2년 동안 총인구의 30~45% 정도가 사망하는 국가적 위기를 겪었다. 그로 인해 노동력은 대규모로 감소했고 임금은 급상승했으며 지주는 금전적으로 큰 타격을 받았다. 이러한 문제를 해결하기 위해 국왕인 에드워드 3세는 1349년 영국 노동법의 시초라 불리는 '노동자 칙령(Ordinance of Labourers)'을 공포하였다.

임금억제를 원하는 지주의 일방적인 이해를 반영한 노동자 칙령의 골자는 노동능력이 있는 빈민과 노동능력이 없는 빈민을 구별하여, 전자는 강제노동을 시키고, 후자는 본래의 주거지에서 구제받도록 하며, 고용주가 과도한 인력을 고용하는 것을 금지하는 것이었다. 또한, 흑사병 이전보다 높은 임금을 지급하거나 받아서는 안 되며, 특히 일할 수 있는 걸인들에게 시혜를 베푸는 행위를 금지하고, 이를 어길 경우에는 감금이나 태형 심지어 교수형에 처하였다.

한편, 에드워드 3세의 뒤를 이은 국왕 리차드 2세는 1388년 '케임브리지 법(statute

of Cambridge)'을 제정하였다. 이 법에 따라 어떠한 노동자도 치안판사가 발행한 추천서 없이는 자신이 거주하는 행정구역을 떠나 다른 곳으로 이주할 수 없게 되었다.

결국, 노동자 칙령과 케임브리지 법은 모두 빈민통제라는 정치적 목표와 노동력의 활용이라는 경제적 목표를 달성하고자 한 법이었다고 할 수 있다.

## (2) 걸인과 부랑자 처벌법

15세기 무렵부터 인구감소에 따른 농작물 값이 하락하자, 곡물 재배보다 더 많은 이윤을 얻을 수 있는 양모사업을 하기 위해 지주들이 소작인들을 내쫓고 경작지에 울타리를 치고 양을 기르기 시작하는 인클로저(enclosure) 운동[1])이 널리 확산되었다. 그로 인해 토지로부터 내몰린 많은 농민들은 생계수단을 잃고 걸인과 부랑자가 되어 떠돌면서 끊임없는 약탈과 폭동을 일삼았다.

이에 1531년, 헨리 8세는 '걸인과 부랑자 처벌법(Act concerning Punishment of Beggars and Vagabonds)'을 선포하였다. 이 법의 주된 골자는 근로능력이 없는 빈민과 근로능력이 있는 빈민을 구분하여 전자는 구걸을 허용하고, 후자의 구걸 행위는 처벌하는 것이었다.

한편, 헨리 8세의 결혼문제를 계기로 발생한 일련의 사건을 통해 영국 교회는 종교개혁적 성격을 띤 국가주의 교회로 발전하게 되었다. 이러한 종교개혁으로 인해 영국

---

1) 인클로저 운동은 사실 인클로저 현상이라고 부르는 것이 더 적합한데, 일반적으로 1차와 2차로 구분한다. 하지만 영국의 인클로저 운동은 엄밀히 말해 세 시기로 구분할 수 있다. 1차 인클로저 운동은 15세기에 이미 일어났다. 즉 14세기에 창궐한 흑사병으로 인해 인구가 절반으로 줄어들자 많은 잉여 농작물이 발생했고 그 결과 농작물 값이 하락하였다. 그러자 경작으로 수지를 맞출 수 없게 된 지주들이 농노나 소작인들을 내쫓고 경작지에 울타리를 둘러친 뒤 거기에다 양을 기르기 시작했는데, 이것이 1차 인클로저 운동이다. 2차 인클로저 운동은 16세기 후반부터 17세기에 걸쳐 발생한 현상이다. 이는 전환농법(convertible husbandry)과 밀접한 관련이 있다. 대규모 토지에 울타리를 둘러치고 이를 다시 여러 구역으로 분리해 각기 목축지와 경작지로 활용했다. 그런 다음 몇 년 뒤에는 목축지를 경작지로, 경작지를 목축지로 바꿔 사용하는 방식으로 토지를 효과적으로 활용함으로써 비약적인 생산성 향상을 기할 수 있었다. 3차 인클로저는 1760년에서 1800년까지 진행되었는데, 그 직전 40년 사이 이뤄진 것의 10배에 달했으며 영향을 받은 면적은 약 300만 에이커에 달했다. 이로써 '규모의 경제'가 실현되면서 영국의 농업생산성은 비약적으로 향상됐다. 하지만 이 시기의 인클로저는 주로 공유지와 유휴지에서 일어났는데, 이곳은 원래 농촌지역의 임금노동자들을 위한 안전핀 노릇을 했던 곳이었다. 즉 농촌지역의 임금노동자들은 이곳에서 소규모 농작물을 재배하거나 가축을 놓아먹였고 재목과 땔감을 구했다. 그런데 이 땅들이 인클로저라는 근대적인 소유권 확립 운동의 과녁이 되면서 문맹이거나 법적 지식이 없는 농민들이 소유권을 아예 부정당하거나 형편없는 몫을 받는 문제가 발생하였다(한국경제, 2010. 8. 6).

의 자선사업과 구호제도에도 큰 변화가 일어났다. 교회 재산과 빈자를 돌보는 데 필요한 자산마저 국가에 의해 몰수당한 교회는 더 이상 구호 활동을 수행할 수 없게 되었다. 더욱이 수도원의 해산으로 인해 많은 성직자와 수도원에 고용되어 있던 사람들은 유랑과 구걸을 해야 하는 신세로 전락하게 되었다.

국왕의 자리에 오른 엘리자베스 1세 여왕은 이러한 문제를 해결하기 위해 1572년, '부랑자법(Vegabonds Act, 1572)'을 제정하였다. 이 법은 개별 교구의 빈민구호 비용 조달을 위해 최초로 지방세인 구빈세(Poor Rate)를 도입함으로써 빈민구호의 책임을 공식적으로 교회에서 지역사회(교구)로 옮긴 법이다. 하지만 구빈세의 과세대상은 토지나 가옥의 소유주인 귀족계급이 아니라 토지와 가옥을 점유하고 있는 농민이었다.

이후, 1576년에는 빈민의 나태 근절과 노동 정착을 목적으로 '빈민구제법(Poor Relief Act, 1576)'을 제정하여 치안판사(Justice of the Peace)[2]로 하여금 노동능력자에게 원목, 양모 등을 제공하고 물건을 만들어 판매하도록 하였다. 노동무능력자는 자선원(almshouse)[3]에 입소시켜 보호하였으며, 노동을 거부한 나태한 빈민은 교정원(house of correction)에 보내어 처벌하였다.

📖 REFERENCE 4-1    헨리 8세의 종교개혁

헨리 8세(Henry VIII)는 로마 교황청과 대립하며 영국의 종교개혁을 이끈 왕으로 잘 알려져 있다. 하지만 사실상 종교개혁의 발발은 헨리 8세의 애정행각 때문이었다. 실제로 그는 숱한 여성 편력으로 여섯 번이나 결혼을 하며 영국 역사에서 가장 극적인 삶을 산 왕으로 유명하다.

헨리 8세의 첫 번째 부인은 그의 형수(사망한 형 아서 튜더의 부인)이며 스페인의 공주인 아라곤의 캐서린(Catherine of Aragon)이었다. 스페인과의 동맹을 목적으로 결혼한 그녀와의 사이에서 딸 메리 튜더를 낳았지만, 아들을 낳지 못해 결국 사이가 벌어졌다. 그 후, 헨리 8세는 한때 자신의 정부였던 메리 불린(Mary Boleyn)의 여동생이자,

---

2) 치안판사로 번역되는 'justice of peace'는 지역에서 벌어지는 덜 중요한 법률 사건에 관한 판단을 하는 관료로서 결혼 주례의 역할을 담당하기도 하였다.

3) 자선원(almshouse)은 강제노동을 시키는 수용시설인 작업장(workhouse)과는 다르지만, 구빈원(poorhouse)과 유사한 시설로서 규모가 커 수용인원이 많으면 구빈원, 규모가 작으면 자선원이라 하였다. 하지만 빈민을 분류하여 보호한다는 방침은 제대로 실현되지 않았는데, 그 이유는 노동능력이 없는 빈민을 위해 건물을 별도로 건립할 만큼 재정 여력을 갖춘 지방정부도 많지 않았고, 제정능력이 있어도 실천의지를 가진 지방정부도 거의 없었기 때문이다. 결국, 구빈원과 작업장의 구분도 점점 모호해져 갔다(원석조, 2019).

헨리 8세

왕비 캐서린의 궁녀 출신인 앤 불린(Anne Boleyn)과 사랑에 빠져 혼인을 하려 했다. 하지만 그 당시 가톨릭을 국교로 삼고 있는 영국에서는 국왕이 이혼하기 위해서는 교황의 허락이 필요했다. 하지만 교황 클레멘스 7세는 신성로마제국의 황제 카를 5세의 지시를 충실히 따르는 사람이었는데, 카를 5세는 공교롭게도 헨리 8세가 이혼하려고 하는 부인 캐서린의 조카였다. 당연히 교황 클레멘스 7세는 헨리 8세가 요청한 왕비 캐서린과의 혼인 무효를 허락하지 않았다.

이에 헨리 8세는 자신이 임명한 크랜머 대주교를 통해 캐서린과의 결혼을 무효라고 선언해 버렸고, 교황 클레멘스 7세는 헨리 8세를 파문시켜 버렸다. 결국, 헨리 8세는 1534년, 로마 교황청과의 관계를 단절하고 영국 교회를 관리하는 모든 권한이 국왕인 자신에게 있음을 내용으로 하는 수장령(首長令: Acts of Supremacy)을 선포하였다. 이 법에 따라 기독교 역사에서 성공회의 시초가 마련되었고, 이 과정에서 헨리 8세는 영국 내에 있는 수도원의 재산을 몰수하고 로마 교황청과 분리의 길을 걷게 된다.

한편, 헨리 8세의 두 번째 부인이 된 앤 불린도 아들을 낳지 못하고, 딸만 낳게 된다. 앤 불린은 정적의 획책으로 간통, 근친상간, 반역의 죄를 지었다는 이유로 처형되고 만다. 헨리 8세의 세 번째 부인인 제인 시모어(Jane Seymour)는 헨리 8세가 그토록 오랫동안 기다리던 아들을 출산하였지만, 출산 후유증으로 곧 세상을 떠났다. 그 후, 헨리 8세는 로마 교황청이 영국을 공격해 올 경우, 중요한 동맹자가 되어 줄 클레페 백작의 누이와 결혼하는 것이 좋겠다는 토머스 크롬웰의 의견에 따라 '클레페의 앤(독일어: Anna von Kleve)'을 네 번째 부인으로 맞아 결혼하였다. 하지만 궁정화가가 그려 온 앤의 초상화와 너무나도 다른 그녀의 실물에 실망한 헨리 8세는 결국 결혼을 무효로 해버리고 네 번째 결혼생활을 끝냈다. 헨리 8세의 다섯 번째 부인은 캐서린 하워드(Catherine Howard)였는데, 문란했던 그녀는 간통죄로 처형당하고 만다. 헨리 8세는 여섯 번째 부인으로 캐서린 파(Katherine Parr)를 맞아 마지막으로 결혼하였다.

헨리 8세가 사망한 후, 세 번째 왕비인 제인 시무어가 낳은 아들이 8살의 나이에 국왕(에드워드 6세)의 자리에 오르지만 금방 세상을 떠나고 말았다. 그 뒤를 이은 사람은 헨리 8세의 첫 번째 부인인 캐서린이 낳은 유일한 혈육 메리 튜더(메리 1세)였다. 독실한 가톨릭 신자이며 자신의 어머니를 불행하게 만든 영국 성공회를 증오했던 메리 1세는 영국을 옛날처럼 가톨릭 국가로 되돌리기 위해 로마 가톨릭 복귀운동을 펼쳤다. 그 과정에서 성공회 성직자들과 개신교인 3백여 명을 처형하였고, 그 사건을 계기로 메리 1세는 '피의 여왕'이라는 의미인 '블러디 메리(Bloody Mary)'로 불리게 되었다.

그러나 메리 1세도 왕위에 오른 지 6년 만에 후계자 없이 세상을 뜬다. 이후 헨리 8세의 두 번째 부인이었던 앤 불린의 딸이 왕위에 오르게 되는데, 그녀가 바로 엘리자베스

1세 여왕이다. 왕위에 오른 엘리자베스 1세는 다시 로마 가톨릭으로부터 분리하고 영국 성공회를 부활시켰으며, 이후 영국 성공회는 명실공히 영국의 국교로 확립되었다.

## 2) 엘리자베스 구빈법 이후 구빈제도

### (1) 엘리자베스 구빈법

1601년, 엘리자베스 1세 여왕은 억압과 교구의 구빈만으로 빈곤문제를 해결할 수 없다는 사실을 인정하고, 기존의 빈민구호에 관한 법률을 집대성하여 '구빈법(The Poor Law, 1601)'을 제정하였는데, 이를 엘리자베스 구빈법이라 일컫는다.

엘리자베스 구빈법은 다음과 같은 특징을 갖는다.

첫째, 빈민에 대한 국가의 책임을 입법화하여 공식적으로 인정하였으며, 개별 교구[4] 중심의 구빈사업을 정부사업으로 전환하였다. 실제로 정부는 빈민구제를 위한 구빈세(poor tax)를 부과하여 지방 세액을 증가시키고, 모든 교구에 구빈감독관을 임명하는 등 구빈행정을 새롭게 하였다.

둘째, 빈민을 다음과 같이 세 유형으로 분류하여, 일할 능력이 있는 사람들이 국가의 공적 구제에 의존하지 않게끔 하였다.

① 노동능력이 있는 빈민으로, 이들은 작업장(workhouse)에서 강제로 노동해야 했으며, 작업을 거부하는 자들은 감옥에 수감되었다.

② 노동능력이 없는 빈민으로, 이들은 병자, 노인, 시각·청각·지체 장애인, 정신질환자 및 아동을 부양하는 여성들이었다. 이들은 원칙적으로 구빈원(poorhouse)에 수용되어 도움을 받았으나, 거처할 집이 있다면 원외구호(outdoor relief)[5] 형태로 음식과 의류 및 난방을 위한 현물을 집으로 보내주는 것이 허용되었다.

③ 요보호 아동으로, 이들은 부모가 모두 없거나 부모가 있더라도 너무 가난하여 양육할 수 없는 가정의 아동이었다. 요보호 아동은 시민에게 무료로 위탁보호되거나,

---

4) 교구란 신자들을 관리하고 신앙생활과 교회행정을 체계화하기 위해 설정한 구역으로, 가톨릭 교구의 장은 주교이다.

5) 원외구호는 빈민을 자신의 거택에서 보호하는 것으로 거택보호를 의미한다.

유료 위탁 시에는 최저입찰자에게 위탁되었다. 또한, 일을 할 수 있는 8세 이상의 남아(男兒)는 24세 성인 또는 결혼할 때까지 장인(匠人)에게 맡겨져 도제생활을 해야 했고, 여아(女兒)는 21세 또는 결혼할 때까지 부유한 가정의 하녀로 일해야 했다.

셋째, 가족이 빈곤에 대한 책임을 일차적으로 담당하게 하였다. 즉 엘리자베스 구빈법은 가족에 의해 부양되지 못하는 빈민에 한하여 국가가 구제의 책임을 지도록 한 법이었다. 따라서 가족 중 누군가가 부양능력이 있을 경우에는 구호의 대상으로 등록할 수 없었다. 특히, 엘리자베스 구빈법 이전에는 모든 빈민과 무능력자에 대한 가족부양 의무의 범위가 부모와 자녀였으나, 이 법에서는 조부모와 손자로 확대되었다.

결국, 엘리자베스 구빈법은 빈민에 대한 국가 차원의 책임을 인정하고 조직적 구제를 실시했다는 점에서 종래의 입법과는 차별된다. 하지만 여전히 빈민의 권리보호보다는 통제 및 관리에 목적을 둔 입법이었다. 실제로 작업장은 물론 구빈원에 수용된 빈민조차도 인간적인 처우를 받지 못하는 생활을 하였다. 이들은 위생시설이나 냉난방 시설이 전혀 되지 않는 시설에서 죽 한 그릇으로 끼니를 때우는 동물만도 못한 대우를 받았다.

그럼에도 불구하고 엘리자베스 구빈법은 노동력 창출에 기여했을 뿐 아니라 노동 윤리를 강화하는 데에도 기여하여 이후 미국 식민지법에도 지대한 영향을 미쳤으며, 현재까지도 영국과 미국 사회복지제도의 빈민구제 방식에 그 잔재를 남기고 있다.


## (2) 정주법

17세기 영국의 각 교구는 자기 교구 내의 빈민에 대한 보호의 책임을 지고 있었다. 따라서 다른 교구에서 가난한 누군가가 전입을 하게 되면 그만큼 구호의 부담이 증가하기 때문에 가난한 전입자를 원하지 않았다. 또한, 사유지를 확보하고 있던 상류층도 그들의 사유지 경작에 필요한 노동자를 확보하는 것이 필요했기에 자신의 교구 내에 있는 주민들이 타 교구로 이주하는 것을 원하지 않았다.

이러한 상황에서 찰스 2세는 1662년 '정주법(Settlement Act, 1662)'을 제정했는데, 이는 1388년 리차드 2세가 제정한 케임브리지 법(statute of Cambridge)의 내용을 근간으로 한다. 즉 이주금지법 또는 거주지법이라고도 일컫는 정주법은 치안판사에게 해당 교구에 부담이 되는 새로운 전입자들을 이전 거주지로 돌려보내는 권한을 부여했다. 치안판사는 교구에 새로 이주한 사람을 도착한 이후 40일 이내에 구빈감독관의 조사를 통해 추방명령을 내릴 수 있었다.

빈민의 주거선택의 자유를 침해한다는 비판을 받는 정주법은 보다 나은 구제를 찾아 빈민들이 떠도는 것을 금지함으로써 구빈부담을 덜고 노동력을 안정적으로 확보하기 원했던 상류층의 이해가 반영된 제도라 할 수 있다. 또한, 구빈행정에 있어 교구는 자기 교구 내의 빈자만을 책임진다는 극단적인 지역주의가 반영된 법이라 할 수 있다 (김동국, 1994).

### (3) 작업장 심사법

'작업장 심사법(Workhouse Test Act, 1723)'은 일명 '나치블법(Knatchbull's Act)'으로도 일컬어진다. 그 이유는 작업장 심사법이 에드워드 나치블(Edward Knatchbull) 경(卿)이 마련한 초안에 따라 입법화된 법이기 때문이다. 오늘날의 자활프로그램과 일정 부분 유사한 성격을 지닌 이 법은 18세기 중상주의의 영향에 따라 노동이 가능한 빈민을 고용하여 국가적 부를 증대하고, 동시에 빈민에게 노동을 강제함으로써 구빈에 소요되는 재정지출을 경감하려는 목적에서 제정되었다.

이 법에 따라 구호를 받기 원하는 빈민은 작업장에 입소하여 일정한 양의 노동을 수행해야만 했다. 이러한 작업장법의 시행으로 거리의 상습적인 걸인이나 난폭한 부랑자가 상당히 사라졌다. 또한, 빈민에게 기술을 가르쳐 노동을 통해 소득을 창출할 기회를 제공한 것은 이 법이 갖는 의의라 할 수 있다. 하지만 빈민들이 만들어 내는 제품의 품질이 좋지 않아 경영난을 겪게 되었고, 재료의 낭비 등으로 교구민의 조세 부담이 오히려 늘어났다. 특히 작업장 안에서의 빈민에 대한 처우는 가혹할 정도로 비인간적이었으며 노동력 착취 등의 문제를 낳았다.

### (4) 길버트법

18세기 말에 접어들면서 작업장의 가혹한 노동착취에 대한 인도주의적 관심의 증가는 그동안 이어 내려온 구빈제도의 방향을 수정하는 계기가 되었다. 이러한 변화를 반영한 대표적인 제도에는 '길버트법(Gilbert's Act)'을 비롯하여 '스핀햄랜드 제도(Speenhamland system)'와 '공장법' 등이 있다.

토마스 길버트(Thomas Gilbert)는 지방행정 책임자로서 구빈법의 병폐를 잘 알고 있었고 작업장의 개선을 위해 지속적인 노력을 기울였다. 그 덕분에 1782년, '빈민구호법(the Relief of the Poor Act, 1782)'이 개정되었는데, 이를 길버트법이라 일컫는다.

이 법은 여러 교구를 합친 행정단위인 주(county) 단위로 구빈을 조직화하여 구빈행정을 효율적으로 운영하기 위해 제정된 법이었다. 이 법에 의해 교구연합은 공동으로 작업장을 설립할 수 있게 되었고, 노인, 질환자, 신체 허약자 등을 구제의 대상으로 삼았다. 또한, 그동안 많은 문제점을 노출했던 작업장의 청부계약인 제도를 철폐하고 봉급을 받는 지도원을 두었으며, 종래의 원내구호(indoor relief)[6] 원칙에서 원외구호(outdoor relief)를 인정하는 것으로 개선하였다.

하지만 교구연합을 통해 행정단위를 확대하여 빈민의 노동착취를 개선하고자 한 길버트법의 의도는 사실상 제대로 관철되지 못했다. 그럼에도 불구하고 이 법은 구빈행정의 억압적 성격을 완화하고 원외구호를 확대하는 계기를 마련한 법이라는 점에서 의의를 찾을 수 있다.

### (5) 스핀햄랜드 제도

스핀햄랜드 제도(Speenhamland system)는 빈민에 대한 처우개선을 위해 구빈세 재정을 활용하여 저임금을 보충해 주고자 한 제도이다. 1795년 버크셔 카운티의 스핀햄랜드에서는 그 지방의 식빵 가격과 자녀의 수에 따라 한 가정의 생계에 필요한 수준, 즉 최저생계비를 설정하고, 소득이 그에 미치지 못하는 임금 근로자에게 소득의 부족분을 보충해주는 임금 보충제 방안을 채택했는데, 이것이 스핀햄랜드 제도이다. 이 제도는 오늘날 최저생활보장의 기반이 된 제도라는 점에서 매우 중요한 의의를 갖는다.

하지만 스핀햄랜드 제도는 그 취지와는 달리 큰 부작용을 초래하였다. 즉 고용주가 저임금을 지불해도 보조금이 나오기 때문에 사실상 노동자들의 임금보조금이 아니라 고용주에 대한 보조금이 되어버린 것이다. 특히 노동자는 수입이 적어도 부족분을 받을 수 있었기 때문에 노동동기가 약화되어 도덕적 해이를 가져왔다. 또한, 당국이 임금 부족분을 보충해주었기 때문에 고용주가 제공하는 임금수준은 계속 하락하였다. 결국, 노동자는 노동을 해도 보조금을 받아야 최저생계가 가능한 빈민으로 전락하였으며,

---

6) 원내구호 또는 원내구제란 빈민을 자신의 거택이 아니라 구빈시설인 작업장에 수용하여 보호하는 것을 의미한다.

그에 따라 구호비용과 조세부담은 크게 증가하였다. 이러한 이유로 스핀햄랜드 제도는 훗날 구빈법 개정(1834)의 빌미를 제공하게 되었다.

### (6) 공장법

18세기 산업혁명을 통해 방직업이 빠르게 발달하면서 노동력이 부족해지자 저임금을 이유로 아동의 노동력을 활용한 착취가 공공연히 이루어졌다. 모직공장에서는 6살, 면직공장에서는 8살부터 아동들이 하루 12~18시간 동안 노동착취에 시달렸다. 아동 노동이 전체 노동자 수에서 차지하는 비중도 방직업종별로 30%대에서 40%대까지 매우 높았다.

이러한 아동에 대한 노동착취는 영국의 사회문제로 떠올랐고, 1833년 '공장법(Factory Act, 1833)'이 입법화되는 계기가 되었다. 공장법은 제사 공장(silk mill)을 제외한 9세 이하 아동의 노동 전면 금지, 아동을 고용할 때 의무적으로 연령 확인, 13세 미만 아동의 노동시간을 1일 9시간, 1주 48시간 이내로 제한, 13~18세 아동의 1일 노동시간을 12시간 이내로 제한, 18세 미만 아동의 야간 노동 금지, 1일 2시간 이상 아동 의무 교육 실시, 공장법 준수 여부를 감독할 감독관 4명 임명 등을 골자로 하는 법이었다.

공장법은 노동시장에 대한 국가개입의 시작이라는 점에서 의의가 크며, 근대의 사회정책적인 최초의 노동입법이자 근로시간 제한법이며, 최초의 아동노동 보호제도라는 중요한 의의를 갖는다.

## 3) 개정구빈법(신구빈법)

### 개정구빈법 탄생 배경

19세기 초 영국의 구빈제도에 대한 비판은 크게 두 가지로 요약될 수 있다.

첫째, 구빈비용의 증가에 대한 비판이었다. 이는 결국 구빈세를 재원으로 하여 빈민에게 임금보조금을 지급함으로써 납세자의 비용 부담을 가중시킨 스핀햄랜드 제도에 대한 비판으로 이어졌다.

둘째, 구빈행정상의 문제에 대한 비판이다. 이는 엘리자베스 구빈법이 의도했던 구빈행정의 중앙집권화와 전국적 통일이 결국 지방자치를 존중해 온 영국의 전통으로 인해 성공을 거두지 못하게 됨에 따라 교구 간 및 교구 내 개인 간에 구빈세 비용 부담이 서로 다른 비형평성 문제를 해결하지 못한 데에서 기인한다.

이러한 상황에서 1832년 구성된 왕립위원회는 구빈법의 상황을 검토한 후 보고서를 제출하였고, 이 보고서에 담긴 제안을 반영하여 1834년 '개정구빈법(The Poor Law Amendment Act, 1834)'이 탄생하였다. 이 법을 '신(新)구빈법'이라고도 일컫는다.

### 개정구빈법 골자

개정구빈법의 핵심적인 내용은 다음과 같다.

첫째, 스핀햄랜드 제도를 통해 시행된 저임금 근로자에 대한 임금보조금 지급을 폐지한다.

둘째, 노동능력이 있는 자에 대한 원외구호를 중단하고, 작업장에서 강제 노역을 통한 구호로 대체한다.

셋째, 원외구호는 병자, 노인, 무능력자, 어린 자녀가 있는 과부 등 노동능력이 없는 대상으로 제한한다.

넷째, 교구를 몇 개씩 묶어서 구빈법 조합으로 조정한다.

다섯째, 구빈행정의 중앙집권화를 위한 중앙기구를 설치한다.

### 개정구빈법 운영 원칙

개정구빈법은 구빈제도를 운영하는 데 있어 다음과 같은 원칙을 적용했다.

첫째, '열등처우의 원칙(the principle of less eligibility)'으로 '열등수급의 원칙'이라고도 불린다. 이는 빈민에 대한 국가의 구호 수준, 즉 국가의 도움을 받는 사람의 처우는 스스로 벌어서 생활하는 최하층에 속하는 독립 노동자의 생활 수준보다 낮아야 한다는 원칙이다. 이 원칙은 값싼 노동력 확보라는 산업자본가들의 필요와 빈민에 대한 통제력 확보를 통해 국가권력을 강화하기 위한 정치적 의도와 함께 구제에 대한 빈민의 의존도를 낮춤으로써 자립의지를 강화하고 구빈세의 부담을 줄이기 위한 목적에 따라 적용되었다(김태성·성경륭, 1993).

둘째, '균일처우의 원칙'으로 '전국 통일의 원칙(the principle of national uniformity)'이라고도 불린다. 이는 중앙의 통제하에서 교구의 운영을 보다 효율적으로 운영하고 빈민의 교구 이동을 방지하기 위해 빈민의 처우를 전국적으로 통일한다는 원칙이다. 사실상 영국의 구빈행정은 이미 언급한 바와 같이 지방자치를 존중하는 전통으로 인해 각 교구의 치안판사에게 구빈행정의 권한이 주어졌고, 중세적 온정주의의 영향으로 방만하게 운영되었다. 따라서 균일처우의 원칙은 구빈행정을 치안판사가 아닌 중앙당국이 직접 지휘·통제함으로써 구빈비용을 절감하고 구빈행정의 형평성을 유지하기 위한 목적에 따라 적용되었다.

셋째, '작업장 심사의 원칙(the principle of workhouse test)'으로 '작업장 수용의 원칙'이라고도 불린다. 이는 노동능력이 있는 빈민에 대한 거택구호, 즉 원외구호(outdoor relief)를 폐지하고, 구호를 원하는 빈민은 작업장에 입소하여 일정한 양의 노동을 해야 한다는 원칙이다. 사실 그 당시 왕립위원회는 빈민을 노인·장애인, 아동, 노동능력 있는 여성, 노동능력 있는 남성 등 네 유형으로 구분하여 별도의 건물에 배치할 것을 권고하였다. 하지만 개정구빈법은 이러한 왕립위원회 권고를 무시하고 모든 빈민을 하나의 건물에 수용하여 엄격한 규율하에 생활하게 하였으며 매우 억압적이고 비인간적으로 대우했다.

### 개정구빈법 폐지-다수파와 소수파 보고서

개정구빈법의 시행으로 구빈 비용은 연평균 100만 파운드가 감소할 만큼 긍정적인 효과가 나타났다. 하지만 개정구빈법에 따른 빈민에 대한 가혹하고 비인간적인 처우는 보수와 진보를 막론하고 비판의 대상이 되었고, 개정구빈법에 대한 반대 여론이 들끓기 시작했다.

결국, 1905년 해밀턴(Lord George Hamilton)을 위원장으로 하는 '구빈법과 실업자에 관한 왕립위원회'가 구성되었고, 개정구빈법을 포함한 여러 구빈 대책들을 분석하여 구빈 법률의 수정 여부를 판단하라는 임무가 부여되었다. 4년간의 조사과정 끝에 1909년 위원회는 2개의 보고서, 즉 다수파와 소수파의 보고서를 제출하였다.

다수파의 보고서는 보수주의 이념을 지닌 위원들의 의견을 담고 있었는데, 빈곤의 원인을 개인의 나태와 무책임으로부터 기인하는 것으로 인식하고, 현행 구빈제도의 부분적 개혁을 통한 기존 구빈법의 유지를 주장하였다. 다시 말해, 구빈법을 다른 사회제도들을 포괄하는 형태로 재정립하되, 구빈법이라는 명칭 대신 공공부조(public assistance)의 명칭을 사용하고, 자선조직협회(Charity Organization Society)의 가치관을 따르는 자선단체조직과 사회복지기관들을 공공부조 위원회의 관리하에 두고 효과적으로 이용할 것을 제안하였다. 특히 자선단체조직을 통해 국가의 도움이 필요한 빈민을 선별해야 한다고 주장하였다.

반면, 소수파의 보고서는 페이비언 사회주의 이념을 따르는 위원들의 의견을 담은 것으로, 빈곤의 원인을 불합리한 사회구조에서 기인하는 것으로 인식하고 현행 구빈제도의 완전한 폐지를 주장하였다. 다시 말해, 노동가능한 빈민을 위해 완전고용이라는 목표 아래 정부의 직업훈련 프로그램 및 직업알선 서비스를 제공하며, 경기침체를 대비한 공공사업을 준비할 것을 제안하였다.

하지만 두 보고서 모두 당시 영국 정부를 이끌던 자유당에 의해 채택되지 않았다. 그 이유는 이미 자유당은 자체적으로 노령연금 등 사회보험 도입을 통한 구빈법 개혁의 길을 걷고 있었기 때문이다. 결국, 구빈법은 계속 유지되다가 1929년 지방정부법(Local Government Act of 1929)의 제정으로 구빈위원회와 함께 형식적으로 폐지된 후, 1948년 국민부조법의 탄생으로 최종 폐지되었다.

## 03 복지국가의 태동과 발달

### 1) 복지국가의 태동

#### (1) 사회보험의 등장 배경

복지국가의 기원에 대해 혹자는 구빈법 시대, 즉 중세가 끝나고 절대왕정이 시작된 시기로 보아야 한다는 견해를 제시하기도 한다(Midwinter, 1994). 하지만 일반적으로 시민권의 신장, GNP 대비 사회복지 지출 요인, 특히 사회보험의 최초 도입 시기를 복지국가의 기원으로 보아야 한다는 주장이 지배적인 견해이다(Pierson, 1999).

서구에서 사회보험제도가 등장한 배경은 나라마다 차이가 있지만 일반적으로 첫째, 산업화 이후 자본주의 발전에 따른 다양한 사회문제의 심화, 둘째, 사회문제의 해결을 위한 가족 및 시장기능의 한계 노출, 셋째, 노동운동의 정치세력화를 통한 정치적 압력, 넷째, 근대국가의 성장과 정부개입 기능 확대 등의 계기를 통해 사회보험이 도입된 것으로 본다(김정기 외, 2002).

## (2) 사회보험의 도입

### 독일의 사회보험

사회보험을 최초로 도입한 국가는 독일이다. 독일은 1871년에 비로소 통일국가를 수립하였고, 산업화도 영국보다 100여 년이나 늦은 후발 산업국가였다. 하지만 독일은 통일국가 수립 후, 괄목할만한 산업국가로 발전하게 된다. 그러나 산업화 과정에서 저임금과 장시간 노동 등의 문제가 야기되었고, 이에 불만을 품은 노동자들은 노동운동을 확산시켜 나갔다. 특히 1820년대 중반 프랑스에서 처음으로 발생한 사회주의 사상이 독일로 유입되면서, 노동운동은 점점 정치적 성격을 띤 사회주의 운동으로 전환되어 갔다. 노동운동의 정치세력화를 이룬 노동자 계급은 생산수단의 즉각적인 사회화를 요구했다. 이는 당시 독일의 지배계급을 형성하고 있던 융커, 즉 봉건적 토지 귀족 계급과 신흥 부르주아 계급에게 큰 위협요인이 되었다.

이에 독일의 재상이었던 비스마르크는 1878년, 노동운동을 선동하는 사회주의자들에 대한 직접적인 탄압책인 '사회주의자 진압법'을 제정하여 독일 내 모든 사회주의적 노동운동을 금지하였다. 하지만 이 정책이 실패로 돌아가자 비스마르크는 당근정책을 실시하였는데, 그것이 바로 노동자 계급을 국가 내로 통합시키기 위한 사회입법이었다. 이 사회입법을 통해 탄생한 것이 바로 1883년 의료보험, 1884년 재해보험, 1889년 노령 및 폐질보험 등 최초의 사회보험이었다.

이러한 맥락에서 독일이 세계 최초로 도입한 사회보험은 결국 사회통제가 주된 목적인 제도였다. 하지만 이들 사회보험은 노동자가 직면할 수 있는 다양한 사회적 위험에 대해 국가가 보험원리에 따라 공식적으로 개입한 최초의 사례였으며, 복지국가 탄생의 맹아 역할을 했다는 점에서 큰 의의를 찾을 수 있다.

### 영국의 사회보험

영국에서 사회보험제도의 도입을 주도한 세력은 개정구빈법의 폐해를 지적하고 저항한 개혁주의적 자유주의자들이었다. 또한, 당시 정치세력화한 노동운동이 영국의 사회보험 도입에 큰 영향을 미쳤다. 영국의 노동운동은 의회개혁과 선거법 개정을 주장한 차티스트 운동(1838~1848)을 거치면서 정치성을 띠기 시작했으며, 1800년대 후반부터 정치성이 본격화되었다.

특히, 1873년부터 1896년에 걸쳐 발발한 대공황으로 인해 대규모 실업이 발생함에 따라 전 국민적 빈곤이 발생하였다. 이 기간에 1886년 찰스 부스(Charles Booth)에 의해 런던 동부지역을 대상으로 처음 빈곤조사가 실시되었고, 1899년에는 벤자민 시봄 라운트리(Benjamin Seebohm Rowntree)에 의해 영국 중부의 요크 지역을 대상으로 빈곤 조사가 실시되었다. 이들 조사는 영국사회에 대규모의 빈곤이 존재하며, 가난이 개인의 도덕적 타락이나 결함이 아니라 사회구조적 문제로부터 기인하고, 그 해결을 위해 국가적 차원의 개입이 반드시 필요하다는 사실을 인식하는 계기가 되었다. 또한, 신생정당이었던 노동당이 빈민법 개정을 강하게 주장함에 따라 국가 역할의 최소화를 추구하던 자유당도 빈민법 개혁을 포함한 사회개혁에 동의할 수밖에 없었다.

이러한 흐름 속에서 자유당 정부는 1908년 70세에 자산조사를 조건으로 급여를 받는 '노령연금법(Old Age Pensions Act, 1908)'을 제정하였는데, 이는 무갹출 연금제도 였기에 현대적 의미의 사회보험으로 인정받지 못했다. 그 이후 자유당은 사회보장제도를 보다 강화하기 위한 일환으로 1911년, 기여금(보험료) 납부를 전제로 하는 영국 최초의 사회보험인 '국민보험법(National Insurance Act)'을 제정하였다. 국민보험법은 건강보험(국민보험 제1부)과 실업보험(국민보험 제2부)으로 구성되었다. 또한, 영국 정부는 1908년에 제정한 노령연금법상의 소득제한을 완화하기 위해 1911년, 1920년, 1924년에 각각 개정하였다. 하지만 인구 고령화에 따른 수급자의 증가로 소요 비용이 커지자 1925년 노령연금법을 개정하여 '과부, 고아 및 기여 노령연금법(Widows', Orphans' and Contributory Pensions Act, 1925)'으로 확대·개편하였는데, 이는 갹출제 연금제도였다.

집권당인 자유당이 이처럼 국민보험법을 비롯한 사회보험 관련 법을 제정한 실질적인 이유는 노동자들의 상호부조 조직인 공제조합의 대부분이 재정문제에 직면해 있었고, 특히 영국 내 사회주의 부활에 대한 지배계급의 우려 때문이었다. 즉 영국도 독일과 마찬가지로 사회주의 확산을 막아줄 하나의 수단으로 사회보험을 도입한 것이다.

📖 REFERENCE 4-2     차티스트 운동(chartism)

차티스트 운동은 19세기(1838~1848) 영국에서 일어난 노동자들의 참정권 요구 운동이다. 그 당시 영국에서는 1688년 의회민주주의의 시발점이 된 명예혁명을 계기로 귀족과 산업자본가에게만 선거권이 제한적으로 주어졌다. 이에 선거권을 획득하지 못한 노동자들이 21세 이상 남성의 보통 선거권 인정, 인구 비례에 따른 평등한 선거구 설정, 비밀투표 보장 등을 요구하며 참정권 확대 운동을 전개하였는데, 이를 차티스트 운동이라

한다. 하지만 차티스트 운동은 결국 실패하였고, 그로부터 70년이 지난 1918년이 되어서야 남성 노동자의 참정권이 인정되었다. 참고로 영국에서 여성의 참정권은 남성 노동자의 참정권이 인정된 후로부터 10년 뒤인 1928년 평등선거권법이 통과되면서 인정되었다.

## 2) 복지국가의 확립

복지국가(welfare state)라는 용어는 1934년, 영국 옥스퍼드 대학의 알프레드 엑크하드 짐메른(Alfred Eckhard Zimmern) 교수에 의해 최초로 사용되었다. 복지국가의 확립 시점에 대해서는 2차 대전 종료 시점인 1945년, 영국의 노동당 정부가 베버리지 보고서를 기반으로 사회보장을 국가의 책임으로 인식하고 실천에 옮긴 시점으로 보아야 한다는 견해(Pierson, 1991; 김태성·성경륭, 1993)와 1950년 이후로 보아야 한다는 견해(Midwinter, 1994; 원용찬, 1998)가 있는데, 대체로 1945년에서 1950년 사이에 완성된 것으로 본다.

### (1) 복지국가 확립의 정당성

복지국가의 확립에 정당성을 부여한 대표적인 사건으로는 대공황과 두 번의 세계대전 발발을 들 수 있다. 1929년에 발발한 대공황은 서구의 모든 자본주의 산업국가에 엄청난 경제적 충격을 안겼다. 그 이전까지 '사회 다윈주의(social Darwinism)' 사상과 자유방임주의 이념의 지배로 인해 국가의 시장개입에 강한 거부감을 보이는 미국에서조차 대공황의 발발은 국가개입의 강력한 요구를 불러일으켰다. 이러한 국가개입에 대한 요구는 1935년, 미국이 '사회보장법(Social Security Act)'을 제정하여 연방 차원의 빈민구호정책을 실시하게 되는 동인으로 작용하였고, 미국은 물론 유럽 국가들에서도 케인스 이론을 기반으로 총수요 증가를 위한 다양한 재정정책이 시행되는 계기가 되었다.

한편, 두 차례에 걸친 세계 대전이 초래한 막대한 경제·사회적 피해는 기존의 공·사적 복지제도를 무용지물로 만들었으며, 모든 국민에 대한 보호를 국가의 의무이자 중요한 기능으로 인식하게 된 계기가 되었다. 그 결과, 국가의 강력한 개입을 통한 획기적인 사회복지 프로그램을 제공하는 복지국가는 정당성을 부여받게 되었다(김태성·성경륭, 1999).

📖 **REFERENCE 4-3** 사회 다원주의(social Darwinism)

| 찰스 다윈 | 허버트 스펜서 | 아돌프 히틀러 |

영국의 생물학자인 다윈은 저서 『종의 기원(On the Origin of Species by Means of Natural Selection, 1859)』에서 자연선택(natural selection)의 개념을 도입해 생물진화론을 제시하였다. 자연선택설의 핵심은 생물의 어떤 종(種)의 개체 간에 변이가 생겼을 경우, 환경에 잘 적응한 종만 살아남아 생존에 유리한 형질을 자손에게 전하고, 이것이 대를 거듭하게 되면 결국에는 선조와는 다른 형질을 가진 종으로 변한다는 것이다.

19세기 후반 등장하여 20세기 초까지 서구에서 유행했던 '사회 다원주의(social Darwinism)'는 찰스 다윈(Charles Robert Darwin)의 이러한 생물진화론과 그 주요 개념들을 인간사회에 적용한 하나의 이념이자 사회이론이다.

영국의 철학자 허버트 스펜서(Herbert Spencer)는 진화의 법칙을 인간사회에 적용하면서 유럽인이 다른 인종에 비해 문명적, 인종적으로 우월하다는 차등적 세계관을 보여주었다. 또한, 인간사회를 자연생태계와 마찬가지로 생존경쟁의 장(場)으로 간주하면서, 사회발전은 인간의 끊임없는 생존경쟁을 통해 이루어지며, 그 투쟁은 적자생존(the survival of the fittest)에 의해 지배된다고 주장하였다. 이러한 그의 사상을 사회진화론이라 일컫는데, 이러한 스펜서의 사상을 추종하는 일부 진화론자들이 스펜서의 주장을 더욱 극단화하면서 유럽의 식민지배와 인종차별을 정당화하는 이념을 설파했는데, 이를 사회 다원주의라 일컫는다.

이러한 스펜서의 사상은 부(富)에 대한 지배란 인간이 갖고 태어나는 근면·절제·검소 등과 같은 속성과 깊이 관련되어 있으며, 부유한 자는 생존경쟁에서 살아남은 성공한

자인 반면 가난한 자는 그 경쟁에서 도태된 자이고, 경쟁에서 도태된 가난한 자를 돕는 행위는 자연법을 위배하는 것이라는 인식을 강화했다.

결국, 사회 다윈주의는 인간사회의 계급적 불평등이 정당한 것이며, 국가가 빈민에게 사회복지를 제공하는 행위는 금지되어야 한다는 주장을 뒷받침했다. 이러한 사회 다윈주의는 자유방임을 주장하면서 신자유주의의 경제적 약육강식 논리를 합리화하는 지적 도구이자, 우생학, 인종주의, 제국주의 등을 옹호하는 철학적 기반이 되었다.

한편, 일각에서는 사회 다윈주의와 사회진화론(theory of social evolution)을 동일한 개념으로 취급하여 사용하기도 한다. 사실상 20세기 초에는 사회진화론과 사회 다윈주의를 구분하는 것이 쉽지 않았다. 대표적인 사회진화론자로 알려져 있는 스펜서조차도 1930년대에 주로 미국에서 사회 다윈주의자로 분류되었다. 그도 그럴 것이 사회 다윈주의는 사회진화론에서 파생된 이론이자 변종 사상이기 때문이다.

하지만 엄밀히 말해 사회진화론은 기본적으로 인류가 개인보다는 공동체(사회)를 단위로 하여 진화해야 한다는 믿음을 기반으로, 매우 폭넓은 스펙트럼을 갖는 사상이다. 반면, 사회 다윈주의는 다윈이 주장한 생물진화론을 사회현상에 확대 적용한 사회학의 한 가지 이론일 뿐 사회진화론 자체는 아니다. 따라서 모든 이론이나 사상은 비판받는 점이 있겠지만, 현대사회에서 정치적으로 남용되거나 비판받는 이념은 엄밀히 말해 사회진화론이 아닌 사회 다윈주의이다.

## (2) 복지국가 확립의 동인

복지국가가 확립되는 데 결정적인 역할을 한 동인으로는 노동계급의 정치세력화, 케인스주의 및 베버리지 보고서를 들 수 있다(김정기 외, 2002).

우선, 19세기부터 조직화를 시도한 노동운동은 1920년대를 기점으로 노동계급의 정치적 분화를 완료하였으며, 정치적 지지 세력의 확보를 통한 권력에의 길을 다지기 시작하였다(송호근, 1999). 이 과정에서 영국의 노동당과 스웨덴, 덴마크의 사회민주당 등 진보적 정당들은 국가권력을 쟁취하였고, 노동계급과 조직화된 자본 간의 대타협을 통해 사회복지 관련 입법과 제도를 선도적으로 도입하여 복지국가를 확립하는 데 중요한 역할을 하였다.

한편, 1929년 발발한 경제 대공황은 공급이 수요를 창출한다는 고전파 경제학의 주장을 뒤엎는 사건이었다[7]. 이러한 상황에서 케인스(John Maynard Keynes)는 경기 순

---

7) 프랑스의 경제학자 장 밥티스트 세이(Jean-Baptiste Say)는 "공급은 스스로 수요를 창출한다"는 판로설을

환을 안정시키고 완전고용을 실현하기 위해서는 정부의 적극적인 개입이 필요하다는 이른바 케인스주의(Keynesianism)를 표방하였고, 미국의 루스벨트 정부는 케인스주의를 받아들여 대공황으로 인한 불황을 타개해 나갔다. 대규모 공공사업을 통해 일자리를 늘려 실업을 감소시키고, 동시에 사회보장 급여의 제공을 통해 개인의 구매력을 증가시킨 케인스의 경제정책은 미국의 뉴딜(New Deal) 정책의 근간이 되었고, 사회보장지출을 획기적으로 확대하는 데 큰 기여를 하였다. 특히, 이 과정에서 미국 사회보장제도의 근간이 된 '사회보장법(Social Security Act)'이 1935년에 제정되었는데, 이 법은 노령보험, 실업보험, 공공부조와 사회복지서비스로 구성되었다. 대공황을 극복한 케인스의 이론은 미국을 넘어 서구의 다른 국가에서도 사회보장제도를 확대·강화하는 촉매제로 작용하여 복지국가 확립의 기초를 닦는 데 혁혁한 공헌을 하였다. 그 결과, 제2차 세계 대전 후 서구세계는 케인스의 정치경제 패러다임을 바탕으로 복지국가의 황금기(1950~1970년대 초반)를 구가하면서 복지자본주의(welfare capitalism)를 제도화하게 되었다.

마지막으로 복지국가 확립의 세 번째 동인은 베버리지 보고서(1942)인데, 이의 정식 명칭은 '사회보험과 관련 서비스(Social Insurance and Allied Services)'이다. 영국에서 발족된 '사회보험 및 관련 서비스에 관한 위원회'의 위원장이었던 베버리지(William Henry Beveridge)는 당시 영국 사회가 해결할 문제로 궁핍(want), 질병(disease), 무지(ignorance), 불결(squalor), 나태(idleness) 등 다섯 가지의 거대 악(惡)을 제시하였는데, 그중에서도 가장 큰 문제점으로 지적한 것은 궁핍, 즉 빈곤이었다. 베버리지는 이를 해결하기 위해 사회보험을 중심으로 공공부조와 임의보험(voluntary insurance)이 보충하는 체계를 제안하면서, 그 전제 조건으로 아동수당(child allowance) 지급, 포괄적인 건강 및 재활서비스(health and rehabilitation services) 제공, 고용유지(maintenance of employment)[8]를 주장하였다.[9] 또한, 베버리지 보고서는 생존권을 처음으로 사회보장

---

주장했는데, 세이의 법칙이라 일컬어지는 판로설은 고전파 경제학의 핵심 법칙이 되었다. 하지만 이 법칙은 자본주의가 발달하여 장기적인 불황이 발생한 20세기 초에는 더 이상 성립되지 않는 법칙이 되었다. 이러한 상황에서 케인즈는 소비와 투자로 이루어지는 유효수요의 크기에 따라 사회의 경제활동의 수준이 정해진다는 유효수요이론을 주장하면서 세이의 법칙과는 반대로 수요가 공급을 결정한다고 역설하였다.

8) 고용유지를 완전고용으로 해석하기도 한다.

9) 베버리지 보고서는 사회보험을 위한 6대 원칙을 제시하고 있는데, 첫째, 생존수준의 정액 급여(flat rate of subsistence benefit)로, 이는 실업이나 질병, 퇴직으로 인해 단절된 소득 정도에 관계없이 정액으로 지급한다는 원칙이다. 둘째, 정액 기여(flat rate of contribution)의 원칙으로, 이는 보험가입자와 고용주는 그들의 자산 정도에 상관없이 모두 정액으로 기여금을 납부한다는 원칙이다. 셋째, 행정책임의 단일화(unification of administrative responsibility)의 원칙으로 행정통일의 원칙 또는 행정책임 통합의 원칙이라

에 받아들여 최저생활 수준을 자산조사 없이 권리로서 보장한다는 원칙을 적용하였다. 더욱이 사회보험 적용자의 범위를 임금노동자로 한정하던 것에서 전 국민으로 확대하는 포괄주의를 취한 것도 획기적인 일이었다.

1945년 7월에 치러진 선거에서 승리한 노동당의 클레멘트 애틀리(Clement Richard Attlee) 총리는 베버리지 보고서의 구상을 실현하기 시작하였고, 영국은 1946년에 국민보험법, 국민보건서비스법, 산업재해법, 1948년에 국민부조법 등의 제정을 통해 소위 '요람에서 무덤까지'로 일컬어지는 복지국가로의 길을 걷기 시작하였다. 이러한 베버리지 보고서의 내용은 현대적 의미의 영국 복지국가의 실질적인 기틀이 되었으며, 세계 자본주의 국가들이 수립하는 사회보장제도의 근간이 되었다.

## (3) 복지제도의 확대

복지국가의 확립은 복지제도의 확대, 복지 수혜자의 범위 확대 및 복지예산의 증대 등과 그 궤를 같이한다고 할 수 있다.

우선 복지제도와 관련하여 서구 선진국에서는 제2차 세계 대전 이후부터 1950년까지 현대적 의미의 사회복지제도를 거의 완비하게 된다. 실제로 다른 사회보험보다 시기적으로 늦게 도입된 실업보험도 1950년 이전에 도입을 완료했다.

또한, 사회복지 수혜자의 범위도 크게 확대되었다. 실제로 산재보험, 질병보험, 노령연금, 실업보험 등에 의해 보호되는 대상자의 비율은 1919년 약 20% 후반대에 불과했으나, 1920년부터 1945년 사이에 약 60%로 급상승하였다.

한편, 복지예산의 경우에는 1920년 기준, 9개 국가에서 GDP의 약 3%를 지출한 반면, 1940년에는 5% 이상으로 증가하였다. 이러한 변화들은 이전의 국가와는 성격이 다른 복지 기능이 새롭게 강화된 복지국가의 확립을 알리는 신호였다(김정기 외, 2002).

---

고도 일컫는다. 이는 효율성 차원에서 모든 기여금은 하나의 사회보험기금(social insurance fund)에 적립되며, 급여는 이 기금에서 지급되도록 한다는 원칙이다. 넷째, 급여의 적절성(adequacy of benefit)의 원칙으로, 이는 생존에 필요한 최소한의 급여를 지급한다는 원칙이다. 다섯째, 포괄성(comprehensiveness)의 원칙으로, 이는 보편주의에 근거해 모든 국민이 의무적으로 가입하는 특성에 걸맞게 적용 대상이나 욕구 보장에 있어 범위가 포괄적이어야 한다는 원칙이다. 여섯째, 대상분류(classification)의 원칙으로 피보험자 분류의 원칙이라고도 일컫는다. 이는 사회보장 대상 인구를 기여금을 납입하는 근로 연령계층과 기여금을 납입하지 않는 비근로 연령계층으로 구분하고, 다시 근로 연령계층은 고용노동자, 자영업자, 전업주부, 임시직 시간제 노동자 등 네 범주로, 비근로 연령계층은 15세 미만 계층(학생은 16세까지)과 노인계층(남성 65세, 여성 60세 이상) 등 두 범주로 구분하여 이들 모두의 욕구를 보장한다는 원칙이다(지은정, 2006).

## 3) 복지국가의 융성

### (1) 복지국가의 융성 기반

1940년대에 확립된 복지국가는 1950년부터 1970년대 후반까지 융성기를 맞이하게 되는데, 이 시기를 '복지국가의 황금기'라 일컫는다. 테일러-구비(Taylor-Gooby, 2004)는 서구의 복지국가가 이 시기에 황금기를 구가할 수 있었던 기반으로 다음의 4가지 요인을 들고 있다.

첫째, 포디즘(Fordism)에 기반한 대량생산방식을 통해 대규모의 고용 창출과 고임금체제를 유지할 수 있게 한 전후(戰後) 20여 년에 걸친 장기호황이다. 대량생산체제가 전 세계에 확산되면서 자본주의 국가들은 엄청난 경제적 도약을 이루었다. 이러한 경제적 풍요는 서구 선진국들이 복지급여의 수준을 높이거나 수혜대상을 계속 확대해 나아갈 수 있게 한 원동력이 되었으며, 신흥 개발도상국이 선진국의 사회복지제도를 도입·적용할 수 있는 물적 기반을 확보할 수 있는 밑거름이 되었다.

둘째, 남편은 직장에서 일하며 생계부양자로서의 역할을 수행하고, 아내는 가정에서 가사와 부양가족에 대한 돌봄을 안정적으로 제공하는 역할수행을 가능하게 해준 핵가족 구조의 유지이다.

셋째, 완전고용에 가까운 낮은 실업률과 안정적인 급여를 보장하면서 케인스주의를 기반으로 국가경제를 운영한 정부이다. 특히 완전고용의 달성은 사회보장 프로그램을 안정적으로 운용할 수 있는 가장 중요한 요건인 납세자를 충분히 확보하게 되었다는 의미를 갖는다. 동시에 실업자가 줄어들어 국가의 복지재정지출이 그만큼 감소하게 됨으로써 복지의 급여 수준을 높이고 적용 대상을 확대할 수 있는 여지가 마련되었다는 것을 의미한다.

넷째, 노동자 계급과 중산층의 연합을 통해 그들의 욕구를 충족시킬 사회복지 제공을 가능하게 한 정치체제이다.

## REFERENCE 4-4　포디즘(Fordism)

　　포디즘이란 원래 자동차의 왕이라 불리는 헨리 포드(Henry Ford)가 창안한 대량생산 방식 또는 그것을 지지하고 있는 경영이념을 가리킴과 동시에 전후의 서구 선진국에서 나타난 대량생산-대량소비 형태의 경제성장 체제를 말한다.
　　포드는 과학적 관리기법인 테일러리즘을 자동차 생산 공정에 도입하고 컨베이어시스템에 의한 대량생산 방식을 통해 생산성을 상승시켰다. 상승한 생산성은 임금상승으로 이어졌고, 임금상승은 대량소비를 가능하게 하여 다시 대량생산을 촉진함으로써 결국 높은 경제성장을 이룰 수 있게 되었다.

### (2) 복지제도의 발전

　　복지국가 황금기는 그 이전의 복지국가가 확립되는 시기와 비교할 때, 복지 관련 제도들이 새롭게 도입되었다기보다는 경제호황 속에서 사회복지지출의 대폭적인 증가와 함께 급여 수준과 적용 대상이 확대되었다는 특징을 갖는다.

　　실제로 1960년 서구 각국은 GDP 대비 평균 12.8%를 사회복지비로 지출하였는데, 1975년에는 무려 23.1%로 두 배가량 지출이 증가하였다. 특히 노르딕 국가들을 비롯한 벨기에, 네덜란드, 서독 등은 GDP 대비 약 25%에서 35%에 달하는 사회복지비를 지출하였다.

　　또한, 이 시기에는 수혜대상의 적용 범위도 급격히 확대되었다. 1930년대 초, 서유럽 국가에서는 노동인구의 절반 정도가 재해, 질병, 폐질, 노령보험의 적용 대상이었으며, 노동인구의 1/5 정도가 실업보험의 혜택을 받았다. 하지만 1970년대 중반에는 노동인구의 90%가 노령, 폐질, 질병보험의 적용 대상이 되었으며, 80% 이상이 재해보험,

60%가 실업보험의 적용을 받을 만큼 사회보험 적용 대상 비율이 크게 증가하였다(Pier, 1991).

## 4) 복지국가의 위기와 재편

### (1) 복지국가의 위기

제2차 세계 대전 이후 장기간 지속된 경제호황을 바탕으로 황금기를 구가하던 서구 복지국가는 1970년대 중반부터 서서히 위기를 맞이하게 된다. 이러한 위기의 주된 원인은 1970년대에 발생한 두 차례의 석유 파동(oil shock)[10]에 따른 경제성장률의 둔화와 국가 재정의 감소에서 찾을 수 있다.

1973년 중동전쟁으로 인해 발발한 석유 파동은 경기침체에도 불구하고 심각한 인플레이션이 발생하는 스태그플레이션(stagflation)을 지속시킴으로써[11] 세계경제를 파국으로 몰고 갔다(김영순, 1988). 이러한 경제상황의 악화는 그동안 복지국가를 지탱해 온 풍부한 재정에 위기가 닥쳤음을 의미했다. 실제로 제2차 세계 대전 후, 사회복지제도의 확대에 따라 급격히 늘어난 복지지출로 인해 국가의 재정지출 규모가 급증한 상황에서 경제불황으로 재정수입이 급격히 감소하게 되자 복지국가들은 복지비 축소와 함께 작은 정부를 지향할 수밖에 없게 되었다. 하지만 복지혜택의 축소는 국민의 반발을 불러왔고, 복지국가들은 사회복지예산을 마련하기 위해 고육지책으로 적자재정을 편성하기 시작했으며, 이는 결국 재정위기의 악순환 고리를 초래하게 되었다(김태성·성경륭, 1993).

---

10) 1973년 10월, 중동의 이슬람 국가들과 이스라엘 간의 제4차 중동전쟁의 발발로, 중동의 산유국들이 석유생산을 줄이면서 가격이 폭등하는 제1차 석유 파동이 일어났다. 실제로 배럴당 2.9달러였던 원유(두바이유) 고시가격은 1974년 1월엔 11.6달러까지 인상되었다. 석유 파동으로 이스라엘을 지원하였던 석유 의존국인 미국 등 서방국가들은 두 자릿수 물가상승과 마이너스 성장이 동시에 발생하는 전형적인 스태그플레이션을 겪었고, 세계경제는 파국으로 치달아 큰 위기에 봉착하였다. 그 후, 1978년 이란의 석유생산 축소와 수출 중단으로 제2차 석유 파동이 발발했고, 세계경제는 또 한 차례 큰 위기에 봉착하게 되었다.

11) 인플레이션의 원인은 크게 보면 상품에 대한 수요 측 요인과 공급 측 요인으로 구분할 수 있다. 총수요가 증가하여 발생한 인플레이션, 즉 수요견인 인플레이션이 발생한 경우는 경기 과열 상태라고 할 수 있다. 하지만 공급 측 요인에 의해 발생한 인플레이션의 경우, 예를 들어 유가 및 원자재 가격 상승, 자연재해 등으로 총공급이 감소하는 경우에는 경기침체와 인플레이션이 동시에 발생할 수 있는데, 이를 스태그플레이션이라고 한다.

결국, 1970년대 중반 이후부터 복지국가에 대한 신우파(the New Right)[12]의 비판과 공격은 점점 거세지기 시작했다. 신우파가 제기하는 복지국가에 대한 비판의 핵심은 정부실패에 초점이 맞춰져 있었다. 다시 말해, 정부의 과도한 개입과 역할 확대가 재정위기와 함께 시장의 왜곡을 초래하였으며, 막대한 자원의 투입에도 불구하고 빈곤과 불평등을 제거하지 못했다는 것이다(Gamble, 1988). 특히 후기산업사회가 도래하면서 대두된 신사회적 위험은 주로 실업, 노령, 질병 등의 구사회적 위험에 대한 대응체계로 기능하던 고전적 복지국가의 유효성을 떨어뜨렸고, 복지국가의 존립 근거와 정당성은 신자유주의 진영의 공세로 인해 상당 부분 훼손되기에 이르렀다(김교성 · 유희원, 2014).

이러한 상황은 결국 1980년대 서구 주요 국가들에서 우파 정당이 집권하는 계기가 되었고, 1970년대 이전과는 전혀 다른 정책노선을 지향하게 만들었다(Schwartz, 1994; Hicks, 1999). 실제로 1980년대에 권력을 잡은 영국의 대처 정부와 미국의 레이건 정부 등 소위 신우파 정권이 사용한 정책기조는 복지지출의 삭감, 세금 감면, 사회복지서비스의 민영화 등으로 그 전의 정권과는 전혀 다른 것들이었다. 그로 인해 복지지출의 예산증가율은 복지국가 황금기에 비해 감소하는 추세를 보였으며, 복지급여도 감소하거나 인플레이션의 반영이 제대로 되지 않아 실질급여가 제한되는 경향이 나타났다. 또한, 복지급여를 받기 위해서는 수급자가 반드시 근로해야 하는 '근로연계복지(welfare-to-work)'가 강조되었다. 특히, 정부기능 대신 시장기능을 강화하기 위해 신우파 정권이 추진한 사회복지 분야의 민영화 정책은 민간이 제공하는 서비스 이용 장려, 보조금 삭감, 복지서비스 이용자 부담 증가 등의 결과를 낳았다.

결론적으로 1980년대에 들어 복지의 비생산성을 강조하며 성장과 분배 간의 선순환을 인정하지 않는 신자유주의 논리가 사회의 지배담론으로 자리 잡게 되면서 복지국가는 위기의 길로 접어들게 되었다(Schwartz, 1994; Hicks, 1999).

## (2) 복지국가의 재편

복지국가의 위기를 극복하기 위한 신우파의 다양한 조치들은 의도했던 만큼 정부의 복지지출을 완벽히 줄이지는 못했다. 실제로 1980년과 2001년 GDP 대비 사회복지지출비율을 비교해 보면, OECD(경제협력개발기구) 회원국 중 아일랜드와 네덜란드를

---

12) 신우파에 대한 자세한 설명은 6장 사회복지의 이념을 참고하시오.

제외한 모든 국가에서 적게는 0.1% 포인트에서부터 많게는 12.8% 포인트까지 오히려 증가하였다(Rothgang, et. al., 2006).

결국, 1980년대 이후 복지국가는 복지지출의 절대적 감소가 아닌 복지공급의 민영화, 민-관 공유 영역의 확대, 복지서비스 수요자 중심, 복지다원주의(welfare pluralism) 등의 특징을 보여 왔다고 할 수 있다(윤영진, 2008). 다시 말해, 국가중심의 복지제공에서 탈피하여 시장, 비영리 단체, 가족과 이웃 등 다양한 주체가 복지 제공자로서의 역할을 수행하는 복지혼합(welfare mix)을 강조하면서, 시장 중심의 사고를 기반으로 공공부문을 민영화하는 방향으로 변화해 왔다. 이러한 모든 변화의 움직임은 복지국가가 복지의 급격한 축소나 해체와 같은 포기의 과정을 선택하기보다는 질적인 변화를 추구하며 각국의 경제·사회·정치적 상황에 부합하는 방향으로 새롭게 복지재편의 길을 모색하고 있다는 사실을 보여주는 현상이라 할 수 있다(Klein & O'Higgins, 1988; Rothstein & Steinmo, 2002).

REFERENCE 4-5 　사회복지 민영화의 장·단점

복지국가의 위기를 타파하기 위한 전략적 대안으로 대두된 민영화(privatization)는 1979년 집권한 영국 보수당 내각이 복지 부문의 민영화 정책을 당의 강령으로 채택하면서 전 세계적으로 확산되었다(Ascher, 1987).

사회복지의 민영화는 한마디로 국가가 제공하는 사회복지서비스를 민간으로 이양하는 전략이라 할 수 있다(Karger & Stoesz, 1990).

데이비드 도니슨(David Donnison, 1984)은 민영화란 보수주의적 입장 즉, 자원배분에 있어 가격 메커니즘이 작동하는 자유경쟁 시장기구가 가장 능률적이라는 신념에 입각한 전략이라고 주장한다. 실제로 시장기능 중시자들은 복지서비스도 다른 재화와 마찬가지로 시장에 맡길 때 가장 효율적으로 분배되며, 수요와 공급의 원칙에 따라 자연스럽게 가격이 결정될 것이라고 주장한다. 복지서비스의 구매에 따른 비용도 원칙적으로 복지서비스 이용자가 부담해야 한다는 것이 이들의 기본 입장이다.

실제로 복지서비스를 시장에 맡길 경우, 개별 이용자의 욕구에 부응하는 다양한 복지서비스가 공급될 수 있다. 그에 따라 이용자의 선택권이 강화·확대되며, 당연히 정부의 재정 부담도 줄어드는 장점이 있다. 이렇게 절감된 복지예산은 재원이 필요한 타 부문으로 투입할 수 있게 되어 자원의 효율적인 배분이 가능하게 된다.

반면, 정부가 주도적으로 복지서비스를 공급하면 여러 문제가 발생하기도 한다. 복지서비스가 획일적으로 공급될 가능성이 높으며, 특정 분야에서 복지서비스를 제공받지 못하는 문제가 발생하기도 한다. 예를 들면, 건강보험의 경우 개인에 따라서는 보험료를 더 부담하더라도 특정 질병에 대한 의료서비스 혜택을 받기 원할 수 있는데 정부가 주도하는 경우에는 개별적인 욕구충족이 가능하지 않다. 더욱이 모든 국민이 수혜자가 된다는 점 때문에 의료서비스의 남용과 같은 도덕적 해이 문제도 발생한다. 또한, 서비스의 과잉공급에 따라 효율성이 저하되며, 결국 이러한 과잉 복지에 따른 과다 지출은 정부의 재정 악화의 요인이 된다.

하지만 복지서비스의 민영화에 따른 문제점도 분명히 있다. 가장 큰 문제는 구매력이 약한 계층에서 필요한 복지서비스를 제공받지 못하게 될 가능성이 크다는 것이다. 특히 일반적으로 구매력을 갖추지 못한 계층에서 복지서비스의 필요성이 더 크다는 점에서 문제의 심각성은 가중된다. 복지서비스를 받지 못하는 계층의 상대적 박탈감으로 인해 구매력이 있는 계층과 그렇지 못한 계층 간의 심각한 갈등이 발생할 가능성이 크며, 나아가 사회불안 요인으로 작용할 수 있다. 이러한 이유로 정부개입 중시자들은 복지서비스가 일반 서비스와는 다른 특수성을 지니고 있다는 사실을 강조하면서, 이용자의 구매력과 관계없이 필요로 하는 모든 사람에게 복지서비스가 공급될 수 있도록 정부가 주도해야 한다고 주장한다.

## REFERENCE 4-6 　복지다원주의와 복지혼합

복지다원주의(welfare pluralism)란 복지국가의 위기를 극복하는 전략으로, 국가 중심의 복지공급 대신에 복지공급의 주체를 시장, 비영리 부문, 자원부문(voluntary sector) 및 가족이나 이웃 등 비공식 부문으로까지 다원화하여 복지국가의 비효율성을 줄이고자 하는 일종의 패러다임이다.

복지다원주의는 일반적으로 '복지혼합(welfare mix)'이라고 일컬어지기도 한다. 하지만 일각에서는 복지혼합이란 가치중립적 개념으로 다양한 복지서비스 공급주체의 구성방법에 대한 기술(description)을 의미하는 경험적·기술적 개념인 반면, 복지다원주의는 하나의 이념이자 가치지향적 개념으로 사회복지에 대한 역할과 책임이 국가에서 다른 공급주체들로 이전되어야 한다는 '주장(~ism)'이기 때문에 두 개념을 구분해야 한다는 의견을 제기하기도 한다(신동면, 2001).

한편, 이러한 복지국가 재편의 실체는 복지국가를 후기산업사회의 신사회적 위험에 대한 대응기제로 재구조화하려는 사회투자국가(social investment state)와 관련된 논의를 통해 더욱 구체화되었다(Lister, 2003; Perkins et. al., 2004; Morel, Palier & Palme, 2012).

사회투자는 제3의 길의 이론적 체계를 세운 앤서니 기든스(A. Giddens)가 사회정책의 새로운 지향이자 인적자본 투자로 대표되는 적극적인 형태의 복지라는 의미로 처음 사용한 개념이다. 이러한 사회투자의 개념으로부터 탄생한 사회투자국가는 신우파의 복지재편 노력이 의도한 결실을 맺지 못하고 있는 상황에서, 1990년대에 집권한 영국 노동당의 블레어 정부가 채택한 새로운 정책노선인 '제3의 길(the third way)'이 지향하는 복지국가 유형이다. 다시 말해, 사회투자국가는 고전적 복지국가가 결여하고 있는 복지와 경제 간의 선순환적 관계를 재정립하고, 신자유주의가 초래한 분배적 폐해를 극복하기 위한 새로운 사회정책 패러다임이라 할 수 있다(김연명, 2007).

하지만 좌파 이론가들은 제3의 길에 대해 복지수혜 계층의 역할과 책임을 강조하며 노동연계복지(workfare)를 주장하는 제3의 길이 결국 평등 없는 자유로 귀결되고 있다고 비판하였다(양승일, 2011).

REFERENCE 4-7    제3의 길 & 사회투자국가의 특징

앤서니 기든스

'제3의 길(the third way)'은 앤서니 기든스(Anthony Giddens)가 이론적으로 체계화하고, 1994년 영국 총리에 당선된 토니 블레어(Tony Blair) 정부가 정치노선으로 채택한 실용주의적 이념노선이다.

기든스는 복지국가를 지향하는 고부담·저효율·고평등의 사회민주주의를 제1의 길로, 시장경제를 지향하는 고효율·저부담·불평등의 신자유주의를 제2의 길로 규정하고, 이들 두 노선의 절충된 대안으로 제3의 길을 제시하였다. 구체적으로는 공공지출 축소, 세금 인하, 사회복지 개혁, 노동시장 유연성 제고, 경제적 역동성 확보 등을 강조하였다.

이러한 제3의 길은 '사회투자국가(social investment state)'를 지향한다. 사회투자국가는 우수한 인적자본의 확보를 위해 교육 등에 대한 투자를 강화함으로써 국민의 경제활동 참여기회를 확대하고 더 나은 일자리 제공을 통해 경제성장과 사회통합을 동시에 추구하는 국가를 의미한다.

사회투자국가는 첫째, 수익을 창출하는 선에서 복지 지출을 허용한다. 둘째, 경제정책과 사회정책의 통합성을 강조하지만, 경제정책을 사회정책보다 우선한다. 셋째, 인적자본, 특히 아동에 대한 투자를 핵심으로 한다. 넷째, 사회 지출을 소비적 지출과 투자적 지출로 나눠 소비적 지출은 가능한 한 억제한다. 다섯째, 시민의 권리와 의무 간의 균형을 이루어야 하므로 국가는 경제적 기회와 복지제공의 의무를 담당하는 반면, 시민은 노동을 통해 스스로 자신을 부양할 것을 강조한다. 여섯째, 결과의 평등보다는 기회의 평등을 중시하는 특징이 있다(김영순, 2007).

## 04 사회사업 발달과정

19세기 중반 이후, 사회보험제도가 처음 도입되며 복지국가가 태동될 즈음, 민간영역에서도 주목할 만한 활동이 등장하였다. 자선조직협회와 인보관 운동으로 대표되는 이들 민간부문의 활동은 훗날 사회사업(social work)을 탄생시킨 모태가 되었다. 여기에서는 영국에서 태동하여 미국에서 꽃을 피운 자선조직협회 활동과 인보관 운동을 중심으로 민간부문에서의 사회복지활동에 대한 고찰을 통해 사회사업의 발달과정을 살펴보고자 한다.

## 1) 사회사업 맹아기(1870~1900)

### (1) 자선조직협회

1860년대 영국은 약 한 세기 전 시작된 산업혁명에 따른 산업화와 도시화의 부정적인 영향으로 많은 사회문제에 직면해 있었다. 하지만 빈곤해결을 위한 정부의 구빈제도는 제 역할을 적절히 수행하지 못했으며, 민간부문에서 진행되던 자선활동 역시 구빈당국과의 협력이 제대로 이루어지지 않았다. 또한, 민간부문의 자선활동은 무원칙적이고 비체계적으로 진행되었고, 특히 종파적 특성으로 인해 자선기관 간의 협력이 이루어지지 않아 구호의 중복과 누락이 발생하고 있었다.

이러한 상황에서 중복구호 등의 비효율성을 개선하고, 과학적인 조사를 통한 보다 효율적인 구호활동을 위해 자선활동 단체 간의 협력과 조정이 무엇보다 필요하다는 인식이 대두되었다. 이러한 인식은 지역단위의 자선활동을 조직화하려는 움직임으로 발현되었다. 그 결과, 1869년 보산켓(Helen Bosanquet)과 힐(Octavia Hill)에 의해 세계 최초로 자선조직협회(COS: Charity Organization Society)가 설립되었는데, 이것이 비로 런던자선조직협회(London Charity Organization Society)였다.

영국에서 시작된 자선조직협회는 미국으로 건너가 더 많은 발전을 이루었다. 미국은 19세기 중반 이후부터 남북전쟁(Civil War, 1861–1865), 남동유럽으로부터의 이민자 유입, 인종차별 심화, 경기침체 등으로 인해 많은 사회문제를 겪고 있었다. 하지만 국가의 개입을 꺼리는 미국의 전통으로 인해 정부보다는 민간의 자발적인 구호활동을 통해 그 해결의 실마리를 찾고자 하였다.

미국의 자선활동은 단순한 구호활동을 넘어 합리적이고 효율적인 자선을 지향하였다. 미국 최초의 자선조직협회는 영국에서 건너간 거틴(Stephen Humphreys Gurteen) 목사에 의해 1877년 설립된 뉴욕 버팔로 자선조직협회였다. 하지만 미국 자선조직협회의 중심적인 역할을 한 것은 1882년에 설립되어 조세핀 로웰(Josephine Shaw Lowell)이 주도한 뉴욕자선조직협회였다.

자선조직협회를 주도하고 발전시킨 계층은 부유한 기업가와 전문직 인사들이 주축이 된 엘리트 계층이었다. 자선조직협회는 자원봉사인력인 우애방문원(friendly visitors)을 각 지구사무소13)에 배치하고, 이들에게 구호 신청자의 집을 방문하여 개별적인 면접을 통해 조사보고서를 작성하게 하였다. 지구사무소는 이들의 조사보고서를 기초로 빈민의 구호 여부를 결정하였다.

한편, 자선조직협회는 빈민을 '가치 있는 빈민(the deserving poor)'과 '가치 없는 빈민(the undeserving poor)'으로 분류하였다. 가치 있는 빈민이란 장애인, 아동, 노인 등 어쩔 수 없이 가난하게 된 사람들, 즉 구제할(받을) 가치가 있는 사람들을 일컫는다. 반면, 가치 없는 빈민은 노동능력이 있음에도 도덕적 결함으로 가난을 면하지 못하는 구

---

13) 각 지구사무소는 지역사회 자선조직들의 협의 센터이자 지구 소속 우애방문원의 업무수행 공간으로, 자선조직협회의 가장 핵심적인 기구이다.

제할 가치가 없는 사람들을 가리킨다. 당연히 자선조직협회의 구호대상은 가치 있는 빈민에 한정되었고, 구제가치가 없는 빈민은 구호대상에서 배제하였다. 이는 결국 자선조직협회가 빈곤의 원인을 개인의 책임으로 인식하고, 능력 있는 자만이 누릴 자격이 있다고 보는 당시의 지배적인 사회 다윈주의(Social Darwinism)의 사상을 기반으로 하고 있었음을 보여준다(김정기 외, 2002). 즉, 당시 다양한 사회문제로 홍역을 치르면서 실업이 국가적 문제로 대두된 상황에서 계급서열의 자연적 질서의 회복을 원한 엘리트 계층이 주도한 활동이 바로 자선조직협회였다. 따라서 개혁적인 인사들은 자선조직협회에 대해 매우 비판적이었다. 그들은 자선조직협회가 인색하고, 필요 이상으로 빈민에게 냉엄하며, 개인의 가치를 기업의 잣대로 판단한다고 비판했다.

하지만 이러한 자선조직협회의 활동 중, 특히 우애방문원에 의해 시작된 가정방문, 면담, 기록 등은 훗날 개별사회사업(casework)의 모태가 되었다. 또한, 빈민에게 탈빈곤의 동기를 부여하는 데 도움이 된 우애방문자의 인격적 감화활동은 오늘날 자원봉사활동을 발전시키는 밑거름이 되었다(김경섭 외, 2012).

## (2) 인보관 운동

인보관[14] 운동(settlement house)은 1854년 사회교육가 데니슨(Edward Denison) 목사가 옥스퍼드 대학과 케임브리지 대학 학생들과 함께 빈곤문제를 해결하려 한 이상주의 운동으로 시작되었다. 이후 바네트(Canon Samuel Agustus Barnett) 신부가 인보관 운동을 계승, 발전시켰는데, 그는 빈곤이 부자와 빈민 간의 계급 대립의 표현이므로 인텔리 대학생들과 빈민의 결합을 통해 계급 간의 화해를 기할 수 있다고 생각했다. 이에 공감한 많은 대학생이 실제로 빈민가에 들어가 빈민의 인간적 성장을 돕는 인보활동을 전개하였다(원석조, 2019).

인보관 운동에 동참한 대학생 중 가장 열성적인 활동을 한 학생이 옥스퍼드 대학의 아놀드 토인비였다. 하지만 옥스퍼드 대학의 조교수가 된 토인비는 애석하게도 결핵에 걸려 31세의 나이로 요절하였다. 그의 동료들은 그의 활동을 기리고 전용 활동공간으로 사용하기 위해 영국 최대 슬럼지역인 런던 이스트 엔드(East End)에 인보관을 설립하였는데, 그것이 바로 세계 최초의 인보관(지역사회복지관: community welfare center)

---

14) 인보(鄰保)는 가까운 이웃끼리 서로 돕는다는 의미이다.

인 토인비 홀(Toynbee Hall)이다. 토인비 홀은 첫째, 빈민의 교육수준과 문화수준을 높이고, 둘째, 빈민의 생활환경과 사회적 욕구를 파악하며, 셋째, 시민이 빈민의 문제와 빈민을 위한 입법에 관심을 갖도록 한다는 목적을 표방하였다(함세남 외, 1996).

<표 4-1>에서 볼 수 있듯이 엘리트층과 기업가 등 주로 상류층에 의해 주도된 자선조직협회와는 달리 인보관 운동은 개혁을 지향하는 지식인과 대학생들이 주축이 되어 빈민들과 함께 생활하면서 지역사회문제를 개선하는 것을 목표로 하였다.

한편, 샌톤 코이트(Santon George Coit)는 1886년 뉴욕에 미국 최초의 인보관인 '근린조합(Neighborhood Guild)'을 설립하였다. 이후 1889년 제인 아담스(Jane Addams)는 시카고 빈민가 지역에 대표적인 인보관으로 손꼽히는 '헐 하우스(Hull House)'를 설립하였다. 인보관에서 제공하던 다양한 집단 프로그램과 빈민들의 조직화 활동은 훗날 집단사회사업(group work)과 지역사회조직사업(community organization)의 모태가 되었다.

이처럼 인보관 운동이 집단사회사업과 지역사회조직사업의 모태가 되었고, 자선조직협회의 활동이 개별사회사업의 모태가 되었지만, 그렇다고 하여 이러한 이분법적 구분이 반드시 옳다고 볼 수는 없다. 실제로 자선조직협회는 욕구가 필요한 개인이나 가족에게 적절한 대인서비스(personal service)를 제공하는 데 관심을 두면서도, 동시에 그당시 사회문제를 해결하기 위해 다양한 활동을 수행했고, 이러한 활동들이 지역사회조직사업에도 적지 않은 영향을 주었다.

〈표 4-1〉 자선조직화운동과 인보관 운동 비교

| 구분 | 자선조직협회 | 인보관 운동 |
|---|---|---|
| 주체 | 엘리트층, 기업가 | 대학생, 지식인층 |
| 빈곤의 원인 | 개인적 속성 | 환경적 요인 |
| 해결 방법 | 가치 있는 빈민 구호 | 사회 개혁 |
| 이념 | 사회 다원주의 | 기독교 사회주의, 자유주의, 급진주의, |
| 주된 활동 | 자선조직 간의 협력 촉진, 자선활동 조정을 통한 중복구호 방지, 구호신청자 조사, 조사결과보고서 작성, 가치있는 빈민에 대한 구호 제공, 빈민상담을 통한 교화, 자선조직 실무자 교육 및 훈련 | 주거조건 개량, 직업훈련 제공, 노동운동 지원, 아동노동 반대, 부정부패 추방 등 사회개혁 |
| 사회사업 영향 | 개별사회사업의 효시 | 집단사회사업의 효시 지역사회조직사업 발전에 기여 |

## 2) 사회사업 형성기(1900~1920)

19세기가 사회사업의 싹이 트는 시기였다면, 1900~1920년까지의 기간은 사회사업의 전문화가 형성되어가는 시기라 할 수 있다. 자선조직협회와 인보관 운동이 미국으로 전파되어 큰 결실을 보게 되는 과정에서 구호 대상자에 관한 객관적인 자료수집과 분석을 위해서는 우애방문원과 같은 자원봉사자가 아닌 충분한 교육과 전문적인 훈련을 받은 경험 있는 상근전문직원이 필요하다는 인식이 대두되었다. 이러한 인식은 사회사업(social work) 교육기관의 설립으로 이어졌고, 사회사업의 전문화를 위한 노력을 불러일으키는 계기가 되었다.

1898년 뉴욕자선조직협회가 현재 컬럼비아대학교 사회사업대학원(Columbia University, School of Social Work)의 전신(前身)인 여름학교(summer camp) 과정을 개설함으로써 최초로 사회사업 전문인력을 양성하는 훈련과정이 만들어졌다. 특히 자원봉사자였던 우애방문원이 1900년경부터 보수를 받는 유급직원으로 전환되면서 교육과 훈련이 더욱 강조되기 시작했다.

이 시기 사회사업의 전문화에 가장 혁혁한 공헌을 한 인물은 메리 리치먼드(Mary Ellen Richmond)였다. 그녀는 자선조직협회에서 수십 년 동안 쌓아온 많은 경험과 지식을 바탕으로 개별사회사업(case work)을 최초로 체계화한 실천가이자 이론가였다. 특히 그녀가 1917년과 1922년에 각각 출간한 『Social Diagnosis(사회 진단)』와 『What is Social Case Work?: An Introductory Description(개별사회사업이란 무엇인가?: 입문 서술)』은 사회복지실천(social work practice)에 관한 이론과 방법을 최초로 체계화한 저서로 평가받고 있다.

하지만 20세기 초반까지도 사회사업이 과연 전문직인가에 대한 의문은 계속 남아 있었다. 플렉스너(Abraham Flexner) 박사는 1915년 '전미(全美) 자선 및 교정 컨퍼런스(the National Conference of Charities and Correction)'에서 사회사업이 전문직으로 인정받을 수 없는 이유로 첫째, 사회과학적 기초의 결여, 둘째, 독창적이고 명확한 지식체계 및 전수 가능한 전문기술의 결여, 셋째, 국가가 관리하는 자격시험 제도의 부재, 넷째, 전문적인 조직체계의 부재, 다섯째, 전문적 실천 강령의 부재 등을 들었다. 플랙스너의 이러한 비판은 결과적으로 사회복지계가 과학적 이론의 추구, 개념적 틀과 고유한 방법의 추구, 조사에 대한 과학적 기반 추구 등 전문성을 향한 다양한 노력을 하도록 만들었다(Cohen, 1958; 김정기 외, 2002 재인용).

## 3) 사회사업 분화 · 발전기(1920~1950)

### (1) 사회복지실천[15] 3대 방법론 정립

1920년대에서 1950년대에 이르는 시기는 사회사업이 사회복지실천(social work practice) 3대 방법론이라 불리는 개별사회사업(case work), 집단사회사업(group work), 지역사회조직사업(community organization)으로 분화되어 이론 및 실천기술의 전문화와 세분화가 이루어지며 발전하는 시기이다.

이러한 사회사업의 분화 · 발전에 가장 큰 영향을 미친 이론은 1920년대 프로이트(Sigmund Freud)의 정신분석이론(psychoanalysis theory)이었다. 정신분석이론의 영향으로 이 시기의 사회복지사들은 클라이언트가 처한 환경보다는 클라이언트의 정신 내적과정을 강조하면서, 클라이언트가 자신이 처한 환경을 수용하고 현 상황에 적응하도록 원조하는 데 초점을 두었다. 이러한 상황에서 개별사회사업은 괄목할만한 성장을 하였고, 의료사회사업, 가족사회사업, 학교사회사업 등이 대표적인 임상 사회복지실천의 분야로 급속하게 성장하였다.

한편, 인보관 운동과 사회개량 운동 등에 뿌리를 두고 있는 집단사회사업은 코일(Grace Coyle, 1930)에 의해 초기 이론적 틀이 정립되었다. 그는 민주적 가치 기반(democratic value base)의 필요성을 역설하고 단결심과 집단의 사기(group morale)를 강조하면서 사회복지사의 역할을 '집단 조직가(group builder)'로 규정하였다. 집단사회사업은 1935년 '전미 사회사업 컨퍼런스(National Conference for Social Work)'에서 사회사업의 한 분야(field)이며, 과정(process)이자, 기술(technique)로 소개되면서, 사회복지실천의 방법론 중 하나로 인정받았다.

마지막으로 지역사회조직사업의 발전에 지대한 영향을 미친 요인은 공동모금회의 설립이었다. 1918년, 훗날 '미국 공동모금회(Community Chests and Councils of America)'의 모태가 된 '미국 지역사회조직 협회(The American Association for Community Organization)'가 전국 공동모금 기관으로 설립되었다. 공동모금회는 지역사회복지를 위해 거대한 기금을 운영하는 자발적인 사회복지기관으로, 사회복지기금을 모금하고 체계적인 예산

---

15) 우리나라 사회복지학계에서는 'social work practice'를 '사회사업실천' 대신 '사회복지실천'으로 일컫는 것이 이미 고착화되었기에 이 책에서도 사회복지실천으로 쓰고자 한다.

절차에 따라 배분하며 지역사회의 복지 기획, 조정 및 행정운영의 효율성을 증진하는 기능을 수행하였다.

1930년대 미국은 경제공황으로 인하여 빈곤문제의 심각성이 최고조에 달했고, 사회복지계에서는 다시 사회개혁과 환경에 대한 개입의 필요성이 대두되기 시작하였다. 그에 따라 사회복지사들은 정책가로서 루즈벨트 정부의 뉴딜정책과 사회개혁정책에 깊숙이 참여하였으며, 공적기금의 형성과 공적기관의 구호기능 확대에 따라 공공분야로 자신들의 영역을 확장하여 나갔다. 동시에 환경개선을 강조하는 분위기로 인하여 지역사회 기반의 실천이 다시 강조되기 시작하였고, 그에 따라 지역사회조직사업도 주요한 사회복지 실천방법의 하나로 인식되기 시작하였다.

이러한 과정을 거치면서 사회사업은 개별사회사업(social case work), 집단사회사업(social group work), 지역사회조직사업(community organization)으로 각기 분화되어 전문화의 길을 걷게 되었으며, 사회복지실천 3대 방법론으로 자리매김하게 되었다.

## (2) 진단주의와 기능주의 대립

19세기 후반 이후 사회사업의 초기 접근방법은 크게 '개인 변화적 접근'과 '사회 개량적 접근'으로 구분된다. 전자(前者)는 문제의 원인을 개인의 결함에 초점을 맞춰 개인의 인식과 태도 변화를 강조한 접근으로, '기능(function)'이라 지칭하였다. 반면, 후자(後者)는 문제의 원인을 사회구조적 요인에서 찾고 환경의 변화를 추구하는 접근인데, 이를 '원인(cause)'이라 일컬었다. 이러한 두 접근방법의 대립을 소위 '기능' 대(對) '원인'의 대립이라 한다.

한편, 개인 변화적 접근과 사회 개량적 접근이 대립하는 와중에 1930년경부터 개인의 변화를 강조하는 개별사회사업 내부에서 접근법을 달리하는 학파 간의 대립이 시작되었는데, 그것이 바로 '진단주의 학파(Diagnostic School)'와 '기능주의 학파(Functional School)' 간의 대립이다.

진단주의는 프로이트의 정신분석이론을 기반으로 한다. 메리 리치몬드는 진단주의 학파가 형성되어가는 과정에서 프로이트의 이론에 틀을 입혔다. 진단주의는 진단적 조사와 생육사(生育史)·생활력(生活歷) 분석 등을 중시하면서, 클라이언트를 과거의 산물이며 치료가 필요한 존재로 간주하였다. 특히, 진단주의는 인간을 결정론(Determinis m)16)의 관점에서 바라보면서, 어린 시절 내면화된 부모의 영향력에서 벗어나지 못하는 존재로 인식하였다. 따라서 진단주의는 클라이언트의 성격구조를 과거에서 현재까지의 생활을 통해 분석하고 나아가 자아를 강화함으로써 사회환경에 대한 내면의 적응력을 향상시키고자 하였다. 대표적인 진단주의 학자로는 메리 리치몬드(Mary Richmond), 버타 레이놀즈(Bertha Reynolds), 샬롯 터울(Charlotte Towle) 등을 들 수 있다.

반면에 기능주의는 진단주의 학파의 기틀이 된 전통적 정신분석이론에 대한 비판으로부터 대두되었다. 1930년대 태동한 기능주의는 정신분석과 심리치료 전문가인 오토 랭크(Otto Rank)의 자아심리학에 기반을 둔다. 랭크는 프로이트와는 달리 인간을 과거의 경험에 의해서 결정되는 존재가 아니라, 자아의 창의적이고 적극적인 의지(will)에 의해서 지속적으로 성장하고 발전하는 존재로 인식하였다. 따라서 심리치료의 목적은 클라이언트가 갖고 있는 자아의 의지를 강화하고 능동성을 부여하는 것이라고 주장하였다.

이러한 기능주의는 사회복지사를 문제해결의 주체로 보는 진단주의 학파와는 달리 클라이언트를 변화의 중심으로 여기며, 사회복지사와 클라이언트의 관계를 치료과정이 아닌 원조과정으로 간주한다. 즉 원조과정을 통해 클라이언트는 스스로 결정하고 자신의 내면의 힘을 사용하여 성장을 가져올 수 있다고 본다.

한편, 사회복지사의 클라이언트에 대한 원조가 전개되는 과정에서 기능주의가 매우 중요하게 생각하는 핵심적인 요소 중 하나는 바로 사회복지사가 소속되어 있는 기관의 기능이다. 다시 말해, 클라이언트는 도움을 제공하는 기관의 제한된 기능과 시간 내에서 최대한으로 기관의 서비스를 활용함으로써 클라이언트 자신의 복리를 증진할 수 있도록 원조를 받게 된다. 이때 기관은 사회복지사의 클라이언트에 대한 원조과정의 초점, 방향, 내용을 좌우하는 매우 중요한 기능을 수행한다(김정기 외, 2002). 따라서 기능주의 모델에서는 사회복지사를 소속된 사회복지기관의 사회적 책임과 설립목적을 달성하기 위해 고용된 사람으로서 기관의 목적과 서비스를 대변하는 역할을 수행하는 존재로 인식한다. 결국 기능주의 관점에 따르면 사회복지사는 본인 자신의 판단에 따라 클라이언트를 원조하는 것이 아니라, 기관의 주어진 여건이나 자원에 맞춰 서비스를 제공하는 전문가인 것이다.

---

16) 결정론이란 어떤 현상이나 행위도 우연은 없으며, 반드시 선행원인이 있다고 보는 관점이다. 따라서 모든 물리적 현상도 물리적 원인에 기인하며, 현재는 과거에, 미래는 현재에 의해서 결정된다고 본다.

## 4) 사회사업 통합기(1950~1970)

1950년대 이후 사회사업 실천방법에 있어 공통의 기반을 찾고자 하는 사회복지실
천방법의 통합 시도가 나타났는데, 이를 '통합적 접근(generalist approach or integrated
approach)' 또는 '일반적 접근방법(generic approach)'이라 한다.

통합적 접근이란 사회복지사가 개인, 집단, 지역사회를 대상으로 개입하고 실천하
는 데 있어 개별적으로 분리된 방법이 아니라 공통의 원리나 개념을 기반으로 한 통합
된 실천방법을 사용하는 것을 의미한다. 여기서 말하는 공통의 원리나 개념은 사명과
목적, 가치, 지식, 실천기술을 포함하는 공통된 기반을 의미한다. 따라서 통합적 접근방
법을 교육받은 학생은 결국 미시, 중시, 거시의 모든 차원에 개입할 수 있는 역량을 갖
추게 된다.

이처럼 사회복지실천방법을 통합하는 이유는 전통적 방법이 갖고 있는 한계 때문
이라 할 수 있다. 다시 말해, 첫째, 제한된 특정 문제 중심의 전통적인 개입방법으로는
복잡해져 가는 클라이언트의 문제에 적절히 개입하기가 어려우며, 둘째, 지나친 전문화
에 따른 실천방법의 분화는 서비스의 파편화 현상을 초래함으로써 다양한 욕구를 가진
클라이언트의 문제를 효율적으로 해결해 주지 못하고, 셋째, 개인, 집단, 지역사회 차원
등 세분화되고 전문화된 교육훈련은 사회복지사의 분야별 직장 선택과 이동에 도움이
되지 않으며, 넷째, 공통의 기반이 없는 분화 및 전문화는 각각 별개의 사고와 언어 및
과정을 보여줌으로써 사회복지 전문직의 정체성 확립에 장애가 되기 때문이었다(김용일
외, 2005).

통합적 접근의 이론적 기초로는 일반체계이론, 사회체계이론, 생태체계이론 등을
들 수 있으며, 대표적인 통합접근 모델로는 골드스테인(Howard Goldstein)의 '단일화 접
근법(unitary approach)', 생태체계적 관점을 이론적 준거틀로 삼아 기터맨(Alex Gitterman)
과 저메인(Carel B. Germain)이 개발한 '생활 모델(life model)', 펄만(Helen Harris
Perlman)에 의해 개발되고 콤튼(Beulah R. Compton)과 갤러웨이(Burt Galaway)에 의해
정교화된 '문제해결모델(problem solving model)', 체계이론을 사회복지실천에 응용한
핀커스(Allen Pincus)와 미나한(Anne Minahan)의 '4체계 모델' 등이 있다.

사회복지실천의 구성요소 4P

헬렌 펄만

펄만(Helen Harris Perlman)은 진단주의 학파와 기능주의 학파 간의 오랜 논쟁을 종식시킨 통합적 모델로 주목받는 문제해결모델을 창안한 인물이다. 그녀는 초기 연구(1958)에서 사회복지실천의 구성요소를 문제(Problem), 사람(Person), 장소(Place), 과정(Process) 등 네 가지로 규정했는데, 이를 사회복지실천의 구성요소 4P라 일컫는다.

첫째, 문제(Problem)는 개인의 심리 내적인 원인과 환경과의 상호작용에 의해 나타나는 사회적 기능 수행상의 어려움을 의미한다. 둘째, 사람(Person)은 문제를 가지고 있는 대상을 의미한다. 셋째, 장소(Place)는 문제해결에 필요한 인적, 물적자원을 보유하고 사회복지사의 원조가 이루어지는 기관이나 시설 등을 의미한다. 넷째, 과정(Process)은 문제해결을 위한 지속적인 원조과정으로, 클라이언트의 참여와 협력이 강조된다.

결론적으로 펄만은 사회복지실천이란 해결이 필요한 '문제'를 가지고 있는 '사람'이 사회복지기관이나 시설 등의 '장소'에서 사회복지사의 원조를 통해 문제를 해결해 가는 '과정'이라고 정의하였다.

핀커스와 미나한의 4체계 모델 vs. 콤튼과 갤러웨이의 6체계 모델

핀커스와 미나한(Pincus & Minahan, 1973)은 사회복지실천체계로 '변화매개체계', '클라이언트체계', '표적체계', '행동체계' 등 네 개의 체계를 제시하였다.

첫째, 변화매개체계(change agent system)는 클라이언트의 원조를 담당하는 변화매개인과 그를 고용하고 있는 기관, 시설 및 조직을 의미한다. 여기서 변화매개인이란 클라이언트의 변화를 목적으로 전문적인 원조를 제공하는 사람, 즉 사회복지사를 의미한다.

둘째, 클라이언트체계(client system)는 변화매개체계의 원조를 요청하는 사람으로, 서비스의 혜택을 받을 것이 예상되며 변화매개인과 업무계약을 맺은 개인, 가족, 집단 등을 의미한다.

셋째, 표적체계(target system)는 변화매개인이 개입목표의 달성이나 문제해결을 위해 영향을 미치거나 변화시킬 필요가 있는 대상을 의미한다. 이러한 표적체계는 클라이언트체계와 동일할 수도 있고, 다를 수도 있다.

넷째, 행동체계(action system)는 변화매개인이 목표를 달성하고 표적체계에 영향을

주기 위해 함께 협력하는 대상을 의미한다.

한편, 콤튼과 갤러웨이(Compton & Galaway, 1994)는 핀커스와 미나한의 4체계모델에 '전문체계'와 '문제인식체계(의뢰-응답체계)'를 추가하여 6체계 모델을 제시하였다. 이는 기존의 4체계 모델에서 비자발적 클라이언트체계를 구분하지 못하는 점을 보완하고, 사회복지사의 전문성과 관련된 체계를 추가할 필요성 때문이었다.

전문체계(professional system)는 전문가체계로 일컫기도 하는데, 이는 사회복지사의 활동에 정당성을 부여하고, 사회복지사를 교육하고 육성하며, 전문적 실천에 대한 승인과 가치 등으로 구성된 체계를 의미한다. 이러한 전문체계에는 변화매개체계에 영향을 미치는 사회복지사협회, 사회복지관협회 등의 전문가 단체와 전문가를 육성하는 교육체계 및 전문적 실천의 가치와 사회적 인가 등이 포함된다.

문제인식체계(problem identification system)는 잠재적 클라이언트를 사회복지사의 관심 영역으로 끌어들이기 위해 행동하는 체계이다. 즉 비자발적 클라이언트를 의뢰해 주는 체계를 말하며, 그런 차원에서 문제인식체계를 의뢰-응답체계라고도 한다. 예를 들어 법원이 비행청소년을 사회복지기관에 의뢰한 경우, 법원은 의뢰체계, 비행청소년은 응답체계에 각각 해당한다.

## 5) 사회사업 확장기(1970년대 이후)

1970년대 이후는 전통적 사회복지실천기술과 통합이론이 함께 성장한 사회사업의 확장기라 할 수 있다. 이 시기에 주목할 점은 전통적인 장기개입 실천의 효과성에 대한 의문이 제기되면서 다양한 시간 제한적인 단기모델이 등장하였다는 것이다. 이러한 단기모델에 해당하는 모델로는 인지행동모델, 과제중심모델, 위기개입모델 등이 있다.

한편, 1980년대 이후 사회사업은 새로운 관점의 등장과 개입전략이 확장되기 시작하였다. 즉 클라이언트의 역량을 인정하면서 상황에 맞는 개입이 강조되고, 역할 및 개입전략의 다중성이 중요시되었다. 특히 1970년대부터 관심을 끌어오다 1990년대 이후부터 본격적인 연구가 시작된 '권한부여모델(Empowerment Model)',[17] 객관적인 평가를 통해 입증된 증거를 기반으로 서비스 질의 향상을 도모하고자 하는 '증거기반실천모델(Evidence-Based Practice Model)'[18] 등 새로운 모델들이 대두되었다.

---

17) 권한부여모델에 대한 자세한 설명은 8장 3절 1) 강점관점을 참고하시오.
18) 증거기반실천모델에 대한 자세한 설명은 8장 3절 2) 증거기반실천을 참고하시오.

## 05 우리나라의 사회복지 발달사

### 1) 근대 이전의 구빈제도

근대화 이전 우리나라의 구빈제도는 흉작, 기근 등과 같은 천재지변이나 전쟁으로 인해 피폐해진 백성의 삶을 돌보기 위한 국가의 노력에서 그 흔적을 찾을 수 있다. 일 각에서는 고대시대 기자조선 문혜왕 원년(BC 843)에 실시된 윤환법(輪環法)을 우리나라 구빈제도의 시초로 제시하기도 한다. 하지만 일반적으로 삼국시대 고구려 고국천왕 시 기의 진대법을 최초의 복지제도로 보는 것이 정설이다. 이는 춘궁기에 빈곤한 백성에게 양곡을 지원해 주고 추수기에 돌려받는 일종의 구황제도이다. 진대법은 이후 고려와 조 선시대에도 영향을 미쳤는데, 실제로 구황을 위해 양식을 미리 확보해두었다가 어려운 시기에 제공하는 의창, 상평창, 교제창, 제민창 등과 같은 공적 구제기관을 통해 유사한 기능이 수행되었다.

한편, 일제 강점시대에는 식민통치에 대한 우리 국민의 불만을 잠재우고자 온정주 의적 구빈행정이 펼쳐지기도 했으나 근검절약을 고취하는 교화사업을 위주로 한 시책 이 대부분이었다. 다만 이 시기에 주목할 만한 것은 1929년 일본에서 제정되어 공공부 조의 기반이 된 '구호법'이 1944년 3월, 우리나라로 확대되어 '조선구호령'으로 공포된 일이다. 이 법은 시기적으로도 해방 직전에 공포되었고 명목상의 규정에 불과하였으나 근대적 구호제도의 법적 근거를 제공했다는 의의를 찾을 수 있다.

### 2) 민간주도 구호기(1948~1959)

1945년 해방을 맞이하고 3년간의 미군정이 실시된 후, 1948년 8월 대한민국 정부 가 수립되었다. 정부 수립 직후, 우리나라의 구호 상황은 일제 강점기나 미군정(美軍政) 시대에 실시하던 구호제도를 답습하는 수준에 머물렀다. 더욱이 1950년에 발발한 한국 전쟁으로 인해 정부는 수많은 전쟁이재민과 요보호 아동의 생계유지를 위한 최소한의 구호조차 힘에 버거운 상황이었다. 실제로 1950년대 사회복지시설의 2/3 이상이 전쟁 고아를 보살피는 아동보호시설이었는데, 이들 대부분은 민간이 설립한 시설이었다. 따 라서 이 시기는 국가주도가 아닌 종교단체 또는 외국의 원조단체 등 민간이 주도하는 비전문적인 긴급구호 사업과 시설보호 사업이 주를 이룬 시기라 할 수 있다(유광호 외, 2005).

## 3) 사회복지 태동기(1960~1979)

우리나라에서 근대적 의미의 사회복지는 1960년대에 태동했다고 할 수 있다. 강력한 국가주도의 산업화를 통해 급속한 경제성장을 이뤄나간 박정희 정부는 군사정권이라는 한계를 극복하기 위해 다양한 사회복지제도의 입법을 추진하였다. 실제로 1960년, 근대적 사회보장제도의 효시라 할 수 있는 공무원연금법의 제정을 시작으로, 1961년에는 현재의 국민기초생활보장제도가 도입되기 전까지 우리나라의 대표적인 공공부조 제도였던 생활보호법을 비롯하여 아동복리법, 고아입양특례법, 군사원호 보호법 등이 제정되었다. 더욱이 1963년에는 군인연금법, 산업재해보상보험법, 의료보험법, 사회보장에 관한 법률 등 다수의 사회복지 관련 법률이 제정되었다.

1970년대에 들어와서도 박정희 정부는 경제성장 우선 기조를 이어가면서도 다양한 복지제도를 도입하였다. 사회복지사업법(1970), 국민복지연금법(1973),[19] 사립학교교원연금법(1973) 등이 제정되었고, 임의가입이었던 의료보험(1963)이 1977년에 강제가입의 의료보험으로 전환되었으며, 같은 해 저소득계층을 위한 의료보호법도 제정되었다.

이처럼 1960년대와 1970년대는 비록 선언적이고 형식적인 법 제정에 머무른 것도 적지 않았지만, 각종 사회복지 관련 제도의 도입을 통해 우리나라 사회복지의 기초가 마련된 시기라 할 수 있다.

## 4) 사회복지 확대기(1980~1999)

1980년 군사 쿠데타를 통해 권력을 잡은 전두환 정부는 권력의 정당성을 확보하기 위해 '복지사회의 건설'을 국정지표의 하나로 내걸고 다양한 사회복지 입법을 이루어나갔다. 1981년에 노인복지법, 심신장애자복지법,[20] 아동복지법이 제정되었으며, 1982년에는 유아교육진흥법이 제정되었고, 1983년에는 사회복지사업법(1970)이 개정되면서

---

19) 국민복지연금법은 1973년 제정되었으나, 당시 발발한 석유파동으로 인한 경제적 어려움과 정부에 대한 국민의 불신으로 시행되지 못하다가 1986년 국민연금법이 제정되었다.

20) 심신장애자복지법은 1898년 장애인복지법으로 개정되었다.

사회복지서비스 분야의 틀이 갖추어졌다. 특히, 이 시기에는 1986년 노후생활 보장을 목적으로 하는 국민연금법이 제정되는 등 복지투자가 본격적으로 진행되기 시작하였다. 그 결과 같은 기간에 일반정부 총지출에서 복지지출이 차지하는 비중이 10.7~13.0% 수준으로 급격히 성장하여 그동안 크게 벌어져 있던 타 분야와의 지출비중 격차가 크게 축소되었다.

한편, 1988년 출범한 노태우 정부 시기에는 최저임금제가 도입(1988)되었으며, 노인복지법과 장애인복지법 등이 개정(1989)되었고, 모자복지법(1989), 영유아복지법(1991) 등이 제정되었다. 특히 1977년 500인 이상 사업장을 대상으로 시작한 의료보험제도가 1989년에는 도시지역 주민으로까지 적용 대상이 확대되어 전 국민 의료보험 시대를 맞이하게 되었다.[21]

1993년 출범한 김영삼 정부에서도 일련의 입법조치를 통해 사회복지제도의 확대가 이루어졌다. 1993년 제정된 고용보험법이 1995년 30인 이상의 사업체를 대상으로 처음 시행됨으로써 4대 사회보험의 기틀이 마련되었다. 또한, 국민건강증진법, 사회보장기본법, 여성발전기본법 및 정신보건법 등의 입법(1995)이 이루어졌으며, 특히 1996년에는 국민연금 적용 대상이 군 단위 이하 지역주민까지로 확대되었다.

## 5) 사회복지 성숙기(1998~현재)

외환위기가 발발한 바로 다음 해인 1998년에 출범한 김대중 정부는 사회안전망 구축에 그 어느 정부보다 더 심혈을 기울였다. 그러한 노력은 고용보험 1인 사업장까지 확대(1998), 공무원-교원의보 및 지역의보 통합(1998), 사회복지공동모금회법 제정(1998), 국민건강보험법 제정(의료보험 전체 통합, 1999), 전(全) 국민 연금 실시(1999),[22] 산재보험 1인 사업장까지 확대(2000) 등의 조치로 이어졌다.

특히 김대중 정부는 1999년, 지난 40년간 우리나라의 대표적인 공공부조 제도로 자리매김하고 있던 생활보호법 대신 국민기초생활보장법을 새롭게 제정하면서 우리나라 사회복지 발전사의 새로운 기원을 이루었다. 즉 국민기초생활보장제도 시행을 통해 그동안 시혜적 차원으로 인식되었던 복지의 개념이 국민적 권리의 개념으로 전환되었

---

21) 2000년 7월 국민의료보험관리공단과 직장의료보험조합이 통합되면서 의료보험이 현재의 국민건강보험으로 명칭이 변경되었다.
22) 1999년 도시지역 자영업자로 적용 대상이 확대되면서 전(全) 국민 연금시대를 맞이하게 되었다.

고, 저소득층에 대한 국가책임이 강화됨으로써 현대식 복지제도의 틀을 갖추게 되었다. 하지만 아이러니하게도 김대중 정부의 이러한 복지시책에 대해 보수와 진보 어느 진영에서도 지지를 보내지 않았다. 실제로 당시 보수 진영에서는 급격한 복지 확대에 따른 성장잠재력 잠식을 우려하며 비판하였고, 진보 진영에서는 소외계층에 대한 실질적인 도움이 되지 못한다며 문제 삼았다. 하지만 이 시기에 우리나라의 사회복지가 실질적으로 크게 성장한 것만큼은 누구도 부인하기 어려운 사실이다(조흥식 외, 2015).

김대중 정부를 이어 2003년 출범한 노무현 정부는 저소득층 위주의 선별적 복지를 탈피하고 전 국민을 대상으로 하는 보편적 복지를 추구하면서 적정 수준의 복지혜택 제공의 1차적 책임이 국가에 있음을 분명히 하였다. 이에 따라 기초생활 수급자, 의료급여 수급자, 장애수당 대상자의 확대를 통해 기초보장을 강화하였고, 빈곤아동 지원과 노인일자리 확대에도 공을 들였다. 또한, 긴급복지지원법 제정(2005)을 통해 위기상황에 대한 대처를 강화하였으며, 노인장기요양보험제도(2007)를 도입하여 치매 및 노인성 질환을 앓는 노인에 대한 돌봄문제를 국가가 책임지는 모습을 보였다. 특히 지방의 복지수요에 효과적으로 대처하기 위해 사회복지재정의 지방 이양과 함께 지역복지 인프라 확충에 노력하였다. 하지만 지방자립도가 낮은 상황에서 실시된 사회복지재정의 지방 이양은 지방의 복지 수준을 향상하기는커녕 오히려 부정적인 영향을 미쳐 지방의 복지 수준을 후퇴시켰다는 비판을 받기도 하였다.

한편, 2008년 출범한 이명박 정부는 미래사회의 변화에 대비한 예방적·선제적 투자 확대와 서민생활 안정을 의미하는 '능동적 복지'의 기조를 내세웠다. 즉 복지지출의 낭비를 줄이고 경제성장에 의한 복지증진을 도모하는 시장우위의 정책을 강조하였다. 또한, 효율성 증진을 위해 복지영역에 경쟁의 개념을 도입하여 사회서비스에 대한 바우처 제도를 추진하였다. 이러한 이명박 정부의 능동적 복지에 대해 당시에는 공공성보다는 시장을 통한 효율성을 강조함으로써 국가의 역할을 축소시키고 보편성을 약화하여 사회복지정책이 크게 훼손되었다는 비판이 강했다(김종건, 2008; 김진수, 2008; 이태수, 2008; 좌혜경, 2008). 하지만 이명박 정부에서 복지예산의 증가 폭은 오히려 지난 정부들에서의 평균 증가 폭을 상회하였고, 다양한 사회복지정책의 수립과 사회복지 전달체계의 개선 노력도 이루어졌다. 실제로 0~5세 아동의 양육비 지급(2008), 국민연금과 직역연금의 연계에 관한 법률 제정(2009), 장애인연금법 제정(2010), 사회복지통합관리망(행복e음) 개통(2010), 사회서비스 이용 및 이용권 관리에 관한 법률 제정(2011), 국민건강증진법 제정(2011) 등이 이 시기에 이루어졌다.

이명박 정부의 뒤를 이어 2013년 출범한 박근혜 정부가 주창한 한국형 복지국가는 지출의 적절한 통제를 통해 복지국가의 지속가능성을 우선시하고, 생애주기별로 다양하게 나타나는 다양한 개인적 욕구들을 적절하게 충족시킬 수 있는 사회서비스를 중심으로 복지시스템을 구축하는 것이었다. 즉 보육, 교육, 직업훈련 등의 사회서비스를 제공하여 사회적 위험에 선제적으로 대응하는 예방적 복지국가의 성격을 갖고 있었다. 이러한 박근혜 정부의 한국형 복지국가에 대해 한쪽에서는 사회보장에 대한 국가 역할을 보다 더 적극적으로 부여하고, 사회서비스를 모든 국민에게 보편적으로 확대하고자 한다는 점에서 복지권의 강화 추구로 평가했다(김원섭, 2011). 하지만 다른 한쪽에서는 가족이 일차적 책임을 지고 그것이 안 될 때 국가가 이차적으로 책임을 지는 잔여적 복지 유형에 가깝다고 폄하하였다.

마지막으로 2017년 출범한 문재인 정부는 보편적 복지의 확대와 복지 사각지대의 축소를 중요한 추진방향으로 하는 '포용적 복지'를 복지의 지향점으로 제시하면서 복지 지출을 늘렸다. 그에 따라 2018년에 시작된 아동수당제도는 2019년부터 적용 대상을 7세 미만의 아동으로 확대하여, 부모의 소득에 상관없이 해당 연령대의 모든 아동에게 월 10만 원의 수당을 지급하였다. 특히 노인빈곤 문제를 해결하기 위해 기초연금을 확대하기도 하였다. 즉 소득하위 70%에게 월 25만 원씩 지급하던 기초연금을 2019년 4월부터 소득하위 20%인 노인에게는 지급액을 최대 30만 원으로 인상했다. 하지만 정부 출범 당시 내걸었던 복지공약 중 미흡하게 추진됐거나 변질, 후퇴된 과제가 적지 않았다. 특히 코로나 유행 상황에서 사회적 보호가 절실한 이들에 대한 제대로 된 사회안전망을 구축하지 못했으며, 공적 인프라가 턱없이 부족한 보건의료와 돌봄 영역에서의 주목할만한 대책도 사실상 전무했다는 비판을 받는다.

"인류의 가장 큰 행복은 매일 도덕적 문제에 관해
이야기할 수 있는 능력에 있다.
영혼 없는 삶은 인간의 삶의 가치를 잃어버린다."

- 소크라테스(Socrates) -

가치란 개인이나 집단이 바람직하다고 믿고 있는 신념과 태도로서 의사결정이나 행동에 영향을 미치는 지침이나 기준이 된다. 따라서 한 사회의 구성원들이 공유하는 가치는 해당 사회의 정책 유형이나 내용을 형성하는 데 영향을 미치며, 특정 제도의 방향성을 결정하는 매우 중요한 요인이 된다. 사회복지도 그 자체로 추구하는 가치가 있는데, 이를 사회복지의 가치라고 일컫는다. 또한, 전문가로서의 사회복지사가 자신의 직분을 수행하는 과정에서 추구해야 하는 가치를 사회복지 전문직의 가치라 한다. 이러한 가치는 사회적인 합의를 거쳐 윤리를 형성한다. 윤리가 인간이 지켜야 할 행위의 규범이라면, 전문직의 윤리는 전문가가 자신의 직무를 수행하면서 지켜야 할 특수한 의무를 말한다. 따라서 사회복지사는 전문가로서 직무를 수행하는 데 있어 지켜야 할 전문직의 윤리를 명확히 이해하고 있어야 한다. 이 장에서는 사회복지가 추구하는 가치란 무엇이며, 사회복지사가 직무수행 과정에서 지켜야 할 사회복지 전문직의 가치와 윤리는 무엇인지에 대해 살펴보고자 한다.

# CHAPTER 05   사회복지의 가치와 윤리

## 01   사회복지의 가치

사회복지가 추구하는 기본 가치로는 '인간 존엄', '평등(수량적 평등)', '적극적 자유', '사회 정의', '사회적 연대' 등을 꼽을 수 있다.

### 1) 인간 존엄

인간의 존엄성을 인정하고 지키는 것은 사회복지가 추구하는 최우선의 가치이다. 인간의 존엄은 인간이 태어나면서부터 자유와 이성을 가지며, 인간으로서의 생존과 복지를 얻을 권리가 있다는 천부인권 사상의 핵심적인 기반이 되는 개념이다. 따라서 인간은 어떠한 이유로도 차별과 배제의 대상이 되어서는 안 되며, 인간이라는 이유만으로 존중되어야 한다.

이러한 인간 존엄의 가치는 '세계인권선언문'에 분명히 명시되어 있다. 동 선언문 제1조와 제2조에는 각각 "모든 인간은 태어날 때부터 자유로우며 그 존엄과 권리에 있어 동등하다.", "모든 사람은 인종, 피부색, 성, 언어, 종교, 정치적 또는 기타의 견해, 민족적 또는 사회적 출신, 재산, 출생 또는 기타의 신분과 같은 어떠한 종류의 차별 없이, 이 선언에 규정된 모든 권리와 자유를 향유할 자격이 있다."라고 규정되어 있다. 또한, '대한민국헌법' 제10조에도 "모든 국민은 인간으로서의 존엄과 가치를 가지며, 행복을 추구할 권리를 가진다. 국가는 개인이 가지는 불가침의 기본적 인권을 확인하고 이를 보장할 의무를 가진다."라고 규정함으로써 인간 존엄의 가치를 분명히 천명하고 있다.

사회복지가 궁극적으로 추구하는 목적은 모든 인간이 인간다운 삶을 향유하도록 하는 것이다. 인간다운 삶은 물질적 풍요로움의 확보는 물론 어떠한 차별이나 배제를 당하지 않고 인간으로서의 존엄성을 보장받을 때 가능하다. 그러한 차원에서 인간 존엄이야말로 사회복지의 가장 기본이 되는 가치라 할 수 있다.

## 2) 평등

사회복지가 추구하는 평등의 가치는 앞에서 설명한 인간 존엄의 가치를 실현하기 위한 가장 중요한 가치이다. 평등의 사전적 의미는 인간의 차이를 인정하되, 차별 없는 동등한 대우를 받는 것을 의미한다. 따라서 평등의 가치를 실현하지 않고서는 인간 존엄의 가치는 실현될 수 없다. '대한민국헌법' 제11조 제1항에서도 "누구든지 성별·종교 또는 사회적 신분에 의하여 정치적·경제적·사회적·문화적 생활의 모든 영역에 있어서 차별을 받지 아니한다."고 규정함으로써 평등의 가치를 분명히 밝히고 있다.

이러한 평등은 수량적 평등(numerical equality), 비례적 평등(proportional equality), 기회의 평등(equality of opportunity)으로 구분할 수 있다(송근원·김태성, 2004).

수량적 평등은 인간의 욕구나 능력에 관계없이 사회적 자원을 동일하게 분배하는 가장 적극적 개념의 평등이다. 이는 결국 '결과의 평등'을 의미한다. 높은 누진세율을 적용하여 부유한 자들의 소득을 빈곤한 자들에게 이전시키는 소득재분배 정책은 수량적 평등을 달성하기 위한 대표적인 노력이라 할 수 있다. 사실상 사회복지가 추구하는 궁극적인 평등은 바로 수량적 평등이라 할 수 있다.

비례적 평등은 인간의 노력, 능력, 기여에 따라 사회적 자원을 상이하게 분배하는 것을 평등으로 인식하는 개념이라 할 수 있다. 공적연금과 같이 보험료를 더 많이 낸 사람에게 훗날 연금급여를 더 많이 지급하는 정책은 비례적 평등을 실현하기 위한 조치라 할 수 있다.

기회의 평등은 결과의 측면은 고려하지 않고, 과정이 평등하다면 결과는 개인이 책임져야 한다고 인식하는 가장 소극적인 개념의 평등이다. 모든 사람에게 의무교육을 실시하여 동등한 교육기회를 제공한다든지 또는 직업훈련을 실시하는 것 등은 기회의 평등을 구현하기 위한 정책들이라 할 수 있다.

이러한 다양한 평등의 개념 중 어떠한 평등을 추구할 것인가는 결국 해당 국가의 구성원들이 지향하는 가치가 무엇인가에 달려있다. 실제로 영·미권의 자유주의 복지국가는 기회의 평등에 초점을 맞추는 반면, 독일과 오스트리아 등의 조합주의 복지국가에서는 비례적 평등을 강조한다. 한편, 스웨덴, 핀란드 등의 사민주의 복지국가에서는 수량적 평등을 추구함으로써 결과적 평등을 지향한다.

## 3) 적극적 자유

'자유'의 사전적 정의는 외부적인 구속에 얽매이거나 지배받지 아니하고 자신이 원하는 바를 하거나, 할 수 있는 상태를 의미한다. 하지만 자유의 개념은 매우 다층적이고 복합적이어서 과거부터 논쟁의 중심에서 벗어난 적이 없는 인류 보편의 화두이다.

현대에 들어 자유의 개념을 체계적으로 연구하고 그 논의에 가장 큰 영향을 미친 사람은 영국의 철학자이자 정치사상가인 아이제이야 벌린(Isaiah Berlin)이다. 1958년 옥스퍼드 대학교의 치첼리좌(座) 교수직에 취임한 벌린은 '자유의 두 가지 개념(Two Concepts of Liberty)'이라는 제하의 취임강연을 통해 자유를 '간섭의 부재(不在)'를 핵심으로 하는 '소극적 자유(negative liberty)'와 '자기 지배'를 골자로 하는 '적극적 자유(positive liberty)'로 구분하여 제시하였다. 사실상 자유의 개념에 대한 이러한 구분을 최초로 제시한 사람은 토마스 힐 그린(Thomas Hill Green)[1]인데, 실제로 벌린의 자유의 개념은 그린이 제시한 자유의 개념과 크게 다르지 않다.

벌린에 따르면 소극적 자유는 '~로부터의 자유(freedom from)'로, 이는 타인이나 국가에 의한 강제적인 간섭이 없는 상태를 의미한다. 신앙의 자유, 사상과 언론의 자유, 집회결사의 자유 등 자유주의가 주장하는 모든 자유는 소극적 자유에 해당한다.

반면, 적극적 자유란 스스로 자신의 주인이 되게 하는 자유이며 자기실현적 주체가 되기 위한 자유이다. 이러한 적극적 자유는 국가나 타자의 간섭을 허용한다. 그 이유는 경제적, 심리적, 신체적 이유 등으로 자기실현이 어려운 존재들은 국가를 비롯한 타자의 간섭을 통해서라도 자기실현을 가능하게 하는 것이 진정한 자유를 누리는 것이기 때문이다. 예를 들어, 휠체어를 탄 장애인이 극장 계단을 올라 영화를 볼 수 있도록 정부가 모든 극장에 휠체어가 다닐 수 있는 슬로프를 의무적으로 설치하라는 명령을 내렸다고 하자. 이는 신체적 장애로 인해 자기실현(영화 관람)이 어려운 존재인 장애인의 자기실현을 위해 국가가 개입(간섭)하여 자기실현을 가능하게 한 적극적 자유에 해당한다. 따라서 적극적 자유는 '~로의 자유(freedom to)'라 일컫는다.

전통적 자유주의자였던 벌린은 소극적 자유야말로 인간을 인간답게 만드는 본원적 속성을 지니고 있는 반면, 적극적 자유는 전체주의와 독재로 흐를 수 있음을 지적하면서 소극적 자유를 옹호하였다.

---

1) 토마스 힐 그린에 대한 설명은 6장의 [REFERENCE 6−1]을 참고하시오.

하지만 사회복지가 추구하는 기본 가치로서의 자유는 적극적 자유라 할 수 있다. 그 이유는 불평등이 필연적으로 발생할 수밖에 없는 자본주의 사회에서 인간의 존엄과 평등 및 자유 실현의 조건이 확보되기 위해서는 사회복지제도를 통한 국가의 개입은 불가피한데, 국가의 개입을 가능하게 하고 옹호하는 자유의 개념은 바로 적극적 자유이기 때문이다.

## 4) 정의

'정의(正義)'는 평등을 구현하기 위한 가장 중요한 가치이다. 광의의 정의는 사회적으로 규정된 올바른 행위를 뜻한다. 즉 법이나 도덕이 규정하고 있는 제반 규칙을 지키는 행위라 할 수 있다. 반면에 협의의 정의는 어느 일방의 희생을 강요하지 않고, 당사자 모두의 이익을 공정하게 고려하여 자신의 몫을 정당하게 배분하는 것을 의미한다. 여기서 자신의 몫이란 권력, 기회, 부, 지위, 혜택, 대우, 보상뿐만 아니라 의무, 부담, 처벌 등을 모두 포함하는 개념이다. 따라서 정의는 이 모든 것들이 사회 구성원들 간에 공정하게 배분될 때 구현될 수 있다.

고대 철학자 아리스토텔레스는 정의를 다양하게 구분하였는데, 그중 정의의 적용 범위가 인간의 삶 전반에 미치는 것인지 아니면 특수한 문제에 한정된 것인지에 따라 '일반적 정의'와 '특수적 정의'로 구분하였다. 일반적 정의는 국가의 법 규정에 합치되는 행위를 하는 것을 의미하는데, 이는 '합법성으로서의 정의'를 의미한다. 즉 제반 법 규정을 준수하면 정의이고, 그렇지 않으면 정의롭지 못한 것이다. 반면에 특수적 정의는 일정한 가치의 분배나 귀속이라는 특수한 경우에 적용되는 정의로, 결국 '공정성으로서의 정의'를 뜻한다. 즉 분배가 공정하면 정의로운 것이며, 불공정하면 정의롭지 못한 것이다. 특수적 정의는 다시 '분배적 정의(distributive justice)',[2] '시정적 정의(corrective justice)',[3] '호혜적 정의(reciprocal justice)'[4] 등 세 가지 정의로 구분된다.

아리스토텔레스의 특수적 정의 중 분배적 정의는 사회정의를 일컫는 개념으로 쓰이곤 한다. 분배적 정의는 사회 구성원 각자가 사회적·경제적 가치들에 대한 응분의 몫을 누리는 상태를 의미한다. 결국, 분배적 정의의 실현 여부는 각자가 받아야 할 몫

---

2) 분배적 정의는 공동체에 있어 공동재산의 분배와 관련된 정의이다.
3) 시정적 정의는 개인들 사이의 사적인 거래관계에서 피해의 시정을 위한 정의이다.
4) 호혜적 정의는 재화의 등가적인 교환을 확보하기 위한 정의로, 상호적 정의로도 일컬어진다.

을 정하는 분배의 '기준'을 무엇으로 정할 것인지의 문제에 달려있다고 할 수 있다. 하지만 아리스토텔레스는 분배적 정의에 있어 분배의 기준에 대한 명확한 해답을 제시하지 못했다(한상수, 2001).

대부분의 전통적 정의론에서는 각자의 응분의 몫을 결과의 정의로움에서 찾고자 하였다. 하지만 어떤 특정한 기준만으로 개개인의 응분의 몫을 판단하는 것에는 한계가 있다. 예를 들어, 응분의 몫을 정하는 가장 일반적인 기준인 '성과'의 경우, 일견 객관적이며 측정이 용이하다는 장점이 있어 보인다. 하지만 서로 다른 업적 간의 양과 질을 비교하는 일은 결코 쉬운 작업이 아니다. 일례로 의사, 소방관, 프로축구선수 간의 업적을 상호 비교하여 누구의 업적(성과)이 객관적으로 더 뛰어난지 결정하는 것은 사실 불가능한 일이다(김항규, 2008). 따라서 사회 구성원들이 사회적 계약을 함에 있어 모두가 정의롭다고 인정할 수 있는 기준, 다시 말해 사회의 자원을 모두가 똑같이 나누어 갖는 사회는 존재할 수 없다는 전제하에 정의의 차원에서 불평등을 용인(인정)할 수 있는 기준을 어떻게 정할 것인지의 과제가 분배적 정의의 핵심적인 문제로 대두되게 되었다. 이와 관련하여 20세기 가장 위대한 철학자 중 한 사람인 존 롤스(John Rawls)가 주장하는 '공정으로서의 정의론'은 우리에게 큰 함의를 제공해 준다.

정의를 공정한 절차에 의한 합의에서 찾은 롤스는 사회계약설의 입장에서 공정한 절차를 보장하기 위한 장치로 '원초적 입장(original position)'이라는 개념을 제시하였다. 원초적 입장은 사회 구성원들이 정의의 원칙에 합의하기 위해 수용해야 할 일종의 도덕적 관점이라 할 수 있다. 이러한 원초적 입장을 특징짓는 조건은 크게 두 가지인데, 하나는 '무지(無知)의 베일(veil of ignorance)'5)이고, 다른 하나는 '상호 무관심적 합리성(mutually disinterested rationality)'6)이다.

롤스는 상호 무관심적 합리성을 지닌 인간이 무지의 베일 상태에 놓이게 될 경우, 자신이 하위계층에 속하게 될 수도 있다는 불안감 때문에 하위계층의 몫을 극대화하는 선택을 하게 될 것이라고 주장하는데, 이를 '최소 극대화의 원칙'이라고 한다. 결국, 원초적 입장에서 사회 구성원들의 합리적 판단에 따라 합의되는 일련의 원칙이 곧 사회 정의의 원칙이다. 즉 원초적 입장에서 사회 구성원들의 합의를 통해 발생하는 어느 정도의 불평등은 정의에 부합하는 것이며, 용인될 수 있는 불평등이라는 것이다.

---

5) 무지의 베일은 5장의 [REFERENCE 5-1]을 참고하시오.
6) 상호 무관심적 합리성 5장의 [REFERENCE 5-1]을 참고하시오.

롤스의 무지의 베일과 상호 무관심적 합리성

무지의 베일이란 합의의 당사자인 사회 구성원들이 인간 사회에 관한 일반적 사실법칙(정치 및 경제 문제와 이론의 제 원칙들, 사회조직의 기초나 인간 심리의 제 법칙을 선택할 때 영향을 미치는 일반적 사실 등)은 잘 알고 있지만, 자신의 천부적 재능, 사회적 지위나 형편, 자신의 가치관 및 심리적 경향성 등 자신과 자신이 소속된 사회의 특수한 사정에 대해서는 알지 못한다는 인지적 조건을 의미한다. 이처럼 특정 지식이 제한될 경우, 계약에 참여하는 사회 구성원들은 어떤 합의가 자기에게 유리하거나 불리할지 알 수 없게 되기 때문에 합의된 원칙이 정의로운 원칙이 될 수 있다는 것이다.

존 롤스

한편, 상호 무관심적 합리성이란 사회의 구성원들 (합의의 당사자들)은 자기 이익을 극대화하는 존재이며, 타인의 이해관계에 대해서는 무관심한 합리적 존재라는 조건을 의미한다. 다시 말해, 인간은 타인의 이해관계는 관심이 없으며, 오직 자신의 이익을 극대화하고 욕구를 더 만족시켜 줄 가능성이 가장 큰 대안을 선택하는 합리적 존재라는 것이다(Rawls, 1999).

## 5) 사회적 연대

'사회적 연대(social solidarity)'는 사회적 위험에 대한 집단적인 대응이라 할 수 있다. 이러한 사회적 연대는 (적극적) 자유, (수량적) 평등과 함께 유럽 국가들의 사회민주주의를 이끄는 핵심적인 가치이기도 하다. 실제로 오늘날 사회보험을 비롯한 복지제도는 바로 사회적 연대의 결과물이다.

사회적 연대는 과거 혈족 관계나 공통된 이해관계를 기반으로 하는 사람들 간에 형성되는 관계를 뜻하던 '연대'라는 개념이 사회가 복잡해지고 다원화되면서 발전한 개념이다. 연대는 로마법에서 '민사법상 공동의 책임'이라는 의미로 처음 사용된 것을 그 기원으로 한다. 하지만 연대의 개념은 역사적인 발전단계와 사상가에 따라 다양한 형태로 변화되어 왔기 때문에 그 개념을 일반화하는 작업은 그리 쉬운 일이 아니다.

연대라는 개념의 구체적인 내용이 명료화된 것은 19세기 후반에 이르러서이다 (Wildt, 1999). 연대주의는 사회를 이루고 있는 개별 구성원이 마치 인체를 구성하고 있

에밀 뒤르켐

에밀 뒤르켐(Émile Durkheim)은 연대를 '기계적 연대(mechanical solidarity)'와 '유기적 연대(organic solidarity)'로 구분하고, 그 개념을 제시하였다.

뒤르켐에 의하면 노동분화의 수준이 낮은 전통사회(전근대 사회)에서는 사회 구성원들의 유사성을 전제로 한 기계적 연대가 이루어진다. 즉 사회 구성원들이 대부분 유사한 직종에 종사하기 때문에 공통의 경험과 믿음을 바탕으로 한 연대가 형성된다. 전통사회에서 발현되는 이러한 기계적 연대는 집합의식을 반영한 억압적 규범의 강제력으로부터 발생하는 사회적 응집성이라 할 수 있다. 따라서 기계적 연대가 강한 사회에서는 개인의 개별적 차이를 인정하지 않으며, 사회의 집합의식에 반하는 행동에 대해서는 일탈이나 범죄로 간주하는 경향이 강하다.

한편, 유기적 연대는 사회구조가 복잡하고 노동 분화의 수준이 높은 사회에서 특징적으로 나타나는 연대로서 사회 구성원들 간의 차이를 전제로 한다. 뒤르켐에 따르면, 산업화와 도시화가 이루어진 근대사회에서는 집합의식에서 기인하는 사회적 응집성은 약화하지만, 개인 간의 상호의존성이나 사회에 대한 개인의 의존성은 오히려 심화함으로써 새로운 형태의 사회적 응집성, 즉 유기적 연대가 출현하게 된다. 결국 유기적 연대는 노동 분업이 확장됨에 따라 다른 직종에서 공급되는 재화와 용역이 필요한 사회 구성원들이 상호의존할 수밖에 없는 환경으로부터 발생하고 강화된다(에밀 뒤르켐, 2015, 민문홍 옮김).

는 서로 다른 기관과 같다는 사회유기체론에 근거하고 있다. 즉 뒤르켐(David Émile Durkheim)이 주장한 바와 같이 사회 구성원들은 사회적 분화로 인해 필연적으로 상호 의존할 수밖에 없어 유기체와 마찬가지로 사회적 위험에 집단적으로 대응할 필요가 있다. 또한, 인간은 사회를 떠나서는 그의 삶을 유지·발전시킬 수 없는 존재이기에 위험이 발생하지 않은 사람도 다른 사람의 개인적 위험에 대한 보상에 협력해야 할 의무가 있다(장승혁, 2017).

극심한 양극화와 계층 간 갈등을 겪고 있는 우리 사회의 경우, 공동체의 중요성을 인식하고 전체 사회에 대한 책임을 함께 진다는 연대 의식이야말로 이 시대가 요구하는 매우 중요한 가치라 할 수 있다. 이러한 연대 의식을 통해 취약계층에 대한 지원이 더욱 확대될 때, 진정한 의미의 사회적 통합이 이루어질 수 있다.

## 02 사회복지 전문직의 가치와 윤리

### 1) 사회복지 전문직의 가치와 윤리의 개념

일반적으로 가치는 우리가 중요하다고 여기며 추구하는 것을 의미한다. 따라서 가치는 개인의 의사결정과 행동을 이끄는 지침이 된다. 사회 구성원들이 추구하는 가치가 특정한 방향으로 집약되면, 그 가치는 곧 해당 사회가 지향하는 바가 된다.

이런 맥락에서 사회복지 전문직의 가치는 모든 사회복지사가 전문가로서 자신의 직분을 수행하는 과정에서 추구해야 하는 가치(value)로, '사회복지실천의 가치'라고도 일컬어진다. 이러한 사회복지 전문직의 가치는 사회복지실천의 목적과 사명에 영향을 미치며, 사회복지사의 개입방법과 개입수준을 결정하는 기준이 되고, 윤리적 딜레마를 해결하기 위한 지침이 된다(Reamer, 2006).

한편, 인간의 의사결정이나 행동의 기준이 되는 가치는 사회적인 합의를 거쳐 윤리(ethics)를 형성한다. 윤리란 인간이 지켜야 할 행위의 규범으로, 그 사회의 가치에 기초하여 사회 구성원들이 서로 약속한 행동 기준이자 모든 구성원에게 당위론적으로 준수할 것이 요구되는 사회적 규범이다(김병진 외, 1998; 양옥경 외, 2018).

반면에 '전문직의 윤리'는 전문가가 자신의 직무를 수행하면서 지켜야 할 특수한 의무를 전문가들 스스로 합의를 통해 성문화한 것이다(김성천 외, 2009). 따라서 사회복지 전문직의 윤리는 사회복지사가 전문가로서 자신의 직무를 수행하는 데 있어 지켜야 할 원칙이나 의무를 의미하며, 사회복지실천과정에서 직면하게 되는 여러 윤리적 갈등 상황에서 올바른 판단과 결정의 근거와 방향을 제시해 주는 지침이 된다. 결국, 사회복지 전문직의 윤리란 사회복지실천의 윤리이며, 이는 곧 사회복지사의 윤리이다.

사회복지 전문직의 윤리가 필요한 이유는 첫째, 사회복지사 자신의 가치관과 다른 사람들(클라이언트, 지역 주민, 동료 사회복지사 등)의 가치관 사이에 어떠한 공통점과 차이점이 있는지를 체계적으로 확인하기 위해서이다. 둘째, 윤리적 갈등의 실상을 이해하고, 이에 대처할 수 있는 능력을 갖추기 위해서이다. 셋째, 다수의 상이한 가치들 간의 관계를 정립하거나 위계를 설정하기 위해서이다. 넷째, 사회사업(social work)의 현행 주류 가치가 얼마나 정당한가를 살펴보고 시대적 조류에 맞는 가치를 새롭게 정립하기 위해서이다. 다섯째, 사회복지실천방법을 개발하거나 사회복지사의 전문경력을 발전시키기 위해서이다(Reamer, 1995; 조흥식 외, 2015 재인용).

## 2) 미국 사회복지 전문직의 가치 및 윤리원칙

미국 사회복지사협회(NASW)는 2017년 개정한 윤리강령(Code of Ethics)을 통해 전문가로서 사회복지사가 지향하고 준수해야 할 핵심적 가치(values)와 그 가치로부터 도출된 각각의 윤리원칙(ethical principles)을 다음과 같이 규정하였다.

첫 번째 가치는 봉사(service)이다. 봉사의 가치로부터 사회복지사의 궁극적인 목적은 욕구가 있는 사람을 지원하고 사회적 문제를 해결하는 것이라는 윤리원칙이 도출된다.

두 번째 가치는 사회정의(social justice)이다. 사회정의의 가치로부터 사회복지사는 사회적 불의에 도전하고 맞서야 한다는 윤리원칙이 도출된다. 즉 사회복지사는 취약계층과 억압받는 계층을 위해 빈곤, 차별 등의 사회적 문제를 개선하기 위한 사회변화를 추구해야 한다.

세 번째 가치는 개인의 존엄과 가치(dignity and worth of the person)이다. 이 가치로부터 사회복지사는 인간의 고유한 존엄성과 가치를 존중해야 한다는 윤리원칙이 도출된다. 즉 사회복지사는 개개의 모든 사람을 배려하고 존중하는 태도로 대해야 하며, 개인적 차이와 문화적·인종적 다양성에 대해 유념해야 한다. 또한, 사회복지사는 클라이언트의 자기결정권(right to self-determination)을 증진시켜야 하며, 클라이언트가 자신의 문제를 해결할 수 있도록 클라이언트의 역량을 향상시키고 기회를 제고해야 한다.

네 번째 가치는 인간관계의 중요성(importance of human relationship)이다. 이 가치로부터 사회복지사는 인간관계의 중요성을 인식해야 한다는 윤리원칙이 도출된다. 이는 인간관계가 결국 클라이언트의 변화를 위한 중요한 매개이자 수단임을 사회복지사가 이해하고 있어야 한다는 것을 의미한다. 따라서 사회복지사는 원조과정(helping process)에서 클라이언트를 파트너로 간주하고, 사람들 간의 관계를 강화하는 노력을 기울여야 한다.

다섯 번째 가치는 성실(integrity)이다. 성실의 가치는 사회복지사가 신뢰할 수 있게끔 행동해야 한다는 윤리원칙의 기반이 된다. 따라서 사회복지사는 사회사업 전문직의 사명, 가치, 윤리원칙, 윤리규범을 항상 인식하고, 그에 부합하도록 일관성 있게 실천에

임해야 한다. 또한, 사회복지사는 정직하고 책임감 있게 행동해야 하며, 자신이 속한 조직의 입장에서 윤리적인 실천을 증진해야 한다.

마지막으로 여섯 번째 가치는 능력(competence), 즉 역량이다. 이 가치로부터 사회복지사는 자신의 능력 내에서 사회복지실천을 수행하고, 자신의 전문성을 개발하며 향상시켜야 한다는 윤리원칙이 도출된다. 따라서 사회복지사는 자신의 전문지식과 기술을 끊임없이 증진하고 사회복지실천에 적용하려는 노력을 지속적으로 기울여야 한다.

## 3) 사회복지 전문직의 윤리기준

미국사회복지사협회(NASW)와 한국사회복지사협회는 각각 사회복지 전문직의 '윤리기준(ethical standards)'을 제시하고 있다. 윤리기준은 사회복지사의 행동 지침이 되며, 윤리적 판단의 기초를 제공한다.

우선 미국 사회복지 전문직의 윤리기준에는 [REFERENCE 5-3]에서 볼 수 있듯이 ① 클라이언트에 대한 사회복지사의 윤리적 책임, ② 동료에 대한 사회복지사의 윤리적 책임, ③ 실천현장에 대한 사회복지사의 윤리적 책임, ④ 전문가로서 사회복지사의 윤리적 책임, ⑤ 사회복지 전문직에 대한 사회복지사의 윤리적 책임, ⑥ 사회 전반에 대한 사회복지사의 윤리적 책임 등 총 여섯 개의 범주에 대한 사회복지 전문직의 윤리기준이 제시되어 있다.

한편, 1982년 1월 15일 처음 제정된 이래, 1988년, 1992년, 2001년 총 세 차례의 개정을 거쳐 현재에 이르고 있는 우리나라의 사회복지사 윤리강령에는 [REFERENCE 5-4]에서 볼 수 있듯이 사회복지사의 기본적 윤리기준을 필두로 클라이언트, 동료, 사회, 기관 등 총 5가지 영역에 대한 사회복지사의 윤리기준이 제시되어 있다.

첫 번째 윤리기준은 '클라이언트에 대한 사회복지사의 윤리적 책임(social workers' ethical responsibilities to clients)'이다. 이는 ① 클라이언트에 대한 헌신, ② 클라이언트의 자기결정권에 대한 존중과 증진, ③ 클라이언트로부터 고지된 동의(informed consent) 획득, ④ 사회복지사의 능력 범위 내에서의 서비스 제공, ⑤ 다양한 문화에 대한 이해와 사회적 다양성 존중, ⑥ 사회복지사의 직업상의 재량권 행사와 공정한 판단을 방해하는 이해관계의 갈등 경계 및 방지, ⑦ 클라이언트의 사생활과 비밀보장, ⑧ 클라이언트 자신의 기록에 대한 접근 보장, ⑨ 클라이언트와의 성관계 금지, ⑩ 클라이언트에 대한 신체적 접촉 금지, ⑪ 클라이언트에 대한 성희롱 금지, ⑫ 경멸적인 용어 사용 금지, ⑬ 서비스에 대한 공정하고 합리적인 비용 지불 보장, ⑭ 의사결정 능력이 없는 클라이언트의 이익과 권리 보호를 위한 합리적인 조치 강구, ⑮ 서비스의 지속적인 제공을 위한 합리적인 노력 강구, ⑯ 타 기관에 클라이언트의 적절한 의뢰 서비스(referral service) 이행, ⑰ 적절한 시점에 서비스 종료 이행 등의 구체적인 윤리기준 원칙을 포함한다.

둘째, '동료에 대한 사회복지사의 윤리적 책임(social workers' ethical responsibilities to colleagues)'이다. 이는 ① 동료에 대한 존중, ② 동료와 공유한 비밀스러운 정보에 대한 존중, ③ 다학문적 협력, ④ 지위, 승진 등 자신의 이득을 위해 동료와 고용주 간의 분쟁 이용 금지, ⑤ 클라이언트의 이익을 위한 동료의 자문 요청, ⑥ 동료와의 성관계 금지, ⑦ 동료에 대한 성희롱 금지, ⑧ 약물중독이나 심리적, 정서적 장애를 겪고 있는 동료의 문제를 해결하기 위한 상담 또는 적절한 조치 이행, ⑨ 개입능력이 떨어지는 동료의 문제를 해결하기 위한 적절한 조치 이행, ⑩ 동료의 비윤리적인 행위를 방지하기 위한 적절한 조치 이행 등의 구체적인 윤리기준 원칙을 포함한다.

셋째, '실천 현장에 대한 사회복지사의 윤리적 책임(social workers' ethical responsibilities in practice settings)'이다. 이는 ① 적절한 슈퍼비전과 자문을 제공해 줄 수 있는 지식과 기술 보유, ② 교사로서의 역할을 수행하는 사회복지사의 경우, 자신의 지식과 능력 내에서 가장 최신의 정보를 기반으로 교육 제공, ③ 타인의 성과에 대한 평가 시, 명확한 평가기준에 근거한 공정하고 사려 깊은 태도로 평가, ④ 제공된 서비스에 관련된 정확한 기록, ⑤ 서비스 제공자와 제공된 서비스의 내용을 정확히 반영한 비용 청구, ⑥ 클라이언트의 욕구와 권리를 보장할 수 있는 새로운 기관으로의 클라이언트 의뢰, ⑦ 클라이언트의 욕구가 충족될 수 있도록 적절한 자원 획득과 공정하고 투명한 자원 할당 절차 확보, ⑧ 직원 개발을 위한 지속적인 교육, ⑨ 고용주와 고용 기관에 대한 헌신, ⑩ 클라이언트와 작업 환경 개선을 위한 전문직의 가치, 윤리원칙, 윤리기준에 부합하는 조직활동(노동조합 결성 및 가입 등) 등의 구체적인 윤리기준 원칙을 포함한다.

넷째 '전문가로서 사회복지사의 윤리적 책임(social workers' ethical responsibilities as professionals)'이다. 이는 ① 능력에 근거한 책임과 고용 수용, ② 차별 금지, ③ 전문직 종사자로서의 책무수행 역량을 방해하는 사적 행위(private

conduct) 금지, ④ 부정직(dishonesty), 사기(fraud), 기만 금지, ⑤ 사회복지사의 심리
적, 정신적, 법적인 장애로 인한 전문적 판단과 수행의 어려움 허용 금지, ⑥ 언행에 있
어 개인으로서의 언행인지 아니면 사회복지 전문직 자체 또는 사회복지 전문기관이나 자
신을 고용한 기관의 대표자로서의 언행인지에 대한 명확한 구분, ⑦ 부당한 영향을 받을
수 있는 클라이언트에 대한 과도한 권유 금지, ⑧ 자신이 수행한 업무에 대해서만 공적
(功績) 인정 등의 구체적인 윤리기준 원칙을 포함한다.

다섯째, '사회복지 전문직에 대한 사회복지사의 윤리적 책임(social workers' ethical
responsibilities to the social work profession)'이다. 이는 ① 높은 수준의 실천을
유지하고 증진할 수 있는 전문직의 성실성(integrity of the profession), ② 정책, 프로
그램 실행 및 실천개입 등에 대한 평가와 조사(evaluation and research) 등의 구체적
인 윤리기준 원칙을 포함한다.

여섯째, '사회 전반에 대한 사회복지사의 윤리적 책임(social workers' ethical
responsibilities to the broader society)'이다. 이는 ① 지구촌 전체의 사회복지 증
진, ② 사회정책이나 사회제도의 수립에 있어 일반대중의 참여 촉진, ③ 공공의 긴급사태
발생 시 가능한 최대의 전문적 서비스를 적절히 제공, ④ 인간의 기본적 욕구를 충족하
는데 필요한 자원, 고용, 서비스 및 기회에 동등하게 접근할 수 있도록 사회적, 정치적
행동(social and political action)에 관여 등의 구체적인 윤리기준 원칙을 포함한다.

 **REFERENCE 5-4**   한국 사회복지사 윤리강령

### 전문

사회복지사는 인본주의·평등주의 사상에 기초하여, 모든 인간의 존엄성과 가치를 존
중하고 천부의 자유권과 생존권의 보장활동에 헌신한다. 특히 사회적·경제적 약자들의
편에 서서 사회정의와 평등·자유와 민주주의 가치를 실현하는 데 앞장선다. 또한 도움
을 필요로 하는 사람들의 사회적 지위와 기능을 향상시키기 위해 저들과 함께 일하며, 사
회제도 개선과 관련된 제반 활동에 주도적으로 참여한다. 사회복지사는 개인의 주체성과
자기결정권을 보장하는 데 최선을 다하고, 어떠한 여건에서도 개인이 부당하게 희생되는
일이 없도록 한다. 이러한 사명을 실천하기 위하여 전문적 지식과 기술을 개발하고, 사회
적 가치를 실현하는 전문가로서의 능력과 품위를 유지하기 위해 노력한다. 이에 우리는
클라이언트·동료·기관 그리고 지역사회 및 전체사회와 관련된 사회복지사의 행위와 활
동을 판단·평가하며 인도하는 윤리기준을 다음과 같이 선언하고 이를 준수할 것을 다짐
한다.

**윤리기준**

Ⅰ. 사회복지사의 기본적 윤리기준

1. 전문가로서의 자세
    1) 사회복지사는 전문가로서의 품위와 자질을 유지하고, 자신이 맡고 있는 업무에 대해 책임을 진다.
    2) 사회복지사는 클라이언트의 종교 · 인종 · 성 · 연령 · 국적 · 결혼상태 · 성 취향 · 경제적 지위 · 정치적 신념 · 정신, 신체적 장애 · 기타 개인적 선호, 특징, 조건, 지위를 이유로 차별 대우를 하지 않는다.
    3) 사회복지사는 전문가로서 성실하고 공정하게 업무를 수행하며, 이 과정에서 어떠한 부당한 압력에도 타협하지 않는다.
    4) 사회복지사는 사회정의 실현과 클라이언트의 복지 증진에 헌신하며, 이를 위한 환경 조성을 국가와 사회에 요구해야 한다.
    5) 사회복지사는 전문적 가치와 판단에 따라 업무를 수행함에 있어, 기관 내외로부터 부당한 간섭이나 압력을 받지 않는다.
    6) 사회복지사는 자신의 이익을 위해 사회복지 전문직의 가치와 권위를 훼손해서는 안 된다.
    7) 사회복지사는 한국사회복지사협회 등 전문가단체 활동에 적극 참여하여, 사회정의 실현과 사회복지사의 권익옹호를 위해 노력해야 한다.

2. 전문성 개발을 위한 노력
    1) 사회복지사는 클라이언트에게 최상의 서비스를 제공하기 위해 지식과 기술을 개발하는 데 최선을 다하며 이를 활용하고 전파할 책임이 있다.
    2) 클라이언트를 대상으로 연구하는 사회복지사는 저들의 권리를 보장하기 위해 자발적이고 고지된 동의를 얻어야 한다.
    3) 연구과정에서 얻은 정보는 비밀보장의 원칙에서 다루어져야 하고, 이 과정에서 클라이언트는 신체적, 정신적 불편이나 위험 · 위해 등으로부터 보호되어야 한다.
    4) 사회복지사는 전문성을 개발하기 위해 노력하되, 이를 이유로 서비스의 제공을 소홀히 해서는 안 된다.
    5) 사회복지사는 한국사회복지사협회 등이 실시하는 제반교육에 적극 참여하여야 한다.

3. 경제적 이득에 대한 태도
    1) 사회복지사는 클라이언트의 지불능력에 상관없이 서비스를 제공해야 하며, 이를 이유로 차별대우를 해서는 안 된다.
    2) 사회복지사는 필요한 경우에 제공된 서비스에 대해 공정하고 합리적으로 이용료를 책정해야 한다.
    3) 사회복지사는 업무와 관련하여 정당하지 않은 방법으로 경제적 이득을 취하여서는 안 된다.

## Ⅱ. 사회복지사의 클라이언트에 대한 윤리기준

### 1. 클라이언트와의 관계

1) 사회복지사는 클라이언트의 권익옹호를 최우선의 가치로 삼고 행동한다.
2) 사회복지사는 클라이언트에 대하여 인간으로서의 존엄성을 존중해야 하며, 전문적 기술과 능력을 최대한 발휘한다.
3) 사회복지사는 클라이언트가 자기결정권을 최대한 행사할 수 있도록 도와야 하며, 저들의 이익을 최대한 대변해야 한다.
4) 사회복지사는 클라이언트의 사생활을 존중하고 보호하며, 직무 수행과정에서 얻은 정보에 대해 철저하게 비밀을 유지해야 한다.
5) 사회복지사는 클라이언트가 받는 서비스의 범위와 내용에 대해 정확하고 충분한 정보를 제공함으로써 알 권리를 인정하고 존중해야 한다.
6) 사회복지사는 문서·사진·컴퓨터 파일 등의 형태로 된 클라이언트의 정보에 대해 비밀보장의 한계·정보를 얻어야 하는 목적 및 활용에 대해 구체적으로 알려야 하며, 정보 공개 시에는 동의를 얻어야 한다.
7) 사회복지사는 개인적 이익을 위해 클라이언트와의 전문적 관계를 이용하여서는 안 된다.
8) 사회복지사는 어떠한 상황에서도 클라이언트와 부적절한 성적관계를 가져서는 안 된다.
9) 사회복지사는 사회복지 증진을 위한 환경조성에 클라이언트를 동반자로 인정하고 함께 일해야 한다.

### 2. 동료의 클라이언트와의 관계

1) 사회복지사는 적법하고도 적절한 논의 없이 동료 혹은 다른 기관의 클라이언트와 전문적 관계를 맺어서는 안 된다.
2) 사회복지사는 긴급한 사정으로 인해 동료의 클라이언트를 맡게 된 경우, 자신의 의뢰인처럼 관심을 갖고 서비스를 제공한다.

## Ⅲ. 사회복지사의 동료에 대한 윤리기준

### 1. 동료

1) 사회복지사는 존중과 신뢰로써 동료를 대하며, 전문가로서의 지위와 인격을 훼손하는 언행을 하지 않는다.
2) 사회복지사는 사회복지 전문직의 이익과 권익을 증진시키기 위해 동료와 협력해야 한다.
3) 사회복지사는 동료의 윤리적이고 전문적인 행위를 촉진시켜야 하며, 이에 반하는 경우에는 제반 법률규정이나 윤리기준에 따라 대처해야 한다.
4) 사회복지사가 전문적인 판단과 실천이 미흡하여 문제를 야기시켰을 때에는 적절한 조치를 취하여 클라이언트의 이익을 보호해야 한다.

5) 사회복지사는 전문직 내 다른 구성원이 행한 비윤리적 행위에 대해 제반 법률규정이나 윤리기준에 따라 조치를 취해야 한다.
6) 사회복지사는 동료 및 타 전문직 동료의 직무 가치와 내용을 인정·이해하며, 상호간에 민주적인 직무관계를 이루도록 노력해야 한다.

2. 슈퍼바이저
   1) 슈퍼바이저는 개인적인 이익의 추구를 위해 자신의 지위를 이용해서는 안 된다.
   2) 슈퍼바이저는 전문적 기준에 의해 공정하게 책임을 수행하며, 사회복지사·수련생 및 실습생에 대한 평가는 저들과 공유해야 한다.
   3) 사회복지사는 슈퍼바이저의 전문적 지도와 조언을 존중해야 하며, 슈퍼바이저는 사회복지사의 전문적 업무수행을 도와야 한다.
   4) 슈퍼바이저는 사회복지사·수련생 및 실습생에 대해 인격적·성적으로 수치심을 주는 행위를 해서는 안 된다.

## Ⅳ. 사회복지사의 사회에 대한 윤리기준
1) 사회복지사는 인권존중과 인간평등을 위해 헌신해야 하며, 사회적 약자를 옹호하고 대변하는 일을 주도해야 한다.
2) 사회복지사는 필요한 사회서비스를 개발하기 위한 사회정책의 수립·발전·입법·집행에 적극적으로 참여하고 지원해야 한다.
3) 사회복지사는 사회환경을 개선하고 사회정의를 증진시키기 위한 사회정책의 수립·발전·입법·집행을 요구하고 옹호해야 한다.
4) 사회복지사는 자신이 일하는 지역사회의 문제를 이해하고, 그것을 해결하는 일에 적극적으로 참여해야 한다.

## Ⅴ. 사회복지사의 기관에 대한 윤리기준
1) 사회복지사는 기관의 정책과 사업 목표의 달성, 서비스의 효율성과 효과성의 증진을 위해 노력함으로써, 클라이언트에게 이익이 되도록 해야 한다.
2) 사회복지사는 기관의 부당한 정책이나 요구에 대하여 전문직의 가치와 지식을 근거로 이에 대응하고 즉시 사회복지윤리위원회에 보고해야 한다.
3) 사회복지사는 소속기관 활동에 적극 참여함으로써 기관의 성장발전을 위해 노력해야 한다.

## Ⅵ. 사회복지윤리위원회의 구성과 운영
1) 한국사회복지사협회는 사회복지윤리위원회를 구성하여 사회복지윤리실천의 질적인 향상을 도모하여야 한다.
2) 사회복지윤리위원회는 윤리강령을 위배하거나 침해하는 행위를 접수받아 공식적인 절차를 통해 대처하여야 한다.
3) 사회복지사는 한국사회복지사협회의 윤리적 권고와 결정을 존중하여야 한다.

## 4) 윤리적 갈등과 윤리적 의사결정

### (1) 윤리적 갈등

윤리적 갈등 또는 윤리적 딜레마(ethical dilemmas)란 전문가가 직무를 수행하는 데 있어 전문가로서 준수해야 하는 두 가지 이상의 윤리적 의무나 원칙이 서로 충돌하였을 때, 어떤 선택이 윤리적으로 올바른 것인지 판단하기 어려워 갈등을 겪는 상황을 말한다.

리머(Reamer, 1983)는 사회복지사가 사회복지실천과정에서 경험하는 윤리적 갈등을 크게 세 가지 범주로 구분하고 있다.

첫 번째는 '개인이나 가족에 대한 직접적인 실천(direct service to individuals and families)'과 관련된 윤리적 갈등이다. 이는 사회복지사가 클라이언트에게 직접적인 실천을 수행하는 과정에서 직면하게 되는 윤리적 갈등이다. 이러한 윤리적 갈등에는 법, 규칙, 정책과 개입의 목적 간의 충돌에 따른 갈등, 클라이언트에게 진실을 말해야 하는 데에 따른 갈등, 소속된 기관의 고용주에 대한 의무와 클라이언트에 대한 의무 간의 충돌에 따른 갈등, 클라이언트의 비밀보장에 따른 갈등, 클라이언트가 원하지 않는 사례종결에 대한 갈등, 클라이언트의 자기결정권에 대한 갈등 등이 해당된다.

두 번째는 '사회복지정책과 프로그램의 기획 및 실행(design and implementation of social welfare policy and programs)'과 관련된 윤리적 갈등이다. 이에 해당하는 대표적인 예로는 제한된 자원을 누구에게, 얼마나, 그리고 어떻게 배분할 것인지에 관한 갈등을 들 수 있다. 또한, 복지수혜를 권리로 간주하여 조건 없이 복지급여를 제공해야 하는 것인지, 아니면 복지수혜에 따른 근로 등의 의무를 부과해야 하는 것인지와 같은 복지권(welfare rights)과 관련한 갈등, 그리고 사회복지서비스를 제공하는 데 있어 정부의 역할(개입)을 어느 정도 허용해야 하는가에 대한 갈등 등이 이 범주에 해당하는 윤리적 갈등의 예라고 할 수 있다.

세 번째 범주는 '동료 전문가들과의 관계(relationships among professional colleagues)'와 관련된 윤리적 갈등이다. 이 범주에 해당하는 윤리적 갈등의 대표적인 예로는 동료 사회복지사의 전문적 능력 결여나 부정행위 등에 대해 슈퍼바이저나 소속기관에 보고해야 하는지에 대한 갈등을 들 수 있다.

한편, 로웬버그와 돌고프(Loewenberg & Dolgoff, 1988)는 사회복지사가 겪는 윤리적 갈등이 다음 네 경우에 발생한다고 주장하였다.

첫째, 가치의 상충(competing values)이다. 이는 사회복지사가 클라이언트의 자기결정의 가치와 생명보호의 가치 등과 같은 두 개 이상의 경쟁적인 가치들이 충돌했을 때, 어느 가치를 우선하여 적용해야 하는가의 문제로 인해 발생하는 윤리적 갈등이다.

둘째, 의무의 상충(competing loyalties)이다. 이는 사회복지사가 소속기관의 직원으로서 지켜야 할 기관에 대한 의무와 클라이언트에 대한 의무가 충돌했을 때, 어느 의무를 우선시해야 하는가의 문제로 인해 발생하는 윤리적 갈등이다.

셋째, 클라이언트 체계의 다중성(multiple client system)이다. 이는 클라이언트가 여러 명인 상황에서 다수의 클라이언트 간의 이해 충돌 시, 누구의 이해를 최우선으로 고려하여 개입해야 하는가의 문제로 인해 발생하는 윤리적 갈등이다.

넷째, 윤리적 결정에 따른 결과의 모호성(ambiguity)이다. 이는 사회복지사가 내릴 결정의 결과나 효과가 확실하지 않을 때, 어떤 결정을 내려야 할 것인가에 대한 문제로 인해 발생하는 윤리적 갈등이다.

한편, 김정자(1993)는 앞에서 설명한 로웬버그와 돌고프의 윤리적 갈등이 발생하는 네 경우 외에 '권력의 불균형(힘의 불균형: power imbalance)' 상황을 추가하였다. 이는 클라이언트와 사회복지사의 관계가 평등하지 않은 의존적 관계로 인해 발생하는 윤리적 갈등이다. 즉 사회복지사는 클라이언트와 파트너십을 형성해야 하는 관계임에도 불구하고 클라이언트에게 도움을 주는 위치에 있기에 클라이언트의 참여 정도, 알 권리 또는 자기결정권을 침해하는 상황이 발생하게 된다.


## (2) 윤리적 의사결정

돌고프, 로웬버그 및 해링톤(Dolgoff, Loewenberg, & Harrington, 2005)은 사회복지 실천과정에서 윤리적 갈등에 직면한 사회복지사의 의사결정에 도움을 줄 수 있는 '윤리규칙심사표'와 '윤리원칙심사표'를 제시하였다.

우선, 윤리규칙심사표(ERS: Ethical Rules Screen)는 첫째, 윤리강령상의 규칙 중 적용할 수 있는 것이 있는지를 조사하는데, 윤리강령상의 규칙은 사회복지사 개인의 가치에 우선하며, 둘째, 적용 가능한 윤리강령상의 규칙이 한 가지 이상 있다면 그것을 따르고, 셋째, 적용 가능한 윤리강령상의 규칙이 없거나, 다수의 규칙이 존재할 경우에는 윤리원칙심사표를 활용할 것을 제언하고 있다.

한편, 윤리원칙심사표(EPS: Ethical Principles Screen)는 <표 5-1>에서 보는 바와 같이 생명보호의 원칙, 평등과 불평등의 원칙, 자율성 및 자유의 원칙, 최소 손실(해악)의 원칙, 삶의 질의 원칙, 사생활 보호와 비밀보장의 원칙, 진실과 완전 공개의 원칙 등 총 7개의 윤리원칙으로 구성되어 있다. 이들 각 원칙이 실천현장에서 서로 충돌할 경우, 상위 원칙을 우선하여 적용한다. 즉 생명보호의 원칙(윤리원칙 1)과 평등과 불평등의 원칙(윤리원칙 2)이 서로 충돌할 경우, 생명보호의 원칙(윤리원칙 1)을 우선하여 적용한다.

〈표 5-1〉 윤리원칙 심사표(Ethical Principles Screen)

| 윤리원칙 1 | 생명보호의 원칙<br>(principle of protection of life) | 생명에 관한 권리는 가장 기본이 되는 것이기에 윤리적 갈등이 생명보호와 관련된 것일 때에는 그 어떤 원칙보다 우선되어야 한다. |
|---|---|---|
| 윤리원칙 2 | 평등과 불평등의 원칙<br>(principle of equality and inequality) | 모든 인간을 평등하게 처우하는 것이 원칙이지만, 아동과 성인, 장애인과 비장애인의 경우처럼 동등하지 않은 조건에 있는 사람은 그에 따라 다르게 처우받아야 한다. |
| 윤리원칙 3 | 자율성 및 자유의 원칙<br>(principle of autonomy and freedom) | 인간의 자율성과 자유를 최대한 존중해야 하며, 이를 증진시키는 실천적 결정을 해야 한다. |
| 윤리원칙 4 | 최소 손실(해악)의 원칙<br>(principle of least harm) | 손실만 초래할 선택을 해야만 할 경우, 클라이언트에게 최소로 손실을 끼치거나, 손실을 가장 쉽게 회복할 수 있는 대안을 선택해야 한다. |
| 윤리원칙 5 | 삶의 질의 원칙<br>(principle of quality of life) | 지역사회 및 모든 사람의 삶의 질을 향상시킬 수 있는 기회를 선택해야 한다. |
| 윤리원칙 6 | 사생활 보호와 비밀보장의 원칙<br>(principle of privacy and confidentiality) | 클라이언트의 사생활을 보호하고, 클라이언트와 관련한 비밀은 누설하지 않아야 한다. |
| 윤리원칙 7 | 진실과 완전공개의 원칙<br>(principle of truthfulness and full disclosure) | 클라이언트와 다른 사람에게 진실한 태도를 유지해야 하고, 필요한 경우 관련 정보를 충분히 공개해야 한다. |

돌고프와 그의 동료들은 <표 5-2>에서 보는 바와 같이 총 11단계의 윤리적 의사결정 단계를 제시하였다(서미경 외 역, 2000). 즉 그들은 ① 문제와 그 문제를 야기하

는 요인들을 규명하고, ② 해당 문제와 관련된 사람 및 기관을 확인하며, ③ 2단계에서 확인된 사람 및 기관들이 문제와 관련하여 어떤 가치를 지니고 있는지를 확인하고, ④ 문제해결 또는 문제의 정도를 경감시킬 수 있는 개입목표를 확정한 후, ⑤ 개입수단 및 개입대상을 확인하고, ⑥ 개입 방안에 대한 효과성 및 효율성을 평가하며, ⑦ 의사결정 참여자를 결정한 후, ⑧ 개입방법을 선택하여, ⑨ 개입방법을 수행하고, ⑩ 개입방법의 수행 상황 검토 및 예상치 않던 결과의 발생 여부를 확인한 후, ⑪ 결과 평가 및 추가적인 문제를 확인하는 총 11개의 의사결정 단계를 제안하였다.

〈표 5-2〉 돌고프, 로웬버그 및 해링톤의 윤리적 의사결정 11단계

| 단계 | 수행 과제 |
|------|-----------|
| 1단계 | 문제와 문제를 야기하는 요인 규명 |
| 2단계 | 클라이언트, 지지체계 및 전문가 등 해당 문제와 관련된 사람 및 기관 확인 |
| 3단계 | 2단계에서 확인된 주체들이 문제와 관련하여 어떤 가치를 가지고 있는지 확인 |
| 4단계 | 문제 해결이나 혹은 문제의 정도를 경감시킬 수 있는 개입목표 확정 |
| 5단계 | 개입수단 및 개입대상 확인 |
| 6단계 | 확정된 목표에 따라 설정된 각각의 개입 방안에 대한 효과성 및 효율성 평가 |
| 7단계 | 의사결정 참여자 결정 |
| 8단계 | 개입방법 선택 |
| 9단계 | 선택된 개입방법 수행 |
| 10단계 | 선택된 개입방법의 수행 상황 검토 및 예상치 않던 결과 발생 여부 확인 |
| 11단계 | 결과 평가 및 추가적인 문제 확인 |

"이데올로기란 형성 중일 때는 자유지만,
일단 형성되고 나면 억압이다."
- 사르트르(Jean-Paul Sartre) -

이념이란 이상적인 관념이며, 정치, 경제, 문화, 예술 등 모든 영역에 적용
된다. 이러한 이념은 특정 대상 혹은 현상에 대한 지향이라 할 수 있다. 따
라서 개인이 신봉하는 이념은 특정 대상 혹은 현상에 대해 강력히 지지하
거나 거부하는 태도와 방법으로 표출된다. 실제로 1940년 전후 복지국가의
형성, 1970년대 이후 신우파의 등장과 복지국가의 재편과정은 해당 사회의
국민이 지향하는 이념이 복지국가 형성과 변화에 얼마나 결정적인 영향을
미쳤는가를 여실히 보여준다. 여기에서는 사회복지를 바라보는 여러 가지
이념에 대해 살펴보고, 각 이념이 추구하는 가치와 사회복지와의 관련성에
대해 알아보고자 한다.

# CHAPTER 06 사회복지의 이념

## 01 사회복지의 이념 정의

이념, 즉 이데올로기(ideology)란 개인이나 사회집단의 행동이나 생활방식에 영향을 미치는 사상이나 의식체계로, 사회가 어떠한 목표를 추구하며 어떠한 방향으로 개선되어야 하는지를 제시해 주는 일종의 행동지향적인 가치관을 의미한다. 이러한 맥락에서 사회복지의 이념이란 사회복지를 바라보는 기본적인 시각으로, 사회복지의 방향을 제시하는 가치체계라 할 수 있다(Hewitt, 1992). 이러한 사회복지의 이념은 사회복지에 대한 사회 구성원들의 관점과 태도를 형성하고, 해당 사회의 사회정책의 내용과 성격을 결정한다. 또한, 사회복지의 이념은 한 사회의 복지담론을 형성하는 것은 물론 복지제도의 근거를 제공한다(김영화, 1997).

사회복지의 이념은 <표 6-1>에서 볼 수 있는 바와 같이 '우파' vs. '좌파'(Donnison, 1972), '반집합주의' vs. '소극적 집합주의' vs. '페이비언 사회주의' vs. '마르크스주의'(George & Wilding, 1976) 등 소위 좌-우 이념의 스펙트럼상 어느 한 지점에 위치하는 경향성에 따라 유형을 구분할 수 있다. 하지만 윌렌스키와 르보(Wilensky & Lebeaux, 1965), 핀커(Pinker, 1971), 티트무스(Titmuss, 1974) 등이 제시한 사회복지의 관점이나 사회정책의 유형에 따른 구분 역시 사회복지 이념의 유형 구분으로 간주한다. 또한, 퍼니스와 틸튼(Furniss & Tilton, 1977), 에스핑-안데르센(Esping-Andersen, 1990) 등이 시도한 복지국가의 유형(welfare state typology) 구분도 해당 사회의 이념이 결국은 특정한 사회정책의 유형이나 복지국가의 유형을 형성한다는 차원에서 사회복지 이념의 유형 구분으로 간주한다.

〈표 6-1〉 사회복지의 이념 유형

| 연도 | 학자 | 사회복지의 이념 | | | | | |
|---|---|---|---|---|---|---|---|
| 1958 | Wilensky & Lebeaux | 잔여적<br>(residual) | | | 제도적<br>(institutional) | | |
| 1965 | Wedderburn | 반집합주의<br>(anti-collectivism) | 시민권<br>(citizenship) | | 통합주의<br>(integrationism) | 기능주의<br>(functionalism) | |
| 1971 | Pinker | 잔여적<br>(residual) | | | 제도적<br>(institutional) | | |
| 1972 | Donnison | 이성적-경제지향성 우파<br>(tough-minded, economically oriented Right) | | | 감성적-사회지향성 좌파<br>(tender-minded, socially oriented Left) | | |
| 1974 | Titmuss | 잔여적 복지 모형<br>(residual welfare model) | | 산업상 업적과 수행능력 모형<br>(industrial achievement-performance model) | 제도적 재분배 모형<br>(institutional-redistributive model) | | |
| 1975 | Parker | 자유방임적 모형<br>(laissez-faire model) | | 자유주의적 모형<br>(liberal model) | 사회주의적 모형<br>(socialist model) | | |
| 1976 | George & Wilding | 반집합주의<br>(anti-collectivism) | 소극적 집합주의<br>(reluctant collectivism) | 페이비언 사회주의<br>(Fabian Socialism) | 마르크스주의<br>(Marxism) | | |
| 1994 | | 신우파<br>(new right) | 중도노선<br>(middle way) | 민주사회주의<br>(democratic socialism) | 마르크스주의<br>(Marxism) | 페미니즘<br>(Feminism) | 녹색주의<br>(Greenism) |
| 1977 | Furniss & Tilton | 적극적 국가<br>(positive state) | | 사회보장국가<br>(social security state) | 사회복지국가<br>(social welfare state) | | |
| 1977 | Mishra | 잔여적<br>(residual) | | 제도적<br>(institutional) | 규범적<br>(normative) | | |
| 1984 | | 분화적 복지국가<br>(differentiated welfare state) | | | 통합적 복지국가<br>(integrated welfare state) | | |
| 1979 | Room | 시장자유주의<br>(market liberalism) | 정치적 자유주의<br>(political liberalism) | 사회민주주의<br>(social democracy) | 신마르크스주의<br>(neo-Marxism) | | |

| 연도 | 학자 | 사회복지의 이념 | | | | | |
|---|---|---|---|---|---|---|---|
| 1979 | Pinker | 고전파 경제이론<br>(classical economy<br>theory) | | 신중상주의적 집합주의<br>(neo-Mercantile<br>collectivism) | | 마르크스주의적 사회주의<br>(Marxian Socialist) | | |
| 1981 | Taylor-Gooby & Dale | 개인주의<br>(individualism) | 개혁주의(개량주의)<br>(reformism) | 구조주의<br>(structuralism) | | 마르크스주의<br>(Marxism) | |
| 1986 | | 프롤레타리안 복지 국가<br>(proletarian welfare state) | | | 부르주아 복지국가<br>(bourgeois welfare state) | | |
| 1987 | Therborn | 강력한 국가개입<br>복지국가<br>(strong<br>interventionist<br>welfare state) | 관대한 보상적<br>복지국가<br>(soft<br>compensatory<br>welfare state) | 완전고용 지향적인<br>작은 복지국가<br>(full employment-<br>oriented, small<br>welfare state) | | 시장 지향적인<br>복지국가<br>(market-oriented<br>welfare state) | |
| 1990 | Esping-Andersen | 자유주의 복지국가<br>(liberal welfare state) | | 보수주의(조합주의)<br>복지국가<br>(conservative welfare<br>state) | | 사회민주주의 복지국가<br>(social democratic<br>welfare state) | |
| 2002 | Hyde & Dixon | 급진적 우파<br>(radical right) | 소극적 집합주의<br>(reluctant<br>collectivism) | 소극적<br>개인주의<br>(reluctant<br>individualism) | 사회적 개량주의<br>(social<br>reformism) | 공산주의적<br>집합주의<br>(communist<br>collectivism) | |
| 2007 | Taylor | 자유주의<br>(liberalism) | 보수주의<br>(conservatism) | 사회민주주의<br>(social<br>democratic) | 신자유주의<br>(neo-<br>liberalism) | 제3의 길<br>(Third Way) | 급진비평주의<br>(Radical<br>Critics) |

자료: George and Wilding(1994), Mishra(1986), 허만형(2009) 재구성

## 02 보수주의와 자유주의

이미 3장에서 설명한 바와 같이 사회복지의 개념 정의에 있어 협의의 개념 대 광의의 개념, 잔여적 관점 대 제도적 관점 등 서로 상이한 개념과 관점이 도출되는 근저에는 해당 사회 구성원들이 믿고 있는 이념의 대립이 자리하고 있다. 미국의 경우, 서로 대립하고 있는 대표적인 두 이념은 바로 보수주의와 자유주의다.

### 1) 보수주의

보수주의(Conservatism)는 일반적으로 오랜 시간을 통해 발전되어온 전통적인 제도와 관습을 소중히 여기고 현 체제를 유지하려는 사상이나 태도를 지칭한다. 하지만 보수주의는 변화 자체를 꺼리는 것이 아니라 점진적인 개혁을 옹호한다. 그 이유는 급격한 변화가 긍정적이기보다는 오히려 부정적인 결과를 초래한다고 믿기 때문이다 (Zastrow, 2000; Popple & Leighninger, 1999).

정치사상적으로 보수주의는 프랑스 혁명을 계기로 진정한 의미의 사조 및 운동으로서 체계를 갖추고 꽃을 피우기 시작한다. 영국의 의회주의자이며 정치사상가인 에드먼드 버크와 같은 반혁명(counter－revolution) 의회중심자들은 프랑스 대혁명이 너무 과격하고 혁신적인 방법이기 때문에 인간해방의 이성을 도리어 타락시켰다고 지적하였다. 결국 유럽인들이 갖고 있던 프랑스 대혁명에 대한 보편적인 반감은 보수주의 정치철학이 전성기를 맞이하게 되는 호기로 작용하였다(장호상, 2002).

이러한 보수주의가 추구하는 최우선의 가치는 자유이다. 보수주의자들은 대부분의 정부 활동이 개인의 자유와 시장경제 활성화에 저해되기 때문에 정부는 시장에 개입해서는 안 되며, 자유시장경제가 개인의 욕구를 충족시켜줄 수 있는 최선의 체제라고 믿는다. 보수주의자들은 인간을 선택의 자유와 의지를 가진 존재이며 자기 스스로 통제가 가능한 자율적인 존재로 인식한다. 따라서 자신이 처한 문제와 상황이 무엇이든 간에 개인은 행동에 대한 책임을 져야 한다고 주장한다. 다시 말해, 빈곤과 같은 문제는 그 자신의 게으름, 무책임, 자기통제의 결여 등으로 인해 발생하는 것이므로 책임도 당사자 개인이 져야 한다고 믿는다.

이러한 신념을 지니고 있기에 보수주의자들은 인간 사회의 경제적 불평등을 불가피한 것으로 여기며 사회복지에 대해 부정적인 태도를 보인다. 즉 보수주의자들은 사회복지를 성실하게 근로하는 생산적인 국민의 세금으로 나태하고 무책임한 사회복지 수급자들의 그릇된 행위에 대해 비용을 부담하는 것으로 간주한다. 따라서 보수주의자들은 사회복지에 대해 잔여적인 접근을 옹호하면서 작은 정부를 지향한다. 즉 이들은 정부가 아동, 노인, 장애인, 근로 빈민 등과 같이 보호와 도움이 절대적으로 필요한 사람들만을 대상으로 최소한의 복지를 단기간에 걸쳐 제공해야 한다고 주장한다. 보수주의자들의 사회복지에 대한 이러한 잔여적 시각은 복지제공이 수혜자를 복지의 덫에 빠지게 하여 영구적인 복지 의존자로 만든다는 믿음에 의해 강화된다. 다만, 보수주의자들은 경제적으로 가진 자들은 갖지 못한 사람들이 사회에 기여하는 존재로 변화할 수 있도록 도와야 하는 의무가 있다고 생각하면서 자선을 도덕적 미덕으로 간주하며 옹호한다(Zastrow, 2000).

## 2) 자유주의

자유주의(Liberalism)는 17세기 영국의 정치사상가 존 로크의 정치이론과 18세기 경제학자 아담 스미스의 경제이론을 기반으로 태동한 이념이다. 자유주의는 보수주의와 마찬가지로 개인의 자유를 최상의 가치로 삼으며, 국가도 개인의 자유를 보장하는 선에서 존재해야 한다고 믿는 사상이다. 자유주의는 집단적 통제보다는 개인의 자율성을 우선하면서 법에 의한 지배, 권력분립을 통한 권력통제, 자유로운 경제활동이 보장되는 시장경제 등을 특징으로 한다. 자유주의가 전제하고 있는 다양한 관념들, 즉 개개의 인간은 고유의 가치를 지니고 있으며 자기 완성능력을 갖추고 있다는 인간관, 개인의 자유와 모순되지 않는 정치제도가 존재할 수 있다는 정치관, 개인의 자발성 보장이야말로 사회발전의 조건이라는 사회관 등은 모두 근대사회를 형성한 원리로 작동하였다(장호상, 2002).

유럽에서는 존 로크에서부터 존 스튜어트 밀에 이르는 사상가들의 이러한 주장을 애초부터 '자유주의(Liberalism)'라고 일컬었다. 하지만 훗날 이러한 자유주의로부터 파생하였으나 전혀 다른 주장을 담고 있는 '새로운 자유주의(New Liberalism)' 이념이 미국에서 더 적극적으로 받아들여졌는데, 미국인들은 새로운 자유주의(New Liberalism)를 그냥 자유주의(Liberalism)라고 일컬었다. 이러한 관행은 제2차 세계 대전이 종식된 후, 미국의 영향력이 커지면서 더욱 광범위하게 받아들여졌다. 그에 따라 존 로크부터 존

스튜어트 밀에 이르는 사상가들이 주창한 소위 원조 자유주의(Liberalism)는 '고전적 자유주의(Classical Liberalism)'라는 용어로 바뀌어 불리게 되었고, 소위 미국식 자유주의, 즉 새로운 자유주의(New Liberalism)가 자유주의(Liberalism)로 일컬어지게 되었다.[1]

이러한 이유로 우리 사회에서는 유럽의 원조 자유주의와 미국식 자유주의를 구분하지 않고 똑같은 자유주의로 잘못 사용하는 오류를 범하는 경우가 있으며, 그로 인해 상당한 혼란을 불러오곤 한다. 결론적으로 미국에서 보수주의와 대립되는 이념으로 사용하고 있는 자유주의(Liberalism)는 엄밀히 말해 원조 자유주의(고전적 자유주의: Classical Liberalism)가 아니라 미국식 자유주의인 새로운 자유주의(New Liberalism)이다.

미국의 자유주의자, 즉 새로운 자유주의자들은 미래를 지향하고 자유를 위한 지속적인 노력을 해야 한다는 진보적인 사상을 신봉하기 때문에 변화는 좋은 것이며 발전을 가져온다는 신념을 가지고 있다(Popple & Leighninger, 1999). 이들은 다양한 이해관계자들 간의 공정한 경쟁을 보장하기 위해 사회, 특히 자유시장경제는 규제가 필요하다고 믿는다. 또한, 이들은 인간 본성에 대한 긍정적 견해를 가지고 있으며 충분한 자원만 제공된다면 인간은 무한한 잠재력을 펼칠 수 있을 것으로 생각한다. 특히 미국의 자유주의자들은 사람이란 환경에 의해 크게 영향을 받는 존재라는 시각을 견지한다. 따라서 개인이 겪는 문제는 개인의 책임이 아니라 환경적 장애, 즉 사회구조적 문제에 기인한다고 믿는다. 예를 들어, 실업문제는 개인의 나태함이나 역량 부족이 아니라 일자리의 부족에서, 학습지진아의 문제는 해당 아동의 문제라기보다는 적절한 교육서비스의 부재에서 각각 그 원인을 찾는다. 이러한 이유로 미국의 자유주의자들은 모든 사람의 권리가 보호될 수 있도록 정부가 사회적, 정치적, 경제적 구조에 개입해야 하며, 사회복지는 인간의 기본적인 욕구 충족과 복리 증진을 위해 반드시 제공되어야 한다고 믿으면서 사회복지의 제도적 관점을 옹호한다(김일용 외, 2006).

**REFERENCE 6-1** 자유주의 용어의 혼란

여기에서는 양동안(1999) 교수가 자유공론 11월호에 게재한 『자유주의와 신자유주의』의 내용을 수정·발췌하여 자유주의와 관련한 용어들에 대한 유래와 그 의미를 소개함으로써 우리에게 혼란을 가져다주는 자유주의 및 관련 이념들에 대한 이해를 도모하고자 한다.

---

[1] 자유주의 용어에 대한 자세한 설명은 6장의 [REFERENCE 6-1]을 참고하시오.

오늘날 우리가 '자유주의(Liberalism)'라고 일컫는 용어는 사실상 두 개의 다른 사상적 노선을 표방하고 있어 매우 혼란을 주는 개념이다. 즉, 자유주의가 처음 태동한 영국에서 지칭하는 자유주의는 경제와 사회복지에 정부의 개입을 최소화하는 정책을 추구하는 사상을 의미한다. 반면에 미국인들이 지칭하는 자유주의는 정반대로 경제와 사회복지에 대한 정부의 개입을 확대하는 정책을 추구하는 사상을 의미한다.

영국에서 태동한 자유주의가 미국에서 전혀 다른 사상적 노선을 지칭하게 된 이유를 파악하려면 우선 자유주의 사상의 역사를 살펴봐야 한다. 자유주의의 역사는 존 로크(John Locke)로부터 시작된다. 그는 1688년 영국의 절대군주제를 철폐하고 입헌군주제적 대의민주주의 체제를 수립한 명예혁명을 성공시킨 정치세력의 추종자이다. 존 로크 다음으로 자유주의 사상 형성에 공헌한 사상가는 18세기 영국의 경제학자인 아담 스미스(Adam Smith)이다. 아담 스미스는 자유주의 경제사상의 근원이 된 그의 저서 『국부론』에서 정부의 개입 없는 자유로운 경제활동의 보장을 촉구했다. 존 로크와 아담 스미스의 자유주의 사상은 19세기 영국의 대표적 자유주의 사상가들인 허버트 스펜서(Herber Spencer)와 존 스튜어트 밀(John Stuart Mill)에 계승되어 개인의 자유를 더욱 확대하고 국가의 역할을 더욱 축소하는 내용으로 발전되었다. 이러한 존 로크, 아담 스미스, 허버트 스펜서, 존 스튜어트 밀 등의 주장에 담긴 사상을 애초부터 자유주의(Liberalism)라고 일컬었다. 이 자유주의의 핵심은 개인의 자유를 최상의 가치에 두고 개인의 자유에 대한 정부의 간섭이나 침해를 반대하는 것이었다.

19세기 말에 이르러 이러한 자유주의와 본질적인 면에서는 유사하면서도 비본질적인 면에서 많은 차이가 나는 사상노선이 등장했는데, 학자들은 그 사상을 새로운 자유주의(New Liberalism)로 일컬었다. 새로운 자유주의의 등장은 19세기 중반까지 세계 최고의 번영을 누리던 영국이 1875년부터 장기적인 불황에

따라 많은 경제 · 사회적 문제를 겪게 된 것과 연관이 크다. 즉 경기침체에 따른 많은 문제로 인해 영국의 몇몇 자유주의자들은 정부의 개입이 없는 자유경쟁적 시장이 항상 좋은 결과만을 가져다주는 것이 아니라는 사실을 인식하게 되었고, 정부가 시장에 일정 부분 개입하여 사회적 약자들의 실질적인 자유를 보호하고 사회정의를 구현할 것을 주장했다. 이러한 주장을 앞장서서 전개한 대표적 지식인이 토마스 힐 그린(Thomas Hill Green), 존 홉슨(John Hobson) 등이었으며, 이들의 사상을 '새로운 자유주의(New Liberalism)'라고 일컬었다. 혹자들은 이를 '사회(적) 자유주의(Social Liberalism)'라고 일컫기도 한다.

이러한 새로운 자유주의(New Liberalism) 노선은 영국보다는 오히려 미국에서 더욱 적극적으로 받아들여졌으며, 경제이론 면에서는 대공황을 극복하기 위해 1930년대 미국의 루즈벨트 정부의 경제정책의 기반을 세운 케인즈(John M. Keynes)에 의해 절정에 이르게 되었다.

그런데 미국의 언론은 새로운 자유주의(New Liberalism)를 그냥 자유주의(Liberalism)로 지칭하였다. 특히 제2차 세계 대전 종전 후, 미국의 군사적 · 경제적 · 언어적 · 문화적 영향력이 점점 커짐에 따라 미국식 용어법이 유럽식 용어법보다 더 강한 위력을 발휘하게 되었고, 그로 인해 미국에서는 새로운 자유주의(New Liberalism)를 그냥 자유주의(Liberalism)로 불리는 관행이 자연스럽게 받아들여졌다. 하지만 새로운 자유주의(New Liberalism)를 자유주의(Liberalism)로 호칭하면서 당연히 혼란이 일게 되었다. 그러한 문제의 해결책으로 미국식 용어법을 따르는 사람들은 양자를 구별하기 위해 로크부터 밀에 이르는 사상가들의 소위 원조 자유주의(Liberalism)에 대해 '고전적 자유주의(Classical Liberalism)'라는 호칭을 부여하였다. 결국 새로운 자유주의(New Liberalism)로 명명되어야 할 소위 미국식 자유주의 사상노선을 그냥 자유주의로 호칭한 미국인들의 오류와 미국의 영향력으로 인해 마땅히 자유주의로 일컬어져야 할 유럽의 소위 원조 자유주의가 고전적 자유주의(Classical Liberalism)로 명명되는 황당한 일이 벌어지게 된 것이다. 사실 유럽인들은 아직도 고전적 자유주의를 자유주의로 부르는 경향이 강하며, 그로 인해 자유주의의 개념에 대한 혼란은 여전히 남아 있는 것이 사실이다. 여하튼 미국의 영향을 크게 받은 국가들은 미국식 새로운 자유주의(New Liberalism)를 자유주의(Liberalism)라 칭하고, 영국의 원조 자유주의(Liberalism)를 고전적 자유주의(Classical Liberalism)라고 일컫는다. 우리나라에서도 일반적으로 이러한 방식을 따르고 있다. 하지만 고전적 자유주의를 그냥 자유주의로 일컫는 경우도 적지 않아 여전히 용어의 혼란스러움이 남아 있는 것이 사실이다.

한편, 영국에서 자유경쟁시장의 폐단을 극복하기 위해 어느 정도의 국가의 개입이 필요하다고 주장하는 새로운 자유주의(New Liberalism)가 처음 등장하던 시기에 오스트리아에서는 일단의 경제학자들에 의해 자유경쟁시장을 계속 옹호하는 움직임이 지속되었다. 그 이유는 영국에서 자유시장경제의 폐단이 노출된 데 반해 오스트리아와 독일에서는 국가간섭주의가 지배하고 있어서 오히려 국가간섭주의의 폐단을 시정하고자 하는 노력이 자유경쟁시장을 적극 옹호하게 만들었기 때문이다. 고전적 자유주의를 보완하고 옹호하는 노력의 중심에는 루드비히 폰 미제스(Ludwig von Mises)와 프리드리히 폰 하이에크(Friedrich August von Hayek)가 있었는데, 이들의 논리는 미국의 자유경쟁시장 옹호론자들인 시카고학파와 접목되면서 조명을 받기 시작했다. 이들의 주장은 고전적 자유주의와 공통점이 많은 반면, 당연히 새로운 자유주의(New Liberalism)의 노선과는 상반되는 요소가 많았다. 그래서 미국인들은 이들의 노선을 미국의 자유주의(New Liberalism)와는 또 다른 새로운 자유주의라는 관점에서 '신자유주의(Neoliberalism)'로 지칭하였다.

신자유주의(Neoliberalism)는 1970년대부터 본격적으로 주목 받기 시작했다. 1960년대 후반과 1970년대 초 미국식 자유주의(New Liberalism)의 파생물인 뉴레프트(New Left) 광풍이 미국 사회를 휩쓸고 지나간 후, 미국인들은 1930년대부터 정부가 실시해 온 자유주의(New Liberalism) 노선에 입각한 정책이 미국 경제의 번영과 사회복지 증진에 크게 도움이 되지 못했다는 사실을 인정하게 되었다. 그러한 분위기는 신자유주의(Neoliberalism)의 주장에 귀를 기울이게 했고, 특히 영국의 대처 정부와 미국의 레이건 정부가 신자유주의 노선에 입각한 경제정책을 통해 경제 활성화에 성공함으로써 전 세계가 주목하게 되었다.

이러한 신자유주의는 자유시장, 규제 완화, 재산권 강조, 시장개방 등을 주장하였는데, 이른바 '세계화'나 '자유화' 등의 용어도 바로 신자유주의의 산물이다. 또한, 신자유주의는 공공복지의 확대가 정부 재정을 팽창시키고 근로의욕을 감퇴시켜 이른바 '복지병'을 야기한다고 주장하면서 복지확대를 반대하였다. 하지만 신자유주의는 불황과 실업, 빈부격차 확대 및 시장개방 압력에 따른 선진국과 후진국 간의 갈등을 초래함으로써 비판받았다.

## 03  사회복지의 이념 유형[2]

### 1) 도니슨의 유형 구분

도니슨(David Donnison, 1972)은 복지이념을 '이성적 – 경제지향성 우파(tough – minded, economically oriented Right)'와 '감성적 – 사회지향성 좌파(tender – minded, socially oriented Left)'로 구분하고, 그 특징을 다음과 같이 설명하고 있다.

---

2) 여기에서는 2장에서 이미 소개한 윌렌스키와 르보의 사회복지의 잔여적 관점과 제도적 관점을 제외한 여러 학자의 사회복지 이념에 대한 유형 구분을 소개한다.

복지 우파는 경제성장을 우선시하며, 경제성장 결과에 대한 분배방식은 시장경제를 통해 이루어져야 한다고 주장한다. 이들은 부의 재분배는 경제성장에 수반되는 희생자들의 구제를 위한 목적에 국한되어야 하며, 이를 위한 재원 조달은 부유층이 부담해야 한다고 생각한다. 특히 빈민구제의 적정선은 빈민의 자조 노력을 장려할 수 있는 최저 수준으로 설정해야 한다고 강조한다. 복지 우파는 성공과 실패의 원인을 개인적 요인에서 찾으면서 평등한 사회는 가장 생산적인 사람들을 불리하게 하고, 오히려 나태한 자들을 우대하기 때문에 도덕적으로 바람직할지는 몰라도 경제적으로 자멸을 초래한다고 믿는다.

반면, 복지 좌파는 사회가 평등할수록 더욱 문명화된다고 믿으며 소득과 생활 수준의 결과적 평등에 최우선 순위를 둔다. 복지 좌파에게 있어 빈곤이란 일정한 생활 수준의 미달이 아니라 중간 소득층으로부터의 소외를 의미한다. 복지 좌파들은 경제성장이 평등화와 사회적 서비스의 확대에 도움이 되지 않는 한 무가치한 것이며, 인간의 기본적 필수품은 개인의 욕구에 따라 가능한 한 무료로 배분하는 것이 개인과 사회를 위해 더 건전한 것이라고 인식한다. 이들은 개인의 성패가 개인적 요인보다는 대부분 환경적 요인에 의해 결정된다고 믿는다(김권식, 2013).

## 2) 티트무스의 사회정책 유형 구분

티트무스(Richard M. Titmuss, 1974)는 윌렌스키와 르보가 제시한 사회복지의 잔여적 관점과 제도적 관점을 기반으로 서비스 제공에 초점을 맞춰 '잔여적 복지 모형', '산업상 업적과 수행능력 모형', '제도적 재분배 모형' 등 사회정책의 세 가지 모형을 제시하였다.

첫째, 잔여적 복지 모형(residual welfare model of social policy)은 윌렌스키와 르보가 설명한 바와 같이 가족이나 시장 등의 기제가 제대로 작동하지 않을 경우에만 보충적이고 일시적인 도움을 제공하는 것을 사회복지(사회정책)의 주요 역할로 인식하는 모형이다. 이 모형에서는 공공부조 프로그램을 강조한다.

둘째, 산업상 업적과 수행능력 모형(industrial achievement−performance model of social policy)은 사회복지제도를 시장경제를 보완해주는 부속물로 인식하는 모형이다. 이 모형은 노동시장에서 개인의 생산성과 밀접한 관련이 있는 사회보험을 강조하면서 사회적 욕구는 시장에서의 개인의 가치, 기여, 업무수행 정도 및 생산성을 기준으로 충족되어야 한다고 주장한다. 따라서 산업상 업적과 수행능력 모형에서 사회복지는 개인의 시장에서의 지위나 기여도에 비례하여 다르게 결정된다.

셋째, 제도적 재분배 모형(institutional redistributive model of social policy)은 사회복지를 사회의 주요한 통합적인 제도로 인식하면서 전 생애에 걸친 장기적인 소득재분배에 초점을 맞추는 모형이다. 따라서 제도적 재분배 모형은 국가의 적극적 개입을 통해 국민에게 보편적 복지를 제공하는 것을 강조한다.

## 3) 조지 & 와일딩의 유형 구분

### 4가지 유형 분류

조지 & 와일딩(Vic George & Paul Wilding)은 복지국가의 성격과 기능에 대한 그들의 초기 연구(1976)에서 복지이념을 '반집합주의', '소극적 집합주의', '페이비언 사회주의', '마르크스주의' 등 네 가지로 구분하여 제시하였다.

첫째, 반집합주의(Anti–Collectivism)[3]는 시장경제를 중시하는 우파적 이념으로 자유, 불평등, 개인주의 등을 기본적 가치로 삼는다. 이들 가치 중 자유는 반집합주의의 가장 핵심적인 가치로, 타인으로부터 간섭받지 않는 소극적 자유를 의미한다. 반집합주의자들에게 있어 국가의 개입은 개인의 자유를 침해하고 시장경제의 효율성을 저해하는 행위로 인식된다. 또한 평등, 즉 결과적 평등을 추구하는 정부의 정책은 반집합주의의 핵심 가치인 소극적 자유와 양립할 수 없다는 인식하에 불평등은 자연스럽게 반집합주의의 또 하나의 가치가 된다. 따라서 반집합주의자들은 불평등을 시장경제에서 나타나는 자연스러운 현상이며, 어느 정도의 불평등은 경제성장에 도움이 된다고 인식한다. 이러한 인식하에 반집합주의는 불평등을 완화하려는 복지국가에 대해 반대한다. 하이에크, 프리드만 등이 대표적인 반집합주의자들이다.

둘째, 소극적 집합주의(Reluctant Collectivism)는 중도 우파에 해당하는 이념으로,

---

3) 반집합주의는 한마디로 말해 집합주의와 반대되는 이념이다. 따라서 반집합주의를 이해하기 위해 우선 집합주의를 이해하여야 한다. 집합주의는 집단의 가치를 강조하는 정치철학이자 이념이라 할 수 있다. 따라서 집합주의는 개인의 도덕적 가치를 강조하는 개인주의와 반대되는 개념이다. 집합주의는 개인적 목표보다는 집단적 목표가 우선되며 그러기 위해서는 집단의 결집이 필요하다고 믿는다. 집합주의는 사회문제의 원인을 개인이 아닌 사회구조에서 찾으며 정부는 사회적 약자의 보호를 위해 적극적인 역할을 수행할 것을 강조한다.

소극적 자유와 개인주의 등을 기본적 가치로 삼으며 실용주의와 합리주의를 추구한다. 베버리지, 케인즈 등으로 대표되는 소극적 집합주의자들은 시장을 중시하면서도 동시에 시장의 문제를 인정한다. 따라서 자본주의 체제의 유지와 원활한 기능을 위해 정부가 어느 정도 개입하여 시장체계의 약점을 보완해야 한다고 주장한다. 또한, 지나친 불평등은 경제성장에 도움이 되지 않기 때문에 자본주의를 보완하는 차원에서 복지국가에 대해 찬성한다.

셋째, 페이비언 사회주의(Fabian Socialism)는 영국의 독특한 중도좌파적 성향의 점진적 사회주의로서 평등, 적극적 자유, 인도주의 등을 중심적 가치로 삼는 이념이다. 페이비언 사회주의는 토지와 산업자본을 개인과 계급 소유에서 해방시키고 산업국유화의 실현을 통해 사회를 재조직하는 것을 목적으로 한다.

이러한 측면에서 페이비언 사회주의는 마르크스주의와 별반 차이가 없어 보인다. 하지만 페이비언 사회주의는 계급혁명을 통해 공산주의를 이루려는 마르크스주의를 강력히 거부하고, 민주주의에 대한 신뢰를 바탕으로 합헌주의와 점진주의를 강조한다. 다시 말해, 국가가 철저하게 민주적인 의회의 통제를 받는다면 국가활동을 통해 노동계급의 이해가 증진될 수 있다는 믿음을 가지고 있다. 결국, 페이비언 사회주의는 자본주의를 극복한다는 측면에서 마르크스주의와 입장을 같이하지만, 프롤레타리아 독재와 계급혁명을 부정한다는 점에서 마르크스주의와 큰 차이가 있다.

한편, 페이비언 사회주의는 복지국가의 실현을 통해 빈곤퇴치와 불평등을 해소하고 자본주의를 극복하여 사회주의를 달성할 수 있다고 믿는다. 따라서 트오니, 크로슬란드 등으로 대표되는 페이비언 사회주의자들은 사회적 선을 추구하고 달성하는 데 있어 국가가 매우 긍정적인 역할을 수행한다고 믿으며, 불평등 완화를 위한 적극적인 국가의 개입을 통한 복지국가를 지지한다.

넷째, 마르크스주의(Marxism)는 좌파적 이념으로 핵심적 가치는 적극적 자유, 평등, 우애이다. 밀리반드, 라스키 등으로 대표되는 마르크스주의자들은 시장경제를 부정하면서 불평등은 자본주의 체제하에서는 해결될 수 없고, 오직 계급혁명을 통한 자본주의 체제의 붕괴와 공산국가의 건설에 의해서만 해결될 수 있다고 주장한다. 마르크스주의자들은 정부의 개입에 대해 적극적인 지지를 표하지만 복지국가에 대해서는 반대한다. 그 이유는 복지국가란 자본가가 기득권을 지키기 위해 노동계급에게 최소한의 양보를 한 것이며 자본주의의 모순을 감추기 위한 수단에 불과하다고 인식하기 때문이다.

## 6가지 유형 분류(1994)

한편, 조지 & 와일딩은 사회복지의 이념에 관한 그들의 후속 연구(1994)에서 초기 연구의 이념적 연속성은 대체로 유지하면서 '신우파', '중도노선', '민주사회주의', '마르크스주의', '녹색주의', '페미니즘'의 6분류법을 새롭게 제시하였다.

첫째, 신우파(New Right)는 국가의 개입이나 적극적 역할에 대한 고전적 자유주의(Classical Liberalism)의 비판을 발전시키고 확장한 이념이라 할 수 있다. 즉, 신우파는 자유시장 경제체제를 적극적으로 옹호하면서 복지증대를 위한 국가의 역할 강화에 회의적이며 부정적인 태도를 견지한다. 따라서 신우파는 공공부문의 민영화, 복지비용의 삭감, 기업에 대한 규제 철폐와 완화 등을 주장한다. 복지국가에 대한 신우파의 비판적 견해는 복지국가가 자생적 질서를 무시하고 있으며, 자유에 위협적인 존재이자 비효율적이고 비효과적인 체제라는 인식에서 기인한다.

결국 신우파는 조지 & 와일딩의 사회복지의 이념 4분류법에서 제시한 반집합주의의 기본적 가치인 자유, 개인주의, 불평등을 똑같이 추구하며 그 궤를 같이한다. 따라서 신우파는 개인이 자신의 이익을 최대한 자유롭게 추구해야 하고, 그 결과에 대해 책임져야 한다는 신념을 갖는다. 또한, 신우파는 평등을 이루기 위한 국가의 강제적 개입은 개인의 자유를 침해하는 것과 같다고 인식하기에 결과적으로 불평등을 옹호하는 태도를 견지한다.

둘째, 중도노선(Middle Way)은 1938년 헤롤드 맥밀란(Harold Macmillan)의 저서 『중도노선(the Middle Way)』에서 고전적 자유주의(Classical Liberalism)와 사회주의(Socialism)의 중간에 위치하는 이념을 뜻하는 용어로 처음 사용되었다.

중도노선은 시장을 개인의 자율성과 주도성, 경제적 효율성 및 사회정의를 보장하는 가장 실질적인 기제로 간주하지만, 동시에 시장실패와 자유시장 경제체제의 모순도 인정한다. 따라서 국가가 이러한 자본주의와 시장의 문제를 완화하고 해결하기 위한 역할을 적극적으로 수행해야 한다고 믿는다. 특히 중도노선은 복지제공에 있어 국가의 주도적이고 적극적인 역할을 강조하고 지지한다(Lister, 2010).

결국 중도노선은 앞서 4분류법에서 설명한 소극적 집합주의와 궤를 같이한다. 실제로 로드니 로웨(Rodney Lowe, 1993)는 중도노선 사상가들을 소극적 집합주의자들이라고 지칭하였다.

셋째, 민주사회주의(Democratic Socialism)는 영국 노동당의 전신이라 할 수 있는 페이비언협회(Fabian Society)와 그린(T. H. Green) 등이 주창한 '새로운 자유주의(New Liberalism)' 철학을 기반으로 진정한 민주주의의 구현을 목표로 하는 이념이다. 따라서 민주사회주의는 앞서 4분류법에서 설명한 페이비언 사회주의와 궤를 같이한다.

민주사회주의는 기존의 사회주의(Socialism)가 생산수단의 공유화에 중점을 두고 이해되어온 것과는 달리, 민주사회주의는 생산수단의 공유화를 유일한 사회개조의 수단으로 간주하지 않는다. 민주사회주의에서는 민주주의가 최고 수준으로 발전한 형태를 가리켜 사회주의라 지칭함으로써 기존의 사회주의와는 그 본질과 방향이 전혀 다른 노선임을 보여준다. 다시 말해, 민주사회주의는 정치권력의 남용과 부패 방지, 국민참여를 강조함과 동시에 인간을 상품화하는 자본주의의 폐해를 시정하고자 한다(임만규, 1990).

민주사회주의자들에게 있어 복지국가는 자유방임적 자본주의로부터 사회주의로의 이행을 위한 중요한 과정으로 인식한다. 따라서 민주사회주의자들은 사회적 결핍과 고통의 제거, 경제적 번영, 보편적인 교육을 통한 평등 및 이타주의와 사회통합을 추구하는 복지국가를 적극적으로 지지한다.

넷째, 마르크스주의(Marxism)이다. 이는 조지 & 와일딩의 4분류법에서 제시된 마르크스주의와 동일하다.

다섯째, 페미니즘(Feminism)은 여성주의 또는 여권주의로도 일컬어지는데, 이는 차별당하고 억압받는 여성의 모든 권리를 증진하고자 하는 이념이자 사회운동이라 할 수 있다. 페미니즘은 이념 선상에 있어 좌파 또는 우파의 한쪽으로 치우친 이념이 아니다. 실제로 페미니즘은 자유주의 페미니즘(Liberal Feminism), 사회주의 페미니즘(Socialist Feminism), 급진적 페미니즘(Radical Feminism) 등 페미니즘의 분파[4]를 지칭하는 다양한 용어에서 알 수 있듯이 매우 넓은 스펙트럼을 형성하고 있다. 또한, 각각의 페미니즘 분파는 여성억압의 원인이나 여권 신장 방법에서 그 견해를 달리한다. 따라서 페미니즘을 일반화시켜 단일한 이념으로 설명하는 것은 옳지도 가능하지도 않다.

그럼에도 불구하고 적어도 마르크스주의 페미니스트나 사회주의 페미니스트는 가족을 여성이 남성에게 무급의 가사노동을 제공하는, 여성에 대한 억압기제로 간주한다. 즉, 생계부양자 남성과 가사종사자 여성으로 구성된 핵가족 형태의 가족은 노동력을 재생산하고 효과적으로 활용하여 자본주의 유지를 위해 순기능적인 역할을 하기에 국가는 이러한 특정 형태의 가족을 지원함으로써 여성을 억압한다는 것이다. 따라서 복지국

---

4) 페미니즘의 분파에 대한 자세한 설명은 6장의 [REFERENCE 6−2]를 참조하시오.

가에서도 여성을 남성에게 의존하는 피부양자로서의 지위에 고착시키는 소위 핵가족 이데올로기는 유지되며, 결국 이것이 남성에게만 복지정책의 혜택이 돌아가고 여성은 정책대상에서 제외되는 결과를 낳게 한다고 비판한다(Wilson, 1977; McIntosh, 1978).

그러나 현존하는 사회보장제도의 이러한 차별적 구조에 대한 비판에도 불구하고 페미니스트들은 복지국가의 확대로 인해 여성이 남편으로부터 독립성을 확보하고 개인적 자유공간을 확대할 기회를 얻게 되었다는 사실을 인정한다. 다시 말해, 비록 국가는 여성의 종속적 지위를 근본적으로 변화시킬 의향이 없고, 복지국가 확대 이후 여성(아내)의 남성(남편)에 대한 종속성(사적 가부장제)은 국가에 대한 종속성(공적 가부장제)으로 대체된 것에 불과하지만(Piven, 1990), 적어도 스칸디나비아의 페미니스트들은 여성이 복지국가에서 차지하는 지위에 따라 이들의 정치적 주체로서의 역량이 형성되었다고 주장한다(Dahlerup, 1990; 장지연, 2004 재인용). 이러한 차원에서 페미니즘은 복지국가에 대해 찬반의 입장을 동시에 보이면서 제한적 지지를 보낸다고 할 수 있다.

---

**REFERENCE 6-2**    페미니즘의 분파

페미니즘의 분파는 매우 다양한데, 자유주의적 페미니즘, 마르크스주의 페미니즘, 급진적 페미니즘, 사회주의 페미니즘 등이 대표적인 분파라 할 수 있다. 이들 분파가 주장하는 여성 억압의 원인과 그 해결 대안은 다음과 같다.

첫째, 자유주의 페미니즘(Liberal Feminism)은 교육, 직업 및 사회의 주요 지위에서 여성의 동등한 권리에 관심을 가지면서 여성에 대한 억압과 종속이 법제도, 관습상의 차별 및 교육기회의 불균등으로부터 기인한다고 믿는다.

자유주의 페미니즘의 사상적 기반을 제시한 메리 울스턴크래프트(Mary Wollstonecraft), 존 스튜어트 밀(J. S. Mill) 등은 사회가 여성에게 적용하는 윤리상의 이중적 기준의 문제점을 지적했다. 즉 순종, 부드러움 등 여성에게 강요되는 덕목들은 여성이 동등한 인간으로 발전하는 것을 저해하는 요인이라는 것이다. 특히 존 스튜어트 밀은 남성과 여성 간의 생물학적 성차가 여성에게 불리하게 작용할 수도 있다는 점을 인정하고, 남성이 여성보다 지적 또는 도덕적 능력이 우월하다는 점은 부정했다. 따라서 자유주의 페미니즘은 여성에게 남성과 동등한 교육기회와 법적 권리들이 부여되고, 성 차이로 인한 여성의 어려움이 사회적으로 해결된다면 여성에 대한 억압과 종속의 문제는 해소될 것이라고 주장한다. 국가의 개입을 반대하는 고전적 자유주의자들과는 달리 자유주의 페미니스트들은 법·제도적 성차별 해소를 위한 국가의 적극적 개입을 요구한다. 하지만 자유주의 페미니즘은 공적 영역에서 발생하는 여성의 억압과 차별에 집중함으로써 사적 영역인 가정에서 발생하는 여성의 종속 문제를 간과했다는 비판을 받는다.

둘째, 마르크스주의 페미니즘(Marxist Feminism)은 여성 억압의 궁극적 원인을 계급 지배적인 생산양식이 낳는 불평등에서 찾으면서, 이러한 계급 불평등을 양산하는 자본주의 체제가 여성 억압의 원인이라고 주장한다. 실제로 마르크스주의 페미니즘의 사상적 기반을 제시한 엥겔스는 유물론적 세계관에 기초하여 여성 억압은 생산수단의 사적 소유로부터 시작되었으며, 자본주의로부터 파생된 구조적 산물이라고 주장하였다. 즉 자본주의 계급 체제에서 부르주아 남성들은 각종 자원과 생산수단을 점유하고 있지만 여성은 무급의 가사 노동을 수행함에 따라 노동력을 재생산하고 유지하는 데 필요한 비용을 감소시킴으로써 부르주아 이윤창출에 기여하게 된다는 것이다. 또한, 임금노동자 계급에서도 여성은 남성보다 더 낮은 임금을 받으면서 노동에 종사하는데, 이는 자본주의의 존속에 순기능적이기 때문에 이러한 성불평등은 자본가에 의해 지속된다고 주장한다. 따라서 마르크스주의 페미니스트들은 노동계급을 중심으로 연대하여 자본주의를 붕괴함으로써 여성 억압의 문제를 해결할 수 있다고 믿는다(정진희, 2015). 하지만 마르크스주의 페미니즘은 계급갈등과 자본에 의한 여성 억압만을 강조함에 따라 남성에 의한 여성 억압을 간과했다는 비판을 받는다(이재경, 2012).

셋째, 급진주의 페미니즘이라고도 일컬어지는 급진적 페미니즘(Radical Feminism)은 사적 영역인 가정에서의 여성 차별과 억압에 초점을 맞추면서 남성 지배 메커니즘인 가부장제가 여성 억압의 원인이라고 인식한다. 즉 급진적 페미니즘은 공사 영역의 구분이 여성 억압을 정치의 영역에서 배제하기 위해 고안해 낸 위계적 구조이며, 가부장제가 공사 영역 분리를 통해 성별분업을 합리화한다고 비판한다. 이러한 급진적 페미니즘은 남녀 간의 생물학적 차이에 주목하면서, 생물학적 특성에 따른 출산으로 인해 여성은 남성에 의존할 수밖에 없으며, 그로부터 여성 억압이 일차적으로 파생되고 나아가 남성 지배가 정당화된다고 주장한다. 따라서 여성이 남성으로부터의 종속에서 벗어나기 위해서는 생물학적 기능에 강조를 둔 가족으로부터 탈피하여 출산과 성(性)이 기술에 의해 극복됨으로써 여성의 성역할에 대한 근본적인 변혁이 이루어져야 한다고 주장한다. 그러나 급진적 페미니즘은 이론적인 일관성이 부족하며, 특히 남성을 적대시하여 협력을 무조건 거부하려는 태도로 인해 오히려 여성을 주변적인 존재로 전락시키는 한계를 갖는다.

넷째, 사회주의 페미니즘(Socialist Feminism)은 여성 억압의 원인을 마르크스주의 페미니즘이 주장하는 자본주의와 급진적 페미니즘이 주장하는 가부장제의 결합에서 찾는다. 즉 여성 해방을 위해 자본주의가 종식되어야 한다는 점에서 마르크스주의 페미니즘의 주장에 동조하지만, 가부장제가 해체되기 전까지는 자본주의가 종식되지 않는다고 믿는 점에서는 급진적 페미니즘과 궤를 같이한다. 따라서 사회주의 페미니스트들은 돌봄노동과 가사노동을 남성과 사회가 분담해야 하며, 유급의 생산노동과 무급의 가사노동을 분리하지 말아야 하며 남성만이 가족의 생계를 책임진다는 통념을 깨뜨려야 한다고 주장한다. 하지만 이러한 사회주의 페미니즘의 통합적 접근방식은 여성의 다양성을 설명할 수 없는 거대이론이라고 비판받는다.

여섯째, 1970년대에 대두된 녹색주의(Greenism)는 환경문제를 비롯하여 경제성장에 따른 풍요로움으로 인해 발생할 수 있는 지구촌의 미래에 위협이 되는 다양한 문제들을 예방하고 해결하기 위한 새로운 패러다임이자 하나의 급진적인 관점이다. 즉 녹색주의는 인류의 생존을 위협하는 위기상황을 생태와 인간복지의 위기상황으로 규정하고 자연을 인간과 분리하지 않고 통합적으로 인식하고 대응하고자 시도하는 이념이라 할 수 있다.

이러한 녹색주의는 현대 산업사회의 탐욕적이고 극도로 개인주의적인 풍조에 대해 비판하면서 산업사회가 이루어 온 경제성장과 소비를 매우 부정적인 것으로 인식하고, 고도로 발전된 과학기술을 더 이상 사용하지 말아야 한다고 주장한다.

녹색주의는 복지국가를 다음과 같이 비판하며 반대한다.

첫째, 녹색주의는 복지국가가 제공하는 서비스가 사회문제의 근본적인 원인보다 문제의 증상만을 다루고 있다고 비판한다. 즉 빈곤, 범죄, 질병, 실업, 환경오염 등의 사회문제가 산업사회의 본질로부터 초래되는 것이므로 사회문제를 근본적으로 해결하기 위해서는 사회의 급진적인 재구조화를 이루어야 하는데, 복지국가는 사회의 재구조화에는 관심이 없고 사회문제의 증상만을 다루고 있는 점이 문제라는 것이다.

둘째, 복지국가가 지속가능하기 위해서는 복지비용을 감당할 수 있는 재원이 필요한데, 재원을 마련하기 위해서는 경제성장을 추구할 수밖에 없으며, 결국 그것은 환경에 악영향을 미치게 된다는 점에서 녹색주의는 복지국가를 비판한다.

셋째, 복지전문가의 역할과 관련하여 복지국가를 비판한다. 즉 녹색주의는 사회복지서비스를 제공하는 복지전문가들이 권위적인 서비스 제공방식을 사용한다고 비판한다. 따라서 녹색주의는 클라이언트가 자립하기 위해서는 권위적인 서비스 제공방식을 통해 클라이언트를 무력하게 만드는 복지전문가들을 거부해야 한다고 주장한다.

넷째, 녹색주의는 복지국가가 제공하는 서비스, 특히 의료서비스의 경우에는 높은 수준의 기술력에 의존하는데, 이러한 고도의 기술력은 결국 환경파괴와 자원 낭비를 가져온다는 점에서 복지국가를 비판한다.

다섯째, 녹색주의는 대규모의 조직이 관료제화 되어 가는 경향이 크며, 이는 결국 사회서비스 제공에 있어 개인의 참여를 막고 의사결정을 어렵게 만드는 결과를 낳는다고 믿는다. 따라서 녹색주의는 중앙정부가 주도하여 복지서비스를 제공하는 복지국가보다는 소규모 지역단위에서 지역주민에 의해 운영되는 서비스 체계를 선호한다.

## 4) 퍼니스 & 틸튼의 유형 구분

퍼니스(Norman Furniss)와 틸튼(Timothy A. Tilton)은 국가 개입의 본질과 목적을 기준으로 '적극적 국가', '사회보장국가', '사회복지국가'로 구분되는 복지국가 유형론을 제시하였다.

첫째, 적극적 국가(positive state)는 정부 개입을 인정하지만, 그 목적을 시장 기능의 강화와 자본주의 체제의 시장경제 불안정성으로부터 자본가를 보호하는 데 둔다. 따라서 이 유형의 국가는 정부와 기업 간의 제휴(협력)를 통한 경제성장에 일차적인 목적을 두며, 사회복지는 성장과 효율이라는 경제적 목적을 저해하지 않는 선에서 제공된다. 또한 퍼니스와 틸튼에 의하면, 적극적 국가에서는 노동윤리가 훼손되지 않는 수익자 부담의 원칙에 의거한 사회보험 프로그램이 강조된다. 이러한 점에서 적극적 국가의 복지정책은 국가 전체의 부(富)의 증진과 노동유인이라는 사회통제적 기능을 수행한다고 볼 수 있다.

둘째, 사회보장국가(social security state)는 적극적 국가에서처럼 정부와 기업가의 협력을 유지하면서, 사회보장정책을 통해 국민 모두에게 최저수준의 복지를 보장하는 복지국가 유형이다. 이러한 목적을 달성하기 위해 사회보장국가는 사회보험제도만이 아니라 공공부조나 사회서비스의 확충을 강조한다. 하지만 사회보장국가에서는 경제적 목적과 사회복지의 목적을 명확히 구분하면서, 국가가 국민의 최저생활 보장은 책임지지만, 그 이상의 생활수준에 대해서는 철저하게 시장논리가 적용되어 개인과 가족이 책임을 진다(정경배 외, 2002). 즉 일정 수준의 평등이 보장되면, 그 이상에 대해서는 자유로운 경쟁이 인정되며 국가는 개인의 책임을 면제해 주지 않는다.

셋째, 사회복지국가(social welfare state)는 정부개입의 목적을 최저생활 보장을 넘어 국민의 전반적인 삶의 질 향상과 실질적인 평등을 이루는 데 둔다. 이 유형의 국가는 광범위한 사회복지서비스를 제공할 뿐만 아니라 정치참여를 촉진하고 모든 사람의 안녕을 보장하는 국가이다. 특히 정부와 기업 및 노동조합의 협력을 강조하면서 완전고용을 실현하고자 노력한다. 사회복지국가는 국민의 삶의 질 향상뿐만 아니라 부의 편중으로부터 야기되는 사회문제를 해결하는 데 관심을 가진다. 따라서 이 유형의 국가는 국민의 사회권 보장에 힘쓰면서 복지에 대한 국가의 책임을 크게 강조한다.

## 5) 미쉬라의 유형 구분

미쉬라(Ramesh Mishra)는 1977년 '잔여적(residual)', '제도적(institutional)', '규범적(normative)' 복지국가로 복지국가 유형을 구분한 이후, 1984년에 복지국가 유형을 '다원적' 혹은 '분화적' 복지국가와 '통합적' 혹은 '조합주의' 복지국가로 새롭게 구분하였다. 여기에서는 후자의 유형 구분에 대해 살펴보고자 한다.

첫째, 다원적(pluralist) 혹은 분화적(differentiated) 복지국가란 이익집단들이 정치적 의사결정과정에 영향을 미치기 위해 서로 경쟁하는 다원주의 정치체제를 지닌 복지국가 유형이다. 이 유형의 복지국가에서는 복지정책과 경제정책이 구분되고 대립하는 경향을 보인다. 즉 사회복지는 근로의욕을 감소시키고 경제에 부정적인 영향을 주는 것으로 인식되어 제한되고 단편화된다. 결국 사회복지는 시장경제에 문제가 발생 시에만 일시적으로 작동하는 기제에 불과한 잔여적 역할을 수행한다. 따라서 복지급여 수준과 수혜기간은 최소한으로 제한되며, 선별적 프로그램이 강조된다. 미쉬라는 미국, 영국, 캐나다 등을 이 유형에 속하는 국가들로 보았다.

둘째, 통합적(integrated) 혹은 조합주의(corporate) 복지국가는 정부, 고용주, 근로자가 상호 협력하여 사회 구성원들의 이익이 통합되는 복지국가 유형이다. 따라서 경제집단 및 계급 간의 집합적 책임이 강조되며 복지정책은 이들 간의 상호 협력 속에서 추진된다. 이 유형의 국가들은 사회복지를 경제에 부정적인 영향을 미치는 것이 아니라 상호 보완작용을 하는 존재로 간주한다. 그 결과, 복지정책과 경제정책이 서로 구분되지 않고 상호 의존적이며 유기적인 연관성을 갖는다. 이 유형의 국가들에서 사회복지는 지속적으로 작동하는 기제이며 보편주의 프로그램이 강조된다. 미쉬라는 스웨덴, 오스트리아 등을 이 유형에 속하는 국가들로 보았다.

## 6) 테르보른의 유형 구분

스웨덴 출신의 사회학자 예란 테르보른(Göran Therborn)은 1986년, 복지국가를 '프롤레타리안 복지국가(proletarian welfare state)'와 '부르주아 복지국가(bourgeois welfare state)'로 구분하면서 복지국가에 대한 유형분류를 시도하였다. 그 이듬해인 1987년, 그는 사회복지의 확대 정도와 완전고용 실현에 대한 정부의 의지 정도에 따라 복지국가를 '강력한 국가개입 복지국가', '관대한 보상적 복지국가', '완전고용 지향적인 작은 복지국가', '시장 지향적인 복지국가' 등 네 가지 유형으로 새롭게 구분하였다. 여기에서는 후자의 유형 구분에 대해 살펴보고자 한다.

첫째, 강력한 개입주의 복지국가(strong interventionist welfare state)란 적극적인 정부 개입을 통해 광범위한 사회정책을 실시하고, 완전고용을 강력하게 추진하는 복지국가 유형으로 스웨덴, 노르웨이, 오스트리아 등을 이 유형에 속하는 국가로 꼽았다.

둘째, 관대한 보상적 복지국가(soft compensatory welfare state)란 사회복지 혜택은 크고 관대하지만, 완전고용에 대한 추진 의지가 낮은 복지국가 유형으로 벨기에, 덴마크, 네덜란드, 프랑스 등이 이에 속하는 국가로 보았다.

셋째, 완전고용 지향적인 작은 복지국가(full employment-oriented, small welfare state)란 완전고용은 지향하지만, 사회복지 혜택이 제한적인 복지국가 유형으로 일본, 스위스 등을 이 유형에 속하는 국가로 꼽았다.

넷째, 시장 지향적인 복지국가(market-oriented welfare state)란 사회권이 매우 제한적이며, 완전고용에 대한 실현 의지가 낮은 복지국가 유형으로 영국, 미국, 캐나다 등이 이에 해당한다고 보았다.

## 7) 에스핑-안데르센의 유형 구분

덴마크 출신의 사회학자인 요스타 에스핑-안데르센(Gøsta Esping-Andersen)[5]은 탈상품화[6] 정도, 계층화[7] 정도, 시장과 국가와의 관계(시장과 국가의 상대적 비중) 등을 기준으로 복지국가 유형을 '자유주의 복지국가', '보수주의(조합주의) 복지국가', '사회민

---

5) 영어로는 고스타 에스핑-앤더슨으로 호칭된다.
6) 탈상품화에 관한 자세한 설명은 6장의 [REFERENCE 6-3]을 참고하시오.
7) 계층화에 관한 자세한 설명은 6장의 [REFERENCE 6-4]을 참고하시오

주주의 복지국가'로 구분하여 제시하였다.

첫째, 자유주의 복지국가(liberal welfare state)에서는 기본적으로 시장의 역할이 중심이 되는 반면, 국가개입이 억제됨에 따라 국가의 역할은 주변적 지위에 머물게 된다. 즉 이 유형의 국가에서는 개인과 그 가족이 복지의 책임을 일차적으로 지며, 사회복지의 제공은 전통적인 노동윤리 규범에 의해 제약받는다. 결국, 사회권의 영역은 제한되며 탈상품화의 정도는 매우 낮은 수준에 머문다. 사회복지의 수혜자격은 엄격한 자산조사를 통해 저소득층에 국한되는 경향이 크며, 공공부조 프로그램이 상대적으로 중시된다. 그로 인해, 복지 수혜계층과 비수혜계층이 구별되는 이중주의(dualism)가 발생하여 계층화의 정도가 높다. 이러한 유형의 복지국가는 사회복지의 잔여적 관점을 견지한다고 할 수 있다. 에스핑—안데르센은 미국, 영국, 캐나다 등을 자유주의 복지국가 유형에 속하는 국가들로 보았다.

둘째, 보수주의 복지국가(conservative welfare state)는 조합주의 복지국가(corporatist welfare state)라고도 일컬어진다. 이 유형의 복지국가에서는 복지제도의 핵심을 사회보험을 통해 노동시장에서의 지위와 소득을 유지하는 데 둔다. 즉 개인은 노동시장에서 자신이 받는 임금에 비례하는 보험료를 납부하고, 훗날 복지급여도 그에 준해 제공받게 됨으로써 사회복지의 제공 수준은 노동시장에서의 지위, 소득 수준 등과 밀접한 연관이 있게 된다. 따라서 보수주의 복지국가에서는 개인의 노동시장에서의 위치가 은퇴 후에도 존속되는 경향이 크며, 결국 복지제도가 노동시장에서의 불평등을 고착화시키는 방식으로 작동하여 계층화의 정도가 높다. 특히 보수주의 복지국가에서는 남성 노동자 중심의 강력한 노동조합에 의해 근로자의 고임금이 보장되기 때문에 사민주의 체제에 비견할만한 복지수혜를 받는다. 따라서 탈상품화의 효과는 낮지 않지만 제한적이다.

한편, 보수주의 복지국가들은 가족주의를 강조하는 전형적인 남성생계부양자 모형에 속하며, 국가는 이러한 전통적 가족의 특성을 지원하고 보완하는 역할을 수행한다. 이처럼 보수주의 복지국가에서는 사회적 연대의 진원지가 가족이기 때문에 가족의 역할이 중심적이며, 국가의 역할은 보조적이고, 시장의 역할은 주변적이다. 에스핑—안데르센은 프랑스, 독일, 오스트리아 등이 이 유형에 해당되는 국가들이라 주장하였다.

셋째, 사회민주주의 복지국가(social democratic welfare state: 사민주의 복지국가)는 사회적 평등과 연대를 위해 국가가 적극적으로 개입하여 가족과 시장을 대체하는 특성을 갖고 있는 복지국가 유형이다. 즉 국가의 역할은 중심적이며, 시장과 가족의 역할은 주변적이다. 이 유형은 보편주의 원칙과 사회권 보장을 통해 탈상품화의 정도가 매우 높은 반면, 계층화의 정도는 매우 낮은 체제라 할 수 있다. 특히 이 유형의 국가들은 완전고용의 실현을 통해 일할 수 있는 권리를 적극적으로 추구한다. 이러한 완전고용의 실현은 조세 확보의 수단이 되며, 다시 복지혜택으로 분배되는 선순환적 구조를 형성한다. 따라서 국가 차원에서 재교육 프로그램이 잘 조직되어 있으며, 돌봄의 사회화도 잘 갖추어져 여성의 경제활동 참여가 활발히 이루어진다. 에스핑－안데르센은 이러한 사회민주주의 복지국가 유형에 해당하는 국가들로 스웨덴, 핀란드, 덴마크 등을 제시하였다.

### REFERENCE 6-3   탈상품화(decommodification)

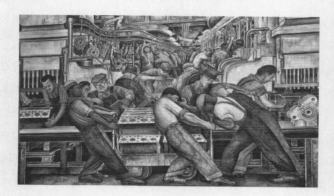

자본주의 사회에서 생산수단을 소유하고 있는 자본가와는 달리 노동자들은 자신의 노동력을 시장에 내다 팔아야 노동의 대가인 임금을 받으며 살아갈 수 있다. 그런데 노동력을 필요로 하는 자본가는 당연히 젊고, 건강하며, 능력 있는 노동자의 노동력을 구매하길 원한다. 따라서 노령, 질병 등으로 인해 상품으로서의 가치가 떨어지는 노동력은 시장에서 제대로 팔리지 않기 때문에 노인이나 병든 자들은 소득의 감소로 인해 생존을 위협받게 된다.

'탈상품화(decommodification)'란 이러한 인간 노동력의 상품화에 내재된 치명적 위험, 즉 질병, 장애, 노령, 실직 등에 대한 복지국가의 대응이라 할 수 있다. 다시 말해, 개인이 질병, 산업재해, 은퇴, 실업 등으로 인해 노동시장에서 이탈되었을 때, 국가의 사회복지제도를 통해 가능한 높은 수준으로 임금을 보전해 줌으로써 노동자들의 장기적 상품화에 도움을 주는 동시에 시장에 대한 의존성을 감소시키는 것을 의미한다. 결국 탈상품화의 정도란 개인이 노동시장에서 임금노동을 중단해도 국가가 제공하는 사회복지급여를 통해 적절한 수준의 생활이 보장되는 정도를 의미한다. 결국, 노동력의 가치와 무관하게 제공되는 사회복지급여는 노동자 계급의 불안전한 시장지위를 보완해 주는 강력한 탈상품화 수단이 된다. 따라서 탈상품화의 정도가 높을수록 복지선진국에 해당한다고 할 수 있다.

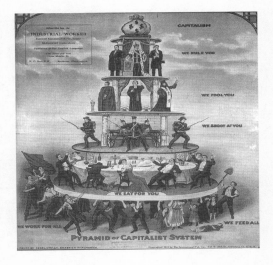

일반적으로 사회정책은 사회 구성원들 간의 평등과 통합을 추구하면서 소득양극화를 완화하여 계층이 구분되지 않도록 하는 데 기여한다. 하지만 해당 사회의 복지국가 발전방향이나 계급연합의 구조 등에 따라 사회정책이 오히려 계층 구분을 발생시키거나 고착화하기도 한다.

'계층화'는 사회정책이 불평등 구조에 개입하여, 그것을 교정하는 메커니즘으로 작용하는가 아니면 오히려 계급분할이나 낙인을 강화하는 요소로 작용하는가를 가늠하는 지표가 된다.

예를 들어, 사회보험이 복지정책의 핵심이 되는 보수주의(조합주의) 복지국가에서는 노동시장에서 우월한 지위를 가지고 높은 소득을 얻는 사람이 사회보험료를 더 많이 내기 때문에 노동시장에서 탈퇴한 이후에도 사회복지의 혜택을 더 많이 받게 된다. 결국 국가가 시행하는 복지정책으로 인해 기존의 노동시장에서 누리던 지위가 노동시장 탈퇴 이후에도 유지되어 계층 구분이 고착화됨으로써 계층화 수준이 높아지게 된다.

한편, 시장이 중심이 되는 자유주의 복지국가에서는 국가가 제공하는 복지가 주로 공공부조의 형태로 소수의 극빈자에게 국한되는 경향이 크다. 그로 인해 공공부조를 받는 계층과 그렇지 않은 계층 간의 구별이 발생하는 이중주의(dualism)가 나타나는데, 이 또한 사회정책이 계층화를 만들어 낸 사례에 해당한다(백정미 외, 2008).

"모든 구성요소는 그 자체로 본질적이어야 한다"
- 스티브 잡스(Steve Jobs) -

사회복지가 구현되는 과정에 초점을 맞춰 사회복지를 정의하면, 사회복지란 결국 사회복지 공급자가 자원을 동원하여 사회복지급여를 기획, 생산하고 욕구가 있는 사회복지 대상자에게 사회복지서비스 전달체계를 통해 제공하는 행위라고 할 수 있다. 따라서 사회복지 공급자, 사회복지 대상자, 사회복지급여, 자원 및 사회복지서비스 전달체계 등은 사회복지의 주요 구성요소라 할 수 있다. 여기에서는 사회복지가 구현되는 과정에서 누가, 무엇을, 누구에게, 어떤 방식으로 제공하는지를 살펴봄으로써 사회복지 구성요소에 대한 이해를 높이고자 한다.

# CHAPTER 07 · 사회복지의 구성요소

## 01 · 사회복지 공급주체

### 1) 사회복지 공급주체의 개념

사회복지 공급주체란 인간의 삶의 질을 향상시키기 위해 사회복지 자원을 동원하여 다양한 사회복지급여, 즉 유·무형의 재화와 서비스를 기획·생산하고, 이를 사회복지 대상자에게 직·간접적으로 전달하는 주체를 말한다. 가장 대표적인 사회복지 공급주체는 국가이지만, 그 역할의 비중은 시대와 나라별로 달라져 왔다. 분명한 사실은 현대사회에서 구성원들의 욕구가 다양화되고 사회구조적 요인으로 인해 발생하는 문제가 증가함에 따라 사회복지 공급주체로서 국가의 역할은 더욱 강조되고 있다는 것이다. 다만, 사회적 자원의 제한성이라는 영원한 딜레마 속에서 국가, 시장, 가족 등을 축으로 하는 사회복지 공급주체들 간의 역할 비중을 어떻게 배분할 것인지의 논의는 앞으로도 계속 지속될 것이며, 결국 그 시대의 해당 구성원들이 지닌 복지에 대한 이념과 가치에 따라 끊임없이 변이된 형태가 나타날 것이라 예상된다.

### 2) 사회복지 공급주체의 분류

사회복지의 공급주체를 분류하는 방식은 다음과 같이 여러 방식이 있다.

#### 공공부문 vs. 민간부문

사회복지의 공급주체를 분류하는 첫 번째 방식은 공공부문(public sector: 공적부문)과 민간부문(private sector: 사적부문)으로 구분하는 것이다. 이 분류 방식은 공급주체의 영리성 여부는 고려하지 않고, 사회복지서비스를 공급하는 주체의 공공성 여부만 고려한다. 즉 공급자의 공공성과 사회복지 재원의 공공성 여부에 따라 구분하는 분류 방법이다.

우선 공공부문에 해당하는 대표적인 사회복지 공급주체로는 중앙정부, 지방정부, 비영리 공공기관 등을 들 수 있다. 이들이 제공하는 사회복지서비스의 재원은 조세로 충당된다.

반면, 민간부문은 영리성이나 공식성 여부와 상관없이 공공부문에 해당하지 않는 부문이라 할 수 있다. 민간부문의 서비스 재원은 개인, 가족, 기업 등 민간에서만 조달되는 것이 아니라 정부의 지원을 받는 경우도 적지 않다. 민간부문은 대체로 공공부문이 제공하지 못하는 사회복지서비스를 공급하거나 공공부문의 손이 미치지 못하는 사각지대에 있는 수혜자에게 복지서비스를 공급하는 역할을 담당한다.

이처럼 크게 공공부문과 민간부문으로 구분할 수 있는 사회복지 공급주체를 좀 더 세분하면 정부부문, 중앙정부와 지방정부의 혼합 부문, 정부와 민간의 혼합 부문, 순수 민간부문으로 구분할 수 있다.

사실상 사회복지의 발달과 관련한 많은 연구결과는 중앙정부의 역할이 강조되는 중앙집권형 국가일수록 사회복지가 발달한다는 사실을 보여준다(Wilensky, 1975; Cameron, 1978; Peterson & Rom, 1989). 하지만 지역사회 주민들의 욕구를 효율적으로 충족시키기 위한 하나의 방안으로 지방정부 중심의 전달체계가 강조되기도 한다. 결국 정부부문에서 중앙정부와 지방정부 간 사회복지 기능과 역할의 배분은 효율성의 정도, 공공재의 성격, 편익 지역, 주민의 선택, 외부효과의 유무, 업무의 성격 등을 고려하여 적절히 이루어져야 한다(전수일 · 봉민근, 1995).

중앙정부와 지방정부의 혼합 부문의 경우, 대부분 중앙정부가 지방정부에 재정을 보조하고, 지방정부가 서비스를 전달하는 역할을 담당하는 형태를 취한다. 우리나라의 경우, 중앙정부의 지방정부에 대한 재정적 지원이 이루어지는 이유는 우리나라의 조세체계가 국세 위주로 되어 있기 때문이다.[1]

중앙정부가 지방정부에 대해 재정을 지원하는 대표적인 방법으로는 국고보조금(subsidy)과 지방교부세(지방재정교부금: grant)를 들 수 있다.

우선, 국고보조금은 중앙정부가 지방자치단체에 대하여 국가의 주요 시책사업을 수행하는 데 필요로 하는 경비의 재원을 충당하기 위하여 사용 용도를 특별히 지정해

[1] 우리나라의 국세와 지방세의 비율은 약 8:2로 국세가 압도적으로 높은 반면, 중앙정부와 지방정부의 지출 비율은 약 4:6으로 지방정부의 지출이 오히려 높다.

서 교부하는 지출금이다. 국고보조금의 재원은 국가의 일반회계 또는 특별회계 예산이다.[2] 국고보조금의 종류는 보조금[3], 부담금[4], 급부금[5] 등이 있다.

반면, 지방교부세는 중앙정부가 재정이 취약한 지방자치단체를 지원하여 중앙정부와 지방정부 간의 수직적 재정 불균형을 시정함과 동시에 지방정부 간의 수평적 재정 불균형을 완화하기 위해 각 지방자치단체에 제공하는 교부금이다. 지방교부세는 보통교부세, 특별교부세, 부동산교부세 및 소방안전교부세 등 총 네 가지로 구성되어 있다. 일반적으로 대부분 사용 용도가 정해져 있는 국고보조금과는 달리 지방교부세는 사용 용도에 대한 구체적인 제한이 없다. 지방교부세의 재원은 보통교부세와 특별교부세의 경우에는 내국세의 19.24%에 해당하는 금액을, 부동산교부세는 종합부동산세 총액을, 소방안전교부세는 담배에 부과하는 개별소비세액의 20%에 해당하는 금액을 재원으로 한다.

한편, 정부와 민간의 혼합 부문은 대부분의 사회복지서비스 영역에서 볼 수 있는 공급 유형이다. 즉, 정부기관이 사회복지서비스 공급 및 전달체계의 상층부에 위치하면서 재정을 지원하고, 하층부에 위치한 민간부문이 서비스 수혜자에게 서비스를 직접 전달하는 역할을 맡는 구조를 갖는다(황성철 외, 2014).

---

REFERENCE 7-1 │ 공공서비스 공급 방식 유형

공공서비스를 공급하는 방식은 담당 주체와 수단에 따라 다음과 같은 4개의 유형으로 구분할 수 있다.

첫째, 일반행정 방식이다. 이는 공공부문이 권력에 기반을 두고 수행하는 기본 업무

---

2) 일반적으로 사회복지서비스 분야에서는 국가 및 지방정부가 사회복지사업을 육성하고 촉진하기 위해 개인이나 법인 시설에 교부하는 예산을 통상 보조금이라 일컫는다.

3) 보조금은 국가가 특정한 행정사무의 집행을 장려하거나 지방자치단체의 재정상 필요하다고 인정할 때 지원하는 경비로, 지방자치단체에 교부하는 것과 그 밖에 법인·단체 또는 개인의 시설자금이나 운영자금으로 교부하는 것만 해당한다.

4) 부담금은 국가와 지방자치단체 상호 간에 이해관계가 있는 사무를 지방자치단체의 재정적 부담을 경감하기 위해 지출하거나, 지방자치단체 또는 그 기관이 국민경제에 적합하게 종합적으로 수립한 계획에 따라서 실시하지 않으면 안 된다고 법령이 정한 사업과 관련한 지출을 말하며, 국제조약에 따른 부담금은 제외한다.

5) 급부금은 보조금과 부담금 외의 상당한 반대급부를 받지 아니하고 교부하는 소득보조금으로서 「농산물의 생산자를 위한 직접지불제도 시행규정」 제3조에 따른 소득보조금을 말한다.(보조금 관리에 관한 법률 제2조 및 보조금 관리에 관한 법률 시행령 제2조)

로, 중앙정부 또는 지방정부가 직접 공공서비스를 생산하고 공급하는 방식이다. 일반행정 방식은 일반 관리 및 사회경제적 개발기능을 수행하는 데 핵심적인 부분으로 공익성이 우선되어 민간부문의 참여를 배제한다.

둘째, 책임경영 방식이다. 이 방식은 정부 조직 내 혹은 정부 산하에 단일 서비스의 생산을 담당하는 독립조직(공기업 등)을 설치하여 책임경영 방식으로 사회적 차원에서 중요한 서비스를 생산·공급하는 방식이다. 책임경영 방식은 공공부문의 고유 업무영역으로 존재하지만 시장논리에 따라 서비스 제공방식이 작동되는 방식이라 할 수 있다.

셋째, 민간위탁 방식이다. 이는 공공성 기준이 상대적으로 완화될 수 있는 공공서비스 가운데 민간에서 수행하는 것이 더 효율적이라고 판단되는 영역에 적용하는 방식이다. 즉 공공부문이 민간과 계약을 맺고 서비스 공급에 대한 책임을 지지만, 생산 및 전달을 포함한 운영은 민간이 담당하는 방식이다.

넷째, 민영화 방식이다. 이는 민간이 공공서비스를 생산·공급하고 운영에 따른 책임도 담당하는 방식이다. 이러한 방식을 통해 필요한 만큼의 공공서비스가 시장에 공급되지 않을 경우, 정부는 보조금이나 세제혜택 등의 유인을 제공하여 적절한 양의 공공서비스가 공급되도록 유도하기도 한다.

### 제1부문 vs. 제2부문 vs. 제3부문

사회복지의 공급주체를 분류하는 두 번째 방식은 제1부문(the first sector), 제2부문(the second sector), 제3부문(the third sector)으로 구분하는 방식이다. 이는 서비스 공급주체의 공공성 여부뿐만 아니라 민간부문의 영리성 여부도 고려한 분류 방식이라 할 수 있다. 즉 공공부문을 제1부문으로 하고, 민간부문의 경우 영리를 추구하는 시장부문을 제2부문으로, 영리를 추구하지 않는 비영리부문을 제3부문으로 구분하는 것이다.

사실상 전통적 의미의 사회복지에서는 제1부문인 공공부문과 제3부문인 비영리부문이 주된 역할을 해왔다. 하지만 최근 들어 사회복지서비스 공급주체로서 제2부문의 역할이 증가하고 있는 추세이다.

### 영리부문 vs. 비영리부문

사회복지의 공급주체를 분류하는 세 번째 방식은 이윤 추구 여부에 따라 영리부문(profit sector)과 비영리부문(non-profit sector)으로 구분하는 방식이다.

영리부문은 사회복지서비스의 제공을 통해 이윤을 추구하는 부문으로서 시장부문(market sector)으로 일컬어지기도 한다. 반면, 비영리부문은 비시장부문(non-market sector)으로도 일컬어지는데, 정부로 대표되는 공공부문과 민간 비영리부문이 해당한다.

사실상 대부분의 선진 복지국가들에서는 오래전부터 사회복지서비스 영역에서 공공부문과 민간 비영리부문 간의 긴밀한 협조관계가 강조되어 왔다. 기드론과 그의 동료들은(Gidron, et. al., 1992) 정부와 민간 비영리부문 간의 관계를 정부지배모형, 이중모형, 협조모형, 비영리부문 지배모형 등 네 가지 유형으로 구분하였다.

첫째, 정부지배모형(government dominant model)은 정부가 사회복지서비스의 재정과 전달 등 모든 영역에서 지배적인 역할을 수행하면서 공급체계의 규모나 구조 등에 대한 주된 정책결정을 담당하는 유형이다.

둘째, 이중모형(dual model)은 정부와 민간 비영리부문이 각각의 영역에서 독립적으로 사회복지서비스의 재정과 전달 두 가지 기능 모두를 수행하는 경우이다. 이중모형은 다시 두 가지 형태로 구별되는데, 하나는 보족적인(supplementary) 관계이고 다른 하나는 보완적인(complementary) 관계이다. 보족적인 관계란 민간 비영리부문이 정부가 제공하는 것과 동일한 서비스를 정부서비스가 미치지 않는 대상에게 제공하는 것이며, 보완적인 관계란 민간 비영리부문이 정부가 지원하는 동일한 대상에게 정부가 제공하지 못하는 서비스를 제공하는 것이다.

셋째, 협조모형(collaborative model)은 이중모형과는 달리 정부와 민간 비영리부문이 함께 일하면서, 정부는 재정을 부담하고 민간 비영리부문은 서비스의 전달을 담당하는 유형이다. 사실상 우리나라의 경우, 공공부문으로부터 지원되는 수입이 민간 사회복지기관 전체 재원의 70% 정도를 차지할 만큼 비중이 크다(박태규, 2000).

이러한 협조모형은 다시 협조적 대행자(collaborative-vendor) 관계와 협조적 동반자(collaborative-partner) 관계로 구분된다. 협조적 대행자 관계는 민간 비영리조직들이 재량권이나 정부와의 협상력을 갖지 못하고 정부 재원을 받아 정부의 프로그램을 그대로 대행만 해주는 관계를 뜻한다. 반면, 협조적 동반자 관계는 민간 비영리조직이 프로그램의 관리와 개발에 있어서 상당한 정도의 재량권을 갖는 관계를 말한다.

마지막으로 비영리부문 지배 모형(the third sector dominant model)은 재정과 전달 모든 영역에서 정부의 지원을 배제하고 민간 비영리조직이 지배적인 역할을 담당하는 모형이다.

### 공식부문 vs. 비공식부문

사회복지의 공급주체를 분류하는 네 번째 방식은 공식부문(formal sector)과 비공식부문(informal sector)으로 구분하는 방식이다. 이는 공급조직의 공식성 여부에 따른 분류라 할 수 있다.

공식부문은 특별한 조직체계 또는 관리체계를 만들어 이와 연계된 전문가 또는 자원봉사자가 체계적으로 서비스를 제공하는 부문이다. 반면, 비공식부문은 특별한 조직체계나 관리체계 없이 가족, 친척, 친구 및 이웃 등이 비체계적으로 돌봄이나 보호 등의 서비스를 제공하는 부문을 의미한다.

### 정책주체 vs. 운영주체 vs. 실천주체

한편, 사회복지의 공급주체는 앞선 분류와는 달리 공급주체가 담당하는 업무에 따라 정책주체, 운영주체, 실천주체로 구분할 수 있다.

첫째, 정책주체는 사회복지정책을 기획, 수립하는 주체로서 국가와 지방자치단체가 이에 해당하는 대표적인 주체이다.

둘째, 운영주체는 사회복지 기관, 시설 및 단체 등을 운영하면서 사회복지사업을 수행하는 주체이다. 가장 일반적인 운영주체는 사회복지법인이지만, 국가나 지방자치단체가 직접 운영하기도 하며, 그 외 종교단체, 의료단체, 학교법인, 기업의 복지재단, 시민사회단체 등도 사회복지사업을 수행하는 운영주체로 참여하고 있다.

셋째, 실천주체는 클라이언트와 대면하여 사회복지서비스를 직접 제공하는 주체를 의미하며, 사회복지사를 필두로 임상심리사, 작업치료사[6], 언어치료사 등이 실천주체에 해당한다.

## 02 사회복지 대상체계

## 1) 사회복지 대상체계의 개념

사회복지 대상체계란 사회복지실천을 통해 개입하려는 표적체계를 의미한다. 과거에는 사회복지 대상을 요보호 아동, 장애인, 노인, 근로능력이 없는 빈민 등 특수 계층에 국한시켰으나 오늘날에는 전 국민을 대상으로 확대하는 경향을 보인다.

---

6) 작업치료사는 신체적, 정신적 장애를 가진 사람이 일상의 생활동작, 일, 여가활동 등을 독립적으로 수행할 수 있도록 다양한 치료프로그램을 계획하고 실시함으로써 장애인의 기능 및 발달 수준을 향상시키는 전문가를 의미한다.

이러한 사회복지의 대상체계는 정책대상과 실천대상으로 구분되기도 한다. 정책대상은 일정한 문제 상황, 즉 빈곤문제, 주택문제, 실업문제 등을 일컫는 것이며, 실천대상은 노인, 장애인, 노숙자, 빈민 등 문제를 지닌 사람이나 집단을 의미한다. 하지만 정책대상도 궁극적으로 특정한 문제 상황에 직면한 개인이나 집단을 표적으로 하는 것이며, 실천의 개념도 직접적 서비스뿐 아니라 사회복지정책과 같은 간접적 서비스를 포괄한다는 점에서 이러한 구분 방식은 큰 의미가 없다는 견해가 일반적이다.

## 2) 사회복지 대상자 선정 원칙

사회복지 대상자를 선정하는 가장 전통적인 방법은 선별주의 또는 보편주의 원칙에 따라 수혜자를 결정하는 것이다. 사실상 선별주의와 보편주의를 둘러싼 논쟁은 사회복지 부문에서 오랫동안 지속되어 온 쟁점 중의 하나였다. 특히 우리나라의 경우, 2011년 오세훈 서울시장의 시장직을 건 무상급식 찬반 여부에 관한 주민투표를 계기로 선별주의와 보편주의에 관한 논쟁은 정책선택의 문제를 넘어 진보와 보수를 가르는 핵심 쟁점으로 부상하였다.

일반적으로 선별주의는 사회복지 대상을 표적화해 선별하는 원칙으로 이해되는 반면, 보편주의는 수혜대상을 모든 국민으로 포괄하는 의미로 이해되고 있다(Anttonen and Sipilä, 2008). 하지만 선별주의와 보편주의의 개념에 대한 명확한 합의는 아직도 도출되지 않고 있는 것이 사실이다. 실제로 보편주의를 정책대상의 포괄수준으로 판별하기도 하며(Raitano, 2008; Anttonen and Sipilä, 2008), 사회보험과 같은 특정정책의 포괄수준에 따라 구분하기도 한다(Esping-Andersen, 1990; Scruggs and Allan, 2006). 또한, 사회복지급여가 사회적 권리(social rights)로 제공되면 보편주의로, 자산조사를 통해 개인의 욕구에 기초하여 제공되면 선별주의로 보아야 한다는 주장도 제기된다(Gilbert & Terrell, 2006).

### (1) 선별주의

선별주의의 개념

선별주의(selectivism)란 일반적으로 사회복지정책이나 프로그램의 수혜자를 소득조사(income test) 또는 자산조사(means test)를 통해 일정 경제 수준 이하의 계층으로 제한하려는 선정 원칙을 의미한다. 즉 선별주의는 소득 또는 자산조사를 통해 욕구가 가장 큰 계층에게 한정된 가용자원을 집중하려는 사회복지 대상자 선정 원칙이다. 따라서 설령 급여의 수준이 높고 적용 대상의 범위가 넓은 사회복지 제도라도 소득조사 또는 자산조사를 실시하여 일정한 기준 이하에 해당하는 계층에게만 사회복지급여를 제공한다면 그 프로그램은 선별주의 프로그램에 해당한다. 다만 소득조사나 자산조사를 통해 소득 상위 10~20%를 제외한 나머지 80~90%에 해당하는 계층에게 사회복지급여를 제공하는 프로그램인 경우, 해당 프로그램을 보편주의 프로그램으로 간주해야 한다는 주장이 일각에서 제기되기도 한다. 하지만 설령 국민의 90%를 수혜대상으로 하는 사회복지 프로그램일지라도 소득조사나 자산조사를 통해 수혜대상을 구별한다면, 해당 프로그램은 선별주의 프로그램으로 분류해야 한다는 것이 정설이다.

### 선별주의의 장점

선별주의의 가장 큰 장점은 한정된 자원하에서 도움이 절실하지 않은 계층을 배제하고 욕구의 우선순위가 높은 계층에게 사회복지급여를 집중함으로써 자원의 불필요한 낭비를 줄이고 자원을 효율적으로 사용할 수 있다는 점이다. 이러한 측면에서 선별주의는 비용효과성[7]이 보편주의에 비해 높다. 또한, 선별주의는 저소득층에게 복지혜택이 집중됨으로써 소득재분배를 통해 빈부의 격차를 줄일 수 있다는 장점도 있다.

### 선별주의의 단점

하지만 선별주의는 다음과 같은 문제점을 갖는다.

첫째, 선별주의는 수혜 대상을 일정 소득 이하의 계층에 한정하고, 수혜를 위한 소득증빙을 요구하기에 수혜자에게 소위 '열패자(劣敗者)'라는 스티그마(stigma), 즉 수치심과 낙인을 남긴다(Sen, 1995; Rothstein, 2001; Stuber and Schlesinger, 2006).

둘째, 선별주의는 복지급여를 받기 위해 소득이나 자산에 대한 증빙서류를 준비해야 하는 성가심이나 행정절차의 복잡함으로 인해 수급 신청자들이 복지급여 지원 자체를 꺼리거나 포기할 가능성이 있다(Mkadawire, 2005).

---

7) 비용효과성이란 투입된 자원, 즉 투입 비용 대비 효과의 정도를 의미한다. 선별주의는 자신이 필요로 하는 것을 구입할 능력이 적은 사람(욕구가 높은 사람)에게 자원을 집중적으로 투입함으로써 투입된 자원, 즉 소요된 비용 대비 빈곤감소의 효과가 크기 때문에 비용효과성이 높다.

셋째, 선별주의는 수급자 선정을 위해 소득조사 또는 자산조사를 실시해야 하기에 행정비용이 크게 소요된다.

넷째, 선별주의는 제한된 계층만을 수혜 대상으로 한다는 점에서 계층 간 통합이 어렵다(van Oorschot, 2002). 특히, 선별주의 프로그램의 혜택을 받지 못하는 계층이 대부분 프로그램의 비용을 부담하는 납세자들이기 때문에 이들의 불만은 가중되며 계층 간 갈등이 고조된다.

다섯째, 선별주의는 혜택을 받지 못하고 비용만 부담하는 납세자들의 불만에 따라 프로그램의 축소 또는 폐지 가능성이 크다.

여섯째, 선별주의는 수혜자격의 공정성을 담보할 수 없다(Dinitto, 1995). 예를 들어 연봉 1억 원을 받는 갑(甲)과 을(乙) 두 사람이 10년간 직장에서 일하고 실직했다고 가정해 보자. 갑(甲)은 직장생활 10년 동안 검소한 생활을 하며 매년 5천만 원씩 저금하여 총 5억 원을 모아 집을 한 채 장만한 반면, 을(乙)은 연봉을 모두 사치품 구입과 유흥비 등으로 탕진했다. 이 경우, 검소하게 살아 온 갑(甲)은 재산을 보유하고 있어 공공부조 혜택을 못 받지만 방탕하게 살아 온 을(乙)은 오히려 복지혜택을 받는 불공정성이 발생하게 된다.

우리나라의 대표적인 선별주의 제도로는 국민기초생활보장제도, 기초연금, 장애인연금 등을 들 수 있다.

## (2) 보편주의

### 보편주의의 개념

보편주의(universalism)는 선별주의보다 더 논쟁적인 용어로, 그 개념에 대한 학자들의 견해는 실로 다양하다. 에스핑－안데르센(Esping－Andersen, 1990)과 스크럭스 & 앨런(Scruggs and Allan, 2006) 등은 16세에서 65세 사이의 노동인구 중 노동시장에서 질병보험, 실업보험, 연금 등 각 사회보험의 적용을 받는 비율, 즉 사회보험의 적용 범위 또는 정책대상의 포괄 수준으로 보편주의의 여부를 판별하여야 한다고 주장한다. 한편, 아베(Abe, 2001)는 소득이전(income transfer)이 발생되기 전(pre－transfer)에 빈곤층에게로 투입되는 총 소득이전의 비율(the share of total transfer)을 뜻하는 '수직적 지출 효과성(VEE: Vertical Expenditure Efficiency)'을 지표로 하여 보편주의의 정도를 판별해야 한다는 견해를 피력하기도 한다.

이처럼 보편주의의 개념에 대한 다양한 견해가 존재함에도 불구하고 일반적으로 보편주의란 모든 국민을 대상으로 복지급여를 제공하는 원칙으로 이해되고 있다. 그러나 엄밀히 말해, "모든 국민을 수혜대상으로 하는 복지제도는 보편주의 원칙에 입각한 제도이다."라는 서술은 옳다. 하지만 "보편주의 복지제도는 모든 국민을 대상으로 하는 제도이다."라는 서술은 옳지 않다. 그 이유는 보편주의 복지제도 중에 모든 국민을 대상으로 하는 제도도 물론 있지만, 그렇지 않은 경우도 많기 때문이다.

따라서 선별주의와 상대적인 개념으로 보편주의를 정의하면, 보편주의란 소득이나 자산에 관계없이 연령, 성별, 거주 지역 등 일정 범주에 속하는 모든 사람을 대상으로 하여 사회적 권리로 복지급여를 제공하는 원칙을 의미한다. 예를 들면, '지하철 경로우대 무임승차' 제도는 소득에 관계없이 연령을 기준으로 65세 이상이라는 일정 범주에 속하는 모든 노인에게 혜택이 제공되기 때문에 보편주의 프로그램에 해당된다.

일반적으로 보편주의자들은 모든 구성원이 사회적 위험에 직면할 수 있다는 전제하에, 사회정책을 빈민뿐만 아니라 공동체의 모든 구성원이 직면하는 문제에 대한 전체 사회의 적절한 대응으로 인식한다(Gilbert and Terrell, 2013). 따라서 선별주의가 '비용 효과성(cost effectiveness)'을 더 강조하는 반면, 보편주의는 사회 구성원들을 가진 자(the haves)와 갖지 못한 자(the have nots)로 구분하지 않기 때문에 인간의 존엄성과 사회통합을 유지할 수 있어 '사회적 효과성(사회효과성: social effectiveness)'[8]을 더 강조하는 원칙이라 할 수 있다.

하지만 그렇다고 해서 보편주의가 비용 효과성을 완전히 도외시하는 것은 아니다. 즉 무상교육, 무상의료서비스 등의 보편주의 제도는 사회문제의 발생을 사전에 예방함으로써 장기적으로 보면 사회적 비용을 절감하는 효과가 있으며, 선별주의 제도의 실시를 위해 소요되는 행정비용도 들지 않아 비용 효과성이 분명히 있다. 마찬가지로 선별주의 제도도 표적화된 대상에 대한 급여제공을 통해 저소득층의 불만과 그에 따른 사회적 긴장과 갈등 상황에 효과적으로 대응할 수 있다는 점에서 사회적 효과성이 전혀 없다고 할 수는 없다(Gilbert & Terrell, 2002).

---

8) 사회적 효과성 또는 사회 효과성이란 정책이 달성하고자 하는 목표, 예를 들면 빈곤감소를 비롯하여 정책 시행에 따라 달성하게 되는 인간 존엄, 사회통합, 평등 등의 다양한 사회적 효과를 의미한다.

수직적 지출효과성(vertical expenditure efficiency)은 '소득이 이전되기 전, 빈곤층에 투입되는 총 복지지출의 비율(the share of total benefit expenditure going to households who are poor before the transfer)'을 의미한다. 수직적 지출효과성은 베커맨(Beckerman, 1979)에 의해 고안된 개념으로, 부자와 빈민 간에 소득이전이 어떻게 분배되고 있는지를 보여줌과 동시에 프로그램의 보편성(universality)을 평가하는 지표이다. 즉 어떠한 복지 급여가 부자와 빈민 간에 균등하게 분배되고 있다면, 수직적 지출효과성의 값은 작아지는 반면, 자산조사를 통해 빈곤층에게만 복지혜택이 제공된다면 수직적 지출효과성의 값은 커진다.

### 보편주의의 장점

보편주의는 다음과 같은 장점을 갖는다.

첫째, 보편주의는 소득조사나 자산조사를 실시하지 않음으로써 선별주의 프로그램의 수혜자들이 느끼는 낙인감(stigma)을 유발하지 않는다.

둘째, 보편주의는 모든 계층을 수혜대상으로 포괄함에 따라 평등의 가치를 제고하고 사회통합에 기여한다.

셋째, 보편주의는 수혜대상을 모든 계층으로 확대함에 따라 계급 간 연대를 통해 제도에 대한 광범위한 지지 기반을 형성할 수 있어 선별주의에 비해 제도적 지속성이 높다.

넷째, 보편주의는 수혜대상에 대한 지속적인 자산조사를 통한 선별작업이 필요하지 않아 행정비용이 선별주의에 비해 더 적게 든다.

다섯째, 보편주의 제도 덕분에 받은 사회복지급여를 누진적인 과세대상소득에 포함시킬 경우, 부유한 개인은 더 많은 세금을 납부하게 될 수도 있어 결국 실질적인 소득재분배 효과를 가져올 수 있다.

### 보편주의의 단점

하지만 보편주의는 다음과 같은 단점이 있다.

첫째, 선별주의 프로그램에 비해 훨씬 많은 비용이 소요되기 때문에 재정압박에 직면할 가능성이 높다.

둘째, 한정된 자원하에서 욕구가 크지 않은 계층에게도 복지 혜택이 제공되어 예산 낭비가 발생함으로써 일종의 혜택 비효율성(benefit inefficiency)이 높다.

셋째, 선별주의 프로그램과 달리 소득재분배의 효과가 크게 나타나지 않는다.

넷째, 보편주의 프로그램은 욕구가 더 높은 저소득 계층보다는 해당 프로그램에 대한 접근성이 더 높은 부유한 계층에 의해 더욱 유용하게 사용되어질 가능성이 있다.

우리나라의 대표적인 보편주의 복지제도로는 국민연금, 아동수당, 무상급식 등을 들 수 있다.

## (3) 길버트와 터렐의 복지수혜자 선정 기준

길버트와 터렐(Gilbert & Terrell, 2013)은 복지수혜자의 선정 기준으로 귀속적 욕구, 보상, 진단적 구분, 자산조사에 의한 욕구 등 네 가지를 제시하였다.

첫째, 귀속적 욕구(attributed need)에 근거한 할당 원리란 소득이나 자산의 많고 적음에 관계없이 기존 제도를 통해 충족하지 못하는 욕구를 공통적으로 가지고 있는 집단에 소속되는지의 여부에 따라 해당 집단에 소속되는 모든 사람에게 급여의 수혜 자격을 부여하는 원칙이다. 이러한 귀속적 욕구는 가장 광범위하게는 모든 국민에서부터 아동, 노인, 장애인, 특정 지역 주민 등 일정 범주에 귀속되는 대상으로 한정될 수도 있다. 결국 이 선정 기준은 보편주의 원칙에 따른 선정 방식이라 할 수 있다. 우리나라의 경우, 8세(95개월) 미만의 자녀가 있는 가정에 제공하는 아동수당, 65세 이상 노인에게 제공하는 지하철 무료승차제도 등이 귀속적 욕구에 의해 복지수혜자를 선정하는 프로그램에 해당한다.

둘째, 보상(compensation)에 근거한 할당원리란 사회보험료를 납부하는 것을 포함하여 사회적, 경제적으로 특별한 기여를 하거나, 인종이나 종교적 이유 등으로 사회로부터 부당한 피해를 입은 사람에게 보상으로 복지수혜의 자격을 부여하는 것이다. 국민연금, 공무원연금 등을 비롯하여 국가유공자 우대제도, 미국의 소수집단 우대정책(affirmative action: 차별시정정책) 등이 보상에 근거하여 복지수혜자를 선정하는 대표적인 제도에 해당한다.

셋째, 진단적 구분(diagnostic differentiation)에 근거한 할당 원리는 전문가의 분류나 판단(기술적 분류기준)에 근거하여 수혜대상자를 선정하는 원칙이다. 장애 정도, 노인장기요양보험 대상자 등급 등에 따라 복지서비스의 수혜대상을 결정하는 것이 이에 해당한다.

넷째, 자산조사에 의한 욕구(means-tested need)에 기초한 할당 원리는 한 개인이 필요한 재화나 서비스를 구매할 경제적 능력이 없음을 증빙하는 자산조사에 기초하여 급여의 수혜 자격을 부여하는 것을 의미한다. 즉 이 할당 원리는 선별주의 원칙에 따라 복지수혜자를 선정하는 방식이라 할 수 있다. 국민기초생활제도, 의료급여, 장애수당 등과 같은 공공부조가 이에 해당한다.

## 03 사회복지급여

### 1) 사회복지급여의 개념

사회복지급여(social welfare benefits)란 사회복지 정책결정의 산물로서 욕구충족을 위해 제공되는 유·무형의 재화와 서비스를 포괄하는 사회복지 혜택을 의미한다. 이러한 사회복지급여는 사회복지정책에 있어 무엇을 사회복지 대상자에게 전달할 것인가의 문제와 연관된다. 따라서 사회복지급여의 내용, 형태, 수준 등은 사회복지정책을 통해 달성하려는 정책목표에 따라 달리 결정된다.

### 2) 사회복지급여의 유형

사회복지급여는 크게 현금과 현물로 구분될 수 있지만 현금, 서비스, 재화, 바우처(증서), 기회, 권력 등으로 세분되기도 한다. 여기에서는 서비스와 재화를 현물급여로 통칭하여 살펴보고자 한다.

#### (1) 현금급여

현금급여(cash benefits)는 수급자가 자신에게 필요한 재화와 서비스를 직접 시장에서 구매할 수 있도록 화폐 형태로 지급하는 급여이다. 우리나라의 경우, 아동수당이나 국민기초생활보장제도의 급여 가운데 생계급여, 주거급여 등이 대표적인 현금급여에 해당한다.

현금급여는 타인에게 양도하는 데 제한이 없다. 또한, 소비의 측면에서 수급자의 선택의 자유를 통해 자기결정권을 제고할 수 있고 수급자의 만족감을 극대화할 수 있다는 장점을 지닌다. 특히 인간의 존엄성 실현이라는 측면에서도 우월하며 운영효율성도 탁월하다. 그 외에도 시장 기제를 통해 소비가 이루어짐으로써 시장에 대한 왜곡이 발생하지 않는다는 장점도 있다.

하지만 현금급여는 수급자가 좋지 않은 곳(술, 마약 구입 등)에 사용하는 것을 통제할 수 없어 목표효율성이 떨어진다는 단점이 있다.

## (2) 현물급여

현물급여(in-kind benefits)는 수급자에게 재화나 서비스의 형태로 제공되는 급여를 말한다. 즉 식품, 의류, 주택, 장애인 보장구 등의 재화와 상담, 재활, 간호, 보호, 직업훈련 등 서비스의 형태로 제공되는 급여를 총칭하여 현물급여라 일컫는다. 다만, 우리나라 국민건강보험공단에서는 현물급여에 속하는 장애인 보장구를 현금급여로 분류하고 있는데, 그것은 장애인 보장구를 구입할 비용을 현금으로 지원해 주고 있기 때문이다.

현물급여 가운데 재화는 현금에 비해 상대적으로 교환가치가 낮지만, 제한적인 양도가 가능한 반면, 서비스는 양도가능성이 없는 급여이다.

현물급여의 장점은 정책의 목표효율성이 탁월하며, 필요한 곳에 세금이 정확히 사용된다는 측면에서 납세자들의 지지를 얻을 수 있어 정치적으로 선호된다. 또한, 현물급여 가운데 재화는 규모의 경제 효과가 있어 생산단가를 낮출 수 있다는 장점도 지닌다.

하지만 현물급여 중 재화는 보관 및 유통과정에 추가적인 비용이 소요되어 운영효율성이 떨어지며, 재화에 대한 부정거래가 발생할 가능성이 있고, 수급자의 선택의 자유가 현금급여에 비해 크지 않다는 단점을 지닌다.

## (3) 바우처

증서 또는 상환권이라고도 일컫는 바우처(voucher)는 특정한 재화나 서비스에 대한 구매권을 쿠폰이나 카드 형태로 제공하는 급여를 의미한다. 즉 바우처란 지정된 범위의 재화나 서비스 중에서 수급자가 원하는 것을 선택할 수 있도록 제한된 구매력(purchasing power)을 승인하는 일종의 보조금이라 할 수 있다(Steuerle, 2000).

바우처는 다음과 같은 특성을 갖는다(강창현, 2012).

첫째, 바우처를 제공받는 수급자(소비자)는 서비스의 공급자, 내용 및 수준을 선택할 수 있다(Cave, 2001). 따라서 서비스 공급자는 수급자가 원하는 서비스를 공급해야할 유인이 생기게 된다. 이 과정에서 소비자의 욕구에 부응하기 위해 다수의 공급자 간에 경쟁이 발생하고, 경쟁을 통해 서비스의 질이 관리되고 향상된다.

둘째, 바우처는 수급자의 선택권이 현금급여보다 제한되지만, 현물급여보다는 더 보장된다. 따라서 수급자의 소비에 대한 통제력은 현금급여보다 더 크지만 현물급여보다는 더 적다.

셋째, 바우처는 현금보다는 목표효율성이 높지만 현물보다는 낮다. 두 번째와 세 번째의 특성으로부터 바우처가 현금급여와 현물급여의 중간적 성격을 가진다는 사실을 확인할 수 있다.

넷째, 바우처는 사용용도의 제한성, 즉 지정된 범위의 재화나 서비스만 교환할 수 있다는 특성을 갖는다.

다섯째, 바우처는 일반적으로 다른 사람에게 권리를 양도할 수 없도록 규정한다. 만일 바우처의 양도를 제한하지 않으면 수급자는 지하시장에서 바우처를 팔아 현금처럼 써버릴 수 있는 문제가 발생하기 때문이다.

## (4) 기회

기회(opportunity)는 바람직한 어떠한 목적을 성취하기 위해 활용되는 유인(誘引: incentives)과 재가(裁可: sanctions)를 말한다. 즉 소외계층에게 교육, 취업, 승진, 시험 등에서 다른 사람에 비해 예외적으로 우대를 더 해줌으로써 진입장벽을 쉽게 넘을 수 있도록 해주는 사회복지급여를 의미한다. 우리나라의 농어촌 지역 학생 특례입학제도, 장애인 의무고용제, 국가유공자 자녀 우대제도, 미국의 차별시정조치(affirmative action) 등이 대표적인 기회 급여라 할 수 있다. 이러한 기회 급여는 타인에게 양도할 수 없으며, 다른 재화나 서비스와 교환할 수도 없는 특성을 갖는다.

## (5) 권력

권력(power)은 재화와 자원의 통제에 영향을 미칠 수 있는 힘으로, 정책결정권을 재분배하는 능력이라 할 수 있다. 다시 말해, 권력 급여는 수급자에게 보다 많은 사회적 자원이 배분될 수 있도록 그들의 정치적, 사회적 힘을 증진시킬 수 있다. 사회복지 급여로서의 권력은 다른 유형의 사회복지급여보다 사회복지 대상자의 사회적·경제적 선택에 대한 통제력을 훨씬 더 크게 제공한다. 즉 권력은 현물이나 기회 등에 비해 사회복지 대상자에게 훨씬 더 많은 선택의 여지를 제공한다. 특히 사회복지 대상자의 사회적·정치적 힘이 증진되어가는 과정에서 유형의 자원뿐 아니라 자신감, 성취감 등 무형의 내적 자원도 획득할 수 있다. 사회복지 수급자의 대표를 복지 수혜자격이나 급여 수준 등을 결정하는 위원회의 위원으로 선정하여 정책결정권을 제공하는 것은 권력 급여의 좋은 예라 할 수 있다.

## 04 사회복지자원[9]

### 1) 사회복지자원의 개념

자원(resources)이란 사전적으로 '인간의 생활과 경제적 생산을 위해 이용되는 원료'를 의미한다. 즉 자원은 사회적, 경제적 생산물을 만들어 내는 데 밑거름이 되는 요소를 일컫는다. 이러한 맥락에서 사회복지자원(social welfare resources)이란 사회복지의 산물을 생산하는 데 이용되는 원료라 할 수 있다. 사회복지의 산물은 1차적으로 사회복지서비스, 프로그램 및 정책 등이며, 2차적으로는 1차적 생산물의 제공을 통한 인간의 긍정적인 변화, 나아가 인간다운 삶의 영위라 할 수 있다. 따라서 사회복지자원은 인간의 욕구충족과 문제해결을 위해 제공되는 사회복지서비스와 정책 등을 생산하는 데 활용되는 인적, 물적, 제도적 요소를 포함하는 유·무형의 모든 원료라 할 수 있다.

사회복지자원의 개념에 대한 학자들의 정의는 다양하다. 핀커스와 미나한(1973)은 사회복지자원을 인간이 생활을 유지하고 성장과 발달을 지속하는 데 필요한 재화와 서비스로 규정하면서, 클라이언트의 목표를 성취하고 문제를 해결하며 생활상의 과업을 달성하거나 자신의 포부와 가치를 실현하기 위해 활용되는 모든 것이라 정의하였다. 하

---

9) 혹자는 사회복지의 구성요소 중 하나로 사회복지자원 대신 사회복지재원을 제시하기도 한다. 하지만 재원은 물적자원의 하나인 재정자원을 의미하기 때문에 재원을 사회복지의 구성요소의 하나로 간주하는 것은 협소한 시각이라 할 수 있다.

지만 이처럼 사회복지자원을 재화와 서비스로 한정하는 것은 개념의 적절성 여부는 차치하고, 사회복지자원을 너무 협의적으로 간주하는 문제를 내포한다. 더욱이 재화와 서비스는 자원이라기보다는 자원을 통해 생산되는 결과물이기 때문에 사회복지자원으로 간주하는 것은 적절하지 않다. 따라서 사회복지자원은 사회적 욕구 충족을 위해 동원되는 인력과 시설, 설비, 자금이나 물자, 나아가 개인이나 집단이 보유하고 있는 지식과 기능까지도 포괄하는 개념으로 이해하는 것이 타당하다.

## 2) 사회복지자원의 구분

사회복지자원은 그 속성에 따라 구분할 수도 있고, 공급주체에 따라 구분할 수도 있다.

### 속성에 따른 구분

사회복지자원은 속성에 따라 크게 인적자원과 물적자원으로 구분된다.

우선 인적자원은 일반적으로 한 사회 또는 국민경제가 필요로 하는 재화와 용역의 생산에 투입될 수 있는 노동력을 의미한다. 좁은 의미의 인적자원은 지식, 기술, 재능을 가진 인간의 노동력을 의미하며, 넓은 의미로는 해당 사회의 경제활동인구를 뜻한다.

이러한 측면에서 사회복지 인적자원이란 협의적으로는 사회복지사, 사회복지전담공무원, 복지정책 수립자 등 사회복지서비스, 프로그램 및 정책을 수립하고 제공할 수 있는 지식, 기술, 재능을 가진 인력을 말한다. 반면에 광의적으로는 협의의 인적자원을 비롯하여 가족, 친지, 이웃 등 비공식적 인적자원과 자원봉사자 및 더 나아가 사회복지의 주요 재원인 세금을 납부하는 해당 사회의 모든 납세자들이 사회복지 인적자원에 해당할 수 있다.

한편, 물적자원은 일반적으로 원자재, 기계, 설비, 건물, 토지 등의 가시적 자원을 의미한다. 이러한 측면에서 사회복지 물적자원이란 재원,[10] 재화, 시설, 장비 등 사회복지서비스와 프로그램 제공 및 사회복지정책 집행에 활용되는 가시적인 모든 자원이 해당된다고 할 수 있다.

---

10) 재원에 대한 설명은 10장 6절 2) 정책 분석틀을 참고하시오.

공급주체에 따른 구분

사회복지자원은 공급주체에 따라 공공자원과 민간자원, 또는 공식적 자원과 비공식적 자원으로 구분할 수 있다(한국보건사회연구원, 2012).

우선 공공자원이란 정부, 지방자치단체, 공공기관 등 공공조직에서 제공하는 자원을 의미하며, 민간자원이란 기업과 같은 영리조직과 제3섹터인 비영리조직, 그리고 가족과 이웃 등 민간 영역에서 제공하는 자원을 일컫는다.

한편, 공식적 자원이란 정부와 지방자치단체 등의 공공조직과 기업 등의 영리조직 및 민간 비영리조직 등 공식적 조직이 지원하는 자원을 지칭한다. 반면에 비공식적 자원은 가족, 친지, 이웃 등 비공식 영역에서 제공하는 자원을 의미한다.

## 05 | 사회복지서비스 전달체계

### 1) 사회복지서비스 전달체계의 개념

사회복지서비스 전달체계란 사회복지급여를 제공하는 공급자들과 수혜자들을 연결하는 조직적인 장치를 말한다(Gilbert & Specht, 1986; Gates, 1980). 다시 말해, 사회복지서비스 전달체계는 사회복지자원이 수혜자에게 제공되는 절차이자 도구이며 하나의 틀로서 사회복지자원이 중앙정부 또는 지방정부에서 사회복지서비스 수혜자에게 전달되는 일련의 절차(procedure)와 체계(system)를 의미한다(Lee, Majer & Kim, 2019).

사실상 사회복지의 성패는 욕구와 문제를 가지고 있는 사회복지 대상자에게 필요한 서비스를 얼마나 효과적이고 효율적으로 전달하는가에 달려 있다. 이러한 차원에서 사회복지서비스 전달체계의 적절한 구축은 사회복지의 성공을 이끄는 핵심적인 요인 중 하나이다. 실제로 사회복지서비스 전달체계가 적절히 구축되어 있지 않아 제 기능을 하지 못할 경우, 서비스의 중복으로 인한 자원의 낭비는 물론 서비스의 누락으로 인해 사회복지 대상자의 욕구가 충족되지 못하는 결과를 초래한다.

이러한 사회복지서비스 전달체계는 사회복지서비스를 기획하고 관리하는 기능을 담당하는 행정체계와 수혜자에게 직접 사회복지서비스를 전달하는 기능을 수행하는 집행체계로 구분할 수 있다. 협의의 사회복지서비스 전달체계는 집행체계를 의미하며, 광의의 사회복지서비스 전달체계는 집행체계와 행정체계를 포괄하는 개념이라 할 수 있다.

## 2) 사회복지서비스 전달체계의 구분

사회복지서비스 전달체계는 구조·기능에 따라, 관리·운영 주체에 따라, 서비스 종류에 따라 구분할 수 있다.

### 구조·기능에 따른 구분

사회복지서비스 전달체계는 사회복지서비스를 공급하는 체계의 구조와 기능에 따라 행정체계와 집행체계로 구분할 수 있다(성규탁, 1998).

이미 전술한 바와 같이 행정체계는 사회복지서비스를 기획, 지시, 지원, 관리하는 기능을 수행하는 체계이다. 반면, 집행체계는 행정체계로부터 지원과 감독을 받으면서 서비스 수혜자와의 직접적인 대면관계를 통해 서비스를 전달하는 기능을 수행하는 체계이다.

우리나라의 경우, 일반적으로 보건복지부와 같은 중앙정부기관과 시·도 및 시·군·구는 행정체계에 해당하며, 읍·면·동 및 지역사회 복지기관, 시설 및 사회복지사 등은 집행체계에 속한다고 할 수 있다.

### 관리·운영 주체에 따른 구분

사회복지서비스 전달체계는 전달체계의 관리와 운영 주체에 따라 구분되기도 하는데, 크게 공적(공공)전달체계와 사적(민간)전달체계로 구분할 수 있다.

공적전달체계는 정부(중앙 및 지방)나 공공기관이 수립하고 그 운영과 관리를 직접 담당하는 전달체계를 말한다. 일반적으로 사회보험과 공공부조는 중앙정부가 운영과 관리의 책임을 맡고 있다. 하지만 사회복지서비스는 지방정부가 주로 책임을 맡고 있으며, 민간차원에서도 서비스 전달의 상당 부분을 담당하며 적극적으로 관여하고 있다.

한편, 사적전달체계는 민간이 관리와 운영의 주체가 되는 전달체계로서 대부분 사회복지서비스 부문에 집중되어 있다. 사적전달체계는 대부분 정부의 일정 정도의 재정적인 지원과 행정적인 지도·감독하에서 다양한 형태와 방법으로 수립되어 운영되고 있다.

서비스 종류에 따른 구분

사회복지서비스 전달체계는 전달체계를 통해 제공되는 서비스의 종류에 따라 구분
되기도 한다. 이는 사회복지서비스 전달체계를 아동복지서비스 전달체계, 노인복지서비
스 전달체계, 장애인복지서비스 전달체계 등과 같이 서비스 대상자를 기준으로 유형화
하는 것이다.

## 3) 사회복지서비스 전달체계 구축의 주요 원칙

사회복지서비스 전달체계는 사회복지정책의 목표를 효과적, 효율적으로 달성할 수
있도록 지원하는 체계이다. 따라서 사회복지서비스 전달체계를 어떻게 구축할 것인지
의 문제는 사회복지정책의 목표를 달성하기 위한 매우 중요한 과제가 된다. 실제로 사
회복지서비스가 어떠한 방식과 절차를 통해 전달되느냐에 따라 사회복지정책의 효과가
달라지기도 하며, 사회복지서비스 전달체계의 형식이 서비스 내용을 구성하기도 한다
(한동우, 2012).

길버트와 터렐(Gilbert & Terrell, 2004)은 사회복지서비스 전달체계에 있어 주로 발
생하는 문제점으로 '단편성(fragmentation)', '비연속성(discontinuity)', '비접근성(in-
accessibility)', '비책임성(unaccountability)'을 제시하고 있다.[11]

이러한 문제점을 예방하고 효과적이고 효율적인 서비스를 전달하기 위해서는 서비
스 전달체계가 전문성, 평등성, 적절성, 지속성, 포괄성, 통합성, 책임성, 접근용이성 등
의 원칙에 입각하여 구축되어야 한다(황성철 외, 2014).

첫째, 전문성의 원칙이란 사회복지서비스 제공에 있어 핵심적인 업무는 전문가가
담당해야 하며, 그렇지 않은 업무는 준전문가 또는 비전문가가 담당하게 함으로써 서비
스 전달의 효율성을 높여야 한다는 원칙이다. 즉 전문성의 원칙은 전문성 정도에 따른
업무분담의 원칙이라 할 수 있다.

둘째, 평등성의 원칙이란 저소득층을 위한 공공부조 등 특별한 경우를 제외하고
사회복지서비스는 클라이언트의 연령, 성별, 소득, 지역, 종교, 지위 등을 막론하고 차
별 없이 제공되어야 한다는 원칙이다.

---

11) 단편성, 비연속성, 비접근성, 비책임성에 대한 자세한 설명은 7장의 [REFERENCE 7-3]을 참고하시오.

서비스 전달체계의 단편성, 비연속성, 비접근성, 비책임성

길버트와 스펙트는 사회복지서비스 전달체계에 있어 주로 발생하는 문제점으로 단편성, 비연속성, 비접근성, 비책임성 등을 제시하고 있다. 예를 들어, 이혼하여 어린 자녀를 홀로 키우면서 직업도 없이 알코올 중독에 걸려 있는 여성이 있다고 하자. 뒤늦게 정신을 차린 그녀는 어린 자녀를 보육원에 맡긴 후, 오전에는 알코올중독 재활치료소에서 치료를 받고, 오후에는 직업훈련소에서 기술을 배우기로 결심하였다.

이러한 상황에서 첫째, 보육원과 재활치료소 및 직업훈련소가 한 장소에 가까이 위치하지 않고 서로 멀리 떨어진 곳에 위치해 있거나 여성의 일정에 맞지 않게 각기 운영되고 있다면, 서비스 전달체계에 단편성(fragmentation)의 문제가 있다고 한다. 또한, 기관들이 중복되는 서비스를 제공할 경우에도 단편성의 문제가 있다고 할 수 있다.

둘째, 보육원, 재활치료소, 직업훈련소를 연결해 주는 편리한 이동수단이 없으며 재활치료소와 직업훈련소 간에 의뢰체계가 없거나 보육료를 지원해 줄 복지제도가 존재하지 않는다면, 서비스 전달체계에 비연속성(discontinuity)의 문제가 있다고 한다.

셋째, 클라이언트의 거주지가 재활치료소나 직업훈련소가 위치한 지역과 달라서 치료나 훈련을 받을 수 없다면, 서비스 전달체계에 비접근성(inaccessibility)의 문제가 있다고 한다.

넷째, 위의 세 가지 상황 가운데 하나 이상의 상황이 발생했음에도 클라이언트가 문제해결을 위한 수단을 갖고 있지 못할 경우, 우리는 사회복지서비스 전달체계에 비책임성(unaccountability)의 문제가 있다고 말한다.

셋째, 적절성의 원칙이란 사회복지서비스의 양, 질, 제공 기간 등이 클라이언트의 욕구충족이나 문제해결에 충분할 만큼 제공되어야 한다는 원칙이다. 적절성의 원칙은 충분성의 원칙이라고도 일컫는다.[12]

---

12) 몇몇 학자들은 사회복지서비스를 클라이언트에게 필요한 기간만큼 충분히 제공해야 하는 원칙을 '연속성의 원칙'이라 명명하고 있는 반면, 또 다른 학자들은 서비스를 필요한 기간만큼 제공해야 한다는 것은 결국 서비스의 양을 충분히 제공해야 하는 것과 같은 의미이기에 적절성(충분성)의 원칙에 해당하는 것으로 보아야 한다고 주장한다. 필자의 개인적 의견도 후자의 견해와 같다.

넷째, 지속성의 원칙이란 클라이언트의 문제나 욕구를 해결하는 과정에서 제공되는 서비스의 종류나 질이 달라져야 하는 경우, 서비스 제공기관 내에서 또는 지역사회 내 서비스 제공기관 간의 적절한 연계를 통해 필요로 하는 새로운 서비스가 지속적으로 제공되어야 한다는 원칙이다. 예를 들어 실업자에게 취업프로그램을 제공할 경우, 처음에는 서비스 제공기관 내에서 직업훈련 프로그램을 제공하고, 직업훈련 프로그램을 이수한 이후에는 직업 알선 프로그램을 제공하며, 구직 후에는 직장에서 잘 적응하고 있는지를 케어해 주는 팔로우 업(follow up) 프로그램을 서비스 제공기관 내 또는 타 기관과의 연계를 통해 적절히 제공한다면, 서비스 전달체계 구축에 있어 지속성의 원칙이 잘 지켜진 경우라고 할 수 있다.

다섯째, 포괄성의 원칙이란 클라이언트의 욕구와 문제는 다양하고 복잡하기 때문에 이러한 욕구를 충족하고 문제를 해결하기 위해서는 포괄적이고 다양한 서비스가 다각적이며 종합적으로 제공되어야 한다는 원칙이다.

여섯째, 통합성의 원칙이란 클라이언트의 문제해결을 위해 필요한 서비스들이 서로 연관성 있게 유기적 연계를 통해 통합적으로 제공되어야 한다는 원칙이다. 서비스가 통합적으로 제공되어야 한다는 것은 첫째, 서비스들이 단편적으로 제공되지 않고 유기적으로 서로 연계되어 제공되며, 둘째, 서비스 제공 장소들이 지리적으로 상호 근접되어 있고, 셋째, 서비스를 제공하는 관련 조직 간에 상호유기적인 협조와 연계체계가 갖추어져 있다는 것을 의미한다. 만일 서비스들이 서로 연계성 없이 제공된다면 파편성(fragmentation)의 문제가 발생하게 된다.

일곱째, 책임성의 원칙이란 사회복지조직은 국가로부터 시민의 권리로 인정한 사회복지서비스를 제공하도록 위임받은 조직이기에 사회복지서비스 전달에 있어 전문적이고 양질의 서비스를 제공할 책임이 있다는 원칙이다. 이는 수혜자의 욕구에 대한 적절한 대응, 전달절차의 적합성, 서비스의 전달과정에 있어 불평과 불만에 대한 수렴장치의 확보 및 주어진 자원으로 얼마나 효과적이고 효율적인 서비스를 제공하였는지 등을 객관적으로 증명할 수 있어야 함을 의미한다.[13]

여덟째, 접근용이성의 원칙이란 누구든지 필요한 사회복지서비스를 쉽게 얻을 수 있어야 한다는 원칙이다. 사회복지서비스를 쉽게 얻지 못하게 하는 장애요인으로는 정

---

13) 사회복지조직의 책임성을 확보하기 위한 노력으로는 사회복지법인 및 사회복지시설 재무·회계규칙에 근거한 예산편성 및 예산수립 과정에 주민참여제도 시행, 배분사업 공모를 통한 사회복지 프로그램 재정지원, 사회복지사업법에 따른 사회복지법인 이사회 구성 등을 들 수 있다.

보접근성의 장애, 지리적 장애, 심리적 장애, 선정 절차상의 장애, 이용 비용상의 장애 등이 있다.

첫째, 정보접근성의 장애는 서비스에 관한 정보 부족 또는 결여 등으로 인해 필요로 하는 서비스를 받지 못하는 문제를 말한다. 둘째, 지리적 장애는 거리가 멀리 떨어진 서비스 수혜 장소, 교통의 불편 등으로 서비스를 받는 데 어려움을 겪는 문제를 말한다. 셋째, 심리적 장애는 클라이언트 자신의 문제 노출에 대한 수치심과 불안감, 사회복지사와의 거리감이나 대면의 두려움 등으로 서비스를 제대로 받지 못하는 문제를 말한다. 넷째, 선정 절차상의 장애는 신청절차의 까다로움, 수혜자 선정의 엄격한 기준, 선정결정을 위한 오랜 시간 소요 등으로 서비스를 제대로 받지 못하는 문제를 말한다. 다섯째, 이용 비용상의 장애란 서비스 이용에 따른 비용을 요구하는 경우, 금전적 어려움으로 인해 서비스를 받지 못하는 문제를 말한다.

# 사회복지
# 방법론

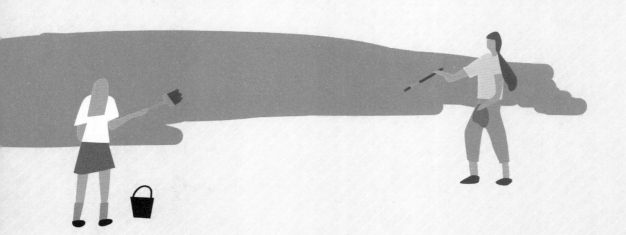

"사물의 상황이 달라지면
거기에 대처하는 준비도 바꾸지 않으면 안 된다.
지나간 최상의 방법이 지금에 와서까지
최상의 방법이라 할 수가 없게 되는 것이다."
- 한비자 -

"우리가 무엇을 생각하느냐, 무엇을 알고 있느냐,
무엇을 믿고 있느냐는 별로 중요하지 않다.
중요한 것은 결국
우리가 무엇을 행동으로 실천하느냐이다."
- 존 러스킨(John Ruskin) -

사회복지실천(social work practice)은 사회복지사가 클라이언트의 욕구를
충족하고 문제를 해결하기 위해 사회사업(social work)의 전문 지식과 기
술을 적용하여 수행하는 실천활동을 의미한다. 따라서 사회복지실천의 정
의는 사회사업의 정의와 별반 다를 바 없으며, 실제로 많은 문헌에서 사회
사업과 사회복지실천을 동일하게 정의하기도 한다. 이러한 사회복지실천은
클라이언트와의 대면 여부에 따라 직접적 실천(direct practice)과 간접적
(indirect practice) 실천으로 구분된다. 또한 클라이언트의 수준에 따라 미
시적 실천, 중간적 실천, 거시적 실천으로도 구분된다. 이 장에서는 개인,
가족, 집단을 개입대상으로 하여 직접적으로 서비스를 제공하는 미시적 수
준의 실천을 중심으로 사회복지실천의 개념, 목적, 주요 이론, 접근방법 및
실천 과정에 대해 살펴보고자 한다.

# CHAPTER 08 ● 사회복지실천

## 01 사회복지실천의 개념과 목적

### 1) 사회복지실천의 개념

사회복지실천은 'social work practice'를 번역하여 탄생한 용어이다. 필자가 이미 앞에서 지적한 바와 같이 사회사업(social work)과 사회복지(social welfare)는 분명히 다른 개념이라는 점에서 social work practice를 사회복지실천으로 번역하여 개념을 정의하는 것은 결코 바람직한 일이 아니다. 하지만 용어상의 문제를 더 이상 거론하는 것은 적절치 않으므로, 여기에서는 사회복지실천을 social work practice와 동일한 개념으로 간주하고 개념을 정의하고자 한다.

사회복지실천은 용어 그대로 사회복지(social work)를 실천(practice: 실행)하는 것이다. 다시 말해, 사회복지실천은 사회복지사가 사회복지의 목적인 인간의 삶의 질을 향상하기 위해 전문적인 활동을 실행(실천)하는 것을 의미하며, 사회복지사가 수행하는 전문적인 활동 자체를 지칭하기도 한다. 따라서 엄밀히 말해 비전문가인 자원봉사자가 클라이언트를 위해 봉사하는 것은 사회복지실천에 해당하지 않는다.

사회복지실천의 개념에 대해 좀 더 면밀히 살펴보면, 전미사회복지사협회(NASW, 2018)는 사회복지실천(social work practice)을 "생물학적·심리적·사회적 발달과정, 인간과 환경의 상호작용, 클라이언트 체계의 권한부여 등의 증진을 기반으로 하여, 개인·가족·집단·조직 및 사회의 문제를 예방, 사정, 진단하고 개입하려는 목적으로 사회복지사에 의해 수행되어지는 사회사업 이론과 방법의 전문적인 적용"이라고 규정하고 있다. 양옥경과 그의 동료들(2018)은 사회복지실천을 "인간의 삶의 질을 향상시키기 위해 개인, 소집단, 가족 또는 지역사회의 문제 및 욕구에 대해 권한부여적이며 문제해결적인 접근방법으로 개입하는 종합적인 전문활동"으로 정의하고 있다. 결국 사회복지실천이란 인간의 삶의 질을 향상하기 위한 목적으로 사회복지사가 개인, 가족, 집단, 조직 및 지역사회의 당면한 문제해결을 위해 사회복지(social work)의 전문적 지식과 기술을 활용하여 계획된 원조를 제공하는 일련의 과정이자 활동 그 자체라고 정의할 수 있다.

사회복지실천의 분류

사회복지실천의 개념을 정의하는 데 있어 한 가지 유의할 사안은 사회복지실천의 미시적인 측면을 지나치게 강조함으로써 발생하는 문제이다. 이는 이미 언급한 사회복지학의 정체성 문제와 연관이 깊다.1) 그로 인해 사회복지실천을 임상사회복지(임상사회사업)와 유사한 미시적 차원의 직접적 실천으로 해석하는 오류를 범하기도 한다. 하지만 사회복지실천은 클라이언트와의 대면 여부를 기준으로 사회복지사가 클라이언트를 직접 대면하여 개입하는 직접적 실천(direct practice)과 클라이언트를 직접 대면하지 않고 개입하는 간접적 실천(indirect practice)으로 구분할 수 있다.

또한, 사회복지실천은 클라이언트 체계의 수준, 즉 클라이언트 체계의 크기나 규모에 따라 미시적 실천(micro practice)과 거시적 실천(macro practice)으로 구분할 수 있다. 우선 미시적 실천, 즉 미시 수준의 사회복지실천이란 사회복지사가 개인, 가족, 소집단 등 소규모의 클라이언트를 대상으로 보통 직접적으로 대면하여 원조활동을 전개하고 개입대상의 변화를 꾀하는 전문적인 활동을 말한다. 이러한 미시적 수준의 사회복지실천에서는 의사소통과 면접 등의 실천기술과 방법이 주로 사용된다.

반면, 거시적 실천, 즉 거시 수준의 사회복지실천은 사회복지조직 또는 지역사회나 전체 사회 등 더 큰 규모의 클라이언트를 대상으로 계획된 변화를 도모하는 사회복지사의 개입을 의미한다(Netting et al., 1993). 물론 거시 수준의 실천에서도 사회복지사는 직접적으로 클라이언트와 상호작용할 때도 있다. 하지만 일반적으로 거시적 실천에서는 주로 사회복지기관이나 조직의 행정체계 및 프로그램 관리, 지역사회의 자원개발, 이해집단 간의 교섭과 타협, 정책분석, 정책대안 발굴 및 제시, 관련 법률 및 제도 개선 노력 등 클라이언트를 직접 대면하기보다는 간접적으로 지원하는 다양한 활동을 수행한다.

한편, 클라이언트의 규모에 따른 사회복지실천 분류에서 미시적 실천과 거시적 실천의 이분법적 분류 대신 중간적(mezzo) 수준의 사회복지실천, 즉 중범위 실천을 포함하여 삼분법적으로 분류하기도 한다. 이럴 경우, 중간적 수준의 사회복지실천의 대상은 이분법적 분류에서 미시적 실천의 대상이었던 또래 집단, 자조 집단, 학교 친구, 직장

---

1) 사회복지학의 정체성 문제는 3장 3절 2)-(2) 내적인 체계성과 일치성 문제를 참고하시오.

동료, 이웃 등 소집단이 해당된다.

　　이러한 측면에서 사회복지실천은 미시적 수준에서 개인, 가족, 집단 등의 문제해결과 변화를 위해 사회복지(social work)에 관한 전문적 지식과 기술을 갖춘 사회복지사에 의해 수행되는 상담, 서비스 및 프로그램 제공 등의 직접적 실천과 거시 수준에서 사회복지조직, 지역사회 및 전체 사회 차원의 프로그램 및 행정관리, 자원개발 및 연계, 복지정책 및 제도 수립 과정에의 참여 등을 통해 직접적 실천이 효율적으로 수행되도록 지원하는 간접적 실천을 모두 포괄하는 종합적인 활동이라 할 수 있다(최해경, 2009).

　　결국 모든 수준의 사회복지실천은 인간이 직면한 정신적, 감정적, 사회적, 경제적 문제 등을 해결하고자 하는 유사한 목적을 가진다. 다만 각 수준의 실천은 사회복지사가 이들 문제를 해결하기 위해 사용하는 방법, 그들이 취한 조치의 영향이 미치는 범위 그리고 사회복지사와 클라이언트와의 상호작용의 근접성 등에서 차이가 있다.

## 2) 사회복지실천의 목적

　　사회복지실천은 달성하고자 하는 분명한 목적이 있는데, 재스트로(Zastrow, 2010)는 그 목적을 다음과 같이 제시하고 있다. 첫째, 개인의 문제해결능력, 대처능력 및 발

**REFERENCE 8-1　임상사회사업**

1960년대 후반부터 미국에서 사회복지실천의 전문성을 강조하는 사회복지 실천가들에 의해 사용되기 시작한 용어인 임상사회사업(clinical social work)은 미시 사회사업(micro social work)과 중복되는 부분이 많아 종종 혼용되어 사용된다. 하지만 엄밀히 말해 임상사회사업은 다양한 심리치료 방법을 활용하여 클라이언트의 정신적, 심리적, 감정적, 행동적 문제들을 해결하기 위해 사정, 진단 및 치료하는 미시 사회사업의 하나라 할 수 있다. 따라서 임상사회복지사는 직접서비스를 제공하는 사회복지사처럼 미시 수준에서 실천을 수행하지만, 직접적 서비스를 제공하는 사회복지사에 비해 더 높은 전문성을 지니고 있다.

달능력을 증진하는 목적이다. 둘째, 사람들을 자원, 서비스, 기회를 제공하는 시스템에 연계시키는 목적이다. 즉 문제를 지닌 클라이언트를 서비스 제공기관에 연계하여 적절한 서비스를 제공받도록 한다. 셋째, 사람들에게 자원과 서비스를 제공하는 시스템의 효과성과 작동역량을 촉진시키는 목적이다. 넷째, 사회정책을 개발하고 개선하는 목적이다. 다섯째, 사회정의와 경제정의를 증진하는 옹호활동(advocacy), 사회행동(social action) 또는 정치행위 등을 통해 정책수립 및 서비스와 자원 확보를 추구하는 목적이다. 여섯째, 사회복지실천을 발전시키는 연구 수행 및 사회복지실천의 지식과 기술을 개발하고 활용하는 목적이다. 일곱째, 다양한 문화적 배경을 지닌 클라이언트에게 적용할 수 있는 사회복지실천 방법을 개발하고 적용하는 목적이다.

이러한 사회복지실천의 목적을 위해 사회복지사는 ① 개인의 문제해결능력 및 대처능력을 증진할 수 있도록 도움을 제공하며, ② 유·무형의 서비스를 포함한 각종 자원을 확보할 수 있도록 지원하고, ③ 서비스 제공 조직이 클라이언트의 인권을 존중하며 욕구를 제대로 충족할 수 있는 서비스를 제공하는지 살피고 시정을 요구하며, ④ 클라이언트와 주변 환경 간의 상호작용을 촉진함으로써 이해관계자들 간의 협력과 조정이 순조롭게 이루어지도록 노력하고, ⑤ 사회복지정책 및 제도 수립과 개선을 위한 과업을 수행한다(Hepworth & Larsen, 1993).

## 02 사회복지실천의 주요 이론

사회복지실천에 영향을 미친 이론들은 매우 많다. 하지만 그중에서 가장 큰 영향을 미친 이론은 아마도 생태체계이론이라 할 수 있을 것이다. 그 이유는 1970년대 이후 사회복지실천에서 가장 중요한 개념으로 간주하는 '환경 속의 인간(person in environment)', 즉 인간과 환경을 엄격히 구분하는 이분법적 사고에서 벗어나 인간이 처한 상황을 인간과 환경의 상호작용으로 이해하는 시각의 이론적 기틀을 제공한 것이 바로 생태체계이론이기 때문이다.

사실상 사회사업(social work)은 1920년대 이후부터 환경 속의 인간 관점, 즉 인간의 행동은 사회환경과 개인이 다양하게 상호작용한 결과이므로, 사회복지사는 클라이언트를 환경체계의 일부로 간주하여 환경체계가 클라이언트에게 어떻게 영향을 미치며 상호작용하는가에 관심을 두어야 한다는 점을 강조해 왔다. 하지만 당시에는 인간과 환경을 통합할 수 있는 이론체계가 부족했기 때문에 개입의 초점이 인간 혹은 환경 중 어느 한쪽으로 치우칠 수밖에 없었다.

그 후 사회사업은 1950년대 후반부터 1980년대까지 환경 속의 인간 관점에 부합하는 이론 구축을 본격적으로 시도하였다. 이를 위해 사회사업은 타 학문으로부터 몇몇 이론을 차용하였는데, 일반체계이론, 생태이론, 생태체계이론 등이 그것이다. 이 중 생태체계이론은 일반체계이론과 생태이론을 결합한 이론이자 하나의 관점이다(Grief, 1986). 즉, 생태체계이론은 일반체계이론의 주요 개념과 주장을 받아들이면서 동시에 일반체계이론의 한계를 극복하기 위해 생태학적 관점을 도입하여 통합한 모델이다. 생태체계이론은 사회복지사가 인간의 행동을 이해할 때 원인과 결과의 관계를 중시하는 단선적인 견해에서 벗어나 인간을 둘러싼 다양한 환경을 고려하도록 함으로써 사회복지실천에 큰 영향을 미쳤다.

## 1) 일반체계이론

일반체계이론(General Systems Theory)은 오스트리아의 생물학자 베르탈란피(Ludwig Von Bertalanffy)가 1930년대 중반 주창한 이론이다. 베르탈란피는 체계의 변화기능을 강조한 일반체계이론을 소개하면서 체계에 대한 개념과 함께 체계의 구조와 변화과정 및 결과 등을 제시하였다. 그는 물리학의 폐쇄체계 개념과 상대되는 개념으로, 보다 더 복합적이고 발달된 수준의 체계인 개방체계의 개념을 제시하고 그 우월성을 주장하였다. 사실상 과거 전통적인 뉴튼식 과학적 사고에 따르면 물체는 전혀 관련이 없는 부분들의 합이며, 전체는 부분의 합에 불과하기 때문에 부분만 보면 전체를 알 수 있다는 사고에 매몰되어 있었다.

하지만 베르탈란피의 개방체계 개념은 뉴튼식 과학적 사고로부터 탈피하여, 부분은 서로 상호 연관성을 가지고 있다는 전제하에 전체로서의 체계는 단순한 부분의 합이 아니라 부분 간의 상호작용에 의해 부분들의 합을 넘어서는 완전히 다른 존재로서 체계 자체의 독특한 성격을 갖는다는 '전체성(wholeness)'의 시각을 견지하였다. 이러한 시각을 바탕으로 하나의 체계는 다른 체계와 상호의존하면서 역동적으로 상호작용하는 관계를 맺고 있으며, 체계의 어느 한 부분에 변화가 일어나면 다른 부분도 연쇄적으로 변화가 일어난다고 주장하였다(유종해, 1998).

베르탈란피는 생물학적 유기체에 적용되는 이러한 법칙이 인간을 포함한 모든 다른 생태계 영역에도 적용될 수 있을 것이라는 가정하에 인간을 통합된 하나의 체계로 간주하였다. 따라서 폐쇄체계 개념을 인간에 적용하면 유전자나 신체적 특질, 과거의 경험 등이 인간의 행동을 결정하는 반면, 개방체계 개념을 적용하면 인간과 환경은 분리될 수 없으며 인간은 외부세계와 끊임없이 에너지와 자원을 교환하여 안정된 상태를 유지함과 동시에 변화와 발전이 가능한 존재로 인식하게 된다.[2]

한편, 베르탈란피의 일반체계이론은 20세기 중반까지 여러 분야의 학자들에 의해 개인 및 사회문제를 이해하고 해결하기 위한 보다 구체적인 이론을 개발하는 데 널리 활용되었다. 특히, 일반체계이론에 바탕을 두고 탄생한 사회체계이론은 인간을 통합된 하나의 체계로 간주하면서 개인, 집단, 조직, 지역사회 간의 관계를 강조하는 이론이다. 이러한 맥락에서 사회체계이론은 개인의 기능 장애와 심리적 문제가 주로 개인 내에서 발생한다는 그 당시의 믿음, 즉 정신역동이론에 대한 반박이라 할 수 있다.

한편, 체계이론은 사회복지실천에 다음과 같은 중요한 영향을 미쳤다. 첫째, 문제를 바라보는 시각에 있어 하나의 문제행동이 한 가지 원인으로부터 발생한다는 단선적인 사고에서 벗어나 다양한 원인에서 기인한다는 순환적 원인론으로 전환시켜 주었다. 둘째, 사회복지실천에서 개인의 문제행동만이 아닌 체계의 구성원 간의 역동적인 상호작용에 초점을 두게 하였다. 셋째, 문제나 욕구를 상황적이고 환경적인 맥락에서 이해하고 관련 체계의 영향력을 인식하게 해주었다.

하지만 체계이론은 상황 발생의 원인에 대한 실증적인 증명이 어려워 문제나 증상이 왜 발생하며, 변화가 어떻게 일어나는지를 설명하는 데 한계가 있다. 또한, 부분 간의 관계성을 파악하는 데에는 적합하지만, 상황에 대한 전체성을 파악하는 데에는 어려움이 있다는 비판을 받는다.

---

2) 이 단락의 이해를 위해 8장 [REFERENCE 8−2]의 안정상태(steady state)를 참고하시오.

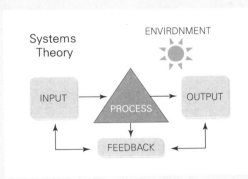

1. 체계(system): 체계는 상호의 존적이며 상호작용하는 역동적인 부분들로 구성된 전체를 의미한다.
2. 개방체계(open system)와 폐쇄체계(closed system): 개방체계는 다른 체계와 상호교류가 가능한 체계인 반면, 폐쇄체계는 다른 체계와 상호교류가 없거나 할 수 없는 체계로서 정보나 에너지의 투입과 산출이 없는 체계를 의미한다.
3. 상위체계(supersystem)와 하위체계(subsystem): 상위체계는 분석 대상이 되는 대상체계의 외부에서 대상체계를 포함하고 있는 체계를 말하며, 하위체계는 대상체계의 내부에 포함되어 있는 체계를 의미한다.
4. 홀론(holon): 홀론이란 체계가 가지고 있는 부분임과 동시에 전체라는 속성을 의미하는 용어이다. 이는 상위체계 및 하위체계의 개념과 관련이 깊은데, 즉 하나의 체계는 그를 둘러싸고 있는 더 큰 상위체계의 하위체계임과 동시에 그보다 작은 하위체계를 포함하는 상위체계가 된다는 의미이다.
5. 경계(boundary): 경계는 한 체계를 다른 체계와 분리하는 일종의 선으로, 물리적(가시적)이거나 또는 관념적(비가시적)일 수 있다.
6. 균형상태(equilibrium): 체계는 내·외부로부터 지속적인 압력을 받게 되며, 그로 인해 스트레스, 긴장, 갈등 등이 발생하게 된다. 체계는 이러한 내·외부로부터 작용하는 여러 압력으로부터 균형을 이루려 하는 속성이 있는데, 이러한 속성에는 '균형상태', '항상성', '안정상태' 등이 있다. 이 가운데 균형상태는 환경과의 상호작용이 전혀 일어나지 않는 폐쇄체계에서의 고정된 균형상태(fixed balance)를 의미한다. 다시 말해, 개방체계와는 달리 폐쇄체계는 체계와 환경 간의 상호작용이 이루어지지 않기 때문에 환경으로부터 새로운 에너지가 유입되지 않은 상태에서 체계가 가진 고정된 틀과 구조를 유지하려는 경향을 보이는데, 이러한 속성을 균형상태라고 일컫는다.
7. 항상성(homeostasis): 항상성은 환경과의 제한적인 상호작용을 특징으로 하는 부분적인 개방체계에서의 고정된 균형상태를 말한다. 즉, 항상성은 개방체계가 체계 내·외부에서 발생하는 변화로 인하여 균형을 위협받았을 때, 이를 다시 회복하고자 하는 경향을 의미한다.
8. 안정상태(steady state): 안정상태는 완전한 개방체계에서의 균형상태를 의미한다. 즉 체계 안에 부분(하위체계) 간의 관계를 유지시키고 에너지가 계속적으로 사용되는 상

태로, 고정된 균형이 아닌 종전의 구조와는 다른 새롭게 발전된 균형상태를 지칭한다. 이러한 안정상태는 체계가 균형(balance)을 유지하고 있을 때 발생하는데, 여기에서의 균형은 고정화된 균형상태가 아니라 체계가 새로운 균형상태를 찾을 수 있는 상태를 의미한다.

| 구분 | 균형상태 | 항상성 | 안정상태 |
|---|---|---|---|
| 스트레스 | 거의 없음 | 제한적으로 있음 | 최적의 필요한 긴장 |
| 구조 | 변화 가능성 없음 | 제한적인 변화 가능 | 변화 가능성이 큼 |
| 환경과의 상호작용 | 거의 없음 | 제한적으로 있음 | 활발한 상호작용 |
| 개방성 | 폐쇄 | 제한적 개방 | 개방 |

9. 상호성(reciprocity): 상호성 또는 상호성의 원리란 체계 내의 각 부분은 다른 부분과 상호의존하기 때문에 체계 내의 한 부분의 변화나 긴장은 다른 모든 부분에 영향을 미치고, 나아가 전체체계에도 파급적 효과를 미쳐 변화하게 한다는 체계의 속성 또는 원리를 의미한다. 이러한 상호성의 원리는 사회복지실천에 있어 어떤 문제나 현상에 대해 한 가지 원인에 의해 결과가 나타나는 단선적 인과성(linear causality)이 아니라 관련된 부분 요소들 간의 쌍방적 교류과정에서 원인과 결과를 해석하려는 순환적 인과성(circular causality)을 강조하는 근거가 된다.

10. 전체성(wholeness): 전체성은 총체성이라고도 일컬어지며, 전체로서의 체계는 단순한 부분의 합이 아니라 부분의 합을 넘어서는 상이한 존재로서 체계 자체의 독특한 성격을 갖는다는 체계의 특성을 의미한다.

11. 엔트로피(entropy)와 역엔트로피(negentropy): 엔트로피란 체계 내에 질서, 형태, 분화가 없는 무질서한 상태로, 체계 내에 유용한 에너지가 감소하는 상태를 의미하며 폐쇄체계에서 나타난다. 반면에 '넥엔트로피'라고도 일컫는 역엔트로피는 체계 내에 질서, 형태, 분화가 있는 상태로, 체계 외부로부터 에너지를 유입함으로써 체계 내부에 유용하지 않은 에너지가 감소하는 상태를 의미하며 개방체계에서 나타난다.

12. 시너지(synergy): 시너지란 체계 내부나 외부와의 상호작용이 증가함으로써 체계 내에 유용한 에너지가 증가하는 현상을 의미한다.

13. 상호교류(transaction): 상호교류란 체계가 정보와 에너지를 상호교환하는 것을 의미한다. 이처럼 체계 간에 정보와 에너지를 주고받는 과정은 '투입(input)', '전환(throughput)', '산출(output)' 및 '환류(feedback)'의 단계를 거친다.

14. 투입(input): 투입이란 환경으로부터 에너지와 정보를 받아들이는 것을 의미한다.

15. 전환(throughput): 전환 또는 변환이란 투입된 에너지를 체계 내에서 산출하기 위해 자신에게 적절하게 변형시키고 처리하는 재조직화 과정을 의미한다.

16. 산출(output): 산출이란 체계 내에서 변형된 에너지를 환경에 방출하는 것을 의미하는데, 투입된 자원을 전환과정을 통해 만들어 낸 결과물을 의미하기도 한다.

17. 환류(feedback): 피드백이라고도 하는 환류는 자신이 수행한 것에 대한 정보를 받아들여 체계의 작동을 점검하고 적응적 행동이 필요한지 판단하여 이를 수정하는 순환

과정을 의미한다. 이러한 환류는 정적 피드백(positive feedback)과 부적 피드백(negative feedback)으로 구분할 수 있다. 정적 피드백은 현재 상황이 지속되도록 하는 정보환류 과정, 즉 산출이 어떤 극한치보다는 적다는 정보가 전달되어 투입이 계속 증가하게 되는 경우이다. 예를 들어 자동온도조절장치에 비유하면, 일정온도에 도달할 때까지 계속해서 온도가 상승하도록 하는 피드백이다. 반면 부적 피드백은 지금까지 해온 행동을 중단하도록 하는 정보환류과정, 즉 산물이 어떤 극한치에 이르면 이 정보가 전달되어 투입의 수준을 감소시키게 되는 조건을 말한다. 예를 들어 실내온도가 올라가 일정온도에 도달하게 되면 자동온도조절장치에 의해 온도상승이 멈춰져 시스템이 안정된 상태를 유지하게 되도록 하는 피드백을 말한다.

## 2) 생태이론

생태학(ecology)은 원래 자연과학 영역에서 생물 집단과 환경과의 상호관계를 고찰하는 자연 생태학에서 발달한 학문이다. 이를 인간과 환경과의 관계에 초점을 맞춰 정립한 이론이 생태이론(Ecological Theory)이다. 생태이론은 기존의 의료적－질병 모델3)이 간과했던 인간과 환경 간의 상호관계에 초점을 맞춰 문제의 원인을 규명하고자 하는 이론이다.

생태이론에서 인간과 환경은 분리되어 생각할 수 없으며, 지속적인 상호작용을 통해 서로에게 영향을 미치는 호혜적 관계를 유지한다고 본다. 또한, 인간은 환경적 요구에 적응할 뿐만 아니라 때로는 환경을 자신의 요구에 맞게 수정 또는 변화시킴으로써 발달해가고 만족스러운 삶을 영위하는 존재로 인식된다.

생태이론에서 가장 핵심이 되는 개념은 '적합성(goodness of－it)'이라 할 수 있다. 적합성이란 인간의 욕구와 환경 자원이 부합되는 정도를 말한다. 다시 말해, 인간과 환경의 상호작용이 서로에게 적응적이며 양자에게 더욱 유익한 효과를 발생할 때 적합성이 이루어졌다고 본다. 따라서 생태이론에서 강조하는 개념 가운데 특히 적응은 자신에게 영향을 미치는 환경 혹은 다양한 체계와의 적합성을 이룸으로써 생존하거나 발전할 수 있는 인간의 능력을 의미한다. 이는 인간의 일방적 변화가 아니라 체계의 변화도 함께 내포하는 개념이라 할 수 있다.

---

3) 의료적－질병 모델은 개인적 질환이나 기질적인 불완전함이 개인이 겪고 있는 문제와 이탈행동의 중요한 원인으로 간주하는 모델이다.

## 3) 생태체계이론

생태체계이론(Ecological Systems Theory)은 생태이론과 일반체계이론을 결합시킨 이론으로 사회복지학에서 가장 유용하게 적용되는 실천준거틀이라 할 수 있다(남기철 외, 2007). 실제로 생태체계이론은 일반체계이론으로부터 개방성과 폐쇄성, 상호작용, 항상성, 피드백 등 체계와 관련된 다양한 개념들을 빌려왔다. 또한, 생태체계이론은 일반체계이론에서 충분한 설명이 없었던 체계 간의 공유영역에 대해 생태학적인 관점으로부터 개인과 환경 간의 상호적응(mutual adaptation)의 개념을 차용하여 그 중요성을 강조하였고(Wakefield, 1996), 변화와 체계의 유지기능을 동등하게 다룸으로써 체계의 변화 속성만 다루었던 일반체계이론의 한계점을 극복하였다.

생태체계이론의 핵심은 인간의 행동을 제대로 이해하기 위해서는 인간이 속해 있는 다양한 환경에 대한 이해가 반드시 필요하다는 것이다. 즉 인간은 환경과 자원을 교환하는 상호작용을 통해 욕구를 충족하고 역동적인 안정상태를 유지해 가는 존재이기 때문에 그가 속한 환경 안에서 이해되어야 한다는 것이다.

생태체계이론은 인간을 환경에 수동적으로 반응하는 존재가 아니라 역동적으로 상호작용하며 개입하는 존재로 인식한다. 특히 생태체계이론은 분리된 세 개의 영역(인간, 환경, 인간과 환경과의 관계)에 초점을 맞춘다. 첫째, 인간에 초점을 맞춰 문제해결능력, 대처능력 및 발달능력을 개발할 것을 추구하며, 둘째, 환경에 초점을 맞춰 인간이 욕구를 충족해 가는 과정에서 환경이 효과적인 도움을 제공할 수 있도록 변화를 추구하고, 셋째, 인간과 환경 간의 관계에 초점을 맞춰 인간을 서비스, 기회 등 필요한 자원과 연계시킨다(Zastrow, 1993; 박명숙, 1999 재인용).

생태체계이론에 따르면, 순기능적인 체계는 환경과의 긍정적이고 상호보완적인 상호작용의 결과물인 반면, 사회병리적인 행위나 일탈행위 등은 체계와 환경 간의 잘못된 조화로 인해 발생하는 것이다(Siporin, 1980). 이처럼 생태체계이론에서는 문제 자체를 넘어 문제의 맥락을 강조하기 때문에 사회복지사가 클라이언트의 처한 상황을 다양한 체계 수준에서 사정하고 설명할 수 있도록 도움을 준다.

실제로 생태체계이론은 사회복지실천과정에서 클라이언트의 문제해결을 위한 매우 유용한 수단으로 활용되어왔다. 생태체계이론은 사회복지사가 클라이언트의 문제를 사정할 때, 클라이언트를 둘러싼 여러 외부체계와의 접촉을 통해 훨씬 다양하고 객관적이며 풍부한 정보를 획득할 수 있게 함으로써 클라이언트의 문제에 대한 총체적인 이해를 가능하게 해준다. 또한, 생태체계이론은 개인, 집단, 지역사회 등 다양한 수준의 체계에 모두 적용할 수 있는 이론이기에 사회복지사가 클라이언트를 지원하는 데 있어 다양한 수준의 체계와 협력하여 일할 수 있도록 해주며, 그들에게 다양한 실천모델을 적용할 수 있게 해준다. 더욱이 생태체계이론은 문제를 총체성(wholeness) 속에서 이해 하도록 하기에 사회복지사의 개입 시, 어느 한 부분만이 아닌 전체 체계를 변화시키는 전략을 수립할 수 있도록 해준다. 끝으로 생태체계이론은 사정의 도구로도 매우 유용하 게 활용되며, 대상체계의 속성과 체계 간의 상호 연관성을 평가하는 데 있어 체계 간의 일관성, 상호성, 갈등 정도를 규명할 수 있는 개념을 제공해 준다(Green, 1999).

📖 **REFERENCE 8-3** 　　브론펜브레너의 환경체계(environmental system)

생태체계이론의 대표적인 학자인 유리 브론펜브레너(Urie Bronfenbrenner)는 개인 의 발달에 영향을 미치는 주요한 환경체계로 미시체계, 중간체계, 외체계, 거시체계, 시 간체계 등 5개의 체계를 제시하였다.

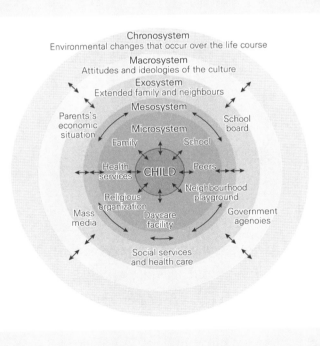

첫째, 미시체계(microsystem)는 개인에게 직접적인 상호작용을 통해 영향을 미치는 체계이다. 예를 들면, 아동에게 있어 가족(부모님, 형제자매), 학교(선생님), 또래집단(친구) 등이 미시체계에 해당한다.

둘째, 중간체계(meso-systems)는 개인이 속한 주요한 환경 속에서 발생하는 상호 관련성의 복합체를 말한다. 즉 미시체계 간의 상호관계로서 부모와 교사의 관계, 형제들 간의 관계, 친구 간의 관계 등을 의미한다.

셋째, 외체계(exosystems) 또는 외부체계는 공식적이거나 비공식적인 특정한 사회구조를 포함하는 중간체계의 확장된 형태로, 개인과 직접적으로 상호작용을 하지는 않지만 그 개인에게 영향을 미치는 환경적 요소를 의미한다. 직장, 이웃, 대중매체, 정부 기관, 재화와 서비스의 분배, 통신 및 교통수단, 비공식적 사회 네트워크 등이 이에 해당한다. 예를 들어 부모의 직장은 아동에게 직접적인 영향을 미치지는 않지만 아동의 생활패턴에 영향을 미치는 외체계이다.

넷째, 거시체계(macrosystems)는 개인에게 영향을 미치는 사회구조 중에서 문화 혹은 하위문화의 제도적 패턴이며, 경제적·사회적·교육적·법적·정치적 체계가 이에 해당한다. 거시체계는 개인의 생활에 간접적으로 영향력을 행사하며, 하위체계에 지지 기반과 가치 준거를 제공한다.

다섯째, 시간체계(chronosystems)는 1990년대 중반 이후 브론펜브레너의 후속 연구에서 추가된 환경체계이다. 시간체계는 개인의 전 생애에 걸쳐 일어나는 변화를 포함한 사회·역사적인 환경을 의미한다. 특정 사건의 효과는 시간적 경과에 따라 변화되며 동일한 사건에 대해서도 시대에 따라 그 의미와 해석이 달라질 수도 있다. 예를 들면, 부모의 이혼이 아동에게 미치는 영향은 시간의 경과에 따라 다르게 나타난다.

## 03 | 사회복지실천의 주요 접근법

### 1) 강점관점

사회사업은 클라이언트의 문제를 확인하고 사정하는 것을 강조해 왔기 때문에 클라이언트의 병리적인 증상, 결점 및 역기능에 초점을 맞춰왔다. 하지만 오늘날의 사회사업은 클라이언트의 문제에 초점을 맞추는 개입전략이 효과적이지 않다는 사실을 인정한다. 나아가 모든 클라이언트는 하나 이상의 강점을 지니고 있으며, 클라이언트의 강점에 초점을 맞춘 개입전략과 방법, 즉 강점관점모델(strength perspective model)이야말로 클라이언트의 긍정적인 변화를 제대로 이끌 수 있다고 믿는다.

이러한 강점관점은 <표 8-1>에서 보는 바와 같이 병리적 관점이나 문제 중심 관점과 대치되는 시각으로, 클라이언트를 원조하는 과정에서 클라이언트의 문제, 결핍, 약점보다는 강점과 자원에 초점을 맞춰 긍정적인 측면을 확인하고 활용하고자 하는 시각이자 접근방법이다.

강점관점에서 주목하는 클라이언트의 강점이란 개인적 요인뿐만 아니라 사회·환경적 요인을 포함한다. 개인적 요인에는 개인의 의지, 정서, 동기, 대처능력, 개인적 특성, 장점, 재능, 역경 극복 경험, 영성(spirituality) 등이 해당한다. 반면, 사회·환경적 요인으로는 클라이언트의 주변에서 활용가능한 환경적 지지 자원이 해당된다(김혜란 외, 2013).

〈표 8-1〉 병리관점과 강점관점 비교

| 병리관점(Pathology) | 강점관점Strengths) |
|---|---|
| 개인을 사례(case)로 규정한다. | 개인을 고유한 존재로 규정한다. |
| 치료는 문제에 중점을 둔다. | 치료는 가능성에 중점을 둔다. |
| 클라이언트의 진술은 사회복지사에 의해 재해석되어 진단에 활용된다. | 클라이언트의 진술은 그를 알아가고 평가하는 핵심적인 수단이다. |
| 사회복지사는 클라이언트의 개인적인 이야기나 합리화에 대해 회의적이다. | 사회복지사는 클라이언트를 속속들이 알고 있다. |
| 어린 시절의 외상(trauma)은 성인기의 병리를 예측할 수 있는 전조이다. | 어린 시절의 외상(trauma)으로 미래를 예측할 수 없다. 어린 시절의 외상은 개인을 약하게 할 수도 있고 강하게 할 수도 있다. |
| 치료의 핵심은 사회복지사에 의해 고안된 치료 계획이다. | 치료의 핵심은 개인, 가족, 지역사회의 염원(aspiration)이다. |
| 사회복지사는 클라이언트 삶의 전문가이다. | 개인, 가족, 지역사회가 클라이언트 삶의 전문가이다. |
| 선택, 통제, 헌신 및 개인의 발전을 위한 가능성은 병리에 의해 제한된다. | 선택, 통제, 헌신 및 개인의 발전을 위한 가능성은 열려 있다. |
| 클라이언트의 변화를 위한 자원은 전문가의 지식과 기술이다. | 클라이언트의 변화를 위한 자원은 개인, 가족, 지역사회의 강점, 역량 및 적응기술이다. |
| 원조는 행동, 감정, 사고, 관계의 부정적인 개인적, 사회적 결과와 증상의 영향을 감소시키는 데 초점을 맞춘다. | 원조는 자신의 삶을 잘 영위하고, 가치와 책무를 확고히 하고 개발하며, 지역사회의 구성원으로서의 자격을 만들고 찾는 데 초점을 맞춘다. |

출처: Saleebey, 1996, The Strength perspective in Social Work Practice: Extensions and Cautions, p. 298

## 강점관점의 긍정적 측면

글릭켄(Glicken, 2011)은 강점관점의 긍정적인 측면을 다음과 같이 제시한다.

첫째, 강점관점은 클라이언트를 바람직한 행동으로 이끄는 대처기제(coping mechanism), 문제해결기술, 의사결정과정 등에 초점을 맞춘다.

둘째, 사회복지사가 클라이언트에게 원조과정에서 클라이언트의 삶이 성공적이었다는 사실을 보여줄 때, 클라이언트는 문제를 해결할 수 있는 타고난 능력이 발휘된다. 따라서 클라이언트의 긍정적인 행동에 초점을 맞추는 강점관점은 클라이언트가 문제를 효과적으로 해결할 수 있도록 동기부여 해준다.

셋째, 강점관점은 사회복지사가 클라이언트의 열망, 꿈, 희망 등을 파악할 수 있도록 하여 클라이언트에게 적절한 도움을 제공할 수 있게 해 준다.

넷째, 강점관점은 클라이언트에게 경멸적이며 치료에 도움이 되지 않는 '병리적 이상(pathology)'을 의미하는 꼬리표를 붙이지 않는다.

다섯째, 강점관점은 문제의 복잡성, 클라이언트가 문제를 경험한 기간, 클라이언트가 문제를 해결하는 데 겪은 어려움 등에 상관없이 클라이언트를 항상 희망적이고 낙관적인 시각으로 본다.

여섯째, 강점관점은 문제를 극복하기 위한 고난의 과정을 부정적인 것만이 아니라 건전하고 긍정적인 요소들을 포함하는 과정으로 인식한다.

## 강점관점을 적용한 사회복지실천의 원칙

샐리비(Saleebey, 2009)는 강점관점을 적용한 사회복지실천의 원칙을 다음과 같이 제시하고 있다.

첫째, 모든 개인, 가족, 집단, 지역사회는 강점을 지니고 있으며, 원조과정에서 클라이언트의 결함이나 약점이 아니라 강점, 능력, 지식, 역량에 초점을 두어야 한다.

둘째, 외상, 학대, 질병 등은 부정적인 영향을 미칠 수 있지만, 이는 도전과 기회의 자원이 될 수 있다. 즉 어려움을 극복하는 과정에서 새로운 기술과 생존방법을 터득한 사람은 두려움과 상처가 남아 있을지라도 도전에 맞서 싸웠다는 성취감을 가질 수 있다.

셋째, 성장과 변화를 일으키는 클라이언트의 능력에 상한선이 없는 것으로 가정하고 개인, 집단, 지역사회의 열망을 진지하게 받아들여야 한다.

넷째, 클라이언트와 사회복지사의 원조 관계는 협력, 상호성, 파트너십의 관계이다. 따라서 사회복지사는 클라이언트와의 협력을 통해 가장 효과적으로 클라이언트를 원조할 수 있다.

다섯째, 아무리 열악해도 모든 환경에는 클라이언트가 활용할 수 있는 자원이 무수히 존재한다.

여섯째, 사회복지사는 사회복지실천과정에서 클라이언트가 보살핌을 받을 수 있도록 자문 역할을 하는 존재이며, 변화와 회복의 주체는 바로 클라이언트 자신이다(Saleebey, 2009; 김혜란 외, 2013 재인용).

### 권한부여모델

강점관점은 권한부여(empowerment)에 기반을 둔 실천이라 일컬어질 만큼 권한부여와 밀접한 관련이 있다. 권한부여는 클라이언트가 본인의 삶의 질을 향상시키기 위한 행동을 즉각 취할 수 있도록 자신의 내적 힘이나 정치적 세력을 증진시키는 과정이라 할 수 있다. 이러한 권한부여는 클라이언트가 스스로 강점과 긍정적 속성을 키움으로써 자생적 통제력을 지닐 수 있도록 하는 데 목적을 둔다. 따라서 클라이언트와 사회복지사가 파트너로서 함께 문제해결을 위해 노력하는 권한부여 과정에서 사회복지사는 클라이언트를 유능하고 가능성을 가지고 있는 존재로 인식해야 하며, 클라이언트도 스스로 자신의 변화에 영향을 미칠 수 있는 존재로 인식해야 한다.

이러한 권한부여의 개념을 기반으로 1970년대 생태체계론과 해결중심 접근의 중요성이 대두되면서 사회복지실천모델의 하나로 다시 등장한 것이 권한부여모델이다.[4] 권한부여모델이 갖는 사회복지의 실천적 함의는 다음과 같다.

첫째, 사회사업(social work)의 목적이 클라이언트의 자기결정권과 역량을 강화하여 사회적 기능을 제대로 수행할 수 있도록 하는 것이라는 전제하에 권한부여모델은 사회복지실천의 목적을 가장 잘 반영하고 달성할 수 있는 모델이라 할 수 있다.

둘째, 권한부여모델은 클라이언트를 병리적인 존재가 아니라 강점과 자원을 가진 존재로 인식하는 강점관점을 기반으로 하여 개입하기 때문에 클라이언트의 변화가능성을 확대시킨다.

셋째, 사회복지사가 치료자로서 클라이언트보다 우위에 있는 전통적 관계에서와는

---

4) 권한부여모델의 토대는 사회사업의 근간이 되었던 인보관 운동인데, 제1차 세계대전 이후 문제해결 및 의료적 모델의 중심이 된 인보관 운동이 쇠퇴하면서 권한부여 접근도 같이 약화되었다가 1970년대에 다시 강조되기 시작하였다.

달리 권한부여모델에서는 사회복지사와 클라이언트의 동등한 파트너십을 강조함으로써 사회복지사와 클라이언트 간의 전문적 관계에 대한 개념을 전환시켰고, 클라이언트가 변화과정의 주체로 기능할 수 있는 기반을 제공하였다.

넷째, 권한부여모델은 열패자로 인식되었던 클라이언트를 변화의 주체가 되도록 함으로써 다양한 계층, 문제, 접근방식 등에 대한 수용은 물론 독특성을 함께 인정하는 다양성의 가치를 사회복지실천에 적용시켰다.

## 2) 증거기반실천

의학에서 많이 사용되는 용어인 증거기반실천(EBP: Evidence-Based Practice)은 사회적, 정서적 문제를 안고 있는 클라이언트를 원조하기 위해 조사연구(research)와 비판적 사고(critical thinking)를 통해 가장 좋은 실천방법을 결정하는 접근방법이라 할 수 있다. 다시 말해, 증거기반실천은 구할 수 있는 모든 과학적 조사연구를 찾아 평가하고 응용하여 가장 좋은 사회복지실천의 결과를 얻을 수 있는 실천방법을 선택하여 적용하는 것을 말한다(공계순 · 서인해, 2006).

사실상 심리치료(psychotherapy), 카운슬링(counselling) 등의 실천은 현재까지도 조사연구를 통한 증거(research evidence)보다는 많은 부분에서 소위 '임상 지혜(clinical wisdom)'나 실천가의 과거 경험에 의존하고 있다. 임상 지혜는 사회복지사들을 전문가로서 결합시키고 함께 유대감을 형성하게 하는 신념과 가치에 대한 명분이나 정당한 이유를 의미한다. 하지만 일반적으로 임상 지혜만으로는 클라이언트에 대한 적절한 도움을 제공하기 어려운데, 그 이유는 많은 신념과 가치들이 본질적으로 옳지 않은 경우가 적지 않기 때문이다(Glicken, 2011).

갬브릴(Gambrill, 2000)에 따르면, 증거기반실천이란 사회복지사 등의 전문가가 필요한 정보를 찾도록 스스로 요구하는 자기 주도적 학습과정이다. 여기서 말하는 필요한 정보란 사회복지사가 첫째, 질문에 답을 할 수 있는 가장 좋은 증거를 발견할 수 있도록 해주고, 둘째, 조사연구의 타당성뿐만 아니라 사회복지사들이 현장에서 던지는 실천질문에 적용하기 위한 가장 좋은 증거를 분석할 수 있도록 해주며, 셋째, 발견한 가장 좋은 증거가 특정한 클라이언트에게 적용되어 사용될 수 있는지의 여부를 결정할 수 있도록 해주고, 넷째, 클라이언트의 사회적, 정서적 배경을 고려할 수 있도록 하며, 다섯째, 클라이언트가 의사결정에 참여할 수 있도록 하고, 여섯째, 특정한 클라이언트에 대한 실천의 질을 지속적으로 평가할 수 있도록 하는 정보를 의미한다.

증거기반실천을 수행하는 방법은 사회복지사가 실천의 주요한 의사결정과 관련된 조사연구를 탐색하여 찾아내고, 이를 비판적으로 검토하며, 그 결과를 기관 및 클라이언트의 상황에 적절히 적용하는 것이다. 이러한 일련의 과정은 기본적으로 따라야 할 절차가 있는데, 증거기반실천의 절차는 사실상 학자에 따라 다양하게 제시된다. 그중 공계순과 서인해(2006)가 제시하는 5단계 구분법에 따르면, 1단계는 사회복지실천의 의사결정과 관련한 궁금한 점을 답변이 가능한 질문으로 전환하는 단계이며, 2단계는 그 질문에 대한 답이 되는 최선의 증거를 최대한 효율적으로 찾는 단계이고, 3단계는 수집된 증거를 타당성, 효과성, 적용가능성 등을 기준으로 비판적으로 평가하는 단계이며, 4단계는 비판적 평가의 결과를 실천에 적용하는 단계이고, 마지막 5단계는 실행의 결과를 평가하는 단계이다.

하지만 우리나라 사회복지현장에서 증거기반실천모델을 적용하는 데에는 다음과 같은 한계가 있는 것이 사실이다. 첫째, 증거기반실천모델은 사회복지실천에 관한 가장 좋은 방법을 선택하기 위해 입수할 수 있는 모든 과학적 조사연구를 비판적으로 평가하여 검토한 결과를 적용해야 하는데, 우리나라 사회복지현장은 사회복지사들이 활용할 증거가 그리 많지 않다. 둘째, 우리나라의 사회복지사들은 증거자료를 찾고 활용하는 데 필요한 지식과 기술이 부족하다. 셋째, 우리나라 사회복지현장은 증거기반실천을 할 수 있는 환경적 여건과 자원의 수준이 미미하다.

따라서 이러한 문제를 해결하기 위해서는 첫째, 사회복지실천에 관한 조사연구가 보다 많이 발표되고, 현장의 사회복지사들이 조사연구에 참여하는 정도가 높아져야 하며, 둘째, 정보에 대한 접근성을 제고하기 위해 사회복지 관련 자료의 DB를 구축하고, 증거기반실천의 집행전략 개발을 위한 지원체계를 구축해야 하며, 셋째, 사회복지사와 사회복지학을 전공하는 학생들을 대상으로 체계적인 교육을 통해 증거기반실천의 관련 지식과 기술을 함양하도록 하며, 넷째, 사회복지기관의 종사자들로 구성된 학습조직을 통해 실천학습(action learning)이 이루어지도록 해야 한다(공계순·서인해, 2006).

## 3) 정신역동 접근법

정신역동 접근법(psychodynamic approach)은 프로이트(Sigmund Freud)의 정신분석이론을 포함하여 정신분석이론에 영향을 받아 탄생한 아들러(Alfred Adler)의 개인심리학, 융(Carl Gustav Jung)의 분석심리학, 에릭슨(Erik Homburger Erikson)의 자아심리학, 설리반(Harry Stack Sullivan)의 대인관계이론 등을 포괄하는 접근방법을 일컫는다.

사실 정신역동학은 과거, 현재, 미래에 영향을 미치는 모든 정서적 힘(forces)이 어떻게 상호작용하는지를 연구하는 학문인데, 프로이트는 이 정서적 상호작용을 정신역동(psychodynamic)이라고 지칭하였다(김종희, 2011). 정신역동 접근법은 인간의 생각과 행동이 과거의 경험으로부터 영향을 받는다는 정신결정론(psychic determinism)과 인간 행동의 대부분은 자기 자신도 알지 못하는 무의식적인 힘에 의해 결정된다는 점을 강조한다. 따라서 정신역동 접근법은 클라이언트의 정서적인 문제를 극복하기 위해서는 클라이언트의 무의식적인 힘, 믿음, 경험 등이 우선적으로 탐색되고 해결되어야 한다고 믿는다. 즉 정신역동 접근법은 개인이 겪은 과거의 경험을 기억하고, 그 사건이 왜 일어났는지를 이해하며, 그로 인해 발생한 현재의 문제를 해결하여 성공적인 인간관계를 통해 더 행복한 삶을 영위하도록 지원하는 사회복지실천의 주요 접근법 중 하나이다(Glicken, 2011).

정신역동 접근법에 따르면 정서적으로 상처받기 쉬운 개인의 특정 영역이 외적인 자극이나 경험에 의해 자극받았을 때 심리적 외상이 일어나는데, 이 영역을 주요 핵심 역동이라고 한다(Saul, 1977). 개인이 외부적 압력이나 변화에 반응하는 방식은 그가 가진 상황에 대처하는 역동에 따라 결정되며, 그러한 역동의 주요 부분은 6세 이전에 형성된다. 따라서 인간은 6세 이후의 경험에 의한 영향도 무시할 수 없지만, 외상에 대한 반응과 영향은 6세 이전에 그의 인격이 어떻게 형성되었는지에 의해 크게 좌우된다.

결국 정신역동 접근법은 첫째, 무의식적 갈등이 클라이언트의 정서적 발달에 미치는 영향을 강조하며, 둘째, 스트레스가 심한 상황이나 긴장관계를 해결하는 데 있어 인간의 방어기제(defense mechanism)와 역할에 대한 이해를 도모하고, 셋째, 정서적 문제는 초기 유년시절의 경험으로부터 발생한다는 확신을 가지며, 넷째, 클라이언트가 방해받음 없이 자유롭게 이야기할 수 있도록 함으로써 숨겨지고 억압된 감정을 파악할 수 있다는 인식을 지니며, 다섯째, 치료의 목적은 클라이언트의 행동에 대한 무의식적인 원인을 고찰함으로써 클라이언트가 역기능적인 방식으로 행동하는 이유에 대한 깊은 이해와 통찰력을 갖추도록 원조하는 데 두며, 여섯째, 클라이언트와 사회복지사의 관계 및 상호작용을 통해 분노, 억울함 등과 같은 클라이언트의 풀리지 않는 많은 문제를 확인할 수 있다는 특징을 가진다(Glicken, 2011).

## 4) 인지행동 접근법

무의식적인 사고(thoughts)에 의해 인간의 행동이 결정된다고 믿는 정신역동 접근법과는 달리 인지행동 접근법(cognitive-behavioral approach)은 인간의 문제행동이 사고의 오류나 비합리적인 사고에 의해 발생한다는 입장을 취한다. 따라서 인지행동 접근법은 개인의 인지 사고의 틀을 수정하여 본인의 능력보다 효율적으로 인지기능을 발휘하도록 함으로써 문제행동을 교정하는 데 목표를 둔다(대한청소년의학회, 2012). 즉 인지행동 접근법은 인지 재구성에 초점을 맞춰 인지 및 행동의 수정을 위한 대처기술과 직접적인 교육 및 훈련을 통해 문제를 해결하는 데 중점을 두고 단기간에 진행되는 접근법이다(이장호 외, 2009).

인지행동 접근법을 행동이론에 근거한 인지적 개입기법이라고 일컫는 데서 알 수 있듯이 인지행동 접근법의 이론적 기틀은 행동주의에 기반을 둔 사회학습이론이다(Longabaugh & Morgenstern, 1999).

행동주의는 철저한 실험과 관찰을 통해 인간행동의 형성원리를 발견하고 설명하려는 관점이자 이론이다. 행동주의에서는 '학습'을 환경적 자극의 결과로 나타나는 지속적인 행동의 변화로 규정하면서 인간은 외부 환경이나 자극에 의해 학습되어지는 존재이며, 개인의 행동은 학습을 통해 형성·수정될 수 있다고 주장한다. '고전적 조건화(classical conditioning)'[5]를 주창한 이안 파블로프(Ivan Petrovich Pavlov), '조작적 조건화(operant conditioning)'[6]를 주창한 스키너(Burrhus Frederic Skinner), '대리적 조건화

---

5) 고전적 조건화는 파블로프가 수행한 개의 침 분비 실험을 근거로 하는데, 그는 개를 대상으로 자극과 반응 사이의 자연적 생리적 관계를 이용하여 서로 관계가 없는 상이한 자극에 대해서 동일한 반응을 학습시킨 실험을 실시하였다. 즉 개에게 음식을 제공했을 때 침을 흘리는 것은 자연적이며 생리적인 현상인데, 종을 치면서 음식을 주는 일을 반복하게 되면 종소리라는 자극과 침을 흘리는 반응 사이에 연관이 형성되어 결국 종만 쳐도 개가 침을 흘린다는 사실을 발견하였다. 여기서 음식물과 타액반응을 각각 무조건 자극(unconditioned stimulus: UCS), 무조건 반응(unconditioned response: UCR)이라고 하고, 종소리를 듣고 침을 흘렸을 경우, 종소리를 조건자극(conditioned stimulus: CS), 침을 흘리는 반응을 조건반응(conditioned response: CR)이라고 일컫는다.

6) 스키너가 주창한 조작적 조건화는 외부 자극에 대한 유기체의 능동적인 반응을 통해 형성되는 것으로, 유기체가 수동적(무조건적)으로 반응하게 되는 파블로프의 고전적 조건화와 차이가 있다. 즉 고전적 조건화는 유기체로 하여금 중립 자극을 무조건 자극과 동일하게 여기게끔 학습시키는 것인 반면 조작적 조건화는 보상과 강화를 통해 특정 행동을 유도시키는 학습이다. 결국 조작적 조건화의 핵심 개념은 '강화(reinforcement)'인데, 이는 특정 행동에 대해 좋은 결과를 제공하는 것이다. 즉 유기체가 원하는 것을 제공하여 유기체로부터 특정 행동을 이끌어 내는 것을 의미한다. 이때 고전적 조건화와 다르게 유기체는 자

(vicarious conditioning)'를 주창한 반두라(Albert Bandura) 등이 모두 행동주의 학자들이다.

이 가운데 반두라는 행동주의 학습이론에서 출발해 나중에는 인지적 측면을 중시하는 사회학습이론(Social Learning Theory)을 발전시켰다. 이러한 이유로 반두라의 대리적 조건화를 사회학습이론이라 일컫기도 한다. 사회학습이론은 인간을 환경에 의해 영향을 받기도 하지만 환경에 영향을 주기도 하는 존재로 인식한다. 즉 인간의 행동은 환경에 의해 수동적, 기계적으로 결정되는 것이 아니라 개인의 인지, 행동 및 환경 간의 상호작용에 의해 산출된다고 본다. 이러한 맥락에서 스키너의 결정론을 환경결정론이라고 하고 반두라의 결정론은 상호결정론이라고 부른다. 반두라는 인간이 어떤 행동을 했을 때, 직접적으로 강화되거나 처벌받지 않더라도 간접적, 대리적인 경험을 통해 학습이 가능하다고 보았다. 즉 인간은 다른 사람의 행동을 모방하고 관찰하며, 그 과정에서 여러 인지적 과정을 통해 학습하고 행동하는 존재로 인식하였다.

이러한 인지적 관점과 행동수정모델을 절충한 인지행동 접근법의 특징은 첫째, 인간 행동의 차이를 가져오는 요인은 특정한 외부 상황이나 사건이 아니라 인간의 인지가 중요한 결정요인이라 인식하며, 둘째, 원조과정에서 클라이언트의 능동적이고 자발적인 참여 및 사회복지사와 클라이언트 간의 긴밀한 협조를 강조하고, 셋째, 비합리적이고 왜곡된 사고를 합리적 사고로 수정하기 위한 교육적 접근을 강조하며, 넷째, 심리사회모델이나 정신역동모델과 같은 장기개입모델이 아니라 단기개입모델로서 구조화된 개입을 강조한다.

---

신이 한 행동의 결과, 즉 제공되는 강화가 자신에게 얼마나 유용한지를 바탕으로 그 행동을 계속할지, 혹은 하지 않을지를 결정하게 된다. 이러한 맥락에서 조작적 조건화 과정은 유기체가 능동적으로 반응하는 과정이라고 말한다. 강화는 크게 정적 강화(positive reinforcement: 긍정적 강화)와 부적 강화(negative reinforcement: 부정적 강화)로 나뉜다. 정적 강화는 유기체가 선호하는 자극을 제시하여 특정한(바람직한) 행동을 이끌어내는 과정인 반면, 부적 강화는 유기체가 혐오하는 자극을 제거함으로써 특정한 행동을 이끌어 내는 과정이다. 예를 들어, 발표를 하면 추가점수를 주는 것은 정적 강화에 해당하는 반면 발표를 하면 학생이 하기 싫어 하는 과제를 하지 않아도 되게 하는 것은 부적 강화에 해당한다. 한편, 부적 강화는 강화 대상자가 혐오하는 자극을 제거해 바람직한 행동의 발생 빈도를 높이는 것인 반면, 처벌(punishment)은 강화 대상자의 바람직하지 않은 행동을 억제하는 것이다. 처벌에도 정적 처벌과 부적 처벌이 있다. 정적 처벌은 강화 대상자가 혐오하는 자극을 제시해 바람직하지 않은 행동을 억제하는 것이다. 예를 들면, 자녀가 잘못된 행동을 하였을 때 혼을 내거나 꾸짖는 것이 해당한다. 반면, 부적 처벌은 강화 대상자가 좋아하는 자극을 제거해 바람직하지 않은 행동을 억제하는 것이다. 잘못된 행동을 한 아이에게 TV시청을 금지시키는 것이 이에 해당한다.

인지행동 접근법은 실천적 방법으로서의 유용성이 뛰어나며 효과성 평가라는 목적을 지니고 있다는 점에서 다른 실천적 개입방법과 뚜렷이 구별된다(Herbert, et al., 2013). 하지만 자신의 인지를 추적하면서 비슷한 사고습관을 수정해야 하기 때문에 어느 정도의 지적 능력을 갖춘 클라이언트에게만 적용할 수 있으며, 위기상황과 같은 급박한 개입이 요구되는 상황에 적용하기 어렵다는 한계를 지닌다.

## 5) 해결중심 접근법

해결중심 접근법(solution-focused approach)은 1970년대 중반 쉐이저와 킴 버그(Steve de Shazer & Insoo Kim Berg) 등이 발전시킨 접근법이다. 이 접근법은 문제에 초점을 맞춰 내담자의 변화를 도모했던 기존의 접근법이 별다른 효과를 거두지 못하자 실증적 연구를 통해 문제 자체보다는 그 문제의 해결에 초점을 맞추는 접근법으로 발전되어 왔다.

해결중심 접근법은 클라이언트 본인이 자신의 문제와 해결책을 가장 잘 알고 있는 장본인이라는 전제에서 출발한다. 따라서 사회복지사는 원조과정에서 클라이언트의 이야기를 더욱 경청해야 하고, 클라이언트의 문제나 취약점을 사정하는 것보다는 클라이언트가 잘하는 것, 원하는 것, 변화를 이룬 것에 관심을 둬야 하며, 이를 통해 클라이언트가 문제를 해결해 가는 과정에서 더욱 협력적이고 적극적인 태도를 가져야 한다는 점을 강조한다(김준영, 2014). 결국 해결중심 접근법은 클라이언트의 강점에 초점을 두고 클라이언트를 사정하며, 문제를 해결하기 위한 사회복지사와 클라이언트 간의 평등하고 협력적인 관계형성을 강조하는 강점관점의 기본원칙을 기반으로 한다.

이러한 해결중심 접근법의 특성을 살펴보면 다음과 같다(Glicken, 2011).

첫째, 클라이언트가 문제를 해결할 수 있는 능력, 자원, 강점을 지니고 있다는 사실을 인정하고 존중한다.

둘째, 클라이언트가 보유하고 있는 자원, 기술, 지식, 믿음, 동기, 행동, 사회관계망, 환경, 개인적 특성을 발견하고 치료에 활용한다.

셋째, 목표달성을 위한 과정에서 사회복지사와 클라이언트는 협력적인 관계를 형성하고 유지하는 것을 강조한다.

넷째, 변화는 불가피하며 항상 발생한다는 점을 인정하는 체계 기반 모델(systems-based model)이다.

다섯째, 해결책을 만들어 가기 위해 클라이언트와 협력적으로 노력해 가는 목표 지향적인 접근법이다.

여섯째, 과거의 문제보다는 현재와 미래에 적응하고 대처할 수 있도록 돕는 것에 초점을 둔다.

## 04 사회복지실천 관계론, 면접론, 과정론

### 1) 사회복지실천 관계론

#### (1) 관계의 개념

사회복지실천에서 관계란 사회복지사와 클라이언트 간의 태도와 정서의 역동적인 상호작용을 의미하며, 클라이언트가 환경에 더 잘 적응할 수 있도록 원조하는 데 그 목적을 둔다(Biestek, 1957). 이러한 사회복지사와 클라이언트와의 관계는 일반적인 인간관계와는 달리 전문적인 원조관계라는 특징이 있다. 따라서 양자 간에 형성된 좋은 관계는 문제해결과 목표달성을 촉진하며, 클라이언트에게 안정감을 제공하고, 클라이언트가 자신의 잠재력을 깨달을 수 있도록 해준다(Perlman, 1978).

#### (2) 전문적 관계의 원칙

비스텍(Biestek, 1957)은 <표 8-2>에서 볼 수 있는 바와 같이 클라이언트가 가지고 있는 공통적인 욕구에 대해 사회복지사가 반응해야 하는 방식의 원칙, 즉 클라이언트와 사회복지사 간의 관계의 원칙을 제시하였다. 이 관계의 원칙은 개별화, 의도적인 감정표현, 수용, 통제된 정서적 관여, 비심판적 태도, 자기결정, 비밀보장 등 총 7가지의 원칙으로 구성된다.

〈표 8-2〉 클라이언트와 사회복지사 간의 관계의 원칙

| 클라이언트의 욕구 | 관계의 원칙 |
| --- | --- |
| 하나의 사례가 아닌 개별적인 고유한 존재로 취급받고 싶은 욕구 | 개별화 |
| 자신의 긍정적인 감정과 부정적인 감정을 표현하고자 하는 욕구 | 의도적인 감정 표현 |
| 가치 있고 존엄한 존재로 받아들여지고 싶은 욕구 | 수용 |
| 자신이 표현한 감정에 대해서 반응과 공감적 이해를 받고 싶은 욕구 | 통제된 정서적 관여 |
| 자신의 문제에 대해 심판이나 비난을 받고 싶지 않은 욕구 | 비심판적 태도 |
| 자신과 관련한 것에 대한 선택과 결정을 스스로 하고 싶은 욕구 | 자기결정 |
| 자신에 관한 사적인 정보나 비밀이 지켜지기를 바라는 욕구 | 비밀보장 |

자료: Biestek, 1957, 김혜란 외, 2013 재인용

첫째, 개별화(individualization)는 하나의 사례(case)로 취급되지 않고 개별적이고 고유한 존재로 대우받고 싶은 클라이언트의 욕구에 바탕을 둔 관계의 원칙이다. 즉 사회복지사는 모든 클라이언트가 고유한(unique) 존재임을 인식하고, 클라이언트 개개인의 특성을 인정하며 이해해야 한다는 원칙이다. 여기에서 클라이언트의 특성을 인정한다는 것은 그들의 고유한 자질과 개별적인 차이를 인정한다는 것을 말한다. 따라서 사회복지사는 클라이언트를 하나의 대상(object) 혹은 사례(case)로 취급하거나 편견과 선입견을 갖고 정형화(stereotype)시켜서는 안 되며 한 명의 고유한 존재로 대해야 한다.

둘째, 의도적인 감정표현(purposeful expression of feelings)은 자신의 감정을 기탄없이 표현하고 싶은 클라이언트의 욕구에 기반을 둔 관계의 원칙이다. 즉 사회복지사는 의도적으로 클라이언트가 마음에 담고 있는 부정적인 감정을 포함한 모든 감정을 자유롭게 표현할 수 있도록 도와야 한다는 원칙을 의미한다. 클라이언트가 자신의 감정을 표현하는 것은 문제의 해결책을 발견하는 과정에서 긴장을 완화하고 사회복지사와 클라이언트의 관계를 공고히 해준다는 차원에서 매우 중요하다. 따라서 클라이언트가 자신의 감정을 자유롭게 표출할 수 있도록 사회복지사는 신뢰관계 형성에 노력하면서 편안한 분위기를 조성하고, 주의를 기울여 경청하며, 적절한 질문을 던지고, 비심판적 태도를 견지하는 것이 필요하다.

셋째, 수용(acceptance)은 비록 여러 약점에도 불구하고 자신이 가치 있고 존엄한 존재로 인정받고 싶은 클라이언트의 욕구에 기반을 둔 것으로, 사회복지사가 클라이언트를 있는 그대로 받아들이고 대해야 한다는 원칙을 의미한다. 즉 사회복지사는 클라이

언트의 시각을 이해하고 그들의 견해를 기꺼이 받아들이며 클라이언트의 단점, 비호감적인 태도, 부정적인 행동 등을 있는 그대로 받아들이고 대해야 한다. 하지만 수용은 이탈적인 태도나 부도덕하고 반사회적인 행동까지도 인정하거나 동조하는 것은 아니며, 바람직한 것에 대한 전문적인 기준과 상관없이 클라이언트를 있는 그대로 인식하고 대하는 것을 의미한다(김혜란 외, 2013).

넷째, 통제된 정서적 관여(controlled emotional involvement)는 자신이 표현한 감정에 대해서 반응과 공감적 이해를 원하는 클라이언트의 욕구에 기초한 관계의 원칙이다. 즉 사회복지사는 클라이언트의 감정에 대해 의도적이고 적절한 반응을 보임으로써 정서적으로 관여하되, 그 반응이 사회복지사의 전문적인 판단에 따라 적절히 통제되어야 한다는 원칙이다. 이는 사실상 고도의 전문적인 기술을 요하는 것으로 클라이언트의 비언어적인 얼굴 표정, 자세, 손놀림 등의 민감한 감정표현까지도 놓치지 않는 세밀함과 그에 대한 적절한 반응을 보여주는 역량이 필요하다.

다섯째, 비심판적 태도(nonjudgmental attitudes)는 자신의 문제에 대해 비난받고 싶지 않은 클라이언트의 욕구에 바탕을 둔 관계의 원칙이다. 따라서 사회복지사는 클라이언트가 지닌 문제의 원인이 클라이언트에게 있다는 것을 언어적으로나 비언어적으로 비판하거나 심판해서는 안 된다. 사실상 클라이언트는 도움을 요청하는 사람이며, 실패감과 열등감 등으로 비난받는 것에 극히 민감할 수밖에 없기에 비심판적 태도는 사회복지사와 클라이언트 간의 효과적인 관계를 유지하는 데 필수적인 요소라 할 수 있다. 하지만 비심판적 태도가 사회적, 법적, 윤리적 기준에 대한 도외시나 거부를 의미하는 것은 아니므로 클라이언트의 태도와 행동에 대한 평가적인 판단(evaluative judgment)[7]을 내릴 필요는 있다.

여섯째, 자기결정(self-determination)은 자신의 삶에 관한 선택과 결정을 클라이언트 스스로 하고 싶은 욕구에 기초한 것으로, 사회복지실천과정에서 클라이언트가 의사결정 과정에 참여하여 스스로 선택과 결정을 하도록 해야 한다는 원칙을 의미한다. 따라서 사회복지사가 생각하는 해결책을 강요하거나 자신이 의도하는 바대로 클라이언트를 끌고 가려는 사회복지사의 모든 행위는 클라이언트의 자기결정권에 위배되는 행위라 할 수 있다.

---

7) 평가적인 판단이란 인식적인 판단의 상대적인 용어로, 객관적 대상에 대한 판단을 내리는 사람의 성격이나 가치관을 표현하는 것이라 할 수 있다.

하지만 클라이언트의 자기결정권이 항상 존중되는 것은 아니며, 다음과 같은 경우에는 제한된다. 첫째, 클라이언트의 자기결정 능력이 부족한 경우이다. 즉 정신적 장애 등으로 인해 스스로 결정할 능력이 부족한 클라이언트에게는 자기결정의 원칙을 적용하기 어렵다. 따라서 치매를 심하게 앓고 있는 노인처럼 클라이언트의 인지기능과 정서기능이 손상된 경우에는 자기결정권이 제한될 수 있다. 둘째, 미성년자를 성폭행하여 전자발찌를 차고 있는 클라이언트가 전자발찌를 끊고 도주할 계획이 있는 경우와 같이 클라이언트의 자기결정이 불법적이거나 비윤리적인 경우에는 자기결정권이 제한될 수 있다. 셋째, 자살 시도나 불특정 다수에게 위협을 가하는 경우 등과 같이 클라이언트가 본인과 제3자에게 해가 될 위험이 있는 경우에는 자기결정권이 제한될 수 있다. 넷째, 자기결정을 하기 위해 필요한 정보가 클라이언트에게 충분히 제공되지 않은 경우에는 자기결정권이 제한될 수 있다.

　　일곱째, 비밀보장(confidentiality)은 자신에 관한 정보나 비밀이 지켜지기를 바라는 클라이언트의 욕구에 기초한 것으로, 사회복지사는 사회복지실천과정에서 알게 된 클라이언트에 관한 정보를 치료 목적 외에는 타인에게 누설해서는 안 된다는 원칙을 의미한다.

　　하지만 클라이언트에 대한 비밀이 항상 보장되는 것은 아니다. 예를 들면, 클라이언트에게 좀 더 나은 서비스 제공을 위해 담당 사회복지사는 사례회의나 슈퍼비전을 통해 기관 내·외의 전문가들과 해당 클라이언트의 정보를 공유할 수 있다. 다만 다른 전문가들도 모두 클라이언트에 관한 비밀을 지켜야 하며, 클라이언트의 정보를 공개하기 위해서는 반드시 클라이언트로부터 '고지된 동의(informed consent)'[8]를 얻어야 한다. 또한, 클라이언트가 범법행위를 하여 법의 심판을 받게 될 경우, 법이 원하는 범위 내에서 클라이언트와의 대화 내용을 공개해야 한다. 특히 클라이언트의 행동이 그 자신이나 제3자의 생명에 위협이 될 경우에도 비밀보장의 원칙은 제한될 수 있다.

---

8) 고지된 동의란 사전동의(事前同意)를 뜻하는 것으로, 사회복지사는 클라이언트에 대한 원조과정에서 개입 전반에 관한 충분하고 진실된 정보를 클라이언트가 이해하기 쉬운 형태로 명확하게 제공하여야 하며, 이를 통한 의사결정 과정에서 클라이언트는 자발적으로 선택하고 결정할 권리를 갖는다는 것을 의미한다.

## 2) 사회복지실천 면접론

### (1) 면접의 개념과 특징

직접적 사회복지실천은 사회복지사와 클라이언트의 대면(face to face) 면접(interview)을 통해 이루어진다. 카두신(Kadushin, 1990)은 사회복지실천의 면접을 사회복지사와 클라이언트 간의 질의와 응답, 경청과 반응, 몸짓과 얼굴 표정 등을 통해 언어적, 비언어적 의사소통이 일어나는 '의도한 목적을 지닌 대화(purposeful conversation)'라고 정의하였다. 이러한 사회복지실천의 면접은 일반적인 비공식적 면접과는 달리 전문적인 지식과 기술의 틀 안에서 수행되는 전문적인 면접으로, 클라이언트에 관한 정보를 수집하고 궁극적으로 문제를 해결하기 위한 기본적인 도구이자 기술이며, 치료적 개입의 기초가 된다.

사회복지실천의 면접은 다음과 같은 특성을 가진다. 첫째, 면접을 위한 장(場)과 맥락을 가진다. 즉 클라이언트에게 서비스를 제공하는 특정한 기관이 있으며, 면접의 내용은 특정 상황에 한정되어 있으므로 관련되지 않은 내용들은 제거된다. 둘째, 구체적인 목표가 있다. 즉 면접은 우연히 만나 진행되는 것이 아니라 구체적인 목표달성을 위해 의도적으로 이루어지는 과정이다. 셋째, 사회복지사와 클라이언트 간의 계약을 기반으로 진행된다. 넷째, 면접에서는 관련자 간의 특정한 역할 관계가 규정된다. 즉 특정한 역할을 지닌 사회복지사와 클라이언트가 면접자와 피면접자의 역할에 입각해 상호작용한다(Compton & Galaway, 1994).

### (2) 면접의 목적

사회복지실천과정에서 면접은 목표지향적인 행위로 다음과 같은 뚜렷한 목적을 지닌다(Shegal, 2011).

첫째, 정보 획득과 정보 제공의 목적을 갖는다. 면접은 클라이언트에 대한 정보를 획득함과 동시에 개입을 위한 공식적인 절차와 사회복지사의 역할 및 소속기관의 기능 등에 관한 정보를 클라이언트에게 제공하는 양방향(two way)의 과정이다.

둘째, 클라이언트의 문제와 상황에 관한 연구 및 사정(assessment)의 목적을 갖는다. 즉 사회복지사는 면접을 통해 클라이언트에 관한 다양한 정보를 확보한 후, 유용한 정보를 추리고 분석한다. 이처럼 클라이언트에 관한 사실적 자료를 분석하여 클라이언트의 문제와 그 원인을 규명하고 문제해결을 위해 무엇이 필요한지에 대한 전문적 판단을 내리는 일련의 과정을 사정이라고 한다. 사정은 문제해결을 위한 핵심적인 과정이다.

셋째, 클라이언트에게 직접적인 도움을 제공하는 목적을 갖는다. 클라이언트로부터 얻어낸 정보와 그 정보를 기반으로 하여 실시되는 사정작업은 사회복지사의 적절한 원조 방법의 청사진이 된다. 따라서 면접은 사회복지사와 클라이언트의 첫 대면 접촉시부터 직접적인 원조의 수단이 된다.

한편, 면접의 목적과 관련하여 브라운(Brown, 1992)은 사회복지실천의 면접을 목표지향적인 전문적 의사소통의 과정으로 정의하면서, 면접은 클라이언트에 관한 자료수집, 치료 관계의 확립과 유지, 클라이언트에게 정보 제공, 원조과정의 장애 파악 및 제거, 목표달성을 위한 과업 파악 및 실행, 원조과정 촉진 등의 목적을 가진다고 주장하였다.

### (3) 면접의 유형

사회복지실천의 면접은 학자들에 따라 여러 유형으로 구분된다. 카두신(Kadushin, 1990)은 면접의 목적에 따라 '정보수집 혹은 사회조사 면접', '진단적, 의사결정 면접', '치료적 면접' 등 세 유형으로 구분하였다.

첫째, 정보수집 혹은 사회조사 면접(information gathering or social study interviews)은 클라이언트의 사회적 기능, 문제와 관련한 인구사회학적 배경 및 성장 발달사 등에 관한 다양한 정보를 수집하는 목적을 가진 면접을 의미한다. 이러한 정보는 사회복지사가 문제 상황과 관련하여 클라이언트를 더 잘 이해하는 데 중요한 자료가 된다.

둘째, 진단적, 의사결정 면접(diagnostic, decision making interviews)은 문제해결을 위해 필요한 서비스를 파악하고, 서비스에 대한 클라이언트의 자격요건을 평가하며 결정하기 위한 목적을 가진다. 즉 이 유형의 면접은 사회복지사가 특정 서비스의 수혜를 위한 클라이언트의 자격요건을 평가하거나 그와 관련한 의사결정을 정당화하기 위해 수행된다.

셋째, 치료적 면접(therapeutic interviews)은 클라이언트의 인지, 정서, 행동의 변화를 도모할 목적으로 클라이언트와 클라이언트의 상황에 영향을 미치기 위해 수행되는 면접이다. 결국 치료적 면접은 클라이언트의 문제를 해결하고 치료하여 클라이언트가 사회적 기능을 더 효과적으로 발휘할 수 있도록 수행되는 면접이다.

한편, 아이작과 마이클(Isaac & Michael, 1995)은 면접을 구조화의 정도에 따라 '비구조화 면접', '준구조화 면접', '구조화 면접' 등 세 유형으로 구분하였다.

첫째, 비구조화 면접(unstructured interview)은 특별히 정해진 질문 없이 응답자의 자유로운 답변에 따라 면접관이 적절한 질문을 즉석에서 개발해가면서 질의하는 유형의 면접이다. 즉 일종의 자유토론의 형식을 취하는 면접이다. 하지만 비구조화 면접은 다른 유형의 면접에 비해 면접관의 주관이 크게 개입되기 때문에 오류발생의 가능성이 크다는 한계가 있다.

둘째, 준구조화 면접(semistructured interview)은 구조화 면접형식을 따르면서도 면접관이 응답자의 반응에 따라 적절한 시점에 비구조화 면접형식을 통해 구조화 면접형식으로는 끌어내기 어려운 답변을 자유롭게 이끌어낼 수 있는 면접유형이다. 일반적으로 준구조화 면접의 경우, 중요한 질문은 사전에 설정되지만, 면접 과정에서 면접관이 더 얻고자 하는 정보에 대해 추가적으로 질문을 즉석에서 개발하면서 질의응답이 진행된다.

셋째, 구조화 면접(structured interviews)은 면접관이 세분화되고 상세한 내용의 질문을 사전에 준비하여 일련의 표준화되고 잘 구조화된 형식에 따라 진행하는 면접유형이다. 질문의 방법과 내용이 미리 정해져 있어 면접 과정에서의 유연성은 떨어지지만 응답자로부터 알고자 하는 특정 정보에 초점을 맞출 수 있다는 이점이 있다.

## (4) 면접의 기술

사회복지사는 면접의 목적을 달성하기 위해 면접기술, 즉 상담기술을 숙지할 필요가 있다. 사회복지실천에서 사용되는 상담기술[9]은 다양한데, 존슨(Johnson, 1989)은 분위기 조성기술, 관찰기술, 경청기술, 질문기술, 초점·안내·해석기술로 나누어 제시했다. 양옥경과 그의 동료들(2018)은 존슨이 분류한 상담기술 중 하나인 초점·안내·해석기술을 좀 더 세분화하여 표현촉진기술, 초점제공기술, 해석기술, 직면기술로 구분하였다.

---

9) 본 책에서 소개하고 있는 상담기술의 내용은 양옥경과 그의 동료들(2018)이 저술한 '사회복지실천론'과 엄명용과 그의 동료들(2008)이 저술한 '사회복지실천기술의 이해'를 토대로 하여 작성하였다.

### 분위기 조성기술

분위기 조성기술은 상담을 위해 심리적으로 편안한 분위기를 만드는 기술로, 사회복지사와 클라이언트 간의 서로에 대한 이해와 개방성을 촉진하는 방향으로 형성되어야 한다.

존슨(Johnson, 1989)은 이러한 분위기 조성을 위해 공감, 진심, 온화함이 필요하다고 주장했다. 공감(empathy)은 사회복지사가 클라이언트의 입장에서 클라이언트가 느끼는 감정, 사고, 행동, 동기 등을 이해하고 수용하고 있음을 보여주는 것이다. 진심(genuineness)은 사회복지사가 언어적 표현과 비언어적 표현을 일치시킴으로써 클라이언트에게 믿을 만한 사람임을 전달하는 것이다. 온화함(warmth)은 클라이언트에게 존경과 친절을 통해 친밀한 관계를 형성하고자 하는 사회복지사의 마음을 전달하는 것으로, 이를 통해 클라이언트는 자신을 가치 있는 존재로 느낄 수 있게 되고 긍정적·부정적 감정을 표현할 수 있게 된다.

### 관찰기술

관찰기술은 클라이언트에 대한 이해를 높이기 위해 그가 말하고 행동하는 것에 주의를 기울여 살피는 기술이다. 사실상 관찰기술은 상담기술의 가장 기본이 되는 의사소통기술에 포함되는 기술이라 할 수 있다. 그 이유는 의사소통기술이 사회복지사가 전문가로서 자신의 생각과 감정을 클라이언트에게 정확히 전달하는 것뿐만 아니라 클라이언트가 표현하는 생각과 감정을 정확히 받아들이고 이해하는 기술까지 포함하기 때문이다. 즉, 클라이언트의 생각과 감정을 정확히 이해하기 위해서는 관찰기술이 전제되어야 한다.

관찰기술의 핵심은 클라이언트의 언어적 표현뿐만 아니라 비언어적 표현에도 민감해야 한다는 것이다. 비언어적 표현에는 얼굴 표정, 손놀림, 몸짓, 얼굴 붉힘, 자세, 태도 및 침묵 등이 포함된다. 비언어적 표현에 대한 관찰결과의 해석(판단)은 사회복지사마다 다를 수 있으므로 해석상의 주의가 필요하며 신중해야 한다.

### 경청기술

경청기술은 클라이언트의 말을 주의 깊게 듣는 것뿐만 아니라 클라이언트의 비언어적 표현도 관찰하면서 그의 감정과 생각을 파악하며, 클라이언트가 자유롭게 표현할 수 있도록 격려하고, 사회복지사와 클라이언트 간의 대화 내용을 기억하는 것도 포함하는 기술이다.

　적극적 경청은 이에 더하여 사회복지사가 클라이언트의 메시지를 정확히 받아들여 이해하고 있음을 전달해 줌으로써 클라이언트가 사회복지사에 의해 자신이 정확히 이해받고 있다는 생각을 하도록 하는 것까지 포함한다(Coumoyer, 2000; 임명용 외, 2008 재인용).

### 질문기술

　질문기술은 클라이언트로부터 정보를 얻는 수단일 뿐만 아니라 사회복지사가 클라이언트의 진술, 생각, 감정에 귀를 기울이고 있음을 표현하는 방법이다. 사회복지사의 질문은 클라이언트의 사고(思考)에 근거한 것이기에 클라이언트는 질문을 받음으로써 자기결정 및 임파워먼트가 생길 수 있다.

　질문은 개방질문과 폐쇄질문으로 구분된다. 우선, 개방질문은 클라이언트에게 자신의 생각이나 감정을 자유롭게 표현할 수 있도록 하는 질문이다. 반면에 폐쇄질문은 '예, 아니요'로 답하거나, 이름, 주소 등과 같이 명확하고 간략한 답이 정해진 단답형 질문을 말한다. 폐쇄질문은 시간이 제약되어 있거나 위기상황에서 신속히 정보를 얻고자 할 때 유용하며, 자신감이 결여되어 있는 클라이언트를 대상으로 활용하기에 좋은 질문유형이다. 하지만 폐쇄질문은 클라이언트에게 마치 심문이나 취조를 당하는 느낌을 줄 수 있으며, 특정 주제에 지나치게 집중함으로써 면접의 방향을 전혀 다른 방향으로 이끌 수 있다는 단점이 있다(Trevithick, 2000; 임명용 외, 2008 재인용).

### 표현촉진기술

　표현촉진기술이란 정보를 얻기 위해 클라이언트가 표현을 활발히 하도록 촉진하는 기술을 의미한다. 즉 고개를 끄덕여주거나 긍정의 반응을 보여줌으로써 클라이언트를 이해하고 있음을 느끼도록 하여 클라이언트가 계속 진술하게끔 하는 기술이다. 이러한 표현촉진기술에는 클라이언트의 진술을 간략히 반복해주거나 혹은 새로운 단어로 바꾸어 재진술[10]하는 것도 해당한다.

　클라이언트의 표현을 촉진할 때 사회복지사는 클라이언트에게 구체적으로 진술하

---

10) 재진술(paraphrasing)은 '바꾸어 말하기'라고도 일컫는다. 이는 사회복지사가 클라이언트에게서 들은 내용과 의미를 확인하기 위해 클라이언트가 말한 바를 다시 진술하는 기술이다. 예를 들면, "제가 듣기에는 귀하의 말씀이 ~~하게 들리는데, 혹시 …하다는 것인가요?" 등으로 표현한다.

도록 요구해야 한다. 이는 클라이언트가 다양하게 해석될 수 있는 용어를 사용하거나 추상적으로 설명하면, 사회복지사의 해석이나 판단에 오류가 발생할 수 있기 때문이다. 이를 위해 사회복지사는 '명료화 기술'을 활용한다.

명료화 기술은 클라이언트가 표현을 분명히 하도록 격려하면서 동시에 클라이언트가 말한 내용을 사회복지사가 잘 이해하고 있는지를 확인하기 위해 질문하는 기술이다. 이 기술은 주로 모호하거나 혼란스러운 내용을 사회복지사가 이해하기 쉬운 말로 정리하면서 사회복지사가 들은 바를 정확히 이해했는지 확인하기 위해 사용한다(Trevithick, 2000; 임명용 외, 2008 재인용).

### 초점제공기술

초점제공기술은 제한된 상담시간에 최대의 효과를 올리기 위해 불필요한 시간 낭비를 막아주기 위해 사용하는 기술이다. 이러한 초점제공기술에는 '초점화', '재초점화', '요약기술' 등이 포함된다.

초점화는 클라이언트의 산만한 생각과 감정 등을 정리하면서 상담의 초점을 유지해가는 것이다. 다시 말해, 상담의 목적과 중요한 주제에 집중하며 상담의 중심을 잡는 것이다.

재초점화는 클라이언트의 진술이 주제와 본질을 완전히 이탈하였을 경우, 논의했던 주제로 되돌아갈 수 있도록 초점을 다시 맞추는 기술이다.

요약은 클라이언트가 한 말의 내용과 그 속에 담겨 전해진 감정 등을 전체적으로 묶어 정리하는 기술이다. 이는 클라이언트의 이야기가 두서없이 혼란스러울 때, 말한 내용의 핵심을 간결하게 정리하여 제시하는 것을 의미한다. 요약은 상담 중에 특정 주제에 초점을 맞추거나, 다른 주제로 전환하고자 할 때에도 적절히 사용할 수 있는 기술이다. 또한, 요약은 상담을 시작할 때 지난번 상담내용을 상기시키거나, 혹은 상담을 마칠 때 이번 상담내용을 정리하는 데에도 효과적인 기술이다.

### 해석기술

해석은 사회복지사의 전문가적 직관과 분석을 통해 클라이언트의 표현과 행동의 기저에 있는 심리적 원인 등을 발견하고 클라이언트에게 설명하여, 클라이언트가 자신의 문제를 새로운 방식 또는 객관적으로 바라보게 함으로써 문제에 대해 통찰할 수 있도록 도와주는 기술이다.

하지만 이러한 해석기술은 첫째, 클라이언트가 사회복지사의 동기를 오해하여 방어적인 반응을 보일 수 있으므로 어느 정도의 신뢰관계가 형성된 후 사용해야 하며, 둘째, 클라이언트가 자기탐색을 할 준비가 되어 있어야 함과 동시에 사회복지사도 틀린 해석을 하지 않도록 충분한 정보를 확보한 후에 사용해야 하고, 셋째, 시간 간격이 짧은 연속적인 해석은 오히려 클라이언트를 혼란스럽게 할 수 있으므로 해석 후에는 생각할 시간을 클라이언트에게 충분히 주는 것이 필요하며, 넷째, 해석은 사회복지사의 추론에 의한 것이므로 틀릴 수 있음을 항상 염두에 두어야 하고, 다섯째, 클라이언트가 해석에 대해 불쾌해하거나 부정적으로 반응하면, 클라이언트의 반응에 공감하면서 사회복지사의 실수가 있을 수 있음을 인정하고 주제에 대해 더 면밀히 탐색하기 위한 논의를 계속해야 한다.

### 직면기술

직면은 해석과 마찬가지로 클라이언트의 자기인식을 증진시키기 위한 기술로, 문제를 유발하거나 지속시키는 클라이언트의 말, 생각, 감정, 행동 간의 모순과 불일치를 지적하는 것이다. 클라이언트의 말과 행동 간의 모순은 일반적으로 자신이 인지하지 못하거나 인정하기를 거부할 때 발생하는데, 직면기술은 이를 규명해 주고 변화에 장애가 되는 것들을 클라이언트가 인식하도록 도움을 준다.

하지만 이러한 지적을 받아들이기 어려운 클라이언트는 방어적 반응을 보일 수 있으므로 직면기술은 라포(rapport)[11]가 충분히 형성된 후 공감과 지지의 분위기 속에서 조심스럽게 사용해야 한다.

## 3) 사회복지실천 과정론

사회복지실천의 과정은 학자마다 조금씩 다른 견해를 제시하고 있지만 기본적으로 일정한 단계를 거쳐 진행된다. 여기에서는 사회복지실천과정을 초기 단계, 중기 단계, 종결 단계 등 세 단계로 구분하여 설명하고자 한다.

---

11) 라포란 상대방에 대한 공감과 이해를 바탕으로 긍정적 감정과 친밀한 분위기를 형성하는 것을 의미한다.

## (1) 초기 단계

　사회복지실천과정의 초기 단계는 일반적으로 '접수', '자료수집', '사정'의 세 단계로 구성된다. 하지만 이러한 구분은 절대적인 구분이라 할 수 없으며, 실제로 학자에 따라 이 책에서 중기 단계로 설명하고 있는 '계획(목표 설정) 및 계약' 과정을 초기 단계로 간주하기도 한다.

### ① 접수 단계

　접수(intake) 단계란 잠재적 클라이언트와의 접촉을 통해 문제와 욕구를 확인하여 사회복지사가 종사하는 기관의 정책에 해당 문제와 욕구가 부합하는지, 그리고 기관이 클라이언트에게 서비스를 제공할 수 있는지 등의 여부를 판단하는 과정이다. 다시 말해 접수 단계는 클라이언트의 욕구와 문제를 파악하고, 클라이언트가 기관의 서비스를 받을 자격이 되는지를 결정하는 단계라 할 수 있다. 클라이언트와 사회복지사의 관계가 처음 형성되는 접수 단계는 클라이언트와 사회복지사의 추후 원조관계에 지대한 영향을 미치므로 사회복지사는 이 단계부터 라포가 잘 형성되고 긍정적인 경험이 될 수 있도록 해야 한다(김혜란 외, 2013).

### ② 자료수집 단계

　자료수집 단계란 클라이언트의 문제에 대해 기관에서 서비스를 제공할 수 있을 것으로 판단된 경우, 클라이언트의 문제해결을 위해 적합한 개입방법을 결정하는 데 필요한 정보를 모으는 과정이다. 필요한 정보에는 클라이언트가 말로 하는 구두 정보, 양식에 기입하는 문서 정보, 클라이언트 자신의 행동에 대한 관찰을 통한 자기보고, 심리검사 결과, 비언어적 행동, 클라이언트의 가족, 친척, 친구, 이웃 등으로부터 수집된 정보, 클라이언트와 주변 사람들과의 상호작용에 대한 관찰, 클라이언트와의 직접적인 상호작용을 통한 사회복지사의 경험 등이 모두 포함된다.

### ③ 사정 단계

　사정 단계는 개입의 방법과 내용에 결정적인 영향을 미치는 단계로, 클라이언트의 변화를 위한 핵심적인 과정이다. 즉 사정 단계는 수집된 자료를 분석하여 클라이언트의 문제와 그 원인, 문제에 대한 클라이언트의 인식과 태도, 문제해결을 위해 변화되어야 하는 것 등을 규명하고 개입을 위한 함의를 도출해 내는 단계이다. 특히 사정과정에서는 클라이언트의 자원이나 강점 등을 파악하는 것이 매우 중요하다. 클라이언트의 자원이나 강점요인으로는 가족 및 친구, 교육 정도 및 취업 경험, 문제해결능력 및 의사결정능력, 개인적인 자질 및 성격, 물리적 및 재정적 자원, 태도 및 관점, 종교 등이 해당한다(Kirst-Ashman & Hull, 2009). 이러한 사정을 위한 대표적인 도구로는 PIE(Person in Environment) 분류체계[12], 정신장애진단 및 통계편람(DSM-Ⅳ-TR: Diagnostic and Statistical Manual of Mental Disorder Fourth Edition Text Revision)[13], 가계도(genogram)[14], 생태도(ecomap)[15] 등이 있다.

## (2) 중기 단계

중기 단계는 '계획(목표설정) 및 계약'과 '개입'의 두 단계로 구성된다.

### ① 계획(목표설정) 단계

클라이언트의 다양한 문제를 동시에 해결하는 것은 사실상 불가능하므로 선택과 집중을 통해 해결할 표적문제를 선정해야 한다. 표적문제를 선정하면 문제가 해결된 바람직한 상태를 긍정적인 용어로 진술하고(목적 진술), 다소 추상적인 목적을 구체적이고 현실적인 목표로 세분화함으로써 개입의 지침과 향후 평가기준을 마련해야 하는데, 이러한 일련의 과정을 '계획'이라 한다. 몇몇 학자들은 '계획' 과정을 '목표설정' 과정이라고 일컫기도 한다.

---

12) PIE 분류체계는 '환경 속의 인간' 관점에 기반하여 클라이언트를 사정하기 위해 개발된 방법으로 클라이언트의 사회적 기능수행 문제(사회적 역할 문제), 환경적 문제, 정신건강 문제, 신체건강 문제 등 네 가지 요소로 구성되어 있다.

13) 정신장애진단 및 통계편람은 정신질환의 진단에 널리 사용되고 있는 서적으로 미국정신의학협회(American Psychiatric Association)가 출판하고 있다.

14) 가계도는 가족 구성원에 관한 정보와 그들 간의 관계를 포함하여 특정 기간 한 가족의 역사와 그 기간 중 발생한 주된 사건을 한눈에 파악할 수 있도록 작성한 도표로서 의학, 심리학, 사회복지학, 유전학 등에서 널리 사용되고 있다.

15) 생태도는 개인(가족)과 환경체계(외부 집단, 다른 개인 등) 간의 관계(상호작용)를 도표로 표현한 것으로, 영향을 주는 모든 집단이나 상황 등을 동그라미 원에 표시하고, 구성된 원을 관계성에 따라 연결하며(선의 굵기와 종류로 구분), 주고받는 영향에 따라 상호 교환 방향을 표시한다.

## ② 계약 단계

계획(목표설정) 과정이 끝나면, 목적과 목표를 달성하기 위해 사회복지사와 클라이언트 간의 공동노력을 명시화하는 과정을 거치게 되는데, 이를 '계약'이라 한다. 즉 계약이란 사회복지사의 원조가 공식적으로 시작되었음을 클라이언트에게 공지하는 행위로서 문제의 정의, 목표, 사회복지사와 클라이언트의 역할, 시간, 장소, 비용, 개입기법, 평가방법 등에 대해 사회복지사와 클라이언트가 동의하였음을 문서로 명시하는 것을 의미한다. 이러한 계약은 클라이언트에게 자기결정의 권리를 보장하고, 개입과정에 대한 정보를 인지하게 함으로써 안정감을 제공하며, 참여의 권리를 보장함으로써 문제해결을 위한 클라이언트의 동기를 촉진하는 효과를 갖는다(김혜란 외, 2013).

한편, 개입이란 사회복지사와 클라이언트가 합의하여 설정한 목표를 달성하기 위해 수립된 계획을 실행하는 과정을 의미한다.

개입의 유형은 클라이언트와의 직접적 대면을 통해 이루어지는 '직접 개입'과 간접적 수준에서 이루어지는 '간접 개입'으로 구분할 수 있다. 우선 직접 개입에 필요한 대표적인 개입기술로는 관계형성기술, 문제에 대한 새로운 이해를 촉진하는 기술, 해결방안 및 행동변화를 촉진하는 기술 등이 있다.

첫째, 관계형성기술은 클라이언트가 한 인간으로서 대우받고 있음을 느끼게 하고 자신의 문제를 편안히 이야기할 수 있도록 하는 기술을 말한다. 이러한 관계형성기술에는 수용(acceptance), 재보증(reassurance)[16], 지지(support) 등이 있다.

둘째, 문제에 대한 새로운 이해를 촉진하는 기술은 문제의 초점이 불분명하고 모호하여 문제해결에 어려움이 있는 경우, 문제에 대한 관점을 변화시켜 이해를 새롭게 하는 기술을 의미한다. 환기법(ventilation)[17], 일반화(universalization)[18], 직면(confrontation)[19],

---

16) 재보증이란 자신의 능력이나 자질에 대해 회의적인 클라이언트를 대상으로 사회복지사가 클라이언트의 능력이나 달성한 업적에 대해 격려하고 신뢰를 표현함으로써 클라이언트의 불안감이나 불확실한 감정을 줄이고 자신감을 향상시키기 위해 활용하는 지지 기술을 의미한다.

17) 환기법은 정화법이라고도 하는데, 이는 클라이언트의 감정, 특히 억압된 분노, 증오, 슬픔, 죄의식 등의 감정을 자유롭게 표출할 수 있도록 격려하거나 분위기를 조성하는 기법을 의미한다.

18) 일반화는 클라이언트가 겪고 있는 문제, 느낌, 행동 등이 다른 사람들도 겪는 문제임을 알려줌으로써 클라이언트가 소외감, 일탈감 등을 해소하고 자신에 대한 자신감과 신뢰감을 회복할 수 있도록 하는 기법을 의미한다.

19) 직면은 클라이언트가 자신의 문제를 부정하거나 회피하고 개입을 피하려 할 경우, 클라이언트의 말과 행동 간의 불일치, 표현한 가치와 실행 간의 모순을 클라이언트가 인식할 수 있게 해주는 기법을 의미한다.

재명명(reframing)[20] 등이 문제에 대한 새로운 이해를 촉진하는 기술에 해당한다.

셋째, 해결방안 및 행동변화를 촉진하는 기술은 문제에 대한 정보나 대안을 직접적으로 제안하거나 행동이나 대처방식에 대한 훈련을 제공함으로써 문제해결을 좀 더 직접적으로 지원하는 기술을 의미한다. 해결방안 및 행동변화를 촉진하는 기술에는 지시적 기법, 행동수정기법 등이 있다.

반면에 간접 개입은 클라이언트에 직접 개입하는 것이 아니라 환경체계에 대한 개입을 통해 클라이언트에게 간접적으로 도움을 제공하는 개입유형을 의미한다. 이러한 간접 개입에는 자원의 개발과 중개, 서비스 조정, 환경 수정, 옹호 활동 등이 포함된다 (김혜란 외, 2013).

## (3) 종결 단계

종결 단계는 '평가'와 '종결'의 두 단계로 구성된다.

### ① 평가 단계

우선 평가는 개입의 결과를 측정하여 수립한 목표를 달성하였는지를 확인하고, 실행에 효과적이었던 반응과 전략들을 밝혀내어 문제, 목표, 서비스 계획 등을 수정함으로써 책임성 강화와 서비스의 질 관리 향상에 기여하는 과학적인 시도라 할 수 있다.

이러한 평가는 평가의 내용에 따라 성과평가(outcome evaluation)와 과정평가(process evaluation)로 구분된다.

우선 성과평가는 목표에 비추어 어느 정도의 성과를 달성하였는지를 평가하는 것이다. 즉 개입이 목표로 하는 바를 어느 정도 성취했는가를 평가하는 것으로 일반적으로 개입의 효과성과 효율성을 평가한다. 성과평가는 개입이 종료된 이후에 개입의 효과를 총괄적으로 평가한다는 의미에서 총괄평가(summative evaluation)로 일컫기도 한다.

반면에 과정평가는 개입활동의 준비, 진행, 종결 등 개입과정에 대한 주기적인 평가를 의미한다. 즉 실천과정에서 긍정적 또는 부정적 영향을 미치는 핵심적인 요인을

---

20) 재명명은 어떤 문제에 대해 클라이언트가 부여하는 의미를 수정해 줌으로써 클라이언트가 해당 문제를 긍정적으로 인식할 수 있도록 변화시키는 기법을 의미한다. 전술한 재보증이 클라이언트 자신에 대한 불신을 사회복지사가 지지를 통해 자신감을 회복시키고 클라이언트 자신에 대해 믿음을 주는 것이라면, 재명명은 클라이언트의 부정적인 생각을 수정하게끔 긍정적으로 다시 구성(재구성)하는 것이다.

확인하여 실천과정에 반영함으로써 개입의 효과를 제고하며, 필요시에는 개입계획을 수정, 보완하는 지침으로 활용한다. 이러한 과정평가는 특정 서비스를 형성시키는 평가라는 의미에서 형성평가(formative evaluation)로 일컫기도 한다(김혜란 외, 2013).

한편, 사회복지실천에서 개입(프로그램)의 효과성을 평가하는 대표적인 방식으로는 실험설계, 유사실험설계, 단일사례조사설계 등이 있다.

### 실험설계

사회복지사가 개입(프로그램)의 효과성을 평가하기 위해 사용하는 설계가 실험설계이기 위해서는 첫째, 클라이언트(실험대상)를 무작위로 실험집단과 통제집단으로 할당해야 한다. 무작위 할당은 실험자의 편견 없이 실험대상을 두 집단에 할당한다는 것을 의미한다. 둘째, 독립변인(프로그램)을 실험집단에만 적용하고, 통제집단에는 적용하지 않는다. 셋째, 종속변인(클라이언트의 인식, 행동, 태도 등)의 변화를 측정한다.

실험설계는 다른 설계와 비교하여 내적타당도[21])에 저해가 되는 대부분의 요인을 통제하는 매우 우수한 설계이다.

### 유사실험설계

실험설계를 사회복지 실천현장에서 활용하기란 쉬운 일이 아니다. 그 이유는 실험설계에서는 통제집단에 프로그램을 제공하지 않아 클라이언트를 차별하는 윤리적 문제가 야기되기 때문이다.

이러한 문제로 인해 실험설계의 대안으로 유사실험설계를 사용한다. 유사실험설계에서는 클라이언트를 무작위로 실험집단과 통제집단으로 할당하지 않고, 실험집단과 유사한 비교집단을 구성한다. 즉 유사실험설계에서는 통제집단 대신 비교집단을 둔다. 예를 들면, 실험집단의 클라이언트들과 비교하여 인구사회학적 배경이 유사하면서 비슷한 수준의 문제를 가진 클라이언트들이 있는 기관을 선정해 비교집단으로 삼는 것이다. 이러한 유사실험설계는 클라이언트를 무작위로 할당하는 실험설계에 비해 내적타

---

21) 내적타당도(internal validity)란 실험연구에 있어서 개입, 즉 주어진 프로그램이 실제로 클라이언트의 변화를 가져온 정도를 의미한다. 따라서 내적타당도를 높이기 위해서는 다른 요인들이 종속변수(클라이언트의 변화)에 영향을 주지 않도록 철저하게 통제해야 한다. 반면에 외적타당도(external validity)란 실험 결과의 일반화 정도. 즉 실험의 결과를 다른 대상, 다른 시기, 다른 상황에 일반화할 수 있는 정도를 의미한다.

당도는 떨어지지만 연구를 가능하게 하는 현실적인 실험방법이 될 수 있다.

## 단일사례조사설계

단일사례조사설계(단일사례연구설계)는 개인이나 하나의 소집단, 가족 등을 대상으로 개입의 효과를 과학적으로 입증하는 조사설계방법으로, 비교집단이 없는 대신 대상의 변화 정도를 측정하여 클라이언트에게 실질적으로 얼마나 개입의 효과가 있는지를 체계적으로 평가하는 설계이다. 단일사례연구의 유형으로는 [REFERENCE 8-4]에서 볼 수 있듯이 AB설계(기본설계), ABA설계, ABAB설계(반전 설계), BAB설계, ABCD설계 (복수요소 설계), 복수기초선설계 등이 있다. 여기에서 'A'는 개입 후의 변화와 비교하기 위해 개입 전에 표적행동의 상태를 관찰하는 기간인 '기초선(baseline)'을, 'B'는 개입 단계를 각각 의미한다.

### REFERENCE 8-4    단일사례연구설계의 유형

단일사례연구설계의 유형은 다음과 같다.

첫째, AB설계는 기본단일설계, 기본단일사례연구설계, 기본시간연속설계 등으로도 일컬어지는데, 하나의 기초선 단계와 하나의 개입 단계로 구성된 가장 단순한 형태의 설계이다. 하나의 기초선 단계만 있으므로 서비스 전달의 우선순위와 갈등이 적어 연구자들이 가장 선호한다.

하지만 AB설계는 외생변수에 대한 통제가 전혀 없는 상태에서 조사가 실시되는 까닭에 표적행동의 변화가 반드시 개입에 의한 것이라고 확신할 수 없다는 한계가 있다.

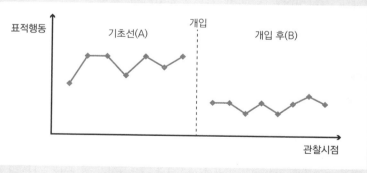

단일사례설계의 일반구조(AB설계)

둘째, ABA설계는 AB설계에 개입을 중단하는 A를 추가하여 AB설계의 약점을 보완한 설계이다. 즉 이 설계는 개입이 클라이언트의 변화에 직접적인 영향을 미친 요인이라면, 개입을 중단하였을 경우 클라이언트는 다시 개입 전의 행동을 보일 것이라는 가정에서 출발한다. 따라서 개입을 중단한 두 번째의 기초선 A단계에서 만일 표적행동이 악화되는 (개입 전으로 돌아가는) 현상이 나타나면, B단계에서 나타난 행동의 변화는 개입의 영향 때문임을 확신할 수 있게 된다.

하지만 ABA설계는 첫째, 문제를 해결할 만큼 충분한 개입기간을 갖지 않은 채 개입 효과를 평가하기 위해 도중에 개입을 중단함으로써 윤리적인 문제를 내포하고 있다. 둘째, 반전 기간(개입의 성과를 확인하기 위해 개입을 일시 중단하고 다시 기초선 단계로 돌아가는 두 번째 기초선 단계 기간) 동안에 문제가 악화되지 않을 경우, ABA설계의 적용결과를 해석하는 데 혼란이 발생한다. 즉 반전 기간에 문제행동이 악화되지 않으면 문제해결의 측면에서는 다행스러운 일이지만, 그것은 개입 이외의 다른 외생적 요인이 변화에 영향을 미친 결과인지, 아니면 개입의 효과가 지속적으로 유지되고 있는 것인지 판단할 수 없다.

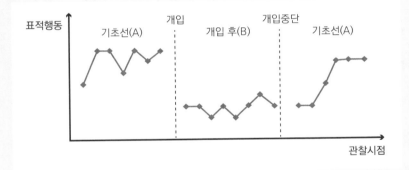

ABA설계

셋째, ABAB설계는 ABA설계에 다시 개입을 실행하는 것으로 볼 수도 있고, AB설계를 동일 대상에게 반복하는 것이라고 볼 수도 있다. ABAB설계는 반전설계 또는 철회설계라고도 한다. ABAB설계는 기초선(A) 측정 후 개입(B)을 하고, 일정 기간 개입을 중단(A)한 후 다시 개입(B)함으로써 개입 이외의 다른 요인의 영향력을 배제하고 개입의 영향력을 확실히 할 수 있다.

하지만 ABAB설계는 ABA설계와 마찬가지로 개입을 시작한 후 개입을 중지하는 것은 계속해서 치료를 바라는 클라이언트의 욕구에 반하는 비윤리적인 행위라는 문제가 있다. 또한, 첫 번째 개입의 효과가 두 번째 기초선 단계의 반전기간과 두 번째 개입 단계에서도 똑같이 지속되는 경우, 그 원인을 찾는 데 어려움이 있으며, 결국 ABAB설계는 무의미하게 된다.

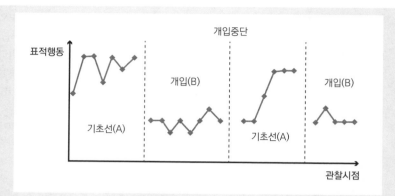

ABAB설계

넷째, BAB설계는 기초선(A) 단계를 처음에 설정하지 않고 바로 개입(B)에 들어간 후, 개입을 중단하는 기초선(A) 단계를 갖고, 다시 개입을 재개하는 단계(B)를 갖는 설계이다.

BAB설계는 기초선 단계를 거칠 시간적 여유 없이 시급히 치료를 요하는 경우에 적절한 설계 유형이며, 개입 국면에서 치료관계를 종결함으로써 치료를 완료할 수 있다는 장점이 있다.

하지만 BAB설계 역시 반전 국면에서 개입 이외의 다른 외생요인이 변화에 영향을 미칠 수 있으며, 개입의 효과가 지속적인 경우에는 기초선 단계와 제2개입에서 표적행동의 상태가 유사하므로 개입효과를 적절히 평가하기 어렵다는 한계가 있다.

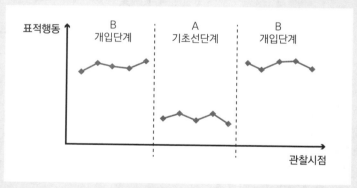

BAB설계

다섯째, ABCD설계는 하나의 기초선 자료에 복수의 다른 개입방법을 연속적으로 도입해보는 설계로, 복수요소설계 또는 다중요소설계라고도 일컫는다. 여기서 A는 기초선, B, C, D는 서로 다른 개입방법이다.

ABCD설계는 클라이언트에게 도움이 되지 않는 개입을 수정하거나, 개입의 어느 부분이 표적문제에 실제로 변화를 가져오는지 설명하려 할 때 유용하다.

하지만 ABCD설계는 이월효과(이전 단계에서의 개입효과가 다음 단계까지 영향을 미치는 현상), 순서효과(개입방법의 순서를 달리해서 적용할 경우 다른 결과가 나타나는 현상), 우연한 사건(외부환경의 변화와 같은 외생적 요인에 의한 영향) 등과 같은 한계가 있다.

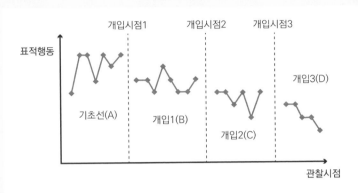

ABCD설계

여섯째, 복수기초선설계(multiple baseline design)는 하나의 동일한 개입방법을 여러 문제, 여러 상황, 여러 사람에게 적용하는 방법으로서 다중기초선설계라고도 한다. 복수기초선설계는 내적타당도 저해요인을 통제하기 위한 주요 수단으로 복수의 사례에 대해 개입의 시점을 각기 달리하는 방법을 사용한다. 이 설계는 표적행동의 변화가 개입의 영향임을 확신할 수 있으며, ABA, ABAB설계 등에 비해 윤리적인 문제가 없다는 장점이 있다. 하지만 단일사례를 대상으로 다수의 개입목표를 설정하여 개입하는 경우, 개입목표가 다를 수 있기 때문에 동일한 개입방법을 적용하는 것은 비현실적이라는 단점이 있다.

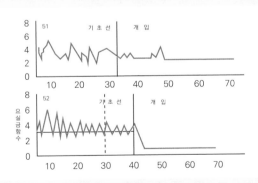

대상자 간 본수 기초선 조사의 예
(양로원 노인의 기저귀를 착용한 이후 요실금 문제)

## ② 종결 단계

마지막으로 종결이란 사회복지사와 클라이언트 간의 개입과정이 끝나는 것을 의미한다. 가장 바람직한 종결은 애초에 계획된 서비스 제공이 완료되고 클라이언트의 문제가 해결되어 개입의 목표를 100% 달성함으로써 사회복지사와 클라이언트 간의 상호합의에 의해 종결이 되는 것이다. 하지만 종결은 사회복지사의 전근이나 사직, 자원의 한계 상황, 클라이언트의 일방적 종결 요청, 클라이언트의 사망 등 계획되지 않고 의도하지 않게 발생할 수도 있다.

종결이 제대로 이루어지게 되면 클라이언트는 목표를 달성한 사실과 자율성이 증가한 데 대하여 성취감과 성장감을 느끼게 된다. 하지만 종결의 경험과 그 의미가 잘못 조정되면, 사회복지사와 클라이언트는 실천과정에서 상호 간에 중요한 감정을 공유하며 의미 있는 관계를 유지해 왔기 때문에 지금까지 이룬 성취감, 자존감 등을 포함한 다양한 긍정적 경험과 감정이 상실되거나 감소될 수 있으며 고통스러운 경험이 된다. 이러한 차원에서 스몰리(Smally, 1972)는 종결이 분리의 감정이나 극단적으로 죽음의 감정을 불러일으킬 수 있다고 주장하였다. 즉 종결은 불안, 부정, 저항, 분노, 비탄 등의 반응을 동반하기도 한다.

따라서 종결을 결정할 때에는 첫째, 사회복지사와 클라이언트가 다루어 온 문제의 본질 및 관계 형성의 지속 기간과 강도, 둘째, 자연적인 종결인지 혹은 의도하지 않은 강제적인 종결인지의 여부, 셋째, 스트레스, 지지의 가능성, 성공적인 사항 등 클라이언트의 현재 상황, 넷째, 관계를 맺고 있던 기간에 이룬 긍정적 경험과 목표 및 마지막 면접에서 획득할 수 있는 이득, 다섯째, 사례를 종결할 것인지 혹은 다른 기관으로 의뢰할 것인지의 여부 등을 신중히 고려해야 한다(Hellenbrand, 1987).

종결 단계에서 사회복지사는 개입의 전체 과정을 재검토하면서 어떠한 목표하에서, 어떠한 노력이 수행되었는지를 요약해 줌으로써 클라이언트가 개입과정을 스스로 검토할 수 있도록 격려해야 한다. 또한, 사회복지사는 문제해결과 목표달성의 정도를 클라이언트와 함께 평가해야 한다. 특히 사회복지사는 종결에 대해 클라이언트가 느끼는 감정을 충분히 표현할 수 있도록 격려하면서, 종결 이후에도 도움이 필요하다면 전문적인 원조관계로 도움을 줄 수 있음을 알릴 필요가 있다.

MEMO

"우리는 한 행정 기관의 캄캄한 뱃속에 살고 있다. 행정 기관은 하나의 기계다. 한 행정 기관이 완전할수록 인간적인 독단을 제거한다. 사람이 톱니바퀴의 구실을 하는 완전한 행정 기관에서는 태만, 불성실, 불공평 따위가 행세할 여지가 없다. 그러나 기계가 미리 딱 정해놓은 일련의 작업을 하기 위해서 만들어진 것처럼 행정 기관 역시 창조는 못한다. 행정 기관은 운영하는 것이다. 그것은 이러저러한 과실에 이러저러한 벌을 주고, 이러이러한 문제에는 이러이러한 해결책을 적용한다."

– 생떽쥐베리 〈전시조종사〉 중에서–

사회복지행정은 사회복지조직을 대상으로 적용하는 거시적 실천방법임과 동시에 사회복지정책을 사회복지서비스로 전환시키는 과정으로서 사회복지조직의 목표달성을 위한 조직 구성원의 협력적이고 총체적인 활동이라 할 수 있다. 특히 사회복지정책이 서비스의 형태로 전환되는 데에는 일정한 과정이 존재하는데, 이러한 과정상의 모든 활동은 조직에 의해 수행된다. 따라서 사회복지행정에 대한 온전한 이해를 위해서는 조직중심의 서비스 전달과정에 대한 이해가 필수적이다. 하지만 실천현장의 사회복지사들은 대부분 미시적인 직접적 실천에 관심을 가질 뿐 사회복지행정은 자신들과 큰 관련이 없는 영역으로 치부하는 경향이 크다. 하지만 사회복지기관이나 시설에 종사하는 사회복지사가 조직적 맥락에 대한 이해 없이 전문적 개입을 적절히 수행하는 것은 불가능한 일이라고 해도 과언이 아니다. 더욱이 현대사회의 사회복지실천 활동은 여러 유형의 사회복지조직에 의해 수행되기에 사회복지조직의 특성과 행정에 대한 지식과 기술을 이해하는 것은 선택이 아닌 필수적인 사안이다. 이러한 차원에서 이 장에서는 사회복지행정의 개념, 특성, 최근 경향 및 다양한 사회복지행정 분야 전반에 대해 살펴보고자 한다.

## 01 사회복지행정의 개념과 필요성

### 1) 사회복지행정의 개념

사회복지행정은 사회복지실천에 있어 사회복지조직을 대상으로 하는 거시적 실천방법임과 동시에 실천영역이라 할 수 있다. 이러한 사회복지행정의 개념에 관한 학자들의 주목할 만한 정의를 살펴보면, 우선 패티(Patti, 1983)는 사회복지행정이란 조직목표를 달성하기 위해 조직의 관리자가 수행하는 상호의존적인 과업, 기능, 활동 등의 체계적이고 개입적인 과정이라고 정의하면서, 사회복지행정을 사회복지실천의 한 방법으로 개념화했다.[1] 이처럼 사회복지행정을 조직 관리자가 수행하는 개입과정으로 인식하고 사회복지실천의 한 방법으로 규정한 패티의 정의는 사회복지행정을 협의적으로 정의한 것이라 할 수 있다.

한편, 키드네이(Kidneigh, 1950)는 사회복지행정이란 사회복지정책을 사회복지서비스로 전환하는 과정이며, 정책을 서비스로 전환하는 과정에서의 경험, 즉 서비스 수혜자의 피드백을 다시 정책수행에 반영하도록 제안하는 순환적인 과정에 있다고 주장하였다. 사실상 정부가 수립한 사회복지정책의 목적을 달성하기 위해서는 관념적인 정책을 구체적인 서비스로 전환하여 최종 수혜자에게 전달하여야 한다. 또한 정책을 서비스로 전환하는 과정에서 무엇보다 중요한 일은 필요한 인적·물적자원을 확보하고 효율적으로 활용하는 것이라 할 수 있다. 결국 사회복지행정이란 인적·물적자원의 확보 및 효율적인 활용을 통해 정책을 서비스로 전환하는 과정에서 수반되는 조직 구성원의 협력적인 총체적 활동이라 할 수 있다. 키드네이의 이러한 정의는 사회복지행정을 광의적

---

1) 사회복지행정을 사회복지실천의 한 방법으로 개념화했다는 의미는 사회복지조직의 관리자를 포함한 조직 구성원이 조직 차원에 개입하여 해당 조직과 그 구성원을 변화시킴으로써 구성원들의 활동 촉진과 조직 운영의 효율성을 향상시키고, 이를 통해 서비스 제공의 최적화를 이루어 궁극적으로 클라이언트의 성장과 변화를 가져옴을 의미한다.

으로 정의한 것이라 할 수 있으며, 사회복지조직을 환경과의 상호작용을 중요시하는 개방체계로 인식하고, 서비스 수혜자인 클라이언트의 피드백을 강조한다는 점에서 주목할 만하다.

## 2) 사회복지행정의 필요성

사회복지 실천현장에서는 조직운영의 효율성을 추구하는 행정이나 관리자의 역할보다는 일선 사회복지사의 전문성을 강조하면서 클라이언트에 대한 직접적 개입을 통한 변화 노력을 중요시하는 경향이 더 큰 것이 사실이다.

하지만 윌렌스키와 르보(Wilensky & Lebeaux, 1965)가 주장한 것처럼 현대 산업사회에서 사회복지활동으로 인정하는 기준 가운데 하나는 '공식적 조직에 의한 활동' 여부이다. 현대 산업사회에서 사회복지는 공적 사회복지에 초점이 맞춰져 있으며, 공적 사회복지서비스가 수혜자에게 전달되기까지의 과정은 온전히 조직적 맥락을 통해 수행되기 때문에 사회복지활동은 '조직적 활동'을 전제로 한다고 할 수 있다. 따라서 사회복지에 대한 숭고한 목적과 가치를 수립하고, 고도의 전문성을 갖춘 사회복지사들을 포진시켰다고 하더라도 조직적 과정, 즉 행정에 대한 구성원들의 이해가 뒷받침되지 않는 조직은 좋은 성과를 기대하기 어렵다. 실제로 조직의 효율적 운영을 위한 관리자의 제반 노력은 일선 사회복지사의 전문성을 증진하는 데 도움을 주고 실천활동을 촉진하는 행위이다. 또한 사회복지조직의 작동 기제와 행정과정에 대한 개별 사회복지사의 이해가 높을수록 자신의 전문성을 통한 클라이언트의 성공적 변화 가능성도 더욱 높아진다.

따라서 조직의 인적·물적자원의 확보와 관리, 프로그램과 사업의 기획, 실행 및 평가 등 사회복지조직을 효과적으로 운영하기 위해 필요한 다양한 지식의 요구는 강해지고 있으며, 그에 따라 사회복지행정의 필요성도 더욱 커지고 있다.

## 02 사회복지행정과 일반행정의 공통점과 차이점

행정은 사회복지조직에서만 수행되는 과정이 아니다. 정부조직을 포함한 모든 공식적 조직에서 행정과정은 발생한다. 일부 사회복지학자들은 사회복지조직에서 일어나는 행정, 즉 사회복지행정을 특별히 구분하기 위해 사회복지조직을 제외한 모든 조직,

즉 정부조직에서 이루어지는 공공행정과 학교, 병원, 기업 등 여타 민간조직에서 행해지는 행정을 포괄하여 일반행정으로 분류하기도 한다. 하지만 일반적으로 행정이란 정부 관료조직 또는 공공기관에서 수행하는 공행정(公行政)을 일컬으며, 이러한 공행정을 가리켜 일반행정이라 한다. 공행정에 대응하는 개념으로 기업에서 수행하는 사행정(私行政)을 경영이라 일컫는다. 결국 행정은 주로 정부나 비영리조직에서 공익실현을 위해, 경영은 영리조직에서 사익실현을 위해 수행되는 협동적 집단행동을 일컫는 용어라 할 수 있다. 다만 행정에서 기업성이 주목받기 시작하고 경영에서는 공공성이 강조되면서 행정과 경영은 상호 수렴하고 있으며, 행정과 경영 간의 차별성은 점점 옅어지고 있는 상황이다.

사실상 사회복지 실천현장에서는 오래전부터 사회복지행정(social welfare administration)이라는 용어를 사용해 왔다. 하지만 미국에서는 이미 1990년대에 들어서면서 사회복지행정이라는 용어 대신 사회복지경영(social welfare management)이라는 용어를 더 많이 사용하고 있다.

이러한 용어 사용의 변화는 1970년대에 들어서면서 그동안 사회복지조직의 양적 팽창에 몰두했던 정책결정자들이 사회복지조직의 성과를 높이고 책임성을 강화하려는 노력을 기울이게 된 데에서 그 배경을 찾을 수 있다. 즉 그 시기의 정책결정자들은 미국 국내 기업은 물론 국외, 특히 일본 기업들이 생산성을 높이고 효율적인 기업운영을 달성하기 위해 기울인 노력과 경험에 주목하기 시작하였다. 그전까지만 해도 영리를 추구하는 기업의 경영 노하우는 공익을 추구하는 사회복지조직의 운영에 부작용을 초래할 수 있다고 믿었던 정책결정자들과 사회복지조직이 MBO(management by objective), 마케팅, 전략적 기획(strategic planning) 등 기업의 경영전략에 관심을 보이기 시작한 것이다. 결국 기업의 운영방식이 사회복지 실천현장에 급속도로 확산됨에 따라 사회복지조직의 관리자들은 그들 자신을 행정가(administrator)라기보다는 경영자(manager)로 생각하는 경향이 강해졌고, 사회복지행정이라는 용어 대신 사회복지경영이라는 용어를 더 왕성하게 사용하게 되었다.

이처럼 사회복지조직의 성과와 책임성이 강조되고 행정과 경영 간의 차별성이 옅어지고 있으며 특히, 사회복지조직의 상당수가 순수한 공공조직이거나 민간조직이 아니라 그 중간 형태인 하이브리드(hybrid) 조직2)의 형태를 갖추고 있는 우리 사회에서

---

2) 하이브리드 조직은 공공조직과 민간조직 간의 경계가 모호해지면서 나타난 중간 형태의 조직으로 '준 공공기관'과 '준 민간기관'으로 구분할 수 있다. 준 공공기관(quasi-public agency)은 정부와의 계약하에 공공프로그램을 운영하는 조직으로서 민간 비영리조직의 속성을 갖고 있지만, 정부의 재정지원에 전적으

사회복지조직을 제외한 그 외 여타 조직에서 수행되는 행정을 포괄하여(그것을 무엇으로 지칭하든 관계없이) 사회복지행정과의 명백한 차이점을 찾는 것은 그리 쉬운 일이 아니다.

## 1) 사회복지행정과 여타 행정의 공통점

사회복지행정과 여타 행정 간에 차이가 없다는 주장을 펴는 이들은 모든 조직에서 이루어지는 행정은 조직의 목표를 달성하기 위해 인적·물적자원을 확보하고, 사업을 기획·실행·평가하는 등의 보편적인 기능을 공통적으로 수행한다는 점을 강조한다. 이러한 측면에서 모든 행정은 기본적으로 첫째, 조직의 목표를 달성하기 위한 수단이고, 둘째, 합리적인 대안을 선택하여 당면한 조직의 문제를 해결하려는 문제해결과정이며, 셋째, 조직 구성원과 조직 내 집단의 효율적인 기능 수행에 도움을 주고자 하는 지원과정이고, 넷째, 고도의 합리성을 수반한 조직 구성원의 협동적 행위이며, 다섯째, 조직을 운영하기 위해 기획·조직·예산·권한의 위임 등의 관리기술을 활용한다는 공통점을 갖는다.

## 2) 사회복지행정과 여타 행정의 차이점

사회복지행정이 다른 조직에서 수행되는 행정과 분명한 차이점이 있다는 주장을 펴는 이들은 사회복지조직이 여타의 조직과 구분되는 특수성을 가진다는 점을 강조한다. 하지만 지금까지 여타 행정과 구별되는 사회복지행정의 속성이라고 제시된 것들이 안타깝게도 온전히 사회복지행정에서만 나타나는 특징이라고 말하기는 어려운 것이 사실이다. 예를 들면, 사회복지조직은 원료가 인간이기 때문에 도덕적, 윤리적 가치판단이 강조되는 특수성을 갖는다는 주장은 병원이나 학교조직 등에서 행해지는 행정에서도 마찬가지로 나타나는 특징이기 때문이다. 또한 사회복지조직은 무형의 즉시성과 소멸성 등의 특징을 갖는 서비스를 산출한다는 특수성도 사실상 공공행정의 산출물이 사회복지서비스를 포함하는 공공서비스라는 점에서 사회복지행정만의 고유한 특성이라고

로 의존하는 조직이라 할 수 있다. 반면, 준 민간조직(quasi-private agency)은 민간의 소유와 운영권을 인정하고 이사회에서 주요 안건이 결정되지만, 정부로부터 상당한 재정지원을 받기 때문에 정부의 통제와 관리로부터 자유롭지 못한 조직을 의미한다(황성철 외, 2014).

말할 수 없다.

따라서 사회복지행정과 여타 조직의 행정을 구분하여 사회복지행정만이 지닌 특수성을 찾으려 애쓰기보다는 사회복지조직과 행정이 지닌 속성은 무엇이며, 그에 따라 사회복지조직의 관리자는 어떠한 점에 유의하여 행정을 행해야 하는지를 살펴보는 것이 훨씬 더 유용한 일이라 할 수 있다.

## 03 사회복지행정의 속성에 따른 관리자의 역할

사회복지조직의 관리자가 수행하는 업무는 사실상 여타 조직의 관리자가 담당하는 업무와 크게 다르지 않다. 하지만 특정한 조직 내에서 수행되는 행정의 속성은 해당 조직의 특성을 반영하기 마련이며, 그 행정의 속성에 따라 조직 관리자에게 부여되는 역할도 조금씩 달라진다. 일반적으로 사회복지조직의 관리자는 조직을 운영하는 데 있어, 사회복지행정의 속성에 따라 다음과 같은 역할을 적절히 수행해야 한다.

### 1) 가치지향적 행정원리 추구에 따른 윤리적 갈등문제에 대한 의사결정

생명이 없는 물체를 생산원료로 하는 기업과는 달리 사회복지조직의 원료는 가치중립적이지 않으며 도덕성과 정체성을 가진 인간이다. 따라서 인간을 대상으로 하는 사회복지조직의 활동은 도덕적으로 정당화될 수 있어야 한다. 다시 말해, 사회복지행정은 전형적인 관료제에서 수행되는 공공행정의 특징인 몰가치성3)의 원리가 아니라 보편적인 사회적 가치에 부합하는 가치지향적 행정원리가 근간이 된다.

미시적 차원의 개입과정에서 사회복지사가 윤리적 갈등을 경험하는 것과 마찬가지로 사회복지조직의 관리자는 사회복지조직에서 수행되는 행정과정에서 일상적으로 윤리적 갈등에 직면한다. 예를 들면, 관리자는 기관이 현재 보유하고 있는 기관의 자원을 당장 끼니를 때우지 못하는 노인들에게 무료로 식사를 제공하는 데 투입할 것인지, 아

---

3) 막스 베버(Max Weber)는 관료제가 법규의 지배, 계층제, 문서주의, 비인간적 행동규범 등의 특징을 지니고 있어 조직목표의 달성을 위한 통제와 지배가 용이하다고 주장하였다. 하지만 관료제는 이러한 특징으로 인해 인간을 물건으로 취급하거나 숫자로 인식하고, 인간의 존엄성 및 가치는 고려하지 않는 비인간화와 몰가치성(가치중립성)을 본질로 삼는 한계를 갖는다.

니면 당장 긴급한 욕구는 아니더라도 실업자를 위한 자활프로그램과 같은 미래를 위한 사업에 투입할 것인지를 결정해야 하는 윤리적 갈등에 직면할 수 있다. 또한 하급자에게 슈퍼비전을 적절히 제공하지 못할 정도로 업무역량이 떨어지는 직원에 대해 어떠한 인사 조치를 해야 할지에 대해 갈등할 수도 있다. 혹은 기관의 사회복지사에게 신체적 위협을 가한 클라이언트에 대해 어떠한 제한 조치를 할 것인지 그리고 해당 사회복지사를 위해 어떠한 보호조치를 취할 것인지 결정해야 하는 딜레마에 처할 수도 있다.

따라서 사회복지조직의 관리자는 한쪽으로 경도되지 않은 균형 잡힌 시각을 견지하고, 클라이언트의 권리가 침해되지 않으면서 도덕적으로 정당화될 수 있는 의사결정을 내릴 수 있도록 각별히 유념해야 한다.

## 2) 이해관계자들의 상충하는 기대와 선호에 대한 중재 및 조정

다른 조직과 마찬가지로 사회복지조직에는 조직의 존폐에 지대한 영향을 미치는 다양한 이해관계자들이 존재한다. 입법기관, 정부기관, 지자체, 후원자, 재단, 이사회, 사회복지 전문가 집단 및 클라이언트와 가족 등이 모두 사회복지조직의 이해관계자에 해당한다.

이해관계자들은 사회복지조직에 저마다의 기대와 선호를 갖고 있는데, 이들이 기대하거나 선호하는 바가 모두 일치하는 것은 아니다. 예를 들면, 노숙인 시설에 재원을 지원하는 중앙정부나 지방정부의 입장에서는 노숙인에 대한 확실한 관리와 예방을 강조하면서, 노숙자에 대한 귀가조치가 효율적으로 수행되어 시설의 입소율이 감소하는 정도를 노숙인 시설의 성과지표로 삼고자 할 것이다. 반면, 사회복지 전문가들은 노숙인의 알코올 중독이나 정신질환에 대한 치료와 재활을 강조하면서 노숙인의 재활률이나 혹은 지역사회 정착률을 시설의 성과지표로 간주해야 한다고 주장할 수 있다. 또한 노숙인의 가족이나 보호자는 노숙인의 건강과 돌봄을 강조하면서 중앙정부나 지방정부와는 반대로 노숙인 시설 입소율이 증가하는 것을 시설의 성과로 평가해주길 바랄 수 있다. 더욱이 노숙인 당사자들은 앞의 이해관계자들과는 전혀 다른 요구를 노숙인 시설에 할 수도 있다. 따라서 사회복지조직의 관리자는 조직의 생존을 위해 다양한 이해관계자의 서로 다른 선호와 기대를 중재하고 조정하기 위한 노력을 기울여야 한다.

한편, 사회복지조직의 관리자는 이해관계자의 서로 다른 선호와 기대를 중재하고 조정하는 과정에서 사회복지조직의 가공되지 않은 원 요소(raw material)인 클라이언트의 선호와 기대에 관심을 기울이고 의사결정에 반영해야 한다는 사실을 특별히 유념해야 한다.

사실상 클라이언트의 선호와 기대는 다른 이해관계자들의 선호나 기대와 차이가 발생하는 경우가 많으며 대체로 무시되는 경우가 적지 않다. 그 이유는 제공받는 서비스의 비용을 클라이언트가 지불하는 것이 아니라 개체로 중앙정부나 지방정부 또는 후원자 등 제3자가 그 비용을 부담하기 때문이다.

하지만 사회복지조직의 존재 이유는 클라이언트에게 필요한 서비스를 제공하고 그들의 권익을 보호하는 데 있다는 사실을 결코 잊어서는 안 된다. 따라서 사회복지조직의 관리자는 클라이언트를 포함한 여타 이해관계자들의 욕구와 기대의 차이를 조정하는 과정에서 특별히 클라이언트의 욕구가 무시되지 않도록 유념해야 하며, 가능한 모든 이해관계자가 만족할 수 있는 대안을 마련하는 데 힘써야 한다(Hasenfeld & English, 1974).

## 3) 모호한 조직목표에 대한 지역사회의 지지 확보

조직이란 특정 목표를 달성할 목적으로 의도적으로 구조화되고 계획된 사회적 단위이다. 하지만 사회복지조직의 목표는 명확하지 않으며 다소 추상적이다. 그 이유는 사회복지조직에 대한 사회의 기대와 태도 및 지지 정도가 모호하고 고정적이지 않기 때문이다. 실제로 빈민, 미혼모, 정신질환자, 노숙자 등과 같은 냉대계층에 대한 사회구성원의 인식과 지지 정도는 매우 가변적이며 대다수는 호의적이지 않은 태도를 보인다. 따라서 이들 냉대계층의 긍정적인 변화를 목표로 하는 사회복지조직의 활동은 많은 제약과 어려움이 따르며 명확한 목표를 제시하기도 쉽지 않다.

그럼에도 불구하고 사회복지조직의 관리자는 이들 냉대계층의 권익보호를 위해 노력해야 하며, 이들에 대한 지원이 왜 필요한지를 지역사회 주민들에게 설명하고 설득해야 한다. 그 이유는 첫째, 사회복지조직의 활동은 인간의 잠재력과 변화 가능성에 대한 믿음을 바탕으로 수행되는 일이기 때문이다. 둘째, 지역사회 주민들이 냉대계층의 잠재력과 변화 가능성을 믿지 않고 지역사회의 이익에 부합될 수 없는 존재로 간주한다면, 이들을 위한 재원확보는 불가능해지며 결국 기관도 존립할 수 없게 되기 때문이다. 셋째, 냉대계층에 대한 옹호 활동에 앞장서는 조직은 일반적으로 지역주민에게 환대나 인정을 받지 못하는 경우가 많은데, 그 경우에 직원들의 사기는 저하되고 이직률이 높아지며 소진(burnout) 등의 현상이 발생하게 되어 조직이 위기에 처할 수 있기 때문이다.

따라서 사회복지조직의 관리자는 첫째, 조직의 목표를 지역사회로부터 승인받기 위해 해당 조직에 대한 정치적, 사회적 지지를 확보하는 노력을 기울여야 하며, 둘째, 해당 조직의 지원 대상인 클라이언트와 조직의 서비스에 대한 지지를 지역사회로부터 얻기 위한 노력을 기울여야 한다.

## 4) 불확실한 개입기술 극복을 위한 과학적인 개입기술 개발 노력

사회복지조직의 목표가 명확하지 않고 모호하지만 모든 사회복지조직은 궁극적으로 클라이언트의 변화를 통한 사회적 기능의 향상 및 인간다운 삶의 향유를 추구한다고 할 수 있다. 그런데 사회복지조직이 이러한 목표를 달성하기 위해 클라이언트에게 사용하는 기술은 획일적이거나 확실하지 않으며 개별 사례에 따라 가변적이다.

사실상 기업에서 제품을 생산하기 위한 제조기술은 일련의 절차에 따라 늘 일정하고 고정적이다. 반면, 사회복지조직에서 다루는 클라이언트는 저마다 속성이 다른 인간이며 불안정하고 복합적인 문제를 가진 존재이다. 따라서 사회복지사가 클라이언트를 변화시키기 위해 사용하는 기술은 획일적이거나 고정화된 틀을 갖출 수 없으며, 상황에 따라 서비스 제공자의 전문적인 판단과 개입기술에 의존하며 달라질 수밖에 없다.

그러나 이러한 사실이 클라이언트에 대해 공통적으로 적용할 수 있는 개입기술의 개발 노력을 게을리해도 된다는 것을 의미하는 것은 아니다. 클라이언트의 속성상 고정화된 기술의 개발은 가능하지 않더라도 어느 일정 단계에서 모든 클라이언트에게 적용될 수 있는 과학적이고 체계적인 개입기술을 개발하는 것은 가능하다. 특히 그러한 개입기술의 개발은 사회복지종사자들을 전문가로 인정받게 하는 가장 중요한 요인 중의 하나이다. 따라서 사회복지조직의 관리자는 모든 클라이언트에게 공통으로 적용할 수 있는 개입기술의 개발 노력을 소홀히 해서는 안 된다.

## 5) 명확한 성과척도의 부재의 문제를 해결하기 위한 척도 개발 노력

기업과 같은 영리집단에서는 이윤이라는 분명하고 확실한 성과척도가 존재한다. 반면에 사회복지조직은 보편적으로 인정할 수 있고 모든 이해관계자가 합의한 명확한 성과척도를 보유하고 있지 않다. 이는 사회복지조직의 다양한 특성, 즉 조직목표의 모호성, 개입기술의 불확실성, 인간 속성에 따른 측정의 한계 등으로 인해 조직성과에 대한 신뢰성 있고 타당한 측정이 쉽지 않은 데 기인한다.

하지만 사회복지조직에 재원을 공급하는 이해관계자들은 사회복지조직이 재원 사용의 투명성과 함께 서비스 제공에 따른 확실한 성과를 제시해 주길 강력하게 요구하고 있다. 이해관계자들의 사회복지조직에 대한 이러한 책임성의 요구는 사회복지조직의 사업실행에 따른 효과성과 효율성 제고 및 목표달성 여부와 밀접한 연관이 있는데, 이는 명확한 성과척도가 전제되어야 가능한 일이다. 따라서 사회복지조직의 관리자는 책임성 요구에 부응할 수 있는 적절하고 확실한 성과 척도를 개발하기 위한 노력을 게을리해서는 안 된다.

## 6) 조직구성원의 역량에 대한 높은 의존도와 사명감에 대한 동기부여

이미 언급한 바와 같이 사회복지조직에서 사용하는 개입기술은 고정화되어 있지 않으며 불확실하다. 이는 그만큼 서비스를 직접 제공하는 사회복지사의 전문적인 판단, 기술, 경험 등 개인의 업무역량이 매우 중요하다는 것을 의미한다. 물론 모든 조직의 성과는 구성원의 업무역량과 밀접한 관련이 있다. 하지만 사회복지조직은 조직구성원의 역량에 대한 의존도가 다른 일반 조직에 비해 상대적으로 훨씬 더 크다고 할 수 있다.

실제로 새로운 제품을 생산하는 기업의 경우는 그 어느 조직보다 기술에 의존하는 바가 크다. 또한 사회복지조직과 마찬가지로 사람을 다루는 병원조직의 경우, 구성원인 의사와 간호사 등의 역량과 역할이 매우 중요한 조직임은 분명하지만 갈수록 의료기기에 대한 의존성이 커지고 있는 것이 사실이다.

반면에 사회복지조직은 목표달성에 대한 효과성과 효율성은 거의 전적으로 조직구성원의 역량에 달려있다고 해도 과언이 아니다. 실제로 사회복지사의 개입방법에 따라 클라이언트의 변화 정도와 만족도는 크게 달라진다. 따라서 사회복지조직의 관리자는 조직구성원인 사회복지사가 이론적, 실천적 전문지식과 기술을 함양하고 투철한 사명감과 책임감을 갖출 수 있도록 아낌없는 지원과 동기부여를 제공해야 한다.

## 7) 사회복지사와 클라이언트 간의 상호작용 및 클라이언트 참여의 중요성 강조

사회복지조직의 핵심적인 활동은 조직 구성원인 사회복지사와 클라이언트 간의 상호작용으로 이루어진다. 사회복지사의 원조과정에서 클라이언트의 적극적인 참여는 클라이언트의 변화를 위한 필수적인 요소이다. 클라이언트는 단순한 서비스의 수혜자가 아니라 원조과정에 있어 중요한 참여자이며 사회복지조직이 추구하는 변화의 책임을 함께 지는 이들이다. 이러한 점에서 서비스를 제공하는 사회복지사와 클라이언트 간의 관계의 질은 서비스의 성과를 결정짓는 가장 중요한 요인 중 하나라고 할 수 있다. 따라서 사회복지조직의 관리자는 클라이언트가 어떤 방식으로 서비스 전달 수단의 선택과 결과에 직접적으로 관여하고 있는지 관심을 가져야 하며, 서비스의 효과가 극대화될 수 있도록 클라이언트의 자발적이고 적극적인 참여와 협조를 도모해야 한다.

하지만 서비스 제공기관과 소속 사회복지사의 영향력이 클라이언트보다 절대적으로 우위에 있는 것이 사실이다. 그 이유는 클라이언트가 그들의 권리를 주장하는 데 필요한 자원이나 정치적이고 관료적인 기술을 보유하고 있지 않은 존재이며, 그들의 삶을 스스로 극복해 나가기 어려운 자들이기 때문이다. 특히, 사회복지조직은 클라이언트가 아닌 다른 제3자로부터 조직유지에 필요한 재원을 공급받으므로 서비스 전달과정에서 클라이언트의 입장이나 권익이 무시되는 경우가 적지 않게 발생한다. 그로 인해 클라이언트와 사회복지사는 평등한 파트너의 관계가 아닌 주종관계를 이루는 문제점을 노출하곤 한다.

따라서 사회복지조직의 관리자는 사회복지사의 원조과정에서 클라이언트가 변화를 이뤄내는 중요한 파트너이며, 궁극적으로 클라이언트와의 상호작용의 질이 서비스의 성과를 결정짓는 핵심 요인이라는 사실을 조직 구성원들에게 주지시키고, 클라이언트의 자기결정권이 보장될 수 있는 환경을 조성하는 데 늘 관심을 기울여야 한다.

## 8) 유사 전문기관들과의 협력 중요성에 따른 네트워킹 구축

대부분의 여타 조직과 마찬가지로 사회복지조직도 성과를 극대화하기 위해서는 다른 기관들과의 적절한 연계와 협력이 필수적이다. 따라서 사회복지조직의 관리자는 조직의 효율적인 운영과 효과적인 서비스 제공을 위해 다양한 전문가 집단은 물론 공통의 클라이언트를 두고 경쟁관계에 있는 유사 전문기관들과도 상호협력할 수 있는 체계를 구축하는 데 힘을 쏟아야 한다.

특히 우리나라처럼 정부의 재정지원하에 민간조직이 사회복지서비스의 제공을 주로 담당하는 복지환경에서는 서비스의 효율적인 제공을 위해 민간과 공공과의 협력은 물론 민간기관 간의 협력체계를 적절히 구축하는 것이 매우 중요하다. 그 이유는 첫째, 정부의 특별보조금 등과 같이 하나의 사회복지조직이 홀로 획득하기 어려운 고도의 전문화된 재원을 확보하는 데 유리하기 때문이며, 둘째, 사회복지조직이 새로운 사업을 수행하고자 할 때, 컨소시엄을 이뤄 사업을 수행하는 것이 하나의 사회복지조직이 수행하는 것보다 경쟁력을 강화할 수 있기 때문이고, 셋째, 급변하는 변화에 적절히 대응할 수 있기 때문이며, 넷째, 동일 클라이언트에게 서로 다른 서비스를 제공하는 조직 간의 네트워킹을 통해 접수, 진단, 평가 등의 업무를 공유함으로써 서비스 제공 비용을 절감할 수 있기 때문이다(Alter, 2000).

물론 공통의 클라이언트를 두고 유사한 서비스를 제공하는 기관들은 제한된 자원을 획득하기 위해 경쟁할 수밖에 없어 상호협조체계를 형성하는 것이 결코 쉬운 일은 아니다. 실제로 유사 기관 간의 협력은 서비스에 공백이 발생하였거나 접근성을 향상하기 위한 경우처럼 매우 제한적인 상황에서 이루어지는 경우가 대부분이다. 하지만 자원확보를 위한 경쟁이 필연적으로 적대관계로 이어지는 것은 아니다. 오히려 앞에서 제시한 여러 이유에서 알 수 있듯이 경쟁관계에 있는 기관들이 협력관계 형성을 통해 상호 간 도움을 주고받을 수 있는 경우가 적지 않다. 따라서 사회복지조직의 관리자는 지역사회 내 여타 조직의 관리자들과 활발한 네트워킹을 통해 상호 원-원할 수 있는 관계를 형성할 수 있도록 적극적인 노력을 기울여야 한다.

## 04 사회복지행정의 주요 경향

사회복지행정은 시대와 환경에 따라 사회복지조직이 생존할 수 있는 길을 찾아 변화해 왔는데, 최근 들어 사회복지행정은 다음과 같은 경향을 보인다.

첫째, 사회복지서비스 제공과 나아가 조직 운영에 필요한 재원확보를 위해 사회복지조직 간의 경쟁이 심화되고 있다. 전통적으로 사회복지조직 간의 관계는 경쟁적이기보다는 협력적이었다고 할 수 있다. 이는 사회복지서비스를 제공하는 기관의 수가 현재와는 비교할 수 없을 정도로 적은 관계로 기관운영과 생존에 필요한 재원확보를 위해 경쟁할 필요가 없었기 때문이다. 하지만 유사한 사회복지서비스를 제공하는 기관들이 난립하게 되면서 제한된 자원을 확보하기 위한 사회복지조직 간의 경쟁은 심화하고 있다.

둘째, 성과 및 서비스의 질 관리를 강조하고 있다. 예전부터 사회복지 전문가들은 성과(outcome)보다는 교육, 훈련, 경험 등 과정(process)을 더 강조해 왔다. 하지만 1980년대 들어 복지국가의 위기를 겪으면서 사회복지조직이 주어진 자원을 가지고 사업의 목적을 얼마나 효율적, 효과적으로 달성했는가를 객관적으로 증명할 것을 요구하는 목소리가 커져왔고, 책임성은 사회복지행정의 핵심적인 가치 중의 하나로 대두되었다. 즉 오늘날 사회복지행정은 과정보다는 오히려 결과나 성과를 더 강조할 수밖에 없는 상황에 놓이게 되었다. 이러한 상황은 좋은 성과를 내지 못하는 사회복지조직은 조직운영에 필요한 재원확보에 실패할 수밖에 없고, 결국 도태될 수밖에 없다는 것을 의미하는 것으로, 결국 이러한 변화는 사회복지조직이 서비스의 질 관리에 더욱 관심을 쏟고 서비스에 대한 클라이언트의 피드백을 중요시하는 계기가 되었다.

셋째, 마케팅기법의 강화 등 경영마인드를 강조하고 있다. 오래전부터 사회복지조직에서는 구성원들이 기관의 프로그램이나 사업 등 주어진 과업을 정해진 프로토콜에 따라 차질 없이 실행해 나가는 역량을 갖출 것을 강조해 왔다. 하지만 최근 들어 사회복지행정의 기본적인 속성이 기존사업의 단순한 시행이 아닌 경영으로 변하고 있다. 즉 기존의 프로그램이나 사업을 단순히 실행하는 전문가보다는 사회문제의 해결을 위한 새로운 프로그램이나 사업을 개발할 수 있고, 해당 프로그램과 사업을 운영할 재원을 마련할 수 있는 창조적이고 기업가적인 마인드를 가진 전문가를 훨씬 더 중요시하는 경향이 커졌다. 이러한 변화는 클라이언트와 재원 제공자 모두에게 매력적일 수 있는 최상의 서비스 패키지(service package)를 만들어 내기 위해 기존의 단순한 욕구조사의 기법을 넘어 기업에서 활용하는 다양한 마케팅기법의 지식과 노하우(knowhow)를 갖춘 인재를 사회복지조직이 요구하는 움직임과 그 궤를 같이한다.

넷째, 사회복지서비스 제공 주체에 있어 공적 영역과 사적 영역 간의 경계가 점점 불분명해져 가고 있다. 실제로 사회복지서비스 제공 부문에서 정부의 재정지원을 받아 공공프로그램을 운영하거나, 소유와 운영권을 가지고 있으면서 정부로부터 상당한 재정지원을 받는 민간조직이 증가하면서 이러한 경향은 더욱 농후해져 가고 있다. 특히 영리를 추구하는 조직이 사회복지 영역으로 점점 더 많이 진입함에 따라 영리 영역과 비영리 영역 간의 파트너십에 대한 요구도 커질 것으로 예상된다.

다섯째, 사회복지조직의 재구조화 경향과 함께 사회복지조직의 전문화 및 소규모화가 진행되고 있다. 사회복지조직 간의 경쟁이 심화되고, 특히 정보통신기술의 급속한 발전 등 사회복지조직을 둘러싼 외부환경이 급속히 변화함에 따라 사회복지조직은 조직구조를 변화시켜 나가고 있다. 이 과정에서 몇몇 사회복지조직은 규모를 확대하려는 시도를 하겠지만, 대부분의 조직은 더욱 전문화와 소규모화를 지향해 가고 있으며 그러한 추세는 앞으로도 계속될 것으로 예견된다.

## 05 사회복지조직 관리자의 기능

굴릭(Gulick, 1937)은 어윅(Urwick)과 함께 펴낸 『행정과학논집(Papers on Science of Administration)』에 실린 「조직이론 소고(Notes on the theory of Organization)」라는 제목의 논문에서 'POSDCoRB'라는 개념을 창안하여 조직의 최고관리자가 수행해야 할 일곱 가지 기능을 제시하였다. 물론 굴릭은 조직이론 가운데 고전이론[4]에 속하는 행정관리론을 주창한 인물 중 한 명이지만, 그가 제안한 POSDCoRB의 개념은 행정을 막연히 사무를 처리하는 일로 규정하는 것과는 차원이 다른 개념으로 현재의 조직관리에 여전히 유용하게 활용되고 있으며, 이는 사회복지조직의 관리층에게도 예외 없이 적용될 수 있다.

이러한 POSDCoRB의 개념은 조직의 최고관리층이 수행해야 하는 기능을 지칭할 뿐만 아니라 최고관리층 내부의 분업과 행정의 관리과정을 뜻하는 다양한 의미가 함축되어 있다(윤재풍, 2014). 다만, POSDCoRB의 개념은 행정을 단순히 정치가 내세운 목표나 정책·법령을 능률적으로 집행하기 위한 수단적·기술적 차원에서 파악했으며, 행정조직을 환경과의 상호작용이 없는 폐쇄체제로 인식하고 환경과의 상호작용에 의한 환류기능을 고려하지 못했다는 한계를 가진다.

---

4) 고전이론은 조직을 주어진 목표를 달성하기 위한 합리적인 도구로 간주한다. 고전이론의 특성은 첫째, 조직이 추구해야 할 유일선(唯一善)은 능률이라고 생각하면서, 이를 위한 공식적 구조와 장치를 발전시키는 데 주력한다. 둘째, 공식적 구조를 중시하고, 조직의 목표는 고정적이며 환경은 불변한다는 폐쇄체계적 관점에 입각하고 있다. 셋째, 인간은 자기에게 이익이 가장 크게 되는 방향으로 행동하는 합리적인 존재라고 인식한다. 이러한 고전이론에는 20세기 초 테일러(Taylor)가 주창한 과학적 관리론, 패욜(Fayol)이 주창한 행정관리론, 베버(Weber)의 관료제론 등이 포함된다.

1) 기획(planning): 조직이 설정한 목표를 달성하기 위하여 수행해야 할 전체적인 과업을 설정하고 과업수행의 방법과 기간 등을 계획하는 것을 의미한다.

2) 조직(organizing): 설정된 목표의 달성을 위해 업무 단위를 배열하고 규정하는, 즉 공식적인 구조를 확립하는 것을 의미한다.

3) 인사(staffing): 조직 구성원을 충원하고 훈련시키며 적재적소에 배치하는 것을 비롯하여 적합한 작업조건과 업무환경을 유지해 주는 것을 의미한다.

4) 지휘(directing): 의사결정을 하고 명령과 지시를 통해 결정된 사안이 구체화될 수 있도록 수행하는 것을 의미한다.

5) 조정(coordinating): 조직의 여러 하위 부분들의 노력을 통합하고, 분업화된 업무를 전체적인 시각에서 적절하게 연결하고 조화시키는 것을 의미한다.

6) 보고(reporting): 업무수행의 과정과 결과에 대한 정보를 최고관리자에게 제공하는 것을 의미한다.

7) 예산(budgeting): 재정에 대한 계획, 회계 등 예산과 관련된 모든 기능을 의미한다.

## 06 사회복지행정의 분야

사회복지행정의 분야는 크게 기획, 인적자원관리, 재무관리, 정보관리, 비영리 마케팅, 리더십 및 평가 등으로 구분할 수 있다.

## 1) 기획

### (1) 기획의 개념

모든 조직은 목표를 가지고 있고, 그 목표를 달성하기 위해 수행해야 할 과업과 수행 방법 등을 모색한다. 기획(planning)이란 조직 전반 또는 특정 사업의 목표를 달성하기 위해 수행할 과업, 방법, 시기, 담당자 등을 결정하는 일종의 마스터플랜으로, 각 결정 사안에 대해 여러 대안 중 최적의 대안을 선택하고 미래에 취할 행동에 대한 일련의 의사결정을 준비하는 동태적 과정이라 할 수 있다.

길버트와 스펙트(Gilbert & Specht, 1977)는 이러한 기획을 통찰력, 체계적인 사고,

조사, 선호하는 가치 등에 기반하여 행동 대안을 선택함으로써 문제를 해결하고 미래의 일에 대한 방향을 통제하려는 의식적인 시도라고 정의하였다. 성규탁(1993)은 기획이란 과거와 현재의 정보를 분석하고, 미래의 발전에 대한 예측을 하며, 공식적 목표달성을 위한 전략을 수립하기 위하여 조직이 취하는 일련의 활동이라고 정의하였다

다른 조직과 마찬가지로 사회복지조직에서도 기획은 반드시 필요하다. 만약 사회복지조직이 클라이언트의 긍정적 변화라는 목표를 달성하기 위해 크게는 어떻게 조직을 운영해나갈 것이며, 작게는 어떤 과업을, 무슨 방법으로, 언제까지 완수할 것인지 등에 대한 계획을 적절히 수립하지 않는다면, 그 조직은 주먹구구식 운영으로 인해 존립이 위태로워질 수밖에 없기 때문이다. 특히 사회복지조직의 내외부 환경이 급변하고 있는 현재 상황에서는 더욱 기획의 필요성과 중요성이 강조될 수밖에 없다.

결론적으로 사회복지조직에서 기획이란 급변하는 조직 내·외부의 환경 및 변화하는 클라이언트의 욕구에 대처하기 위해 조직의 새로운 목표를 설정하고, 이를 달성하기 위한 최적의 대안을 고안하여, 미래 활동을 합리적으로 결정해 나가는 의사결정과정이라 정의할 수 있다.

## (2) 기획의 특징

페리와 로젠달(Perry & Rosenthal, 1993)은 기획의 특징을 다음과 같이 설명한다. 첫째, 기획은 미래 지향적이다. 즉 기획활동은 조직의 목적을 설정하고 그것을 달성하기 위한 미래의 행동을 규정하는 것이다. 둘째, 기획은 과정 지향적이다. 즉 기획은 한순간에 끝이 나는 단일 과업이 아니고 계속 진행되는 의사결정과정을 의미한다. 셋째, 기획은 적응 지향적이다. 즉 기획은 조직의 외부환경에 적응하기 위한 노력과정이다.

한편, 요크(York, 1982)는 기획이란 첫째, 미래지향적이며, 둘째, 계속적 과정이고, 셋째, 목표를 달성하기 위한 최적의 수단을 탐색·비교·선택하는 합리적 의사결정과정과 밀접한 연관이 있으며, 넷째, 목표지향적이고, 다섯째, 그 자체가 목적이 아니라 목표를 달성하기 위한 수단이라는 특징을 갖고 있다고 주장하였다.

## (3) 기획의 필요성

조직에서 기획이 필요한 이유는 다음과 같다(Skidmore, 1990).

첫째, 기획은 조직이 환경변화에 대응하여 미래의 불확실성과 목표의 모호함을 줄이기 위해 필요하다. 즉 기획은 미래에 대한 불확실성을 감소하고 조직의 목표를 명확히 해주는 기능을 한다.

둘째, 기획은 조직의 문제해결을 위한 합리성 증진을 위해 필요하다. 기획은 합리성 추구를 기본 철학으로 삼고 있기 때문에 문제해결과 의사결정을 위해 보다 타당하게 적용할 수 있는 수단을 제공함으로써 합리성을 제고한다.

셋째, 기획은 조직의 효율성과 효과성 증진을 위해 필요하다. 기획의 필요성 두 번째에서 확인한 것처럼 기획은 합리성을 증진시킨다. 합리성이란 제한된 자원을 가지고 최소의 비용과 노력으로 최대의 목표를 달성하는 것을 의미하며, 이는 곧 효율성 증진과 궤를 같이하는 것이다.

넷째, 기획은 사회복지조직의 책임성 증진을 위해 필요하다. 사회복지조직은 국가나 개인의 기부금으로 운영되기에 서비스를 효율적이고 효과적으로 제공할 의무와 책임이 있다. 기획은 특정한 구체적인 목표를 설정하고 있고, 일정한 공간과 시간에 따라 수행해야 하는 과업이 제시되기 때문에 그 기간 내에 이루어진 성과에 대한 측정을 효과적으로 할 수 있게 해줌으로써 책임성을 증진한다.

다섯째, 기획은 조직 구성원의 사기진작을 위해 필요하다. 기획과정에는 많은 조직구성원이 참여하는데 그 과정에서 기관의 미래방향(사명, 목표)을 정확히 인식할 수 있으며, 자신들이 조직에 일정 부분 기여했다는 자부심과 성취감을 느끼게 함으로써 조직응집력과 사기 진작에 도움을 준다.

## 2) 인적자원관리

### (1) 인적자원관리의 개념

인적자원관리는 인사관리라고도 일컫는다. 이는 직원을 채용하고 훈련과 교육을 통해 능력을 개발하여 조직에 헌신할 수 있도록 동기를 부여함으로써 조직의 목표달성을 위해 인적자원을 최대한 효율적으로 활용하려는 관리활동을 의미한다(김익균 외, 2003). 과거의 전통적인 인적자원관리는 조직과 구성원들 간의 관계를 기계적이고 획일적으로 이해하면서 구성원의 관리와 통제에 초점을 맞추었다. 하지만 21세기 지식사회에서는 인적자본의 중요성을 인식하게 되면서 인사관리의 패러다임이 근로자의 욕구와 관리자의 기대 및 사회의 바람에 모두 부합하는 인적자본의 육성을 통해 조직의 목표 달성을 효과적이고 효율적으로 달성할 수 있는 방향으로 전환되었다.

## (2) 인적자원관리의 핵심 구성요소

인적자원관리의 핵심 구성요소로는 인적자원의 확보, 업무성과에 대한 평가, 직원 개발 및 보상 등을 들 수 있다. 피코라와 어스틴(Pecora & Austin, 1987)은 사회복지조직의 인적자원관리 구성요소로 ① 직원의 모집, 심사 및 채용, ② 직무의 분석, 설계 및 할당, ③ 성과평가의 설계 및 실행, ④ 직원 오리엔테이션, 훈련 및 개발, ⑤ 과업성과의 유지와 제고 및 직원발전을 위한 지도·감독, ⑥ 직원성과에 문제발생 시 처리활동, ⑦ 직원에 대한 보상과 이직관리 등을 제시하고 있다.

## (3) 인적자원관리의 과정

인적자원관리는 다음과 같은 과정을 거쳐 진행된다.

첫째, 인사계획 단계이다. 이는 조직의 목적달성을 위해 어떤 기술을 보유한 인력을, 어느 정도 필요로 하며, 언제 선발할 것인가 등 인사충원 전반에 대한 계획을 수립하는 단계를 의미한다. 혹자는 이 단계를 다음 단계인 모집과 선발의 과정에 포함시키기도 한다.

인사충원의 필요성을 분석하기 위해서는 현재 조직인력이 ① 적절한 수를 유지하고 있는지, ② 필요한 업무 관련 기술을 소유하고 있는지, ③ 능력을 최대한 발휘할 수 있도록 적절한 부서에 배치되어 있는지, ④ 실제로 업무를 제대로 수행하고 있는지 등에 대한 분석과 평가가 선행되어야 한다. 또한, 인사계획 단계에서는 직무분석(job analysis)과 직무기술(서)(job description) 및 직무명세서(job specification)를 마련하는 작업이 필수적으로 수반되어야 한다.

둘째, 모집·선발·임용 단계이다. 이는 인적자원관리의 가장 중요한 단계로, 인력을 선발하는 심사자는 분석적 기술과 대인관계기술의 보유뿐만 아니라 고용차별과 관련한 다양한 법률적인 지식을 갖고 있어야 한다. 또한, 심사과정에서 고도의 대인관계 인터뷰 기술은 후보자를 정중하고 전문적인 방법으로 인터뷰하기 위해 필수적인 자질이므로 이를 함양하기 위한 철저한 준비가 필요하다.

셋째, 오리엔테이션과 직원개발 단계이다. 아무리 뛰어난 직원을 채용했더라도 신입직원들은 새로운 직무환경에 적응하기 위한 기본적인 지식과 훈련이 필요하다. 또한, 기존 직원들도 조직의 정책이나 절차의 변화를 포함하여 새로운 서비스 기술의 개발과 도입 및 개인별 직위 이동에 따른 업무환경의 변화에 계속적으로 적응해 나가야 한다. 더욱이 조직에 대한 내·외부 이해관계자들의 변화하는 욕구와 기대에도 적절히 대응해야 조직이 생존할 수 있다. 따라서 신입직원을 위한 오리엔테이션과 기존 직원의 지속적인 개발은 매우 중요한 과정이다.

넷째, 업무평가 단계이다. 업무평가란 특정 직원의 직무에 대한 기대사항을 설정하고, 해당 직원이 직무가 요구하는 사항들을 실제로 어느 정도 달성했는가를 측정하여 피드백을 제공하는 일련의 과정을 의미한다. 이러한 업무평가는 어느 시점의 한순간의 사건으로 끝나는 과업이 아니라 지속해서 수행되는 과정이어야 한다. 또한, 업무평가는 긍정적 피드백과 부정적 피드백을 모두 포함하는 과정이다. 즉 직원의 문제점만이 아니라 장점을 함께 검토하는 과정이다.

업무평가가 필요한 이유는 관리자와 슈퍼바이저로 하여금 현재의 문제가 조직의 변화를 통해 수정되어야 할 기관과 관련된 문제인지 아니면 구성원의 훈련이나 개발 등에 의해 수정되어야 할 개별 직원의 문제인지를 구별할 수 있게 해주기 때문이다. 또한, 업무평가는 향후 직원의 승진, 해고, 임금, 포상 등과 함께 미래의 직무할당을 결정하는 기초자료로도 활용된다.

다섯째, 평가에 따른 문제 해결 및 문제가 있는 직원에 대한 조치 단계이다. 이를 위해서는 업무성과에 대한 명확한 기준을 문서화하여 어떤 상황에서 견책이나 면직 등의 인사조치가 발생하는지를 분명히 알게 하는 것이 중요하다. 이를 통해 인사조치의 지침을 모든 조직 구성원과 공유하고, 임의적인 인사조치가 발생하지 않도록 하며, 인사조치에 대한 결정이 공정하고 법적으로 문제가 없음을 확실히 해야 한다.

## 3) 재정관리

### (1) 재정관리의 개념과 필요성

재정관리(재무관리)란 조직의 목표달성을 위해 조직운영에 필요한 재정 자원을 합리적으로 계획, 동원, 집행 및 관리하는 과정을 의미한다.

재정관리가 중요한 이유는 무엇보다도 필요한 만큼의 충분한 재원을 확보하지 못하거나 적절하게 재원을 운용하지 못한다면, 클라이언트를 위한 서비스 제공이 불가능하며, 결국 조직이 생존할 수 없기 때문이다. 최근 사회복지서비스의 효율성이 강조되고, 유사한 서비스를 제공하는 기관의 난립으로 인해 재원확보를 위한 경쟁이 치열해지면서 재정관리의 중요성은 더욱 강조되고 있다. 특히 재원 제공자들은 그들이 제공한 재원이 어떻게 사용되는지, 즉 재원운용의 효과성과 투명성에 관심이 높기에 그들의 욕구를 충족시키기 위해 철저한 재정관리가 필요하다. 또한, 재정운용은 조직의 기획과정과 평가과정에 중요한 영향을 미친다. 즉 조직의 기획과 평가 노력은 예산이 결정되어야 실행이 가능하다(Lohnmann, 1980).

REFERENCE 9-1　　재원조달과 관련한 사회복지조직의 특성

사회복지조직은 재원조달과 관련하여 다음과 같은 독특한 특성을 갖는다(Hasenfeld & English, 1974).

첫째, 사회복지조직은 재원의 지속적인 조달을 직접적으로 통제할 수 없으며, 통제하려 하지도 않는다. 즉 사회복지조직은 예산 관련 정책 결정과정에 참여할 수 있는 권한이 제한되어 있기에 재정 할당 정도를 스스로 정할 수 없다.

둘째, 사회복지조직은 ① 정부로부터 받는 정부보조금, ② 재단지원금 또는 법인전입금 ③ 협찬후원금, 개별적인 후원 등의 기부금, ④ 서비스 요금, 대여, 상품판매 등의 수익사업에 의한 이용료, ⑤ 기타 특별행사, 기증, 투자 등의 수입 ⑥ 사업제안서, 즉 프로포절 제출을 통한 사업비 확보 등 다양한 경로를 통해 재원을 확보한다.

셋째, 전술한 재원을 확보하기 위해 재단이나 공동모금회 등에 사업제안서를 작성하여 제출하거나, 정부와 계약을 체결하거나, 기부자에게 후원금을 요청하거나, 모금행사에 참여하거나, 클라이언트에게 이용료 지불을 요청하거나, 수익사업을 펼치거나, 특별행사를 마련하는 등 다양한 재원확보 전략을 수립하고 추진한다.

## (2) 재정관리의 과정

재정관리는 예산을 수립하고(예산편성), 예산상의 수입과 지출활동을 관리하며(예산집행), 재정자원의 수입과 지출에 관한 사항을 기록·정리하고, 재정관리의 전반적인 과정을 평가하는 과업으로 이루어진다(최성재·남기민, 2006). 이를 다시 정리하면, 재정관리는 예산수립(예산편성) → 예산집행 → 결산 및 감사의 절차를 거친다.

### ① 예산수립

우선 예산이란 일정 기간(보통 1년)의 조직활동을 위해 동원하고 사용할 수입과 지출의 내용을 담은 계획서, 즉 계획된 지출과 그 지출을 위한 자금조달계획을 의미한다. 사회복지법인 및 사회복지시설의 회계연도는 정부의 회계연도를 따른다.

예산수립은 특정한 목적을 달성하기 위해 필요한 비용을 계상해 내는 것을 의미한다. 사회복지서비스 프로그램의 예산편성을 위한 예산안에는 프로그램 목표에 대한 개요, 서비스에 대한 정의, 욕구 인구와 서비스 활용수준에 관한 추정치, 프로그램 비용과 요청되는 자금 등이 포함된다.

예산을 수립하기 위해서는 일반적으로 조직의 목표설정 → 기관 운영에 관한 사실확인(부서별, 개인별 업무내용, 프로그램 실적, 재정현황(수입과 지출) 등) → 운영대안의 검토(회계연도 내에 가능한 재원을 활용하는 대안 검토) → 우선순위 설정(조직목표와 시급성 등을 고려하여 예산배정을 위한 우선순위 설정) → 예산에 관한 최종결정 → 적절한 해석과 홍보(예산안이 확정되면 민간기관의 경우에는 이사회에, 정부기구는 예산담당 부서에 제시하여 예산청구의 필요성을 설명하여 최종승인을 얻음)의 절차를 거친다.

한편, 국가 차원에서 예산은 초기에 행정부에 대한 의회의 통제수단으로 활용되어 오다가 관리 중심의 예산으로 변경되었고, 그 후 계획 기능을 중시하는 예산제도로 바뀌어 발전해 왔다. 그 기능의 상대적 비중에 따라 서로 다른 예산제도의 특징이 부여된다. 대표적인 예산제도로는 통제를 강조하는 품목별 예산제도(Line-Item Budgeting System), 관리를 강조하는 성과주의 예산제도(Performance Budgeting System), 기획을 강조하는 계획 예산제도(Planning, Programming, Budgeting System) 등이 있다. 우리나라는 품목별 예산제도를 근간으로 하면서 성과주의 예산제도를 접목한 형태를 취하고 있다. 사회복지조직에서는 주로 품목별 예산제도를 활용한다.

예산제도, 즉 예산편성 방식별 장단점은 다음과 같다.

첫째, 품목별 예산제도(LIB: Line-Item Budgeting)는 항목별 예산제도라고도 일컫는데 가장 기본적인 예산편성 방식이다. 사회복지기관에서 주로 활용하는 품목별 예산은 인건비, 시설비 등의 개별지출항목을 나열해 놓은 예산방식이다.

품목별 예산제도의 장점은 무엇보다도 작성이 용이하다는 점이다. 특히 예산집행 내용을 명확히 보여주며 지출근거가 분명히 표현되어 예산통제에 효과적이다. 또한, 예산 항목별로 지출이 정리되므로 회계작업을 용이하게 할 수 있다는 장점이 있다.

하지만 품목별 예산방식은 예산을 어떤 목적에 썼는지 파악하기 어려우며, 과거 예산을 근거로 결정하는 점진적 특성 때문에 예산운영의 신축성 저해를 가져와 재정운영의 경직성을 가져올 수 있다. 또한, 예산 증감의 근거가 프로그램의 특성과 평가에서 나오지 못하고 전반적인 인상률에 좌우되어 효율성이 무시되며, 프로그램 목표나 내용 및 결과에 대한 고려가 부족하다는 단점이 있다.

둘째, 성과주의 예산제도(PBS: Performance Budgeting System)는 기능주의 예산제도(Functional Budgeting System)라고도 일컫는데, 조직에서 구입하는 물품이나 용역보다는 수행하는 업무에 중점을 두는 예산제도이다.

성과주의 예산제도는 재원 제공자가 재원 제공 의사결정을 위한 기관의 사업과 목적을 이해하는 데 필요한 가장 본질적인 정보를 제공받을 수 있고, 성과에 근거하여 예산을 할당하기 때문에 프로그램의 효율성을 기할 수 있으며, 단위비용을 계산하여 자금배분을 합리적으로 할 수 있다는 장점이 있다.

하지만 성과주의 예산제도는 재정의 비용효과성을 지나치게 강조함으로써 프로그램의 장기적인 목적 및 목표달성에 대해서는 관심을 갖지 못하고, 비용산출의 단위 설정과 단위비용을 책정하는 데 어려움이 있고, 회계책임이 명백하지 못하며, 충분한 공금관리 확보가 곤란하다는 단점이 있다.

셋째, 계획 예산제도(PPBS: Planning and Programming Budgeting System)는 성과주의 예산을 확대시킨 것으로 목표달성을 위한 장기적 기본계획을 수립한 후, 그것을 연차적으로 실행하기 위한 사업별 프로그램을 통하여 예산을 편성하는 산출중심의 방식이다. 이 예산방식은 프로그램의 효과와 비용을 산출하는 데 있어 편익-비용 분석(cost- benefit analysis)이라는 계량적 분석방법을 활용한다. 다시 말해, 목표를 달성함으로써 발생하는 성과를 모두 화폐단위로 환산하여 편익(benefit)으로 나타낸다.

계획 예산제도의 장점은 기관의 장기적 사업 목표와 이를 달성하기 위한 사업 예산의 관계를 명확히 보여줌으로써 사업 계획과 예산 수립 간의 괴리 발생을 방지하고, 장기적 사업계획에 대한 신뢰성 및 예산배분의 합리성을 추구할 수 있다. 또한, 조직목표를 보다 정확히 파악할 수 있고, 합리적 의사결정이 가능하다는 장점이 있다.

하지만 계획 예산제도는 비용-편익 분석을 위해 필요한 자료가 너무 방대하고, 자료분석을 위한 전문가가 많이 필요하며, 사회복지기관의 활동을 모두 계량화해야 하는 어려움이 있고, 목표달성의 결과에만 치중함으로써 의사결정이 최고책임자에게 집중되는 문제가 있다.

넷째, 영기준 예산제도(ZBB: Zero-based Budget)는 예산편성 시, 전년도의 회계연도예산을 고려하지 않고 영기준을 적용하여 계속사업, 신규사업을 막론하고 그 능률성과 효과성을 새로 분석, 평가하여 사업의 축소, 확대 여부 및 우선순위를 결정하여 예산을 편성하는 기법이다.

영기준 예산제도는 계획 예산제도와 마찬가지로 예산할당에 있어 합리적인 기획과 우선순위 확보에 기여하며, 자원배분의 효율성 향상, 외부환경 변화에 따른 사업의 신속한 변화 욕구에 적절히 대응할 수 있다는 장점이 있다.

하지만 영기준 예산제도는 계획 예산제도와는 달리 기획과 우선순위에 대한 기준이 편익-비용 계산의 결과에 근거하지 않기 때문에 편익을 합리적으로 비교할 수 있는 근거가 결여되어 있으며, 경제적 효율성을 지나치게 강조한 나머지 예산결정에 미치는 정치적 영향력 등을 간과하고, 진행 중인 사업을 축소 · 폐지하기는 실제로 어려우며, 업무부담의 과중 및 분석기법의 적용 한계 등의 단점이 있다.

### ② 예산집행

예산편성이 아무리 잘되어도 집행에 문제가 생기면 예산수립의 의미는 상실되고 조직의 목표를 효과적으로 달성할 수 없다. 예산집행은 예산안(豫算案)에서 제시된 목적과 금액의 한도 내에서 지출이 되도록 적절한 통제와 관리를 하는 것을 의미한다.

### ③ 결산 및 감사

결산은 한 회계기간이 끝남에 따라 그 기간의 재정상태를 파악하여, 일정 기간 동안의 경영성과를 파악하고, 수입과 지출을 확정하는 과정을 의미한다.

이 과정에서 조직은 전문가인 공인회계사에게 결산관리를 위임할 수 있는데, 이것이 조직의 독자적 감사(independent audit)의 한 형태라 할 수 있다. 독자적 감사가 필요한 이유는 첫째, 회계전문가의 참여와 도움을 통해 명확한 재무제표를 작성할 수 있게 됨으로써 예산운영의 투명성과 신뢰성을 높여 결국 조직의 신뢰성을 제고할 수 있기 때문이다. 둘째, 독자적 감사과정에서 회계전문가는 재정관리의 보다 효율적인 수행을 위한 의견을 제시함으로써 조직은 재정관리에 대한 전반적인 조언을 받을 수 있기 때문이다. 셋째, 조직은 세금 납부와 같은 각종 세무활동을 수행하는데, 복잡한 세무절차에 대한 회계전문가의 도움은 재정관리의 효율성을 높여 주기 때문이다.

한편, 감사는 재정운영에 대한 전반적인 평가로 회계감사를 기본으로 수행하는데, 조직에서 준비한 각종 재무제표에 대한 신뢰성을 평가하는 과정이라 할 수 있다. 이러한 감사는 지출과 수입에 대한 회계관리의 전반적 검사를 통해 오류 및 부정행위를 찾아내고 그 정확성을 확보하는 데 목적을 둔다.

## 4) 정보관리

### (1) 정보관리체계의 개념

우리는 현재 컴퓨터나 전자매체와 같은 고도의 정보기술에 의해 지배받는 정보화사회에 살고 있다. 이러한 환경에서 사회복지조직은 클라이언트와 사회복지서비스에 대한 수많은 정보를 포함하여 기본적인 행정 업무를 원활하게 수행하기 위한 조직관리정보 및 사업의 효과성 평가를 위한 사업수행정보 등을 수집하여 기록해 두고 필요할 경우 신속히 찾아내어 활용해야 한다.

정보관리체계란 대량의 복잡한 정보를 효과적으로 관리하여 신속하고 효율적으로 활용가능하게 하는 도구라 할 수 있다. 이러한 차원에서 정보관리체계는 컴퓨터의 존재를 기정사실화하는 경향이 있다. 하지만 어느 기관에서 컴퓨터를 사용하고 있다고 해서 반드시 정보관리체계를 갖추었다고 볼 수는 없다. 즉 효과적이고 효율적인 조직관리를 위해 전산화된 업무환경에서 정보처리기술을 응용하는 경우에만 정보관리체계를 활용하고 있다고 할 수 있다(황성철 외, 2014).

### (2) 정보관리체계의 필요성

사회복지조직에서 정보관리체계가 필요한 이유는 다음과 같다(한국사회복지행정학회, 2003; 권중돈 외, 2016 재인용). 첫째, 정부는 사회복지조직에 예산을 지원하고, 납세자는 그 예산의 재원이 되는 세금을 납부하며, 클라이언트는 사회복지조직의 서비스와 프로그램을 이용한다. 따라서 정부, 납세자, 클라이언트는 사회복지조직의 사업성과를 명확히 알기 원한다. 이를 위해 객관적이고 과학적인 정보의 수집, 보관, 정리 등이 필요한데, 정보관리체계가 이를 가능하게 해준다. 둘째, 사회복지사는 자신이 클라이언트를 진정으로 돕고 있으며 문제를 해결하기 위해 노력하고 있다는 사실을 확인받기 원하는데, 정보관리체계는 이를 쉽게 처리해 준다. 셋째, 사회복지조직의 구성원은 자신이 수행한 사업에 대한 적절한 평가와 피드백을 통해 수행방법을 개선하고 전문성을 강화하고 싶어 한다. 정보관리체계는 이러한 모든 일들을 가능하게 해주며 간단하게 처리할 수 있게 해준다.

## (3) 경영정보체계의 개념과 발전과정

컴퓨터가 조직실무에 도입되기 시작한 초기에는 정보처리시스템을 전자정보처리시스템(EDPS: Electronic Data Processing Systems)이라고 일컬었다. 이후 정보시스템의 응용영역이 확장됨에 따라 경영정보시스템(MIS: Management Information System)이 정보처리 및 관리시스템을 일컫는 용어로 자리 잡았다.

경영정보시스템(MIS)은 조직의 효과적인 의사결정과 사업의 관리를 위하여 전산시스템을 통해 정보를 수집, 배분하고 전체 행정을 지원하기 위한 체계라 할 수 있다. 즉 경영정보시스템은 효과적인 프로그램 계획 및 운영에 관한 정보들을 수집, 축적, 보고하도록 하는 자동정보처리장치이다.

경영정보시스템(MIS)의 발전과정을 살펴보면 다음과 같다.

1단계는 1950년대 중반~1960년대 초반의 시기로, 다량의 회계자료를 신속하고 정확하게 처리하는 단순한 자료처리에 중점을 두었다. 당시에는 전자정보처리시스템(EDPS) 또는 거래처리시스템(TPS)이라는 용어를 주로 사용하였다.

2단계는 1960년대 중반~1970년대 초반의 시기로, 경영정보의 생성에 중점을 두면서 조직관리 및 의사결정을 도와줄 수 있는 다양한 컴퓨터 응용시스템이 개발되어 이용되기 시작한 시기이다. 이때부터 경영정보시스템(MIS)이라는 용어가 사용되었다.

3단계는 의사결정과 정보통신에 중점을 둔 시기로 1970년대 초반~1980년대 후반까지 해당한다. 1970년대 초반 의사결정지원시스템의 개념이 탄생하였고, 1980년대 초부터 저가의 소형 및 개인용 컴퓨터가 급속히 보급되면서 사무자동화에 대한 관심이 고조되었다.

4단계는 1990년대 이후 인공지능의 이용에 중점을 둔 시기로, 이때부터 인간의 지능을 컴퓨터 시스템에 응용하려는 노력이 시작되었다고 할 수 있다.

## (4) 경영정보체계의 유형

### ① 거래처리시스템(TPS: Transaction Processing Systems)

거래처리시스템은 1950년대 중반, 기업의 기본 업무인 거래처리 업무를 지원하는 정보시스템을 의미한다. 즉, 자재 구입, 상품 판매, 영수증 발행, 급여 지급, 온라인 입·출금, 신용도 관리, 상품의 주문·발송 등 거래와 관련된 데이터가 발생할 때마다 단말기에서 발신된 데이터를 수신·처리하여 그 결과를 즉시 보내주는 시스템이다. 이때까지만 해도 경영정보시스템의 개념이 잡혀 있지 않았다.

### ② 정보보고시스템(IRS: Information Reporting Systems)

정보보고시스템은 1960년대 중반, 조직의 경영자들이 수행하는 관리업무를 지원하기 위하여 사전에 정의된 형태 및 내용의 정보를 제공해 주는 시스템이다. 정보보고시스템은 경영정보시스템의 하나로 분류되며, 경영상의 관리통제에 도움을 주기 위해서 거래처리시스템이나 현장에서 발생한 데이터를 관리자에게 요약된 형태로 제공하는 시스템이다.

### ③ 의사결정지원시스템(DSS: Decision Support Systems)

의사결정지원시스템은 1978년 킨(D. Keen)과 스캇 모턴(M. Scott Morton)의 저서에서 처음 사용된 용어로, 경영자의 의사결정을 지원하기 위하여 사업자료를 분석해 주는 역할을 하는 컴퓨터 응용프로그램을 의미한다.

### ④ 사무자동화시스템(OAS: Office Automation Systems)

사무자동화시스템은 조직의 반복적인 사무활동의 수행을 자동화하기 위한 시스템으로, 근로자가 보다 창의적인 업무에 주력할 수 있도록 지원하는 시스템이다.

### ⑤ 전문가시스템(ES: Expert Systems)

전문가시스템은 인간의 지능을 컴퓨터시스템에 응용하려고 하는 시도에 따라 개발되었다. 이는 값비싼 전문가의 지식과 경험을 체계화하여 컴퓨터에 저장해 둠으로써 비전문가가 특정 문제 영역에서 전문가에 상당하는 조언을 얻을 수 있도록 하는 시스템이다.

### ⑥ 전문가지원시스템(ESS: Expert Support Systems)

전문가지원시스템은 기존의 의사결정지원시스템(DSS)과 전문가시스템(ES)을 상호보완적으로 결합한 시스템이다.

결론적으로 협의의 경영정보시스템(MIS)은 곧 정보보고시스템(IRS)이며(Kroeber & Watson, 1984), 절충적 경영정보시스템(MIS)은 거래처리시스템(TPS)과 정보보고시스템(IRS)이 통합된 시스템이라 할 수 있다(Ahituv & Neumann, 1986). 반면, 광의의 경영정보시스템(MIS)은 거래처리시스템(TPS), 정보보고시스템(IRS), 의사결정지원시스템(DSS), 사무자동화시스템(OAS)을 모두 포함하는 개념이라는 것이 일반적인 견해이다(Mcleod, 1993).

## 5) 리더십

### (1) 리더십의 개념

리더십을 하나의 개념으로 정의하기는 어렵지만, 수립된 목표를 달성하도록 집단에 대하여 영향을 미칠 수 있는 능력을 의미한다는 데 대체로 동의한다. 즉 리더십은 리더가 그에게 주어진 권한을 통해 하급자에게 조직의 목표달성을 위해 영향력을 행사하는 과정이다. 하지만 이 과정에서 하급자의 자발적인 수용을 필요로 하며, 하급자의 의사와 반하여 행사되는 영향력은 진정한 리더십이라 일컫지 않는다. 따라서 리더십은 리더의 공식적 권한에 의해서만 행사되는 직권력(headship)과는 다른 개념이다.

### (2) 리더십의 기능

리더십은 첫째, 조직목표를 설정하고 구성원의 임무와 역할을 명확히 하며, 둘째, 목표달성을 위해 인적·물적 자원을 효율적으로 동원하고, 셋째, 조직의 일체성을 확보하며 조직활동을 통합·조정하고, 넷째, 구성원이 조직에 대해 충성하고 능력을 최대한 발휘하도록 동기부여하는 기능을 수행한다.

### (3) 리더십의 필요성

모든 조직에서 리더십이 필요하지만 사회복지조직에서는 다음과 같은 이유로 리더십이 특히 요구된다.

첫째, 전문가인 사회복지사가 주된 구성원인 사회복지조직에는 전문가의 자율성 요구와 조직의 통제욕구 사이에 부단한 긴장이 존재한다. 이러한 긴장을 해소하고 조직의 규칙과 규정을 준수하게끔 동기를 부여해 줄 수 있는 리더십이 필요하다.

둘째, 사회복지조직은 끊임없이 변화하는 환경의 압력에 노출되어 있는데, 이러한 환경변화를 모두 고려한 조직체계를 갖추는 것은 사실상 불가능하다. 따라서 급변하는 환경에 적절히 대응하여 조직을 이끌어 가기 위한 리더십이 절대적으로 필요하다.

셋째, 사회복지서비스 분야에서 새로운 기술과 구조의 도입과 같은 중요한 내부 변화가 조직에 적절히 통합될 수 있도록 하기 위해 리더십이 필요하다.

넷째, 사회복지조직에서 구성원의 전문적 목표는 조직의 목표와 완전히 일치하지 않을 수 있다. 따라서 양자 간의 목표를 조화롭게 일치시키기 위해 리더십이 필요하다 (최성재·남기민, 2006).

## 6) 마케팅

### (1) 마케팅의 개념

마케팅(marketing)이란 일반적으로 기업이 생산한 제품을 소비자에게 구매하도록 유인하는 활동이라 할 수 있다. 코틀러(Kotler, 1982)는 마케팅이란 조직이 제공할 수 있는 제품을 표적시장의 요구에 따라 결정하여 사람들에게 알려 구매동기를 부여하며, 서비스를 제공하기 위해 효과적인 가격설정, 홍보 및 유통경로를 사용하는 것이라고 정의하였다. 이러한 마케팅은 전통적으로 영리조직만이 수행하는 활동으로 인식되었으나 현재는 비영리조직에서도 마케팅기법을 도입하여 조직운영에 활용하고 있다.

비영리조직의 마케팅이란 비영리조직이 목적달성을 위해 클라이언트의 관리, 서비스의 개발 및 전달, 홍보, 재원확보 등에 있어 영리조직에서 활용하는 마케팅기법의 도입을 통해 다변화하는 사회적 환경에 부응하여 경쟁력을 확보하는 활동이라 할 수 있다. 바커(Barker, 1993)는 비영리조직의 마케팅을 클라이언트, 재원 제공자, 자격 부여 기관 및 전체 사회가 해당 기관이나 조직에 대해 좀 더 관심을 갖도록 하기 위해 수행하는 제반 활동이라고 주장하였다. 즉 사회복지조직의 마케팅은 잠재적 클라이언트나 후원자의 욕구를 충족시킬 수 있는 서비스나 프로그램을 개발하여 홍보와 커뮤니케이션을 통해 클라이언트로 하여금 해당 서비스를 이용하게 하거나, 후원자의 긍정적 반응을 얻어 내어 자금을 확보하는 활동을 의미한다. 따라서 사회복지조직이 마케팅 개념을 도입하여 조직활동에 적용하는 것은 이용자 및 후원자의 욕구를 충족하고, 자원확보를 강화하여 조직의 효과성과 효율성을 증진하는 데 기여하는 일이며, 다변화하고 급변하는 환경하에서 생존을 위한 필수 활동이라 할 수 있다.

## (2) 마케팅의 필요성

사실상 사회복지기관과 같은 비영리조직에서는 과거부터 이익의 극대화라는 상업주의적 성향이 강하게 함축된 마케팅에 대해 무조건적인 거부반응을 보여 왔다. 또한, 대부분의 수입구조가 보조금과 후원금에 의존하는 구조였기에 고객(클라이언트)의 만족도는 중요한 고려요인이 아니었으며, 서비스의 수준 향상에도 크게 관심을 기울이지 않았던 것이 사실이다.

하지만 서구에서는 이미 1960년대부터 비영리조직의 비용상승에 따라 서비스의 비용효과성에 대한 관심이 증가했고, 특히 비영리 부문의 급속한 확대는 비영리조직 간의 재원확보를 위한 경쟁을 불가피하게 만들었다. 이러한 상황에서 1969년, 코틀러와 레비(Kotler & Levy)는 「Broadening the Concept of Marketing(마케팅 개념의 확대)」라는 논문에서 "마케팅이란 이제 더 이상 기업에만 국한된 기능이 아니다. 마케팅은 비영리조직에도 적용될 수 있는 유효한 기능이며 모든 조직은 마케팅 관련 문제를 지니고 있으므로 마케팅을 이해해야 한다."고 주장하였다. 이처럼 비영리조직은 영리추구를 목적으로 하는 조직은 아니지만 조직의 생존을 위해 재원확보가 필수적이며, 이러한 재원확보의 필요성에 따라 마케팅의 개념이 도입되기 시작하였다.

### (3) 마케팅 믹스

사회복지조직은 마케팅 활동을 위해 '마케팅 믹스(marketing mix)'의 개념을 파악하고 적절한 전략을 수립하는 것이 필요하다. 마케팅 믹스란 일정한 환경적 조건과 일정한 시점에서 제품(Product), 가격(Price), 유통(Place), 촉진(Promotion)[5] 등 4P로 일컬어지는 전략 구성요소를 경영자가 목표시장과 시장 세분화에 따라 적절하게 조합하여 최대의 성과를 올릴 수 있는 전략을 의미한다. 맥카시(McCarthy, 1975) 교수는 기업이 그들의 표적 고객층을 만족시키기 위해 4P로 나뉘는 마케팅 전략을 적절하게 섞어서 사용해야 한다고 주장하였다.

마찬가지로 사회복지조직에서도 클라이언트의 욕구, 속성, 규모 등을 세밀히 파악하여 표적시장을 선정하고, 표적시장 내에서 가장 효과적인 성과를 도출할 수 있는 마케팅 4P 전략을 수립해야 한다(권중돈 외, 2016). 즉 사회복지조직은 표적시장에서 원하는 결과를 얻기 위해 마케팅 변수들(4P)을 적절히 혼합하여 통제 가능한 전술적인 마케팅 도구의 집합을 도출해야 한다.

## 7) 평가

### (1) 평가의 개념

평가(evaluation)란 프로그램의 개선 또는 계속 수행의 여부를 결정짓기 위하여 자원 투입, 효과성, 효율성, 책무성, 이용자 만족도 등을 기준으로 그 프로그램이 목표하는 바를 어느 정도나 달성하였는지를 측정하고 분석하는 것이라고 할 수 있다.

### (2) 평가의 목적

평가를 수행하는 목적은 책임성 이행 및 프로그램 운영의 성공 여부에 대한 반응, 즉 필요한 환류적 정보를 제공하기 위해서이다. 다시 말해, 평가는 프로그램의 효과성

---

5) 촉진이란 판매자가 사람들에게 정보를 제공하고 제품 또는 서비스를 구매하도록 동기를 부여하기 위해 활용하는 모든 기법이다. 촉진에는 공고, 인적 판매(personal selling), 홍보, 가격할인, 쿠폰, 샘플 등 다양한 판매촉진 노력이 포함된다.

또는 효율성을 평가함으로써 프로그램의 중단, 축소, 유지, 확대 여부를 결정하기 위한 정보를 제공하고, 프로그램의 내용을 수정하거나 보다 효율적인 운영에 필요한 정보를 제공하기 위해 수행된다.

## (3) 평가의 종류

평가의 종류는 우선 사용 목적에 따라 총괄평가(summative evaluation)와 형성평가(formative evaluation)로 구분된다. 총괄평가는 결과평가의 하나로 영향평가라고도 하는데, 프로그램 운영이 종결된 후에 행해지는 평가이다. 이는 프로그램의 지속 여부 또는 두 개 이상의 대안들 가운데 최종적으로 하나의 대안을 선택하기 위한 총괄적인 의사결정을 할 때 실시하는 평가이다.

반면 형성평가는 과정평가라고도 하는데, 이는 프로그램 운영 도중에 이루어지는 평가이다. 형성평가는 진행하고 있는 프로그램의 기대하는 결과도출을 목적으로 미비한 점을 수정, 보완하기 위하여 이루어지는 평가를 말한다.

평가는 이러한 분류 외에도 평가를 수행하는 주체에 따라 내부평가와 외부평가로도 구분한다. 내부평가는 프로그램을 실행하고 있는 당사자 또는 같은 조직 내의 다른 구성원이 행하는 평가이다. 반면에 외부평가는 프로그램을 수행하는 조직의 구성원이 아닌 제3자에 의해 수행되는 평가를 의미한다.

MEMO

"복지정책의 성공 여부는
얼마나 많은 사람들이 그 수혜자로 추가되는지가 아니라
얼마나 많은 사람들이 그 수혜자의 지위를 벗어나는가에 따라
평가되어야 한다."
- 로널드 레이건(Ronald Wilson Reagan) -


사회복지정책은 인간의 욕구충족과 사회문제의 예방과 해결을 통해 인간다운 삶을 영위할 수 있도록 지원하는 사회복지의 거시적 실천이자 간접적 접근방법이라 할 수 있다. 이러한 사회복지정책은 직접적 서비스가 수행되는 사회복지 실천현장에도 적지 않은 영향을 미친다. 실제로 어떠한 사회복지정책이 수립되며, 그 정책이 지향하는 바가 무엇인가에 따라 누구에게, 무슨 혜택이, 얼마나 그리고 어떻게 제공되는지가 결정될 뿐만 아니라 실천현장에서 사회복지사들이 수행하는 사회복지실천의 형태에도 큰 영향을 미친다. 따라서 인간의 존엄성 유지와 생존권 보장은 물론 사회적 안정과 통합을 증진시키는 중요한 수단인 사회복지정책에 대한 올바른 이해는 실천현장에서 클라이언트에게 적절한 서비스를 제공하기 위한 중요한 조건이라 할 수 있다. 이 장에서는 사회복지정책의 개념과 특징, 사회복지정책 발달 관련 이론, 사회복지정책 과정, 정책 모형 및 사회복지정책 분석방법과 분석틀에 대해 살펴보고자 한다.

CHAPTER **10** ● 사회복지정책

## 01 사회복지정책의 개념

사회복지정책에 대한 합의된 개념은 존재하지 않는다. 그 이유는 정책의 제 측면에서 학자마다 중요하다고 생각하는 바가 제각기 다르기 때문이다. 라스웰과 카플란 (Lasswell & Kaplan, 1970)은 "정책이란 목적 가치와 실행을 투사한 계획"이라고 정의하였는데, 여기서 계획은 일련의 행동경로(course of action)를 의미한다. 드로(Dror, 1983)도 정책이란 정부기관에 의해 결정되는 미래를 지향하는 주요한 행동지침이며, 이 지침은 최선의 수단에 의해 공익을 달성할 것을 공식적인 목표로 삼는다고 주장하였다. 이처럼 대부분의 정책학자들은 정책의 개념을 목표와 수단의 결합으로 보는 데 동의한다.

하지만 이러한 포괄적인 정책개념과 달리 정책의 일부 측면, 즉 정책수단이나 목표 또는 정책의 역할이나 기능을 강조하는 학자들도 있다(정정길 외, 2016). 실제로 칸 (Kahn, 1979)은 "정책이라는 것은 지속적인 계획이며 미래의 의사결정의 지침 또는 결정의 연속선으로, 특수한 프로그램, 입법, 우선순위를 뒷받침하는 원리에 있어 묵시적이거나 핵심적인 것"이라고 정의하면서 정책의 역할을 강조하였다. 또한, 길버트와 스펙트(Gilbert & Specht, 1986)도 정책을 "공 · 사기관에서 행동의 방향이나 계획의 기초를 이루는 의사결정과 선택"이라고 정의하면서 정책의 기능적 측면을 강조하고 있다.

이러한 정책에 대한 개념의 불일치 외에도 각 나라마다 사회복지정책의 범주를 다르게 책정하고 있는 상황은 사회복지정책에 대한 개념적 통일을 어렵게 만드는 또 다른 요인이다. 예를 들어, 영국의 경우에는 사회복지정책이라는 용어를 거의 사용하지 않으며, 대신 사회정책 혹은 사회행정이라는 용어를 사용한다. 영국 사회정책 연구의 권위자인 티트무스(Titmuss, 1974)는 사회정책이란 일정한 물질적 · 사회적 욕구를 시장이 충족시키지 못할 때, 정부가 그 욕구를 충족시키기 위해 행하는 행위라고 규정하면서, 시민의 최저생활보장과 정책의 재분배적 기능을 강조하였다. 이와 달리 마샬(Marshall, 1965)은 사회정책을 서비스 혹은 소득을 제공함으로써 시민들의 복지에 직접적인 영향을 미치는 정부의 정책이라고 정의하면서, 이러한 사회정책의 핵심 요소는 사회보험, 공공부조, 건강 및 복지서비스, 주택 등이라고 주장하였다.

하지만 미국에서는 사회정책과 사회복지정책을 혼용하여 사용하는데, 사회정책보다는 오히려 사회복지정책이라는 용어를 더 선호하는 경향을 보인다. 디니토(DiNitto, 1995)는 사회복지정책이란 국민 생활의 질에 영향을 미치는 행위를 정부가 할 것인지 또는 하지 않을 것인지를 선택하는 것이라고 주장하면서, 사회복지정책의 대부분은 서비스나 소득을 제공함으로써 시민들의 복지에 영향을 미치는 정부의 행동이라고 정의한다. 이러한 디니토의 정의에 따르면 사회보험, 공공부조, 영양보충 프로그램, 건강유지 프로그램 및 기타 사회적 서비스 등이 사회복지정책에 해당한다.

한편, 길버트와 스펙트(Gilbert & Specht, 1986)는 사회복지정책과 사회정책이 서로 다른 개념이며, 사회정책은 인간의 삶의 질에 영향을 미치는 모든 과정을 포함하기에 사회복지정책보다는 더 광의적이고 포괄적인 개념이라고 주장한다. 그들은 사회복지정책을 서비스나 소득을 제공함으로써 개인의 복지에 직접적인 영향을 미치는 정부의 정책이라고 정의한다.

사회복지정책에 대한 이처럼 다양한 견해에도 불구하고 정책을 공익실현이라는 목표를 달성하기 위해 정부가 의도적으로 선택한 주요한 행동지침으로 한정하여 정의하다면, 사회복지정책이란 정부가 사회복지와 관련하여 공익을 위해 의도적으로 선택한 행동의 원칙이자 의사결정의 지침이라 정의할 수 있다.

## 02 사회복지정책의 특징

### 1) 정책의 공통적 속성

일반적으로 모든 정책은 공통적으로 다음과 같은 속성을 지닌다(남기범, 2015).

첫째, 정책은 문제해결 지향적이다. 즉 정책은 사회문제를 해결하거나 개선하려는 목표를 두고 이를 지향한다.

둘째, 정책은 가치를 배분한다. 즉 사회문제는 사회 내의 가치분배와 관련하여 발생하며, 정책을 통해 이러한 분배구조를 변화시킴으로써 문제를 해결한다.

셋째, 정책은 변동대응성을 지닌다. 즉 정책은 현재의 문제를 파악하고 해결하여 궁극적으로 변화를 추진하는 속성을 가지고 있는 동시에 정책 자체도 사회변동에 따라 변화하는 성질을 가진다.

넷째, 정책은 인과성이 있다. 사회문제는 그 원인을 제거하거나 개선함으로써 해결되기 때문에 정책과정에 있어 문제의 원인을 파악하는 것이 매우 중요하다.

다섯째, 정책은 공식성을 지닌다. 즉 정책은 여타 다른 조직들도 참여하지만 정부가 주된 역할을 담당하며 추진되기에 공식적이며 강제성을 띤다.

## 2) 사회복지정책의 특징

사회복지정책은 여타의 정책과 구별되는 다음과 같은 특징을 가진다.

첫째, 인간의 존엄성을 기본 가치로 하는 인간지향적 정책이다.

둘째, 사회복지급여 제공이라는 소득의 일방적 이전을 내용으로 하는 재분배정책이다.

셋째, 다른 정책들에 비해 상대적으로 가치와 연관성을 지닌 가치 개입적 정책이다.

넷째, 사회 내의 한정된 자원으로 충족되지 않은 욕구를 해결하기 위한 희소성의 원칙이 지배하는 정책이다.

다섯째, 다른 정책에 비해 정책의 결과물인 사회복지서비스의 수혜집단이 이익집단화되는 경우가 많지 않아 이익집단의 힘이 약한 정책이다(Jones, 1985; 현외성, 2000 재인용).

## 03 사회복지정책의 발달 관련 이론

## 1) 산업화이론(industrialization theory)

수렴이론(convergence theory)이라고도 일컫는 산업화이론의 핵심은 산업화 과정에서 실업, 산업재해, 빈곤 등 다양한 사회문제와 그에 따른 사회적 욕구가 발생하며, 산업화를 통한 경제성장은 그러한 사회복지 욕구에 대응할 수 있는 자원의 확보를 가능하게 함으로써 사회복지가 발달하게 된다는 것이다. 따라서 이 이론에 따르면 산업기술이 발달할수록 사회복지도 발달하며, 결국 한 국가의 복지 수준은 그 나라의 산업화(경제발전) 수준에 따라 결정된다. 이처럼 일정 수준의 산업화 단계에서 특정 수준의 복지국가가 나타난다는 점에서 수렴이론은 기술결정론적(경제결정론적)인 시각을 견지하는 이론이다.

하지만 이 이론은 경제발전의 수준이 유사한 국가 간에 사회복지정책의 내용과 수준이 다르게 나타나고 있는 이유를 설명하지 못하는 한계가 있으며, 특히 개별 국가의 이데올로기나 정치적 변수를 간과하고 있다는 비판을 받는다.

## 2) 확산이론(diffusion theory)

확산이론은 한 국가에서 사회복지정책이 발달하게 되면 다른 주변 국가 또는 긴밀한 관계에 있는 국가에 전파되어 확산됨에 따라 사회복지정책이 발전되어 간다는 것이다. 이 이론은 한 국가에서 처음 시행된 특정한 사회복지정책이 다른 국가로 확산되는 과정을 국제적인 모방과정으로 인식한다. 이러한 확산이론은 근대국가들이 발전하면서 그 발전이 확산되어 전통적 국가들에 영향을 미친다고 보는 근대화론과 그 궤를 같이한다.

확산은 공간적 확산과 위계적 확산으로 구분할 수 있다. 우선 공간적 확산은 한 국가의 제도적 혁신이 인근의 주변 국가로 확산되는 것을 말한다. 실제로 유럽대륙 국가들이 지리적으로 근접해 있기에 인근 국가에서 태동한 사회보장제도를 비유럽 국가들보다 먼저 도입하게 되었다는 타이라와 킬비(Taira & Kilby, 1969)의 연구결과는 공간적 확산을 지지해 주는 결과이다.

반면에 위계적 확산은 선진국으로부터 후진국으로 제도의 이전이 이루어지는 것을 의미한다. 콜리어와 메식(Collier & Messick, 1975)의 주장처럼 경제발전 수준이 상대적으로 낮은 동유럽 및 남유럽 국가들이 북서유럽의 선진 복지국가들의 영향을 받아 사회보장을 확대했다는 사실은 위계적 확산을 지지해 주는 사례라 할 수 있다.

하지만 이러한 확산이론은 다양한 국제적 차원의 요인들이 어떻게 특정한 한 국가의 사회복지정책의 도입과 발전 과정에 영향을 미치는지를 제대로 설명하지 못한다는 한계가 있다.

## 3) 사회양심이론(social conscience theory)

사회양심이론의 골자는 인간이 기본적으로 타인에 대한 연민, 동정, 사랑 등을 가지고 있는 것과 마찬가지로 국가도 이타주의에 기반한 사회적 책임감을 가지고 있기 때문에 소위 사회적 양심의 증대가 사회복지정책의 발전을 가져왔다는 것이다. 이러한 사회양심이론은 사회복지정책을 국가의 자선활동으로 간주하면서, 사회복지정책을 이상주의와 인간사회에 대한 지식과 정보의 발전결과로 인식한다.

하지만 사회양심이론은 사회구조적 문제를 개선해야 하는 국가의 책임을 간과하고 있으며, 사회문제의 해결을 단순히 개인의 양심에 맡기고 있다는 한계를 지닌다. 특히 이 이론은 사회복지정책 발전과정에서의 사회적 맥락이나 제반 여건, 특히 정치적 요인에 대해서는 크게 고려하지 않는다는 비판을 받는다.

## 4) 음모이론(conspiracy theory)

음모이론은 사회양심이론과 반대되는 입장을 취하는 이론으로, 사회복지정책의 주된 목적이 인도주의나 양심의 실현이 아니라 사회질서의 유지를 위한 사회통제에 있다는 시각을 견지하는 이론이다. 다시 말해, 사회복지정책은 현재의 사회체제에 불만이 있는 소외계층이 사회 안정과 질서를 어지럽히는 것을 예방하고 기득권 유지를 위한 지배계급의 대응책이라는 것이다.

실제로 세계 최초로 사회보험을 입법한 독일의 경우는 노동자들의 불만을 달래고 극심한 사회주의 운동을 저지하여 지배계층의 기득권을 유지하기 위한 수단으로 사회복지정책을 도입한 대표적인 사례이다. 또한, 1935년 제정된 미국의 사회보장법(Social Security Act)도 당시 경제대공황에 따른 대량실업으로 인한 시민들의 폭동이나 소요를 방지하고 해결하기 위한 국가의 대응책이었다고 할 수 있다.

## 5) 시민권론(citizenship theory)

시민권이란 공동체의 완전한 사회 구성원에게 부여되는 다양한 혜택을 누릴 수 있는 권리이자 지위를 의미한다. 시민권론은 사회복지의 발달을 시민권의 변천이란 측면에서 진화론적으로 설명한다. 즉 시민권론은 사회권이 확보될 즈음에 사회복지정책이 확대되었고, 사회복지 또한 권리의 차원에서 발달하였으며 복지국가도 발전하게 되었다고 주장하는 이론이다.

시민권론을 개념화한 마샬(T. H. Marshall)에 따르면, 시민권은 개인의 자유에 필요한 공민권(civil rights), 정치적 권력의 행사에 참여할 수 있는 참정권을 의미하는 정치권(political rights), 경제적·사회적 보장 측면의 시민의 권리를 강조하는 사회권(social rights)으로 구성되며, 사회권이 복지국가의 핵심 개념을 구성한다. 특히 마샬은 이러한 권리들이 서로 연관성을 갖고 단계적으로 발전하면서 사회복지가 확대, 발전하였다고 주장하였다.

## REFERENCE 10-1 마샬(T. H. Marshall)의 시민권론

마샬의 시민권론은 국민국가의 형성 및 복지국가의 역사적 발달과 궤적을 같이 하는데(Bendix, 1964), 시민권은 공민권(civil rights), 정치권(political rights), 사회권(social rights)으로 구성된다.

첫째, 공민권은 18세기에 형성된 권리로서 사유재산권의 보장, 신체의 자유, 언론 및 출판의 자유, 집회 및 결사의 자유, 종교의 자유 등 인간의 기본적인 자유권을 핵심으로 하고 있다(Marshall, 1963). 당시 영국은 산업혁명을 통해 자본주의 시대가 도래하던 시기였으며, 시민혁명을 통해 근대적 시민사회를 형성하던 시기였다. 따라서 공민권 중 '계약체결의 자유', '사유재산권의 보장'은 자본주의적 생산양식의 성장을 가능하게 한 권리적 기반이었다고 할 수 있다. 또한, 공민권의 또 다른 축인 '법 앞의 평등', '언론, 출판, 집회, 결사의 자유'는 근대적 시민사회가 발전할 수 있는 발판이 되었다(Marshall, 1965).

둘째, 정치권은 19세기에 발달한 권리로 참정권을 의미한다. 마샬은 정치권을 한 사회의 구성원으로서 투표를 할 수 있는 권리(선거권 또는 투표권)분만 아니라 대의 기구에 선출될 수 있는 권리(피선거권)라고 정의하였다(Marshall, 1963). 사실상 정치권은 18세기까지만 해도 교육을 받고 세금을 납부할 수 있을 만큼 부를 가진 소수에게만 주어진 권리였다. 이러한 맥락에서 마샬이 논했던 정치권의 확대는 단순한 선거권과 피선거권의 개념을 넘어 민주주의의 발달로 이해되어야 한다(박순우, 1995).

셋째, 사회권은 1919년에 제정된 바이마르 헌법에서 최초로 규정된 권리이다. 이는 적정 수준의 경제적 복지로부터 사회적 유산을 공유하고, 그 사회의 보편적 기준에 따라 문명화된 삶을 살 수 있는 권리를 의미하는데, 이를 구현하는 사회제도가 바로 교육과 사회복지서비스이다(Marshall, 1963). 즉 사회권은 시민이 인간다운 삶을 영위하기 위해 필요한 사회적 보장책을 국가에 요구할 수 있는 권리를 의미한다. 이러한 마샬의 시민권 개념은 복지에 대한 인식을 국가의 시혜가 아닌 시민의 권리로서 전 국민을 대상으로 하는 보편적 복지 패러다임으로 전환시켰으며, 이를 위한 국가의 일차적 책임을 강조하였다는 점에서 큰 의의를 갖는다(박순우, 2004).

## 6) 이익집단론(interest group theory)

이익집단론은 이익집단의 성장이 정부의 사회복지지출을 증가시키는 기폭제가 된다고 주장하며, 사회복지정책의 발달을 다양한 이익집단 간의 갈등과 타협의 산물로 간주한다. 즉 민주주의 국가에서 개별 이익집단들은 자신들의 이해관계를 옹호하는 정당에 표를 몰아줌으로써 자신들의 이익을 실현하고자 한다. 이 과정에서 이익집단들은 자신들의 이해관계에 부합하는 사회복지정책이 수립·집행되도록 영향력을 행사하며, 그로 인해 사회복지비의 증대와 함께 사회복지정책이 발달한다는 것이다. 따라서 이 이론에 따르면, 사회복지정책은 국민 전체의 이익보다는 강력하게 세력화된 특정한 이익집단의 이익에 부합하는 방향으로 수립된다.

한편, 이익집단론은 국가의 중재자 역할에 주목한다. 다시 말해, 이익집단 간에 특정 사회복지정책이나 제도를 둘러싼 갈등이 발생하면, 국가는 이익집단 간의 상충하는 이해관계를 조정하는 중립적인 중재자 역할을 수행해야 한다는 것이다.

하지만 국가는 중립적이지 않을 수 있고, 특히 대중의 이익보다는 국가 자체의 이익을 실현하는 방향으로 움직일 수 있다는 비판이 제기된다(Lowe, 1993; 원석조, 2019 재인용). 더욱이 계급적 차원에서 이익집단론은 사회복지정책을 자본가와 노동자 간의 계급 간 갈등과 투쟁의 산물이 아니라 다양한 이익집단 간의 대립과 타협의 산물로 해석함으로써 대중의 관심을 특정 쟁점에만 집중하게 만든다. 즉 자본주의의 계급 간 권력관계를 간과함으로써 자신도 모르게 자본주의를 강화한다는 비판을 받는다.

## 7) 국가중심론(state-centered theory)

국가론이라고도 일컬어지는 국가중심론은 사회복지정책을 특정 집단의 요구를 반영한 결과물이 아니라 독립된 주체인 국가가 스스로 문제를 인식하고 해결하려는 노력의 산물로 보면서, 사회복지 공급자로서 국가의 적극적인 역할을 강조하는 이론이다. 국가중심론에서는 이익집단의 역할은 약화되는 반면, 사회문제의 발견과 해결대안을 찾아 집행하는 정부 관료조직의 역할이 중시된다. 따라서 앞에서 설명한 이익집단론이 국가의 조정역할을 중시하는 입장이라면, 국가중심론은 국가의 주도적 역할을 강조하는 이론이라고 할 수 있다.

이러한 국가중심론을 지지하는 헤클로(Heclo, 1974; 원석조, 2019 재인용)는 경제성장은 사회복지정책 발전의 전제조건일 뿐이고, 이익집단들도 정부가 주도하는 정책에 대해 찬반을 표하기는 하지만 일시적이고 산발적일 뿐이며, 정당 간의 경쟁과 이데올로기 역시 사회복지정책의 발전과 확실한 관계가 없다고 주장하면서, 사회복지정책의 출현과 성장에는 정부와 관료제의 영향이 가장 크다고 역설한다.

## 8) 독점자본이론(theory of monopoly capitalism)

독점자본이론은 전통적인 마르크스주의에 그 이론적 뿌리를 두고, 계급문제와 노동력 재생산 등 자본주의 체제가 안고 있는 문제들을 분석하여 복지국가 발전을 설명하는 이론이다. 이 이론은 계급갈등과 국가의 역할이라는 두 가지 측면을 기준으로 도구주의적 관점, 구조주의적 관점, 정치적 계급투쟁의 관점 등 세 가지 관점으로 구분된다.

첫째, 도구주의적 관점에 따르면 국가는 자본가 계급의 이익을 극대화하는 수단에 불과하다. 즉 자본주의 사회에서 경제 부문을 독점한 자본가 계급이 정치 부문에서도 강력한 영향력을 행사하게 됨으로써 국가는 자본가 계급의 이익이나 요구에 부합하는 방향으로 운영된다. 따라서 이 관점에 따르면 주요 사회복지정책도 자본가 계급에 의해 결정되며 자본가 계급의 이익을 반영한다고 본다.

둘째, 구조주의적 관점에 따르면 국가는 어느 정도의 자율성을 갖고 자본가 계급의 단기적인 이익을 희생하더라도 자본주의 경제의 장기적인 안정을 위해 자본가 계급의 이익에 반하는 사회복지정책을 추진하면서 자본축적의 역할을 적극적으로 추진한다. 다시 말해, 도구주의적 관점에서 인식하는 것처럼 자본가 계급이 국가를 도구화하는 것이 아니라, 자본주의 경제구조 자체가 국가의 기능과 자본가 계급의 이익이 상호 합치되는 속성을 갖고 있다는 것이다. 따라서 국가가 어느 정도의 자율성을 갖고 있어야 자본가 계급에 위협이 되는 노동자 계급에 대한 적절한 통제가 가능하다는 것이다.

결국, 국가는 노동자 계급의 통제를 위해 자본가 계급의 반대에도 불구하고 전략적으로 사회복지정책을 확대하며, 이러한 국가의 행위는 결과적으로 자본가 계급의 장기적인 이익을 보장하게 된다는 것이다.

셋째, 정치적 계급투쟁의 관점에 따르면 국가는 자본가 계급의 이익만을 위해 존재하는 것이 아니라 자본가 계급과 노동자 계급의 투쟁의 결과에 따라 그 성격이 결정된다. 즉 노동자 계급의 세력이 강해지면 국가는 진정으로 노동자 계급을 위한 복지국가의 실현을 추구한다는 것이다(사회복지교육연구센터, 2018).

복지국가의 발전을 자본주의 구조로부터 경제결정론으로만 설명하고자 하는 독점자본이론은 현대 다원주의 사회의 다양한 행위자들의 역할을 간과하고 있으며, 선진 복지국가 간에 나타나는 복지발전 정도의 격차에 관한 적절한 이유를 설명하지 못한다는 한계를 지닌다.

## 9) 정치경제학 이론(theory of political economy)

과거 우리나라에서 정치경제학은 마르크스 사회주의 경제학을 의미하는 개념으로 이해되었다. 이러한 정치경제학은 정치(정부)와 경제(시장)가 상호 연관되어 있다는 인식하에, 특정 정책과 연관된 정치경제적 역학관계를 밝혀내고, 그 정책결정과정과 정책효과를 보다 더 현실적으로 설명하려는 학문이라고 할 수 있다(김성준, 2002).

한편, 1970년대에 이르러 서구에 마르크스주의가 부활하면서 진보적인 사회과학자들은 마르크스적 시각으로 복지자본주의(welfare capitalism)[1]의 발전을 설명하려고 하였다. 그들은 정치경제학적 입장에서 복지국가란 사회통제를 통한 자본주의의 논리적 발전을 보장하는 메커니즘에 불과하다고 주장하였다. 이러한 복지국가에 대한 정치경제학적 접근으로는 자본논리론과 계급투쟁론을 들 수 있다.

### (1) 자본논리론

자본논리론은 자본주의 국가의 사회복지정책에 대한 정치경제학적 접근 중 가장

---

[1] 복지자본주의란 자본주의 시장경제체제에 기반을 두면서 동시에 사회적 약자를 돕기 위해 국가의 개입과 역할을 강조하는 체제를 의미한다.

대표적인 이론으로, 사회복지가 자본주의 발전에 반드시 필요한 노동력을 재생산함으로써 자본축적에 기여한다고 주장한다. 이러한 자본논리론에 따르면 자본주의 국가에서의 복지발전은 국가와 자본가 계급이 노동자 계급에 의해 제기될 자본에 대한 위협을 선제적으로 무마하거나 제압하고 자본축적을 원활히 하기 위해 주도적으로 추진한 결과로 간주한다. 즉, 자본가 계급이 정치과정을 지배하여 왔으며, 사회복지제도는 고용을 안정시키고 자본가 계급에 충성하는 노동자들을 보호하기 위한 조직경영원칙을 개발하는 과정에서 출현·발전한 것으로 본다.

### (2) 계급투쟁론

계급투쟁론은 자본주의 국가의 사회복지정책을 노동자 계급에 의한 정치적 투쟁의 산물로 간주한다. 즉 복지국가는 노동자 계급의 이익을 대변해 주는 노동당 정부와 사민주의 정부가 주도하여 만든 결과물이라는 것이다(Gough, 1979). 따라서 계급투쟁론을 옹호하는 자들은 노동운동 진영과 좌파가 사회복지의 확충에 따른 재정부담을 꺼리는 자본가 계급에 대항하여 압력을 행사할 수 있는 힘을 갖추었을 때 복지국가가 발전한다고 주장한다(Baldwin, 1990). 실제로 좌파정당의 가장 큰 지지기반은 노동자 계급인데, 이들 노동자 계급의 지지를 기반으로 하는 사회민주당이 장기간 집권하고 있는 북유럽의 스웨덴, 덴마크, 노르웨이 등에서 복지비 지출확대를 통한 사회복지가 발전한 사실은 계급투쟁론을 지지해 주는 좋은 사례라 할 수 있다.

## 04 사회복지 정책과정

## 1) 정책과정의 개념 및 단계

정책과정이란 정책을 수립하고, 집행하며, 평가하는 일련의 단계적 절차를 일컫는다. 이러한 정책과정은 일반적으로 정책을 만드는 '정책형성 단계', 만들어진 정책을 실행에 옮겨 현실에 적용하는 '정책집행 단계', 마지막으로 정책집행으로 나타난 성과가 정책이 달성하고자 하는 목표를 얼마나 충실히 달성했는가를 측정하는 '정책평가 단계' 등 세 단계로 구분할 수 있다.

물론 학자들이 정책과정의 단계를 모두가 동일하게 제시하는 것은 아니다. 실제로 앤더슨(Anderson, 1975)은 정책과정을 문제인식 및 의제형성, 정책형성, 정책채택, 정책집행, 정책평가 등 5단계로 구별하고 있다. 다이(Dye, 1981)는 정책과정을 문제인식, 정책대안 결정, 정책 합법화, 정책집행, 정책평가 등 5단계로 구분하고 있으며, 그와 유사하게 디니토(DiNitto, 1995)는 정책문제 확인, 정책대안 형성, 정책의 정당화, 정책실행, 정책평가의 5단계로 구분하고 있다. 길버트와 터렐(Gilbert & Terrell, 2004)은 문제 발견, 문제 분석, 공공의 지지와 정당성 확보, 정책설계 및 집행, 정책 평가 및 사정의 5단계로 구분하고 있다. 반면, 호그우드와 피터즈(Hogwood & Peters, 1983)는 정책과정을 좀 더 세분화하여 의제형성, 정책결정, 합법화, 조직화, 집행, 평가, 종결 등 7단계로 구분한다. 이처럼 정책과정 단계에 대한 학자들의 견해는 다양하다. 하지만 엄밀히 살펴보면 용어의 차이와 세분화의 정도에 차이가 있을 뿐, 그 핵심 내용은 대체로 유사함을 알 수 있다. 여기에서는 정책과정을 정책의제설정, 정책대안개발, 정책결정, 정책집행, 정책평가 등 5단계로 구분하여 살펴보도록 한다.

## (1) 정책의제설정 단계

새로운 정책이 수립되기 위해서는 정책수립이 요구되는 사회문제가 존재해야 한다. 하지만 사회문제가 발생했다고 해서 정책이 반드시 수립되는 것은 아니다. 즉 해당 문제가 사회적 이슈로 부각되어야 하고, 그 문제를 정책결정자들이 확인하고 논의의 대상으로 삼아야 정책의제의 위치에 오르게 된다.

정책의제(agenda)란 어떤 사회적 문제나 이슈가 정책결정자들의 관심을 끎으로써 공식적으로 정책안건으로 검토되고 논의될 수 있는 상태에 놓이게 된 문제의 목록을 의미한다(노사평 외, 2006). 따라서 정책의제설정(agenda setting)이란 사회문제가 공식적인 정책문제로 전환되는 과정과 행위를 뜻한다. 즉, 개인 및 집단의 다양한 요구 또는 문제 중 특정한 문제가 정책결정자들의 진지한 관심대상으로 전환되어 해당 문제를 해결하기 위해 심각하게 검토하기로 결정한 단계를 정책의제설정 단계라고 한다(정정길, 2016). 정책의제설정 단계는 정책의제형성 단계라고도 일컫는다.

이 단계에서 주목할 사안은 모든 사회문제가 정책의제로서의 지위를 획득하지 못한다는 것이다. 그 이유는 정책결정자들이 모든 사회문제에 관심을 갖고 논의를 시작하여 해결대안을 제시하는 것은 물리적으로도 불가능하며, 특히 다양한 사회문제에 대해 정책결정자들이 갖는 관심의 정도가 다르기 때문이다. 따라서 설령 정책의제로서의 지위를 획득한 사회문제 간에도 그 해결의 우선순위가 다를 수밖에 없다.

이러한 차원에서 정책의제가 설정되는 과정은 매우 정치적이다. 즉 자신들이 겪는 문제를 조속히 정부가 해결해 주기를 바라는 다양한 이해집단들은 저마다 자신들의 해당 문제가 정책의제의 지위를 획득할 수 있도록 개별 정책결정자들에게 압력을 행사한다. 또한, 개별 정책결정자들도 자신들이 가장 관심을 갖는 사회문제가 최우선의 정책의제로 설정될 수 있도록 정치력을 행사한다. 따라서 문제의 심각성, 문제의 영향 범위 등의 요인만이 아니라 이해집단의 영향력, 개별 정책결정자의 정치력 등 정치적 요인들도 정책의제 설정에 영향을 미치는 중요한 요인이 된다. 결국, 정책의제 설정 과정은 문제를 둘러싼 여러 세력 간의 갈등 과정이라 할 수 있으며, 이것이 바로 정책의제가 설정되는 과정이 매우 정치적이라 일컬어지는 이유이다.

### (2) 정책대안개발 단계

정책대안은 정책의제로 떠오른 사회문제를 해결할 수단 또는 정책목표를 달성하기 위한 방안을 의미한다. 따라서 정책대안개발(policy alternatives development) 단계란 정책목표를 수립하고, 이를 달성하기 위한 모든 정책대안을 개발하는 단계라 할 수 있다. 이러한 정책대안개발 단계는 정책형성(policy formulation) 단계라고도 일컬어진다. 일반적으로 정책대안은 점진적 방법, 브레인스토밍(brainstorming), 델파이 기법(Delphi method, Delphi technique) 등을 통해 개발된다(송근원·김태성, 1993).

한편, 몇몇 학자들은 도출된 여러 정책대안을 비교하고 분석하는 과정까지도 정책대안개발 단계에 포함시키는 반면, 다른 학자들은 다음 단계인 정책결정 단계에 포함시킨다. 여기에서는 정책대안의 비교 및 분석 과정을 다음 단계인 정책결정 단계에 포함시켜 설명하고자 한다.

### (3) 정책결정(정책채택) 단계

정책결정(policy decision—making) 단계는 정책채택(policy adoption) 단계라고도 일컫는다. 협의의 정책결정 단계는 정책결정자가 하나의 대안을 정책으로 선택하는 행위를 일컫는다. 예컨대, 의회가 정책안(政策案)을 법률의 형태로 통과시키거나 대통령이

브레인스토밍(brain-storming)은 어떤 문제의 해결책을 찾기 위해 특정 주제에 관하여 회의형식을 채택하고, 구성원의 자유발언을 통해 이치에 맞지 않는 엉뚱한 아이디어라도 생각나는 대로 마구 제시함으로써 대안을 찾아내는 방법이다.

　델파이 기법(Delphi method, Delphi technique)은 여러 단계의 고도로 구조화된 설문을 통해 응답자들(전문가 또는 관련자)에게 프로그램이나 정책의 실현성, 만족감 등에 대해 우편으로 의견을 묻고, 조사진이 1차 답변을 수집하여 그 결과를 분석한 후 주제별로 정리한다. 그 후 정리된 답변을 기반으로 다시 구성된 새로운 질문을 동일한 응답자들에게 의견을 다시 물어 만족스러운 결과가 나올 때까지 계속하는 집단적 의사결정방법이다. 델파이 기법은 어떤 항목에 대해 합의와 불일치가 있는지를 파악하는 데 유용하며, 전문가를 한 자리에 모으는 수고를 덜 수 있고, 전문가가 자유로운 시간에 응답할 수 있다는 장점이 있다. 하지만 시간이 많이 걸리고 설문을 반복할 시 이탈자가 발생할 가능성이 높다는 단점이 있다.

통과된 법률(정책)에 서명하는 것 등을 말한다. 한편, 광의의 정책결정 단계는 그 이전 단계인 정책대안개발 단계에서 도출된 문제해결을 위한 여러 정책대안을 비교분석하는 과정을 포함하여, 정책결정자가 최종적으로 최선의 정책대안을 선택하는 단계를 의미한다. 정책대안을 비교하고 분석하는 방법으로는 비용편익분석(cost−benefit analysis)이나 비용효과분석(cost−effectiveness analysis) 등이 있다.

　결국, 정책결정 단계는 정책문제를 둘러싼 여러 세력 간의 이해관계에 대하여 나름대로 심사숙고하고, 제시된 여러 개의 정책대안 가운데 하나를 선택함으로써 해당 정책문제에 대해 권위를 가지고 일종의 잠정적 결론을 내리는 단계라 할 수 있다. 따라서 정책결정은 권한을 위임받은 권위 있는 정책결정자만이 할 수 있다. 하지만 정책결정이 된 이후에도 그것이 실행되는 정책집행 과정에서 변화하기도 하고 새로운 갈등이 야기되기도 한다.

## (4) 정책집행 단계

정책집행(policy implementation) 단계는 정책결정자에 의하여 결정된 정책을 정책 집행 기관이 추진하고 실천에 옮기는 단계이다. 하지만 정책이 집행되는 동안에도 상황이 변화되어 정책결정 당시의 상황과 크게 달라질 수 있으므로 지속적인 정책내용의 수정이 불가피하다. 따라서 정책집행 단계에서도 정책목표가 구체화되어 가는 과정을 통해 세부적인 정책결정이 계속해서 이루어진다. 이러한 측면에서 사이먼(Simon, 1976)은 정책집행 단계를 정책결정이 지속적으로 이루어지는 과정으로 간주한다. 따라서 정책결정과 정책집행 단계는 상호작용을 통해 부분적으로 환류를 거듭해 나아가는 순환적 과정이라 할 수 있다.

## (5) 정책평가 단계

정책평가(policy evaluation) 단계는 정책이 적절하게 집행되어 정책목표가 제대로 달성되었는가를 평가하는 과정이다. 이러한 정책평가는 형성평가(formative evaluation)와 총괄평가(summative evaluation)로 구분할 수 있다.

형성평가는 정책집행 과정에서 발생하는 여러 가지 문제점을 해결하여 더 나은 정책집행 전략과 방법을 모색하기 위해 실시하는 평가이며, 총괄평가는 정책집행 후 원래 의도했던 효과를 제대로 성취했는지를 판단하는 평가를 말한다.

한편, 정책평가는 정책집행평가와 정책영향평가로 구분하기도 있다. 우선 정책집행평가는 정책이 계획한 대로 정확히 집행되고 있는가에 대한 평가이다. 다시 말해, 정책이 의도한 서비스가 제대로 산출되고 있는지, 그러한 서비스가 정책대상에 제대로 전달되고 있는지, 만약 그러하지 못하다면 그 원인은 무엇이며, 해결전략은 무엇인지 등에 대한 평가를 하는 것이 정책집행평가이다.

반면, 정책영향평가는 정책이 집행된 이후에 나타나는 정책의 효과에 대해 실시하는 평가이다. 다시 말해, 정책이 원래 의도한 목표를 성취했는지, 정책을 통해 달성한 목표가 투입된 비용에 비추어 정당화될 수 있는지, 정책목표를 성취했거나 성취하지 못했다면 그 원인은 무엇인지, 정책이 의도하지 않았던 영향은 무엇인지 등에 대한 평가를 하는 것이 정책영향평가이다.

외부환경이 갈수록 급속히 변화하고 있고, 정부가 추진하는 정책에는 막대한 비용이 투입된다는 점에서 한정된 자원을 효율적으로 사용하기 위해 정책평가가 제대로 이루어져야 한다는 국민적 요구는 날이 갈수록 커지고 있다. 실제로 올바른 정책평가가 이루어져야 정책의 정당성이 부여되고, 환경변화에 따른 정책의 대응성도 높일 수 있으므로 올바른 정책평가는 반드시 필요하다.

## 2) 정책과정의 참여자

정책과정에는 공식적 참여자와 비공식적 참여자가 존재한다. 공식적 참여자에는 대통령을 포함하는 행정부, 의회, 사법부 등이 속하며, 비공식적 참여자로는 정당, 이익집단, 비정부기구(NGO), 언론, 정책전문가, 일반 시민 등이 해당한다.

우선 공식적 참여자로서 첫째, 대통령을 수반으로 하는 행정부는 각 행정부처 내부의 정책결정 절차를 거치거나, 국무회의를 통한 부처 간의 의견조정 또는 대통령과 대통령 비서실의 막강한 영향력을 통해 모든 정책과정에 참여한다. 실제로 대통령을 포함한 행정부는 정책결정권, 정책집행권, 정부 입법을 통한 법률안 제안권, 법률안 거부권, 예산안 제안권, 공무원 임명권 등을 통해 정책 결정 과정에 막강한 영향력을 행사한다. 둘째, 의회는 선거를 통한 민주적 정당성을 바탕으로 법률의 제·개정과 예·결산 심의권을 통한 국가재정에 관한 권한, 국정 조사권 등을 통해 정책과정에 참여한다. 셋째, 사법부는 판결을 통해 정책결정에 참여한다. 헌법재판소나 법원은 국가의 정책결정과 관련한 소송이 제기되면 법리에 따라 국민여론 등을 참작하여 판결하는데, 실제로 문민정부 이후 헌법재판소의 위헌판결을 통해 수많은 정책변동이 이루어졌다(정정길 외, 2016).

한편, 비공식적 참여자로서 첫째, 정당은 정권획득을 목적으로 결성되어 정책과정에 참여하는데, 특히 집권 여당은 당정협의회를 통해 정부의 정책결정에 깊이 관여한다. 둘째, 이익집단은 정책과정에서 자신들에게 유리한 정책이 수립되도록 활발한 정책활동을 펼친다. 이익집단의 영향력은 이익집단의 경제력(자금력), 규모, 응집력, 명성 및 정책결정자와의 친소관계 등에 따라 결정된다. 셋째, NGO는 정책과정에서 정부나 시장에 대한 견제의 역할을 수행한다. NGO는 사회적 공익을 증진하기 위해 정책의제 설정 단계에서부터 정책평가 단계에 이르는 정책과정의 전(全) 단계에 걸쳐 특정 이슈에 대한 시민적 의사를 정부에 전달하여 정책에 반영시키는 정치적 기능을 수행한다. 넷째, 언론은 대중매체를 활용하여 정보를 제공함으로써 정책과정 전반에 영향을 미친다.

특히 언론은 여론의 형성을 통해 정책의제 설정에 결정적인 역할을 수행한다. 다섯째, 정책전문가는 정책내용과 과정이 복잡해지고 정책효과에 대한 불확실성이 높아짐에 따라 관련 분야 전문가에 대한 수요가 높아지면서 정책과정에 미치는 역할이 커지고 있다. 정책전문가는 전문적 지식을 바탕으로 정보와 지식을 제공하는데, 특히 학자로서 정책의 중립적 분석뿐만 아니라 자신이 선호하는 가치를 주장할 수 있는 정책참여자로서의 역할을 수행한다. 여섯째, 일반시민은 포럼, 입법청원, 홍보 등을 통해 정책의제 설정을 위한 자신의 의견을 표출하거나, 민원, 청원, 진정 등을 제기함으로써 정책과정에 영향을 미친다. 특히 시민은 공직자를 선출함으로써 정책과정에 영향을 미친다. 하지만 사실상 정책과정에서 시민의 참여는 소극적이며, 그 영향력은 미미하다.

## 05　정책결정모형

정책결정모형은 주로 정책결정 과정을 설명하는 데 초점을 두면서 발전해 왔다. 정책결정 과정은 정책이 추구하는 정책목표를 달성하기 위한 수단으로서의 대안을 개발, 분석, 채택하는 과정이다. 따라서 정책결정모형은 최적의 정책대안을 개발하고 선택하는 과정을 설명하기 위한 기술적 지식과 방법에 대한 규범적 지식을 포괄한다고 할 수 있다.

이러한 정책결정모형에는 합리모형, 민족모형, 점증모형, 혼합탐사모형, 최적모형, 쓰레기통모형 등이 있다.

### 1) 합리모형

합리모형(rational model)은 인간의 이성과 합리성을 전제로 하여 정책결정 과정을 설명한다. 즉 정책결정자가 고도의 합리성을 가지고 있고, 주어진 목적의 달성을 극대화하기 위하여 최선의 정책대안을 찾아낼 수 있다는 전제하에 제시된 정책결정모형이다.

합리모형은 ① 주어진 정책목표가 명백하고, ② 문제해결을 위한 모든 정책대안을 도출할 수 있으며, ③ 각 정책대안이 가져올 결과를 확실히 예측할 수 있고, ④ 각 대안의 비용과 혜택을 완벽히 비교 평가할 수 있으며, ⑤ 문제해결을 위한 최선의 대안을 찾아낼 수 있다고 전제한다.

하지만 쉽게 예상할 수 있듯이, 현실은 ① 정책목표가 명백한 경우가 드물고, ② 존재하는 모든 정책대안을 도출할 수 없으며, ③ 인간 능력의 한계로 인해 각 정책대안의 결과를 정확히 예측하는 것은 불가능하고, ④ 각 정책대안의 평가 기준이 항상 뚜렷하게 제시되지 않아 비용과 혜택을 완벽히 비교 평가할 수 없기 때문에 최선의 정책대안을 선택하는 것은 사실상 불가능하다는 점에서 합리모형은 비현실적인 정책결정모형이라고 비판받는다.

## 2) 만족모형

만족모형(satisficing model)²⁾은 사이먼과 마치(H. Simon & J. March)에 의하여 제시된 정책결정모형으로, 합리모형의 여러 가지 한계를 인식하고 '제한적 합리성(bounded rationality)'에 기초를 두고 있는 모형이다. 제한적 합리성이란 인지적 능력(cognitive ability), 시간 제약(time constraint) 및 불완전한 정보(imperfect information) 등의 한계를 지닌 인간이 도달할 수 있는 현실적인 합리성을 의미한다. 따라서 만족모형에서는 정책결정자가 최적의 대안 대신에 현실적으로 만족할만한 수준의 대안을 선택한다고 본다(March & Simon, 1958).

이 모형에서는 ① 정책결정자가 정책목표를 간소화시켜 인지하며, ② 정책대안의 탐색 과정에서도 유력해 보이는 몇 개의 대안만을 우선적으로 검토하고, ③ 각 대안의 비교 평가 기준도 구체적 상황에 따라 가변적인 기준을 사용하며, ④ 만족할만한 대안을 찾으면 그 대안을 선택함으로써 정책결정이 이루어진다고 본다.

그러나 만족모형은 ① 만족할만한 수준에서 대안을 선택한다고 할 때, 어느 정도의 수준이 만족할만한 수준인지에 대한 객관적인 판단 기준이 없고, ② 지극히 중대한 정책결정의 경우에는 합리모형에서와 같은 정책결정 행태가 더 바람직하며, ③ 만약 만족할만한 정책대안이 나타나 대안의 탐색이 중단되는 경우, 더 훌륭한 정책대안이 있어도 그대로 사장된다는 점에서 쇄신적인 문제해결이 어려워진다는 비판을 받는다.

---

2) 'satisficing'은 '만족스럽다'라는 의미의 'satisfying'과 '충분하다'는 의미의 'sufficing'이 합성된 낱말로서 '충분히 만족스럽다'는 의미이다.

## 3) 점증모형

점증모형(incremental model)은 린드블롬(Charles E. Lindblom)에 의하여 제시된 정책결정모형으로, 인간의 비합리성을 전제로 하는 정책결정 행태를 설명해 준다. 린드블롬(Lindblom, 1959)은 합리모형의 한계에 대해 비판을 제기하면서, 현실적인 정책결정 행태를 훨씬 잘 설명할 수 있고, 동시에 정책의 실현가능성(feasibility)을 높이기 위한 정책결정모형으로 점증모형을 제시한다. 즉 정책결정자의 능력에 한계가 있고 시간과 비용 등이 제한되어 있는 현실에서는 기존의 정책에서 소폭의 변화만을 대안으로 고려하여 정책을 결정하고, 시간이 흐름에 따라 환류되는 정보를 기준으로 잘못된 점이 있으면 수정·보완해 가는 방식으로 정책을 결정하는 것이 바람직한 정책결정 방법이라는 것이다.

이러한 점증모형은 정책대안을 선택함에 있어 기술적인 고려뿐만 아니라 정치적인 고려도 필요하다는 사실을 반영하는 모형이다. 즉 정책을 수립해 가는 과정은 다양한 이해집단의 의사를 수렴하고 조정해 가는 정치적 과정을 거칠 수밖에 없다. 따라서 정책을 완전히 새롭게 수립하는 것보다는 이미 이해관계의 조정이 완료되어 수립된 기존 정책을 조금 수정하여 정책을 수립하는 것이 이해집단들의 지지를 얻어 내기에 훨씬 더 용이하다. 이러한 측면에서 점증모형은 이상적 합리성보다는 시민의 지지를 얻을 수 있는 정치적 합리성을 추구하는 모형이라 할 수 있다. 실제로 정부의 정책결정자들은 시간, 정보, 비용 등의 제약 때문에 매년 새롭게 제안되는 수많은 정책대안의 비용과 이익을 비교분석할 수 없다. 특히 점증모형에서는 이전의 정책과 전혀 다른 정책결정은 기존의 정책이 잘못된 것임을 자인하는 것이므로 있을 수 없다고 본다. 따라서 점증모형은 지극히 보수적인 성격을 지닌 정책결정모형이라 할 수 있다.

이러한 점증모형의 장점으로는 첫째, 기존의 정책에는 이미 여러 집단의 이해관계가 조정되어져 있어 그 정책을 폐기하고 완전히 새로운 정책을 수립할 경우에는 이해집단들의 강력한 저항을 받게 되는 반면, 점증모형은 이들의 저항이나 반발을 적게 받아 갈등을 줄일 수 있으며, 둘째, 새로운 결정에 대한 확신이 없을 경우, 기존의 상황을 기반으로 하여 약간의 수정을 가하는 결정이 훨씬 더 안전하다는 점을 들 수 있다.

하지만 점증모형은 첫째, 현상유지 지향적인 정책결정 방식으로 인해 기득권층의 이익을 반영하는 측면이 강하여 반개혁적이며, 둘째, 과거의 정책이 바람직하지 않거나 사회 각 계층의 이익이 정책결정에 고루 반영되지 않은 경우에는 적합성이 상실되고,

셋째, 보수적인 속성으로 인해 급변하는 환경변화에 제대로 적응할 수 없다는 한계가 있다.

## 4) 혼합탐사모형

에치오니(Amitai Etzioni, 1967)가 제시한 혼합탐사모형(mixed-scanning model)[3]은 혼합주사모형(混合走査模型), 혼합관조모형(混合觀照模型)이라고도 일컬어지는데, 이는 합리모형과 점증모형을 절충한 형태의 정책결정모형이다. 다시 말해, 혼합탐사모형은 합리모형의 비현실적인 이상주의적 속성과 점증모형의 보수성, 즉 반혁신성을 탈피하기 위하여 이 양자의 장점만을 취한 정책결정모형이라 할 수 있다.

에치오니는 정책결정을 크게 근본적인 결정과 세부적인 결정으로 구분하고, 이 두 가지의 결정을 혼합하여 사용해야 한다고 주장한다. 즉 근본적인 결정은 전반적이고 기본적인 방향을 설정하고, 세부적인 결정의 범위나 맥락을 결정하기 위해서 합리모형에 따라 대안을 포괄적으로 모두 고려한다. 그러나 합리모형의 한계를 극복하기 위하여 대안들의 세부적인 내용이 아니라 중요한 결과만을 개괄적으로 고려한다.

반면, 세부적인 결정은 근본적인 결정을 구체화시키는 과정으로, 점증모형의 장점을 활용하여 앞서 근본적인 결정을 통해 선정된 대안만을 집중적으로 검토하여 결정한다.

하지만 이러한 혼합모형은 근본적인 결정과 세부적인 결정을 구별하기 위한 기준이 제시되어 있지 않으며, 특히 두 개의 대립되는 극단의 모형을 단순히 혼합한 것에 불과하다는 비판을 받는다.

## 5) 최적모형

드로(Yehezkel Dror)가 주창한 최적모형(optimal model)은 인간의 정책결정 능력이 최적의 수준까지 향상될 수 있다는 가능성을 전제로 한다. 즉 이 모형은 정책결정과정을 하나의 체계이론적 관점에서 파악하고, 정책결정체계의 성과를 최적화하려는 모형이다. 여기서 최적화란 정책결정체계로부터의 산출이 투입보다 큰 경우를 의미하는데,

---

[3] 혹자는 혼합탐사모형을 '혼합모형'으로 칭하기도 하지만, 이는 에치오니가 주창한 'mixed-scanning model'을 적절히 번역한 것이라 할 수 없다.

이는 양적인 개념만을 의미하는 것이 아니라 질적인 개념도 포함한다. 따라서 최적모형은 질적으로 보다 나은 정책을 산출하기 위한 정책결정체계의 운영에 초점을 둔다.

드로(Dror, 1971)는 정책결정을 크게 '상위 정책결정 단계(초정책결정 단계: meta policy making phase)', '정책결정 단계(policy making phase)', '정책결정 이후 단계(post policy making phase)' 등 3단계로 나누고 이들을 다시 18개의 국면으로 세분하면서, 이러한 단계와 환류에 따라 정책을 결정하면 최적화에 이를 수 있다고 주장한다. 특히 이 중에서도 정책결정을 위한 상위 정책결정 단계를 중요시한다.

이러한 최적모형은 기본적으로 경제적 합리성을 중시하는 합리모형에 가깝지만 경제적 합리성뿐만 아니라 정책결정권자의 직관, 판단력, 창의력 등 초합리적 요소까지도 중요하게 간주한다. 또한, 정책결정 능력을 최적의 수준까지 끌어올리기 위해 정책의 평가, 환류 등을 강조한다. 하지만 최적모형은 최적의 의미가 불분명하며, 초합리성의 이용 방법이나 합리성과의 관계가 모호하다는 비판을 받는다.

## 6) 쓰레기통모형

코헨, 마치, 올센(Cohen, March & Olsen, 1972) 등이 제시한 쓰레기통모형(garbage can model)은 대학이나 친목단체처럼 집단의 응집성이 아주 약한 상태, 즉 '조직화된 무질서(organized anarchy) 상태'에서 이루어지는 비합리적인 의사결정의 측면을 강조하는 모형이다. 즉 정책결정이 일정한 규칙에 따라 이루어지는 것이 아니라, 각종 쓰레기가 우연히 한 쓰레기통에 모여지듯이 문제(problems), 해결책(solutions), 선택의 기회(choice opportunities), 참여자(participants) 등의 4요소가 뒤죽박죽 움직이다가 어떤 계기를 통해 서로 우연히 만나게 될 때 정책결정이 이루어진다고 본다.

다중흐름모형(multiple streams framework: MSF)을 주창하면서 쓰레기통모형을 발전시킨 킹돈(Kingdon, 1984)[4]은 정책결정에 필요한 흐름에는 '문제 흐름(problem stream)'[5], '정치 흐름(politics stream)', '정책 흐름(policy stream)'[6]이라는 세 가지 흐름이 각각 따로 존재하며, 각 흐름의 주요 참여자도 각각 다르다고 주장한다. 실제로 문제 흐름에서는 언론 및 클라이언트가 주요 참여자이지만, 정치 흐름에서의 주요 참여자는 정치인

---

4) 킹돈의 다중흐름모형은 쓰레기통모형을 기반으로 한다.
5) '문제 흐름'은 '정책문제 흐름'으로 일컬어지기도 한다.
6) '정책 흐름'은 '정책대안 흐름'으로 일컬어지기도 한다.

및 이익집단이며, 정책 흐름에서는 관료나 정책전문가가 주요 참여자이다. 각 흐름은 이들 주요 참여자들에 의해 활성화되며 각각 독자적으로 흘러간다. 이를테면 정책 흐름의 주요 참여자인 관료나 정책전문가들은 지속적으로 특정 문제에 대한 정책(대안)을 연구하면서 정책(대안)이 정치 흐름과 문제 흐름에 의해 정책의제로 등장할 때까지 기다린다. 이들 세 개의 흐름이 정책혁신가[7])에 의해 하나로 결합되어 연결되면 '정책의 창 (policy window)'[8])이 열려 정책산출물[9])이 만들어지고, 그렇지 않으면 각각의 흐름은 본래의 흐름으로 돌아간다. 정책의 창이 열렸다는 것은 특정 정책을 지지하는 정책참여자들이 자신들의 특별한 문제에 주의를 기울이도록 하거나 자신들이 선호하는 대안을 관철시키기 위해 압력을 행사하여 정책변동의 기회를 맞이하였다는 것을 의미한다.

## 06 사회복지정책 분석

### 1) 정책 분석 방법

사회복지정책을 분석하는 방법(유형)은 크게 과정분석, 산출분석, 성과분석 등 세 가지로 구분할 수 있다.

첫째, 과정분석(studies of process)이란 사회복지정책이 형성되어 가는 과정의 역동성을 중심으로 정책형성과정에 영향을 미치는 다양한 변수들을 분석하는 것이다. 즉 과정분석은 정책의 계획과 관련된 다양한 정보와 정부조직, 정치조직, 이해집단 등 여러 조직 간의 상호작용이 정책형성에 어떻게 영향을 미치는가를 분석하는 데 강조점을 둔다. 예를 들어 국민연금의 도입과 확대과정에 영향을 미친 이해관계자들에 대해 분석하는 것은 과정분석에 해당한다.

둘째, 산출분석(studies of product)은 산물분석 또는 내용분석이라고도 일컬어진다. 이러한 산출분석은 정책설계의 중요한 구성요소들을 구분하고, 정책결정에 관련된 다양한 쟁점들, 특히 정책의 내용 및 운영(행정)과 관련된 문제들을 분석하는 접근법이다.

---

7) 정책혁신가란 세 흐름을 연결하려는 개인 또는 집단을 의미한다.
8) 정책의 창이란 정책변동의 기회를 의미한다.
9) 정책산출물이란 세 흐름이 만나 정책의 창이 열렸을 때의 결과를 말하며, 대체로 의제형성(agenda setting)이나 정책형성을 의미한다.

즉 특정 정책이 담고 있는 내용은 무엇이며, 그러한 선택으로 인해 배제된 대안들은 어떤 것이며, 그러한 선택을 하는 데 근거가 된 가치, 이론, 가설은 무엇인지 등에 대한 것을 분석하는 데 관심을 둔다. 예를 들면, 국민연금이나 건강보험 제도의 적용 대상, 급여 수준 등에서 어떤 문제점과 한계가 있는지를 분석하는 것이 산출분석의 한 예에 해당한다.

셋째, 성과분석(studies of performance)은 특정한 정책집행에 따른 결과를 기술하거나 그 영향을 평가하는 접근법이다. 일반적으로 성과분석에서는 정책이 원래 목표로 했던 정책대상에게 제대로 집행되었는지, 비용은 어느 정도나 소요되었는지, 정책의 영향 내지는 효과는 무엇인지 등을 분석하는 데 집중한다. 따라서 성과분석은 정책에 관한 조사연구와 관련된 문제들을 다루며, 과정분석이나 산출분석보다 더 객관적이고 체계적인 분석을 요구한다. 일반적으로 성과는 질적, 양적 자료의 수집을 통해서 다양한 학문분야에서 개발된 방법론적 도구를 통해 측정한다(Gilbert & Terrell, 2004). 예를 들어 국민연금 실시에 따른 노인 빈곤율 감소에 대한 분석은 성과분석에 해당한다.

## 2) 정책 분석틀

길버트와 스펙트(Gilbert & Specht, 1986)[10]는 앞에서 설명한 사회복지정책의 세 가지 분석유형(3P), 즉 과정분석, 산출분석, 성과분석 가운데 산출분석에서 관심을 갖는 정책설계의 기본적인 구성요소들을 '선택의 차원(dimensions of choice)'이라 규정하였다. 길버트와 스펙트는 사회복지정책의 분석틀을 구성하는 주요 선택의 차원들을 다음과 같은 4개의 질문으로 제시하고 있다.

---

10) 사회복지정책에 관한 대표적인 저서 중의 하나로 꼽히는 『Dimensions of Social Welfare Policy』는 버클리대학교(University of California, Berkeley) 사회복지대학(School of Social Welfare)의 교수인 길버트와 스펙트(Neil Gilbert & Harry Specht)가 공동으로 집필하여 1974년 초판이 출간되었다. 훗날, 같은 대학의 교수진 중 한 명인 터렐(Paul Terrell) 교수(instructor)가 그들의 연구에 참여하였고, 스펙트가 사망(1995)하기 2년 전인 1993년에 출간된 3판부터 스펙트 대신 터렐이 길버트와 함께 공동 저자로 등장하였다. 하지만 『Dimensions of Social Welfare Policy』에서 소개하고 있는 사회복지정책의 분석을 포함한 대부분의 기본적인 내용은 초판을 기초로 하고 있기에 엄밀히 말해 길버트와 스펙트의 연구물로 지칭하는 것이 더 타당하다(이혜경, 2009).

① 사회적 할당의 기반(the bases of social allocation)은 무엇인가?
② 사회적 급여의 형태(the types of social provisions)는 무엇인가?
③ 사회적 급여를 전달하기 위한 전략(the strategies for the delivery)은 무엇인가?
④ 사회적 급여를 제공하기 위한 재원 조달 방법(the ways to finance)은 무엇인가?

결국, 이러한 선택의 4가지 차원은 각각 첫째, 누구에게 사회복지급여를 제공하며, 둘째, 어떤 유형의 사회복지급여를 제공하며, 셋째, 어떻게 사회복지급여를 전달하며, 넷째, 사회복지급여를 제공하는 데 소요되는 비용을 어떻게 마련할 것인가, 즉 누가 사회복지급여의 비용을 지불하는지의 문제라 할 수 있다.

따라서 사회적 할당의 기반이란 선별주의 또는 보편주의와 같은 사회복지 대상자 선정 원칙 또는 선정 기준과 관련한 문제이고, 사회적 급여의 형태는 현금, 서비스, 재화, 권력, 기회 등과 같은 사회복지급여의 유형에 관한 문제이며, 사회적 급여의 전달전략은 사회복지서비스 전달체계에 관한 문제라 할 수 있다. 이와 관련해서는 이미 6장에서 모두 설명[11]하였기 때문에 여기서는 재원조달방법에 대해서만 알아보고자 한다.

사회복지재원은 크게 공공부문 재원과 사적부문 재원으로 구분할 수 있다. 공공부문의 사회복지재원으로는 조세가 대표적이며, 사적부문의 사회복지재원으로는 후원금(자발적 기부), 사용자의 이용료 등을 들 수 있다.

우선 조세는 일반조세, 사회보장성 조세, 조세지출, 부의 소득세 등으로 구분할 수 있다.

첫째, 일반조세란 국가나 지방자치단체가 재정조달을 목적으로 법률에 규정된 과세요건을 충족한 모든 자(개인과 법인)에 대하여 강제적으로 부과하는 부담금이다. 일반조세는 목적에 따라 일반세와 특수세로, 납부방식에 따라 직접세와 간접세로, 부과대상에 따라 소득세, 소비세, 부(富)세로 나뉜다. 소득세는 다시 개인소득세와 법인세로, 소비세는 일반소비세와 특별소비세로, 부세는 재산세, 상속세, 증여세로 구분할 수 있다.

둘째, 사회보장성 조세란 건강보험, 국민연금 등 사회보험의 유지를 위해 사용자나 피고용자에게 강제로 부과하는 보험료를 의미한다. 사실상 사회보험료는 조세의 속성을 상당히 지니고 있으며, 세금의 기능을 수행하기 때문에 사회보장성 조세라고 일컫는

---

11) 사회적 할당의 기반은 7장 2절 사회복지 대상체계를, 사회적 급여의 형태는 7장 3절 사회복지급여를, 사회적 급여의 전달전략은 7장 5절 사회복지서비스 전달체계를 참고하시오.

다. 하지만 기여금에 해당하는 사회보험료는 엄밀히 말해 조세로 볼 수 없다는 의견도 상당하다. 즉 건강보험료가 세금이라면 조세법률주의에 따라 그 징수와 운용에 관해 국회의 엄격한 절차와 심사를 거쳐야 한다. 하지만 명목이 세금이 아니기 때문에 국회의 결산심사도 받지 않으며, 보건복지부 장관의 승인 아래 운용된다. 이러한 차원에서 사회보험료는 정부가 국민에게 강제로 부여하는 조세 외 금전부담금을 의미하는 준조세로 간주하는 것이 타당하다는 것이다.

셋째, 조세지출(tax expenditure)은 정부가 납세자에게 받아야 할 조세를 감면 또는 면제해 주는 일종의 조세감면제도를 의미한다. 소득공제, 비과세, 세액공제, 납부의 연기, 면제 등이 이에 해당한다.

넷째, 부의 소득세(negative income tax)란 최저생활수준을 보장하기 위하여 소득액이 면세점 이하인 계층에게 부족분(면세점과 소득과의 차액)에 대해 일정 비율을 적용하여 세금환급과 같은 방식으로 정부가 지급하는 제도로 일종의 소득이전 프로그램이라 할 수 있다.

한편, 사적부문의 사회복지재원의 경우 첫째, 후원금은 개인 또는 법인의 자발적 기부금을 의미한다. 우리나라는 사회복지공동모금회에서 민간부문으로부터 상당액의 후원금을 모금하고 있는데, 개인이 차지하는 비중은 그리 크지 않으며 기업의 기부가 큰 비중을 차지한다. 반면, 미국의 경우에는 개인 후원금이 비영리 영역에서 모금하는 총 후원금의 80%를 차지할 만큼 기업의 후원금보다 훨씬 더 많다.

둘째, 사용자의 이용료란 서비스를 이용하는 사용자 본인이 지불하는 일정한 금액의 사용료를 의미한다. 서비스 사용자에게 이용료를 부담하게 하는 이유는 서비스를 이용하는 사람들의 도덕적 해이를 방지하여 서비스의 남용을 방지하기 위해서이다. 이러한 이용자 부담은 사회복지서비스를 수급하는 데 따르는 낙인감을 감소시킬 수 있다는 장점도 있다. 다만, 이용자 부담은 저소득층의 부담이 고소득층에 비하여 상대적으로 크기 때문에 소득재분배라는 사회복지정책의 목표에 반하는 측면이 있다는 문제가 있다(박병현, 2004).

MEMO

PART

# IV

# 사회복지
분야론

"정부의 존재 이유인 국민 보호와 공공복지에 있어서
국민이 정부를 신뢰하지 못한다면
그 정부는 다른 모든 것도 잃은 것이다."

- 버락 오바마(Barack Obama) -

"우리 아이들은 우리의 가장 큰 보물입니다.
그들은 우리의 미래입니다.
그들을 학대하는 사람들은
우리 사회의 구조를 찢고 나라와 민족을 약화시킵니다."
- 넬슨 만델라(Nelson Rolihlahla Mandela) -

아동은 미래를 이끌어갈 차세대 동력이다. 따라서 아동의 건강한 성장과 발전 없이는 우리 사회의 밝은 미래를 담보할 수 없다. 하지만 아동은 자신을 보호하거나 옹호할 수 있는 힘을 갖고 있지 않으며 타인의 보호를 절대적으로 필요로 하는 존재이다. 산업화 이전의 우리 사회에서는 가족이 아동의 돌봄과 보호의 전적인 책임을 맡아 왔다. 그러나 산업화 이후 가족의 기능은 크게 약화되었다. 특히 가정해체와 여성 경제활동참여의 증가로 인한 돌봄의 공백, 미성숙한 부모역할에 따른 아동학대, 양극화에 의한 빈곤 가구의 증가 등은 아동복지를 크게 위협하는 요인으로 대두되었다. 이러한 상황에서 미래사회의 주인인 아동을 건강하게 성장·발달시키는 일은 매우 중요한 국가적 과제가 아닐 수 없다. 본 장에서는 아동과 아동복지의 개념을 파악하고 아동이 겪는 문제점과 우리나라의 아동복지정책 전반에 대해 살펴봄으로써 아동복지에 대한 이해를 높이고자 한다.

# CHAPTER 11 ● 아동복지

## 01 아동에 대한 이해

### 1) 아동의 정의

아동복지의 개념을 이해하기 위해서는 우선 아동복지의 대상이 되는 아동의 개념과 기본적 특성에 대한 파악이 선행되어야 한다. 일반적으로 아동은 성인과 구별되는 존재로서 출생 이후부터 심신의 성장발달 시기에 있는 자, 즉 성인이 되기 전의 미성숙 상태에 있는 자를 의미한다.

하지만 아동은 시대와 문화적 배경 및 관련 학문 분야에 따라 다르게 정의되고 있다. 특히 아동을 의미하는 호칭도 유아, 어린이, 청소년, 연소자, 미성년자 등으로 다양하다. 이러한 이유로 아동을 한마디로 정의하는 일은 그리 쉬운 일이 아니다.

아동을 정의하는 가장 일반적인 방법은 연령으로 성인과 구분하여 정의하는 것이다. 하지만 우리나라의 경우, 개별 법률마다 아동을 지칭하는 용어가 다르며, 그에 해당하는 연령이 통일되어 있지 않아 혼란을 불러일으킨다. 실제로 우리나라의 '아동복지법', '입양특례법', '모·부자복지법'에서는 '아동'이라는 명칭을 사용하면서 아동을 18세 미만인 사람으로 규정하고 있다. 하지만 '근로기준법'에서는 18세 미만의 사람을 '아동' 대신에 '연소자'로 칭하고 있다. 또한, '민법'과 '형법'에서는 '미성년자'라는 용어를 사용하면서, '민법'에서는 19세 미만, '형법'에서는 14세 미만에 해당하는 자로 규정하고 있다. 그 외에도 '청소년기본법'에서는 '청소년'이라는 명칭을 사용하면서 9세 이상 24세 이하의 사람으로 규정하는 반면, '청소년보호법'에서는 '청소년'이라는 명칭을 사용하면서 19세 미만의 자로 규정하고 있다.[1]

이러한 상황에서 우리나라 아동복지의 근간이 되는 법이 '아동복지법'이라는 점을

---

[1] 청소년보호법에서 규정하고 있는 청소년은 만 19세 미만인 사람을 의미한다. 다만, 만 19세가 되는 해의 1월 1일을 맞이한 사람은 제외한다(청소년보호법 제2조 제1항).

고려한다면, 동법에서 규정하고 있는 바와 같이 아동을 18세 미만인 사람으로 정의하는 것이 가장 타당하다고 할 수 있다(주수길 외, 2016). 더욱이 UN아동권리협약(Convention on the Rights of the Child) 제1조에서도 아동을 18세 미만의 모든 사람을 말한다고 규정하고 있다. 2023년 9월 기준, 우리나라 18세 미만 아동의 수는 712만 6천 46명으로 전체 인구의 13.9%를 차지하고 있다.

한편, 발달이론학자들이 제시하는 발달단계 분류에 근거한 아동의 연령대를 살펴보면, 토마스(Thomas, 2000)는 아동의 연령대를 영유아기(0~1세), 걸음마기/유아기(2~3세), 놀이기/보육기(4~6세), 학령기(7~12세), 청소년기(13~18세) 등으로 구분한다. 학자에 따라 태아기(수정~출생)를 포함시키거나, 영아기(출생~1세)와 유아기(2~3세)를 구분하기도 하며, 청소년기를 전기 청소년기(12~15세)와 후기 청소년기(15~18세)로 구분하기도 한다. 우리나라에서는 통상적으로 중·고등학교 시기를 청소년기로 보고 있으며, 아동기를 초등학교 시기로 간주한다(배화옥, 2010).

## 2) 아동관(兒童觀)의 변화

아동은 시대와 사회에 따라 다르게 간주되어 왔다. 고대와 중세 사회에서 아동은 보호의 대상이 아니라 가족과 국가에 기여해야 하는 도구적인 존재 또는 대를 잇기 위한 수단으로 인식되었다. 따라서 그러한 기여를 기대할 수 없는 아동은 생명을 부지하기조차 어려웠다. 실제로 고대 로마에서는 장애아동이나 사생아를 죽이는 영아살해가 행해졌다. 또한, 고대 스파르타에서는 아이들을 강인한 전사로 키워낸다는 목표에 따라 신생아가 만일 허약한 아이로 판정되면 저절로 죽도록 내버려 두거나 농노들에게 넘겨주었다. 건강한 신생아도 일곱 살까지만 가정에서 양육되었고, 그 이후에는 국가의 통제하에 일상생활이 이루어졌다. 아동의 일상생활은 성인과 마찬가지로 군대의 병영생활과 조금도 다름없이 엄격하였다.

중세시대의 아동은 부모의 신분에 따라 신분이 낮은 아동은 가족과 장원의 소유물로 노동력을 제공하는 수단으로 취급되었다. 더욱이 당시에는 아동을 성인의 축소판, 즉 성인에 비해 몸집만 작을 뿐 성인과 다를 바 없는 존재로 여겼다. 이를 반영하듯 이 시대의 법은 아동 범죄와 성인 범죄 간에 차별을 두지 않았다. 특히 이 시기에 발생한 도시로의 대규모 인구이동은 많은 도시빈민을 발생시켰고, 비위생적인 환경과 질병으로 인해 많은 아동이 죽음을 맞이했다. 또한, 부모의 사망으로 고아가 되어 구걸, 도둑

질, 매춘 등으로 삶을 유지할 수밖에 없는 신세에 처한 아동이 부지기수였다.

반면, 신분이 높은 귀족 계급의 아동들은 일반 아동과 다른 대우를 받았다. 중세 후반에는 아동 출생과 신생아의 보살핌에 대한 조언을 하는 의학 서적이 등장하는 등 신분에 따라 일부 아동의 권리가 조금씩 인정되기 시작하였다. 14세기 들어 르네상스 시대가 열리면서 아동은 성인과는 구별되는 개인으로 서서히 인정받기 시작하였다. 과학의 발달로 보건위생, 영양, 환경 등 아동의 성장 조건이 향상되면서 아동의 생존율이 높아졌고, 가족계획의 보급으로 자녀의 수가 적어지면서 아동의 가치가 높아짐에 따라 아동에게 과거보다는 더 많은 관심이 기울여졌다(이숙희, 2014).

하지만 아동에 대한 인식과 가치관은 18세기 중엽, 산업혁명이 시작된 이후에도 본질적으로 크게 변화되지 않았다. 오히려 산업혁명 이후, 자본주의 사회의 도래는 노동력 확보를 위해 아동착취를 용인하는 심각한 사회문제를 초래하였다. 이러한 아동착취의 문제를 막고자 1833년 공장법이 제정되었다. 하지만 그 당시 혁신적인 조치로 평가받았던 공장법의 내용조차도 9세 이하 아동의 노동 전면 금지, 13세 미만 아동의 1일 노동시간 9시간 및 1주 48시간 이내 제한, 13~18세 아동의 하루 노동시간 12시간 이내 제한 등 오늘날 성인의 노동시간을 넘어서는 가혹한 수준이었다.

아동에 대한 인식이 바뀌고 아동의 권리를 명문화하여 전 세계적으로 천명한 첫 사건은 1922년, 영국의 국제아동기금단체연합이 '세계아동헌장'을 선포한 일이었다. 아동권리선언의 선구라 할 수 있는 세계아동헌장은 모든 아동이 그들의 신체적·심리적·정신적 행복을 위해 필요한 요소를 보장받아야 함을 천명하고 있다. 이를 계기로 아동의 가치는 보다 더 적극적으로 해석되었고, 아동의 권리보호에 대한 국가의 의무가 강조되기 시작하였다. 2년 후인 1924년, 국제연맹회의에서 '아동권리에 관한 제네바선언'이 채택되었다. 아동권리에 관한 제네바선언은 아동의 권리와 요보호 아동에 대한 구제 등의 5개 항으로 구성되었는데, 1948년 아동권리의 보편성과 사회보장의 혜택 및 착취로부터의 보호 등 2개 항목이 추가되어 총 7개 항으로 개정되었다. 아동권리에 관한 제네바선언을 기초로 하여 1959년에는 '유엔아동권리선언'이 작성되었는데, 이는 아동의 권리보장을 위한 각국의 노력에 영향을 미쳤다.

이러한 과정을 거치면서 과거의 아동관은 변화되기 시작했으며, 1989년, 아동의 권리문제에 대한 종합적인 권리규범이라 할 수 있는 '유엔아동권리협약(United Nations Convention on the Rights of the Child)'[2)]이 국제연합(UN)에서 채택되는 성과로 이어졌다. 우리나라도 1991년 11월 20일 동 협약을 비준하였으며, 2022년 12월 기준, 미국을

제외한 196개국이 비준하여 가장 많은 협약 비준 국가를 둔 인권협약이 되었다.[3]

　　유엔아동권리협약은 비차별의 원칙, 아동 이익 최우선의 원칙, 아동의 생존·보호·발달의 원칙, 아동의견 존중의 원칙 등 4대 기본원칙 하에 생존·보호·발달·참여 등 아동의 권리를 규정한 국제 인권협약이다. 사실상 유엔아동권리협약은 그 이전의 아동의 권리에 관한 선언이나 규범과 달리 법적 구속력을 갖는 국제규범으로, 18세 미만의 모든 아동을 보호 대상으로 하면서 동시에 적극적인 권리의 주체로 인정하는 국제협약이라는 역사적 의의를 지닌다(공계순 외, 2006).

　　결국 오늘날 아동은 어른의 축소판이거나 부모에게 예속되어 수동적으로 환경에 적응하는 존재가 아니라 신체적, 정서적, 사회적 측면에서 성장하고 발달하는 존재로 인식된다. 또한, 아동은 생존과 전인적 발달을 위해 성인의 보호가 필요하며, 독립적인 인격을 가진 권리 주체이자 각기 다른 독자적 존재로 간주된다.

## 3) 아동권리의 특성

　　아동권리란 아동이 갖는 인권이며, 아동에게 주어지는 특별한 보호와 배려를 의미한다. 아동이 갖는 모든 권리는 인간의 존엄성을 근거로 하며, 그러한 권리는 권리의 천부성과 보편성으로부터 기인한다(김정래, 2002).

　　권리의 천부성(天賦性)이란 하늘이 준 권리, 즉 인간이 태어날 때부터 자연적으로 가지는 권리를 의미한다. 이러한 천부성은 힘을 소유한 자, 청구행위를 할 수 있는 자, 그리고 의무관계에서 권리를 누리는 자만이 권리를 갖는다는 고전적인 권리설에 정면으로 배치되는 주장이며, 동시에 힘이 없고 청구행위도 하기 어려우며 권리를 누리지 못하는 아동도 권리의 주체가 될 수 있음을 정당화해주는 근거가 되는 사상이다(공계순 외, 2006).

　　한편, 권리의 보편성이란 예외나 정도의 차이를 두지 않고 모든 아동이 누릴 수 있는 권리의 속성을 의미한다. 예를 들어 인권이 인간의 권리가 되기 위해서는 본질적으로 누구에게나 적용되는 일반적인 성질을 가져야 한다. 이때 보편적 권리로서의 인권은

---

2) 유엔아동권리협약은 '아동의 권리에 관한 협약', '아동권리협약', '국제아동권리협약' 등으로 일컫기도 한다.
3) 미국은 아동의 인권을 존중하는 국가이다. 하지만 몇몇 주(州)에서 청소년 사형제도를 운용하고 있는데, 이는 유엔아동권리협약과 상충된다. 따라서 미국은 아직까지 유엔아동권리협약에 비준하지 않은 국가로 남아 있다.

단지 인간이라는 이유만으로 모든 인간에게 적용되며, 어떤 이유나 조건으로도 제한할 수 없다는 것을 의미한다. 이와 마찬가지로 아동권리의 보편성이란 아동이라는 단 하나의 이유만으로 모든 아동에게 차별 없이 적용되는 속성을 뜻한다. 즉 성별, 연령, 국적, 종교, 인종, 가구소득에 관계없이 '아동'이기 때문에 가질 수 있는 권리이다.

## 4) 아동의 4대 권리

아동의 권리와 관련하여 유엔아동권리협약에서는 생존의 권리, 보호의 권리, 발달의 권리, 참여의 권리 등 4대 기본 권리를 규정하고 있다.

첫째, 생존의 권리(right to survival)란 적절한 생활 수준을 누릴 권리, 안전한 주거지에서 살아갈 권리, 충분한 영양을 섭취하고 필요한 보건서비스를 받을 권리 등 기본적인 삶을 누리는 데 필요한 권리를 의미한다.

둘째, 보호의 권리(right to protection)란 모든 형태의 학대와 방임, 차별, 폭력, 고문, 징집, 부당한 형사처벌, 과도한 노동, 약물과 성폭력 등 유해한 것으로부터 보호받을 권리를 의미한다.

셋째, 발달의 권리(right to development)란 아동 자신의 잠재능력을 최대한 발휘하는 데 필요한 권리, 교육을 받을 권리, 여가를 즐길 권리, 문화생활을 즐기고 정보를 얻을 권리, 생각과 양심과 종교의 자유를 누릴 수 있는 권리 등을 의미한다.

넷째, 참여의 권리(right to participation)란 자신의 생활에 영향을 주는 일에 대해 의견을 말하고 존중받을 권리, 표현의 자유, 양심과 종교의 자유, 평화로운 방법으로 모임을 자유롭게 열 수 있는 권리, 사생활을 보호받을 권리, 유익한 정보를 얻을 권리 등을 의미한다.

## 02 아동복지의 개념

사회복지학이라는 학문적 관점에서 아동복지는 아동을 대상으로 하는 사회복지실천의 한 분야로, 아동의 복리를 증진하기 위한 직·간접적인 모든 활동을 뜻하는 매우 광범위한 개념이다. 이러한 아동복지의 개념에 대한 정의는 시대와 학자에 따라 차이를 보인다.

실제로 미국의 경우, 1929년에 출간된 『Social Work Year Book』에서는 아동복지를 비행아동, 아동발달연구, 부모교육, 방문교사, 아동정신과치료, 의무교육, 취업지도, 지체장애아동, 심신장애아동, 정신장애아동, 부양아동, 방임아동 등을 위한 서비스로 정의하고 있다(Ellis, 1929). 즉, 그 당시의 아동복지는 아동과 관련한 매우 다양한 영역의 서비스를 포괄하는 개념이었다. 하지만 1995년에 출간된 『Encyclopedia of Social Work』에서는 아동복지를 학대, 방임 또는 위기 아동과 그 가족을 지원하기 위해 고안된 서비스로 정의하고 있다(Liederman, 1995). 다시 말해, 미국에서는 과거에 비해 아동복지의 개념이 학대와 방임을 당하는 아동에 대한 보호 중심의 서비스로 좁혀져 인식되고 있음을 알 수 있다.

한편, 아동복지의 개념에 대한 학자들의 정의도 다양하다. 우선 미국 아동복지의 태두로 일컬어지는 카두신(Alfred Kadushin, 1980)은 아동복지를 가족이나 지역사회가 제 기능을 수행하지 못하는 경우, 아동을 대상으로 하는 사회적 서비스의 한 형태로 정의하였다. 즉 아동복지란 부모가 아동양육의 책임을 담당할 수 없거나 지역사회가 아동과 가족이 필요로 하는 보호와 자원을 제공할 수 없을 때 아동에게 제공되는 사회적 서비스라는 것이다. 아동복지에 대한 이러한 정의는 아동복지를 잔여적인 시각에 입각하여 협의적으로 정의한 것이라 할 수 있다. 실제로 카두신은 아동복지서비스가 공립학교, 도서관, 공원 등과 같이 모든 가족과 아동에게 도움이 되게끔 적절히 제공되어야 하는 공공서비스라는 사실을 인식하고 있음에도 불구하고, 잔여적 모델로서의 아동복지서비스를 더 선호했다(Lindsey, 1994). 카두신의 이러한 잔여적인 정의는 "아동복지란 가족이 정상적인 아동보호와 사회화 기능을 수행할 수 없을 때, 국가와 사회제도가 후원하고 승인하며 직접 실천하는 구체적이고 명백한 정책과 서비스의 총체"라고 주장한 길(Gil, 1985)의 정의와도 일맥상통한다고 할 수 있다.

반면, 프리드랜드와 앱트(Friedlander & Apte, 1980)는 아동복지란 빈곤, 방치, 유기, 질병, 결함 등을 지닌 아동 또는 환경에 적응하지 못하는 비행 아동에게만 관심을 두는 것이 아니라 모든 아동이 신체적 · 지적 · 정서적 발달에 있어 안전하며 행복할 수 있도록 위험으로부터 보호하기 위하여 공공과 민간에서 실시하는 사회적 · 경제적 · 보건적인 제반 활동이라 정의하면서 광의의 아동복지의 개념을 피력하였다.

결국 학자들의 정의를 정리하면, 협의의 아동복지는 욕구가 충족되지 못하거나 문제에 처해 있는 요보호 아동만을 대상으로 가족이나 지역사회의 자원이 고갈된 이후, 사후 대책으로 제공되는 서비스를 의미한다. 반면, 광의의 아동복지란 모든 아동을 대상으로 건전한 성장과 행복한 생활을 영위할 수 있도록 사전 예방적 차원에서 공공과 민간의 모든 부문에서 수행하는 제반 활동을 뜻한다고 할 수 있다.

## 03 공적 아동복지의 개입 필요 상황

잔여적 아동복지를 선호하는 카두신은 자녀 양육의 책임이 부모에게 있으며, 부모는 자녀를 양육하는 데 있어 여러 역할 책임(role responsibility)을 갖는다고 주장했다. 이러한 부모의 역할 책임에는 ① 의식주 등을 해결하기 위한 소득 제공, ② 감정적 안정과 사랑 제공, ③ 훈육(discipline) 제공, ④ 해악과 위험으로부터 보호 제공, ⑤ 교육 제공, ⑥ 사회화 제공 등이 포함된다(Lindsey, 1994).

부모가 이러한 모든 역할 책임을 제대로 수행한다면 국가가 개입할 필요는 없어진다. 하지만 부모가 역할 책임수행에 실패하게 되면 공적 아동복지의 개입이 요구되는데, 그러한 상황은 다음과 같다(Lindsey, 1994).

첫째, 부모역할 결손(parental role unoccupied)이다. 이는 부모의 사망, 별거, 이혼 또는 수감 등으로 인해 부모 중 한 명 또는 모두가 부재한 상황을 의미한다.

둘째, 부모 무능력(parental incapacity)이다. 이는 부모가 존재하지만 심각한 질병 또는 마약 중독 등으로 인해 신체적, 정신적, 정서적인 문제를 안고 있거나, 지식 또는 훈련 부족으로 부모가 수행해야 할 역할을 제대로 수행할 수 없는 경우를 말한다.

셋째, 역할 거부(role rejection)이다. 이는 자녀를 원하지 않아 의식적 또는 무의식적으로 부모 역할의 수행을 거부하는 것을 의미한다. 일반적으로 부모가 되는 것은 자발적인 행위이지만, 가끔은 원하지 않은 임신을 통해 준비되지 않은 상태로 부모가 되기도 한다. 이러한 경우에 부모는 자녀에게 무관심하거나 방임하게 되고, 때로는 학대나 유기로 이어질 가능성이 커진다.

넷째, 역할 내 갈등(intrarole conflict)이다. 이는 부부간에 자녀를 위해 해야 할 각자의 역할에 관해 합의점을 찾지 못해 갈등을 겪는 상황을 의미한다. 예를 들면 자녀를 등하교시키는 일, 숙제를 봐주는 일 등에 있어 내가 아니라 상대 배우자가 해야 할 일이라고 생각함으로써 역할 내 갈등이 생기고, 이러한 갈등은 자녀의 안녕을 위협하게 된다.

다섯째, 역할 간 갈등(interrole conflict)이다. 이는 부모의 역할과 또 다른 사회적 역할 간의 갈등 상황을 의미한다. 예를 들면, 맞벌이 가정의 부부가 모두 직장에서 야근을 해야 하여 아무도 어린 자녀를 돌볼 수 없는 경우, 부모의 역할과 회사의 직원으로서의 역할 간의 갈등이 발생한 상황이라 할 수 있다.

여섯째, 자녀의 무능력 또는 장애(child incapacity or disability)이다. 이는 자녀가 신체적, 정신적, 정서적 장애를 안고 있는 경우를 의미한다. 이러한 자녀를 둔 부모는 설령 부모역할을 수행할 능력이 있고 잘 준비되어 있다고 할지라도 자녀양육에 훨씬 더 큰 부담을 갖게 된다.

일곱째, 지역사회 자원의 결핍(deficiency of community resources)이다. 이는 지역사회 내에 존재하는 자원의 결핍으로 인해 부모들이 그들의 역할을 적절히 수행하기 어려운 상황을 말한다. 예를 들면, 생계를 위해 부부 모두 직장에 출근해야 하는데 지역사회 내에 적절한 비용으로 안심하고 맡길 수 있는 보육시설이 없는 경우가 이에 해당한다. 그 외에 실업, 경기 불황 등의 상황도 지역사회 자원의 결핍에 해당한다고 할 수 있다.

## 04 | 아동복지 구현의 전제 조건

아동복지가 구현되기 위해서는 아동의 건전한 성장과 발달에 필수적인 기본 요소들이 충족되어야 한다. 『Encyclopedia of Social Work』(1965)에서는 가족생활, 부모의 보호, 적절한 가정경제와 주거, 건강과 의료보호, 교육, 놀이와 교우, 윤리적 표준, 이념과 가치, 교육적·직업적 지도, 법적 보호 등을 기본 요소로 제시하고 있다.

한편, 유엔아동권리협약(1989)에서는 아동복지가 구현되기 위한 전제 조건으로 시민권과 자유권, 가정환경 및 대리보호에 대한 권리, 기초보건 및 복지에 대한 권리, 교육·여가·문화 활동에 대한 권리, 특별보호조치에 대한 권리 등을 들고 있다.

이러한 견해들을 종합·정리하여, 여기에서는 안정된 부모 및 가정, 교육, 건강 및 의료보호, 건전한 놀이, 노동과 착취 금지, 특수 보호 등 총 여섯 가지를 아동복지의 기본 조건으로 삼아 살펴보고자 한다.

## 1) 안정된 부모 및 가정

　　태어나면서부터 일정 연령에 달할 때까지 보호자의 보살핌을 절대적으로 필요로 하는 아동에게 있어, 안정된 부모와 가정은 사실상 아동의 건전한 성장과 발달에 가장 기본이 되는 조건이라 할 수 있다.

　　안정된 부모와 가정이란 첫째, 부모가 경제적으로 안정되어 아동의 건전한 발달을 위해 필요한 물질적 욕구를 충족시킬 수 있는 상황을 의미한다. 경제적 어려움으로 인해 아동의 신체적·정신적·정서적 발달에 필수요소인 의식주를 해결하지 못하면서 아동복지를 논할 수는 없는 것이다. 또한, 빈곤으로 인한 교육과 문화적 경험의 결여는 아동의 지적 발달과 정서적 발달을 저해하고, 나아가 비행 등의 사회문제를 초래하기도 한다. 따라서 부모의 충분한 소득을 통한 경제적 안정은 아동복지의 필수적인 조건이다.

　　둘째, 안정된 부모와 가정이란 경제적 안정뿐만 아니라, 부모가 그 역할을 제대로 수행할 수 있을 만큼 심리적·정서적으로 성숙되어 자녀에게 안정감을 주는 부모와 가정을 말한다. 부모가 그 역할을 제대로 수행하지 못할 만큼 미성숙한 경우, 자녀와의 갈등은 물론 과잉보호 또는 방임, 나아가 자녀에 대한 학대로까지 이어질 수 있는 위험이 있다.

　　하지만 현대 가족은 구조와 기능 면에서 많은 변화를 겪고 있으며, 특히 과거에 비해 아동을 보호하고 지지해 줄 양육체계가 취약해진 것이 사실이다. 실제로 가족해체, 여성경제활동 증가에 따른 돌봄의 공백, 양극화의 심화에 따른 빈곤 가구의 급증 등은 아동의 복지를 위협하는 주된 요인들이다.

　　따라서 아동의 복지를 담보하기 위해서는 최저생계비의 보장을 넘어 모든 가족이 일정 이상의 소득을 확보할 수 있는 획기적인 제도 마련에 대한 사회적 고민이 필요하다. 또한, 가정환경의 정서적 안정과 기능강화를 위해 부모가 맡은 바 책임과 역할을 다할 수 있도록 부모교육 제공을 포함한 적절한 사회적 지원체계가 구축되어야 한다.

## 2) 교육

　　모든 아동은 타고난 잠재력을 최대한 계발하여 능력을 발휘할 수 있도록 기회가 제공되어야 한다. 이를 위해서는 아동의 지적 성장과 발달에 필수적인 교육의 기회가 반드시 보장되어야 한다. 아동에 대한 교육기회의 보장은 아동 자신을 넘어 사회적으로 자질을 갖춘 인적자원의 확보라는 차원에서도 매우 중요한 일이다(공계순 외, 2006).

현재 우리나라의 경우, 초등학교와 중학교 과정은 의무교육이며, 고등학교는 무상교육이다.[4] 하지만 우리나라의 교육은 아동의 고유한 인격과 개성을 살린 교육, 즉 전인적인 교육보다는 주로 대학입시 위주의 교육에 초점이 맞춰져 있는 것이 사실이다. 결국 이러한 입시 위주의 교육은 과도한 선행학습에 따른 사교육 열풍과 공교육의 붕괴로 이어져 아동발달에 맞는 적절한 교육이 제공되기 어렵고, 빈부격차에 따른 교육격차가 심화될 수밖에 없다. 따라서 실질적인 아동복지 구현을 위해 공교육의 부활과 아동발달에 맞는 교육이 제공될 수 있는 환경을 조속히 구축해야 한다.

## 3) 건강 및 의료보호

아동의 건강을 보장하지 못한 채 아동복지를 논한다는 것은 어불성설이다. 유엔아동권리협약 제24조에서는 아동이 최상의 건강수준을 향유하고 질병치료와 건강회복을 위한 시설을 사용할 수 있는 권리를 갖고 있다는 사실을 명시하고 있다. 또한, 유엔아동권리협약 당사국은 아동사망률을 감소시키기 위한 조치, 기초건강관리의 발전에 중점을 두면서 모든 아동에게 필요한 의료지원과 건강관리의 제공을 보장하는 조치, 질병과 영양실조를 퇴치하기 위한 조치, 산모를 위하여 출산 전후의 적절한 건강관리를 보장하는 조치 등을 강조하고 있다. 우리나라의 '아동복지법'에서도 아동의 건강과 안전을 위한 보호자 및 국가의 책임을 규정하고 있다(오정수·정익중, 2016).

사실상 아동의 건강은 태아기 때, 어머니의 영양상태·질병상태·정신건강상태 및 약물중독 여부 등과 매우 밀접한 연관이 있다. 따라서 모자보건을 위한 대책이 무엇보다 중요하며, 성장과정에서 정기적인 건강검진과 예방접종 등이 이루어지도록 해야 한다. 특히 아동은 신체적 건강뿐만 아니라 정신적 건강도 중요하다. 하지만 부모의 과잉기대와 경쟁적인 입시 위주의 교육에 따른 심각한 스트레스로 인해 과잉행동, 분노장애, 학습장애, 성격장애 등의 문제를 안고 있는 아동이 증가하고 있다. 따라서 아동의

---

4) 법적으로 의무교육과 무상교육은 다르다. 의무교육 과정은 무상교육이지만, 무상교육 과정이라고 해서 반드시 의무교육 과정은 아니다. 현재 우리나라는 초중등교육법 등 관계 법령에 의거하여 초등학교와 중학교까지는 의무교육 과정이기에 헌법 제31조에 따라 무상교육이다. 하지만 고등학교는 아직까지 의무교육에 해당하지 않는다. 다만, 2019년 2학기부터 고등학교 3학년을 대상으로 무상교육이 도입되었고, 2021년부터 초중등교육법 제10조의 2의 규정에 따라 고등학교 전(全) 학년이 무상교육의 혜택을 받고 있다. 하지만 자율형 사립고, 특목고 등은 학교장이 수업료와 입학금을 정하고 있어 무상교육 대상에서 제외된다.

문제행동과 정신병리를 조기에 발견하여 전문가의 도움을 받을 수 있도록 해야 하며, 모든 아동이 정서·사고·행동 면에서 자율성과 통합성을 갖고 살아갈 수 있도록 지원해야 한다(공계순 외, 2006).

## 4) 건전한 놀이

모든 아동은 성장에 도움이 되는 지적 관심과 신체적 활동을 추구하고, 자기 충족감을 느낄 수 있는 건전한 놀이의 기회를 가져야 한다. 아동에게 놀이는 단순한 장난이 아니라 소중한 학습과 발달의 기회이다. 아동은 이러한 놀이를 통해 신체적·정신적·사회적·정서적·인지적으로 건강하게 성장할 수 있다. 특히 또래 아동과의 놀이는 협상 기술, 협동 기술, 공감 능력, 대인관계 기술 등을 습득하는 중요한 사회화의 과정이기도 하다. 따라서 아동에게는 놀이의 기회가 일찍부터 제공되어야 하며 아동의 연령과 활동 유형에 맞는 놀이기구와 시설이 적절하게 설치·제공되어야 한다.

## 5) 노동 및 착취 금지

전술한 바와 같이 모든 아동은 정신적·신체적으로 성장단계에 있으며 교육의 기회가 제공되어야 하므로 노동과 착취로부터 보호되어야 한다. 사실상 아동의 노동은 고대시대부터 존재했었고, 특히 산업혁명 이후에는 성인의 임금보다 낮고 생산비를 줄일 수 있다는 이점 때문에 아동고용이 일반화되어 있었다. 하지만 이러한 연소노동(年少勞動: 나이가 어린 사람의 노동)은 결과적으로 아동발달을 저해하고, 건강을 위협하며, 장애를 초래할 가능성이 매우 높아 현재 대부분의 국가에서는 금지되고 있다.

우리나라의 헌법에서도 "연소자의 근로는 특별한 보호를 받는다."고 규정하고 있으며, 연소자 보호와 관련한 구체적인 내용은 근로기준법 및 청소년 보호법 등에서 정하고 있다. 근로기준법은 민법상 성년의 연령인 만 19세를 적용하지 않고, 만 18세 미만인 자를 연소자로 구분하고 이들에 대해 특별한 보호를 규정하고 있다. 실제로 근로기준법 제64조와 시행령 제35조에 따르면, 사용자는 15세 미만인 사람을 원칙적으로 근로자로 사용할 수 없다.[5] 또한, 18세 미만인 사람에 대해서는 그 연령을 증명하는 가

---

5) 예외적으로 고용노동부장관이 의무교육에 지장이 없다고 판단해 취직인허증을 발급하는 경우에 한해 13세

족관계 기록 사항에 관한 증명서와 친권자(부모) 또는 후견인(친권자 부재)의 동의서를 사업장에 갖춰둬야 한다. 특히 사용자는 임산부와 18세 미만자를 도덕상 또는 보건상 유해하거나 위험한 사업에 사용하지 못한다(근로기준법 제65조). 이들 임산부와 18세 미만자의 금지 직종에는 고압작업 및 잠수작업, 18세 미만 청소년의 고용이나 출입을 금지하고 있는 직종이나 업종, 교도소와 정신병원에서의 업무, 소각과 도살의 업무, 유류를 취급하는 업무(주유 업무는 제외) 등이 있다.

## 6) 특수 보호

특수 보호란 특수한 욕구를 가진 아동에 대한 사회의 특별하고 개별적인 보호를 의미한다. 즉, 신체적·정신적·심리적 장애가 있는 아동에 대해서는 특수교육 및 치료와 보호가 필요하며, 학대 피해 아동에게도 특별한 치료와 보호가 제공되어야 한다.

## 05 | 아동복지서비스의 분류

## 1) 서비스 제공 장소에 따른 분류

아동복지서비스는 제공 장소에 따라 가정 내 서비스와 가정 외 서비스로 구분할 수 있다. 이러한 구분은 아동복지서비스를 분류하는 데 있어 가장 일반적이고 전통적인 방법이라 할 수 있다.

우선 가정 내 서비스(in-home service)는 아동이 가정에서 가족 구성원과 함께 생활하며 필요한 서비스를 제공받는 것을 의미한다. 사실상 아동복지의 가장 중요한 요건 중 하나가 가족의 복지이므로 가정 내 서비스는 원가족(출가하거나 입양되기 이전의 원래 가족)의 기능 중 약화 또는 결핍된 부분을 지원하거나 보충함으로써 위기를 극복하고 가족해체와 같은 문제를 미연에 방지하는 매우 중요한 역할을 한다.

한편, 가정 외 서비스(out-of-home service)는 아동이 원가족을 떠나 일정 기간 시설이나 위탁가정 등에서 생활하면서 제공받는 서비스를 의미한다. 또한, 부모가 직장

---

이상 15세 미만자도 근로자로 사용할 수 있다(근로기준법 제64조, 시행령 제35조).

에서 근로하는 시간 동안 아동이 가정 밖의 보육시설에서 돌봄서비스를 제공받는 것 역시 가정 외 서비스로 분류한다(오정수·정익중, 2016).

## 2) 서비스 기능에 따른 분류

카두신(Kadushin, 1974)은 아동복지체계(child welfare system)란 지원적 서비스와 보완적 서비스를 제공하거나 그러한 서비스 제공이 가능하지 않을 경우에는 아동을 부모로부터 격리시켜 부모의 역할을 대체할 수 있는 서비스를 제공함으로써 아동양육이 온전히 수행되도록 지원하는 것이라고 주장했다. 이러한 카두신의 견해에 따르면 아동복지서비스는 그 기능에 따라 지원적 서비스, 보완적 서비스, 대리적 서비스로 구분할 수 있다.

첫째, 지원적 서비스(supportive service)는 지지적 서비스라고도 일컫는다. 이 서비스는 아동의 욕구를 해결하기 위하여 가정 내에서 부모의 역량을 지원하고 강화해 주기 위한 서비스를 의미한다. 다시 말해, 부부갈등이나 부모-자녀 간의 갈등으로 부모와 자녀 간의 관계가 손상되었을 때, 가족관계를 강화하고 보존하기 위해 제공되는 서비스라 할 수 있다. 가족상담(in-home counseling), 가족치료(family therapy), 부모교육(parent education) 등이 지원적 서비스에 해당한다.

둘째, 보완적 서비스(supplementary service)는 보충적 서비스라고도 일컫는다. 이 서비스는 부모의 보호가 부적절하거나 제한되어 있을 때 제공되는 아동복지서비스라 할 수 있다. 다시 말해, 부모가 질병, 실업, 직장, 학대 등의 이유로 부모의 역할을 일시적으로 수행하기 어려울 때, 이를 보완하기 위해 제공되는 서비스이다. 이러한 보완적 서비스에는 보육서비스(day-care services), 소득보장프로그램(income maintenance programs), 아동보호서비스(child protective services), 가정봉사원 파견 서비스(homemaker services) 등이 해당된다.

셋째, 대리적 서비스(substitute service)이다. 이는 부모의 사망, 가출 등으로 더 이상 부모의 역할을 기대하기 어려울 때, 부모의 역할 전부를 떠맡아 대신하는 서비스라 할 수 있다. 이러한 대리적 서비스에는 가정위탁서비스(foster-care services), 입양서비스(adoption services), 그룹홈(group home), 시설보호(institutional child care), 법정후견인 제도(legal guardianship) 등이 있다.

물론 이러한 카두신의 아동복지서비스의 유형 구분, 나아가 아동복지서비스에 대한 관점은 1920년대 이후부터 꾸준히 발전해 온 심리학 이론의 영향을 받은 것이라 할 수 있다. 하지만 1970년대 후반 이후, 아동복지에 대한 미국의 관심은 아동에 대한 신체적, 성적 학대와 방임에 대한 보호 쪽으로 완전히 이동하게 되면서 아동보호서비스(child protective services)가 아동복지서비스의 핵심적인 위치를 차지하게 되었다.

이처럼 미국의 아동복지서비스의 무게 중심이 아동보호서비스로 이동하게 된 배경에는 '의무적 아동학대 신고법(Mandatory Child Abuse Reporting Law)'의 제정을 빼놓을 수 없다. 사실상 미국에서 아동학대 신고의무가 법으로 제정된 것은 1962년을 전후한 시기이다. 하지만 아동학대 문제가 아동문제의 핵심적인 이슈로 대두된 계기는 1974년, 연방정부의 '아동학대 예방 및 치료법(Child Abuse Prevention and Treatment Act)'의 제정과 깊은 관련이 있다. 아동학대 예방 및 치료법은 아동학대에 대한 조사와 예방을 위한 연방정부의 예산을 의무적 아동학대 신고법을 제정하여 실시하는 주(州)에만 교부하는 것으로 명시하였다. 이러한 법 제정에 따라 1974년 이후, 미국의 모든 주는 의무적 아동학대 신고법을 서둘러 제정하게 되었다(Sagatun & Edwards, 1995). 결국 이 법의 제정으로 아동학대 신고 건수는 급증하기 시작했고, 1990년대 들어 대부분의 아동복지기관은 아동보호기관으로 전환하였다. 이러한 과정을 통해 아동보호서비스는 미국의 아동복지서비스의 핵심으로 자리를 잡게 되었다.

## 3) 방어선의 위치에 따른 분류

주커만(Zuckerman, 1983)은 방어선의 개념을 활용하여 카두신과는 조금 달리 아동복지서비스를 구분하였다.

첫째, 제1차 방어선(the first line of defense)으로서의 서비스이다. 이는 부모-자녀 간의 관계에 갈등이 있거나 부부간의 불화로 인해 아동의 기본적인 욕구가 충족되지 못하는 경우, 가족 구성원 간의 관계회복을 통해 가족의 사회적 기능을 회복하고 강화함으로써 제1차 방어선으로서의 역할을 수행하는 서비스를 의미한다. 이는 결국 카두신이 주장한 지원적 서비스에 해당한다고 할 수 있다.

둘째, 제2차 방어선(the second line of defense)으로서의 서비스이다. 이는 가정이 정상적인 기능을 제대로 수행할 수 없는 경우, 아동에게 원가족을 떠나 생활하게 하되, 정상적인 가족과 가장 유사한 형태의 보호의 장을 대리가정으로 제공해 주는 서비스를 의미한다. 가정위탁서비스와 입양서비스가 바로 이러한 유형의 대표적인 서비스라고 할 수 있다.

셋째, 제3차 방어선(the third line of defense)으로서의 서비스이다. 이는 아동의 욕구가 원가족이나 대리가정에 의해 충족될 수 없는 경우, 그룹 홈(공동생활가정)이나 생활시설에 입소시켜 집단적인 보호를 제공하는 서비스를 의미한다. 특수한 욕구를 가진 장애아동에게 제공되는 서비스도 제3차 방어선으로서의 서비스에 해당한다.

<table>
<tr><td>06</td><td>## 우리나라 아동복지제도</td></tr>
</table>

1970년대 말까지만 해도 우리나라 아동복지의 주요 대상은 부모의 존재가 부재하거나 각별한 보호가 필요한 요보호 아동에 국한되어 있었다. 하지만 1981년, 아동복지법 개정을 계기로 아동복지의 대상은 요보호 아동만이 아닌 모든 아동으로 확대되었다. 여기에서는 요보호 아동을 대상으로 하는 복지제도와 아동 일반을 대상으로 하는 복지제도를 구분하여 살펴보고자 한다.

## 1) 요보호 아동을 위한 복지제도

우리나라에서는 1960년대 이후 미국과 마찬가지로 모든 아동을 대상으로 하는 보편적 아동복지보다는 특별한 보호가 필요한 요보호 아동을 대상으로 하는 잔여적인 아동복지제도가 발달되어왔다. 여기에서는 심신상의 장애가 있는 아동, 빈곤가정의 아동, 결손가정의 아동, 학대피해 아동 등 외부로부터 특별한 도움이 필요한 아동을 위한 복지제도에 대해 살펴보고자 한다.

### (1) 장애아동을 위한 복지제도

발달상의 문제나 장애가 있는 아동일지라도 인간으로서의 존엄을 지키며 살아갈 권리가 있다. 따라서 장애아동에 대한 의료적인 조치나 재활서비스의 제공은 물론, 특수교육 등을 통해 생계를 꾸려갈 수 있는 지식과 기술 획득의 기회가 제공되어야 한다.

2023년 4월 보건복지부가 발표한 2022년 12월 말 기준 등록장애인은 265만 3천 (2,652,860) 명으로 전체 인구 대비 5,2%에 해당하는데, 이 중 만 18세 미만 등록 장애아동 수는 81,364명으로 전체 장애인의 3.06%를 차지하고 있다(통계청, 장애인현황).

정부는 이들 장애아동 가운데 저소득 가정의 장애아동에게 장애아동수당을 지급하고 있다. 특히 15년 만에 장애아동수당을 인상하여 2022년부터 국민기초생활보장 생계 또는 의료급여 수급자 가정의 중증 장애아동에게는 월 22만 원, 경증 장애아동에게는 월 11만 원을 제공하고 있으며, 국민기초생활보장 주거 또는 교육급여 수급자 및 차상위 계층의 중증 장애아동에게는 월 17만 원, 경증 장애아동에게는 월 11만 원을 제공한다. 보장시설 수급자의 경우, 중증 장애아동에게는 월 9만 원, 경증 장애아동에게는 월 3만 원을 지급하고 있다.

한편, 정부는 장애아동 가족의 양육부담을 경감시키고 보호자의 사회활동을 지원하기 위해 '장애아동 가족지원 사업'을 시행하고 있다. 장애아동 가족지원 사업은 크게 '발달재활서비스 사업', '언어발달지원 사업', '장애아가족 양육지원 사업' 등 세 종류의 사업으로 구성되어 있다.

첫째, 발달재활서비스 사업은 시각, 청각, 언어, 지적, 자폐성, 뇌 병변 장애가 있는 18세 미만의 아동을 대상으로 하여, 인지, 의사소통, 적응행동, 감각·운동 등의 기능 향상과 행동발달을 위한 서비스를 제공하는 사업이다. 제공되는 서비스 내용으로는 언어, 청능(聽能), 음악, 미술, 행동, 놀이, 재활심리, 감각·운동 서비스 등이 있다. 발달재활서비스는 장애아동을 양육하는 가정의 소득이 기준 중위소득의 180% 이하 인 경우, 소득에 따라 5등급으로 구분하여 장애아동에게 바우처 형태로 차등 지원되는 선별적 서비스이다.[6] 중위소득의 180% 초과 가정의 경우에는 장애아 2명 이상, 부모 중 1명 이상이 중증장애인인 가정에 한하여 시·군·구청장이 인정하는 경우에 본인 부담금 8만 원을 지원받는다.

둘째, 언어발달지원 사업은 감각적 장애 부모의 자녀에게 언어발달에 필요한 지원 서비스를 제공하여 아동의 건강한 성장과 장애가족의 자체 역량을 강화하기 위한 사업이다. 서비스 지원 대상은 만 12세 미만의 비장애아동으로, 한쪽 부모 또는 조손가정의 한쪽 조부모가 시각, 청각, 언어, 지적, 자폐성, 뇌병변 등록장애인인 경우에 해당된다. 또한, 서비스 지원 대상자의 가족은 기준 중위소득 120% 이하의 가정이어야 하며, 소

---

6) 발달재활서비스 사업의 소득 기준별 대상자 등급, 바우처 지원액 및 본인 부담금(2023년 기준)

| 소득 기준 | 정부 지원금 | 본인 부담금 |
| --- | --- | --- |
| 기초생활수급자 | 25만 원 | 면제 |
| 차상위 계층 | 23만 원 | 2만 원 |
| 차상위 계층 초과~기준 중위소득 65% 이하 | 21만 원 | 4만 원 |
| 기준 중위소득 65% 초과~120% 이하 | 19만 원 | 6만 원 |
| 기준 중위소득 120% 초과~180% 이하 | 17만 원 | 8만 원 |

득 기준에 따라 4등급으로 구분되어 바우처 형태로 차등 지원된다.[7] 서비스 내용은 언어발달진단서비스, 언어재활서비스, 독서지도, 수어지도 등이다.

셋째, 장애아가족 양육지원 사업은 장애아 가정의 돌봄부담을 경감하여 그 가족을 지원하기 위한 사업으로 '돌봄서비스'와 '휴식지원 프로그램'으로 구성되어 있다. 이 가운데 돌봄서비스는 전문교육을 받은 장애아 돌보미가 장애아동가정으로 방문하여 돌봄서비스를 제공하는 서비스이다. 서비스 지원 대상은 만 18세 미만의 중증장애아와 생계 및 주거를 같이하는 기준 중위소득 120% 이하 가정이며, 장애아동 1인당 연 840시간 범위내에서 원칙적으로 월 120시간 이내의 돌봄서비스가 제공된다.

한편, 휴식지원 프로그램은 소득과 상관없이 만 18세 미만의 장애아를 둔 가족을 대상으로 장애아 돌보미 파견 서비스를 제공하여 양육의 어려움을 경감하고 가족 교육, 가족 상담, 부모 자조모임 등을 통해 가족관계를 회복하며 가족역량을 강화하기 위한 프로그램이다.

하지만 이러한 지원에도 불구하고 우리나라의 장애아동을 위한 정책은 국제적인 수준에 턱없이 못 미치고 있는 것이 사실이다. 유엔 장애인권리협약 제7조는 협약 인준 당사국에 대해 장애아동이 다른 아동과 동등하게 모든 인권과 기본적인 자유를 완전히 누릴 수 있도록 보장해야 한다고 천명하고 있다. 이와 관련한 모든 조치에 있어 장애아동의 최대 이익을 최우선적으로 고려해야 하며, 장애아동이 자신의 견해를 표현할 권리와 장애 및 연령에 따라 적절한 지원을 받을 권리를 보장할 것을 권고하고 있다.

하지만 우리나라는 장애아동의 인권, 자유 및 자신의 견해를 표현할 권리 등에 있어, 장애와 아동이라는 이중의 약점을 지닌 장애아동의 특성을 고려하지 않고 있다는 지적을 받는다. 또한, 현재 시행되고 있는 '아동복지법'과 '장애아동 복지지원법'조차도 대부분 임의조항으로 구성되어 있고 단지 '장애인복지법'을 준용하고 있어, 예산편성 과정과 정책입안 과정에서 성인 장애인을 대상으로 하는 정책에 의해 장애아동 정책은 후순위로 밀려나고 있는 실정이다. 더욱이 2011년 유엔아동권리협약 이행 심의 당시 유엔 아동권리위원회는 장애아동에 대한 우리 정부의 지원이 저소득층 가정에 국한되

---

7) 언어발달지원 사업의 소득 기준별 대상자 등급, 바우처 지원액 및 본인 부담금(2023년 기준)

| 소득 기준 | 정부 지원금 | 본인 부담금 |
|---|---|---|
| 기초생활수급자 | 22만 원 | 면제 |
| 차상위 계층 | 20만 원 | 2만 원 |
| 차상위 계층 초과~기준 중위소득 65% 이하 | 18만 원 | 4만 원 |
| 기준 중위소득 65% 초과~120% 이하 | 16만 원 | 6만 원 |

어 있을 뿐만 아니라, 물리치료나 직업훈련 관련 비용은 포함조차 되어 있지 않다는 사실을 지적했다. 하지만 그러한 지적에도 불구하고 장애아동에 대한 차별적인 조치는 여전히 계속되고 있다(UNCRPD NGO연대, 2019). 따라서 정부는 조속히 장애아동에 대한 차별적 조치가 시정되고 장애아동의 고유한 생명권과 발달권이 존중받을 수 있도록 더욱 적극적인 노력을 기울일 필요가 있다.

## (2) 빈곤가정 아동을 위한 복지제도

"가난은 나라님도 구제하지 못한다."는 옛말이 있다. 그만큼 빈곤은 우리 인류가 겪고 있는 가장 고질적이고 대표적인 사회문제이다. 빈곤가정의 자녀들은 안정된 주거환경, 적절한 의료적 치료 및 교육환경을 제공받기 어렵다. 빈곤은 부모의 스트레스를 급증시켜 부부간 또는 부모−자식 간의 갈등을 고조시키며, 아동에 대한 가혹한 훈육이나 방임, 나아가 학대로까지 이어질 가능성도 크다. 결국 빈곤은 아동의 건강, 정서, 인지, 심리 등 거의 전 영역에 걸쳐 치명적인 악영향을 미치며, 아동의 복지에 심각한 위협을 초래하는 요인이 된다. 따라서 아동빈곤 문제를 해결하기 위한 대처야말로 국가적 수준에서 정책적, 실천적 개입이 절실히 요구되는 사안이라 할 수 있다.

빈곤아동이란 빈곤한 가정의 만 18세 미만의 아동을 의미한다. 2020년 기준, 우리나라 아동의 상대적 빈곤율은 9.8%로 2019년 10.6%에 비해 0.8% 포인트 감소하여 아동의 빈곤상황은 지속적으로 개선되고 있는 것으로 나타났다(보건복지부, 2021). 2019년 기준, 경제협력개발기구(OECD) 회원국 평균 아동빈곤율은 12.7%로, 우리나라가 2.1% 포인트 낮은 수준이다. 하지만 우리나라의 아동·가족복지 공공지출 비중은 국내총생산(GDP) 대비 1.1%로, 경제협력개발기구 회원국 평균인 2.2%의 절반 수준에 머물러 있다. 더욱이 보육 관련 예산을 제외하면 0.2%에 불과해, 경제협력개발기구 회원국 평균인 1.4%의 1/7 수준에 불과하다.

이러한 상황에서 현재 우리나라의 빈곤아동 및 가족 지원을 위한 가장 대표적인 제도는 국민기초생활보장제도이며, 대표 사업은 드림스타트라고 할 수 있다. 또한, 2011년에 제정된 '아동의 빈곤예방 및 지원 등에 관한 법률'은 빈곤아동의 문제를 실질적으로 해결하는 실효성은 크게 없을지라도 빈곤아동에 대한 지원 관련 법률로서 큰 상징성과 의의가 있는 법이다.

① 국민기초생활보장제도

국민기초생활보장제도는 국가의 보호가 필요한 최저생계비 이하의 저소득층에게 생계급여, 의료급여, 주거급여, 교육급여, 해산급여, 장제급여, 자활급여 등을 제공함으로써 이들의 기초생활을 보장하는 우리나라의 대표적인 공공부조 프로그램이다.

국민기초생활보장 수급자 현황에 따르면, 2022년 기준으로 수급자 수는 일반수급자 2,359,228명, 시설수급자 92,230명 등 총 2,451,458명이며, 수급률[8]은 4.8%에 달한다. 또한, <표 11−1>에서 보는 바와 같이 총수급자 대비 연령별 일반수급자 비율은 노년기(65세 이상)가 39.7%로 가장 높고, 중년기가 34.4%, 청년기가 11.0%의 순이며 영유아기는 1.5%로 가장 낮다.

국민기초생활보장제도를 통해 제공되는 급여 모두가 직·간접적으로 빈곤아동에게 도움이 되겠지만, 특히 생계급여, 주거급여, 교육급여, 의료급여 등은 빈곤아동에게 직접적인 영향을 미치는 복지급여라 할 수 있다. 그럼에도 불구하고 현재의 급여 수준으로 빈곤아동의 복지를 구현하는 것은 요원한 일이 아닐 수 없으며, 아동의 성장과정에서 연령과 발달단계에 따라 나타나는 욕구를 적절히 충족시키기에 매우 부족한 것이 사실이다. 따라서 정부는 빈곤아동에 대한 국가책임의 연속성을 확보하는 일에 좀 더 적극적인 자세를 보일 필요가 있다.

〈표 11-1〉 연령별 일반수급자 현황

(단위: 명, %)

| 구분 | 수급자 수 | 총수급자 대비<br>생애주기별 일반수급자 비율 |
|---|---|---|
| 합계 | 2,359,228 | 100 |
| 영유아기(0~5세) | 34,668 | 1.5 |
| 학령기(6~11세) | 141,508 | 6.0 |
| 청소년기(12~19세) | 177,224 | 7.5 |
| 청년기(20~39세) | 259,118 | 11.0 |
| 중년기(40~46세) | 810,645 | 34.4 |
| 노년기(65세 이상) | 936,065 | 39.7 |

* 총수급자 대비 연령별 수급자 비율 = 연령별 수급자 수/총수급자 수×100

자료: 통계청, KOSIS 2021 국민기초생활보장 연령별 수급자 수(자료 갱신일 2023-03-17)

---

8) 수급률이란 총인구 대비 국민기초생활보장 수급자의 비율을 의미한다.

② 드림스타트 사업

드림스타트 사업은 '아동복지법' 제37조 및 '아동복지법 시행령' 제37조에 근거하여 취약계층 아동에게 맞춤형 통합서비스의 제공을 통해 공평한 출발기회를 보장하고, 아동의 건강한 성장과 발달을 도모하고자 하는 사업이다. 본 사업은 2007년 16개 시·군·구를 대상으로 희망스타트 시범사업을 시작으로 출범한 이래, 2008년 드림스타트로 사업명을 변경하고 오늘에 이르고 있다.

드림스타트 사업은 아동양육환경 및 발달상태에 대한 사정을 통해 서비스 대상 아동을 선정하고, 그들의 문제와 욕구 파악 및 지역자원 연계를 통한 건강, 영양, 교육, 문화, 복지 등의 맞춤형 통합서비스를 제공한다.

이 사업의 대상은 12세 이하 취약계층 아동 및 가족, 임산부이며, 사업의 재원은 기존에 국고 100%에서 2020년부터 서울은 50%, 지방은 80%의 기준보조율을 지급해 주는 구조로 변경하여 전국 229개 시·군·구에서 실시되고 있다.

③ 아동의 빈곤예방 및 지원 등에 관한 법률

2011년 7월 제정되어 2012년 7월부터 시행되고 있는 '아동의 빈곤예방 및 지원 등에 관한 법률'은 빈곤아동과 관련된 독립법률로서는 우리나라에서 최초로 제정된 법률이라는 의의를 가진다. 동법에서는 빈곤아동을 생활조건과 자원의 결핍으로 인해 발생하는 복지, 교육, 문화 등의 격차를 해소하기 위하여 지원이 필요한 아동으로 정의하고 있다.

동법은 아동복지법상에 설치되어 있는 아동정책조정위원회의 분과위원회로 아동빈곤예방위원회를 설치하여, 5년마다 보건복지부 장관으로 하여금 빈곤아동에 대한 실태조사를 실시하게 하고, 종합적인 빈곤아동정책을 수립하도록 하며, 빈곤아동의 지원에 관한 중요사항을 심의하기 위해 지자체에 지역아동빈곤아동예방위원회를 설치하도록 하고 있다.

하지만 '아동의 빈곤예방 및 지원 등에 관한 법률'은 단지 전문 11개조와 부칙으로 구성되어 있고, 빈곤아동문제 해결을 위한 매우 단편적이고 기본적인 사항만 규정되어 있어, 제정될 때부터 그 실효성에 의문이 제기되어 왔다. 더욱이 동법에서 그 시행령이나 시행규칙에 위임하고 있는 사항도 상당히 적어서 빈곤아동지원법의 제정목적이나 기본이념을 달성하기가 쉽지 않은 것이 사실이다. 따라서 아동의 빈곤예방과 지원을 목적으로 하는 법률의 취지를 제대로 살리기 위해서는 동법의 대폭적인 보완이 요구된다.

### (3) 결손가정 아동을 위한 복지제도

결손가정의 대표적인 유형은 한부모가족과 소년소녀가정을 들 수 있다.

우선, 한부모가족은 이혼, 별거, 사망, 유기 등으로 인해 친부모 중의 한쪽과 그 자녀[9]로 이루어진 가족(모자가족 또는 부자가족)을 말한다. 우리나라의 한부모가족 비율은 1970년 10.6%에서 1995년 7.4%로 꾸준히 감소해 오다가 2000년 7.9%로 상승한 이후 계속 증가하여 2014년 10.5%를 기록하며 정점을 찍었다. 하지만 다행스럽게도 그 이후 2016년 7.7%, 2017년 7.6%, 2018년 7.5%, 2019년 7.3%, 2020년 7.1%, 2021년 6.9%, 2022년 6.5%를 기록하며 지속적으로 감소하고 있다.

한부모가족을 지원하기 위한 대표적인 제도로는 '한부모가족지원법'을 들 수 있다. 동 법은 한부모가족이 안정적인 가족 기능을 유지하고 자립할 수 있도록 지원함으로써 한부모가족의 생활안정과 복지증진에 이바지함을 목적으로 한다. 한부모가족지원법은 최초 1989년 4월에 제정된 '모자복지법'이 2002년 12월에 '모부자복지법'으로 개정된 후, 2007년 다시 '한부모가족지원법'으로 개정되어 오늘에 이르고 있다.

한부모가족지원법에 따른 지원대상자의 범위는 여성가족부장관이 기준 중위소득과 지원대상자의 소득수준 및 재산 정도를 고려하여 지원의 종류별로 기준에 해당하는 한부모가족으로 한다. 한부모가구는 별도가구로 보장하므로 지원가구에 포함되는 가구원의 소득 및 재산만 가구 소득인정액 산정 시 고려한다.[10]

2023년 기준, 정부는 한부모가족을 위해 다음과 같은 지원을 하고 있다.

첫째, 아동양육비를 지원한다. 지원대상은 소득인정액이 기준 중위소득 60% 이하인 한부모가족 및 조손가족 그리고 소득인정액이 기준 중위소득 65% 이하인 청소년 한

---

9) 한부모 가족의 자녀(아동)란 부모가 사망하거나 생사가 분명하지 아니한 아동, 부모가 정신 또는 신체의 장애·질병으로 장기간 노동능력을 상실한 아동, 부모의 장기복역 등으로 부양을 받을 수 없는 아동, 부모가 이혼하거나 유기하여 부양을 받을 수 없는 아동으로 18세 미만의 자를 말하며, 취학 중인 경우에는 22세 미만을 말하되, 병역의무를 이행하고 취학 중인 경우에는 병역의무를 이행한 기간을 가산한 연령 미만에 해당하는 자를 말한다(한부모가족지원법 제4조 제5호 및 제5조의 2 제2항 제1~4호).

10) 한부모 본인 명의의 주거에 부모 또는 형제자매가 함께 살고 있거나, 한부모가족이 부모, 형제자매, 지인 등의 집에서 세대를 구성하지 않고 동거인으로 거주하는 경우에도 부모나 형제자매의 소득재산을 파악하지 않으며 한부모가구의 소득재산만 파악하여 지원대상자 선정 및 급여지급 여부를 결정한다.

부모가족11)의 18세 미만의 자녀이다. 아동양육비는 국민기초생활보장제도의 생계급여 수급자에게도 지원된다. 지원내용은 한부모가족 및 조손가족의 경우, 18세 미만 아동 1인당 월 20만 원의 자녀양육비를 지원하며, 청소년 한부모가족의 경우에는 아동 1인당 월 35만 원을 지원한다.

특히, 소득인정액이 기준 중위소득 60% 이하면서 5세 이하 아동을 양육하는 조손 가족 및 35세 이상 미혼 한부모가족의 경우에는 자녀 1인당 월 5만 원의 추가 아동양 육비를 지급한다. 또한, 소득인정액이 기준 중위소득 60% 이하인 25세 이상 34세 이하 한부모가족의 경우에는 5세 이하 자녀 1인당 월 100,000원, 6세 이상~18세 미만 자녀 1인당 월 50,000원의 추가 자녀양육비를 지원한다.

둘째, 아동교육지원비를 지급한다. 소득인정액이 기준 중위소득 60% 이하인 한부모가 족의 중고등학생 자녀 1인당 연 93,000원의 아동교육지원비(학용품비)를 지급한다. 하지 만 국민기초생활보장제도의 교육급여 수급자는 아동교육지원비 지원대상에서 제외된다.

셋째, 생활보조금이 지원된다. 한부모가족복지시설에 입소한 가족 중 소득인정액 이 기준 중위소득 60% 이하인 가족에게는 가구당 월 5만 원의 생활보조금을 지원한다.

넷째, 검정고시 학습비 및 자립촉진수당을 지원한다. 소득인정액 기준 중위소득 65% 이하인 청소년한부모(24세 이하 한부모)가족에게 연 154만 원 이내에서 검정고시 등 학 습지원이 제공되고, 월 10만 원의 자립촉진수당을 지급한다.

한편, 소년소녀가정12)은 부모의 사망, 질병, 심신장애, 가출, 복역 등으로 18세 미 만의 아동으로만 구성된 세대 또는 18세 미만의 아동이 부양능력이 없는 부모와 동거 하며 실질적인 가장으로서 가계를 책임진 가정을 말한다.13) 15세 미만의 아동으로만 세대를 구성하는 경우, 소년소녀가정 지정을 금지하고 가정위탁 또는 시설(그룹홈)입소

---

11) 청소년 한부모란 24세 이하의 모 또는 부를 말한다.

12) 1984년 도입된 소년소녀가장제가 가정위탁이나 시설보호에 비해 위험에 더 크게 노출되어 있는 보호형태 이며, 실제로 UN 아동권리위원회에서도 폐지 권고를 내림에 따라 2000년부터 소년소녀가정으로 명칭을 바꾸고, 가정위탁이나 시설(그룹홈)입소 등의 보호조치를 실시하고 있다. 원칙적으로 2013년부터는 15세 미만의 아동으로만 세대를 구성할 경우 소년소녀가정의 추가지정이 전면 금지됐다. 다만, 아동이 15세 이 상으로 아동복지법 제19조에 의해 후견인을 선임하는 경우에 한해 추가지정이 가능하다.

13) 18세 미만의 아동이 국민기초생활보장법상 부양의무자(부모 제외)와 동거하는 경우에는 아동복지법 제15 조 제1할 제3호의 일반가정위탁(친인척)으로 선정하고, 부양의무자가 아닌 사람과 동거하는 경우에는 일 반가정위탁(친인척 외)으로 선정한다.

등 아동복지법 제 15조에 따른 보호조치를 실시하고 있다.

소년소녀가정에 대한 지원으로는 국민기초생활보장법에 의한 생계급여 및 교육급여, 의료급여법에 따른 의료급여, 보호 아동 1인 당 월 20만 원의 부가급여, 전세주택(일반주택 전세자금 및 공공임대주택 임대보증금) 지원 등이 있다.

### (4) 학대피해 아동을 위한 복지제도

우리나라 민법 제924조는 부모가 자녀의 복지를 위해 친권을 행사하지 아니하고 오히려 자녀의 복지를 위태롭게 할 경우, 국가가 친권의 일부 또는 전부를 박탈할 수 있도록 하는 친권상실선고제도를 규정하고 있다. 하지만 여전히 아동의 생존권, 보호권, 발달권 등 아동의 인권보장보다는 친권을 더 중요시하는 경향이 큰 것이 사실이다.

보건복지부가 2023년 8월에 발표한 '2022년 아동학대 연차보고서'에 따르면, 아동학대 신고접수는 46,103건이며, 아동학대전담공무원 등의 조사를 거쳐 아동학대로 판단된 사례는 27,971건이다. 아동학대 신고접수 건수는 2018년 36,417건에서 매년 증가하여 2021년 53,932건이었으나 2022년에는 전년 대비 14.56% 감소하였다. 아동학대로 판단된 건수도 2018년 24,604건에서 매년 증가하여 2021년 37,605건이었으나 2022년에는 전년 대비 25.6% 감소하였다.

연령대별 피해 아동의 비율은 중학생에 해당하는 만 13~15세의 아동이 전체의 24.7%로 가장 큰 비중을 차지하였으며, 그다음은 만 10~12세 22.1%, 만 7~9세 17.3%의 순으로 나타났다. 학대행위자는 부모가 23,119건으로 전체 아동학대 사례 중 82.7% 수준인데, 피해아동을 가정으로부터 분리 보호한 사례는 전체 사례에서 10%인 2,787건에 불과했다. 피해 아동의 가족유형의 경우, 친부모가족[14]이 64.9%, 친부모가족 외 형태[15]는 30.8%, 대리양육형태[16] 1.2%, 기타[17] 3.2%였다(중앙아동보호전문기관, 2018).

이러한 아동학대의 문제를 해결하기 위해 우리나라는 2013년 12월, '아동학대범죄

---

14) 친부모가족이란 친아버지와 친어머니, 모두 있는 가족을 의미한다.

15) 친부모가족 외 형태에는 부자가정, 모자가정, 미혼부·모가정, 재혼가정, 동거(사실혼 포함), 친인척 보호가 해당한다.

16) 대리양육형태에는 가정위탁, 입양가정, 시설보호 등이 해당한다.

17) 기타에는 지인에 의한 일시적 보호, 성인이 된 형제에 의한 보호, 아동만 구성된 가정, 파악불가 등이 해당한다.

의 처벌 등에 관한 특례법(약칭 아동학대처벌법)'을 제정하여 2014년 9월부터 시행하고 있다. 또한, 같은 시기에 의결된 아동복지법 일부 개정을 통해 아동학대 방지와 피해아동의 지원을 위한 국가의 책임을 분명히 하고 있다.

우선, 아동학대범죄의 처벌 등에 관한 특례법은 아동학대를 일종의 자녀교육이 아닌 범죄 행위로 인식하고, 국가가 적극적으로 개입할 수 있는 길을 열었다는 점에서 의의가 크다. 동 법에 따르면 18세 미만인 자에게 성적(性的)으로 올바르지 못한 소행이나 육체에 상처를 입히는 행위, 내적으로 충격을 주는 정서적인 학대, 유기 및 방임 등의 행위들을 모두 학대로 규정하고 있다. 이러한 학대행위에 대해서는 범죄로 규정하고, 생명에 대한 위험을 발생시키거나 불구, 난치의 병에 이르게 한 경우에는 3년 이상의 징역에 처하며, 사망에 이르게 한 경우에는 무기 또는 5년 이상의 징역에 처한다.

한편, 아동복지법 일부 개정 내용의 핵심은 아동학대 처벌 및 보호 절차를 대폭 강화한 것이다. 즉 특례법상의 아동학대범죄에 살인죄를 추가함으로써 아동학대에 의해 아동이 사망한 경우, 형량이 낮은 아동학대 치사(과실에 의해 사망에 이르게 함) 대신에 형량이 높은 아동학대 살인죄를 적용할 수 있도록 새롭게 규정함으로써 아동학대에 대한 처벌을 강화하였다. 또한, 아동의 보호자에 대한 양육교육지원을 국가와 지방자치단체의 책무로 추가했으며, 아동보호서비스 제공 및 아동학대 예방과 방지를 위한 법원, 병원, 검찰 등 공적 기관의 역할과 책임에 대해 구체화함으로써 이들 기관 간의 협력체계 구축을 용이하게 했다. 특히 아동보호전문기관의 직원들에게 법적 권한을 부여하고, 아동학대범죄 신고 시에는 사법경찰과 아동보호전문기관이 동행하도록 규정하여 피해아동 지원의 실효성을 높였다.

하지만 이러한 정부의 노력에도 불구하고 아동학대 사례는 매년 증가하고 있으며, 그 내용 또한 더욱 잔인해지고 있다. 이러한 상황이 벌어지는 여러 이유 중 하나는 아동학대 예방 및 피해 아동 지원에 대한 예산이 충분히 반영되지 않아 보호 인력과 기관 등 피해 아동을 위한 지원 인프라가 확충되지 않고 있기 때문이다. 실제로 2014년 전국 51개소였던 아동보호전문기관의 수는 2022년 기준으로 34개소가 증가한 85개에 달한다. 얼핏 보기에는 많이 증가한 것 같지만, 2014년 아동학대 건수가 10,027건에서 2022년 27,971건으로 약 3배가량 증가한 사실을 고려하면 턱없이 부족한 숫자임을 알 수 있다. 이처럼 처리할 일은 대폭 증가하였으나 종사자의 수는 부족하고 처우는 열악하여 아동보호전문기관에서 종사하는 직원들의 이직률은 30%에 달해 인프라를 구축하는 데 어려움을 겪고 있다. 따라서 정부는 학대 피해아동을 적절히 지원할 수 있는 인프라 구축을 위해 충분한 예산을 투입해야 한다.

## 2) 일반 아동을 위한 복지제도

유교적 영향으로 아동에 대한 부양책임이 가족에 있다는 의식이 강한 우리나라에서 요보호 아동이 아닌 일반 아동에 대한 복지까지 관심을 가지기 시작한 것은 1981년 아동복지법이 제정되면서부터라고 할 수 있다(김익균·고승덕·최찬호·이행숙, 2001). 사실 아동복지법의 전신(前身)인 '아동복리법'은 1961년 12월에 제정되어 1962년 1월부터 시행되었다. 아동복리법은 아동보호에 대한 국가 개입의 시초라는 의의가 있는 법률이지만, 아동 일반이 아닌 유실, 유기 아동 또는 고아 등 요보호 아동의 보호에 목적을 둔 법이었다. 하지만 1981년, 아동복리법의 전면 개정으로 탄생한 아동복지법은 보편주의에 입각한 아동복지서비스에 기초를 두고 있다는 평가를 받는다.

이처럼 아동복지사업의 대상을 요보호 아동에서 외부의 특별한 도움 없이도 생활할 수 있는 일반 아동까지 확대한 배경으로는 첫째, 모든 아동은 인간으로서 존엄성을 가지며 인간다운 생활을 할 권리가 있다는 현대적 의미의 복지의식 태동, 둘째, 아동복지를 실현할 수 있는 최적의 장소는 가정이라는 인식의 공감, 셋째, 아동기는 성숙된 성인으로 성장할 수 있는 생의 가장 중요한 시기이기 때문에 모든 아동을 대상으로 각자의 발달 가능성을 최대한 발휘할 수 있도록 국가가 지원해야 한다는 필요성 증가, 넷째, 요보호 아동을 지원하는 사후 대책적 접근보다는 요보호 아동의 발생을 줄이는 사전 예방적 접근이 더 경제적이고 효과적이라는 인식 확산 등을 들 수 있다(이순형, 2006).

여기에서는 우리 정부가 실시하고 있는 일반 아동을 대상으로 한 대표적인 제도인 아동수당, 의무교육, 무상보육 등에 대해 살펴보도록 한다.

### (1) 아동수당

아동수당이란 아동 양육에 따른 경제적 부담을 경감하고, 아동복지를 증진하기 위해 국가가 지급하는 수당이다. 우리나라의 경우, 아동수당 제도는 2018년 9월에 도입되었는데, 당시에는 6세 미만의 아동을 대상으로 소득 하위 90%에 해당하는 가정(소득 상위 10% 가정 제외)에만 지급되는 선별적인 제도였다. 하지만 2019년 4월부터 소득이나 재산에 상관없이 6세 미만의 모든 아동에게 지급되는 보편적인 제도로 전환되었고, 2019년 9월부터는 7세 미만의 아동으로 확대되었으며, 2022년부터는 8세 미만의 아동으로까지 확대되어 매월 10만 원씩 지급되고 있다.

## (2) 의무교육

우리나라의 의무교육에 관한 규정은 1948년 헌법[18]과 교육기본법[19]에 명시되었으나, 실질적인 초등학교 의무교육은 1954~1959년 '의무교육 완성 6개년 계획'에 따라 1959년부터 실시되었다. 중학교 의무교육은 1985년 제정된 '중학교 의무교육 실시에 관한 규정'에 의해 도서·벽지 중학교 1학년부터 시작되었고, 1994년 군지역으로 확대되었다. 그 후 2002년, 중학교 1학년을 대상으로 전국적으로 의무교육이 확대되었으며, 2004년 전국의 중학교 3학년까지 전면적으로 실시되어 중학교 의무교육이 완료되었다.

의무교육은 학령아동의 완전취학을 전제로 하기에 교육받는 학생에게 일체의 경제적 부담을 주지 않는 무상교육의 형태를 취한다. 이러한 이유로 혹자들은 의무교육과 무상교육을 동일시하며, 2021년부터 전(全) 학년을 대상으로 전면적으로 실시하고 있는 고등학교 무상교육을 의무교육으로 오인하기도 한다. 하지만 의무교육과 무상교육은 동일한 것이 아니며, 우리나라의 고등학교 교육이 의무교육이 되기 위해서는 관련 법률이 개정되어야만 한다.

## (3) 무상보육[20]

무상보육은 1991년 '영유아보육법'에서 국가와 지방자치단체에 보육의 책임이 있음을 명시한 데에서 그 근거를 찾을 수 있다. 그동안 정부 보육정책의 지속적인 변화는

---

18) 헌법 제31조 ① 모든 국민은 능력에 따라 균등하게 교육을 받을 권리를 가진다. ② 모든 국민은 그 보호하는 자녀에게 적어도 초등교육과 법률이 정하는 교육을 받게 할 의무를 진다. ③ 의무교육은 무상으로 한다.

19) 1948년 당시에는 '교육법'이라는 명칭의 법률에 규정되었으나, 현재는 이를 폐지하고 '교육기본법', '초중등교육법', '고등교육법' 등 3개 법률을 제정하여 1998년 3월 1일부터 시행하고 있다. 교육기본법 제8조(의무교육) ① 의무교육은 6년의 초등교육과 3년의 중등교육으로 한다. ② 모든 국민은 제1항에 따른 의무교육을 받을 권리를 가진다.

20) 보육 관련 제도에 관해서는 14장 가족복지 5절 1) 보육 지원정책을 참고하시오.

부모의 보육료 부담을 경감시키려는 노력의 일환이었다고 평가할 수 있다. 그 과정에서 2004년 공보육 이념이 도입되었고, '보호자 부담 원칙'에 따라 일부 저소득층 자녀에게만 보육료를 지원하는 방식에서 2013년, 전 계층을 대상으로 보육료 전액을 지원하는 무상보육의 시대를 연 것이 그 노력의 정점이라 할 수 있다.

하지만 보육료는 무료일지라도 입학금, 원복비, 특별활동비 등의 명목으로 지불해야 하는 부담이 남아 있어 실질적으로 완벽한 무상보육이라 일컫기 어렵다. 또한, 보육료의 현실화에 대한 지적도 계속되고 있다. 보육료가 현실화가 되어야 교사의 처우, 보육환경, 보육의 질도 향상될 수 있기 때문이다. 따라서 표준보육료의 인상과 함께 그에 따른 정부의 예산지원이 반드시 수반되어야 한다.

"밝고 행복한 성격을 가진 사람은
나이의 압박을 거의 느끼지 않는다.
하지만 정반대 성격을 가진 사람에겐
젊음과 늙음 모두가 짐이다."

- 플라톤(Plato) -

우리 사회는 이미 고령 사회를 넘어 초고령 사회를 향해 질주하고 있다.
더욱이 고령화의 진전 속도는 세계에서도 그 유래를 찾아볼 수 없을 만큼
급속히 진행되고 있다. 한 사회의 고령화가 심화되면 국가적으로 성장잠재
력의 저하와 사회보장지출의 급속한 증가라는 심각한 문제를 초래하게 된
다. 또한, 노인 개개인에게 있어 여명(餘命)의 증가는 빈곤, 질병, 고독, 역
할상실 등 노후생활에 대한 불안 요인을 더욱 심화시키는 요인이다. 이러
한 상황에서 노인의 욕구와 문제가 무엇인지를 파악하고, 독립된 인간으로
서의 기본적 욕구충족과 사회 일원으로서의 만족감을 갖도록 지원하는 노
인복지에 대한 관심은 그 어느 때보다 지대하다. 본 장에서는 우리 사회의
노인이 겪는 문제와 이를 해결하기 위한 사회적 대응노력을 살펴봄으로써
노인복지 전반에 대한 개괄적인 내용을 알아보고자 한다.

## 01 노인의 개념

일반적으로 노인이란 노화에 따른 신체적 기능의 퇴화와 심리적·사회적 기능의 변화로 인해 자립적 기능과 사회적 역할기능이 약화되고 있는 사람을 말한다. 노인의 개념을 파악하기에 앞서 우선 노화(aging)의 개념을 살펴보면, 노화란 시간의 흐름에 따라 유기체에서 나타나는 정상적인 발달과정상의 변화로 퇴행적 발달을 의미한다. 하지만 노화는 신체적 외형을 나쁘게 만들고 노동능률을 저하시키는 부정적 측면만이 아니라 인간에게 풍부한 경험, 지혜, 인내력 등을 제공하는 긍정적 측면을 동시에 가진다(Atchley, 1988). 이러한 노화는 개인에 따라 진전 속도에 차이가 있고, 생물학적 측면만이 아닌 심리적·사회적 측면의 요인도 함께 고려하는 개념이기에 단순히 생물학적 노화만을 기준으로 노인을 규정하는 것은 무리가 있다.

실제로 노인을 구분하는 기준은 해당 사회의 역사, 문화 및 제반 인구사회학적 요인들과 밀접한 연관이 있다. 우리나라의 경우, 일반기업체의 퇴직연령은 보통 55세이며, 공무원의 정년은 국가공무원법에 60세로 정해져 있어, 과거에는 60세가 되면 노령기에 접어들었다고 생각하는 경향이 컸다. 하지만 평균수명의 연장에 따른 65세 노인인구의 급속한 증가로 국민연금(노령연금)의 수령개시 연령이 늦춰지고,[1] 공무원의 정

---

1) 국민연금을 수령할 수 있는 연령은 아래의 표에서와 같이 5년마다 한 살씩 상향 조정돼 2033년부터는 만 65세가 넘어야 연금을 받을 수 있게끔 되어 있다.

| 출생연도 | 국민연금 수급개시연령(2020년 6월 기준) | | |
|---|---|---|---|
| | 노령연금 | 조기노령연금 | 분할연금 |
| 1952년 이전 | 60세 | 55세 | 60세 |
| 1953~1956 | 61세 | 56세 | 61세 |
| 1957~1960 | 62세 | 57세 | 62세 |
| 1961~1964 | 63세 | 58세 | 63세 |
| 1965~1968 | 64세 | 59세 | 64세 |
| 1969년생 이후 | 65세 | 60세 | 65세 |

년을 65세로 연장하는 법안이 국회에 제출되는 등, 현재는 65세 이상을 노인으로 규정하는 것이 일반화되어 있다. 더욱이 정부가 현재 65세로 되어 있는 경로 우대제도 기준연령을 70세로 상향조정하려는 방안을 추진하고 있어 노인을 규정하는 연령 기준은 앞으로 상승할 가능성이 높다.

국제노년학회(1951)에서는 노인을 인간의 노화과정에서 나타나는 생물학적·심리적·환경적·행동적 변화가 복합적으로 상호작용하는 과정에 있으며, 다음의 5가지 특성을 지닌 사람이라고 규정하였다. 첫째, 환경변화에 적절히 적응할 수 있는 조직기능이 감퇴되고 있는 사람, 둘째, 생체의 자체 통합능력이 감퇴되고 있는 사람, 셋째, 인체의 기관, 조직, 기능에 쇠퇴현상이 일어나는 시기에 있는 사람, 넷째, 생활상의 적응능력이 저하되어 가고 있는 사람, 다섯째, 조직의 예비능력이 감퇴하여 적응이 제대로 되지 않는 사람이다. 또한, 장인협·최성재(1987)는 노인이란 일반적으로 생리적·생물학적인 면에서 퇴화기에 있는 사람, 심리적인 면에서 정신기능과 성격이 보수·온건·의존·경직 등 노인 특유의 성향으로 변화하고 있는 사람, 사회적인 면에서 지위와 역할이 상실되고 있는 사람으로 정의하였다.

하지만 이러한 노인의 개념 정의는 사실상 노인에 관한 조사연구나 복지정책의 수립과 집행을 위한 효용성 측면에서 실질적인 도움이 되는 것은 아니다. 따라서 노인에 대한 조작적 정의가 요구되는데, 일반적으로 첫째, 개인의 주관적 판단에 따라 스스로 노인이라 규정하는 개인의 자각에 따른 노인, 둘째, 만 나이가 일정 연령 이상일 경우 노인으로 규정하는 역연령(曆年齡), 즉 연대기적 연령(chronological age)에 따른 노인, 셋째, 사회적 시계(social clock) 또는 사회적 연령의 개념을 적용하여 역할을 상실한 사람을 노인이라 규정하는 사회적 역할 상실에 따른 노인, 넷째, 특정 연령 범주에 속한 개인의 외모, 신체적 기능, 정신기능 등의 기능수준을 근거로 노인을 규정하는 기능적 연령에 따른 노인, 다섯째, 발달단계에 따른 노인 등으로 구분할 수 있다. 이상의 노인에 대한 조작적 정의 모두가 제각각 장단점을 가지고 있으나, 이 중 역연령에 따른 정의를 가장 보편적으로 받아들이고 있다(권중돈, 2016). 현재 우리나라는 물론 UN을 포함한 많은 나라에서는 65세 이상의 연령에 해당하는 사람을 노인으로 간주하고 있다.

# 02 우리나라의 인구 고령화

## 1) 고령화 추이

통계청이 발표한 '2023 고령자 통계'에 따르면, 2023년 우리나라의 65세 이상 고령인구는 전체 인구의 18.4%를 차지하고 있다. 그런데 우리나라의 고령화 수준, 즉 총인구 대비 65세 이상 노인인구 비율은 OECD 회원국의 평균 수준보다 오히려 낮은 수준이다. 실제로 2020년 기준, 우리나라 총인구 중 65세 이상 노인이 차지하는 비율은 15.7%로 OECD 37개국 중 29위다.

하지만 우리나라는 세계에서 가장 낮은 출산율과 평균수명의 증가로 급격히 고령화되어 가고 있다. 실제로 1970년, 65세 이상 노인인구 비율은 총인구의 3.1%에 불과했다. 하지만 2000년에 7.2%를 기록하며 '고령화 사회(aging society)'로 진입한 이후, 2017년에는 14.2%를 기록함으로써 '고령 사회(aged society)'로 들어섰고, 2025년에는 20.6%에 도달할 것으로 예상되어 '초고령 사회(super-aged society)'로의 진입을 눈앞에 두고 있다.

**REFERENCE 12-1** 고령화 사회, 고령 사회, 초고령 사회

고령화 사회(aging society)란 전체 인구 중 65세 이상 노인인구 비율이 7% 이상 14% 미만인 사회를 의미한다.

고령 사회(aged society)란 전체 인구 중 65세 이상의 노령인구 비율이 14% 이상 20% 미만인 사회를 의미한다.

초고령 사회(super-aged society 또는 post-aged society 또는 ultra-aged society)란 전체 인구 중 65세 이상의 노령인구 비율이 20% 이상인 사회를 의미한다.

이와 같은 급속한 고령화와 저출산의 여파로 <그림 12-1>에서 볼 수 있듯이,

우리나라의 노령화 지수는2) 1990년에 20%에 불과하였으나 2023년에는 167.1%로 상승하였는데, 이러한 추세는 앞으로 더욱 가속화되어 2030년 301.6%, 2040년 389.5%, 2050년 456.2%, 2060년에는 무려 570.6%까지 치솟을 것으로 전망된다. 즉 2060년이 되면 만 14세 이하 유년층 인구 100명당 65세 이상 노인인구가 570.6명이 된다는 의미이다. 그에 따라 노년부양비 또한 급속히 상승할 것으로 예상된다.

▌그림 12-1 노령화지수 및 노년부양비 추이

자료: 통계청, 장래인구추계: 2020~2070년

## 2) 고령화의 특징

우리나라 고령화 현상의 가장 대표적인 특징은 그 속도가 타의 추종을 불허할 만큼 급속하게 진행되고 있다는 점이다. <표 12-1> 각국의 고령화 속도 비교에서 볼 수 있듯이, 프랑스는 고령화 사회에서 고령 사회로 진입하는 데 무려 115년이라는 기간이 걸렸고, 미국은 72년, 영국과 독일도 각각 47년과 40년이 소요되었다. 이에 비해 우리나라는 고령화 사회에서 고령 사회로 진입하는 데 불과 17년밖에는 걸리지 않았다. 특히 고령 사회에서 초고령 사회로 도달하는 기간은 8년밖에 걸리지 않을 것으로 예측하고 있다.

이러한 노인인구 증가 속도와 관련, 한국경제연구원(2021)은 우리나라가 OECD 회

---

2) 노령화 지수란 만 14세 이하 유년 인구 100명에 대해 65세 이상 노인인구가 차지하는 비율을 의미한다. 즉 노령화 지수가 50이라면, 유년층 인구 100명당 노인이 50명이라는 의미이다. 따라서 노령화 지수의 단위는 '%'이지만 '명'으로 기입하는 경우도 있다. 노령화 지수는 (65세 이상 인구÷14세 이하 인구)×100으로 산출한다.

원국 가운데 가장 빠르며, 그로 인해 2048년에는 OECD 회원국 중 가장 고령화된 국가가 될 것으로 전망하고 있다. 실제로 2011년부터 2020년까지 최근 10년간 우리나라의 65세 이상 노인인구는 연평균 4.4%(매년 29만 명)씩 증가하였는데, 이는 OECD 회원국 평균 2.6%의 약 1.7배에 달하는 속도이다.

어느 사회든 노인인구의 증가는 필연적으로 여러 가지 문제를 발생시킨다. 하지만 우리나라와 같이 고령화가 급속도로 진행되는 경우에는 현재의 경제수준이나 사회복지제도로는 감당하기 어려운 수준의 사회적 부담을 안겨준다는 점에서 문제의 심각성은 더욱 커진다. 즉 고령화의 부정적인 영향을 대비할만한 충분한 시간적 여유가 없다는 점이 고령화의 위기를 더욱 심각한 문제로 만든다.

이처럼 우리나라에서 인구 고령화가 급속히 진행되는 이유는 평균수명의 연장에 따른 노인인구의 절대적인 수의 증가와 출산율 감소로 인한 노인의 상대적 비율의 증가, 그리고 베이비 붐 세대(1955~1963년생)가 2020년부터 65세 이상 노인인구로 대거 유입되었기 때문이다.

〈표 12-1〉 각국의 고령화 속도 비교

| 구분 | 진입 연도 | | | 도달 소요 연수 | |
|---|---|---|---|---|---|
| | 고령화 사회 (7%) | 고령 사회 (14%) | 초고령 사회 (20%) | 고령화 사회 → 고령 사회 | 고령 사회 → 초고령 사회 |
| 한국 | 2000 | 2017 | 2025 | 17 | 8 |
| 일본 | 1970 | 1994 | 2026 | 24 | 12 |
| 독일 | 1932 | 1972 | 2010 | 40 | 38 |
| 영국 | 1929 | 1976 | 2020 | 47 | 44 |
| 미국 | 1942 | 2014 | 2030 | 72 | 16 |
| 프랑스 | 1864 | 1979 | 2019 | 115 | 40 |

자료: 통계청, 고령자 통계, 2004. 재구성

## 3) 고령화의 영향

우리나라의 고령화 문제에 있어 고령화의 속도와 더불어 주목해야 할 사안 중의 하나는 생산가능인구가 빠른 속도로 줄어들고 있다는 사실이다. 생산가능인구란 경제

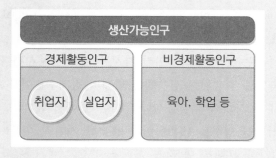

**REFERENCE 12-2** 생산가능인구, 경제활동인구, 비경제활동인구

생산가능인구는 총인구 중 15세 이상 64세 이하 연령에 해당하는 인구로, 경제활동인구와 비경제활동인구로 구분된다. 경제활동인구는 15세 이상 인구 중 수입이 있는 일에 종사하고 있거나, 현재는 실업 상태이지만 취업을 위해 구직활동 중에 있는 사람을 의미한다. 반면에 비경제활동인구는 경제활동인구를 제외한 주부, 학생, 구직단념자 등이 해당된다. 단 생산가능인구에서 현역군인 및 공익근무요원, 전투경찰, 형(刑)이 확정된 교도소 수감자, 그리고 외국인 등은 제외된다.

활동을 할 수 있는 연령의 인구, 즉 만 15~64세까지의 연령대에 속하는 인구를 의미한다. 이들 생산가능인구가 만 14세 이하 아동과 65세 이상 노인을 사회적으로 부양하는 인구이다.

실제로 우리나라의 생산가능인구는 이미 2017년에 3,757만 명으로 정점을 찍고 내리막길로 돌아섰다. 특히 통계청이 발표한 '장래 인구 추계 : 2020~2070'에 따르면, 2020년 3,738만 명으로 총인구의 72.1%를 차지했던 생산가능인구는 2030년에는 357만 명이 줄어드는 것으로 나타났다. 이는 생산가능인구가 연평균 36만 명씩 감소하는 셈이다.

결국, 이러한 생산가능인구의 감소는 유소년층 및 노년층 인구를 부양하는 부담을 가중시킨다. 비록 우리 사회는 저출산으로 인해 유소년부양비[3]는 줄어들고 있지만, 노년부양비[4]의 증가로 인해 총부양비[5]가 증가하고 있는 상황이다. 실제로 <표 12-2> 생산가능인구의 부양부담 추이에서 볼 수 있듯이, 1970년 78.2%로 매우 높았던 유소년

3) 유소년부양비란 15~64세까지의 생산가능인구에 대한 14세 이하 유소년층 인구의 비율로, 생산연령인구 100명이 부양해야 할 유소년층 인구의 비를 의미한다. (14세 이하 인구÷15~64세 인구)×100으로 산출한다.
4) 노년부양비란 15~64세까지의 생산가능인구에 대한 65세 이상 노년층 인구의 비율로, 생산연령인구 100명이 부양해야 할 노인 인구의 비를 의미한다. (65세 이상 인구÷15~64세 인구)×100으로 산출한다.
5) 총부양비란 15~64세까지의 생산가능인구에 대한 14세 이하 유년층 인구의 비와 65세 이상 노인 인구의 비의 합이다.

부양비는 2000년 29.4%, 2015년 18.8%, 2020년 16.9%로 계속 감소하고 있다. 2023년 기준, 유소년부양비는 15.6%로 생산가능인구 100명이 유소년층 15.6명을 부양하고 있는 셈이다.

반면에 노년부양비는 1970년 5.7%, 1980년 6.1%에 불과했지만, 2000년 10.1%, 2015년 17.5%, 2020년 21.7%를 기록하며 꾸준히 증가하고 있다. 2023년 기준, 노년부양비는 26.1%로 생산가능인구 100명당 노년층 26.1명을 부양하고 있다.

그 결과 노년부양비와 유소년부양비를 합한 총부양비는 1970년 83.8%를 기록한 이후, 2015년 36.2%에 이를 때까지 지속적으로 감소하였다. 하지만 2017년 36.7%로 처음 증가세로 돌아선 후, 매년 꾸준히 증가하여 2022년 40.8%를 기록하고 있다. 특히 지금과 같은 저출산과 고령화의 현상이 계속된다면, 총부양비는 2065년에 108.7%(노년부양비 88.6%)로 치솟아 우리 사회 전반에 심각한 위기를 초래할 것으로 전망된다.

〈표 12-2〉 생산가능인구의 부양부담 추이

(단위: %)

| 구분 | 1970 | 1980 | 1990 | 2000 | 2005 | 2010 | 2015 | 2020 | 2023 | 2070 |
|---|---|---|---|---|---|---|---|---|---|---|
| 유년부양비 | 78.2 | 54.6 | 36.9 | 29.4 | 26.6 | 22.0 | 18.8 | 16.9 | 15.6 | 16.2 |
| 노년부양비 | 5.7 | 6.1 | 7.4 | 10.1 | 12.5 | 14.8 | 17.5 | 21.7 | 26.1 | 100.6 |
| 총 부양비 | 83.8 | 60.7 | 44.3 | 39.5 | 39.1 | 36.9 | 36.2 | 38.6 | 41.7 | 116.8 |

자료: 통계청, 장래인구추계: 2020~70

한편, 고령화는 경제적 측면에서 실질성장률을 저해하는 가장 큰 원인 중 하나이다. 앞에서 언급한 바와 같이 이미 우리나라의 생산가능인구는 2017년 이후 감소하기 시작했으며, 2060년이 되면 총인구의 절반에도 못 미치는 49.7% 수준으로 하락할 전망이다. 이러한 생산가능인구의 감소는 실질성장률을 급격히 떨어뜨려, 2021년 기준, 연간 4.1% 수준인 실질성장률이 2060년에는 0.8%까지 떨어질 것으로 예상된다.

또한, 생산가능인구가 줄어드는 국가는 경제의 성장잠재력뿐만 아니라 수요의 측면에서도 큰 문제를 겪게 된다. 실제로 인구 절벽(demographic cliff)[6]이라는 용어를 처음 사용한 미국 경제학자 해리 덴트(Harry Dent, 2014)는 소비를 많이 하는 45~49세 인

---

6) 인구절벽이란 생산가능인구의 비율이 급속도로 줄어드는 현상을 의미한다.

구가 급속도로 줄어들면 경제활동의 위축으로 심각한 경제 위기가 발생한다고 경고한 바 있다. 국회 예산정책처(2019)의 '2020년 및 중기 경제 전망'에서도 생산가능인구의 지속적 감소와 함께 급증하는 고령층의 불안정한 소득으로 인해 향후 소비가 늘어날 것으로 기대하기에는 구조적으로 어려움이 많을 것으로 분석하고 있어, 이에 대한 대비가 철저히 마련되어야 한다.

## 03 노인문제

노인문제란 노인의 기본적 생존을 위협하거나, 욕구와 문제를 충족·해결시키지 못하여 불만족스러운 상태가 지속되는 현상이라고 할 수 있다. 노년기는 인간의 생애에 있어 마지막 단계에 해당하는 기간으로 소득감소에 따른 경제적 어려움, 만성질환에 따른 건강 악화, 가정과 사회에서의 역할상실, 고독과 소외 등의 문제에 직면하게 된다. 이를 각각 빈고(貧苦), 병고(病苦), 무위고(無爲苦), 고독고(孤獨苦)라 표현하며, 사고(四苦)라 일컫는다.

이러한 노인문제를 어떤 시각에서 규정하는가에 따라 문제 발생의 원인과 이에 대한 해결방안이 달라질 수 있다. 먼저 구조기능주의 이론에서는 노인의 지위 저하는 정상적인 현상이며, 노인문제를 개인의 부적응 문제로 이해한다. 하지만 갈등이론에서는 사회의 불평등한 배분구조가 노인문제의 원인이라고 보고 있다. 한편, 상징적 상호작용 이론에서는 사회 구성원이 노인과 노화에 대해 부정적 의미를 부여함으로써 노인을 낙인찍고, 노인도 자신을 무력하고 무능한 존재로 인식하게 됨으로써 노인문제가 발생한다고 보고 있다. 마지막으로 교환이론에서는 낡은 지식과 기술을 소유한 노인은 젊은 사람에 비해 재산, 수입, 지식, 권위, 사회적 유대 등의 교환자원이 점차 약화되어 사회적 상호작용에서 제외되고 결국 다양한 문제에 직면하게 된다고 보고 있다(유성호 외, 2002).

## 1) 경제적 문제

적정한 수준의 소득보장은 인간다운 삶을 영위하기 위한 가장 기본적인 조건 중의 하나이다. 하지만 노동력이 상품화된 현대 산업사회에서 기술, 능력, 체력 등에서 젊은 사람에게 뒤처지는 노인들은 다니던 직장에서 물러날 수밖에 없고, 그에 따라 소득이 급격히 감소하게 된다. 특히 노부모를 모시던 전통적인 가족 부양체계가 무너진 현대사회에서 자녀 뒷바라지 등으로 젊은 시절에 노후준비를 충실히 하지 못한 대부분의 노인은 빈곤 위험에 크게 노출되어 있다. 더욱이 노인의 빈곤 문제를 해결해 줄 마지막 보루라 할 수 있는 공적 연금제도가 아직도 미성숙 단계에 머물러 있고, 공공부조의 급여 수준도 그리 높지 않은 우리 사회에서 노인빈곤의 문제는 더욱 심각한 사회문제로 대두되고 있다.

한국보건사회연구원(보건복지부)이 2020년도에 실시한 노인실태조사 결과에 따르면, 2020년 기준, 우리나라 노인의 평균 연간 개인소득은 1,557만 6천 원으로 월 129만 8천 원에 달하는 것으로 나타났다.[7] 이는 2014년의 959만 원과 비교하여 62.5%, 2017년의 1,176만 원과 비교해도 30% 넘게 상승한 수치이다. 그럼에도 불구하고 여전히 우리나라 노인의 경제적 상황은 심각할 정도로 열악하다.

이러한 상황에서 한 가지 흥미로운 사실은 2020년 기준, 우리나라 노인의 경제활동참가율은 36.9%로 OECD 회원국 중 1위이며, OECD 회원국 평균 14.7%의 2.5배에 달한다는 점이다. 특히, 연령이 높아질수록 OECD 회원국 가운데 우리나라 노인의 경제활동참가율의 순위는 상승한다. 실제로 60~64세의 경제활동참가율 순위는 11위, 65~69세는 2위를 차지하고 있다. 특히 70~74세 연령층의 경우, 2018년도 경제활동참가율은 35.3%로 OECD 회원국 중 1위이다.

우리나라 노인의 이처럼 높은 경제활동참가율은 노인들의 소득 확보 차원에서 일견 노인복지의 튼튼한 토대가 마련되어 있는 것처럼 보일 수 있다. 하지만 실상은 전혀 다르다. 즉 우리나라 노인의 경제활동참가율이 이처럼 높은 이유는 노인 빈곤율이 OECD 회원국 중 1위를 차지할 만큼 노인들의 경제상황이 매우 열악하기 때문이다. 실제로 2020년 기준, 우리나라 65세 이상 노인인구의 상대 빈곤율은 38.9%로, 전체 노인의 약 40%가 중위소득의 50% 이하 소득으로 살아가고 있다.[8] 이러한 수치는 OECD

---

7) 노인 개인의 항목별 소득 금액과 비율을 살펴보면, 공적이전소득(국민연금·공무원연금과 같은 공적 연금과 기초노령연금, 실업급여·아동수당 등의 사회복지급여, 세금 환급금 등 정부가 지원하여 발생하는 소득)이 428만 7천 원(27.5%)으로 가장 많았으며, 그다음은 근로소득 375만 8천 원(24.1%), 사업소득 267만 4천 원(17.2%)의 순이었고, 2017년 실태조사에서 22.0%로 두 번째로 높은 비중을 차지했던 사적이전소득(자녀 용돈 등과 같이 가족, 친지, 지인 등 개인 간에 이전되는 소득)은 8.1% 포인트 감소한 215만 8천 원(13.9%)이었다.

8) 노인 빈곤율은 2011년 46.5%에서 2012년 45.4%, 2013년 46.3%, 2014년 44.5%, 2015년 43.2%, 2016년

회원국 평균 노인 상대 빈곤율 13.5%(2019년 기준)와 비교하면 약 3배에 달하는 높은 비율이다.

이처럼 우리나라 노인들이 경제적으로 열악한 상황에 놓여 있는 이유는 노동시장에서의 조기퇴출, 공적 연금의 미성숙, 양질의 노인 일자리 부재 등에 기인한다. 실제로 우리나라의 민간 기업에서는 평균 49.4세에 조기퇴직을 당한다. 또한, 2020년 5월 기준으로 55세 이상 연금 수령자 비율은 절반에도 못 미치는 47.1%이며, 월평균 연금 수령액은 63만 원에 불과하다. 더욱이 2020년 기준, 경제활동에 참여하고 있는 노인의 종사직종을 보면, 단순노무 종사자가 48.7%로 가장 큰 비중을 차지하고 있으며, 농림어업숙련종사자가 13.5%로 그 뒤를 잇는 것으로 나타나 우리나라 노인 일자리의 질이 매우 낮고 불안정함을 알 수 있다.

## 2) 건강 문제

세계보건기구헌장은 건강이란 단순히 질병이 없거나 허약하지 않은 것만을 의미하는 것이 아니라 신체적, 정신적, 사회적으로 완전한 안녕 상태(well-being)에 놓여 있는 것이라고 규정하고 있다. 따라서 건강은 정상적인 일상생활을 영위하고 자신이 원하는 바를 추구하며, 인간다운 삶을 누리기 위한 가장 기본적이고 필수적인 조건이라 할 수 있다. 하지만 노인이 되면 신체적 노화에 따라 만성질환, 합병증 등의 증가로 신체적 건강상의 문제뿐만 아니라 정신건강 상의 문제를 대부분 겪게 된다.

일반적으로 건강을 파악하는 방법에는 의사 등 전문가에 의한 객관적인 진단을 통한 방법과 개인의 주관적인 판단에 의한 평가가 있다. 전문가의 객관적인 진단을 통한 방법은 질병의 유무를 판정하여 질병의 치료와 예방에 매우 효과적이지만, 개인의 신체적, 심리적, 사회적 기능 전반에 대한 정확한 평가는 쉽지 않다. 이에 반해, 개인의 주관적 판단에 의한 방법은 개인의 전반적인 기능수준을 파악하는 데 효과적이며 사회적인 측면에서 매우 의의가 있다(권중돈, 2016). 하지만 개인의 주관적 판단은 어느 부위에 무슨 이유로 어떠한 질환에 걸려 있는지에 대한 정확한 판단이 불가능하다는 한계가 있다.

---

43.6%, 2017년 42.3%, 2018년 42.0%, 2019년 41.4%로 지속적인 감소추세를 보였으며, 2020년에 38.9%를 기록하며 처음으로 40% 미만으로 떨어졌다.

우선 노인 자신이 주관적으로 생각하는 건강상태와 관련하여 2020년도 노인생활 실태 조사 결과에 따르면, 매우 건강하다고 응답한 노인은 4.5%에 불과하며, 건강한 편이다 44.8%, 그저 그렇다 30.8%, 건강이 나쁜 편이다 17.6%, 건강이 매우 나쁘다 2.3%로 나타나 주관적 건강상태를 긍정적으로 평가하는 노인의 비율이 더 높게 나타났다.

하지만 객관적인 진단을 통한 우리나라 노인의 건강상태를 살펴보면, 3개월 이상 지속적으로 앓고 있으며 의사의 진단을 받은 만성질병이 있다고 응답한 비율이 전체 노인의 84%에 달하는 것으로 나타났다. 또한, '2020년도 노인실태조사' 결과에 따르면, 우리나라 65세 이상 노인 중 27.8%는 3개 이상의 만성질환을 앓고 있으며, 2개의 만성질환을 앓고 있는 노인의 비율은 27.1%로 나타났다. 결국, 전체 노인의 절반 이상이 2개 이상의 만성질환을 앓고 있다.

상황이 이렇다 보니 2019년 우리나라 건강보험 진료비[9]는 2018년보다 9조 원 (11.4%) 가까이 늘어난 86조 4천억 원을 돌파했는데, 이 가운데 노인진료비가 차지하는 비중이 41%에 달했다. 또한, 국민 1인당 지출하는 월평균 진료비가 14만 원인 반면, 노인 1인당 월평균 진료비는 41만 원으로 약 3배에 달한다(국민건강보험공단, 2020). 더욱이 노인진료비의 증가 추이를 보면, 2013년 18조 원을 돌파한 후, 2014년 19조 원, 2015년 21조 원, 2016년 25조 원, 2017년 27조 원, 2018년 31조 원, 2019년 36조 원, 2020년 37조 5천억 원대를 기록하고 있다. 이에 따라 전체 진료비 가운데 65세 이상이 차지하는 비중은 2018년 40.8%를 기록하며 처음 40% 선을 넘은 이후 2019년 41.4%, 2020년 43.1% 등으로 해마다 증가하고 있다. 따라서 노인의 건강한 삶을 유지할 수 있도록 생활체육의 일상화가 가능한 환경을 조성하고, 건강상의 문제를 조속히 발견할 수 있는 종합적이고 정확한 검진체계를 새로이 구축하여 질병의 조기 발견 및 예방에 만전을 기할 필요가 있다.

## 3) 역할상실 문제

노인문제는 기본적인 생존 및 케어의 문제, 즉 노인의 경제적 문제와 건강 문제에 관심이 집중됨에 따라 노인의 사회적 지위 및 역할상실에 대한 문제는 상대적으로 간

---

9) 건강보험 진료비는 건강보험이 의료기관에 지불한 진료비와 환자가 의료기관에 지불한 본인부담금을 합한 것이며, 건강보험 적용을 받지 못하는 비급여 진료비는 포함되지 않는다.

과되어 온 측면이 있었다. 하지만 역할상실의 문제는 생산력이라는 요소가 가장 지배적인 가치규범으로 자리 잡은 산업사회에서 생산력이 저하된 노인을 무기력하고 쓸모없는 존재로 인식하게 하며, 궁극적으로 노인에 대한 사회적 소외와 배제로 연결되는 심각한 문제라 할 수 있다(이소정 외, 2007).

사실상 인간은 태어나면서부터 자신이 속해 있는 가정, 학교, 직장, 지역사회 등 다양한 사회조직 내에서 일정한 역할을 맡아 수행하고, 그 과정에서 자신의 존재가치를 확인하며 살아간다. 역할이란 개인이 집단 또는 사회와 관계를 맺는 가장 중요한 수단으로, 어떠한 지위를 갖고 있는 각 개인에게 문화적·규범적으로 요구되는 행동기준이다(최성재·장인협, 2003). 즉 개인을 어떤 특정인으로 규정지어 주는 중요한 요소 중의 하나가 바로 개인이 사회 내에서 차지하고 있는 지위와 그에 따른 역할인 것이다.

그러나 인간은 노년기에 접어들면 가정과 사회에서 역할축소 또는 역할상실에 직면하게 된다. 특히 Cowgill과 Holmes(1972)는 그들이 주장한 현대화 이론(modernization theory)에서 노인은 현대화가 진전될수록 세대 간 경쟁에서 뒤처지게 된다고 주장하면서, 노인의 지위를 약화시키는 네 가지 요인으로 보건의료기술, 생산기술, 도시화, 그리고 교육의 대중화를 꼽고 있다. 즉 현대화가 진행됨에 따라 보건의료기술의 발전으로 고령기가 비약적으로 연장되고, 생산기술의 발전에 따른 신기술에 관한 지식과 활용방법을 터득하지 못해 퇴직 연령이 낮아지며, 도시화에 따른 핵가족화로 과거 노인들이 가족 내에서 차지했던 가부장으로서의 권위와 역할이 상실되고, 교육의 대중화로 노인 자신이 습득하고 있던 지식을 모든 이들이 공유하게 됨으로써 노인의 지위는 더욱 낮아지게 된다는 것이다. 결국 이러한 지위의 하락은 노인의 역할상실과 사회적·심리적 소외 등의 문제로 표출되게 된다.

노인이 겪는 역할상실은 크게 사회에서의 역할상실과 가정에서의 역할상실로 구분될 수 있다. 사회에서의 역할상실은 직장으로부터 은퇴하게 됨으로써 직장이나 사회로부터 부여받은 지위와 역할을 상실하게 되어 더 이상 도구적 역할을 수행할 수 없게 되는 것을 의미한다. 반면, 가정에서의 역할상실이란 조부모로서의 역할 외에는 이렇다 할 새로운 역할을 획득하지 못하는 노인이 가장으로서의 역할을 상실하거나 또는 자녀가 결혼 등의 이유로 독립함에 따라 겪게 되는 부모역할의 상실 등을 의미한다.

이러한 역할상실로 인해 대부분의 노인은 주변적 역할만을 담당하게 되면서 자아개념 및 사회적 정체감에 대한 혼란과 사회적응에 어려움을 겪게 되고, 정서적·정신적 부적응 문제를 초래하게 된다. 따라서 노인의 역할상실을 보상해 주고 노인들의 선호와 욕구를 충분히 충족시킬 수 있는 다양한 여가활동이나 사회활동을 개발하고 노인의 적극적인 참여를 독려하는 노력이 필요하다.

## 4) 고독과 소외 문제

누구나 살아가면서 한 번쯤은 느끼게 되는 고독감은 노년기에 이르러 절정에 이른다. 배우자와의 사별, 자녀의 결혼으로 인한 별거, 친한 지인들의 사망 등은 세월에 흐름에 따라 자연스럽게 발생하는 일이지만, 노인 당사자에게는 견디기 어려운 고독감을 안겨준다.

이러한 노인의 고독 문제는 역할상실과 밀접한 관련이 있다. 사실상 직장에서의 퇴직은 경제적 손실뿐만 아니라 대인관계를 좁히고 활동영역을 축소시킨다. 또한, 노인에 대한 배제는 사회적 차원뿐만 아니라 가족단위에도 영향을 미쳐 가족 내에서의 지위하락 및 헤게모니 상실과도 연결된다(이소정 외, 2007). 더욱이 현재 우리 사회는 노인세대와 젊은 세대 간의 가치가 그 어느 시기보다 큰 괴리를 보이는 과도기 상태에 놓여있어 자식과의 대화단절 등으로 노인의 좌절감과 고독감은 더욱 심각하게 나타난다.

한편, 노인의 소외는 노후생활을 하면서 사회로부터 여러 가지 차별과 따돌림을 받는 현상으로, 노인의 고독문제를 유발하는 주된 원인 중 하나라 할 수 있다. 노인 소외는 노인에 대한 거부, 천시, 무관심, 무례함 등의 형태로 나타난다. 이러한 소외의 원인으로는 노인의 현대 산업사회에 대한 부적응, 심신의 노쇠에 따른 사회활동의 비효율성, 사회참여 기회의 봉쇄, 사회발전에 불필요한 존재라는 노인 경시 풍조, 경로·효친 사상의 쇠퇴 등을 들 수 있다.

물론 노인의 고독과 소외는 우리 사회만이 아니라 서구 선진국에서도 심각한 사회문제로 대두되고 있다. 실제로 우리나라보다 훨씬 우월한 사회보장제도를 갖추고 있는 스웨덴, 덴마크, 프랑스 등의 노인 자살률은 빈곤한 나라들에 비해 훨씬 높다. 하지만 우리나라의 노인 자살률이 OECD 회원국 중 가장 높다는 사실은 우리 사회가 노인의 고독 문제를 결코 가볍게 보아서는 안 된다는 점을 분명히 보여준다.

노인인구 중에서도 특히 고독과 소외 문제에 취약한 집단은 혼자 생계를 꾸려가야 하는 독거노인이다. 행정안전부의 '2023 행정안전통계연보'에 따르면, 2022년 12월 31일 기준 우리나라의 1인 가구는 972만 4256 가구로 전체 가구의 41.0%에 달한다. 이 가운데 65세 이상 독거노인의 비중은 20.3%(197만 3천 가구)로 1인 가구 5명 중 약 1명

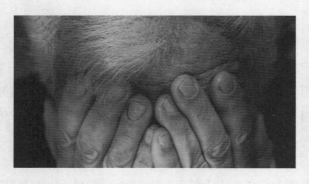

REFERENCE 12-3 | 노인 자살률

통계청의 사망원인통계에 따르면, 2022년 자살로 숨진 사람은 12,906명이며, 자살률(인구 10만 명당)은 25.2명에 달한다. 연령대별 자살률의 경우, 10대는 7.2명, 20대 21.4명, 30대 25.3명, 40대 28.9명, 50대 29.0명, 60대 27.0, 70대 37.8명, 80대 이상 60.6명으로, 60대의 자살률을 제외하면 연령이 높을수록 자살률은 상승한다.
특히 우리나라의 노인자살률은 OECD 1위에 올라 있다. 실제로 OECD가 2022년 12월 발표한 「OECD Stat」에 따르면, OECD 회원국 평균 자살률은 11.1명으로 우리나라 자살률의 절반에도 미치지 못한다.

이 독거노인이다. 독거노인의 비중은 2047년에 48.7%(405만 1천 가구)까지 증가할 것으로 추정하고 있다. 이들 독거노인 중 절반 이상은 경제적·신체적으로 어려움을 겪고 있으며, 특히 말 한마디 나눌 가족이나 이웃도 없는 고독한 삶을 살아가면서 매우 취약한 정신건강상태를 보이고 있다.

한편, 이들 독거노인의 고독한 삶과 관련하여 최근 사회적 이슈로 대두되고 있는 것이 바로 홀로 지내다 숨지는 이른바 '고독사(孤獨死)'[10] 문제이다. 고독사는 무연고 사망이라고도 일컬어진다. 무연고 사망자의 발생은 독거노인 증가 등 사회적 요인과 노후 파산 등 경제적인 요인에서 그 원인을 찾을 수 있다. 실제로 전체 무연고 사망자 수는 2014년 1,379명에서 2018년 2,447명, 2019년 2,656명, 2020년 3,316명, 2021년 3,603명, 2022년 4,842명으로 꾸준히 증가하고 있다. 특히 65세 이상 노인 무연고 사망자 수는 2020년 기준 1,331명으로 전체 무연고 사망자의 45%에 달한다.

따라서 고독사의 문제를 해결하기 위해 고위험군 노인을 위한 공동체 소통공간을 운영하고, 주민·공무원·우유, 신문 배달원·가스검침원 등이 함께하는 지역사회 안전망을 구축하여 수시로 독거노인의 안부를 묻는 등 특별한 보호체계를 조속히 구축할 필요가 있다.

---

10) 우리나라에서는 보통 숨진 지 사흘 이상이 지나 시신이 발견된 경우 고독사로 분류한다.

## 04 노인복지의 개념과 원칙

### 1) 노인복지의 개념

노인복지란 한마디로 노인의 욕구충족과 문제예방 및 해결을 통해 노인의 삶의 질을 향상시키기 위한 사회의 총체적인 노력이라 할 수 있다. 노인복지의 개념에 대해 권중돈(2016)은 노인복지란 모든 노인이 최저 수준 이상의 생활을 유지하고 사회욕구 충족과 생활상의 문제를 예방·해결하며, 노후생활에 대한 적응과 사회통합을 이루는 데 필요한 급여와 서비스를 제공하는 공공부문과 민간부문의 조직적이고 전문적인 제반 활동으로 정의한다. 또한, 이종복과 그의 동료(2011)들은 노인복지를 사회복지의 한 분야로 규정하면서 노인의 욕구를 사회 또는 국가가 최종적인 책임을 지고 복지 상태를 유지하도록 하는 시책, 제도 및 사회적 활동으로 정의하고 있다.

노인복지의 개념에 대한 여러 학자들의 정의를 정리하면, 첫째, 노인복지의 대상은 요보호 노인만이 아닌 모든 노인을 포함하며, 둘째, 노인복지의 제공 주체는 국가가 주(主)가 되는 공적 영역은 물론 사적 영역에서의 모든 활동이 포함되고, 셋째, 노인복지의 주된 관심사는 노인의 경제적 문제만이 아닌 건강, 문화결핍, 소외 및 사회적 배제 등 노인 관련 모든 문제와 욕구를 포함하며, 넷째, 노인복지의 급여는 현금 또는 현물급여와 비물질적 서비스를 망라하고, 다섯째, 노인복지의 실천방법은 정책, 제도 등 거시적 방법과 상담 및 각종 서비스 등의 미시적 방법을 포괄한다고 할 수 있다.

### 2) 노인복지의 원칙

우리나라 노인복지법 제2조 제1, 2, 3항에서는 각각 "노인은 후손의 양육과 국가발전에 기여하여 온 자로서 존경받고, 건전하고 안정된 생활을 보장받는다.", "노인은 그능력에 따라 적당한 일에 종사하고 사회적 활동에 참여할 기회를 보장받는다.", "노인은 노령에 따르는 심신의 변화를 자각하여 항상 심신의 건강을 유지하고 그 지식과 경험을 활용하여 사회의 발전에 기여하도록 노력하여야 한다."고 규정하면서 노인복지의 기본이념을 명시하고 있다.

이러한 노인복지의 이념을 달성하기 위해서는 ① 존엄성의 원칙,[11] ② 주체성의 원칙[12], ③ 사회성의 원칙[13], ④ 전체성의 원칙[14], ⑤ 현실성의 원칙[15], ⑥ 전문성의 원칙[16]이 지켜져야 한다(이종복 외, 2011).

한편, 국제연합은 1991년 12월 16일, 유엔 총회에서 노인의 존엄성과 권익보호를 위해 '노인을 위한 유엔 원칙(United Nations Principles for Older Persons)'을 채택하였다. 이 원칙은 자립, 참여, 보호, 자아실현, 존엄 등 5가지 구성요소로 이루어져 있으며, 전체 회원국이 노인복지사업을 추진할 시에는 이 원칙을 반영할 것을 권고하고 있다.

첫째, 자립은 독립(independence)의 원칙이라고도 일컫는데, ① 소득, 가족과 지역사회의 지원 및 자조를 통하여 적절한 식량, 물, 주거, 의복 및 건강보호에 접근할 수 있어야 하며, ② 일을 할 수 있는 기회를 제공받거나, 다른 소득을 얻을 수 있는 기회에 접근할 수 있어야 하고, ③ 직장에서 언제 어떻게 그만둘 것인지에 대한 결정에 참여할 수 있어야 하고, ④ 적절한 교육과 훈련 프로그램에 접근할 수 있어야 하며, ⑤ 개인의 선호와 변화하는 능력에 맞추어 안전하고 적응할 수 있는 환경에서 살 수 있어야 하고, ⑥ 가능한 한 오랫동안 가정에서 살 수 있어야 하는 것을 의미한다.

둘째, 참여(participation)의 원칙이란 ① 사회에 통합되고, 노인의 복지에 직접적인 영향을 미치는 정책의 형성과 실행에 적극적으로 참여하며, 노인의 지식과 기술을 젊은 세대와 함께 공유해야 하고, ② 지역사회 봉사를 위한 기회를 찾고 개발해야 하며, 노인의 흥미와 능력에 알맞은 자원봉사자로서 봉사할 수 있어야 하고, ③ 노인들을 위한 사회운동과 단체를 조직할 수 있어야 하는 원칙이다.

---

11) 존엄성의 원칙이란 어떠한 상황에서도 차별받지 않고 인간적 권리로 존엄성이 존중되어야 하며, 개인은 다른 개인과 구별되는 특성과 욕구를 지니고 있는 개성 있는 존재로 인정되어야 한다는 원칙이다. 이 가운데 개인은 다른 개인과 구별되는 특성과 욕구를 지니고 있는 개성 있는 존재로 인정되어야 한다는 점을 따로 구분하여 개별성의 원칙이라고도 일컫는다.

12) 주체성의 원칙은 자기결정권의 원칙이라고도 한다.

13) 사회성의 원칙이란 노인의 보호는 개인과 가족만의 책임이 아니라 사회공동체의 책임으로 인식하고 국가, 지방자치단체, 지역사회, 가족 등 모두가 공동의 책임을 갖고 실천되어야 한다는 원칙이다.

14) 전체성의 원칙이란 노인을 신체적·정서적·사회적·심리적·영적 측면을 모두 고려한 총체로서 인정하며, 그러한 전체적인 이해를 바탕으로 포괄적이고 체계적인 노인서비스가 제공되어야 한다는 원칙이다.

15) 현실성의 원칙이란 적절한 의식주 및 건강보호, 적절한 훈련 프로그램과 일할 기회 제공, 편의시설 이용 등을 통해 평균 이하의 능력이나 특수한 욕구를 갖는 노인이 현실적으로 기본적인 삶을 유지할 수 있는 조건에서 보호되어야 한다는 원칙이다.

16) 전문성의 원칙이란 노인복지는 전문적 지식과 기술을 기반으로 실시되어야 한다는 원칙을 의미한다.

셋째, 보호(care)의 원칙이란 ① 각 사회의 문화적 가치체계에 따라 가족과 지역사회의 보살핌과 보호를 받아야 하며, ② 신체적, 정신적, 정서적 안녕의 최적 수준을 유지하거나 되찾도록 도와주고, 질병을 예방하거나 그 시작을 지연시키는 건강보호에 접근할 수 있어야 하며, ③ 노인의 자율과 보호를 고양시키는 사회적, 법률적 서비스에 접근할 수 있어야 하고, ④ 인간적이고 안전한 환경에서 보호, 재활 및 사회적·정신적 지지를 제공하는 적정 수준의 시설보호를 이용할 수 있어야 하며, ⑤ 노인이 보호시설이나 치료시설에 거주할 때도 그들의 존엄, 신념, 욕구, 사생활을 존중받으며, 자신들의 건강보호와 삶의 질을 결정하는 권리도 존중받는 것을 포함하여 인간의 권리와 기본적인 자유를 향유할 수 있어야 한다는 원칙이다.

넷째, 자아실현(self-fulfillment)의 원칙이란 ① 노인들의 잠재력을 완전히 개발하기 위한 기회를 추구하고, ② 사회의 교육적, 문화적, 정신적 및 여가에 관한 자원에 접근할 수 있어야 한다는 원칙이다.

다섯째, 존엄(dignity)의 원칙이란 ① 존엄과 안전 속에서 살 수 있어야 하며 착취와 육체적, 정신적 학대로부터 자유로워야 하고, ② 연령, 성별, 인종이나 민족적인 배경, 장애나 여타 지위에 상관없이 공정하게 대우받아야 하며, 노인의 경제적인 기여에 관계없이 평가되어야 한다는 원칙이다.

## 05 노인복지정책 및 서비스

우리나라는 노인문제의 해결을 위한 적절한 대응 수단으로 1981년 6월, 노인복지법을 제정·공포함으로써 노인복지 제도의 발전을 위한 기반을 마련하였다. 그 후, 1991년 고령자 촉진법의 제정 및 2002년 일부개정, 1997년 노인복지법 전면개정 및 2000년 일부개정, 2005년 저출산 노령화 기본법 제정 등을 통해 노인문제에 대한 제도적 대응을 더욱 구체화하였다. 현재 우리나라에서는 다양한 노인복지 관련 법들이 있지만, 노인복지법이 모법(母法)으로서의 지위를 갖고 있다.

우리나라의 노인복지 관련 정책 및 서비스는 소득보장정책, 건강보장정책, 고용보장정책, 주거보장정책 및 노인복지서비스 등으로 구분할 수 있는데, 여기에서는 노인복지의 핵심이 되는 소득보장정책, 건강보장정책 및 노인복지서비스에 관해 살펴보고자 한다.

## 1) 소득보장정책

노인을 위한 소득보장정책은 노령에 따른 소득상실의 위험에 대비하여 마련된 소득보장제도를 총칭하는 것으로, 이는 임금정책, 조세정책, 고용정책 등과 밀접한 연관을 갖는다. 사실상 개인의 노후대비는 사적인 문제임에도 불구하고, 대부분의 국가가 국민의 노후 소득보장을 위해 개입한다. 그 이유는 첫째, 노후를 대비한 저축을 소홀히 한 일부 사람들은 전체사회에 부담을 주고, 둘째, 자본시장이 발달하지 않고 거시경제 조건이 불안정하여 마땅한 저축수단을 찾기 어려우며, 셋째, 역선택과 도덕적 해이 등으로 사적보험에 의한 일반 국민의 노후대비는 한계가 있고, 넷째, 저축기관, 보험회사, 기타 투자기관의 장기적 상환능력에 대한 정보의 부족으로 노후대비에 실패할 수 있으며, 다섯째, 노동시장에서의 활동기간에 노후를 대비할 만큼 충분한 소득을 얻지 못하는 사람들이 존재하기 때문이다(오근식, 2004).

일반적으로 소득보장체계를 논의할 때 3층 구조[17)]를 활용하는데, 소득보장체계의 3층 구조의 첫 번째 단계는 공공부조이고, 두 번째 단계는 공적 연금이며, 세 번째 단계는 개인연금 및 퇴직연금 등이 해당한다(현외성 외, 2000).

우리나라의 경우, 노인의 소득보장을 위한 첫 번째 단계인 공공부조의 대표적인 제도로는 기초연금과 국민기초생활보장제도 등을 들 수 있으며, 두 번째 단계인 공적 연금의 대표적인 제도로는 국민연금(노령연금)을 들 수 있고, 세 번째 단계는 저축연금, 퇴직연금 등 사실상 국가 주도가 아닌 민간영역에서 회사나 개인이 준비하는 개인연금을 들 수 있다.

한편, 소득보장제도는 소득보장 방식에 따라 직접소득보장제도와 간접소득보장제도로 구분할 수 있다. 직접소득보장제도는 현금급여를 직접 제공하는 방식의 소득보장 제도로, 공공부조와 공적 연금 등이 해당한다. 반면, 간접소득보장제도는 경로우대제와 같은 비용할인, 노인일자리 지원사업, 세제감면제도 등이 해당한다(권중돈, 2016). 여기에서는 직접소득보장제도 가운데 기초연금과 국민연금 및 간접소득보장제도 중 경로우대제와 노인일자리 지원사업에 대해 살펴보고자 한다.

---

17) 소득보장체계의 3층 구조와 달리, 연금의 3층 구조는 1단계 공적 연금, 2단계 퇴직연금, 3단계 개인연금(민간 연금보험 또는 연금저축)으로 구성된다.

## (1) 기초연금제도

기초연금제도는 2014년 7월, 노령층의 노후소득을 보장하고 생활 안정을 지원하기 위해 도입된 공공부조 제도이다. 즉, 만 65세 이상 노인 중 소득인정액이 기준치 이하인 자에게 지급한다. 1998년 도입된 '경로연금제'가 2008년 1월 '기초노령연금제도'로 명칭을 변경하여 확대·개편되었고, 다시 2014년 7월 현재의 '기초연금'으로 명칭을 변경하여 오늘에 이르고 있다. 기초연금은 매년 물가상승률을 반영하여 인상되며, 개인별 상황에 따라 기초연금액이 결정된다.

기초노령연금제도 시행 초기인 2008년 1월에는 만 65세 이상 노인 가운데 소득 하위 70%에 해당하는 노인에게 월 8만 4천 원을 지급하였고, 2014년에 기초연금으로 명칭이 바뀌면서 지급금액은 최대 20만 원으로 인상되었다. 그 후, 2018년 9월부터 25만 원으로 인상하였고, 2019년에는 소득하위 20% 그리고 2020년에는 소득하위 40%에 대하여 기초연금액을 30만 원으로 인상하였다. 그리고 2021년부터는 기초연금 대상인 소득하위 70%에 대해 노인 1인 단독가구 기준으로 월 최대 30만원 수준으로 급여를 인상하였다.

## (2) 국민연금제도

연금은 사적 연금과 공적 연금으로 구분된다. 사적 연금은 개인이나 민간 기업이 운영하는 연금으로 공적 연금을 보완하는 역할을 한다. 반면에 공적 연금이란 법률에 의거하여 정부 및 관련 산하기관이 관리하면서 보험원리에 따라 운영되는 사회보험제도이다. 즉 가입자와 사용자로부터 받는 정률의 보험료를 재원으로 하여 가입자가 나이가 들거나 장애를 입어 소득이 없거나 혹은 사망하였을 때, 가입자나 그 유족을 보호하는 소득보장제도이다. 우리나라의 경우, 국민연금과 특수직역연금(공무원연금, 사립학교 교직원연금, 군인연금 등)이 공적 연금에 해당한다. 이 중에서 국민연금이 대상의 포괄성 측면에서 가장 대표적인 공적 연금이라 할 수 있다.[18]

---

18) 2022년 기준으로 4대 공적 연금의 가입률 분포를 살펴보면, 국민연금의 가입자 수가 2,228만 명(92.9%)으로 압도적인 비율을 보이고 있으며, 공무원연금의 가입자 수는 120만(5.0%), 군인연금의 가입자 수는 19만 명(0.8%), 사학연금의 가입자 수는 32만 명(1.3%)이다.

### 국민연금의 도입 및 발전

공적 연금 가운데 가장 대표적인 소득보장제도인 국민연금제도는 1988년 도입되었다. 사실상 국민연금제도는 1973년 국민복지연금법이 제정·공포된 후 1974년 1월부터 시행될 예정이었으나, 1973년 발발한 석유파동으로 무기한 연기되었다. 그 후 1986년 12월 31일 국민연금법이 제정되었고, 1988년 1월부터 국민연금제도가 시행되었다.

국민연금 시행 초기에는 10인 이상 사업장의 18~60세 미만 근로자 및 사업주를 우선 대상으로 시행하였다. 이후 1992년 1월 1일, 상시근로자 5~9명 사업장의 근로자와 사용자를 가입대상으로 포괄한 것을 기점으로 1995년 7월 1일, 농어촌지역(군지역)으로 제도가 확대되었다. 1999년 4월 1일부터는 국민연금 가입대상자의 범위를 도시지역 거주자까지 확대 적용함으로써 비로소 전(全) 국민 연금시대가 열리게 되었다. 또한, 2003년 7월 1일부터 5인 미만의 영세사업장, 근로자 1인 이상 법인, 전문 직종 사업장을 포괄하였고, 임시·일용직과 시간제 근로자의 가입자격을 보다 완화함으로써 명실상부한 보편적 노후 소득보장제도로 거듭나게 되었다.

### 국민연금의 급여 종류

국민연금 급여는 수령 방법에 따라 크게 연금급여와 일시금급여로 구분할 수 있다. 연금급여는 매월 일정 금액을 수령하는 것으로, 첫째, 노령으로 인한 근로소득 상실을 보전하기 위한 노령연금, 둘째, 질병 또는 사고로 인한 장기근로능력 상실에 따른 소득상실을 보전하기 위한 장애연금, 셋째, 주 소득자의 사망에 따른 소득상실을 보전하기 위한 유족연금 등이 해당한다.

반면, 일시금급여는 한 번에 수령하는 급여로, 반환일시금[19] 및 사망일시금[20]이 해당한다.

---

19) 반환일시금의 수급요건은 첫째, 국민연금 가입 기간이 10년 미만인 자가 60세에 도달하게 된 경우, 둘째, 가입자 또는 가입자였던 자가 사망한 경우, 셋째, 국적을 상실하거나 국외로 이주한 경우 등이다. 반환일시금의 지급액은 가입자 또는 가입자였던 자가 납부한 연금보험료(사업장 가입자의 경우 사용자의 부담금 포함)에 대통령령으로 정하는 이자(3년 만기 정기예금 이자율)를 더한 금액을 일시금으로 지급한다.
20) 사망일시금은 가입자 또는 가입자였던 사람이 사망하였으나 유족연금 또는 반환일시금을 지급받을 수 있는 유족범위에 해당하는 자가 없는 경우에 장제 부조금 성격으로 지급하는 급여로, 최종소득 또는 가입기간동안의 평균소득 중 많은 금액의 4배를 초과하지 않는 범위에서 반환일시금에 상당하는 금액을 지급한다.

국민연금의 특징

국민연금은 다음과 같은 특징을 갖는다.

첫째, 국민연금은 18세 이상 60세 미만의 대한민국 국민이면 몇몇 예외적인 경우를 제외하고 가입이 법적으로 의무화되어 있는 제도이다. 가입의무가 부여된 자를 '당연가입자', 가입하지 않아도 되는 자를 '적용제외자'라고 한다.[21] 따라서 사(私)보험에 비해 관리운영비가 훨씬 적게 소요되며, 관리운영비의 많은 부분이 국고에서 지원되므로 사보험처럼 영업이익을 추구하지 않는다.

둘째, 국민연금은 고소득층으로부터 저소득층으로 소득이 이전되는 세대 내 소득재분배 기능을 수행한다. 국민연금은 저소득층일수록 연금의 소득대체율이 상대적으로 크고, 고소득층일수록 작아지는 구조로 설계되어 있다. 좀 더 자세히 설명하면, 국민연금 급여 산식에서 소득수준에 따른 차이를 만들어 내는 것은 소위 'A값'이라고 일컫는 국민연금 전체 가입자의 3년간 평균 소득 월액이다. 즉, 저소득층의 경우 전체 가입자의 평균소득이 자신의 소득보다 높으므로 고소득층과 비교하였을 때 자신이 낸 보험료에 비해 상대적으로 더 많은 연금을 받는 반면, 고소득층은 전체 가입자의 평균소득이 자신의 소득보다 낮기 때문에 저소득층에 비해 상대적으로 연금혜택이 적다. 따라서 국민연금은 이러한 세대 내 소득재분배, 특히 수직적 소득재분배 기능을 통해 고소득층과 저소득층과의 소득격차를 줄임으로써 사회통합에 기여한다.[22]

셋째, 국민연금은 미래세대가 현재의 노인세대를 지원하는 세대 간 소득재분배 기능을 수행한다. 국민연금제도는 도입 초기 단계에 가입자의 부담을 완화하고자 낮은 보험료에서 출발하여 단계적으로 보험료를 높여가도록 설계되었다. 이러한 설계로 인해 제도 도입 초기 가입자의 수익비가 연금제도가 성숙한 이후 가입자의 수익비보다 높아지게 된다. 따라서 국민연금제도는 현재의 가입세대가 미래세대로부터 일정한 소득지

---

21) 이미 다른 공적 연금제도에 가입 중이거나, 공적 연금을 수급 중이거나 혹은 소득이 없거나 부담할 능력이 안 되는 자는 국민연금의 강제가입 적용에서 제외하고 있는데, 이들을 적용제외자라 한다. 구체적으로 적용제외자에는 특수직역연금가입자, 특수직역연금의 퇴직연금 등 수급자, 국민연금의 노령연금 수급자, 국민기초생활보장급여 수급자, 지역가입자로서 18~27세 미만의 학업 및 군복무 중인 자, 가입자의 배우자로서 별도의 소득이 없는 자 등이 해당한다.

22) 국민연금의 이러한 장점에도 불구하고 국민연금에 아예 가입조차 하지 않은 저소득층은 국민연금의 사각지대에 방치되어 있으며, 저소득층 소득대체율이 상대적으로 높다곤 하지만 절대 금액이 너무 작은 문제 등 국민연금의 소득재분배 기능이 제한적이라는 비판이 있는 것도 사실이다.

원을 받는 세대 간 소득재분배의 순기능을 가지고 있다.

넷째, 국민연금은 물가가 오른 만큼 받게 되는 연금액도 많아져 실질가치가 항상 보장된다. 처음 연금을 지급할 때는 과거 보험료 납부소득에 연도별 재평가율을 적용하여 현재가치로 재평가하여 계산한다. 예를 들어 1988년도에 100만 원의 소득으로 국민연금에 가입한 경우, 이를 2021년 가치로 재평가하면 약 678만 원의 소득액으로 인정하여 국민연금을 계산한다. 또한, 국민연금은 연금을 받기 시작한 이후 매년 1월부터 전년도의 전국소비자물가변동률에 따라 연금액을 조정하여 지급한다.

다섯째, 국민연금은 2022년 기준, 수정적립방식과 부분적립방식에 기초하여 재정을 운영하며, 국가가 최종적으로 지급을 보장하기 때문에 국가가 존속하는 한 반드시 지급된다. 수정적립방식과 부분적립방식은 부과방식과 완전적립방식의 중간에 해당하는 방식이라 할 수 있다. 수정적립방식이란 고정보험료율을 적용하는 것이 아니라 제도 초기에는 낮은 보험료를 유지하다가 단계적으로 보험료를 인상하는 방식이다. 반면에 부분적립방식은 거두어들인 보험료를 모두 적립하는 것이 아니라, 일부는 현재 노인세대에게 연금으로 지급하고 나머지를 적립하는 방식이다. 설령 적립된 기금이 모두 소진된다 하더라도 그 해 연금지급에 필요한 재원을 그해에 걷어 지급하는 이른바 부과방식으로 전환해서라도 연금을 지급할 것이기에 국가가 망하지 않는 한 연금지급이 중단될 경우는 없다고 보아도 무방하다.

📖 REFERENCE 12-4    연금 재정방식: 적립방식, 부과방식

연금 재정방식에는 적립방식(funded)과 부과방식(pay-as-you-go)이 있다.

우선 적립방식은 젊은 시절 일정 금액을 보험료로 납부하여 적립한 후 노후에 받는 방식이다. 즉 계속 납부되는 보험료로 기금을 적립한 후, 그 적립금에서 연금을 지출하는 방식이다. 기업에서 제공하는 퇴직연금 등 민간연금은 기업이 도산할지라도 연금을 제공할 수 있도록 적립방식으로 제도를 운영한다. 이와 같은 적립방식은 근로기간 대비 퇴직 후 기간이 짧고, 이자율이 높은 사회에서 유리한 방식이다.

적립방식의 장점으로는 첫째, 지출이 적은 제도 초기 단계부터 지출이 많아지는 제도 성숙단계까지 보험료를 평준화할 수 있어 보험료를 세대 간에 공평하게 부담하게 된다. 둘째, 개인별 연금에 대한 명확한 재산권이 부여되어 있어 정부가 사회·경제적 환경변화에 따라 연금액 수준이나 보험료율을 조정하는 데 따른 정치적 부담이 적다. 셋째, 노후에 받을 만큼의 금액을 미리 적립해두기에 기금운용에서 큰 사고가 발생하지 않는 한 재정이 안정적이다. 넷째, 적립된 기금을 투자하여 수익창출을 통해 적립기금을 증액시킬

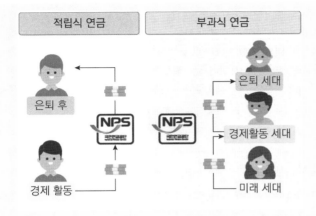

| 적립식 연금 | 부과식 연금 |
|---|---|

은퇴 후

경제 활동

은퇴 세대

경제활동 세대

미래 세대

수 있다. 물론 투자가 잘못 될 경우, 오히려 적립기금의 손실을 가져올 수 있는 위험이 있다.

하지만 적립방식은 첫째, 부과방식에 비해 제도 초기부터 부담이 더 과중하며, 둘째, 미래에 대한 정확한 예측이 사실상 불가능하고, 셋째, 인플레이션에 취약하며, 넷째, 평균보험료 산정이 쉽지 않다는 단점이 있다.

이러한 적립방식은 다시 '완전적립방식'과 '부분적립방식' 또는 '수정적립방식'으로 구분할 수 있다.

완전적립방식은 두 가지 측면의 의미를 담고 있는데, 그 하나는 가입자가 내는 보험료를 모두 적립하였다가 훗날 일정 연령에 도달하면 연금으로 급여를 제공한다는 것이다. 또 다른 하나의 의미는 제도 도입 단계부터 미래의 예상 총수입과 총지출을 맞춘 고정보험료율을 적용하는 방식이라는 것이다.

반면, 부분적립방식은 가입자가 보험료를 내면 일부는 현재 노인 세대를 위한 연금으로 지급하고, 나머지는 기금으로 적립하는 방식이다. 즉, 완전적립방식과 같이 지급할 연금액의 100%를 모두 적립하는 것이 아니라 후세대 부담을 어느 정도 담보로 해서 지급할 연금액의 일부만을 적립하는 방식이다.

한편, 수정적립방식이란 완전적립방식처럼 고정보험료율을 적용하는 것이 아니라 단계적으로 보험료를 인상·조정하여 장기적인 재정안정성을 이루는 방식이다.

서구 공적연금의 대부분이 부과방식인 반면 우리나라의 국민연금은 부분적립방식 혹은 수정적립방식이다.

부과방식은 적립방식과 달리 현재의 근로세대가 납부하는 보험료를 현재 퇴직세대의 연금지급에 필요한 재원으로 운용하는 방식이다. 즉 젊은 세대가 노인 세대를 부양한다는 원리로, 젊은 세대의 소득을 노인 세대에 이전하는 것이다. 이 방식은 당해 연도 수입과 지출이 일치하도록 보험료를 부과하는 것이다. 결국, 부과방식은 그해 노인에게 지급할 연금을 그해 젊은이들로부터 걷은 보험료로 지급하는 방식으로, 논리상으로는 적립된 기금이 존재하지 않는다. 일반적으로 부과방식은 한 해 지출액 정도에 해당하는 미미한 보유 잔고만 남겨놓고 수입과 지출의 균형을 맞춘다. 서구 대부분의 국가에서는 부과방식을 채택하고 있다.

부과방식의 장점으로는 첫째, 적립방식에 비해 제도시행 초기에 부담이 덜하고, 둘째,

세대 간 유대를 강화시킬 수 있다는 점을 들 수 있다. 하지만 부과방식은 후세대의 부담이 과중될 수 있으며, 특히 인구구조의 변화에 상당한 영향을 받을 수 있다는 단점이 있다. 즉 부과방식은 노인비율이 적고, 생산가능인구가 많아 노년부양비가 낮거나 생산성이 높아 근로자의 실질임금이 높은 사회에서는 적절한 방식이라 할 수 있다. 하지만 고령화 정도가 높고, 특히 생산가능인구가 감소하여 노년부양비가 높은 사회에서는 제도를 유지하기 어렵다.

## 국민연금 가입자 현황

국민연금 총가입자 수는 2022년 3월 말 기준, 22,295,314명이다. 이 가운데 사업장가입자는 14,601,051명(65.5%)이며, 지역가입자는 6,756,989명(30.3%), 임의가입자[23])는 397,184명(1.8%), 임의계속가입자[24])는 540,090명(2.4%)이다. 총가입자 중, 남성이 54.5%(12,142,426명), 여성이 45.5%(10,152,888명)를 차지하고 있다.

연령별 가입자 현황을 살펴보면, 30세 미만 3,998,907명(17.9%), 30~39세 5,091,392명(22.8%), 40~49세 6,064,607명(27.2%), 50~59세 6,600,252명(29.6%), 60세 이상 540,093명(2.4%)이다(국민연금공단, www.nps.or.kr).

## 국민연금의 문제점

일반적으로 노후 소득보장의 가장 중요한 수단으로 꼽히는 국민연금은 몇 가지 중요한 문제점을 안고 있다.

첫째, 연금급여를 받지 못하는 사각지대에 놓여 있는 노인들이 많다. 실제로 2022년 대통령 직속 저출산고령사회위원회가 발표한 '연령통합적 고용환경 조성을 위한 개선방안' 보고서에 따르면 2020년 기준, 65세 이상 인구 중 국민연금을 받는 이들은 54.9%인 것으로 나타났다.[25]) 이는 65세 이상 노인 중 절반에 가까운 45.1%는 가장 주

---

23) 임의가입이란 사업장가입자나 지역가입자가 될 수 없는 사람도 국민연금에 가입하여 연금 혜택을 받을 수 있도록 하는 제도로, 사업장가입자와 지역가입자 이외의 18세 이상 60세 미만인 자가 본인이 희망할 경우 신청에 의하여 국민연금에 가입할 수 있다.

24) 임의계속가입제도란 국민연금 가입자가 60세 이후 노령연금 수급조건인 최소 가입 기간 10년을 채웠지만, 연금을 지급받지 않고 계속 보험료를 내며 65세까지 가입하겠다고 자발적으로 신청할 수 있는 제도다. 임의계속가입자가 되어 보험료를 더 부담하고 가입기간을 늘리면 연금은 당연히 증가한다. 또한, 가입자가 60세 이후 최소 가입 기간 10년이 안 될 경우에는 임의계속가입 제도를 활용해서 노령연금 수급권을 확보할 수 있다.

된 노후 소득 보장망이라 할 수 있는 국민연금을 받지 못하고 있다는 것을 말해 준다.

둘째, 연금수급액이 노후보장을 제대로 할 수 있을 만큼 충분하지 못하다. 실제로 저출산고령사회위원회의 '연령통합적 고용환경 조성을 위한 개선방안' 보고서에 따르면 2020년 기준, 가입 기간 10년 이상인 전체 노령연금 수급자의 평균 연금액은 월 541,000원에 불과한 것으로 나타났는데, 이는 국민기초생활보장제도의 생계급여 수급 기준과 비슷한 수준으로 많은 수급자가 최소한의 생계조차 유지하기 어려운 수준의 급여를 받고 있는 실정이다.

셋째, 연금 지급보장의 불확실성이다. 정부와 국민연금공단은 국민연금 지급을 국가가 최종적으로 보장하기 때문에 국가가 망하지 않는 한 연금은 반드시 받을 수 있다고 홍보하고 있다. 하지만 국민연금의 국가 지급 보장을 법률에 명문화하는 작업은 아직도 실행에 옮겨지지 않고 있다. 다만 2020년 7월 6일, 국회 보건복지위원회 김성주 의원이 국민연금의 국가 지급보장을 명문화하는 '국민연금법 일부개정법률안'을 대표 발의했을 뿐이다. 더욱이 유래를 찾을 수 없는 저출산·고령화 현상, 물가상승에 따른 수급액의 증가, 기금 투자 실패 등은 국민연금 기금고갈에 따른 연금급여를 못 받게 될 수도 있다는 우려를 완전히 씻어내지 못하게 만드는 요인이다.

## (3) 경로우대제도

경로우대제도는 노인들에게 지출을 감소시켜 소득을 보전해 준다는 의미에서 간접적 소득보장제도에 해당한다. 경로우대제도는 1980년 5월에 처음 도입되었는데, 당시에는 70세 이상의 노인이 적용대상이었다. 하지만 2년 뒤인 1982년 경로우대제 적용 연령을 70세 이상에서 65세 이상의 노인으로 하향함으로써 제도의 적용대상을 확대하였다.

경로우대제도의 시행 근거가 되는 노인복지법 제26조와 동법 시행령 제19조에서는 65세 이상 노인에 대해 대통령령이 정하는 바에 의하여 국가 또는 지방자치단체의 수도시설 및 고궁, 능원, 박물관, 공원 등의 공공시설을 무료 또는 할인하여 이용할 수 있도록 규정하고 있다. 다시 말해, 지하철 무임승차를 비롯해 통근열차 50% 할인, KTX·

---

25) 통계청이 발표한 2022년 5월 경제활동인구조사 고령층 부가조사에 따르면 55~79세 연령층 인구 1509만 8000명 중 절반 가량인 49.4%(745만 7000명)만이 연금을 수급하고 있는 것으로 나타났다.

새마을호·무궁화호 30% 할인, 고궁, 국공립 박물관·공원·미술관 무료입장, 국공립 국악원 50% 할인 등의 경로우대를 해주고 있다.

이러한 경로우대제도는 노인복지의 사각지대를 보완해주면서 세대통합을 촉진하는 기능을 수행한다. 그러나 경로우대제도는 급속한 고령화의 영향으로 소요비용이 커져 가고 있고, 부유한 노인층도 혜택을 받는다는 점에서 비용부담이 전가되는 청장년 계층과의 갈등을 유발하는 측면을 함께 가지고 있다(허준영, 2016). 이러한 점에서 현재 65세 이상으로 되어 있는 경로우대제도의 기준 연령을 70세 이상으로 상향 조정하는 논의가 심도 있게 진행 중이다.

## (4) 노인 일자리 지원사업

우리나라의 대표적인 노인 일자리 지원사업으로는 보건복지부가 실시하는 '노인 일자리 및 사회활동 지원 사업'을 들 수 있다. 노인 일자리 및 사회활동 지원사업의 대상은 유형별로 만 60세 이상 또는 65세 이상 노인이다. 또한, 노인의 다양한 경력과 상황에 맞춰 공공형, 사회서비스형, 시장형 등으로 구성되어 있으며, 세부 사업유형에 따라 자격조건과 활동내용이 상이하다.

첫째, 공공형은 노인이 자기만족과 성취감 향상 및 지역사회 공익증진을 위해 자발적으로 참여하는 봉사활동으로 만 65세 이상 기초연금 수급자가 참여 대상이다. 노노케어(취약노인 안부확인) 취약계층지원, 보육시설 봉사 등 공익증진을 위한 프로그램이 공공형에 해당한다.

둘째, 사회서비스형은 노인의 경력과 활동역량을 활용하여 사회적 도움이 필요한 영역(지역사회 돌봄, 안전 관련 등)에 서비스를 제공하는 유형으로, 만 65세 이상 사업참여가 가능하지만, 일부 유형은 만 60세 이상도 가능하다. 가정 및 세대간 서비스, 취약계층 전문서비스, 공공전문 서비스(공공행정업무지원) 등이 이에 해당한다.

셋째, 시장형은 만 60세 이상 사업참여가 가능하며, 다시 '시장형 사업단'[26], '취업 알선형'[27], '시니어인턴십'[28], '고령자 친화기업'[29]의 네 가지 유형으로 나뉜다.

---

26) 시장형 사업단은 노인에게 적합한 업종 중 소규모 매장 및 전문 직종 사업단 등을 공동으로 운영하여 노인 일자리를 창출하는 시장형 노인 일자리 사업이다.

27) 취업 알선형은 일정 교육을 수료하거나 관련 업무능력이 있는 자를 수요처로 연계하여 근무기간에 대한 일정 임금을 지급받을 수 있는 일자리를 제공하는 시장형 노인 일자리 사업이다.

한편, 한국보건사회연구원(2017)의 연구결과에 따르면, 노인일자리 사업은 저소득 취약노인의 빈곤 완화와 건강증진 및 사회적 관계 증진 등 다양한 측면에서 긍정적인 효과가 있는 것으로 나타났다. 하지만 일하고 싶은 노인에 비해 실제로 일할 수 있는 일자리가 턱없이 부족한 점, 민간 분야의 일자리가 부족한 점, 대상이 여성, 고령층, 저학력 노인에 집중되어 상대적으로 60대, 남성, 고학력 노인이 배제되고 있는 점, 일자리사업 시행 15년이 넘도록 여전히 수당은 20만 원을 조금 넘는 수준에 불과한 점 등은 조속히 개선되어야 할 사안이다.

## 2) 건강보장정책

건강보장이란 질병, 부상, 분만, 사망 등의 요인으로 인한 국민의 생활상의 불안을 예방하거나, 이미 발생한 질병을 치료하여 신체 및 정신적으로 건강한 생활을 유지할 수 있도록 국가가 개입하여 보장해 주는 제도를 의미한다(이인재 외, 1999). 건강보장은 개인의 치료비를 국가가 조세에 의해 재원을 조달하여 부담해 주는 공공부조 방식과 개인이 일정액의 보험료를 매월 납부하고 치료비의 일부만을 부담하는 사회보험 방식으로 구분할 수 있다. 우리나라의 노인을 위한 주요 건강보장체계는 국민건강보험, 의료급여, 노인장기요양보험제도, 노인건강지원사업 등으로 구성되어 있다(권중돈, 2016). 여기에서는 국민건강보험, 의료급여, 노인장기요양보험제도에 대해 살펴보고자 한다.

### (1) 국민건강보험제도

국민건강보험제도는 질병이나 부상으로 인해 발생한 고액의 치료비 지출로 가계에 과도한 부담이 되는 것을 방지하기 위하여 국민이 평소에 보험료를 내고 보험자인 국민건강보험공단이 이를 관리·운영하다가 필요할 때 보험급여를 제공함으로써 국민 상호 간 위험을 분담하고 필요한 의료서비스를 받을 수 있도록 하는 사회보험이다.

---

28) 시니어인턴십은 노인이 기업에서 인턴으로 참여할 수 있는 기회를 제공하기 위해 기업에 연계하고 인건비를 지원하며, 기업이 노인을 계속 고용할 경우 기업에 추가로 인건비를 지원하는 시장형 노인 일자리 사업이다.

29) 고령자 친화기업은 노인의 경륜을 활용하여 경쟁력을 갖추고 양질의 노인 일자리를 창출할 수 있는 기업의 설립과 운영을 지원하는 시장형 노인 일자리 사업이다.

국민건강보험제도의 기원은 1963년 12월, 의료보험법의 제정으로 거슬러 올라간다. 1977년 500인 이상 사업장에 근로자 의료보험이 실시된 이후, 1979년 공무원과 사립학교 교직원 의료보험, 1988년 농어촌 지역의료보험이 순차적으로 실시되었고, 1989년 도시지역 의료보험이 실시됨으로써 전(全) 국민 의료보험이 실현되었다. 그 후, 1998년 지역의료보험조합과 공무원·교원 의료보험공단을 국민의료보험관리공단으로 통합하였고, 1999년 2월 국민건강보험법이 제정되었다. 그로부터 1년 후인 2000년에 국민의료보험관리공단과 직장의료보험조합을 통합하고 의료보험은 건강보험으로, 국민의료보험관리공단은 국민건강보험공단으로 명칭을 변경하여 현재에 이르고 있다.

국민건강보험제도는 일정한 법적 요건이 충족되면 본인의 의사와 상관없이 건강보험 가입이 강제되며 보험료 납부의무가 부여된다. 사회보험방식으로 운영되는 국민건강보험은 사회적 연대를 기초로 의료비 문제를 해결하는 것을 목적으로 한다. 따라서 소득수준 등 보험료 부담능력에 따라 보험료를 차등 부과하지만, 보험료 부담수준과 관계없이 관계 법령에 의하여 균등하게 보험급여가 제공되므로 소득재분배 기능도 수행한다.

## (2) 의료급여제도

의료급여란 생활유지 능력이 없거나 생활이 어려운 저소득층 국민의 의료문제(질병, 부상, 출산 등)를 국가가 보장하는 공공부조 제도이다. 이 제도는 1979년 의료보호제도로 시작하여 2001년 10월 의료급여제도로 변경되었다.

의료급여 수급권자는 의료급여법에 의한 의료급여를 받을 수 있는 자격을 가진 사람으로 1종 수급권자와 2종 수급권자로 구분된다.

1종 수급권자는 근로 능력이 없거나, 보건복지부 장관이 근로가 곤란하다고 인정한 자로 구성된 세대의 구성원, 국민기초생활보장법에서 정한 보장시설에서 급여를 받고 있는 자(국민기초생활보장 시설수급자), 보건복지부 장관이 인정한 자(국민기초생활보장 특례수급자), 보건복지부 장관이 정하여 고시하는 희귀난치성질환 및 중증질환자(암환자·중증화상환자)로 등록된 자, 행려환자, 타법에 의한 수급권자(이재민, 의상자 및 의사자의 유족, 입양아동(18세 미만), 국가유공자, 국가무형문화재 보유자, 북한이탈주민, 노숙인, 5·18민주화운동 관련자 등이 해당한다.

한편, 2종 수급자는 국민기초생활보장 대상자(생계·의료·주거·교육급여 수급자) 중에서 1종 수급권자 기준에 해당되지 않는 자를 말한다.

의료급여는 본인 부담이 없거나 소액만 지급하는 특성으로 인해 2·3차 의료급여기관으로 진료가 집중될 수 있으므로 의료자원의 효율적 활용과 대형병원으로의 환자 집중 현상을 방지하기 위하여 3단계 급여절차[30]를 규정하고 있다. 이러한 의료급여 절차에 의하지 않고, 즉 의료급여의뢰서 없이 의료급여기관을 이용한 경우에는 진료비 전액을 본인이 부담해야 한다.

### (3) 노인장기요양보험제도

노인장기요양보험제도는 고령이나 노인성 질병 등으로 일상생활을 혼자서 수행하기 어려운 이들에게 신체활동 및 일상생활 지원 등의 서비스를 제공하여 노후 생활의 안정과 그 가족의 부담을 덜어주기 위한 사회보험제도이다. 노인장기요양보험 가입자는 국민건강보험 가입자와 동일하기에 장기요양보험료는 건강보험료와 통합 징수한다. 2023년 기준, 장기요양보험료율은 2022년 12.27%보다 0.54%포인트(4.40%) 인상된 12.81% 이다. 따라서 만일 건강보험료로 10만 원을 납부한다면, 10만 원의 12.81%인 12,810원을 장기요양보험료로 납부해야 하기에 총납부액은 112,810원이 된다.

노인장기요양보험제도의 신청대상은 소득수준과 상관없이 노인장기요양보험 가입자와 그 피부양자 및 의료급여수급권자로서 65세 이상 노인과 65세 미만의 노인성 질병이 있는 자이다. 급여대상은 65세 이상 노인 또는 치매, 중풍, 파킨슨병 등 노인성 질병을 앓고 있는 65세 미만인 자 중 6개월 이상 동안 홀로 일상생활을 수행하기 어려워 장기요양서비스가 필요하다고 인정되는 자이다.

노인장기요양보험의 급여내용으로는 시설급여, 재가급여, 특별현금급여 등이 있다. 첫째, 시설급여는 노인요양시설에 장기간 입소해 있는 장기요양 1등급 또는 2등급 수급자를 대상으로 신체활동 지원 및 심신기능 유지 향상을 위한 교육, 훈련 등을 제공하는 급여이다. 둘째, 재가급여란 장기요양 1~5등급[31] 수급자를 대상으로 요양보호사

---

30) 수급권자가 의료급여를 받고자 하는 경우 먼저 1차 의료급여기관(의원, 보건기관, 보건의료원)에 의료급여를 신청하여야 하며, 진찰 결과 또는 진료 중에 다른 의료급여기관(2차 의료기관: 병원, 종합병원)의 진료가 필요한 경우에는 진료담당의사의 진료의견이 기재된 의료급여의뢰서를 제출하여야 한다. 2단계 진찰 결과 다른 의료급여기관(3차 의료기관: 상급종합병원)의 진료가 필요한 경우에도 2차 진료담당의사의 진료의견이 기재된 의료급여의뢰서를 제출하여야 한다.

31) 장기요양등급은 1~5등급으로 구분되는데, 1등급이 가장 심신상태가 좋지 않아 전적으로 다른 사람의 도

가 수급자의 가정을 방문하여 신체활동 및 가사활동 등을 지원하거나 목욕, 간호 서비스 등을 제공하고, 주간보호센터 이용, 복지용구 구입 또는 대여 등을 지원하는 급여를 의미한다. 장기요양 1~2등급 수급자는 시설급여 대신 재가급여를 이용할 수 있지만(중복급여 적용 불가), 3~5등급 수급자는 시설급여를 이용할 수 없고 재가급여만 이용할 수 있다. 셋째, 특별현금급여란 장기요양 인프라가 부족한 가정, 천재지변, 신체·정신 또는 성격 등 그 밖의 사유로 장기요양기관이 제공하는 장기요양급여를 이용하기 어렵다고 인정하는 경우에 가족요양비를 지급하는 것을 말한다.

## 3) 노인복지서비스

노인복지서비스란 노인을 대상으로 제공되는 사회서비스로 노인의 사회적, 심리적 적응, 자아발달을 위한 욕구충족, 그리고 일상생활의 당면한 문제해결을 위한 비물질적 서비스를 의미한다.

노인복지서비스의 특징으로는 첫째, 노인의 개별 욕구에 대응해야 하는 개별성, 둘째, 일상생활에서 곤란을 겪는 노인의 의존상태 전략을 방지하는 예방성, 셋째, 노인의 선택 가능성과 서비스 이용에 필요한 접근 용이성을 제고해야 하는 접근성, 넷째, 서비스의 장소에 따라 입소서비스-통소(通所)서비스[32]-재가서비스-이용서비스, 그리고 기간과 기능에 따라 장기보호-단기보호-주야간보호 등을 포괄하는 다양성을 들 수 있다. 현행 노인복지서비스로는 노인돌봄서비스 사업, 여가지원서비스, 평생교육서비스, 사회참여지원서비스, 노인권익보호서비스 등이 있다(권중돈, 2016).

### (1) 노인돌봄서비스 사업

노인돌봄서비스 사업이란 혼자 힘으로 일상생활을 영위하기 어려운 노인과 독거노인에게 욕구에 따라 안전 확인, 생활교육, 서비스 연계, 가사·활동지원, 주간보호서비

---

움이 필요한 자로서 장기요양 인정 점수가 95점 이상인 자이며, 5등급은 치매환자로서 장기요양 인정 점수가 45점 이상 51점 미만인 자이다. 다만, 1~5등급 외에 2018년에 '인지지원등급'이 신설되었는데, 이는 신체기능 저하와 관계없이(장기요양 인정 점수가 45점 미만) 치매증상이 있는 자를 대상자로 하여 적절한 지원을 받을 수 있도록 하였다.
32) 통소서비스란 고령자 복지센터 등 사회복지시설에 간호, 재활을 목적으로 다니며 받는 서비스를 말한다.

스 등 맞춤형 복지서비스를 제공하는 것을 목적으로 하는 사업이다.

노인돌봄서비스 사업은 노인돌봄기본서비스[33], 노인돌봄종합서비스[34], 무연고 독거노인 장례지원 등으로 구성되어 있다. 하지만 노인돌봄서비스가 중증질환 노인이나 저소득 노인 또는 독거노인에 국한되는 경향이 있어, 중산층이면서 일상생활에 어려움을 겪는 노인을 위한 돌봄서비스가 부족하다는 점은 문제점으로 지적된다. 또한, 서비스 제공 인력의 업무량에 대한 부담으로 인해 전문적으로 질 높은 서비스를 제공하는 데 한계가 있는 점들은 조속히 보완되어야 할 문제점이라 할 수 있다.

## (2) 여가지원서비스

노년기의 고독과 소외문제를 해결하기 위한 방법 중의 하나는 여가시간을 적절히 활용할 수 있도록 서비스를 제공하는 것이다. 실제로 노인들이 여가활동을 적절히 할 수 있게 된다면, 위축된 사회관계망을 보완·유지할 수 있어 고독과 소외감을 완화시킬 수 있다. 또한, 건전한 여가활동은 정신건강과 자아 개념의 긍정적 변화를 가져다주며 자신의 잠재력 확인과 신체적 건강도 회복할 수 있는 긍정적인 기회를 갖게 된다.

이런 차원에서 정부는 노인복지법상 노인여가복지시설로 규정되어 있는 경로당, 노인복지관, 노인교실 등을 운영하며 여가지원서비스를 제공하고 있다. 다만, 노인휴양소는 2010년 4월 노인복지법 개정으로 노인여가복지시설에서 제외되었다.

하지만 문제는 현재의 노인세대가 생계유지와 자녀교육을 위해 자신의 젊음을 다 바쳤다고 해도 과언이 아닌 분들이기에 여가에 대한 예비사회화가 이루어지지 않았다는 점이다. 또한, 여가복지시설도 부족하고 접근성도 떨어져 여가활용도가 매우 저조하다. 더욱이 여가활동을 지도할 전문인력의 부족, 제한적인 여가 프로그램 등으로 인해 노인의 여가욕구를 충족하기에 한계가있는 것이 사실이다. 따라서 이러한 문제를 해결하여 노인세대가 유익한 여가활동을 즐길 수 있도록 지원하는 노력이 필요하다.

---

33) 노인돌봄기본서비스란 만 65세 이상 독거노인을 대상으로 가정방문, 유선 등을 통한 주기적 안전 확인, 생활교육, 서비스 연계 등의 서비스를 무료로 제공하는 서비스이다.

34) 노인돌봄종합서비스란 만 65세 이상의 노인(단기가사의 경우, 독거노인 또는 만 75세 이상 부부노인 가구)을 대상으로 돌봄서비스를 제공하며, 서비스 대상의 소득수준, 서비스 시간, 이용서비스 종류에 따라 본인부담금 및 바우처 지원액이 차등화되어 있다.

## (3) 평생교육서비스

1978년 문교부(현 교육부)에서 '노인교실 설치 요강'을 만들어 전국 초등학교 학군 단위로 노인교실을 설립하고 운영비를 지원하였는데, 이를 우리나라 노인교육정책의 시작으로 보고 있다(이혜연 외, 2009). 우리나라 노년교육은 1982년 12월, 국회에서 통과한 사회교육법에 바탕을 두고 발전되어 왔으며, 1998년 평생교육법이 제정되면서 평생교육과 관련한 법체제가 정비되었다(한정란, 2005).

우리나라 노인교육과 직접적으로 관련된 법적 근거는 노인복지법과 평생교육법이며, 유관 주무 부처인 보건복지부와 교육부가 노인교육 정책을 추진해 오고 있다. 현행 시행되고 있는 노인교육 프로그램 가운데 대표적인 것으로는 퇴직준비교육, 세대 간 교육, 죽음준비교육 등을 들 수 있다.

하지만 노인복지법에 의한 노인교육지원체계는 노인의 자기계발이나 자아발전을 위한 적극적인 교육보다는 여가활용, 교양향상 등 여가활동과 관련한 소극적인 노인교육에 한정되어 있다는 문제가 있다. 또한, 평생교육법에 의한 노인교육 지원체계 역시 평생교육의 스펙트럼 안에서 노인교육을 논의함으로써 노인의 특성을 고려한 명확한 노인교육의 개념적 틀을 제시하지 못하고 있다는 한계가 있다(이봉주 외, 2013).

## (4) 사회참여지원서비스

사회참여는 사회적 연계를 유지하고 사회활동에 적극적으로 참여하는 것으로 개인적인 경제활동에서부터 지역사회 조직이나 단체활동, 그리고 정치적 활동에 이르기까지 광범위한 영역을 아우르는 용어이다(Levasseur, et al., 2010). 우리나라 노인복지법 제23조에서는 사회참여를 자원봉사와 경제활동 등으로 제시하고 있다. 하지만 저출산·고령사회기본법에서는 고용 및 소득보장(제11조)과 구분하여 여가문화 및 사회활동의 장려(제14조)에서 사회활동을 자원봉사활동 등으로 규정함으로써 사회참여를 협의적 의미로 해석하고 있다(이금룡, 2016).

이러한 노인의 사회참여를 지원하기 위해 정부에서는 노인의 자원봉사를 활성화하기 위한 다양한 정책을 추진하고 있다. 우선 자원봉사활동을 총괄하는 정부 부처인 행정안전부는 자원봉사활동 진흥을 위한 제3차 국가기본계획(2018~2022) 수립을 통해 자원봉사의 시민적 가치를 정립하고, 일상적 자원봉사 참여 접근성을 향상하면서 사회 저변의 자원봉사 참여영역을 확장해 오고 있다. 또한, 보건복지부에서는 노인 자원봉사활동을 촉진하기 위해 대한노인회에서 주관하는 노인자원봉사클럽과 한국노인종합복지관협회에서 주관하는 노인전문자원봉사사업을 지원하고 있다.

한편, 시민서비스 지원 사업은 노인의 사회참여를 위해 사회공헌 일자리 또는 사회참여형 일자리 등의 이름으로 정부의 여러 부처 및 지자체에서 실시하고 있는 사업이다. 사실상 보건복지부에서 실시하고 있는 '노인일자리 및 노인 사회활동 지원 사업'이나 '노인재능 나눔활동 지원 사업'은 일자리 사업 혹은 자원봉사 활동이라기보다는 시민서비스의 범주에 포함된다고 보는 것이 더 타당하다. 노인 사회활동 지원사업은 노인이 자기만족과 성취감 향상 및 지역사회 공익 증진을 위해 자발적으로 참여하는 봉사활동으로 노노케어, 취약계층 지원, 공공시설 봉사, 경륜 전수 활동 등이 해당한다.

한편, 노인재능 나눔활동 지원 사업은 재능을 보유한 노인에게 자신의 재능을 나눌 기회를 제공하여 사회참여를 통한 노후 성취감을 제고하고 건강 및 대인관계 개선을 유도하는 사업이다. 이 사업에는 노인안전예방활동, 상담안내활동, 학습지도활동, 문화예술활동, 건강증진예방활동, 노인권익증진사업 등이 포함된다.

하지만 기본적으로 우리나라 노인들은 봉사에 대한 인식이 부족하여 자원봉사활동 참여율이 매우 저조하며, 자원봉사 프로그램도 부족하고 자원봉사조직과 지원체계 역시 미비하다. 따라서 이러한 문제점을 개선하고 노인의 자원봉사 참여를 촉진하기 위해서는 노인의 참여의식 제고, 노인 봉사프로그램 개발, 노인 자원봉사 지도자 양성, 자원봉사조직의 확대 등이 이루어질 필요가 있다(권중돈, 2016).

### (5) 노인권익보호서비스

노인권익보호서비스는 노인학대 사례에 전문적이고 체계적으로 대처하기 위해 2004년 1월, 노인복지법 개정을 통해 노인학대의 예방과 학대받는 노인의 보호를 위한 긴급전화, 노인보호전문기관의 설치 등에 관한 조항 신설을 계기로 시작되었다. 이후, 2011년 4월, 노인복지법 개정을 통해 노인보호전문기관을 중앙노인보호전문기관과 지역노인보호전문기관으로 구분하였다.

중앙노인보호전문기관은 노인인권보호 관련 정책 제안, 노인인권보호를 위한 연구 및 프로그램 개발, 노인학대 예방 홍보, 교육자료 제작 및 보급, 노인보호전문사업 관련 실적 취합, 관리 및 대외자료 제공, 지역노인보호전문기관 상담원의 심화교육, 관련 기관 협력체계의 구축 및 교류, 학대받은 노인의 단기보호, 노인인권보호를 위하여 보건복지부장관이 위탁하는 사항 등을 담당한다.

반면, 지역노인보호전문기관에서는 노인학대 신고전화의 운영 및 신고사례 접수, 노인학대 의심사례에 대한 현장조사, 피해노인 및 노인학대 행위자에 대한 상담, 피해노인 가족 관련자와 관련 기관에 대한 상담, 상담 및 서비스 제공에 따른 기록과 보관, 일반인을 대상으로 한 노인학대 예방교육 등의 업무를 담당한다(중앙노인보호전문기관, www.noinboho.or.kr).

하지만 우리나라의 노인권익보호서비스는 이제 걸음마를 시작한 상태에 불과하여 노인인권에 대한 연구와 논의 등은 초보 단계에 머물러 있는 수준이다. 또한, 노인권익보호를 위한 원칙이나 지침은 구체성과 실현 가능성이 매우 제한되어 있다. 따라서 노인인권 침해의 소지가 있는 법률의 개정, 노인인권에 대한 학술적 연구 지원, 노인인권보호 프로그램 개발 및 확충을 위한 더 많은 노력이 기울여져야 한다(권중돈, 2016).

MEMO

"삶이 아무리 어렵게 보여도
거기에는 무엇인가 할 수 있는 일이 있고,
성공할 게 있다."
- 스티븐 호킹(Stephen William Hawking) -


2021년은 장애인복지법이 제정된 지 40년이 되는 해이다. 그동안 장애인복지 분야는 많은 긍정적인 변화를 경험하였다. 실제로 각종 장애인 관련 법률 제정, 장애 범주 확대, 비장애인과의 통합교육, 소득보장정책 개선, 사회복지시설 평가제 실시, 수요자 중심의 서비스 제공 등 장애인복지 관련 제도의 비약적인 발전을 이루었다. 하지만 이러한 발전에도 불구하고 장애인의 독립적 생활과 정상화를 통한 사회통합의 측면에서 장애인에 대한 편견과 차별에 따른 사회적 배제가 여전히 만연한 것이 사실이다. 장애인은 비장애인과 동등한 시민으로서 지역사회의 구성원이며 자신의 삶에 대한 주체가 되어야 하는 존재이다. 이를 위해서는 교육, 직업재활, 고용 등 모든 영역에서 차별받지 않으며, 기회와 권리가 균등하게 보장되는 환경이 구축되어야 한다. 본 장에서는 장애인과 장애인복지의 개념, 장애 범주, 장애인 문제와 그 해결 대안 등을 살펴봄으로써 장애인복지 전반에 대한 이해를 도모하고자 한다.

# CHAPTER 13 ● 장애인복지

## 01 장애의 개념

### 1) 장애와 장애인의 정의

장애의 사전적 정의는 신체 기관이 본래의 제 기능을 하지 못하거나 정신능력에 결함이 있는 상태를 의미한다. 하지만 장애는 객관적 특성과 주관적 특성을 모두 가진 다차원적 개념이며, 법적·의학적·사회적 관점에 따라 다양하게 정의될 수 있어 한마디로 규정하기 어려운 개념이다. 장애를 질병 또는 손상으로 이해한다면, 신체나 정신에 국한된 개인의 문제로 인식될 수 있다. 하지만 장애를 사회적 구성물(social construct)로 이해할 경우, 장애는 개인이 사회로부터 배제됨에 따라 발생하는 사회적·제도적 불이익을 지칭하는 개념으로 해석할 수 있다(정인용·윤상용, 2014).

그룬비크(Grönvik, 2007)는 장애에 대한 개념을 다음과 같이 다섯 가지 유형으로 구분하여 정리하였다.

첫째, 기능적 정의(functional definition)이다. 이는 개인의 기능 제한에 초점을 맞춰 장애를 정의하는 것으로, 각 나라의 장애인 수를 확인하기 위한 통계적 목적에서 장애를 정의하는 것이다.

둘째, 사회적 모델[1]에서 장애를 정의하는 일종의 사회적 정의(social definition)이다. 이는 장애를 개인의 차원이 아닌 사회적 환경의 차원에서 인식하는 것이다. 즉 사회적 정의는 장애를 신체적 또는 정신적 손상을 가진 사람이 사회 구성원으로서 정상적인 생활을 영위하는 데 방해가 되는 접근불가능성과 사회적·물리적·제도적 장벽을 의미하는 것으로 본다.

셋째, 환경적 정의(environmental definition)이다. 이는 영국에서 주창한 사회적 모델의 북유럽 버전(version)이라고 할 수 있을 만큼 사회적 모델에서의 개념정의와 궤를

---

1) 사회적 모델에 관해서는 13장 1절 3)-(1) 개별적 모델과 사회적 모델을 참고하시오.

같이한다. 다시 말해, 환경적 정의는 장애를 개인적 차원이 아닌 개인과 환경 간의 관계, 즉 상호작용으로 장애를 규정한다.

넷째, 행정적 정의(administrative definition)이다. 이는 복지국가의 분배적 문제를 해결하기 위한 목적을 가진 정의라 할 수 있다. 즉 증가하는 복지비용의 부담으로 인해 정부는 북지수혜의 대상을 명확히 해야 할 필요가 생겼고, 행정적 정의는 이러한 목적에서 정책결정자들에 의해 규정된 장애라 할 수 있다.

다섯째, 주관적 정의(subjective definition)이다. 이는 개인이 자신을 장애인이라고 생각하는지에 따른 정의이다. 일반적으로 장애인은 비장애인과는 다른 치료나 지원의 대상이 되고 비개인화(de-personalized)되기 때문에 주관적 경험과 판단이 자신을 장애인으로 인식하는지에 영향을 미치게 된다.

한편, 1975년 12월 9일, 유엔 총회에서 만장일치로 채택된 '장애인 권리 선언(Declaration on the Rights of Disabled Persons)' 제1조에 따르면, 장애인이란 선천적으로나 후천적으로 신체적 또는 정신적 능력의 결함으로 인해 본인 스스로 개인생활이나 사회생활을 정상적으로 영위할 수 있는 필요조건을 전혀 갖출 수 없거나 부분적으로 갖출 수밖에 없는 사람으로 규정하고 있다. 그 후 2006년 12월 13일, 유엔에서 채택된 '장애인 권리 협약(Convention on the Rights of Persons with Disabilities)'에서는 장애인을 다양한 장벽과의 상호작용으로 인하여 다른 사람과 동등한 완전하고 효과적인 사회참여를 저해하는 장기간의 신체적, 정신적, 지적 또는 감각적 손상을 가진 사람으로 정의하고 있다.

그렇다면 우리나라에서는 장애인을 어떻게 정의하고 있을까?

우리나라 '장애인복지법' 제2조 제1항에서는 장애인을 신체적·정신적 장애로 오랫동안 일상생활이나 사회생활에서 상당한 제약을 받는 자로 규정하고 있다. 여기서 신체적 장애는 주요 외부 신체기능의 장애 및 내부기관의 장애를 의미하며, 정신적 장애는 발달장애 또는 정신질환으로 발생하는 장애를 말한다. 이러한 정의는 포괄적인 의미에서 보면, 바로 다음 절(節)에서 소개할 '장애개념의 분류'에서 설명하고 있는 ICIDH나 ICF의 기능적 정의와 상당히 유사한 개념이라 할 수 있다.

하지만 구체적으로 살펴보면, 이러한 장애인의 개념이 단지 선언적 의미만을 담고 있다는 사실을 확인할 수 있다. 실제로 동법 제2조 제2항에서는 "이 법의 적용을 받는 장애인은 다음 각 호의 1에 해당하는 장애를 가진 자"로 규정하고, 장애유형을 각호로 제시함으로써 일차적으로 장애유형에 따라 장애인 인정 여부를 결정하도록 하고 있다.

또한, 구체적으로는 대통령령에서 인정되는 장애의 종류 및 기준을 제시하도록 하고 있다. 즉 특정 장애 종류에 해당되지 않으면 일상생활 또는 사회생활에 심대한 제약이 있다 하더라도 장애인으로서의 법적 보호를 받을 수 없는 것이다(황수경, 2004).

사실상 장애에 대한 다양한 개념 정의는 각기 다른 목적에 따라 이루어진다. 하지만 분명한 사실은 한 사회의 장애의 기준이 얼마만큼 넓고 관대한가, 특히 어떠한 정책적 지향점을 가지고 장애를 정의하고 있으며, 장애의 기준이 얼마만큼 그 정책적 목표에 충실한지는 해당 사회 구성원들의 사회적 합의 수준에 따라 결정된다는 점이다. 즉 사회적 약자에 대한 보호에 소극적인 사회에서는 가능한 적은 수의 사람을 장애인으로 규정하고 이들을 위한 최소한의 정책수단을 마련한다. 하지만 사회적 약자에 대한 보호를 강조하는 사회에서는 장애를 광범위하게 인정하고, 그들의 삶이 비장애인의 삶과 차이가 나지 않게끔 장애인에게 불리한 사회제도를 수정하고 환경을 개선해 가는 적극적인 조치를 취한다. 이러한 차원에서 장애인의 인권 보호가 아직은 소극적인 수준에 머물러 있는 우리 사회는 장애의 개념과 장애인의 기준 및 범주에 대한 좀 더 전향적인 인식전환과 접근이 필요하다고 할 수 있다.

## 2) 장애개념의 분류

장애의 개념은 사실상 변화를 거듭해 왔다. 그 변화의 특징으로는 첫째, 장애 당사자의 자기결정과 선택에 대한 강조, 둘째, 장애를 규정하는 개념에 있어 단순모델에서 복합모델로의 전환[2]), 셋째, 장애의 개념 규정에서 환경적 요인에 주목하며[3]) 국가와 사회의 적극적인 역할 강조, 넷째, 장애의 개념 규정에서 긍정적인 용어사용 강조 등을 들 수 있다(김용득, 2002).

여기에서는 지금까지 세계보건기구가 발표한 장애분류체계의 변화를 살펴봄으로써, 장애의 개념정의에 있어 어떠한 점들이 강조되어 왔고, 그러한 강조점이 어떻게 변화되어 왔는지를 파악해 보고자 한다.

---

2) 단순모델에서 복합모델로의 전환이란 장애인의 잔존기능의 최대화를 장애인복지서비스모델로 여기는 개별적 모델과 사회적 제 환경과의 상호작용을 변화시켜 나가는 것을 강조하는 사회적 모델의 이분법적 구분에서 통합적 모델로의 전환을 의미한다.
3) 환경적 요인에 주목한다는 의미는 장애를 신체적 손상 여부를 넘어 개인과 사회적 환경의 관계에서의 물리적, 제도적, 사회적 장벽을 의미하는 개념으로 인식하고 있다는 것을 의미한다.

## (1) ICD

초기 세계보건기구(WHO)에서는 'ICD(International Classification of Diseases: 국제질병분류)'4)의 의료적 분류에 따라 장애를 질병으로 간주하였다. 그러나 질병으로 인해 발생하는 현상에 주목하게 되면서, 신체적 손상을 넘어 장애인들이 겪는 사회적 영역에서의 불리함에 대한 문제점이 지속적으로 제기되었다. 그에 따라 1975년 ICD-95)에서는 질병과 사회적 불리(handicap)를 구분하여, 질병의 결과로 발생하는 현상을 사회적 불리로 지칭하였다. 그러나 이 개념은 당시 ICD 분류에 통합되지는 못하였고 보조적인 개념으로 사용되는 수준에 머물렀다.

## (2) ICIDH

1970년대까지 세계보건기구의 공식적인 장애분류체계는 없었고, 단지 질병분류체계인 ICD만 존재하였다. 하지만 신체기능과 구조상의 손상(Impairment)만이 아니라 손상의 중요도, 즉 기능적 결과와 사회적 결과를 함께 고려한 일종의 통합분류 틀의 필요성이 대두되기 시작하였다. 그에 따라 세계보건기구는 영국 맨체스터 대학의 필립 우드(Philip Wood) 박사에게 만성질환의 결과를 포괄하기 위해 기존의 ICD 확대를 위임하였고, 그 결과를 근간으로 하여 1980년에 장애를 이해하는 새로운 접근으로 'ICIDH(International Classification of Impairments, Disability, and Handicaps: 국제장애분류)'라고 하는 장애에 관한 개념적 틀을 발표하였다. 이를 ICIDH의 초판이라는 의미에서 ICIDH-1이라고 일컫기도 한다.

ICIDH는 장애의 개념을 <그림 13-1>에서 볼 수 있는 바와 같이, '손상(Impairments)', '능력장애(Disabilities)', '사회적 불리(Handicaps)'라는 세 차원으로 구분하였다.6)

---

4) ICD의 원래 명칭은 "International Statistical Classification of Diseases and Related Health Problems"인데, 이를 "International Classification of Diseases"라고 줄여 일컫기도 한다.

5) ICD의 9번째 개정판 국제질병분류를 의미한다.

6) ICIDH의 세 차원을 번역하는 데 있어, 혹자는 impairment를 기능장애로 번역하기도 하고, 또 다른 이들은 disability를 기능장애로 번역하기도 하며, handicap을 사회적 장애로 번역하기도 하는데, 여기에서는 impairment를 손상으로, disability를 능력장애로, handicap을 사회적 불리로 지칭한다.

첫째, 손상은 심리적·생리적·해부학적 구조나 기능의 손상 또는 비정상을 의미하는 개념이다. 이는 정신적 기능체계를 포함한 신체의 구조적 비정산, 결손 또는 손실의 존재를 포괄하는 개념으로 병리적인 상태가 외재화된 것을 의미한다. 둘째, 능력장애는 개인적 차원에서 일상생활의 활동을 수행하는 데 있어 손상에 의한 이차적 제약을 의미한다. 즉 능력장애는 손상이 객관화된 것을 뜻하며, 손상의 직접적 결과로 일상생활 수행에서의 장애를 뜻하는 개념이다. 시신경의 손상으로 인한 시력장애, 중추신경의 손상에 따른 보행장애 등이 이에 해당한다. 셋째, 사회적 불리는 손상 또는 능력장애로 야기된 사회적 차원에서 경험하는 불이익으로, 정상적인 역할수행을 제약하거나 방해하는 편견, 차별 및 배제 등을 의미한다. 이는 손상이나 능력장애가 사회화된 것을 의미하며, 이로 인해 야기된 개인에 대한 사회적·문화적·경제적·환경적 결과를 반영하는 개념이라 할 수 있다(임종호·이영미·이은미, 2016).

▌그림 13-1 ICIDH의 장애 개념

이러한 ICIDH의 장애의 개념분류는 장애에 대한 사회적 책임론을 확장할 수 있는 여지를 크게 하였다는 점에서 의의를 갖는다. 하지만 손상이 능력장애를 유발하고, 능력장애가 사회적 장애를 유발한다는 단선적인 인과론적 주장은 결국 장애의 궁극적인 원인을 개인의 책임으로 전가하며, 환경요인에 대한 고려가 여전히 부족한 장애분류라는 비판을 받는다.

## (3) ICIDH-2

장애의 개념을 정립하는 데 있어 사회환경적 접근이 더욱 강조되면서 세계보건기구에서는 ICIDH를 수정하여 1997년에 ICIDH-2(International Classification of Impairments, Activities, and Participation)를 발표하였다. ICIDH-2는 장애를 '손상(Impairment)', '활동(Activities)', '참여(Participation)'의 세 차원으로 분류하고, 부가적으로 '상황적 요인(Contextual Factors)'을 제시하였다. 즉 ICIDH-1에서 두 번째 차원인 '능력장애(Disability)'

는 ICIDH－2에서 '활동(Activities)'으로 대체되었고, 이 차원에서 발생하는 부정적인 상황을 '활동 제약(activity limitation)'이라고 지칭하였다. 또한, ICIDH－1에서 세 번째 차원이었던 '사회적 불리(Handicap)'는 ICIDH－2에서 '참여(Participation)'로 대체되었으며, 이 차원에서 발생하는 부정적인 상황을 '참여 제한(participation restriction)'이라고 명명하였다.

이를 좀 더 상세히 설명하면, 첫째, 손상은 신체구조 또는 생리적·심리적 기능상의 손실이나 비정상을 의미한다. 둘째, 활동은 일상에서 기대되는 개인의 과업 또는 통합된 행동의 실행으로, 보기, 듣기, 인지하기, 학습, 과업완수, 의사소통, 운동, 일상생활, 대인활동, 특정 상황에 대한 반응과 처리 등을 포함하는 개념이다. 셋째, 참여는 개인과 환경간의 상호작용의 결과로 일상생활은 물론 다양한 사회생활에 개입하는 것을 말한다. 이와 같이 참여의 개념이 등장한 것은 장애인의 권리와 욕구에 대한 강조가 커지고 있음을 반영한다. 즉 참여는 장애인도 지역사회의 일원으로 동일한 기회를 가지며 선택을 할 수 있는 자격이 있고, 사회생활의 모든 영역에 참여하기를 원한다는 철학에 기반을 둔다. 이러한 참여에는 개인적인 유지와 보호의 참여, 이동성의 참여, 정보교환의 참여, 사회적 관계의 참여, 교육·노동·레저와 정신적 영역의 참여, 경제생활의 참여, 지역사회 생활의 참여 등이 포함된다(김용득 외, 2007).

### (4) ICF

장애인정책이 '참여'를 주된 과제로 할 때, ICIDH－2의 장애판단체계만으로는 사회정책적 관점에서 유용한 기준을 제시하지 못한다는 문제가 제기되었다(European Commission, 2002). 세계보건기구에서는 이러한 문제제기를 수용하여 2001년에 ICIDH－2에서 제시된 내용을 계승하면서, 분류체계와 용어사용을 보다 긍정적이고 환경지향적으로 수정한 ICF(International Classification of Functioning, Disability and Health: 기능, 장애, 건강에 대한 국제 분류)를 발표하였다(임종호·이영미·이은미, 2016). ICF는 장애에 대한 개별적 모델과 사회적 모델의 통합을 위한 시도였으며, 장애인과 비장애인 모든 사람의 건강에 관련된 요소들을 설명해 줄 수 있는 보편적인 적용이 가능한 틀이라고 할 수 있다.

ICF는 <표 13－1>에서 볼 수 있는 바와 같이 두 개의 영역으로 구분되며, 각 영역은 두 개의 구성요소로 이루어져 있다.

첫 번째 영역은 '기능수행(functional performance)과 장애(disability)' 영역으로, 신체기능 및 구조 요소와 활동 및 참여 요소로 구성된다. 우선 신체기능은 육체와 심리학적 기능을 포함하는 생리학적 기능을 뜻하며, 신체구조는 신체 내부기관과 팔, 다리 및 그 구성요소의 해부학적 부분을 말한다. 활동과 참여는 ICIDH-2에서 전술한 바와 같다.

두 번째 영역은 '상황적 요인(contextual factors)'이다. 이 영역은 환경적 요인과 개인적 요인으로 구성된다. 환경적 요인은 사람이 삶을 영위하는 물리적·사회적·인지적 환경으로, 기능과 장애의 모든 구성요소에 영향을 미친다. 즉 환경적 요소는 사회의 인식, 건물의 이용불편 정도 등 개인의 외적요소로, 사회 구성원으로서 개인의 행동 및 과업수행능력, 신체기능 또는 구조에 긍정적이거나 부정적인 영향을 미친다. 반면, 개인적 요소는 성, 연령, 인종, 습관, 대처양식 등 개인의 삶과 생활의 특정한 배경이자 개별 특성을 의미한다(황수경, 2004; 임종호·이영미·이은미, 2016).

〈표 13-1〉 ICF에 의한 장애 개념

| 구분 | 영역1: 기능수행과 장애 | | 영역2: 상황적 요인 | |
|---|---|---|---|---|
| 구성요소 | 신체기능 및 구조 | 활동 및 참여 | 환경적 요인 | 개인적 요인 |
| 영역 | • 신체기능<br>• 신체구조 | 생활영역<br>(과업, 행동 등) | 기능과 장애에 영향을 미치는 외적 요소 | 기능과 장애에 영향을 미치는 내적 요소 |
| 구성물 | • 신체기능의 변화<br>(생리학적)<br>• 신체구조의 변화<br>(해부학적) | • 표준적 환경에서의<br>과업수행 능력<br>• 현재 환경에서의<br>과업수행 정도 | 신체적, 사회적, 행태적 측면에서 촉진 또는 억제하는 요소 | 개별 특성에 의한 영향 |
| 긍정적 측면 | 기능적, 구조적<br>통합성 | 활동과 참여 | 촉진 요인 | 해당 없음 |
| | 기능 | | | |
| 부정적 측면 | 손상 | 활동제한 및<br>참여제약 | 장해 요인<br>저해 요인 | 해당 없음 |
| | 장애 | | | |

자료: WHO(2001). ICF Introduction, p.11

## 3) 장애의 개념적 모델

### (1) 개별적 모델과 사회적 모델

장애의 개념과 이론적 패러다임을 구성하는 모델은 크게 개별적 모델과 사회적 모델로 대별할 수 있다.

우선 개별적 모델(individual model)은 치료 모델, 의료적 모델, 또는 개인중심 모델이라고도 한다. 이 모델은 첫째, 장애를 개인이 가진 의학적, 기능적 문제로 간주하면서 장애문제의 원인을 개인에게 있다고 인식하고, 둘째, 문제의 원인이 기능적 장애나 심리적 상실에서 기인한다고 보는 관점이다. 이러한 관점은 장애의 개인적 비극이론을 구성하는데, 개인적 비극이론이란 장애를 불행한 개인에게 무작위적으로 발생하는 끔찍한 사건으로 간주하는 것이다(Oliver, 1996). 따라서 개별적 모델은 의료전문가에 의한 치료와 재활을 통해 장애인이 개별적으로 사회적응을 해나가는 것을 목적으로 한다(임종호·이영미·이인미, 2016).

하지만 개별적 모델은 개인의 건강상의 이상과 무능력(disablement) 사이에 필연적인 인과 관계를 전제로 하고 있으므로 신체의 구조나 기능에 손상을 입게 되면 반드시 무능력해진다고 간주하는 문제를 내포한다. 이러한 문제는 이 모델이 장애의 사회적 맥락을 고려하지 못했다는 한계를 지니는 문제와도 연관된다. 즉 개별적 모델은 장애인에게 완벽하게 적합한 환경이 제공된다면 비록 생리학적 손상이 있어도 장애가 있다고 할 수 없다는 사실을 제대로 설명하기 어려운 문제가 있다(이선우, 2009). 또한 개별적 모델은 장애인의 생물학적 결함을 강조함으로써 장애인이 사회적으로 열등하다고 간주하게 만든다는 문제도 내포한다(김경미·김미옥, 2006).

반면, 사회적 모델(social model)은 장애인이 생활하는 사회환경의 문제를 강조하는 모델로, 사회행동 모델 또는 환경중심 모델이라고도 한다(권유경, 2001). 이 모델은 장애를 개인에게 귀속된 것이 아니라 사회적 구성체로 본다. 즉 장애를 사회적 환경에 의해 만들어진 차별 및 배제 등과 같은 부적절한 조건들로부터 비롯된 문제로 보는 관점이다. 사회적 모델에 따르면, 장애는 장애인의 물리적·문화적·사회심리적 욕구에 대해 해당 사회가 적절한 서비스를 제공하는 데 실패하여 발생하는 것이며, 그러한 실패의 결과는 사회적으로 제도화된 차별을 통해 장애인에게 전달된다(Oliver, 1996). 따라서 사회적 모델에서는 장애인이 전 영역의 사회생활에 온전히 참여할 수 있도록 하기 위한 '환경적 변화'를 강조한다.

하지만 사회적 모델 역시 다음과 같은 한계를 지닌다. 첫째, 장애인의 삶에 있어 매우 중요한 부분이라고 주장되는 손상을 무시하고 단일 차원으로 보고 있다는 비판을 받는다. 실제로 손상에 대한 사회적 모델의 무관심으로 인해 장애인의 삶에 대한 연구와 장애정책의 개발도 제한되었다(Mitra, 2005; Palmer, 2011). 둘째, 설령 사회적 환경의 개선이 이루어진다 해도 여전히 일부 장애인들은 사회생활의 어려움을 겪을 수밖에 없다(이선우, 2009).

이러한 비판에 따라 사회적 모델의 수정판이라고 할 수 있는 사회관계적 모델 (social relational model)이 개발되었다. 사회관계적 모델은 손상의 개별적 영향과 사회적 영향 모두를 인정한다. 그럼에도 불구하고 사회관계적 모델은 여전히 장애를 손상의 영향에 부가되어 사회적 태도의 영향으로부터 발생하는 것으로 이해하면서, 사회적 상황을 조건으로 한다고 본다(Thomas, 2002; Reindal, 2008). 결국, 사회관계적 모델은 전통적인 사회적 모델 관점을 유지하면서, 손상을 가진 사람들을 위해 사회의 장벽을 줄여나가야 함을 강조한다.

## (2) 프리스틀리의 다중모델

영국의 사회학자 프리스틀리(M. Priestley, 1998)는 장애에 대한 이분법적 분류의 한계를 지적하면서, 앞에서 설명한 개별적 모델과 사회적 모델을 유물론과 관념론의 두 차원과 결합시켜 개별적-유물론 접근, 개별적-관념론 접근, 사회적-유물론 접근, 사회적-관념론 접근 등 네 가지의 다중모델을 제시하였다. 유물론은 물질이 의식보다 근본적이라고 생각하는 반면, 관념론은 의식이 물질보다 근본적이라고 보는 관점이다. 여기서 '물질'이란 제도, 사회적 관계, 신체 등 철학적 물질개념을 의미한다. 서구사회에서 장애인복지서비스 패러다임은 유물적 접근에서 관념적 접근으로 이동하는 경향을 보여주고 있다.

첫째, 개별적-유물론 접근은 '의료적 모델'을 지칭한다. 이 관점은 신체의 손상을 문제의 근원으로 보고, 장애를 신체의 손상과 동일한 개념으로 간주한다. 또한, 장애의 원인과 책임은 개인에게 있다고 보면서, 손상을 최소화하고 정상에 가깝게 재활하는 것을 목표로 한다(김정우·박경수, 2005).

둘째, 개별적-관념론 접근은 개별적 모델이지만, 손상된 신체 대신에 인식의 상호작용 및 감정의 경험에 초점을 둔다. 즉 장애가 있는 개인의 의식에 초점을 맞춰 그의 심리가 어떠한지, 그리고 그를 대하는 비장애인들의 태도는 어떤지 등에 초점을 맞춘다. 이 관점에 의하면, 장애는 개인적 경험의 산물이며 개인 간 사회적 역할의 협상을 통한 결과물이다.

셋째, 사회적–유물론 접근은 '사회적 생성주의 모형'이라고도 하는데, 장애를 정치나 경제의 발달에 따라 야기되는 권력의 유물론적 관계로 인식한다. 즉 산업화 및 자본주의의 발달에 따라 장애가 발생하며 억압과 차별이 장애를 생산한다고 보는 관점이다. 따라서 억압과 차별을 만드는 사회구조를 개선하는 노력이 우선되어야 하며, 이를 위해 물리적·구조적·제도적으로 '장애를 만드는 장벽(disabling barriers)'을 제거하는 것이 필요하다고 주장한다(이동석, 2003).

넷째, 사회적–관념론 접근은 '사회적 구성주의 모형'이라고도 하는데, 장애를 사회의 문제로 보기는 하지만 특정한 문화적 맥락에서 발달하는 사회의 관념론적 산물로 인식한다. 즉 장애가 사회의 문화적 표상에 의해 그 사회에서 받아들여질 수 없는 존재로 인식됨에 따라 발생하는 것이라 본다.

## 02 장애 범주와 정도

### 1) 장애 범주

장애 범주는 법적으로 어느 범위까지 장애인으로 인정하는가에 따라 실질적으로 규정된다. 우리나라의 경우, 1989년 개정된 장애인복지법(1981년 제정)에서 장애인의 범주를 지체장애, 시각장애, 청각장애, 언어장애, 정신지체의 5가지 영역으로 한정하였다. 그 후, 1999년 장애인복지법이 전면 개정되면서 장애를 신체적 장애(외부 신체기능의 장애, 내부기관의 장애)와 정신적 장애(정신지체 또는 정신적 질환으로 발생하는 장애)로 구분하였고, 장애인을 '신체적·정신적 장애로 인하여 장기간에 걸쳐 일상생활 또는 사회생활에 상당한 제약을 받는 자'로 정의하였다. 이러한 장애인의 정의 변경과 함께 2000년 1월, 기존의 5개 장애 유형 외에 뇌병변장애, 발달장애, 정신장애, 신장장애, 심장장애 등 5개 범주를 추가하여 장애 범주를 10개 유형으로 확대하였다. 또한, 2003년 7월, 장애인복지법 시행령과 시행규칙의 개정을 통해 기존의 10개 범주 외에 호흡기장애, 간

장애, 안면장애, 장루·요루장애, 간질장애 등 5개의 범주를 다시 추가함으로써 <표 13-2>에서 보는 바와 같이 15개 유형으로 확대하였다.

한편, 2007년 '장애인복지법' 시행령과 시행규칙이 또 한 차례 개정되면서 장애인의 정의 중 '정신적 장애'를 '발달장애 또는 정신질환으로 발생하는 장애'로 개정하였고, '정신지체'를 '지적장애'로, '발달장애'를 '자폐성장애'로 용어를 개칭하였다.

〈표 13-2〉 우리나라 장애분류 및 장애범주

| 대분류 | 중분류 | 소분류 | 세분류 |
|---|---|---|---|
| 신체적 장애 | 외부 신체 기능 장애 | 지체장애 | 절단장애, 관절장애, 지체기능장애, 변형 등의 장애 |
| | | 뇌병변장애 | 뇌의 손상으로 인한 복합적인 장애 |
| | | 시각장애 | 시력장애, 시야결손장애 |
| | | 청각장애 | 청력장애, 평형기능장애 |
| | | 언어장애 | 언어장애, 음성장애, 구어장애 |
| | | 안면장애 | 안면부의 추상, 함몰, 비후 등 변형으로 인한 장애 |
| | 내부기관 장애 | 신장장애 | 투석치료 중이거나 신장을 이식 받은 경우 |
| | | 심장장애 | 일상생활이 현저히 제한되는 심장기능 이상 |
| | | 간장애 | 일상생활이 현저히 제한되는 만성·중증의 간기능 이상 |
| | | 호흡기장애 | 일상생활이 현저히 제한되는 만성·중증의 호흡기기능 이상 |
| | | 장루·요루장애 | 일상생활이 현저히 제한되는 장루·요루 |
| | | 뇌전증장애 | 일상생활이 현저히 제한되는 만성·중증의 뇌전증 |
| 정신적 장애 | 발달 장애 | 지적장애 | 지능지수가 70 이하인 경우 |
| | | 자폐성장애 | 소아청소년 자폐 등 자폐성 장애 |
| | 정신장애 | 정신장애 | 정신분열병, 분열형정동장애, 양극성정동장애, 반복성우울장애 |

자료: 장애인복지법 시행규칙, '장애등급판정기준' 2. 적용범위

## 2) 장애인 등록 및 장애 정도

### (1) 장애인 등록제도

일반적으로 장애인 등록제도는 장애정도 판정제도(舊 장애등급 판정제도[7])와 더불어 국가가 장애인구를 파악하고, 장애인복지서비스를 제공할 수혜대상을 선정하며, 행정적 효율성을 제고하기 위한 목적으로 시행된다. 우리나라는 1987년 10월 1일 장애인 등록 시범사업을 처음으로 실시한 이후, 1988년 11월 1일 장애인 등록 및 판정 사업을 전국적으로 실시하였다.

2007년 이전에는 각 장애유형별로 지정된 전문의에게 찾아가 장애등급 판정을 받은 후, 지자체에 제출하면 보건복지부에 장애인으로 등록되었다. 하지만 장애등급 판정의 객관성 문제가 지속적으로 대두됨에 따라 2011년 4월부터 신규로 장애인 등록을 원하는 모든 장애인은 국민연금공단으로부터 장애판정과 장애등급(現 장애정도)을 심사받은 후, 그 결과에 따라 장애인으로 등록하게 되었다(임종호 · 이영미 · 이인미, 2016).

### (2) 장애정도 판정제도

얼마 전까지만 해도 우리나라의 장애인 등록제도는 장애등급에 따른 차등적인 복지서비스 혜택으로 인해 문제점이 계속 제기되어 왔다. 우선, 기존의 장애등급 판정제도는 수요자 중심이 아닌 행정편의의 공급자 중심으로 운영되고 있다는 점에서 비판을 받아 왔다. 즉 장애인에게 단지 의료적 측면에서 1급부터 6급까지의 등급을 부여하고, 이를 각종 서비스 지급 기준으로 활용해 옴으로써 장애인의 개인적 특성과 환경을 종합적으로 고려하지 못하고 있으며, 적절한 지원을 제공하는 데에도 한계가 있다는 지적이 끊이지 않았다. 또한, 의료적 장애등급이 비록 낮다(장애 정도가 심하지 않다) 하더라도 사회적 기능이나 자립기능이 매우 열악할 수 있다는 문제도 제기되어 왔다.

이러한 문제제기에 따라 장애인복지법 개정을 통한 '장애등급제 폐지 및 서비스 지원 종합조사의 도입(2019년 7월)'에 따라 기존의 장애등급제도를 폐지하고, <표 13-3>에서 볼 수 있는 바와 같이 '장애의 정도가 심한 장애(중증: 기존의 1~3급)'와

---

7) 우리나라 장애등급은 2019년 7월 폐지되었고, 장애 정도로 구분하고 있다.

'장애의 정도가 심하지 않은 장애(경증: 기존의 4~6급)'로 구분하고 있다. 신체적 장애와는 달리 지적장애, 자폐성장애, 정신장애 등 정신적 장애는 모두 중증으로 분류된다. 이처럼 장애정도에 대한 구분의 단순화를 통해 서비스를 지원할 때 참고자료로만 활용하고, 주요 서비스의 수급자격은 별도의 자격심사를 거쳐 결정하고 있다.

하지만 이러한 정부의 장애등급 폐지에 대해 장애인 단체 측은 바뀐 제도에서도 수요자의 욕구에 대한 고려는 찾아볼 수 없다고 비판한다. 즉 장애인을 위한 맞춤형 복지를 하려면 수요자가 필요한 서비스가 무엇인지 파악하는 것이 우선되어야 하는데, 그런 부분에 대한 조사는 전혀 이뤄지지 않았다는 것이다. 더욱이 기능 제한에 대한 점수 비중이 여전히 높아, 예를 들어 다리가 절단된 사람과 절단되지는 않았지만 걷지 못하는 사람이 똑같이 걷는 것이 불가능함에도, 받을 수 있는 혜택의 차이가 크다는 문제도 제기하고 있다. 따라서 이러한 문제에 대한 향후 개선조치가 이루어질 필요가 있다.

〈표 13-3〉 우리나라의 장애 범주와 정도

| 장애 범주 | 등급(2019년 6월 30일까지) | | | | | |
| | 1 | 2 | 3 | 4 | 5 | 6 |
| | 2019년 7월 1일 이후 | | | | | |
| 지체장애 | 장애의 정도가 심한 장애 (중증) | | | 장애의 정도가 심하지 않은 장애 (경증) | | |
| 뇌병변장애 | | | | | | |
| 시각장애 | | | | | | |
| 청각장애 | | | | | | |
| 언어장애 | | | | | | |
| 안면장애 | | | | | | |
| 신장장애 | | | | | | |
| 심장장애 | | | | | | |
| 간장애 | | | | | | |
| 호흡기장애 | | | | | | |
| 장루 · 요루장애 | | | | | | |
| 뇌전증장애 | | | | | | |
| 지적장애 | | | | 인정되지 않는 장애 정도 | | |
| 자폐성장애 | | | | | | |
| 정신장애 | | | | | | |

## 03 장애 관련 현황

우리나라에서는 '장애인복지법' 제31조와 동법 시행령 제18조 및 제19조 규정에 의거하여 장애인 실태조사가 시행되고 있다. 장애인실태조사는 1980년 이후 5년마다 실시되었으나, 2007년 '장애인복지법' 개정에 따라 3년마다 실시하는 것으로 변경되었다. 여기에서는 2020년 실시된 장애인실태조사(보건복지부 & 한국보건사회연구원, 2020)의 결과를 바탕으로 우리나라 장애인의 실태를 간략히 살펴보고자 한다.[8] 2020년 장애인실태조사는 코로나 19 감염병 확산 등 조사환경의 문제로 인해 2017년 조사 때 실시했던 가구판별조사 대신 2020년 5월 기준 전국에 거주하는 등록장애인 DB를 모집단으로 하여 실시되었다.

### 1) 장애인구 및 장애출현율

2020년 장애인실태조사에 따르면 우리나라의 장애인 수는 약 2,711,223명(재가 장애인 2,622,950명, 시설 장애인 88,273명)에 달하는 것으로 추정된다. 이는 지난 2017년 장애인 실태조사의 2,668,411명보다 52,812명이 증가한 수치이다. 2020년 기준 장애출현율(disability prevalence)[9]의 경우, 재가장애인 출현율은 5.06%이며, 시설장애인까지 포함한 장애출현율은 5.23%로, 이는 2017년 기준 5.39%에 비해 0.16% 포인트 감소한 수치이다.[10]

장애출현율은 <표 13-4>에서 보는 바와 같이, 2011년 5.61%, 2014년 5.59%, 2017년 5.39%로 지속적인 감소추세를 보이고 있다. 이처럼 장애출현율이 감소하는 이유는 의료기술의 발달에 따라 질환이나 사고와 같은 후천적 장애발병이 감소한 데 기인하는 것으로 판단된다.

한편, 재가장애인 기준으로 장애유형에 따른 출현율의 경우, 지체장애가 2.21%로, 15개 법정장애 중 압도적으로 가장 높은 것으로 나타났으며, 그다음으로 청각장애 0.74%,

---

8) 2023년 실시된 장애인실태조사의 결과는 2024년에 발표된다.
9) 장애출현율은 법정 장애 및 범주에 해당하는 장애인의 수가 전체 인구에서 차지하는 비율을 뜻한다.
10) 보건복지부가 발표한 '주요 지표별 등록장애인 상세 현황'에 따르면, 2022년 12월 기준 등록장애인 수는 2,652,860명이며, 총 인구는 51,628,117명으로, 장애출현율은 5.14%이다.

시각장애 0.49%, 뇌병변장애 0.48%의 순이었다. 안면장애의 출현율은 0.005%(2,676명)로 가장 낮은 순위였다.

〈표 13-4〉 장애인구 및 장애출현율

(단위: 명, %)

| 구분 | | 재가장애인 | 시설장애인 | 전체 |
|---|---|---|---|---|
| 2020년 | 장애인수<br>출현율 | 2,622,950<br>5.06 | 88,273<br>- | 2,711,223<br>5.23 |
| 2017년 | 장애인수<br>출현율 | 2,580,340<br>5.21 | 88,071<br>- | 2,668,411<br>5.39 |
| 2014년 | 장애인수<br>출현율 | 2,646,064<br>5.43 | 80,846<br>- | 2,726,910<br>5.59 |
| 2011년 | 장애인수<br>출현율 | 2,611,126<br>5.47 | 72,351<br>- | 2,683,477<br>5.61 |

자료: 2020년 장애인실태조사, 한국사회보장정보원 수정

## 2) 재가장애인의 특성

### (1) 성별, 연령 및 교육수준

재가장애인의 성별 분포는 남성 57.8%, 여성 42.2%로, 남성의 비율이 다소 높다. 장애유형별로 살펴보면, 대부분의 유형에서 남성의 비율이 더 높았으며, 특히 자폐성장애는 남성의 비율이 86.2%를 차지할 정도로 매우 높았다. 여성의 비율이 더 높은 장애유형은 정신장애뿐이며, 여성이 51.3%를 차지하고 있는 것으로 나타났다.

한편, 장애인의 연령 분포를 살펴보면, 연령대가 높아질수록 비율이 증가하는 경향을 보이는데, 실제로 50~60세 미만 17.8%, 60~70세 미만 22.5%, 70세 이상 38.3%로 나타나 60세 이상의 장애인이 전체 장애인의 60.8%를 차지하고 있다. 이러한 경향은 대부분의 장애유형에서 유사하게 나타나는데, 다만 자폐성장애는 오히려 40대 미만의 연령대가 99.7%를 차지하고 있으며, 지적장애도 40대 미만이 65%를 차지하고 있는 것으로 나타났다.

장애인의 교육수준은 '무학' 8.9%, '초등학교' 28.6%, '중학교' 17.8%, '고등학교' 30.5% 그리고 '대학 이상'이 14.3%인 것으로 나타났다.

## (2) 결혼 및 자녀

장애인의 결혼과 관련, 장애인 중 72.4%는 만 20~29세에 결혼한 것으로 나타났다.[11] 2020년 기준으로 장애인의 51.3%가 배우자가 있으며, 20.8%는 사별, 10.4%는 이혼 및 별거, 17.4%는 아직 미혼 상태인 것으로 나타났다. 특히 자폐성장애인의 경우에는 조사대상자 전원(100%)이 결혼하지 않은 것으로 나타났으며, 지적장애인(79.5%), 정신장애인(59.6%), 뇌전증장애인(55.2%)이 다른 장애인에 비해 미혼 비율이 높은 것으로 파악되었다.

결혼 당시 장애여부에 대해서는 장애가 있었던 경우가 21.5%로 나타났으며, 결혼 당시 배우자에게 장애가 있었던 경우는 단지 3.7%에 불과했다.

현재 자녀 유무와 관련하여, 장애인의 94.9%가 자녀가 있는 것으로 확인되었다. 자녀의 수는 2명이 43.3%로 가장 많은 비율을 차지했고, 다음으로 3명인 경우가 22.5%, 1명이 15.1%, 4명이 10.1%로 조사되었다. 반면 자녀가 5명 이상인 경우도 8.9%에 달했다.

## (3) 취업률 및 실업률

2020년 기준, 우리나라의 15세 이상 장애인 취업인구는 801,000명으로 추정된다. 연령별로는 50~64세가 331,800명으로 가장 많고, 다음이 65세 이상 235,500명, 40~49세가 131,500명 등의 순으로 나타나 장애인 취업인구의 중·고령화 현상을 확인할 수 있다.

장애인 인구대비 취업자비율(고용률)은 29.5%로 2017년의 36.9%에 비해 7.4% 포인트나 감소한 것으로 나타났다. 이는 전체인구 고용률이 2017년 61.3%에서 2020년 60.4%로 감소한 것 보다 훨씬 더 큰 폭으로 감소한 것이다.

실업률은 5.8%로 2017년의 5.1%에 비해 0.7% 포인트 증가하였으며, 연령별로는 20~29세가 7.1%로 가장 높고 다음은 30~39세가 6.8%, 50~64세가 6.3%로 나타났다.

---

11) 2017년 장애인실태조사에서는 장애인의 평균 결혼연령이 26.3세로 나타났다.

## (4) 경제상태

장애인의 국민기초생활보장 수급 여부를 보면, 장애인가구의 19.1%는 국민기초생활보장 생계급여 수급자인 것으로 나타났다. 장애유형 별로 보면, 생계급여 수급가구의 비율이 가장 높은 장애인은 정신장애인(60.0%)이었으며, 뇌전증장애인(45.1%), 지적장애인(36.3%) 가구도 생계급여 수급가구의 비율이 매우 높게 나타났다.

장애인 총가구 소득의 월평균 금액의 분포를 보면, 50~99만원 범주가 26.2%로 가장 많았으며, 이어서 100~149만원 16.1%, 150~199만원 10.5%, 200~249만원 10.0%, 300~349만원 8.5%의 순으로 나타났다. 따라서 월평균 총가구 소득이 200만원 미만인 장애인의 비율은 59.0%로, 2017년의 49.1%에 비해 9.9% 포인트나 증가했다. 장애유형 별로는 정신장애(47.1%), 청각장애(41.6%) 중에서 100만원 미만의 비율이 높게 나타났다.

## 04 장애인복지의 이념

장애인복지란 장애인의 완전한 사회참여와 사회통합을 이루기 위해 장애인이 직면하고 있는 기능적, 사회적인 모든 불리(handicap)를 파생시키는 신체적, 심리적, 사회적 조건들을 개선하고 제거하기 위한 제반 활동이라 할 수 있다. 이를 위해서는 장애의 개념이나 이로 인해 파생되는 문제 그리고 그러한 문제를 해결하기 위한 다양한 접근을 제대로 이해하는 것이 필요하다(정무성 외, 2006).

사실상 장애의 개념이나 장애로 인해 발생하는 문제들을 해결하기 위한 관점, 이론, 모델 등의 접근들은 세월의 흐름에 따라 그 패러다임이 변해 왔다. 즉 의료모델에서 사회모델로, 공급자 중심에서 수요자 중심의 서비스 접근으로, 시설 중심에서 재가 중심으로 그리고 전문가 중심에서 자립과 역량강화를 통해 장애인 스스로가 장애인복지실천의 주인이 되는 방향으로 변화되어 왔다(전봉윤, 2002).

여기에서는 1950년까지 수용시설 중심의 장애인복지실천에서 강조되었던 접근에서 탈피하여 인권보장, 정상화, 사회통합, 자립생활 등 장애인복지의 새로운 패러다임을 가능하게 한 몇몇 이념들에 대해 살펴보고자 한다.

## 1) 인권보장

인권보장은 장애인복지에 있어 가장 기본이 되는 이념이라 할 수 있다. 실제로 인권보장의 이념은 앞으로 설명할 장애인복지의 여타 이념들의 기반이 되는 핵심적인 이념이다. 유엔이 채택한 '장애인 권리 협약' 제1조에서도 본 협약의 목적을 장애인이 모든 인권과 기본적인 자유를 완전하고 동등하게 누릴 수 있도록 증진, 보호 및 보장하고, 장애인의 천부적 존엄성에 대한 존중을 증진하는 것이라고 규정하고 있다. 하지만 우리 사회에서는 장애를 이유로 인간으로서의 존엄과 생명존중의 가치를 존중받지 못하는 상황을 쉽게 목격할 수 있다. 따라서 장애인복지가 궁극적으로 추구해야 할 지향점은 장애인도 인간으로서의 존엄성을 존중받고, 비장애인과 동등한 기본적 권리를 누릴 수 있는 사회를 만들어 가는 것이라 할 수 있다.

## 2) 정상화

정상화(normalization)의 개념은 지역사회가 장애인의 사회복귀와 자립을 위한 적절한 복지서비스를 제공해야 한다는 '탈시설화(deinstitutionalization)'의 개념과 밀접한 연관을 갖는다. 즉 정상화란 장애인도 우리 사회의 구성원으로서 비장애인과 동일한 생활조건과 생활양식을 유지하며 정상적인 삶을 살아가야 함을 강조하는 이념이다. 따라서 정상화의 이념은 비장애인 중심의 사회로부터 장애인을 격리하여 보호하는 것이 더 적절한 방법이라고 보는 '분리 관점'과 대척점에 있다고 할 수 있다. 분리 관점에 따르면, 장애인은 비정상적이며 타인에게 의존해야 하는 존재이기에 자신의 문제를 자주적으로 해결할 수 있는 능력을 약화시킴으로써 스스로 사회와 분리되도록 한다고 본다.

정상화의 원리는 1950년대 덴마크의 뱅크 미켈슨(Bank-Mikkelson)에 의해 처음 그 개념이 구체화 되었다, 그 후 1969년 스웨덴의 뱅트 니르제(Bengt Nirje)가 그의 논문 「정상화의 원리와 인간 관리의 함의(The Normalization Principle and Its Human Management Implications)」에서 정상화의 원리와 개념을 최초로 정의했다. 니르제는 정상화의 원리에 대해 지적장애인을 정상적으로 만든다는 개념이 아니라 그들의 생활조건을 가능한 정상적으로 하는 것이라 주장했다. 결론적으로 정상화란 개인의 성장과 발달에서 일반적인 발달경험을 강조하고, 가정에서의 삶, 이웃과 함께하며 지역사회에 통합되어 있는 삶, 인생주기에서의 선택의 자유 등을 중요시하는 이념으로, 장애인의 일상생활이 비장애인과 동일하거나 비슷한 리듬이어야 한다는 것을 의미한다.

이러한 정상화의 개념은 1970년대에 북미로 전파되어 1980년대에 울프 울펜스버거(Wolf Wsolfensberger)에 의해 장애인의 재활과 복지 측면에서 그 중요성이 강조되었다. 울펜스버거(1983)는 정상화를 장애인이 일상생활에서 사회의 보편적 흐름에 합류하기 위하여 가치 있는 사회적 역할을 습득하고, 이를 유지하기 위해 문화적으로 가치 있는 수단을 이용하는 것이라고 정의하였다. 즉 정상화란 가치 있는 사회적 역할 강화를 통해 장애인이 교육, 훈련, 노동을 적절히 수행하며 비장애인과 마찬가지로 완전한 사회참여를 이루는 것을 의미한다. 특히 울펜스버거는 정상화를 위해 시설운용에 따른 재정보다 훨씬 더 많은 예산을 투입하여 서비스의 질을 향상시켜야 한다고 주장하였다. 이러한 정상화의 개념은 지역사회 내에서 장애인이 비장애인과 동등한 사회 구성원으로 생활할 수 있는 이념적 근거의 초석이 되었다.

## 3) 사회통합

사회통합이란 장애인이 사회적 참여와 상호작용을 통해 지역사회의 주요 구성원으로서 역할을 수행하며 더불어 살아가는 것을 의미한다. 또한, 사회통합은 장애인의 사회참여를 통한 역할수행뿐만 아니라 이를 가능하게 하는 사회구조적 측면에서의 환경개선을 포함하는 개념이라 할 수 있다. 따라서 사회통합은 정상화의 개념에 기반을 둔다. 즉 사회통합의 이념적 근거가 정상화의 개념이며, 정상화의 결과가 바로 사회통합이라 할 수 있다.

장애인의 사회통합은 다양한 차원에서 이루어진다. 의미 있는 사람들과 관계를 맺으며 살아가는 개인적 통합, 한 가구의 구성원으로서 집안일 등 의무와 책임을 다하며 살아갈 수 있는 물리적 통합, 지역사회 내에서의 다양한 일상적 생활이 가능하게 되는 기능적 통합, 장애인에 대한 사회적 인식이 긍정적으로 변화하여 낙인이 찍히는 일이 없어지는 사회철학적 통합, 지역사회 내의 주민들과 사회적 관계를 형성하며 살아가는 사회적 통합, 보수가 주어지는 직업에 종사하는 직업적 통합, 장애인의 통합을 지지해 주는 구조, 즉 장애인을 위한 다양한 서비스가 제공되는 조직적 통합 등이 그것이다. 이러한 모든 차원의 통합이 이루어질 때, 장애인의 완전한 사회통합이 달성되었다고 할 수 있다.

결론적으로 장애인의 사회통합이란 장애인이 사회적 차별이나 배제 없이 비장애인과 마찬가지로 자신이 속한 지역사회에서 맡겨진 역할을 충실히 수행하면서 사회의 중요한 구성원으로 인정받고 살아가는 것을 의미한다.

## 4) 자립생활

자립생활이란 장애인 스스로 자신의 삶을 결정하고 자신의 생활 전반에 대한 통제력을 가지고 있음을 나타내는 이념이며, 동시에 자기결정권과 자아 존중감 그리고 동등한 기회를 얻기 위한 장애인들의 전 세계적인 운동이다.

자립생활 이념은 장애인의 욕구를 충족시키고 문제해결을 위한 가장 좋은 대안을 고안하고 선택하는 데 있어 장애인 자신의 자기 결정권이 존중되어야 한다고 주장한다. 또한, 장애인의 자립생활을 강조하는 이들은 문제해결을 위해 정치적 힘을 키우고 조직화해야 한다고 주장하면서 탈시설화, 탈의료화[12] 등을 요구한다.

이러한 자립생활 이념을 바탕으로 한 자립생활모델은 장애 자체를 문제의 원인으로 간주하고 장애상태를 극복하는 것을 최우선의 과제로 여겨왔던 기존의 재활모델과는 달리 장애를 야기하는 제반 환경과 조건 그리고 재활과정에 문제가 있음을 지적한다.

## 05 장애인복지정책

장애인을 위해 국가가 펼치는 다양한 시책을 크게 분류하면 소득보장, 의료보장, 교육보장, 고용보장 등으로 구분할 수 있다. 첫째, 소득보장의 경우, 장애인 가구의 평균 소득이 일반 가구의 절반 수준에 머무르고 있다는 사실에서 대부분의 장애인 가구가 경제적 어려움에 놓여 있음을 쉽게 유추할 수 있다. 그러한 차원에서 소득보장이란 장애인 가구가 기본적인 소득을 유지하고 인간적인 삶을 영위할 수 있는 권리를 보장해 주는 것을 의미한다. 둘째, 의료보장은 장애인의 생명과 건강권을 보장해 주고 치료비용으로 인한 소득감소의 위험으로부터 보호해 주는 기본적인 정책을 말한다. 셋째,

---

12) 탈의료화란 장애를 이해하는 데 있어 과거 지배적인 개념이었던 의료적 모델에 대한 반론으로 1970년대 이후 제기된 하나의 이념이다. 이는 장애인 스스로 자신의 건강과 의료적 보호에 대해 책임질 수 있다는 신념을 기반으로 한다. 따라서 탈의료화는 장애인의 병자 역할(sick role)이나 장애에 대한 의료적 모델에서 기대하는 장애행동에 대해 비판한다.

교육보장이란 영유아 시기부터 성인 이후까지 장애유형과 장애정도의 특성을 고려한 교육기회를 제공받고, 장애로 인해 차별받지 않으며 자아실현을 할 수 있는 권리를 보장받는 것을 의미한다. 또한, 장애학생과 비장애학생과의 분리교육을 당연시하던 기존의 인식에서 탈피하여 장애인에게 통합된 교육환경을 제공하는 것도 교육보장에 해당한다. 마지막으로 고용보장은 교육과 함께 국민의 4대 의무이자 권리인 근로를 보장하는 것이다. 즉 장애인이 사회적 편견으로 인해 고용시장에서 실질적인 평등 기회를 박탈당하지 않고 직업을 선택하여 근로할 수 있는 기본적인 권리를 보장하는 것이다.

여기에서는 이들 각각에 대해 우리 정부가 어떠한 정책을 구체적으로 시행하고 있는지 살펴보고자 한다.

## 1) 장애인 소득보장

### (1) 장애연금

우리나라의 공적 연금으로는 국민연금, 공무원연금, 군인연금 및 사립학교교직원연금이 있다. 이 가운데 국민연금의 급여 종류에는 만 60세 이후 평생 지급되는 노령연금, 연금수급자가 사망 시 유족에게 지급되는 유족연금, 국민연금가입자가 수급요건을 충족하지 못하고 탈퇴했을 때 지급되는 반환일시금 및 장애연금으로 구성되어 있다.

이 가운데 장애연금은 18세 이상 60세 미만의 국민연금 가입대상자 중 국민연금에 가입한 자가 가입 도중에 발생한 질병 또는 부상으로 장애를 입어 노동능력이 상실 또는 감소된 경우, 그 장애가 계속되는 동안 생계안정을 위해 지급되는 연금형식의 급여이다. 따라서 장애연금은 경제적 수준과 무관하게 지급되는 보편주의 원칙에 입각한 복지급여이며, '국민연금 장애연금'이라고도 일컫는다.

장애연금은 국민연금보험료를 납부한 사실이 없거나, 지급사유 발생 당시 보험료를 납부한 기간이 납부하여야 할 기간의 2/3에 미달하는 경우에는 지급되지 않는다. 다만, 지급 사유 발생 당시 보험료를 납부하지 않은 기간이 6개월 미만인 경우에는 지급된다.

장애연금은 장애를 입게 된 즉시 지급하는 것이 아니라, 장애 정도가 고정된 때(1년 6개월 경과 후)에 결정된 등급[13])에 따라 1~3급은 매월 연금으로, 4급은 일시금으로

---

13) 장애연금 지급액의 기준이 되는 장애등급(1~4급)은 기존의 장애인등록증의 근거가 되는 장애인복지법상

지급된다. 급여 수준은 1급의 경우 기본연금액 100%＋가급연금액,[14] 2급의 경우 기본연금액 80%＋가급연금액, 3급의 경우 기본연금액 60%＋가급연금액, 4급의 경우 기본연금액 225%(일시불 지급)이다.

## (2) 장애인연금

2010년 7월 시행된 장애인연금은 생활이 어려운 중증장애인에게 매월 일정액을 지급하는 제도이다. 여기서 중증장애인이란 종전의 장애등급 1급, 2급 및 3급 중복장애인을 말하며, 3급 중복장애인이란 3급 장애를 가지고 있으면서 다른 유형의 장애를 추가로 하나 이상 더 가지고 있는 자를 말한다. 장애인연금은 국민연금 가입여부와는 관계없이 만 18세 이상의 등록된 중증장애인 중 본인과 배우자의 소득과 재산을 합산한 금액(소득인정액)이 선정 기준액 이하인 자에게 지급된다. 이처럼 장애인연금은 소득이나 재산에 따라 차등 지급되며 경제력이 있는 장애인은 수혜대상에서 제외되기 때문에 장애연금과 달리 선별주의 원칙에 입각한 복지급여이다.

장애인연금은 기초급여와 부가급여로 구분된다. 기초급여는 근로능력의 상실 또는 현저한 감소로 인하여 줄어드는 소득을 보전해 주기 위해 지급하는 급여로 소득보장 성격의 연금이다. 반면에 부가급여는 장애로 인해 추가로 드는 비용을 지원하기 위해 지급하는 급여이다. 다만 65세 이상 중증장애인의 경우, 동일한 성격의 급여인 기초연금[15]으로 전환하여 지급하고, 기초급여는 지급하지 않는다. 2020년 1월 기준, 생계·의료·주거·교육급여 국민기초생활보장수급자 또는 차상위 계층[16]인 중증장애인이 수령하는 장애인연금 기초급여의 최고지급액은 300,000원이며, 부가급여는 80,000원이다. 반면, 차상위 초과~소득하위 70%의 경우, 장애인연금 기초급여의 최고지급액은 253,750원이며, 부가급여는 20,000원이다.

---

장애등급(1~6급)과는 다른 등급이며, 현재는 장애인복지법상 장애등급(1~6급)도 폐지되고 장애 정도로 구분하고 있다.

14) 가급연금액이란 국민연금가입자에 의해 생계를 유지하는 가족 구성원에게 지급하는 일종의 부양가족수당 성격의 급여를 의미한다.

15) 기초연금에 대한 자세한 설명은 12장 5절 1)－(1) 기초연금을 참고하시오.

16) 차상위 계층이란 소득인정액이 기준 중위소득의 50% 이하인 계층을 말한다.

## (3) 장애수당

장애수당은 '장애인복지법' 제49조에 의거하여 장애인의 장애 정도와 경제적 수준을 고려하여 장애로 인한 추가적 비용을 보전하기 위해 국가와 지방자치단체가 지급하는 수당을 의미한다. 장애수당의 대상자는 만 18세 이상의 등록장애인 중, 생계·의료·주거·교육급여 국민기초생활보장수급자 및 차상위 계층에 해당하는 경증장애인(종전 3~6급)이다. 이들 장애인은 월 4만 원을 지급받으며, 보장시설 수급자는 매월 2만 원을 지급받는다. 따라서 장애수당은 장애인연금과 마찬가지로 선별주의 원칙에 입각한 복지급여라 할 수 있다.

## (4) 산업재해보상보험제도

우리나라에서 산업재해보상보험제도(산재보험제도)는 1963년에 제정되어 1964년부터 시행되었다. 산재보험제도는 산업재해를 당한 근로자의 생활을 보장하기 위해 국가가 사업주로부터 소정의 보험료를 징수하여, 그 재원으로 산재근로자에게 보상을 해주는 사회보험의 하나이다. 우리나라의 4대 사회보험 가운데 건강보험, 국민연금, 고용보험은 사업주와 근로자가 각각 비용을 부담하는 반면, 산재보험은 100% 사업주가 비용을 부담한다.

산재보험은 상시근로자 1인 미만의 사업장까지 그 적용이 확장되어, 정식으로 사업필증을 내는 사업장에서라면 어디든 적용된다. 다만 국민연금이 아닌 각종 특수직역연금(공무원연금, 군인연금, 사립학교교직원연금, 별정우체국직원연금) 가입자는 산재보험 적용 대상이 아니며, 각 직역연금으로부터 재해보상금을 지급받는다.

산재보험 급여의 종류는 요양급여, 휴업급여, 간병료, 간병급여료, 장해급여, 유족급여, 장의비, 상병보상연금 등이 있다.

첫째, 요양급여는 근로자가 업무로 인해 발생한 부상이나 질병이 완치될 때까지 의료기관으로부터 의료서비스의 형태로 제공받는 급여를 말한다. 하지만 건강보험이 적용되지 않는 비급여항목은 산재보험에서도 보상이 안 된다.

둘째, 휴업급여는 근로자가 산재로 인하여 병원에서 요양을 받는 기간 동안 임금 대신 지급하는 급여로 평균임금의 70%를 지급한다.

셋째, 간병료는 산재 근로자의 치료가 완료되지 않아 요양 중인 상태에서 간병인의 도움을 받아야만 하는 경우, 간병인의 임금으로 지급되는 급여이다. 간병료 지급액은 간병이 필요한 정도와 누가 간병을 제공하는지(전문 간병인 또는 기타 가족 간병인)에 따라 다르다.

넷째, 간병급여료는 산재 근로자의 치료가 종결된 이후, 의학적으로 상시 또는 수시로 간병인의 도움을 받아야만 하는 경우에 지급되는 급여이다.

다섯째, 장해급여란 근로자가 업무상의 사유로 부상을 당하거나 질병에 걸려 치유(해당 증상이 고정된 상태에 이르게 된 것)된 후, 신체 등에 장해가 남아 있는 경우에 그 근로자에게 지급하는 보험급여를 말한다.

여섯째, 유족급여란 근로자가 업무상 사고나 질병으로 사망하는 경우, 유족에게 지급하는 급여이다. 유족급여는 연금과 일시금의 형태가 있다. 유족급여의 연금형태 보상을 유족보상연금이라고 한다. 유족보상연금은 근로자가 사망할 당시 근로자가 부양하고 있던 배우자나 미성년 자녀, 60세 이상의 부모가 있는 경우, 이들 중 우선순위자에게 지급한다. 유족보상연금은 사망근로자의 부양가족 수에 따라 월 급여의 약 52%~67%를 지급한다. 하지만 배우자가 없거나 60세 미만의 부모가 유족인 경우와 같이 연금수급 대상자가 없다면 연금이 아닌 일시금으로 지급된다. 유족보상일시금은 일평균임금 ×1,300일분이다.

일곱째, 장의비는 근로자가 업무상 사고나 질병으로 사망하는 경우, 장례를 치르기 위해 지급되는 급여로 일평균임금의 120일분을 일시금으로 지급한다.

여덟째, 상병보상연금이란 근로자의 부상 또는 질병 상태가 폐질 1~3등급에 해당되고, 치료 시작 후 2년이 경과하여도 치유되지 않을 경우 연금형식으로 주어지는 급여이다.

## 2) 장애인 의료보장

### (1) 장애인 의료비 지원

장애인 의료비 지원은 저소득 장애인의 안정적이고 건강한 생활 영위를 위해 지원대상자가 의료기관을 이용할 때 발생하는 본인부담금의 일부 또는 전액을 지원해 주는 시책이다. 장애인 의료비 지원대상자는 의료급여 2종 수급권자인 등록장애인과 차상위 본인부담 경감대상 등록장애인(만성질환자, 18세 미만 장애아동 포함)이다. 이러한 장애인

의료비는 장애인 당사자에게만 지원되고 장애인과 세대를 같이 하는 비장애인에게는 지원되지 않는다.

특히 정부는 희귀난치성 질환에 따른 장애로 인해 장기치료가 필요한 장애인들의 의료비 지원사업을 시행하고 있다. 대상자는 건강보험 가입자 중에서 환자 가구와 부양 의무자 가구의 소득 및 재산 수준을 조사 평가한 후, 지침에서 정한 기준에 부합하는 자, 의료급여 수급권자 및 본인부담 경감대상자 중 건강보험증(특정기호 C, E, F)[17] 확인이 가능한 자이다. 지원내용으로는 요양급여 중 본인부담금을 감면해주고, 보조기기 구입비, 간병비, 호흡보조기 및 기침유발기 대여료, 특수 식이(食餌) 구입비 등은 현금급여 형태로 지원한다.

## (2) 장애인 재활보조기구 무료 교부

장애인 재활보조기구[18] 무료 교부 사업은 국민기초생활보장법상의 수급자 및 차상위 계층으로서 등록장애인 중 교부품목자를 대상으로 지원하는 사업이다. 지원내용을 살펴보면, 1~2급(중증) 지체·뇌병변·심장장애인에게는 욕창방지용 매트를, 시각장애인에게는 음향신호기의 리모콘과 음성탁상시계를, 청각장애인에게는 휴대용 무선신호기를, 뇌병변장애인·근육병 등 지체장애인 1, 2급(중증)에게는 자세보조용구를 무료로 지급한다.

## (3) 장애등록 진단비 및 검사비 지원

장애등록 진단비(진단서 발급비) 지원이란 장애등록 시, 국민기초생활보장제도 수급자 중 생계급여, 의료급여 수급자 등에게 진단서 발급비용 일부를 지원하는 서비스를 의미한다. 장애등록 진단서 발급비의 경우, 지적장애 및 자폐성 장애인은 40,000원, 기타 장애인은 15,000원을 지원한다.

---

17) 건강보험증 C는 희귀난치성질환자, E는 만성질환자 및 18세 미만 아동, F는 만성질환자 및 18세 미만 아동 중 등록장애인을 각각 의미한다.
18) 재활보조기구란 장애인이 장애의 예방과 보완 및 기능의 향상을 위하여 사용하는 의지(義肢: 의수와 의족), 보조기 기타 보건복지부 장관이 정하는 보장구와 일상생활의 편의증진을 위하여 사용하는 생활용품을 의미하며, 과거 '보장구'라는 용어로 지칭되어 오다가 1999년 '장애인복지법' 개정 이후 '재활보조기구'라는 용어로 쓰이고 있다.

한편, 장애등록 검사비 지원이란 장애인 연금, 활동지원 및 중증 장애아동수당 신청 등의 수급자격 확인과 의무 재판정으로 재진단을 받아야 하는 기존 등록장애인 중 기초생활보장 수급자 및 차상위 계층에게 검사비 일부를 지원하는 서비스를 의미한다. 장애등록 검사비의 경우, 생계급여, 의료급여 수급자에게는 진단비 및 검사비를 포함하여 소요비용이 50,000원 이상 초과한 금액에 대해 최대 100,000원을 지원한다. 하지만 생계급여, 의료급여를 받지 않는 수급자(주거급여, 교육급여만 받는 수급자) 및 차상위 계층에게는 진단비 및 검사비를 포함하여 소요비용이 100,000원 이상 초과한 금액에 대해 최대 100,000원을 지원한다. 다만 정밀진단이 필요한 경우와 본인이 장애등급 조정을 희망해서 재검진을 하는 경우에는 장애인 본인이 비용 전부를 부담한다.

### (4) 장애인 건강보험료 경감제도

장애인 건강보험료 경감제도란 국민건강보험 지역가입자인 등록장애인의 건강보험료를 감면해줌으로써 경제적 부담을 덜어주기 위한 시책이다. 우선 건강보험 지역가입자인 등록장애인에게는 자동차분 건강보험료 전액을 면제해 준다. 즉 등록장애인의 소유 자동차는 건강보험료 산정 시 제외한다. 또한, 생활수준 및 경제활동참가율 등급별 점수를 산정할 때 특례적용의 혜택을 제공한다. 즉 건강보험료 책정 시, 지역가입자인 등록장애인의 연령과 성별에 상관없이 기본구간(1구간)을 적용함으로써 보험료가 낮게 책정되도록 해준다.

## 3) 장애인 교육보장

### (1) 장애아 보육료 지원

장애아 보육료 지원 제도는 어린이집을 이용하는 장애아의 보육료를 지원하여 장애아동의 발달을 도모하고 부모의 경제적 부담을 경감하기 위한 시책이다. 지원대상은 보호자의 소득수준에 상관없이 장애인복지카드(등록증)를 소유한 미취학 만 12세 이하의 장애아동이다. 장애아반 편성아동은 462,000원을 지원한다.

## (2) 방과 후 보육료 지원

방과 후 보육료 지원이란 장애아동과 차상위 이하(법정 저소득층 포함)에 해당되는 취학아동이 방과 후 어린이집을 일일 4시간 이상 이용하는 경우 지원하는 시책이다. 장애아동의 경우에는 교사 대 아동 비율을 1:3으로 하여 반을 편성하고, 방과 후 및 장애아보육 보수교육 과정을 이수한 교사를 별도로 배치하여 보육할 경우에는 장애아 보육료의 50%를 지원한다.

## (3) 국립특수학교 및 국립부설학교 특수학급 지원

국립특수학교 및 국립부설학교 특수학급 지원이란 국립특수학교(학급)의 특수교육보조원에 대한 지원 또는 특수교육 대상자의 방과 후 학교 경비를 지원하여 장애학생의 학습권 보장을 도모하려는 시책이다. 특수교육보조원은 특수교육 대상자의 교내 교수−학습 활동, 신변 처리, 급식, 방과 후 활동, 등하교 지도 등에 대해 보조 역할을 담당하는 자를 말한다.

특수교육보조원 지원대상은 특수교육 대상 학생 중에서 중증장애학생을 우선 지원하며, 방과 후 교육비는 특수교육 대상 학생 희망자 전원에게 지원한다.

# 4) 장애인 고용보장

## (1) 장애인 고용의무제도

장애인 고용의무제도는 일명 쿼터제라고도 하는 할당고용 제도로서, 사업주가 의무적으로 고용해야 하는 장애인의 비율(수)을 정해놓는 제도를 말한다. 우리나라의 경우, 근로자를 고용하는 사업주는 그 근로자 총수의 100분의 5 범위 안에서 대통령령으로 정하는 비율 이상에 해당하는 장애인 근로자를 의무적으로 고용하도록 규정하고 있다. 2022년 기준, 장애인 의무고용률은 국가 및 지자체(공무원), 공기업 및 준정부기관, 기타공공기관 및 지방공기업의 경우는 3.6%로 2021년의 3.4%보다 0.2% 포인트 상승했다. 2022년 기준, 민간기업의 장애인 의무고용률은 3.1%로 2021년과 동일하다.

의무고용률 이상 장애인을 고용한 사업주에 대해서는 규모에 상관없이 초과인원에 대해 장려금을 지급한다. 2020년 발생분 기준으로 경증장애인의 경우, 남성 30만 원, 여성 45만 원을 지급하며, 중증장애인의 경우, 남성 60만 원, 여성 80만 원을 지급한다.

하지만 월별 의무고용률에 미달하는 인원에 대해서는 부담기초액(장애인고용부담금)을 부과하는데, 2021년 적용 기준으로 장애인을 한 명도 고용하지 않은 경우 1,822,480원의 부담금을 부과한다.

### (2) 장애인 표준사업장 설립 지원제도

장애인 표준사업장 설립 지원제도란 취업에 어려움이 있는 장애인, 특히 중증장애인에게 안정된 일자리를 제공하기 위해 표준사업장을 설립하는 사업주에게 작업시설, 부대시설, 편의시설 등의 설치비용을 지원하는 제도이다. 지원대상은 장애인근로자 수가 10인 이상이면서, 상시근로자의 30% 이상을 장애인으로 고용하며, 상시근로자의 일정 비율 이상을 중증장애인으로 고용한 표준사업장이다. 이 제도의 지원을 받기 위해서는 신규장애인 고용의무를 7년간 준수해야 한다.

구체적인 지원내용으로는 작업시설, 부대시설, 편의시설, 장애인 출퇴근용 승합차 구입 등의 경우 10억 원 한도 내에서 실제 투자한 금액의 75%를 무상 지원한다. 또한, 중소기업과 지자체 또는 공공기관이 공동으로 표준사업장을 설립할 때에는 20억 원 한도 내에서 투자한 금액의 75%를 무상지원하며, 사회적 경제기업[19]의 경우에는 표준사업장 전환을 전제로 1회, 최대 5천만 원의 초기 창업자금을 지원한다.

### (3) 장애인 고용관리비용 지원제도

장애인 고용관리비용 지원제도란 중증장애인을 고용하고 장애인 근로자의 직장적응능력을 제고하기 위해 일정 자격을 갖춘 작업지도원을 위촉·배치하여 작업지도를 실시한 사업주를 대상으로 고용관리비용 부담을 완화해 주기 위한 제도이다. 지원내용은 대상 장애인 1명당 월 14만 원을 평가 결과에 따라 최대 3년간 지원한다.

---

19) 사회적 경제기업은 사회적 기업, 협동조합, 마을기업, 자활기업, 농어촌공동체회사 등을 지칭한다.

## (4) 장애인 근로지원인제도

장애인 근로지원인제도란 장애로 인해 안정적이고 지속적인 직업생활에 어려움을 겪는 중증장애인 근로자에게 근로지원인을 두도록 함으로써 장애인의 직업생활 안정을 도모하기 위한 제도이다. 근로지원인은 중증장애인 근로자의 업무(서류낭독, 물품이동, 의사소통 및 고객응대, 심리적응 등)를 지원하는 역할을 수행한다.

중증장애인은 1일 최대 8시간 이내의 근로지원인 서비스를 제공받을 수 있으며, 2023년 기준으로 지원단가는 시간당 9,620원(수화통역 및 점역교정 근로지원인의 경우 11,544원)을 지원하며, 본인 자부담은 시간당 300원이다.

## (5) 장애인 고용시설 설치비용 융자제도

장애인 고용시설 설치비용 융자제도란 장애인을 고용하였거나 고용하고자 하는 사업주에 대하여 장애인 고용 관련 작업시설, 부대시설, 편의시설 등의 설치비용, 수리비용, 생산라인 조정비용 및 출퇴근용 승합자동차 구입비용 등을 융자·지원함으로써 장애인 신규고용 창출 및 고용안정을 도모하는 제도이다.

## (6) 중증장애인 지원고용제도

중증장애인 지원고용제도란 직무수행에 필요한 기술과 직장적응을 위한 현장체험을 통해 15세 이상 중증장애인의 고용을 촉진하기 위한 제도이다. 즉 중증장애인의 직무 및 직장적응을 위해 훈련사업체에 직무지도원을 배치하고, 사전 훈련(6일 이내)과 현장훈련(3~7주, 필요시 최대 6개월)을 실시한 후 고용하는 방식이며, 훈련생에게는 훈련준비금, 사업주에게는 보조금을 지원한다.

"행복한 가정은 서로 닮았지만
불행한 가정은 모두 저마다의 이유로 불행하다."
- 톨스토이 〈안나 카레니나〉 중에서 -

오늘날의 가족은 탈제도화, 다양화, 개인화의 변화를 경험하며 격변기를 겪고 있다. 과거 전통적인 가족은 결혼과 출산을 통한 노동력의 재생산 기능을 수행하는 제도적 속성이 강조되었다. 하지만 현대 가족은 개인 간의 자유로운 선택과 계약의 성격을 띤 결혼을 기반으로 평등한 부부관계를 통한 역할의 재설정 등 자율적 개인으로서의 권리가 더 중요시되는 집단으로 변화하고 있다. 또한, 구조적인 측면에서 전형적인 가족 유형으로 간주되던 핵가족의 비율은 지속적으로 감소하고 있는 반면, 단독가구, 한부모가구 등의 비전형적인 가구 비율은 증가하고 있다. 기능적인 측면에서도 전통적으로 가족이 수행하던 기능들은 대부분 약화되었고, 특히 여성 경제활동참여의 증가로 인해 가족의 돌봄기능은 상당 부분 무력화되었다. 이러한 가족의 변화와 함께 유래를 찾아볼 수 없는 저출산과 양극화의 심화 및 위기가정의 증가는 가족복지에 대한 관심을 그 어느 때보다 고조시키고 있다. 본 장에서는 가족의 개념, 구조 및 기능의 변화와 함께 가족복지란 무엇인지를 파악하고, 현대 가족이 직면하고 있는 다양한 문제와 그 문제를 해결하기 위한 우리 사회의 정책적, 실천적 노력에 대해 살펴보고자 한다.

# CHAPTER 14 · 가족복지

## 01 | 가족의 개념

### 1) 가족의 전통적 정의

　　가족의 사전적 정의는 부부와 같이 혼인으로 맺어지거나, 부모·자식과 같이 혈연으로 이루어지는 집단 또는 그 구성원이다. 물론 이 사전적 정의에는 유사혈연관계로 간주하는 양자(養子)도 포함된다. 이러한 사전적 정의는 가족의 전통적인 정의와 궤를 같이한다. 실제로 김두헌(1968)은 가족을 친애의 정으로 접근하기 쉽게 되어 있는 일정한 범위의 혈통관계자의 집단으로서 한 집에 거주하며 의식(衣食) 기타 일상생활을 함께하고 재산을 공동으로 수용(收用)하는 집단이라고 정의하였다. 또한, 미국의 기능주의 사회학자인 머독(George Peter Murdock, 1949)은 그의 저서 『사회구조(Social Structure)』에서 "가족이란 주거를 같이하고 경제적 협동과 출산으로 특징지어지는 사회적 집단이며, 사회적으로 인정된 성적 관계를 유지하는 최소한 두 명의 성인 남녀와 그들이 출산했거나 입양한 한 명 이상의 자녀를 포함한다."고 주장하였다.

　　이러한 머독(Murdock)의 전통적 의미의 가족에 대한 정의에서 첫째, "사회적으로 인정된 성적관계를 유지하는…(이하 생략)"이라는 규정으로부터 결혼에 기초한 관계만을 공식적인 가족으로 인정하고 있다는 사실을 확인할 수 있다. 둘째, "가족은 사회적으로 인정된 성적관계를 유지하는 최소한 두 명의 성인 남녀…(이하 생략)"라는 규정으로부터 동성(同性) 간의 결합은 가족으로 인정하지 않는다는 사실을 알 수 있다. 셋째, "가족은 (…중략…) 그들이 출산했거나 입양한 한 명 이상의 자녀를 포함한다."라는 규정으로부터 결혼한 부부에게 자녀출산은 필수적인 사항이며, 혈연 또는 유사혈연관계에 있는 자녀만을 가족으로 인정하고 있음을 알 수 있다. 넷째, "가족이란 주거를 같이하고…(이하 생략)"라는 규정에서 분거가족을 가족으로 인정하지 않는다는 사실을 확인할 수 있다.

　　결국, 이러한 가족에 대한 정의는 당시 핵가족을 전형적이고 정상적인 모델로 간주한 개념정의이며, 이는 현대사회에 새롭게 형성되고 있는 다양한 형태의 가족을 가족의 개념에서 배제하고 있다는 한계가 있다.

## 2) 가족의 현대적 정의

현대적 의미에서의 가족 개념은 결혼 및 혈연관계로 이루어지는 가족의 구조와 구성에 초점을 맞추기보다는 기능적인 측면을 강조하면서 다양한 유형의 가족을 포괄하는 방향으로 정립되어 가고 있다.

미국사회복지사협회(NASW)는 가족이란 자신들 스스로가 가족이라 생각하면서, 전형적인 가족의 임무를 수행하는 2인 이상의 사람들이라고 규정하고 있다. 특히 아이클러(Eichler, 1988) 및 콜린스와 그의 동료들(Collins, et. al., 1999)은 가족이란 한 명 혹은 그 이상의 자녀를 포함할 수도 있고 그렇지 않을 수도 있으며(무자녀 부부), 자녀가 혼인관계에서 태어날 수도 있고 그렇지 않을 수도 있으며(사실혼 관계에서 출생한 자녀, 입양한 자녀, 배우자의 전처(前妻) 자녀 등), 이들 성인관계는 결혼에 근원을 둘 수도 있고 그렇지 않을 수도 있으며(사실혼 부부), 같은 거주지에 살 수도 있고 아닐 수도 있고(분거가구, 주말 부부, 기러기 부부 등), 성적으로 동거할 수도 있고 아닐 수도 있다(sexless 부부)고 주장한다.

가족의 개념을 어떻게 규정하는가의 문제는 가족정책이나 사회복지서비스의 수혜대상을 규정하는 데 직접적인 영향을 미치기 때문에 매우 중요한 사안이다. 지금까지 우리 사회는 혼인과 혈연에 의한 가족만을 가족으로 인정하고 핵가족 형태의 가족만을 정상적인 가족유형으로 간주함으로써 그러한 유형에서 벗어난 비전형적인 가족은 병리적이며 문제가 있는 가족이라는 편견과 차별적인 인식을 지녀왔던 것이 사실이다. 결국, 이러한 편견과 차별적인 인식으로 인해 비전형적인 가족들은 법과 제도상의 혜택으로부터 배제되는 결과를 낳았다.

하지만 분명한 사실은 다양한 비전형적인 가족들이 현실에 존재하고 있으며, 이러한 비전형적인 가족을 구성하고 있는 구성원 모두도 우리 사회의 중요한 일원이라는 점이다. 특히 법과 제도의 존재 이유는 사회질서의 유지와 구성원의 행복을 지원하기 위함이다. 따라서 개인의 행복을 제한하고 있는 법과 제도가 있다면, 이는 마땅히 폐지되어야 한다. 더욱이 우리가 현재 이상적으로 생각하는 전형적인 가족 유형이 가까운 미래에 비전형적인 가족으로 간주될 가능성도 매우 높다. 따라서 비전형적인 가족이라 할지라도 구성원의 행복과 인간으로서의 권리는 보호받아 마땅하며, 이들이 편견과 차별 없이 인간답게 살아갈 수 있도록 안정적인 환경을 조성해 주는 것이야말로 국가의 참된 역할이라 할 것이다.

## 02 | 가족의 변화

### 1) 가족의 전통적 기능 및 약화

가족이 수행하는 기능은 사회변화에 따라 영향을 받으므로 일률적으로 규정하기는 어렵다. 하지만 가족은 전통적으로 개인의 생존뿐만 아니라 전체 사회의 유지를 위해 다음과 같은 기본적인 사회적 기능을 담당해 왔다(Murdock, 1949).

첫째, 사회 구성원 충원 기능이다. 즉 가족은 부부간에 합법적으로 인정되는 성생활을 통해 사회 구성원들의 성적 욕구를 충족시키고 출산을 통해 사회 구성원을 충원함으로써 사회를 존속시키는 매우 중요한 기능을 수행해 왔다.

둘째, 경제적 기능이다. 가족의 경제적 기능은 생산기능과 소비기능으로 구분할 수 있다. 산업화 이전 전통사회에서 가족은 생산단위임과 동시에 소비단위로서 대부분의 생필품을 직접 생산하고 소비하는 경제적 기능을 수행해 왔다.

셋째, 아동의 사회화 기능이다. 가족(부모)은 구성원(자식)에게 그 사회의 언어, 가치, 규범 등을 가르치고 전승하는 책임을 지고 있는 가장 중요한 기관이며, 아동은 이러한 사회화 과정을 통해 성숙한 성인으로 성장하며 인간답게 살아갈 수 있는 기술을 습득한다.

넷째, 가족원 보호와 정서적 지지 기능이다. 인간은 다른 동물에 비해 태어나면서부터 생존을 위해 가장 오랫동안 보호자의 보호가 필요한 존재이다. 가족은 아동에게 의식주의 제공을 비롯한 양육의 기능을 수행하며, 노인들에게는 부양의 기능을 수행하는 일차적 기관이다. 또한, 가족은 구성원 간에 서로 사랑하고 지지하며 상호 정을 느낌으로써 정서적인 안정을 제공하는 기능을 수행해 왔다.

다섯째, 사회적 지위부여 기능이다. 이는 가족의 지위를 계승하는 기능이라 할 수 있는데, 사회적 정치(定置)(Social Placement) 기능이라고도 일컬어진다. 즉 가족은 합법적으로 출생한 구성원에게 성씨(姓氏)를 포함한 사회적 지위를 계승, 부여해 주는 기능을 수행해 왔으며, 모든 개인은 출생가족(family of orientation)[1]으로부터 성씨(姓氏)는 물론 인종, 민족, 사회계급의 지위 등을 물려받는다.

한편, 1940년대부터 미국 학계를 풍미했던 파슨스(Parsons) 학파의 구조기능론자들은 가족의 구조와 기능 그리고 가족 내 성역할 분화를 산업화와 관련지어 논의를 전개하였다. 즉 산업사회는 가족 구성원들의 지역적 이동과 사회적 이동을 요구하기 때문에 핵가족이야말로 그러한 사회구조에 가장 적합한 가족 유형이라고 역설하였다. 또한, 이들은 산업화 이전에 가족이 담당했던 경제적, 교육적, 종교적 기능 등이 산업화 이후 공장, 사무실, 학교, 교회 등의 전문기관으로 이전됨에 따라 가족의 기능은 축소되었으며 그 중요성도 약화되었다고 주장하였다.

실제로 오그번과 티빗츠(Ogburn & Tibbitts, 1933)는 1930년대에 이미 가족의 기능 상실을 간파하고 현대의 가족은 그동안 수행해 오던 대부분의 기능을 상실했으며, 가족 구성원에게 애정과 이해를 제공하는 기능만 남아 있다고 주장하였다. 또한, 파슨즈 (Parsons, 1955)는 산업사회에서 가족은 자녀의 사회화 기능과 성인 인성의 안정화 (stabilization of adult personalities) 기능만 수행한다고 주장하였다. 특히 레이스(Reiss, 1965)는 가족의 보편적 기능은 새로 출생한 아이에 대한 사회화 기능 단 한가지뿐이라는 극단적인 주장을 펼치기도 하였다.

하지만 산업발전과 사회분화에 따라 가족이 수행해 온 기능이 약화된 것을 인정할 수밖에 없을지라도 가족은 여전히 전통적인 기능을 수행하고 있다는 사실을 부인할 수 없다. 즉 사회변화에 따라 가족의 경제적 기능, 특히 생산단위로서의 기능은 거의 상실 되었고 가족원 보호의 기능도 약화된 것이 사실이지만, 가족은 여전히 출산을 통해 사회 구성원을 충원하고 사회화시키며 사회적 지위를 부여하는 기본적인 기능들을 충실히 수행하고 있다. 또한, 가족의 보호기능과 관련해서도 가족은 여전히 아동, 장애인 및 노인에 대한 보호의 주된 책임을 지고 있으며, 애정을 기반으로 한 정서적 지지기능은 오히려 강화되는 경향을 보인다.

---

1) 출생가족(family of orientation)이란 출생을 통해 개인이 속하게 되는 가족, 즉 개인이 태어난 가족을 의미 하며 방위가족 또는 전대(前代)의 가족이라 일컫기도 한다. 반면에 출산가족(family of procreation)은 개인이 배우자를 선택하여 형성한 가족, 즉 개인이 새 구성원을 출산하여 형성한 가족을 의미하며 생식가족 이라고도 일컫는다.

## 2) 한국 가족의 변화 및 특징

### (1) 가족의 소규모화

우리나라 가족의 주요 특징 중의 하나는 가족의 규모가 축소되고 있다는 것이다. 즉 가족을 이루고 있는 구성원 수가 감소하고 있다. 이러한 현상은 일반적으로 산업화 과정을 거치면서 확대가족에서 핵가족으로의 전환에 따른 필연적인 결과로 설명된다. 하지만 이것만으로는 한국가족의 소규모화 현상을 설명하기에는 부족함이 있다.

사실상 해방 이후 1960년까지 꾸준히 증가해 오던 한국가족의 평균 가구원 수는 1960년 5.6명을 정점으로 점차 하락하기 시작하여 <표 14-1>에서 보는 바와 같이 70년 5.24명, 80년 4.55명, 90년 3.71명, 2000년 3.12명, 2010년 2.69명, 2015년 2.53명, 2020년 2.34명, 2021년 2.29명, 2022년 2.25명으로 가족의 규모가 계속 축소되어 오고 있다.

특히 가구의 세대수별 분포를 살펴보면, 1세대 가구[2]는 1970년 6.8%에서 2022년 기준 19.2%로 증가하였으며, 1세대 가구의 주를 이루는 부부 가구의 비율도 계속 증가하여 1세대 가구 중 90.6%, 총일반가구의 17.4%에 달하고 있다.

한편, 2세대 가구[3]는 1970년만 해도 총일반가구의 70.0%를 차지하였으나 2022년에는 41.0%를 기록하며 현저히 감소하였다. 특히 2세대 가구의 대표격이라 할 수 있는 부부와 미혼자녀로 구성된 핵가족 가구의 비율은 1970년 55.5%에서 2022년 26.9%로 대폭 감소하였다.

2세대 가구 가운데 한부모 가구 비율은 1970년 10.6%에서 1995년 7.4%로 꾸준히 감소해 오다, 2000년 7.8%, 2005년 8.6%, 2010년 9.2%, 2015년 10.8%로 증가한 후, 2020년 9.7%, 2022년 9.2%를 기록하며 꾸준히 감소하는 추세이다(통계청, 장래가구추계, 2015년 이후 통계는 인구총조사).

가구원 수에 따른 가구 분포와 관련하여 가장 주목할 점은 2022년 기준으로 1인 가구가 34.5%를 차지함으로써 역대 최고치를 기록하였다는 사실이다.[4] 실제로 1인 단

---

[2] 1세대 가구란 가구주와 동일 세대에 속하는 친족이 같이 사는 가구를 의미한다.

[3] 2세대 가구란 가구주와 그 직계 또는 방계의 친족이 2세대에 걸쳐 같이 사는 가구를 의미한다.

[4] 2022년 기준, 2인 가구는 28.8%, 3인 가구는 19.2%, 4인 가구는 13.8%, 5인 이상 가구는 3.7%를 차지하고 있다.

독가구는 획기적인 증가세를 보여 왔다. 1975년 전체가구의 4.2%에 불과했던 1인 가구는 꾸준히 증가하여 2015년, 27.2%를 기록하면서 우리 사회의 가장 주된 가구 유형으로 부상하였다. 그 이후에도 1인 가구의 비율은 현재까지 계속해서 증가하였고, 앞으로도 이러한 증가추세는 당분간 계속될 것으로 예상된다.

〈표 14-1〉 한국의 평균 가구원 수 변화 추이

(명)

| 연도 | 일반 가구원 수 | 일반 가구 수 | 평균 가구원 수[5] |
|------|------|------|------|
| 2022 | 48,884,646 | 21,773,507 | 2.35 |
| 2020 | 49,028,727 | 20,926,710 | 2.34 |
| 2015 | 48,339,559 | 19,111,030 | 2.53 |
| 2010 | 46,650,668 | 17,339,422 | 2.69 |
| 2005 | 47,278,951 | 15,887,178 | 2.88 |
| 2000 | 44,711,584 | 14,311,807 | 3.12 |
| 1995 | 43,308,597 | 12,958,181 | 3.34 |
| 1990 | 42,101,544 | 11,354,540 | 3.71 |
| 1985 | 39,121,522 | 9,571,361 | 4.09 |
| 1980 | 36,230,762 | 7,969,201 | 4.55 |
| 1975 | 33,504,147 | 6,647,778 | 5.04 |
| 1970 | 29,235,734 | 5,576,277 | 5.24 |
| 1960 | 24,439,466 | 4,377,973 | 5.58 |

자료: 통계청, 인구주택총조사, 가구 전수조사 통계DB 활용

---

5) 평균 가구원 수는 일반 가구원 수를 일반 가구 수로 나누어 산출한다. 총 가구는 일반 가구원뿐만 아니라 고아원과 양로원 등의 집단시설가구, 집단자취 형태의 집단 가구 및 외국인 가구 등을 포함하기에 한국 가족의 평균 가구원 수를 산출해 내는 자료로 적합하지 않으며, 오히려 일반 가구의 수가 더 적합한 자료로 간주된다. 일반 가구란 한 주택에 살면서 취사, 취침 등 생계를 같이하는 가구로 혼인, 출산, 입양으로 이루어진 가족단위를 말하며, 생활을 같이하는 가구나 5인 이하의 친구 또는 혈연관계가 없는 사람들끼리 같이 생활하는 비친족 가구를 모두 포함한다.

## (2) 혼인 및 출산율 감소

우리나라 가족변화의 또 다른 특징은 혼인 및 출산율이 감소하고 있다는 사실이다. 이는 가족의 소규모화의 원인 중 하나이기도 하다.

초혼 연령의 경우, 남성은 1930년대 21.2세에서 2022년 33.7세로 12.5세 상승했고, 여성은 1930년대 17.0세에서 2022년 31.3세로 14.3세 상승하였다.

우리나라의 조혼인율[6]은 1990년 9.3에서 95년 8.7, 2000년 7.0, 2005년 6.5로 감소한 이후, 2013년까지는 약 6.5를 유지하였다. 하지만 2014년 6.0. 2015년 5.9, 2016년 5.5, 2017년 5.2, 2018년 5.0, 2019년 4.7, 2020년 4.2, 2021년 3,8건, 2022년 3.7건을 기록하며 계속 감소하고 있어, 인구 1,000명 당 4건에도 못 미치는 혼인 건수를 기록하고 있다. 이처럼 초혼 연령의 상승에 따른 만혼 경향에 비혼 추세까지 가세하여 출산율도 급격히 감소하고 있다.

실제로 우리나라의 합계출산율(total fertility rate)[7]은 1970년 4.53명에서 1980년 2.83명, 1990년 1.59명, 2000년 1.47명으로 꾸준히 감소하다 2005년 1.08명으로 최저점을 찍은 후, 2006년과 2007년에 일시적이지만 각각 1.13, 1.26으로 소폭 반등하였다. 하지만 2012년 1.30으로 최고점을 찍은 후 다시 하락하기 시작하여 2018년에는 0.98명으로 역대 최초로 1명 미만 수준의 출산율을 기록하였고, 2022년에는 0.78명까지 떨어짐으로써 세계에서도 유래를 찾아볼 수 없는 최저 출산율을 기록하고 있다.

## (3) 여성의 경제활동참가율 증가

우리나라의 여성경제활동참가율은 1970년 39.3%에서 2005년 처음으로 50.1%를 기록하며, 여성경제활동인구 1,000만 명을 돌파하였다. 하지만 2010년 49.6%로 감소하였다가 점차 상승하기 시작하여 2015년 51.9%, 2016년 52.2%, 2020년 52.8%, 2021년 53.3%, 2022년 54.6%를 기록하고 있다.

---

6) 조혼인율은 1년간 발생한 총혼인건수를 당해 연도의 총인구수로 나눈 수치를 1,000분비로 나타낸 것으로, 인구 1,000명 당 혼인건수를 의미한다. 당해 연도의 총인구는 연앙(年央)인구, 즉 그 해 7월 1일을 기준으로 한 인구를 뜻한다.

7) 합계출산율은 15세부터 49세까지의 가임기간 여성을 기준으로, 한 여성이 낳을 것으로 기대되는 자녀의 수를 의미한다.

이처럼 여성경제활동참가율이 증가하는 원인은 비록 남녀 간 임금격차가 여전히 크지만, 여성의 교육수준 상승으로 자아실현 욕구의 증가와 노동시장에서 제시하는 임금이 조금씩 상승하고 있는 데에서 찾을 수 있다. 또한, 후기산업사회의 도래에 따른 제조업의 쇠퇴와 서비스 산업의 부흥으로 2인 생계부양가족(맞벌이 가족)이 아니면 가족의 생계유지가 쉽지 않은 점도 여성경제활동참가율이 증가하고 있는 중요한 원인 중의 하나이다.

하지만 여성경제활동참가율의 점진적인 상승에도 불구하고 서구에 비하면 여전히 낮은 수준임을 인정하지 않을 수 없다. 실제로 2020년 기준, 아이슬란드의 여성경제활

## REFERENCE 14-1 우리나라 남녀 간 임금격차

### OECD 남녀 임금격차

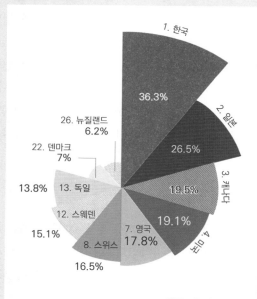

자료: OECD 2016

우리나라 남성대비 여성임금 비율은 2021년 기준으로 64.6%이다. 이는 2015년의 59.5%에 비하면 5.1%포인트 상승한 수치이지만, 여성의 임금은 여전히 남성임금의 2/3 수준에 불과하다. 이를 반영하듯 2020년 기준, OECD 회원국의 남녀임금격차(남성 임금 대비 남녀 임금 차액의 비율)는 평균 11.7%인데 반해 한국은 31.5%로 약 3배에 이른다. 이 수치는 OECD 회원국 중 최고 수준이며, 유일하게 남성임금 대비 여성임금이 70%를 넘지 못하는 국가라는 불명예를 안겨주고 있다.

우리나라의 남녀 간 임금격차가 이처럼 큰 이유는 다양하지만, 결혼과 출산에 따른 30대 여성의 경력단절 요인을 빼놓을 수 없다. 실제로 2018년 기준, 우리나라의 미혼 남녀 임금 격차는 13.4%였으나, 배우자가 있는 유배우 남녀 임금 격차는 41.5%에 달했다. 또한, 상용직 비율이 남성의 경우에는 73.6%에 달하지만, 여성의 경우 58.8%에 불과해 상대적으로 고용이 불안정한 점도 남녀 임금 격차에 영향을 미치는 요인이다.

동참가율은 79.0%, 스웨덴 73.3%, 뉴질랜드 70.3%, 스위스 67.9%, 오스트레일리아 65.0%, 캐나다 64.0%, 노르웨이63.8% 등으로 여전히 우리나라와는 큰 격차를 보이고 있다.

특히 우리나라의 경우, 30대 여성의 경제활동 참가율은 20대나 40대에 비해 현저히 낮은 전형적인 M자형 경력단절 양상을 보인다. 그 원인은 혼인과 출산에 따른 돌봄노동을 여성이 대부분 전담하고 있으며, 그러한 여성을 배려하지 못하는 가정·기업·사회의 인식과 고용환경 때문이라 할 수 있다. 실제로 우리나라의 많은 30대 기혼여성들은 일(직장)과 출산(가정) 중 하나를 선택해야 하는 상황에 직면해 있다.

여기서 한 가지 주목할 만한 사실은 여성의 경제활동참가율과 출산율은 일반적인 통념과는 달리 반비례의 관계에 있지 않다는 점이다. 사실상 2017년 기준, OECD 회원국 중 여성경제활동참가율이 가장 높은 나라인 아이슬란드는 합계출산율이 2.0명이었으며, 스웨덴, 1.88명, 뉴질랜드 1.81명에 달했다. 반면 이탈리아, 스페인 등은 여성경제활동참가율이 50%대에 머물러 있지만 합계출산율은 1.3명대에 불과한 국가들이다. 이러한 사실은 결국 한 나라의 출산율은 여성의 경제활동참가율의 높고 낮음이 아니라 여성의 가정과 직장생활 양립을 가능하게 해주는 법적, 제도적 장치가 얼마나 잘 마련되어 있는지에 달려 있음을 알게 해 준다.

## (4) 이혼율 급변 및 황혼이혼 증가

우리 사회는 1997년 외환위기 발발 이후, 경제적 어려움을 겪게 된 많은 가족이 불행히도 가족해체의 길을 걸었다. 그로 인해 1970년 0.4에 불과했던 조이혼율[8]은 2002년 3.0으로 급증하였고, 2003년 3.4를 기록하며 최고점을 찍었다. 이처럼 높은 조이혼율을 근거로 가족학자들은 우리나라의 가족이 붕괴되고 있다는 주장을 하기도 하였다. 하지만 다행히도 조이혼율은 그 이후 꾸준히 감소하여 2022년 기준, 1.8을 기록하고 있다.

한편, 최근의 이혼율과 관련하여 한 가지 주목할 점은 전체 이혼율 감소에도 불구하고 황혼이혼율은 증가하고 있다는 사실이다. 실제로 통계청이 발표한 '2021년 혼인·이혼 통계' 자료에 따르면 혼인 지속 기간이 30년 이상인데 이혼한 경우는 전체 이혼

---

8) 조이혼율(crude divorce rate)은 1년간 신고된 총 이혼건수를 당해 연도의 연앙인구로 나눈 수치를 1,000분비로 나타낸 것으로 해당 연도의 인구 1,000명 당 이혼건수를 의미한다.

건수의 17.6%로 1년 만에 7.5% 증가했다. 10년 전인 2011년과 비교하면 10.6%가 늘어난 수치다. 이혼한 부부 중 혼인 지속 기간이 0~4년인 경우가 18.8%, 5~9년은 17.1%, 10~14년은 14.3%, 15~19년은 11.1%, 20~24년은 11.8%, 25~29년은 9.4%인 것으로 나타났다. 이러한 황혼이혼의 증가는 평균 수명의 연장에 따른 결혼 기간의 연장 및 가치관의 변화 등에서 기인하는 것으로 보여진다.

황혼이혼을 하는 연령층은 자녀가 이미 성인이 되어 출가 또는 독립한 경우가 많아 친권, 양육권, 양육비 등의 문제는 그리 자주 발생하지 않는다. 하지만 결혼기간 중 부부가 함께 형성한 자산에 대한 재산분할은 각자 남은 생을 살아가는 중요한 수단인 경제력과 직결되기 때문에 중요한 문제로 부각된다. 황혼이혼을 위한 이혼소송에서 재산분할은 부부공동의 재산에 대해 각자의 기여도만큼 분할하는 것이 원칙이다. 대법원은 황혼 이혼 시 평생 전업주부로 가사노동만 해 온 배우자라 해도 재산분할청구권을 법적으로 인정하고 있으며, 일반적으로 기여도에 따라 약 40~50%의 재산분할을 받는다.

## (5) 부부관계와 친자관계의 대등화

현대의 가족은 부부간의 애정을 우선으로 하는 부부중심의 가족으로 변화하고 있다. 또한, 가부장제하에서 아버지이자 남편에게 자동으로 부여되었던 가장으로서의 권위가 저하되면서 부부간의 관계는 물론 부모－자녀 관계에서의 대등화 현상이 나타나고 있다.

사실상 우리나라의 가족은 전통적으로 가장을 중심으로 가족 내에서의 지위와 서열이 엄격히 존재하며, 그에 따라 가족 구성원 간의 관계는 자유·평등의 관계보다는 권위·복종의 관계로 이루어져 있었다. 또한, 가족원 개개인의 독립적인 발전보다는 초시간적 집단인 가문(家門)의 유지와 존속이 가장 중요한 가치로 간주되었다. 따라서 가족구성의 근간은 부모－자녀 관계에 있었으며, 부부관계는 친자관계(부모－자녀 간의 관계)에 비하면 부차적인 의미로 인식되었다.

하지만 해방 이후, 서구의 가족가치관이 널리 전파·정착되면서 전통적인 가족가치는 커다란 변화를 겪게 되었다. 즉 가족 구성원 간의 관계는 민주적이고 평등한 원리에 의해 재편되기 시작하였으며, 가문의 유지보다는 개개인의 발전을 추구하는 경향으로 변화되었다. 이러한 변화를 통해 가족관계의 축이 부모－자식 간의 친자관계로부터 부부 상호 간의 애정을 중시하는 부부관계로 이동하기 시작했다.

## (6) 가족주기의 변화

인간은 생애주기를 갖는다. 생애주기란 개인의 일생을 출생 이후 발생하는 특별하고 주목할 만한 변화를 기준으로 하여 특정한 단계로 구분한 것을 말한다. 이와 마찬가지로 가족도 가족주기라는 것을 갖는다. 가족주기 또는 가족생활주기(the life cycle of the family)란 가족은 일정한 발달단계가 있으며, 각 단계마다 구조나 기능에 있어 공통의 변화가 나타난다는 사실에 근거하여 그 변화발생 시기의 표준을 규정해 놓은 것을 의미한다.

가족주기에 관한 대표적인 학자 중 한 사람인 듀발(Duvall, 1962)은 가족주기를 형성기 가족(beginning families/the married couple), 영아기 가족(childbearing families), 미취학 아동기 가족(families with preschool-aged children), 학동기 가족(families with school-aged children), 청소년기 가족(families with teenage children), 자녀 성년기 가족(families as launching centers: 성장한 자녀가 출가한 가족), 중년기 가족(families in the middle years: 빈둥지 가족부터 은퇴까지), 노년기 가족(aging family members) 등 8단계로 구분하였다. 비젤로우(Bigelow, 1936)는 가정경제, 즉 수입과 지출의 재정적 유형의 변화와 자녀들의 교육상황을 기준으로 가족주기를 가족형성기, 자녀 출산 및 미취학 아동기, 초등교육기, 고등교육기, 대학교육기, 경제적 회복기, 은퇴기 등 총 7단계로 구분하였다.

최근 들어 우리나라의 가족은 다음과 같은 가족주기상의 변화가 발생하고 있다. 첫째, 결혼연령이 높아지는 만혼의 경향으로 가족주기에 진입하는 기간이 길어지고 있다. 둘째, 출산율 저하에 따라 첫 자녀출산에서 막내 출산기까지의 '확대기'는 매우 단축되고 있다. 셋째, 만혼과 출산율의 저하로 마지막 자녀 출산 완료 이후부터 자녀의 결혼이 시작되기 전까지의 '확대 완료기(자녀 양육 및 교육기)'가 길어지고 있다. 넷째, 자녀 수의 감소로 첫 자녀의 결혼 시작부터 마지막 자녀의 결혼 완료까지의 '축소기'는 단축되고 있다. 다섯째, 마지막 자녀의 결혼 완료 이후부터 배우자 사망까지의 기간인 '축소 완료기'는 길어지고 있다. 여섯째, 평균수명의 연장과 남성의 조기 사망으로 배우자 사망 이후부터 남은 배우자의 사망에 이르기까지의 가족주기 최종단계인 '해체기'도 길어지고 있다.

사실상 가족주기의 관점은 한 쌍의 남녀가 부부의 연을 맺어 가족을 이루고 최종적으로 사망에 이르기까지의 진행 과정에서 당면하게 되는 각 국면의 문제와 취약점 및 강점 등을 시간적 차원과 계속적인 발달의 과정으로 연구하는 데 도움을 준다. 하지만 이러한 가족주기의 관점은 서구의 규범적 가족, 즉 전형적인 핵가족을 기준으로 하여 가족의 발달단계를 논하기 때문에 시대, 계층, 인종 및 가족상황 등에 따라 상이할 수밖에 없는 가족을 하나의 특정한 발달단계 모형에 끼워 맞춰 분석할 수밖에 없으며, 그러한 특정한 발달단계를 벗어나 가족주기를 형성하고 있는 가족을 비정상적인 가족으로 간주하는 한계가 있다는 비판을 받는다.

### (7) 다양한 가족 유형의 증가

여성가족부가 2019년 8월, 전국 만 19세 이상 79세 이하 일반 국민 1,500명을 대상으로 조사하여 발표한 '가족 다양성에 대한 국민 여론조사'에 따르면, 한부모·다문화·비혼 등 다양한 가족에 대한 수용도가 매우 높게 나타났으며, 이들을 위한 법과 제도 등 지원정책의 필요성에도 국민 다수가 공감하는 것으로 나타났다. 실제로 응답자의 66%는 사실혼, 비혼, 동거 등 법률혼 이외의 혼인에 대한 차별 폐지가 필요하다고 응답했다. 또한, 국제결혼(92.5%), 이혼·재혼(87.4%)에 대해서는 10명 중 약 9명이, 비혼 독신은 10명 중 약 8명(80.9%)이 수용 가능하다고 답했다. 무자녀 부부(67.1%)와 비혼 동거(65.5%)에 대해서도 10명 중 약 6명이 수용가능하다고 응답했다.

이러한 조사결과를 반영하듯 현재 우리 사회에는 공식적인 결혼을 통하지 않고 함께 사는 사실혼 부부를 비롯해 무자녀 가족, 재혼 가족, 공동 거주 가족, 동성애 가족 등 다양한 유형의 가족이 적지 않게 존재하고 있으며 그 비율도 증가하고 있다. 따라서 다양한 유형의 가족을 위한 시대적 변화에 맞는 정책과 제도를 수립함으로써 가족 유형에 따른 차별문제를 해소해야 할 것이다.

## 3) 가족변화에 대한 시각

혼인 및 출산율 저하, 이혼율 증가, 한부모 가족의 증가, 여성경제활동참가율 증가에 따른 돌봄의 공백, 비전형 가족의 등장 등 다양한 차원에서 대두되고 있는 가족변화는 긍정적인 측면과 부정적인 측면을 동시에 보여주는 현상이라 할 수 있다. 긍정적인 측면으로는 생활수준의 향상, 가사노동의 경감, 개인의 자율성 확대 등을 들 수 있으며, 부정적인 측면으로는 개인주의 성향에 따른 공동체 의식의 약화와 부양체계의 와해 등을 꼽을 수 있다.

이러한 측면에서 가족변화에 대한 두 가지 상반된 시각이 존재한다. 하나는 가족변화를 가족의 위기로 규정하고 부정적으로 인식하면서 전형적인 핵가족을 유지하기 위한 대책을 마련해야 한다고 보는 관점이다. 우리는 이를 '가족위기론' 또는 '가족쇠퇴론'이라 일컫는다. 또 다른 하나는 가족변화를 긍정적으로 인식하면서 필연적으로 발생할 수밖에 없는 현상으로 간주하면서 위기나 쇠퇴가 아니라 오히려 가족이 발전되어가는 과정으로 보는 관점이다. 우리는 이를 '가족진보론'이라 일컫는다.

## (1) 가족위기론

가족위기론을 주장하는 이들은 가족의 구조변화와 기능의 쇠퇴는 물론 가족의 가치에 대한 근본적인 변화로 인해 현대가족이 심각한 붕괴와 쇠퇴의 위기에 놓여 있다고 인식한다. 이들은 성별역할에 기초하여 남성은 노동시장에서 유급의 노동을 통해 생계부양자의 역할(도구적 역할)을 담당하고, 여성은 무급의 가사노동과 돌봄을 수행하면서 가족 구성원의 생활안정과 정서적 유대를 강화하는 역할(표현적 역할)을 담당하는 핵가족이야말로 가장 이상적인 가족형태라고 주장한다.

하지만 산업화 이후 자아실현의 욕구가 증가하고 개인주의적 가치가 강조됨에 따라 공동체로서의 가족을 개인보다 우선시하며 희생과 배려를 미덕으로 여기기보다는 개인의 행복실현을 더 중요시하는 사회적 풍조가 확산되었다. 이에 따라 직장에서의 성공을 비롯한 개인의 자아실현에 일차적 가치를 부여하면서, 그러한 목표에 걸림돌이 되는 결혼을 하지 않거나 혹은 늦게 하는 경향이 농후해졌다.

가족위기론자들은 이러한 사회적 풍조의 결과로 결국 독신가구가 급증했고, 자녀양육을 꺼려 무자녀가족이 증가했으며, 자녀의 안녕보다 자신의 행복을 추구함으로써 이혼율이 상승했다고 주장한다(Popenoe, 1988). 특히 가족위기론자들은 가족해체로 인한 아동의 빈곤과 정서적 안정감 저하 등을 심각한 문제로 지적하면서, 1980년대 이후 미국의 아동빈곤이 증가하는 원인의 절반 이상이 이혼으로 인한 모자가정의 증가에 기인한다고 지적한다(Weitzman, 1985).

가족위기론자들은 이러한 가족위기를 극복할 수 있는 방안으로 전형적인 핵가족으로의 회귀 또는 재정비를 주장한다. 이를 위해 가족위기론자들은 첫째, 여성의 사회활동을 제한하여 가정 내에서 어머니로서의 역할을 충실히 할 수 있도록 여성의 고등교육을 제한하고 노동시장에서 여성의 저임금을 유지하며, 둘째, 아동을 적게 낳으면 여성의 이기심이 증대되기 때문에 피임을 금지하고, 셋째, 모계 중심의 가족가치의 확산으로 인해 혼외출산이나 이혼율이 증가하므로 부계 중심의 가족가치관을 강화할 것 등을 제시한다(Murray, 1984). 하지만 이러한 방안은 사실상 현실을 도외시한 주장으로 현대사회에서는 도저히 수용하기 어려운 제안들이라 할 수 있다.

## (2) 가족진보론

가족위기론자들과 달리 가족진보론자들은 핵가족을 이상적인 가족유형으로 인정하지 않는다. 사실상 가족위기론자들은 여성의 지위를 가족 내에서의 어머니이자 아내로서 일차적으로 규정하는데, 그것은 가정에서 돌봄을 수행하는 주부뿐만 아니라 노동시장에서 일하는 여성에게도 똑같이 적용된다. 하지만 가족진보론자들은 여성의 지위를 가족 내 어머니이자 아내로서 규정하는 것에 동의하지 않는다. 그 이유는 그러한 규정이 결국 여성을 남성에게 종속되게 만드는 관념적 족쇄가 되기 때문이다. 또한, 가족진보론자들은 이혼에 의한 한부모 가족이나 독신가구 등을 문제가 있는 병리적 가족으로 간주하지 않는다. 오히려 한부모 가족이나 독신가구와 같은 유형의 가족은 기존의 남성중심의 가부장적 가족구조에서 탈피하여, 평등하고 민주적인 가족으로서의 대안적 형태가 될 수 있다는 입장을 피력한다(윤홍식 외, 2010).

가족진보론자들은 경제구조의 불안정성도 가족구조를 변화시키는 또 다른 중요한 요인이라고 주장한다(Furstenberg & Cherlin, 1991). 사실상 가족위기론자들이 옹호하는 핵가족은 1970년대 초반까지 제조업의 성장에 따른 경기 활황에 힘입어 남편 혼자 가정의 생계를 책임지는 홑벌이 가정일지라도 중산층을 유지할 만큼의 고임금을 받을 수 있었기 때문에 적용가능한 가족유형이다. 하지만 오늘날과 같이 남성 생계부양자의 수입만으로는 가족부양이 어려워 여성의 경제활동이 필수적인 요소가 되어가고 있는 경제구조에서는 핵가족을 유지하기 어렵기 때문에 다양한 유형의 가족이 나타난다고 가족진보론자들은 보고 있다.

결국, 가족진보론자들은 가족 유형이 다양화되는 현상을 가족의 위기라기보다는 오히려 자연스러운 변화이자 발전의 과정으로 인식하면서, 성차별적인 가부장제적 가족구조와 경제구조의 불안정성이 오늘날 가족의 변화를 불러일으킨 중요한 요인이라고 인식한다(Scanzoni, 2001).

한편, 가족위기론자들이 주장하는 가족해체에 따른 아동빈곤과 정서적 불안정의 문제와 관련하여, 가족진보론자들은 아동의 빈곤문제는 가족유형과는 연관이 없으며 노동시장 내 여성의 저임금과 같은 구조적인 문제와 사회복지 안전망의 미비에 기인한다고 주장한다. 또한, 이혼한 가정의 자녀일지라도 함께하는 부 또는 모의 충분한 사랑과 보살핌을 받는다면 아동이 겪는 정서적 갈등도 그리 크지 않으며 변화된 환경에 적응하는 것도 어렵지 않음을 강조한다. 다시 말해, 아동의 삶의 질은 가족의 정형성에 의해 결정되는 것이 아니라, 가족에 대한 사회적 지원 여부 및 방식에 의해 크게 영향을 받는다는 것이다. 이러한 가족진보론자들의 주장은 실제로 다양한 유형의 비전형적인 가족이 상당수 존재하는 스웨덴 아동의 삶의 질이 전통적인 가족유형을 유지하고자 애쓰는 이탈리아보다 더 높다는 사실에서도 확인할 수 있다.

## 03 가족복지의 개념

가족복지의 개념을 정의하는 것은 그 어떤 학술적 용어의 개념을 정의하는 것보다 어려운 일이다. 그 이유는 첫째, 가족은 정부가 수립하여 실시하는 모든 정책과 공공서비스에 직·간접적으로 영향을 받을 수밖에 없어 정부의 모든 정책과 공공서비스가 가족복지로 간주될 수 있으며, 둘째, 가족복지의 대상을 가족 내 구성원, 즉 개인 단위로 규정하는 경우가 많아 사회복지의 다양한 실천분야인 아동복지, 노인복지, 장애인복지, 여성복지 등과 구분이 명확하지 않고, 셋째, 가족이라는 개념 자체가 불안정하고 역동적이어서 어느 집단까지를 가족이라 해야 하는지에 대한 사회적 합의가 이루어지지 않기 때문이다.

그럼에도 불구하고 지금까지 제시된 가족복지에 대한 학자들의 정의를 살펴보면, 우선 Feldman & Scherz(1968)는 가족복지란 전체로서의 가족은 물론 그 구성원들의 사회적 기능수행을 효과적으로 증진함으로써 가족 구성원들 모두의 행복을 도모하기 위한 사회복지의 한 분야라고 정의하였다.

조흥식과 그의 동료들(2010)은 가족복지란 첫째, 목적 면에서는 국민생활권의 기본 이념에 입각하여 가족의 행복을 유지하고자 하는 것이며, 둘째, 주체 면에서는 가족을 포함한 사회 구성원 전체가 되고, 셋째, 대상 면에서는 가족 구성원 개개인을 포함한 '한 단위로서의 가족 전체'가 되며, 넷째, 수단 면에서는 제도적·정책적·기술적 서비스 등 조직적인 제반 활동이 되고, 다섯째, 범위 면에서는 사회복지의 한 분야가 된다고 주장하였다. 결국, 가족복지란 사회복지의 한 분야로 전체로서의 가족과 그 구성원들의 복리를 향상하기 위한 해당 사회의 제반 노력을 의미한다.

한편, 가족복지의 개념 정립에 있어 주목할 사안은 현대 국가가 사회의 요보호자들에 대한 배려로 국민에게 일정한 의무나 책임을 달성하도록 요구하고 있다는 사실이다. 그로 인해 실질적으로 요보호자에 대한 책임주체가 되어야 할 국가는 제2선으로 물러나 버리고 결국 가족이 일차적으로 요보호자에 대한 의무나 책임을 지는 역할을 담당하게 된다. 그 이유는 국가와 사회가 가족을 하나의 사회제도로서 특정한 기능을 수행하는 합목적적인 집단으로 인식해 왔기 때문이다. 다시 말해, 가족을 권리로서의 복지수혜를 주장할 수 있는 주체가 아니라 개인(가족 구성원)에게 있어 객체적인, 즉 분업화된 하나의 전문기관 혹은 제도로 간주함으로써 가족이 사회복지 고유의 직접적인 원조대상, 즉 수혜대상에서 본질적으로 제외되어 왔기 때문이다. 따라서 개개의 가족이 기능수행을 제대로 이행하지 못할 경우, 그 가족은 사회복지의 원조대상이 아니라 정책주체의 관리 대상으로 인식되어 왔다. 이러한 인식의 발단은 제도로서의 가족을 중시한 나머지 집단으로서의 가족을 바르게 인식하지 못했기 때문에 생긴 결과라고 볼 수 있다. 따라서 가족복지의 개념을 정립하는 데 있어, 가족은 기능을 수행하는 제도이기 이전에 도움을 받아야 하는 하나의 집단이며, 따라서 가족에 대한 복지는 권리로서 제공받아야 하는 개념임을 인식하는 것이 중요하다.

## 04 가족복지의 접근방법

가족복지의 접근방법(개입방법)은 크게 직접적(미시적) 방법과 간접적(거시적) 방법으로 구분할 수 있다.

우선 직접적 방법, 즉 미시적 방법은 문제가 있는 가족에게 직접적인 서비스를 제공하는 접근방법을 의미한다. 이러한 미시적 접근방법을 가족복지서비스적 접근방법 또는 잔여적 접근방법이라 일컫는다.

반면, 간접적 방법, 즉 거시적 방법은 가족이 전체 사회의 제도적 구조와의 관계에서 보다 적절히 기능할 수 있도록 더 나은 환경을 조성해 가는 정책적 차원의 접근방법이다. 즉 거시적 방법이란 가족 문제를 사회전체의 문제로 보고, 가족이 다른 사회제도와의 관계에서 보다 더 잘 존속할 수 있는 조건이나 환경을 만들어 가는 간접적 접근방법, 즉 가족정책을 의미한다.

## 1) 가족복지서비스

가족은 리치몬드(Mary Richmond)에 의해 개별사회사업(casework)의 기틀이 마련되어질 시기부터 사회사업의 중요한 개입대상이었다. 즉 가족관계의 문제가 있거나 적절히 기능을 수행하지 못하는 가족(구성원)을 대상으로 기능회복을 도모하는 것이 가족복지서비스의 목적이다. 가족복지서비스는 보통 인간관계에 관한 과학적 지식과 기술에 기반을 둔 전문적 서비스라 할 수 있다. 가족복지서비스의 대표적인 프로그램은 다음과 같다(김윤재 외, 2013).

### (1) 가족에 대한 직접적 개입: 사족사회사업과 가족치료

가족에 대한 직접적 개입은 가족복지서비스의 가장 대표적인 프로그램이다. 특히 가족사회사업(family social work)과 가족치료(family therapy)는 가족에 대해 직접 개입하면서 가족이 겪는 문제의 해결을 지원하는 대표적인 서비스라 할 수 있다. 즉 가족에 대한 직접적 개입은 가족사회복지사(family social worker)가 부부갈등, 부모-자녀 관계의 문제 등에 직접 개입하여 문제해결을 지원하는 것을 말한다.

가족에 대한 직접적 개입은 단기간에 끝마칠 수도 있고 장기간 계속될 수도 있다. 개입의 기간은 가족사회복지사(또는 가족치료사)와 가족(클라이언트) 간의 합의에 의해 결정된다. 개입의 방법은 가족 구성원 개인 또는 집단(아버지와 아들, 형제들, 고부 등) 또는 가족 전체를 대상으로 직접적인 상담을 통해 이루어진다.

가족사회사업은 가족 사정과 초기 만남, 계약, 개입방법의 선택, 개입, 평가 및 종결 등의 일련의 과정을 거친다. 가족사회사업은 해당 가족의 집에서 주로 행해지는 반면, 가족치료는 치료사의 사무실에서 주로 행해진다. 가족사회사업은 가족치료 전 또는 후는 물론 개입과정 중에도 행해질 수 있다.

## (2) 가족간병인 지원 프로그램

가족간병인 지원 프로그램(family caregiver support program)은 특별한 케어가 필요한 가족 구성원을 돌보는 가족을 지원하기 위해 다양한 서비스를 제공하는 프로그램을 의미한다. "긴 병에 효자 없다."는 말이 있듯이 발달장애아동, 치매노인, 만성질환자 등을 둔 가족은 해당 구성원을 돌보는 과정에서 다양한 어려움에 직면한다. 더욱이 이들에 대한 돌봄이나 간호는 단기간에 끝나는 일이 아니므로 돌봄 과정에서 짜증, 분노, 좌절, 스트레스, 소진 등의 감정을 느끼고 큰 어려움에 직면하기도 한다.

가족간병인 지원 프로그램은 가족 구성원을 돌보는 과정에서 가족간병인이 겪는 어려움을 잘 극복할 수 있도록 지원하기 위해 간병 관련 정보 제공, 개별 상담, 간병 훈련, 위탁 간호(respite care)[9] 등의 서비스를 제공한다(HelpGuide, 2020).

**REFERENCE 14-2** 가족간병인 지원 프로그램(family caregiver support program) vs. 가족보호(family caregiving)

가족복지 관련 몇몇 서적에서는 '가족간병인 지원 프로그램'의 내용을 '가족보호(family caregiving)'라는 용어로 소개하고 있다. 하지만 가족보호는 정확히 말해 발달장애아동, 치매노인, 만성질환자 등을 둔 가족이 해당 요보호 가족구성원을 돌보거나 간병하는 것, 그 자체를 의미하는 용어이다. 따라서 가족보호에서는 가족이 보호의 대상이 아닌 보호의 주체가 된다. 이러한 맥락에서 가족을 보호의 대상으로 삼는 가족복지서비스에 가족보호를 포함시키는 것은 적절하지 않다. 따라서 미시적 접근방법인 가족복지서비스의 한 종류로, 요보호 가족 구성원을 돌보는 가족의 어려움을 지원하기 위해 제공되는 서비스는 가족보호가 아니라 가족간병인 지원 프로그램(FCSP: family caregiver support program)이다.

## (3) 가족생활교육

가족생활교육(family life education)이란 가족 구성원이 강점 기반 접근방식을 통해 복지를 향상하고 대인 관계를 강화하는 지식과 기술을 개발할 수 있도록 준비하며 권

---

9) 위탁간호(respite care)란 가족 대신 노인 환자를 일시적으로 간병하는 프로그램이다.

한부여하는 일종의 교육서비스를 말한다. 가족기능을 원활히 하는 데 필요한 기술과 지식으로는 적절한 의사소통능력, 인간 발달에 대한 지식, 훌륭한 의사결정능력, 긍정적인 자존감 및 건강한 대인 관계 등을 들 수 있다. 가족생활교육의 목표는 가족 구성원에게 이러한 영역의 기술과 지식을 제공하고, 가족이 최적으로 기능할 수 있도록 긍정적인 개인 및 가족 개발을 촉진하는 것이다(NCFR, 2020).

### (4) 가족계획사업

가족계획사업(family planning)은 재생산적 건강보호서비스의 일종으로, 가족의 건강과 가족복지의 증진을 위하여 임신조절에 관한 전문적인 의료봉사·계몽·교육을 제공하는 사업을 말한다. 하지만 가족계획사업에는 자녀 수에 대한 계획뿐 아니라 임신 전 위험, 임신중절, 성병에 대한 보호, 임신을 위한 서비스 제공 등도 포함된다.

### (5) 가족보존서비스

가족보존서비스(family preservation service)는 마약이나 알코올 중독으로 위기에 처한 가족을 지원하여 자녀를 안전하게 보호하고 가족기능 개선을 도모하고자 고안된 가족 중심의 단기 서비스이다. 가족보존서비스는 아이들에게는 안전하고 안정된 가족이 필요하다는 기본적인 신념과 아이들을 가족과 분리시키는 것은 그들에게 부정적인 영향을 오랫동안 남길 수 있다는 인식에서 제공되기 시작하였다.결국, 가족보존서비스는 부모가 자신의 삶을 변화시킬 수 있는 서비스와 지원을 적절히 제공받을 수 있으면, 많은 아동이 자신의 가정에서 안전하게 보호될 수 있다는 믿음으로부터 제공되는 서비스라 할 수 있다. 이러한 가족보존서비스에는 위기개입, 상담서비스, 재가서비스, 부모교육, 가족치료 등이 포함된다(Child Welfare Information Gateway, 2020).

### (6) 가족옹호

가족옹호(family advocate)란 가족의 정당한 권리를 요구함으로써 지역사회의 변화를 가져오도록 하는 서비스이다. 그러한 차원에서 가족옹호는 가족이 정당한 권리가 있음에도 불구하고 권리보장이 안 되거나 제공받는 서비스가 확대되어야 할 필요가 있는 경우, 가족의 권리를 대변하고 서비스를 확충하도록 노력하는 활동이라 할 수 있다(최선희 외, 2008).

이러한 가족옹호의 목표는 가족에 대해 직접적으로 영향을 미치는 체계나 제도가 가족을 위하여 제대로 기능할 수 있게 하는 것이다. 따라서 가족옹호는 가족의 원활한 기능수행을 위해 가족에게 필요한 자원이 적절히 제공되고, 필요한 자원에 가족의 접근이 가능할 수 있는 호의적인 환경을 조성하는 데 노력한다. 그러한 차원에서 가족옹호는 가족에게 지지적인 제도적 정책과 실천상의 변화를 도모하는 서비스라고 할 수 있다.

## 2) 가족정책

### (1) 가족정책의 일반적 정의

가족정책에 대한 개념 정의와 관련하여 합의된 정의는 없다. 하지만 가장 대표적인 가족정책의 정의는 컬럼비아대학교 사회사업대학(Columbia University, School of Social Work)의 캐멀먼과 칸(Sheila B. Kamerman & Alfred J. Kahn) 교수가 내린 정의라 할 수 있다. 캐멀먼과 칸(Kamerman & Kahn, 1978)은 가족정책을 '정부가 가족에 대해, 그리고 가족을 위해 행하는 모든 정책'이라고 정의하면서, 가족정책은 가족에 대해 의도된 행위라고 주장한다. 이러한 개념으로 가족정책을 정의할 경우, 주간보호(day care), 아동복지, 가족상담, 가족계획, 소득보장, 세제혜택, 주택정책 등이 모두 가족정책에 해당한다. 이들 정책의 공통점은 가족이 명백한 정책의 대상이라는 점이다.

가족정책에 있어서 가족을 보는 시각, 즉 가족정책의 대상으로서의 가족은 크게 두 가지로 구분할 수 있다. 하나는 '단위로서의 가족'이고, 또 다른 하나는 '가족 구성원으로서의 개인'이다.

가족정책의 대상을 '단위로서의 가족'으로 보는 관점은 가족 구성원의 이해관계가 동일하다는 전제하에 가족을 하나의 단위로 삼아 가족정책을 수립·실행하는 것이다. 그 이유는 가족을 하나의 단위로 삼지 않고 개별적인 가족 구성원에 초점을 맞추게 되면, 가족정책은 아동정책, 청소년정책, 노인정책, 혹은 장애인정책 등과 차별성을 갖지 못하기 때문이다.

반면, 가족정책의 대상을 '가족 구성원으로서의 개인'으로 보는 시각은 가족 구성원의 이해관계가 상이함을 전제로 한다. 그 이유는 가족을 하나의 단위로 간주하여 접근할 경우, 한 구성원의 이익이 다른 구성원에게 손해가 될 수도 있다는 한계가 있기 때문이다. 물론 이 시각은 가족정책의 대상은 가족과 관계없는 개별 시민이 아닌 가족 구성원으로서의 개인에 있다고 본다.

노르딕 국가들은 초기에는 가족정책의 대상을 '단위로서의 가족'으로 설정하였으나 시간이 지나면서 '가족 구성원으로서의 개인'을 대상으로 삼아 그들의 이해를 보호하고 증진하는 것을 목표로 가족정책을 추진해 왔다. 우리나라에서는 두 관점을 통합하려는 경향이 있다. 즉 가족을 단위로 하거나 또는 구성원 개인을 집합적으로 다루거나 혹은 개인을 다루더라도 가족과 연계하여 다루는 것을 가족정책의 대상으로 설정한다.

## (2) 가족정책을 보는 시각에 따른 정의

가족정책을 무엇이라고 보는가에 따라 가족정책에 대한 정의는 달라질 수 있다. 이와 관련하여 캐멀먼과 칸(Kamerman & Kahn, 1978)은 가족정책을 보는 시각에 따라 다음과 같은 세 가지의 정의를 제시한다.

### ① 사회정책의 한 분야

가족정책을 사회정책의 한 분야로 정의하는 것은 가족정책을 가족과 관련하여 어떠한 목표가 수립되어 있는 사회정책의 한 분야(a field)로 간주하는 것을 의미한다. 예를 들면, 대표적인 가족정책 중의 하나라고 할 수 있는 가족계획(family planning)은 가족과 관련하여 대가족 또는 소가족이라는 목표가 수립되어 있는 사회정책의 한 분야이다. 또한, 주간보호(day care)는 어린 자녀에 대한 적절한 보육 또는 노인에 대한 돌봄이라는 목표가 수립되어 있는 사회정책의 한 분야이다. 따라서 이러한 관점으로 가족정책을 정의할 경우, 소득보장정책, 가족계획, 가족수당제도, 보육정책 등은 모두 가족정책에 해당한다.

### ② 목표 달성을 위한 수단

어떠한 목표를 달성하기 위한 수단으로 가족정책을 정의하는 것은 정부가 가족과 직접적인 관련은 없지만, 구체적인 목표를 세우고 그 목표를 달성하기 위해 가족(가족 구성원)에게 어떠한 특정한 행위를 수행할 것을 요구하는 수단(instrument)으로 가족정책을 인식하고 활용하는 것을 의미한다. 다시 말해, 가족정책을 잠재적이거나 또는 심지어 수용하기 어려운 사회적 목표를 달성하기 위한 합리적인 이유 내지는 근거(a rationale)로 활용한다는 의미이다. 예를 들어, 정부가 노동력이 부족한 시기에 여성을 노동시장으로 유인하겠다는 (가족과는 직접적인 관련이 없는) 목표를 수립하고, 그 목표를 달성하기 위해 보육시설을 확대하는 정책을 펼친다고 가정해 보자. 이 경우, 보육시설을 확대하려는 정책은 가족 구성원인 여성에게 자녀를 보육시설에 맡기고 노동시장에 진입할 것을 요구하는 수단으로 활용된 것이다. 또한, 보육시설을 확대하는 정책은 여성의 노동시장 유인이라는 목표달성을 위한 합리적인 이유 내지는 근거가 되는 가족정책이다. 마찬가지로 실업률이 높은 시기에 여성을 노동시장에서 퇴출하려는 목표를 세우고, 이를 달성하기 위해 아동양육을 위한 휴가정책을 확대하여 제공한다면, 아동양육을 위한 휴가정책은 여성의 노동시장 퇴출이라는 목표달성을 위한 수단으로서의 가족정책이 되는 것이다.

사실상 정책은 국민의 요구를 충족하기 위한 문제해결 기제로서의 속성과 국민의 행동패턴을 특정 방향으로 이끌고 가기 위한 수단으로서의 속성을 모두 갖고 있다. 그러한 차원에서 가족정책을 목표달성을 위한 수단으로 정의한다는 것은 정책의 두 번째 속성을 반영하는 정의라 할 수 있다.

### ③ 사회정책 선택의 관점 또는 기준

가족정책을 사회정책의 선택을 위한 관점 또는 기준(perspective or criterion for social policy choice)으로 정의하는 것은 가족의 복지를 정책결정의 하나의 기준이자 동시에 정책시행에 따른 평가의 척도로 활용하는 것을 의미한다. 즉 특정한 사회정책이 가족에 미치는 영향에 따라 가족정책으로 분류한다는 것을 의미한다. 이러한 정의에 따르면 가족에 영향을 미치는 국가의 모든 정책, 예를 들면 복지정책, 교육정책, 경제정책 등은 물론 심지어 산업정책, 국방정책까지도 가족정책으로 간주될 수 있다.

Zimmerman(1995)은 가족정책이란 정부가 직·간접적으로 가족에 영향을 미치는 모든 정책이라고 정의하면서 가족정책은 곧 사회정책이라고 주장하였다. 하지만 정부의 모든 정책이 국민에게 직·간접적으로 영향을 미친다는 차원에서 가족정책에 대한 이러한 관점은 결국 가족정책의 뚜렷한 실체가 없다는 사실을 인정하는 것과 다를 바 없다는 비판에 직면하게 된다. 따라서 최근 서구에서는 가족정책을 돌봄이 필요한 자녀가 있는 가족을 대상으로 하는 정책, 즉 인구정책, 아동 및 가족 관련 조세제도, 돌봄 관련 정책(모성휴가, 부성휴가, 육아휴직 등), 아동보육정책, 아동수당 등의 급여정책 등으로 한

정하려는 경향을 보여준다.

### (3) 가족정책의 분류

가족정책은 명시성 여부에 따라 명시적 가족정책과 묵시적 가족정책으로 구분할 수 있다(Kamerman & Kahn, 1978).

우선 명시적 가족정책(explicit family policy)은 다시 두 가지로 구분된다. 그 하나는 가족과 관련하여 구체적이고 명시적이며 일반적으로 동의된 목적을 달성할 수 있도록 고안된 특정한 프로그램이나 정책이다. 예를 들면 '아동의 발달을 위한 최적의 환경 제공'이라는 목적을 가진 보육정책이 그 좋은 예이다. 이와 같은 명시적 가족정책을 채택하고 있는 나라로는 스웨덴, 노르웨이, 프랑스 등을 들 수 있다.

한편, 명시적 가족정책의 또 다른 하나는 가족에 대해 그리고 가족을 위해 의도적으로 행해지기는 하지만 가족에 대해 일반적으로 동의된 목적이 없는 프로그램이나 정책이다. 예를 들면, 가족계획(family planning)이 이러한 속성을 가진 가족정책의 대표적인 예라고 할 수 있는데, 그 이유는 출산 자녀 수에 대한 계획은 가족에 대해 의도적으로 행해지기는 하지만 일반적으로 동의된 사안이 아니기 때문이다. 오스트리아, 독일, 핀란드 등과 같은 나라가 이러한 유형의 가족정책을 채택하고 있다.

반면, 묵시적 가족정책(implicit family policy)이란 구체적이거나 우선적으로 가족에 초점이 맞춰진 정책은 아니지만, 예기치 않게 가족에게 간접적인 영향을 미치게 되는 정부의 행위나 정책을 의미한다. 예를 들면 산업단지 이전, 도로건설, 신 주거단지 개발, 이민정책 등이 묵시적 가족정책에 해당한다. 묵시적 가족정책을 채택하는 국가로는 영국, 미국, 캐나다 등이 있다.

## 05 우리나라의 가족정책

앞에서 살펴본 바와 같이 가족정책에는 정의와 시각에 따라 정부가 수립한 다양한 정책들이 포함될 수 있다. 하지만 최근 서구의 가족정책은 여성의 경제활동 증가에 따른 어린 자녀의 돌봄을 위한 보육정책과 일-가정 양립 정책을 핵심으로 다루고 있다. 따라서 여기에서는 자녀 돌봄을 위한 보육 지원 정책과 일-가정 양립 지원 정책을 중심으로 우리나라의 가족정책에 대해 살펴보고자 한다.

## 1) 보육 지원정책

우리나라의 보육정책의 근간은 1991년 제정된 영유아보육법이다. 당시 이 법은 취업모의 미취학 자녀만을 위한 선별주의적 입장을 취했으나, 2004년 개정을 통해 보편주의 서비스로 전환하였다. 이와 같은 보편성 확보를 통해 계층의 차이로부터 발생하는 아동의 서로 다른 출발선을 동일하게 보장하고 균등한 성장의 기회를 제공함으로써 향후 빈곤을 예방하고, 사회에 기여할 수 있는 역군으로 성장할 토대를 마련하였다.

현재 우리나라의 보육 지원정책은 어린이집을 이용하는 6세 미만의 아동을 대상으로 보육료 전액 지원과 어린이집을 이용하지 않는 초등학교 미취학 86개월 미만의 아동을 둔 가정에 제공하는 가정양육수당으로 크게 구분할 수 있다. 특히, 보육서비스 재원에 따른 3~5세 누리과정이라는 독특한 과정이 존재하는 것도 하나의 특징이다.

### (1) 어린이집

어린이집은 국공립어린이집[10], 사회복지법인어린이집, 법인·단체 등 어린이집[11], 민간어린이집[12], 직장어린이집[13], 가정어린이집[14], 협동어린이집[15] 등으로 구분된다. 예외적인 경우를 제외하면, 6세 미만의 취학 전 영·유아를 대상으로 보육서비스를 제공한다.

---

10) 국공립어린이집이란 직장어린이집을 제외한 국가나 지방자치단체가 설치·운영(위탁운영 포함)하는 어린이집을 의미한다.

11) 법인·단체 등 어린이집이란 사회복지법인을 제외한 각종 비영리법인이나 단체 등이 설치·운영하는 어린이집을 의미한다.

12) 민간어린이집이란 국공립·사회복지법인·법인단체·직장·가정·협동어린이집이 아닌 어린이집을 의미한다.

13) 상시 여성근로자 300명 이상 또는 상시 근로자 500명 이상을 고용하고 있는 사업장은 직장어린이집을 의무적으로 설치해야 한다. 여기에서 '사업장'은 '단위사업장'으로서 사업이 행해지고 있는 인적·물적 시설이 존재하는 장소적 범위로 동일 장소에 소재하는 것을 원칙으로 한다. '상시근로자'는 정규직뿐만 아니라 임시직과 일용직, 육아휴직자, 단시간 근로자 등도 포함하며, 다만 직접 고용하지 않은 파견직은 제외된다.

14) 가정어린이집이란 개인이 가정 또는 그에 준하는 곳에 설치·운영하는 어린이집을 의미한다.

15) 협동어린이집이란 보호자 또는 보호자와 보육교직원 11인 이상이 영리를 목적으로 하지 않는 조합을 결성하여 설치·운영하는 어린이집을 의미한다.

어린이집을 이용하는 자가 지불하는 보육료는 해당 어린이집의 소재지를 관할하는 시·도지사가 정하는 범위 내에서 결정된다. 즉 어린이집 원장은 시·도지사가 정한 보육료의 수납한도액 범위에서 보호자와 협의하여 수납액을 자율적으로 결정하고, 이를 시장·군수·구청장에게 신고한다. 현재 정부가 지원하지 않는 어린이집(정부미지원어린이집)을 이용하는 만 3~5세 자녀를 둔 부모(보호자)의 경우에만 시·도지사가 정한 수납한도액 내에서 어린이집이 결정한 보육료 수납액과의 차액을 보육료로 지불하며, 정부가 지원하는 어린이집의 경우에는 부모가 부담하는 보육료는 사실상 없다. 부모(결재권자)가 아이행복카드를 결제하면, 정부지원보육료가 해당 어린이집으로 직접 입금된다.

보육료는 한 달 기준으로 등원일이 11일 이상이 되어야 정부로부터 지원을 받을 수 있으며, 그렇지 않으면 부모가 보육료를 부담해야 한다. 부모의 부담금은 차량 이용, 교재 사용, 특별 활동 등에 따라서도 발생한다.

어린이집은 가능한 한 2세 미만 영아반, 2세 영아반, 3세 이상의 유아반을 동시에 운영해야 한다. 어린이집의 운영시간은 주 6일 이상, 연중 계속 운영하는 것을 원칙으로 한다. 일반적으로 월~금요일은 12시간(07:30~19:30), 토요일은 8시간(07:30~15:30) 운영한다. 하지만 보호자의 근로시간 등을 고려하여 미리 보호자의 동의를 받은 경우에는 영유아 및 그 보호자에게 불편을 주지 않는 범위에서 어린이집 운영일 및 운영시간을 조정하여 야간연장보육[16], 휴일보육[17] 등의 서비스를 제공할 수 있다. 기본보육 시간은 09:00~16:00(7시간)이며, 연장보육 시간은 16:00~19:30을 원칙으로 한다.


## (2) 가정양육수당

흔히 양육수당이라 일컬어지는 가정양육수당은 2013년 3월 도입된 제도이다. 가정양육수당은 소득과 관계없이 86개월 미만의 자녀를 가정에서 직접 양육하는 모든 가정에 지급하는 수당이다. 자녀가 어린이집 또는 유치원(특수학교 포함)을 이용하거나 종일제 아이돌봄서비스를 지원받는 경우에는 가정양육수당을 지원받지 못한다.[18]

---

16) 야간연장보육은 19:30~24:00(07:30 이전에 이용하는 경우도 야간연장보육으로 간주), 야간12시간보육은 19:30~익일 07:30, 24시간 보육은 07:30~익일 07:30까지 보육하는 것을 의미한다.

17) 휴일보육이란 일요일과 공휴일 07:30~19:30까지 보육하는 것을 의미한다.

18) 자녀가 어린이집이나 유치원 등 국가가 지정하는 보육기관에 다닐 경우, 가정양육수당 대신 정부로부터 보육비 또는 학비를 '아이행복카드'를 통해 바우처 형태로 지원받는다.

가정양육수당 급여액은 0~11개월 아동의 경우에는 월 20만 원, 12~23개월 아동의 경우에는 월 15만 원, 24~86개월 미만(취학전) 아동의 경우에는 월 10만 원이다. 아동수당과 가정양육수당은 중복 적용이 가능하므로 동시에 지원받을 수 있다.

주민지원센터에서는 최초 출생신고가 이루어지는 영아에 대해서 무상보육(보육료 또는 가정양육수당)을 지원받을 수 있다는 사실을 안내하게 되어 있다. 하지만 처음에는 자녀를 집에서 양육하면서 가정양육수당을 받다가 나중에 해당 자녀를 어린이집에 보낼 경우, 보호자는 가정양육수당을 보육료로 변경 신청하여야 해당 급여를 받을 수 있다. 그 반대의 경우도 마찬가지이다.

## (3) 3~5세 누리과정

현재 우리나라의 미취학 아동(3~5세)은 어린이집을 이용하거나 유치원을 이용할 수 있다. 유치원은 유아교육을 담당하고 있는 교육부가 맡고 있고, 어린이집은 보육을 맡고 있는 보건복지부가 담당하고 있다. 이러한 이원화된 구조로 인해 여러 문제점이 발생해 왔으며, 새로운 정부가 들어설 때마다 이원화된 구조를 통합하려는 시도를 해왔다. 하지만 소관 부처 일원화 문제는 유치원과 어린이집 관계자들 간의 첨예한 이해관계 대립, 적지 않은 재원 소요, 교사 양성체계 등의 문제로 인해 아직 해결되지 못하고 있다.

이러한 상황에서 만 3~5세 영·유아가 어린이집 또는 유치원 중 어디를 다니든 생애 첫 출발선에서 수준 높고 균등한 교육기회를 보장하기 위한 '공통의 보육·교육과정'을 운영하려는 시도가 있었는데, 그것이 바로 <그림 14-1>에서 보는 바와 같이 2012년 3월, 5세 아동부터 적용되어 시작된 누리과정사업[19]이다.

┃그림 14-1 누리과정 일원화

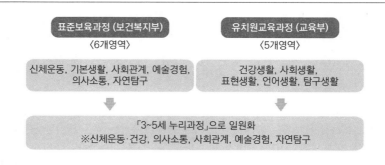

---

19) 만 3~4세 아동은 2013년 3월부터 적용되어 시행되었다.

누리과정이 도입되면서 보건복지부와 지방자치단체 일반회계에서 부담하던 예산을 2012년부터 지방교육재정교부금으로 지원하기 시작했으며, 2015년부터는 누리과정 재원 전액을 지방교육재정교부금으로 일원화하였다. 다만 2017년 1월부터 2019년 12월까지는 유아교육지원특별회계법에 따른 유아교육지원 특별회계에서 부담하였다. 3~5세 보육료(누리과정)는 유아교육법령에 따라 3년을 초과하여 지원받을 수 없다.

### (4) 부모급여

부모급여는 2023년 1월 1일 시행된 제도로, 기존의 영아수당[20]을 명칭을 바꾸어 확대한 제도이다. 부모급여는 어린이집이나 종일제 돌봄서비스를 이용하지 않는[21] 2세 미만의 아동을 대상으로 0~11개월까지는 월 70만 원(연 840만 원), 12~23개월까지는 월 35만 원(연 420만 원)을 현금으로 지급하며, 2024년부터는 2세 미만의 아동을 대상으로 0~11개월까지는 월 100만 원(연 1,200만 원), 12~23개월까지는 월 50만 원(연 600만 원)을 지급한다.

## 2) 일-가정 양립 지원정책

일-가정 양립 지원정책은 출산율 제고에 기여할 뿐만 아니라 노동시장의 젠더 균형과 고용률 증진에 일조하며, 여성의 경제적 자립과 남성의 가족생활 참여를 촉진하는 중요한 기제로 작동한다(Council of Europe, 2005; 홍승아·장혜경, 2006 재인용). 여기서는 남녀고용평등과 일·가정 양립 지원에 관한 법률(약칭: 남녀고용평등법)에 규정된 일-가정 양립 지원에 대해 살펴보고자 한다.

---

20) 영아수당은 2022년에 도입되어 지급되기 시작한 수당인데, 2023년부터 부모급여로 명칭이 바뀌었고 지원 금액도 늘어났다. 영아수당은 어린이집, 종일제 아이돌봄서비스를 이용하지 않는 2022년 이후 출생한 2세 (24개월) 미만의 아동에 대해 매월 30만 원을 지원하였다. 영아수당은 아동수당과 달리 가정양육수당과 중복하여 지급되지 않았기에 24개월 미만의 아동에게는 가정양육수당이 지급되지 않았다.
21) 어린이집을 이용하는 경우에는 0세와 1세 모두 51만 4,000원의 보육료 바우처를 받을 수 있다. 어린이집을 이용하는 0세 아동의 경우, 부모급여 70만 원이 보육료 바우처 지원금액보다 커서 그 차액인 18만 6,000원을 현금으로 받는다.

## (1) 출산전후휴가

출산전후휴가란 임신 중인 여성 근로자에 대해 출산 전(前)과 후(後)로 90일(다태아일 경우 120일)의 휴가를 부여하는 강제규정 제도이다(근로기준법 제74조 및 남녀고용평등과 일·가정 양립 지원에 관한 법 제18조).

휴가 기간의 배정은 출산 후에 45일(다태아일 경우 60일) 이상이 반드시 확보되도록 부여하여야 하며, 출산한 여성근로자의 근로의무를 면제하고 임금상실 없이 휴식을 보장받도록 규정하고 있다. 또한, 임신 중인 여성 근로자가 유산의 경험 등 대통령령으로 정하는 사유로 휴가를 청구하는 경우, 출산 전 어느 때라도 휴가를 나누어 사용할 수 있다. 이 경우, 출산 후의 휴가 기간은 반드시 연속하여 45일(다태아일 경우 60일) 이상이 되어야 한다. 출산이 예정보다 늦어져 출산 전 휴가가 45일을 초과한 경우에도 출산 후 휴가기간이 45일 이상이 되도록 연장하여야 한다.

특히, 사업주는 출산전후휴가 종료 후에는 근로자를 휴가 전과 동일한 업무 또는 동등한 수준의 임금을 지급하는 직무에 복귀시켜야 한다.

출산전후휴가 기간 중의 임금지급과 관련, 우선지원 대상기업[22]의 경우 90일(다태아 120일)의 급여가 고용보험에서 지급된다. 하지만 대규모 기업의 경우에는 최초 60일(다태아 75일)은 사업주가, 그 이후 30일(다태아 45일)은 고용보험에서 지급된다.

우리나라의 출산전후휴가 제도의 개선점으로는 첫째, 휴가기간이 90일(약 13주)로 국제노동기구(ILO: International Labor Organization)가 권장하고 있는 16주에 미치지 못하고 있으며, 둘째, 출산전후휴가 기간 중 급여가 단지 30일만 고용보험에서 제공되고, 나머지 60일은 기업이 부담하도록 되어 있는데, 이는 대부분의 OECD 회원국에서 출산전후휴가 급여를 사회보험이나 공적기금에서 충당하는 점에 비추어 볼 때, 급여 재원의 공공성이 약하다는 점 등을 들 수 있다. 따라서 출산전후휴가 제도의 기간을 좀 더 늘리고, 재원의 공공성을 강화할 필요가 있다.

---

22) 우선지원 대상기업이란 고용 안정 사업 및 직업 능력 개발 사업을 실시할 때 우선적으로 고려해야 하는 기업으로, 상시 근로자의 수가 제조업의 경우 500인 이하, 건설업·광업·운수업·창고업·통신업의 경우 300인 이하, 기타 산업의 경우 100인 이하인 기업이다.

## (2) 배우자 출산휴가

사업주는 근로자가 배우자의 출산을 이유로 휴가를 청구하는 경우에 10일의 유급 휴가를 주어야 한다(남녀고용평등과 일·가정 양립 지원에 관한 법 제18조의2). 배우자 출산휴가는 근로자의 배우자가 출산한 날부터 90일이 지나면 청구할 수 없으며, 1회에 한정하여 나누어 사용할 수 있다.

## (3) 육아휴직

육아휴직제도는 임신 중인 여성근로자가 모성을 보호하거나 근로자가 8세 이하 또는 초등학교 2학년 이하의 자녀를 양육하기 위하여 사용하는 휴직을 말한다(남녀고용평등과 일·가정 양립 지원에 관한 법 제19조). 육아휴직은 근로자의 육아부담을 해소하고 계속 근로를 지원함으로써 근로자의 생활안정 및 고용안정을 도모하는 한편, 기업의 숙련인력 확보를 지원하기 위한 제도이다.

육아휴직의 기간은 최대 1년이다. 자녀 1명당 육아휴직 1년을 사용할 수 있으므로 자녀가 2명이면 각각 1년씩 2년간의 휴직사용이 가능하다. 또한, 육아휴직은 근로자의 권리이므로 부모가 모두 근로자라면 한 자녀에 대하여 아빠와 엄마가 1년씩 순차적으로 사용할 수 있으며,[23] 부부가 동시에 같은 자녀에 대해 육아휴직을 사용할 수도 있다.

육아휴직 급여 수준과 관련하여, 근로자가 육아휴직을 사업주로부터 30일 이상 부여받고 소정의 수급요건을 충족하는 경우,[24] 육아휴직 시작일부터 1년 동안 통상임금의 100분의 80(상한액: 월 150만 원, 하한액: 월 70만 원)을 육아휴직 급여로 지급받는다.

한편, 2022년도부터 '3＋3 공동육아휴직제'가 시행 중이다. 이는 생후 12개월 미만의 자녀가 있는 가정에서 아빠와 엄마가 동시에 3개월 동안 급여를 받으며 육아휴직을 할 수 있는 제도이다. 다만, 공동육아휴직 첫째 달은 부부 각각 월 최대 200만 원(총 400만 원), 둘째 달은 월 최대 250만 원(총 500만 원), 셋째 달은 월 최대 300만 원(총

---

23) 육아휴직 급여 특례는 같은 자녀에 대하여 부모가 순차적으로 모두 육아휴직을 사용하는 경우, 두 번째 사용한 사람의 육아휴직 3개월 급여를 통상임금의 100%(상한 250만 원)로 상향하여 지급하는 제도로, 일명 '아빠 육아휴직 보너스제'라 일컫는다.

24) 육아휴직 개시일 이전에 피보험단위기간(재직하면서 임금을 받은 기간)이 모두 합해서 180일 이상이 되어야 육아휴직 급여를 받을 수 있다.

600만 원)을 지원받는다.

육아휴직제도의 적용대상이 8세 이하 또는 초등학교 2학년 이하의 자녀를 둔 근로자로 적용범위가 확대된 것은 매우 고무적인 일이라 할 수 있다. 또한, 1년의 휴가기간에 대해서는 외국에 비해 짧다는 비판적인 의견도 있지만, 휴직기간이 길어지면 여성의 경력단절 가능성이 높아질 수 있다는 측면에서 반드시 부정적으로만 볼 수 없으므로 이에 대해서는 논의가 좀 더 필요한 사안이라 여겨진다. 다만 육아휴직 급여 수준이 낮다는 점과 특히, 육아휴직을 사용하는 데 따르는 직장 내 부담감이 여전히 크다는[25] 비판은 세계에서 유래를 찾기 힘든 저출산율을 기록하고 있는 우리 사회가 귀 기울여야 할 지적임은 틀림없다.

## (4) 육아기 근로시간 단축

육아기 근로시간 단축이란 근로자가 8세 이하 또는 초등학교 2학년 이하의 자녀를 양육하기 위하여 근로시간을 단축할 수 있는 제도를 말한다(남녀고용평등과 일·가정 양립 지원에 관한 법 제19조의 2). 다만, 대체인력 채용이 불가능하거나 정상적인 사업 운영에 중대한 지장을 초래하는 경우 등 대통령령으로 정하는 경우에는 사업주가 근로자의 요청을 허용하지 않을 수 있다. 사업주가 육아기 근로시간 단축을 허용하지 아니하는 경우에는 해당 근로자에게 그 사유를 서면으로 통보하고 육아휴직을 사용하게 하거나 출근 및 퇴근 시간 조정 등 다른 조치를 통하여 지원할 수 있는지를 해당 근로자와 협의하여야 한다.

육아기 근로시간 단축의 기간은 1년 이내이며, 육아기 근로시간 단축 기간 중 근로시간은 주당 15시간 이상이어야 하고 35시간을 넘어서는 안 된다. 또한, 사업주는 육아기 근로시간 단축을 이유로 해당 근로자에게 해고나 그 밖의 불리한 처우를 해서는 안 되며, 사업주는 근로자의 육아기 근로시간 단축 기간이 끝난 후에 그 근로자를 육아기 근로시간 단축 전과 같은 업무 또는 같은 수준의 임금을 지급하는 직무에 복귀시켜야 한다.

---

25) 구인구직 매칭 플랫폼 사람인이 2018년 직장인 511명을 대상으로 육아휴직 사용에 관해 조사한 결과에 따르면, 응답자의 92.6%가 육아휴직 사용을 원하지만, 응답자의 78.1%는 육아휴직 사용에 대한 부담을 느끼는 것으로 나타났다(신승희, 2018).

## (5) 가족돌봄휴직 및 가족돌봄휴가

가족돌봄휴직은 근로자가 조부모, 부모, 배우자, 배우자의 부모, 자녀 또는 손자녀의 질병, 사고, 노령으로 인해 그 가족을 돌보기 위해 사용하는 휴직을 말한다. 사업주는 근로자가 가족돌봄휴직을 신청하는 경우, 이를 허용하여야 한다. 다만, 대체인력 채용이 불가능하거나 정상적인 사업 운영에 중대한 지장을 초래하거나 본인 외에도 조부모의 직계비속 또는 손자녀의 직계존속이 있는 경우 등 대통령령으로 정하는 경우에는 가족돌봄휴직을 허용하지 않아도 된다(남녀고용평등과 일·가정 양립 지원에 관한 법 제22조의 2). 사업주가 가족돌봄휴직을 허용하지 않는 경우에는 해당 근로자에게 그 사유를 서면으로 통보해야 한다.

가족돌봄휴직 기간은 연간 최장 90일이며, 이를 나누어 사용할 수 있는데, 나누어 사용하는 1회의 기간은 30일 이상이 되어야 한다.

한편, 가족돌봄휴가는 근로자가 가족(조부모 또는 손자녀의 경우 근로자 본인 외에도 직계비속 또는 직계존속이 있는 등 대통령령으로 정하는 경우는 제외한다)의 질병, 사고, 노령 또는 자녀의 양육으로 인하여 긴급하게 그 가족을 돌보기 위해 사용하는 휴가이다. 사업주는 근로자가 가족돌봄휴가를 신청하면 이를 허용해야 한다. 다만, 근로자가 청구한 시기에 가족돌봄휴가를 주는 것이 정상적인 사업 운영에 중대한 지장을 초래하는 경우에는 근로자와 협의하여 그 시기를 변경할 수 있다.

가족돌봄휴가 기간은 연간 최장 10일인데, 20일까지 연장될 수 있으며, 한부모가족지원법의 모 또는 부에 해당하는 근로자의 경우에는 25일이다. 가족돌봄휴가는 일(日)단위로 사용할 수 있으나, 가족돌봄휴가 기간은 가족돌봄휴직 기간에 포함된다.

# 참고문헌

강창현. (2012). "바우처 제도의 현황과 효과성 분석". 국회예산정책처 연구용역보고서. 서울: 국회예산 정책처.

강은나·백혜연·김영선·오인근·배혜원. (2017). 「2017 노인일자리 정책효과 분석연구」. 서울: 한국보 건사회연구원.

국민연금공단. (2020). 「국민연금 공표통계」. www.nps.or.kr

고유선. (2017. 6. 8). 유치원·어린이집 통합 '해묵은 논쟁' 끝장토론서 풀리나. 연합뉴스. Retrieved from https://www.yna.co.kr/view/AKR20170608161900004?input=1195m

공계순·서인해. (2006). "증거기반 사회복지실천에 대한 이해와 한국에서의 적용가능성에 관한 연구". 『사회복지연구』. 31: 77−102.

공계순·박현선·오승환·이상균·이현주. (2006). 『아동복지론』. 서울: 학지사.

국민건강보험공단. (2020). 「2019년 건강보험 주요통계」.

권유경. (2001). "장애의 개념과 장애등급에 관한 고찰". 김용득·김진우·유동철 편. 『한국 장애인복지 의 이해』. 서울: 인간과 복지.

권중돈. (2016). 『노인복지론』. 서울: 학지사.

권중돈·조학래·윤경아·이윤화·이영미·손의성·오인근·김동기. (2011). 『사회복지개론』. 서울: 학지사.

김경미·김미옥. (2006). "한국장애인복지학 연구동향에 관한 분석과 고찰: 장애인복지학의 이론적 패 러다임을 중심으로". 『한국사회복지학』. 58(3): 269−294.

김경섭·김성철·김태식·김현호·양경희·오미희·임봉호·조현상·황희숙. (2012). 『지역사회복지론』. 경기: 양서원.

김교성·김종건·안현미·김성욱. (2007). "우리나라 사회복지 자원총량 추계에 관한 연구". 『한국사회 복지학』. 59(4): 319−346.

김교성·유희원. (2015). "복지국가의 변화: 신·구 사회정책에 기초한 이념형 분석". 『사회복지연구』. 46(1): 433−467.

김권식. (2013). "정책수단선택 영향요인에 관한 연구: 보건의료정책 입법과정을 중심으로". 서울대학 교 행정대학원 박사학위논문.

김기태·김수환·김용호·박지영. (2002). 『사회복지실천론』. 경기: 양서원.

김동국. (1994). 『서양사회복지사론: 영국의 빈민법을 중심으로』. 서울: 유풍출판사.

김두헌. (1986). 『한국가족제도연구』. 서울: 서울대학교출판부.

김병진·김훈기. (1998). 『생활과 직업윤리』. 경기: 학문사.

김상균. (1990). 『현대사회와 사회정책』. 서울: 서울대학교출판부.

김상균 · 최일섭 · 최성재 · 조홍식 · 김혜란 · 이봉주 · 구인회 · 강상경 · 안상훈. (2013). 『사회복지개론』. 경기: 나남.

김성규. (2014). "'아동학대 범죄의 처벌 등에 관한 특례법'에 대한 비판적 검토 - 아동학대범죄의 정의 및 재범방지에 관한 규정과 관련해서". 『법학논총』. 31(1): 21 - 38.

김성준. (2002). "규제연구의 정치경제학적 접근방법: 흡연에 대한 규제정책 사례를 중심으로". 『규제연구』. 11(2): 5 - 28.

김성천 · 강욱모 · 김영란 · 김혜성 · 박경숙 · 박능후 · 박수경 · 송미영 · 안치민 · 엄명용 · 윤혜미 · 이성기 · 최경구 · 최현숙 · 한동우. (2009). 『사회복지학개론 원리와 실제』. 서울: 학지사.

김승욱 · 김재익 · 조용래 · 유언근. (2004). 『시장인가? 정부인가?』 경기: 나남.

김연명. (2007). "우리나라에서 사회투자론 논의의 쟁점". 『경제와 사회』. 75: 307 - 318.

김영란. (2008). "한국사회에서 새로운 위험과 위험관리전략: 복지국가의 재설계". 『사회보장연구』. 24(1): 1 - 26.

김영순. (1988). 『복지국가의 위기와 재편: 영국과 스웨덴의 경험』. 서울: 서울대학교 출판부.

김영순. (2007). "사회투자국가가 우리의 대안인가?: 최근 한국의 사회투자국가 논의와 그 문제점". 『경제와 사회』. 6: 84 - 113.

김영화. (1997). "사회복지 이념과 현실적 타당성을 위한 담론적 연구". 『한국사회복지학』. 33: 55 - 70.

김용득. (2002). "장애개념의 변화와 사회복지실천 현장 함의". 『한국사회복지학』. 51: 157 - 182.

김용득 · 김진우 · 유동철. (2007). 『한국장애인복지의 이해』. 서울: 인간과 복지.

김원섭. (2011). "한나라당 박근혜 의원의 사회보장기본법 개정안 분석". 『월간복지동향』. 147: 35 - 37.

김윤재 · 김성남 · 정덕임 · 정재우 · 김순옥. (2013). 『가족복지론』. 경기: 공동체.

김융일 · 조흥식 · 김영옥. (2005). 『사회복지실천론』. 경기: 나남.

김융일 · 김기환 · 김미혜 · 김형식 · 박능후 · 신준섭 · 오창순 · 이영분 · 정무성 · 황성철. (2006). 『사회복지학개론』. 서울: 동인.

김익균 · 고승덕 · 최찬호 · 이행숙. (2001). 『아동복지론』. 서울: 대학출판사.

김정기 · 최원규 · 진재문. (2002). 『사회복지의 역사』. 경기: 나남.

김정우 · 박경수. (2005). "공동모금 재정지원을 통해 본 장애인복지 분야의 서비스 패러다임 동향 분석". 『한국사회복지학』. 57(1): 147 - 167.

김정자. (1993). "사회복지실천의 윤리적 재고찰". 양옥경. 『사회복지실천과 윤리』. 서울: 한울아카데미.

김종건. (2008). "이명박 정부의 복지정책 바로읽기". 『Issue Report』. 민중복지연대.

김종희. (2011). "정신역동과 미술치료". 『한국아동미술학회지』. 10: 1 - 35.

김준영. (2014). "당뇨병 교육을 위한 정보광장: 당뇨병 환자의 행동변화". 『당뇨병』. 15(4): 232 - 235.

김진수. (2008). 「이명박 정부 100일 평가 및 향후 국정 방향(사회복지 분야)」. 경실련 이명박 정부 100일, 무엇이 문제인가 발표문.

김태성. (2004). "사회복지정책의 정책성". 한국사회복지학회 춘계학술대회 기획발표. 1 - 16.

김태성·성경륭. (1993). 『복지국가론』. 경기: 나남.

김한중. (2017). 『교육학박사 김한중교수가 정리한 상담모형』. 서울: 키메이커.

김항규. (2008). 사회정의. 온라인행정학사전. Retrieved from http://www.kapa21.or.kr/epadic/epadic_view.php?num=582

김혜란·공계순·박현선. (2013). 『사회복지실천론』. 경기: 나남.

남궁근. (2017). 『정책학: 이론과 경험적 연구』. 경기: 법문사.

남기범. (2015). 『현대정책학 개론』. 서울: 조명문화사.

남세진·조흥식. (1995). 『한국사회복지론』. 경기: 나남.

노사평·박희서·박영미. (2006). 『정책학의 이해』. 서울: 비·앤·엠 북스.

노충례. (2012). 『아동학대 조기발견체계 구축을 통한 아동학대 발생방지 방안 마련』. 법무부.

노현웅. (2016. 9. 22). 소득재분배 정책 OECD 최하위권. 한겨레. Retrieved from http://www.hani.co.kr/ arti/economy/economy_general/762166.html

대한청소년정신의학회. (2012). 『청소년정신의학』. 서울: 시그마스.

박경일·김경호·서화정·윤숙자·이명현·이상주·이재모·전광현·조수경. (2010). 『사회복지학강의』. 경기: 양서원.

박명숙. (1999). "생태체계이론(Ecosystem Theory)에 대한 이해와 사회사업에의 적용에 관한 연구". 『사회복지리뷰』. 4: 127－137.

박명호. (2016). "소득세 신고자료를 활용한 최상위 소득계층의 소득집중도 추정". 『한국경제포럼』. 9(2): 55－77.

박병현. (2004). 『사회복지정책론: 이론과 분석』. 서울: 현학사.

박병현. (2015). 『사회복지로의 초대』. 경기: 공동체.

박순우. (1995). "T. H. Marshall의 시민권론에 대한 재조명". 『사회복지정책』. 1: 71－82.

박순우. (2004). "T. H. Marshall 시민권론의 재해석". 『사회복지정책』. 20: 87－107.

박용수. (2006). "한국 복지국가의 성격: 잔여적 유형?" 『국제지역연구』. 10(3), 165－198.

박윤영. (1998). "빈곤문화론의 재검토". 『사회복지정책』. 6: 177－198.

박찬영. (2019. 9. 29). 한국 노인 OECD 최고 자살률...노인들이 가장 힘들어 하는 것은? KBS NEWS. Retrieved from https://news.kbs.co.kr/news/view.do?ncd=4292513

배화옥. (2010). 『아동과 복지』. 서울: 신정출판사.

백인립. (2013). "사회복지학의 정체성: 21세기 한국사회와 사회복지의 역할". 『한국사회복지조사연구』. 36: 297－332.

백정미·주은선·김은지. (2008). "복지인식 구조의 국가간 비교". 『사회복지연구』. 37: 319－344.

백종만·최원규. (2001). 『사회와 복지』. 서울: 나눔의 집.

보건복지부. (2019). 「노인돌봄서비스 사업안내」.

보건복지부. (2019). 「2014~2019년 상반기 무연고 사망자 현황자료」.

보건복지부. (2020). 「2020년도 노인일자리 및 사회활동 지원사업 운영안내」.

보건복지부. (2021). 「통계로 보는 사회보장 2020」.

사회복지교육연구센터. (2018). 『1급 사회복지사 기본서 사회복지정책론』. 서울: 나눔의 집.

서한기. (2017. 10. 11). 국민연금 신규수급자 월 수령액 52만 원…최소생활비 절반. 연합뉴스. Retrieved from https://www.yna.co.kr/view/AKR20171010170400017?input=1195m

성규탁. (1998). 『사회복지행정론』. 경기: 법문사.

손영우. (2014). 동기-위생 이론, 심리학용어사전. 2018. 2. 15., Retrieved from http://terms.naver.com/entry.nhn?docId=2070225&cid=41991&categoryId=41991

송근원·김태성. (1993). 『사회복지정책론. 경기: 나남.

신동면. (2001). "한국의 복지혼합에 관한 연구". 『한국사회복지학』. 45: 220-249.

양동안. (1999). "자유주의와 신자유주의". 『자유공론』. 11월.

양승일. (2011). 제3의 길. 온라인행정학전자사전. 2018. 3. 6. Retrieved from www.kapa21.or.kr/epadic/epadic_view.php?num=752

양옥경·김정진·서미경·김미옥·김소희. (2018). 『사회복지실천론』. 경기: 나남.

엄명용·김성천·오혜경·윤혜미. (2004). 『사회복지실천의 이해』. 서울: 학지사.

엄명용·노충래·김용석. (2008). 『사회복지실천기술의 이해』. 서울: 학지사.

엄미선. (2011). "사회복지시설의 자원개발에 관한 서설적 연구". 『사회복지실천』. 10: 27-51.

에밀 뒤르켐. (2015). 『사회분업론』. 민문홍 옮김, 경기: 아카넷.

오근식. (2004). "노후소득보장체계의 발전방향에 관한 연구 - 공적 연금에 의한 노후소득보장방안을 중심으로". 『사회연구』. 1: 53-80.

오정수·정익중. (2016). 『아동복지론』. 서울: 학지사.

원석조. (1996). "연구 논문: 1911년 영국의 국민보험법과 계급관계". 『사회복지정책』. 3: 31-64.

_____. (2007). "복지이념의 시계추 가설". 『사회복지정책』. 29: 29-44.

_____. (2017). 『사회복지개론』. 경기: 양서원.

_____. (2019). 『사회복지정책론』. 경기: 공동체.

_____. (2019). 『사회복지발달사』. 경기: 공동체.

원시연. (2019). "OECD 통계에서 나타난 한국 노인의 삶과 시사점". 『국제통계 동향과 분석』. 제3호. 국회입법조사처.

원용찬. (1998). 『사회보장발달사』. 전북: 신아.

유광호·이혜경·최성재. (2005). 『한국의 사회보장』. 서울: 유풍 출판사.

유종해. (1998). 『현대행정학. 서울: 박영사.

윤영자·최영순. (2002). 『경제사 개설』. 한국방송통신대학교출판부.

윤영진. (2008). 『사회복지서비스 공급체계와 재정지원방식에 관한 연구』. 보건복지가족부.

윤재풍. (2014). 『조직론』. 서울: 도서출판 대영문화사.

윤홍식. (2011). "보편주의 복지국가의 원칙과 쟁점: 오해, 쟁점, 원칙 그리고 과제".『심포지움: 진보의 미래, 보편주의 복지국가의 원칙과 전략』. 참여연대.

윤홍식·송다영·김인숙. (2010).『가족정책: 복지국가의 새로운 전망』. 경기: 공동체.

이규식. (2012).『의료보장과 의료체계』. 서울: 계축문화사.

이금룡. (2016). "노인 사회참여정책 현황과 과제".『보건복지포럼』. 239: 60－69.

이대희. (2018. 6. 24). 한국 재정지출 소득재분배 효과 작다…OECD 평균의 ⅓ 불과. 연합뉴스. Retrieved from https://www.yna.co.kr/view/AKR20180623037200002?input=1195m

이동석, (2003). "Priestly의 장애이론 유형에 따른 한국 장애인 제도 및 운동의 변천에 관한 연구". 성공회대학교 석사학위논문.

이봉주·김찬우·서정민·김낭희. (2013).「노인전문교육원 설립 타당성 및 추진 방안」. 보건복지부 연구보고서.

이선우. (2009).『장애인복지의 이론과 실제』. 서울: 집문당.

이소정·정경희·이윤경·유삼현. (2007).「우리나라 노인의 사회참여 유형 분석 및 정책적 함의」. 연구보고서 2007－19－8. 한국보건사회연구원.

이숙희. (2014). "아동의 발견".『대학원신문』. 307호, 2014. 3. 14.

이윤경. (2018). "노인의 건강과 돌봄".『보건복지포럼』. 264: 19－30.

이인재·류진석·권문일·김진구. (1999).『사회보장론』. 서울: 나남출판.

이장호·정남운·조성호. (2009).『상담심리학의 기초』. 서울: 학지사.

이재경·조영미·민가영·박홍주·이박혜경. (2012).『여성학 － 여성주의 시각에서 바라본 또 다른 세상』. 서울: 미래인(미래M&B, 미래엠앤비).

이재길. (2018. 8.1 4). 직장인 10명 중 8명, 육아휴직 원하지만, 사용은 부담된다. 이데일리. Retrieved from https://www.edaily.co.kr/news/read?newsId=01895846619307320&mediaCodeNo=257& OutLnkChk=Y

이재열. (2010). "위험사회와 위험의 사회적 구성". 정진성·이재열·조병희·구혜란·안정옥·장덕진·고형면·장상철 편,『위험사회, 위험정치』. 서울: 서울대학교출판문화원.

이정전. (1993).『두 경제학 이야기』. 경기: 한길사.

이종복·전남련·이재선·박정란·이유선·홍성휘. (2011).『사회복지개론』. 서울: 오래.

이주하. (2016).「사회적 위험의 중첩성과 사회정책적 대응」. 한국행정학회 60주년 기념 한국행정학회 하계공동학술대회. 1085－1109.

이준구. (2004).『시장과 정부: 경쟁과 협력의 관계』. 서울: 다산출판사.

이태수. (2008).「이명박 정부와 복지정책의 미래」. 복지국가 SOCIETY 월례정책세미나 발표문.

이혜경. (1996). "한국사회복지학의 정체성".『한국사회복지조사연구』. 3: 41－57.

이혜경. (2009). "사회복지정책 교재에 있어 '길버트와 스펙트 분석틀'의 활용에 관한 연구".『한국사회복지교육』. 9: 77−96.

이혜연·김기석. (2009). "한국 노인교육정책의 전개와 특징". 『한국노년학』. 29(3): 935−951.

이혜원. (1998). 『노인복지론』. 서울: 유풍출판사.

이효선. (2016). 『사회복지윤리와 철학의 이해』. 서울: 학지사.

임만규. (1990). "사회민주주의와 민주사회주의". 『고시계』. 35(6): 270−273.

임종호·이영미·이인미. (2016). 『장애인복지론』. 서울: 학지사.

장승혁. (2017). "사회보험법과 사회연대 원리". 서울대 박사학위 논문.

장인협·최성재. (1987). 『노인복지학』. 서울: 서울대학교 출판부.

장지연. (2004). "복지국가에 대한 페미니스트 관점의 기여와 한계". 『한국사회학』. 38(3): 177−200.

장호상. (2002). 브리태니커 세계 대백과사전. 한국브리태니커회사.

저출산고령사회위원회. (2022). "연령통합적 고용환경 조성을 위한 개선방안", 연구보고서

전봉윤. (2002). "장애인복지의 세계적 동향과 실천과제". 제2차 UN ESCAP 아·태장애인 10년(2003~
     2012) 및 한국장애인 10년의 전망과 과제, 『제10회 RI Korea 재활대회자료집』.

전수일·봉민근. (1995). 『지방자치와 복지행정』. 서울: 홍익재.

정무성·양희택·노승현. (2006). 『장애인복지개론. 경기: 학현사.

정영철. (2012). "사례관리를 위한 지역사회 복지자원 관리방안". 『보건복지 Issue & Focus』. 128:
     1−8.

정인용·윤상용. (2014). "국민연금법과 장애인복지법의 장애개념 및 장애판정체계 비교 연구". 『국민
     연금연구원 정책보고서 2013−09』.

정정길·최종원·이시원·정준금·정광호. (2016). 『정책학원론』. 충북: 대명출판사.

정진희. (2015). "마르크스주의와 페미니즘 사이의 최근 쟁점들". 『진보평론』. 65: 180−215.

정치학대사전편찬위원회. 자유주의. 21세기 정치학대사전. 2018.2.9., Retrieved from http://terms.
     naver.com/entry.nhn?docId=729131&cid=42140&categoryId=42140

정치학대사전편찬위원회. 포디즘/포스트포디즘. 21세기 정치학대사전. 2018. 4.1. Retrieved from
     https://terms.naver.com/entry.nhn?docId=727712&cid=42140&categoryId=42140

조명래. (2009). "녹색성장과 녹색사회 구현". 『국토』. 327(1월): 62−70.

조흥식·김상균·최일섭·최성재·김혜란·이봉주·구인회·홍백의·강상경·안상훈. (2015). 『사회복지
     개론』. 경기: 나남.

조흥식·김인숙·김혜란·김혜련·신은주. (2010). 『가족복지학』. 서울: 학지사.

좌혜경. (2008). 「예산안 문제점 분석 및 공동행동 요구안」. 2009 복지예산안 및 이명박 정부의 사회복
     지정책 문제점과 대응방향 토론회 발표문.

중앙아동보호전문기관. (2018). 「2018 아동학대 주요통계」.

지은정. (2006). "베버리지 보고서의 사회보장 원칙과 가정에 대한 비판의 타당성 검토". 『한국사회복
     지학』. 58(1): 175−207.

최선희 · 최정숙 · 박화옥. (2008). "한국적 가족사회복지의 실천모델 정립방안". 한국가족사회복지학회 제24회 추계학술대회.

최성재 · 남기민. (2006). 『사회복지행정론』. 서울: 나남.

최성재 · 장인협. (2003). 『노인복지학』. 서울: 서울대학교 출판부.

최일섭 · 정은. (2008). 『현대사회복지의 이해』. 경기: 공동체.

최일섭 · 최성재. (1995). 『사회문제와 사회복지』. 경기: 나남.

최항순. (2018). 『신 행정조직론』. 충남: 대명출판사.

최해경. (2009). 『사회복지실천론』. 서울: 학지사.

통계청. (2004). 「고령자 통계」.

통계청. (2017). 「2016년 소득분배지표」. 보도자료.

통계청. (2019). 「장래인구특별추계: 2017 − 2067년」.

한경. 2010. 8. 6. [경제사 다시 보기] (13) 인클로저의 진실‥지주들의 욕심이 '규모의 경제' 이끌었다. https://www.hankyung.com/society/article/2010080558371

한국경제연구원. (2021). "한국, 고령화속도 가장 빠른데 노인빈곤율은 이미 OECD 1위", 2월 18일 조간 보도자료.

한국보건사회연구원. (2020). "2020년 노인실태조사". 「정책보고서 2020」.

한국보건사회연구원. (2002). "균형적 복지국가: 성장, 분배, 정서복지의 균형정책". 연구보고서 2002 − 27.

학습용어사전 경제, 완전경쟁시장. 천재교육 편집부. 2018. 3. 16. Retrieved from http://100.daum.net/ encyclopedia/view/24XXXXX69342

한동우. (2012). "문재인 정부의 사회복지 전달체계 개편의 과제". 『보건복지포럼』. 2 − 5.

한상수. (2001). "아리스토텔레스의 정의론". 『공법연구』. 30(2): 269 − 285.

한정란. (2005). 『노인교육의 이해』. 서울: 학지사.

함세남 · 이원숙 · 김덕환 · 김범수 · 윤찬중 · 서화자 · 구종회. (1996). 『선진국 사회복지 발달사』. 서울: 홍익재.

허만형. (2009). "사회복지 이데올로기 정향 분석: 서울시민의 복지의식 탐색을 중심으로". 『한국정책과학학회보』. 13(2): 99 − 118.

허준영. (2016). "세대간 통합 제고를 위한 경로우대제도 개선방안". 『KIPA연구보고서 2016 − 32』. 한국행정연구원.

현외성. (2000). 『사회복지정책강론』. 경기: 양서원.

현외성 · 김수영 · 조추용 · 이은희 · 윤은경. (2000). 『한국노인복지학강론』. 서울: 유풍출판사.

황성철 · 정무성 · 강철희 · 최재성. (2014). 『사회복지행정론』. 경기도: 정민사.

황수경. (2004). "WHO의 새로운 국제장애분류(ICF)에 대한 이해와 기능적 장애 개념의 필요성". 『노동정책연구』. 4(2): 127 − 148.

pmg지식엔진연구소. 신자유주의 경제. 시사상식사전 2018. 2. 9., Retrieved from http://terms.naver.com/entry.nhn?docId=69812&cid=43667&categoryId43667

UNCRPD NGO연대. (2019). 성명서: 장애아동을 위한 정책 시행을 강력히 촉구한다!


Abe, A. K. (2001). *Universalism and Targeting: An International Comparison using the LIS database*, LIS Working Paper Series, No. 288, Luxembourg Income Study (LIS), Luxembourg.

Ahituv, N. and Neumann, S. (1986). *Principles of Information Systems for Management*. Dubuque, LA: W.C. Brown.

Alderfer, C. P. (1969). An Empirical Test of a New Theory of Human Needs. *Organizational Behavior & Human Performance*, 4(2): 142−175.

Anderson, J. E. (1975). *Public Policy Making*, New York: Praeger Publishers.

Anttonen, A. and Sipilä, J. (2008). *Universalism: and idea and principle in social policy*. Unpublished document.

Ascher, K (1987). *The Politics of Privatization: Contracting Out Public Services*. New York: St. Martin's Press.

Atchley, R. (1988). *Social Forces in Later Life*. CA: Wadsworth Publishing. Co.

Baldwin P. (1990). *The Politics of Social Solidarity: Class Bases of the European Welfare State, 1875-1975*. Cambridge University Press, Cambridge G.

Barker, L. (1993). *Competing for Quality: A Manager's Guide to Market Testing*. Longman.

Barker, R. L. (2003). *The Social Work Dictionary* (5th ed.). Washington, DC: National Association of Social Workers.

Beck, U. (1992). *Risk Society: Towards a New Modernity*. CA: Sage Publications.

Beck, U. (1994). The Reinvention of Politics: Towards a Theory of Reflexive Modernization (Eds.) in U. Beck, A. Giddens, S. Lash, *Reflexive Modernization: Politics, Tradition and Aesthetics in the Modern Social Order*. 1−55, Stanford: Stanford University Press.

Beckerman, W. (1979). The Impact of Income Maintenance Payments on Poverty in Britain, 1975. *The Economic Journal*, 89(354): 261−279.

Bendix, R. (1964). *Nation−Building and Citizenship*. London: John Wiley and Sons. Inc.

Berlin, I. (1969). *Four Essays on Liberty*. Oxford, England: Oxford University Press.

Beveridge, W. (1942). *Social Insurance and Allied Services*. Reprinted 1984, London: HMSO.

Biestek, F. P. (1957). *The Casework Relationship*. Chicago, II: Loyola University Press.

Bigelow, H. F. (1936). *Family Finance*. Philadelphia: Lippincott.

Bonoli, G. (2006). *Time Matters, Postindustrialisation, New Social Risks and Welfare State Adaptation in Advanced Industrial Democracies*. paper presented at the Congres des quatres pays,

Universite de Lausanne. November, 2005.

Bourgeois, Léon. (1902). *Solidarite*. Paris: Librairie Armand Colin.

Bradshaw, J. (1972). A Taxonomy of Social Needs. In G. McLachlan (Ed) *Problems and Progress in Medical Care*. London: Oxford University Press, pp. 71−82.

Bronfenbrenner, U. (1974). Developmetnal Research, Public Policy, and the Ecology of Childhood. *Child Development*, 45: 1−5.

Bronfenbrenner, U. (1977). Toward an Experimental Ecology of Human Development. *American Psychologist*, July: 513−531.

Bronfenbrenner, U. (1995). Developmental Ecology through Space and Time: A Future Perspective. In Moen, P., Elder, G. H. Jr., & Luscher, K.(ed.). *Examining Lives in Context: Perspective on the Ecology of Human Development*. pp. 619−647. Washington, DC: American Psychological Associaion.

Brown, J. A. (1992). *Handbook of Social Work Practice*. Springfield Ill: Charles C. Thomas.

Browne, C. V. (1995). Empowerment in Social Work Practice with Older Women. *Social Work*, 40(3): 359−370.

Cameron, D. (1978). The Expansion of Public Economy: A Comparative Analysis. *American Political Science Review*, 72: 1243−1261.

Canadian Association of Social Workers. *What is Social Work?* 2018.2.5. Retrieved at https://www.casw−acts.ca/en/what−social−work

Cave, M. (2001). Voucher Programmes and their Role in Distributing Public Services. *OECD Journal of Budgeting*, 1(1): 59−88.

Cohen, M. D., March, J. G. and Olsen, J. P. (1972). A Garbage Can Model of Organizational Choice. *Administrative Science Quarterly*, 17(1): 1−25.

Collier, D and Messick, R. E. (1975). Prerequisites Versus Diffusion: Testing Alternative Explanations of Social Security Adoption. *The American Political Science Review*, 69(4): 1299−1315.

Collins, D., Jordan, C. and Coleman, H. (1999). *An Introduction of Family Social Work*. California: Brooks Cole.

Compton B. R. and Galaway, B. (1994). *Social Work Processes*. (5th ed.), Pacific Grove, California: Brooks Cole.

Coumoyer, B. (2000). *The Social Work Skills Workbook(3rd ed.)*, Belmont, CA: Brooks/Cole. 김인숙·김용성 역(2001). 『사회복지실천기술연습』. 나남출판.

Cowgill, D. O. and Holmes, L. D. (1972). *Aging and Modernization*. New York: Appleton−Century−Crofts.

Coyle, G. L. (1930). *Social Process in Organized Groups*. New York: R. R. Smith.

Cullis, J, G. and  Philip R. J. (1992). *Public Finance and Public Choice: Analytical Perspectives.* Oxford: New York:  McGraw—Hill.

Curran, D. J. and Renzetti, C. M. (1993). *Social Problems: Society in Crisis.* (3rd ed.), Allyn and Bacon, Hemel Hempstead.

Dahir, J. (1947). *The Neighbourhood Unit Plan: Its Spread and Acceptance.* New York: Russell Sage Foundation.

Daly, M. (2000). 'Women's' Labour Market Participation' in Scharpf and Schmidt, *Welfare and Work in the Open Economy.* vol. II Oxford University press, Oxford.

Day, P. J. (1997). *A New History of Social Welfare.* Allyn & Bacon.

De Neubourg, C. and Weigand, C. (2000). Social Policy as Social Risk Management. Innovation: *The European Journal of Social Science Research*, 13(4): 401—412.

Dent, H. S. Jr. (2015). 2018 인구 절벽이 온다: 소비, 노동, 투자하는 사람들이 사라진 세상, 권성희 역. 서울: 청림출판. (원서출판 2014).

DiNitto D. M. (1995). *Social Welfare: Politics and Public Policy* (4th ed.). Needham Heights, MA: Simon & Schuster.

Dolgoff, R. and Feldestein, D. (2000). *Understanding Social Welfare* (5th ed.). Boston: Allyn and Bacon.

Dolgoff, R., Lowenberg, F. M. and Harrington, D. (2005). *Ethical Decisions for Social Work Practice* (7th ed.). Belmont, CA Brooks/Cole.

Donnison, D. (1972). Ideologies and Policies. *Journal of Social Policy*, 1(2): 97—117.

Donnison, D. (1984). The Progressive Potential of Privatization. in Julian Le Grand and Ray Robinson(eds), *Privatization and the Welfare State.* London: George Allen and Unwin.

Dror, Y. (1971). *Design for Policy Sciences.* New York: American Elsevier.

Dror, Y, (1983). New Advances in Public Policy Teaching. *Journal of Policy Analysis and Management*, 2(3): 449—454.

Dunleavy, P. (1986). Explaining the Privatization Boom: Public Choice vs. Radical Approaches. *Public Administration*, 64(1): 13—34.

Duvall, E. M. (1962). *Family Development* (2nd ed.). Philadelphia: Lippincott.

Dye, T. R. (1981), *Understanding Public Policy.* Englewood Cliffs, (4th ed.), New Jersey: Prentice Hall.

Eichler, M. (1988). *Families in Canada Today: Recent Changes and Their Policy Consequences.* (2nd ed.). Toronto: Gage Educational Publishing Company.

Eitzen, D. S and Maxine B. Z. (1994). *Social Problems.* (6th ed.), Boston: Allyn and Bacon.

Ellis, M. B. (1929). Child Welfare. In F. S. Hall (Ed.), *Social Work Yearbook* (pp. 68—70). New York: Russell Sage Foundation.

Esping—Andersen, G. (1990). *The Three Worlds of Welfare Capitalism*. Polity Press, Cambridge.

Esping—Andersen, G. (1999). *Social Foundations of Postindustrial Economies*. Oxford University Press.

Etzioni, A. (1967). Mixed—Scanning: A "Third" Approach to Decision—Making. *Public Administration Review*, 27(5): 385—392.

EU. (2000). *The Social Situation in the EU*. Office for the Official Publications of the EU, Luxembourg.

European Commission. (2002). *Definition of Disability in Europe: A Comparative Analysis*.

Feldman, F. L. and Scherz, F. H. (1968). *Family Social Welfare: Helping Troublied FAmilies*. New York: Atherton Press.

Fitzpatrick, T. (2001). *Welfare Theory*. Palgrave: Houndmills.

Friedlander, W. A. and Apte, R. Z. (1980). *Introduction to Social Welfare* (5th ed.). Englewood Cliffs, New Jersey: Prentice—Hall.

Furniss, N. and Tilton, T. (1977). *The Case for the Welfare State: From Social Security to Social Equality*. Indiana State University Press.

Furstenberg, F. and Cherlin, A. (1991). *Divided Families*. Cambridge, MA: Harvard University Press.

Gamble, A. (1988). *The Free Economy and the Strong State: The Politics of Thatcherism*. London: Macmillan.

Gates, B. L. (1980). *Social Program Administration: The Implementation of Social Policy*. Englewood Cliffs, NJ: Prentice Hall.

George, V. and Wilding, P. (1976). *Ideology and Social Welfare*. London: Routledge and Kegan Paul.

George, V. and Wilding, P. (1994). *Ideology and Social Welfare*. New York: Harvester Wheatsheaf.

Greene, R. R. (1999). Ecological Perspective An Eclectic Theoretical Framework for Social Work Practice. In R. G. Greene (Ed.) *Human Behavior Theory and Social Work Practice* (2nd ed.), New York: Routledge.

Gil, D. (1985). The Ideological Context of Child Welfare. In J. Laird & A. Hartman (Eds.). *A Handbook of Child Welfare Context, Knowledge and Practice*(pp. 11—33). New York: Free Press.

Gilbert, N. and Specht, H. (1977). *Planning for Social Welfare: Issues, Models and Tasks*. Englewood Cliffs, NJ: Prentice—Hall.

Gilbert, N. and Specht, H. (1986). *Dimensions of Social Welfare Policy*, Englewood Cliffs. NJ: Prentice—Hall.

Gilbert, N. and Terrell, P. (2004). *Dimensions of Social Welfare Policy* (6th ed.), Englewood cliffs, NJ: Prentice—Hall.

Glasser, W. (1998). *Choice Theory: A New Psychology of Personal Freedom*. New York: Harper Collins.

Glicken, M. D. (2011). *Social Work in the 21st Century: an Introduction To Social Welfare, Social Issues, and the Profession* (2nd ed.). CA: Sage Publications.

Gough, I. (1979). *The Political Economy of the Welfare State*, London: Macmillan.

Grief. G. (1986). The Ecosystems Perspective 'Meets the Press'. *Social Work*, 31: 225 − 226.

Grönvik, Lars. (2007). *Definitions of Disability in Social Sciences: Methodological Perspectives, Dissertation*, Uppsala: Acta Universitatis Upsaliensis.

Gulick, L. H. and Urwick, L. (1973). *Papers on Science of Administration*, New York: Institute of Public Administration, Columbia University Press.

Hart, J. K. (1920). *Communiy Organization*. New York: Macmillan Co.

Hasenfeld, Y. and English, R. A. (1974). *Human Service Organizations*. Ann Arbor: the University of Michigan Press.

Heitzmann, K., Canagarajah, S. R. and Siegel, P. B. (2002). *Guidelines for Assessing the Sources of Risks and Vulnerability*. Social Protection Discussion Paper No. 0218, The World Bank, Washington.

Hellenbrand, S. (1987). Termination in Direct Practice. In A. Minahan(ed.). *Encyclopedia of Social Work*. 2. Silver Spring, Maryland: NASW.

Hepworth, D. H. and Larsen, J. A. (1993). *Direct Social Work Practice: Theory and Skills* (4th ed.). Pacific Grove. CA: Brooks/Cole.

Herbert, J. D., Gaudiano., B. A. and Forman, E. M. (2013). The Importance of Theory in Cognitive Behavior Therapy: A Perspective of Contextual Behavioral Science. *Behavior Therapy*, 44(4): 580 − 591.

Herzberg, F. (1968). One More Time: How Do You Motivate Employees? *Harvard Business Review*, 46: 53 − 62.

Hewitt, M. (1992). *Welfare, Ideology and Need: Developing Perspectives on the Welfare State*. London, UK: Harvester Wheatsheid.

Hicks, A. (1999). *Social Democracy and Welfare Capitalism*. Cornell University Press.

Hillman, A. (1950). *Community Organization and Planning*. London: Macmillan.

Holzmann, R. and JØrgensen, S. (2000). *Social Risk Management: a New Conceptual Framework for Social Protection and Beyond*. Social Protection Discussion Paper No. 0006, Social Protection Unit, Human Development Network. The World Bank, Washington.

Hogwood, B. & Peters, B. G. (1983), *Policy Dynamics*. New York: St. Martin's Press.

Horton, P. B. and Leslie, G. R. (1981). *The Sociology of Social Problems*. (7th Ed.). Englewood Cliffs, New Jersey: Prentice-Hall.

Hurlock, E. B. (1956). *Child Development*. New York: McGraw-Hill Book Co.

Hyde, M and Dixpn, J. (2002). Welfare Ideology, The Market and Social Security: Towards a Typology of Market-Oriented Reform. *The Review of Policy Research*, 19(3): 14-36.

ILO. (1952). *Social Security* (Minimum Standards) Convention. (No. 102).

Isaac, S. and Michael, W. B. (1995). *Handbook in Research and Evaluation*. (3rd ed.). San Diego. CA: EdITS.

Jansson, B. S. (1990). *Social Policy: from Theory to Practice*. Pacific Grove, CA: Brooks/Cole.

Johnson, G. W. and Heilman, J. G. (1992). *The Politics and Economics of Privatization: The Case of Wastewater Treatment*. University Alabama Press.

Johnson, N. (1999). *Mixed Economies of Welfare*. Hemel Hempstead: Prentice Hall.

Johnson, L. C. (1989). *Social Work Practice(3rd ed.)*, Massachusetts: Allyn and Bacon.

Jones, C. (1985). *Patterns of Social Policy*. London: Tavistock Publications.

Kadushin, A. (1972). *Developing Social Policy in Conditions of Dynamic Change*. New York: International Council on Social Welfare.

Kadushin, A. (1978). *Child Welfare Strategy in the Coming Years*. U.S. Department Health.

Kadushin, A. (1980). *Child Welfare Services*. (3rd ed). NY: Macmillan Publishing Co., Inc.

Kadushin, A. (1990). *The Social Work Interview: A Guide for Human Service Professionals*. (3rd ed). New York: Columbia University Press.

Kadushin, A. and Martin, J. A. (1988). *Child Welfare Services*. (4th ed). New York: Macmillan Publishing Co., Inc.

Kahn, A. (1979). *Social Policy and Social Service*. New York: Random House.

Kamerman, S. B. and Kahn, A. J. (1978). *Family Policy: Government and Families in 14 Countries*. New York: Columbia University Press.

Karger, H. J. and David S. (1990). *American Social Welfare Policy: A Structural Approach*. New York: Longman.

Keen, P. G. W. and Scott-Morton, M. S. (1978). *Decision Support Systems: An Organizational Perspective*. Addison-Wesley.

King, C. (1948). *Organization for Community Action*. New York: Harper.

Kingdon, J. W. (1984). *Agendas, Alternatives, and Public Policies*. Little, Brown.

Kirst-Ashman, K. K. and Hull, G. H. (2009). *Understanding Generalist Practice* (5th ed.). Belmont, CA: Thomson Brooks/Cole.

Klein, R. and O'Higgins, M. (1988). Defusing the Crisis of the Welfare State. In T. Marmor and J. Mashaw (Eds.) *Social Security: Beyond the Rhetoric of Crisis*. Princeton University Press: Princeton.

Kotler, P. (1982). *Marketing for Nonprofit Organizations*. Englewood Cliffs, NJ: Prentice—Hall.

Kotler, P. and Levy, S. J. (1969). Broadening the Concept of Marketing. *Journal of Marketing*, 33(1): 10—15.

Kroeber, D. W. and Watson, H. J. (1984). *Computer—based Information Systems: A Management Approach*. Macmillan Publishing Company.

Lasswell, H. D. and Kaplan, A. (1970). *Power and Society: A Framework for Political Inquiry*. New Haven: Yale University Press.

Lee, M. K., Majer, M. and Kim, B. Y. (2019). The Social Welfare Service Delivery System to Reinforce Sustainable Social Participation, *Social Sciences*, 8(9), 258.

Levasseur, et al. (2010). Inventory and analysis of definitions of social participation found in aging literature, *Social Science & Medicine*, 71: 2141—2149.

Liederman, D. (1995). Child Welfare Overview. In R. L. Edwards (Ed.), *Encyclopedia of Social Work* (19th ed., pp. 424—432). Washington, DC: NASW Press.

Lindblom, C. E. (1959). The Science of Muddling Through. *Public Administration Review*, 19(Spring), 79—88.

Lindeman, E. C. (1921). *The Community: An Introduction to the Study of Community Leadership and Organization*. New York Association Press.

Lindsey, D. (1994). *The Welfare of Children*. New York: Oxford University Press.

Lister, R. (2003). Investing in the Citizen—Workers of the Future: Transformations in Citizenship and the State under New Labour. *Social Policy Administration*, 37(5): 427—433.

Lister, R. (2010). *Understanding Theories and Concepts in Social Polciy*. Bristol: Policy Press.

Loewenberg, F. M. (1988). *Religion and Social Work Practice in Contemporary American Society*, New York: Columbia University Press.

Loewenberg, F. and Dolgoff, R. (1988). *Ethical Decisions for Social Work Practice* (3rd ed.), Itasca, IL: F. E. Peacock Publishers, Inc.

Lohnmann, R. A. (1980). Financial Management and Social Administration. In F. D. Perlmutter & S. Slavin (Eds.), *Leadership in Social Administration: Perspectives for the 1980s*. Philadelphia: Temple University Press.

Longabaugh, R. and Morgenstern, J. (1999). Cognitive—Behavioral Coping—Skills Therapy for Alcohol Dependence. *Alcohol Research & Health*, 23(2): 78—85.

Lowe, R. (1993). *The Welfare State in Britain since 1945*. London: Macmillan.

Macarov, D. (1995). *Social Welfare: Structure and Practice.* Thousand. Oaks, CA: Sage Publications.

March, J. G. and Simon, H. A. (1958). *Organizations.* Wiley, New York.

Marshall, T. H. (1963). *Sociology at the Crossroads and Other Essays.* London: Heinemann.

Marshall, T. H. (1965). *Social Policy.* London: Hutchinson University Library.

Maslow, A. H. (1954). *Motivation and Personality.* New York: Harper and Row.

Maslow, A. H. (1970a). *Motivation and Personality* (2nd ed.), New York: Harper and Row.

Maslow, A. H. (1970b). *Religions, Values, and Peak Experiences.* New York: Penguin.

McCarthy, J. E. (1975). *Basic Marketing: A Managerial Approach.* (5th ed.), Richard D. Irwin, Inc.

McIntosh, M. (1978). The State and the Oppression of Women. pp. 254−289 in A. Kuhn & A. M. Wolpe (Eds.). *Feminism and Materialism: Women and Models of Production.* London: Routledge & Kegan Paul.

Mcleod, R. (1993). *Management Information Systems.* (5th ed). New York: Mcmillan Publishing Company.

McMillen, H. W. (1945). *Community Organization for Social Welfare.* Chicago: University of Chicago Press.

Mehr, J. (1986). *Human Services: Concepts and Intervention Strategies.* (3rd ed.), Boston, MA: Allyn and Bacon.

Merriam, Ida. (1962). The Relations of Social Security and Social Welfare Services. *Social Security Bulletin*, Vol. 25(2): 7−14.

Merton, R. K. and Nisbet, R. A. (1961). *Contemporary Social Problems; An Introduction to the Sociology of Deviant Behavior and Social Disorganization.* New York: Harcourt, Brace and World.

Midwinter, E. (1994). *The Development of Social Welfare in Britain.* Buckingham: Open University Press.

Mills, C. W. (1959). *The Sociological Imagination.* New York, Oxford University Press.

Mills, C. W. (1967). *Power, Politics and People.* The collective essays of C. Wright Mills. Edited by Irving H. Horowitz. New York: Oxford University Press.

Mitra, S. (2005). *Disability and Social Safety Nets in Developing Countries.* Social Protection Discussion Paper Series. Washington, DC: The World Bank.

Mishra, R. (1977). *Society and Social Policy: Theories and Practice of Welfare.* London: MacMillan.

Mishra, R. (1981). *Society and Social Policy: Theoretical Perspective on Welfare.* (2nd ed.). London: Macmillan.

Mishra, R. (1986). Social Policy and the Discipline of Social Administration. *Social Policy & Administration*, 20(1): 28−38.

Mkandawire, T. (2005). *Targeting and Universalism in Poverty Reduction*. UNRISD Social Policy and Development Programme Paper #23.

Morel, N., Palier, B. and Palme, J. (2012). *Toward a Social Investment Welfare State? Ideas, Policies and Challenges*. Bristol: Polity Press.

Murdock, G. P. (1949). *Social Structure*. New York: Macmillan.

Murray, C. (1984). *Losing Ground: American Social Policy, 1950−1980*. New York: Russel Sage Foundation.

Murray, H. A. (1938). *Exploration and Personality*. New York: Oxford University Press.

National Association of Social Workers. (1973). *Standards for Social Service Manpower*. Washington, DC: Author.

National Association of Social Workers, Colorado Chapter. Social Work Practice Definition. 12−43−403, 2018. 7. 11. Retrieved at https://www.naswco.org/page/48/Social−Work−Practice−Definition.htm

National Association of Social Workers, New York City Chapter. *Social Work Practice*. 2018. 9. 18. Retrieved at https://www.naswnyc.org/page/420

National Council on Family Relations. (2020. 10. 16), *What is Family Life Education?* Retrieved at https://www.google.com/search?source=hp&ei=EwuxX5qBI_CFr7wPrsObqA4&iflsig=AINFCbYAAA AAX7EZI882rU3eX40qj9FFai8c_7EYzMjn&q=family+life+education&oq=family+life+educati on&gs_lcp=CgZwc3ktYWIQAzICCAAyAggAMgIIADICCAAyAggAMgIIADICCAAyAggAMgQIABA eMgQIABAeOggIABCxAxCDAToFCAAQsQM6BAgAEAo6BwgAELEDEApQ9BhYrz1g2EFoAXAAe ACAAYsBiAG0FZIBBDAuMjGYAQCgAQGqAQdnd3Mtd2l6sAEA&sclient=psy−ab&ved=0ahUK Ewja1o26s4TtAhXwwosBHa7hBuUQ4dUDCAY&uact=5

Netting F. E., Kettner, P. M. and McMurtry, S. L. (1993). *Social Work Macro Practice*. New York: Longman.

O'Conner, J. (1973). *The Fiscal Crisis of the State*, NY: St. Martin's Press.

O'Conner, J. (1999). Socialism and Ecology. In Merchant, Carolyn(Ed.) *Ecology: Key Concepts in Critical Theory*. Humanity Books. New York.

Ogburn, W. F. and Tibbitts, C. (1933). The family and its functions. In: W. F. Ogburn (Ed) *Recent Social Trends*, Vol. I. New York McGraw−Hill, pp. 661-708.

Oliver, M. (1996). *The Social Model in Content, Understanding Disability−from Theory to Practice*. New York: St. Martin's Press.

Palmer, M. (2011). Disability and Poverty: a Conceptual Review. *Journal of Disability Policy Studies,* 21: 210–18.

Parker, J. (1975). *Social Policy and Citizenship.* London: Macmillan.

Parsons, T. (1955). The American Family: Its Relations to Personality and to the Social Structure. In: T. Parsons & R. F. Bales (Ed) *Family, Socialization and Interaction Process.* New York: The Free Press.

Patti, R. J. (1983). *Social Welfare Administration: Managing Social Programs in a Developmental Context.* Englewood Cliffs, NJ: Prentice－Hall.

Pecora, P. J. and Austin, M. J. (1987). *Managing Human Services Personnel.* CA: Sage Publications.

Perkins, D., Nelms, L. and Smyth, P. (2004). *Beyond Neo－liberalism: the Social Investment State?* Social Policy Working Paper 3. Brotherhood of St Laurence and Center for Public Policy. University of Melboune.

Perlman, H. (1957). *Social Casework: A Problem－Solving Process.* The University of Chicago Press.

Perry, W. and Rosenthal, S. (1993). *Social Plannning Workbook: A Guide to the Planning Process.* Philadelphia: Temple University Press.

Peterson, P. and Rom, M. (1989). American Federalism, Welfare Policy and residential choices. *American Political Science Review,* 83: 711－718.

Pierson, C. (1991). *Beyond the Welfare State? The New Political Economy of Welfare,* Cambridge: Polity Press.

Pincus, A. and Minahan, A. (1973). *Social Work Practice: Model and Method.* Itasca, Ill: F. E. Peacock Publishers, Inc.

Pinker, R. (1971). *Social Theory and Social Policy.* London: Heinemann.

Plant, R., Lesser, H. & Taylor－Gooby, P. (1980). *Political Philosophy and Social Welfare: Essays on Welfare Provision.* London: Routledge & Kegan Paul.

Popenoe, D. (1988). *Disturbing the Nest.* New York: Aldine De Gruyter.

Popple, P. R. and Leighninger, L. (1999). *Social Work and Social Welfare, and American Society.* (4th ed), Boston: Allyn & Bacon.

Raitano, M. (2008). *Welfare State and Redistribution: the Role of Universalism and Targeting.* Citizens and Governance in a Knowledge－Based Society. Deliverable D13. Report on WP6－task6.5.

Rawls, J. (1999). *A Theory of Justice.* (revised edition). Cambridge, Mass.: Harvard University Press.

Reamer, F. G. (1983). Ethical Dilemmas in Social Work Practice. *Social Work,* 28(1): 31－35.

Reamer, F. G. (1990). *Ethical Dilemmas in Social Service.* New York: Columbia University Press.

Reamer, F. G. (2006). *Social Work Values and Ethics*. (3rd ed). New York: Columbia University Press.

Reference Division, Central Office of Information. (1969). *Social Services in Britain*. London: H.M.S.O.

Reindal, S. M. (2008). A Social Relational Model of Disability: a Theoretical Framework for Special Needs Education? *European Journal of Special Needs Education*, 23: 135‒46.

Reiss, I. L. (1965). The Universality of the Family: A Conceptual Analysis. *Journal of Marriage and the Family*, 27: 343‒353.

Rengasamy, S. (2010). *History of Social Welfare/Social Work*. 2018. 4.15. Retrieved at https://issuu.com/rengasamy/docs/history_of_social_welfare_social

Richards, P. and Thomson, A. (1984). *Basic Need and the Urban Poor*. London: Groom Helm.

Romanyshyn, J. M. (1971). *Social Welfare, Charity to Justice*. New York: Random House.

Room, G. (1979). *The Sociology of Welfare*. Oxford: Blackwell.

Rothgang, H., Obinger, H. and Leibfried, S. (2006). The State and Its Welfare State: How Do Welfare State Changes Affect the Make‒Up of the Nation State? *Social Policy & Administration*, 40(3): 250‒266.

Rothstein, B. (2001). The Universal Welfare State as a Social Dilemma. *Rationality and Society*, 13(2): 213‒234.

Rothstein, B. and Steinmo, S. (2002). *Restructuring the Welfare State: Political Institutions and Policy Change*. Palgrave Macmillan.

Rubington, E. and Weinberg, M. S. (1981). *The Study of Social Problems*. New York: Oxford University Press.

Ryan, W. (1971). *Blaming the Victim*. New York: Random House.

Sagatun, I. J. and Edwards, L. P. (1995). *Child Abuse and the Legal System*. Nelson‒Hall Publishers.

Saleebey, D. (1996). The Strengths perspective in Social Work Practice: Extensions and Cautions. *Social Work*, 41(3): 296‒305.

Sanders, D. S. and Pedersen, P. (1984). Introduction, In D. D. Sanders & P. Pedersen(Eds.), *Education for International Social Welfare*, Honolulu: University of Hawaii, School of Social Work.

Saul, L. J. (1977). *The Childhood Emotional Pattern: the Key to Personality, its Disorders and Therapy*. New York: Van Nostrand Reinhold company.

Savas, E. S. (1982). *Privatizing the Public Sector: How to Shrink Government*. Chatham, NJ: Chatham House Publishers, Inc.

Scanzoni, J. (2001). From the Normal Family to Alternate Families to the Quest for Diversity with Interdependence. *Journal of Family Issues*, 22(6): 427‒438.

Scheurell, R. P. (1987). *Introduction to Human Service Networks: History, Organization and Professions Lanham*. MD: University Press of America.

Schmolling, P. Jr., Youkeles, M. and Burger. W. R. (1997). *Human Services in Contemporary America*. (4th ed.). Pacific Grove, CA: Brooks/Cole Publishing Company.

Schwartz, H. (1994). Small States in Big Trouble: State Reorganization in Australia, Denmark, New Zealand and Sweden in the 1980s. *World Politics*, 46(4): 527−555.

Scruggs, L. A. and Allan, J. P. (2006). *Social Stratification and Welfare Regimes for the 21st Century: Revisiting the "Three Worlds of Welfare Capitalism"*, Paper prepared for delivery at the 15th International Conference of Europeanists.

Sehgal, R. (2011). Interviewing in Social Casework Ⅰ. In Gracious Thomas, *Social Work Intervention with Individuals and Groups*. India Gandhi: National Open University.

Sen, A. (1995). The political economy of targeting. In: Van de Walle, D. and Nead, K. (Eds.), *Public Spending and the Poor: Theory and Evidence*. Baltimore: Johns Hopkins University Press.

Siporin, M. (1980). Ecological Systems Theory in Social Work. *Journal of Sociology & Social Welfare*, 7: 507−532.

Skidmore, R. A. (1990). *Social Work Administration: Dynamic Management and Human Relationships*, Englewood Cliffs, NJ: Prentice−Hall.

Smalley, R. E. (1972). The Functional Approach to Casework Practice. In R. W. Roberts & R. H. Nee (Eds.), *Theories of Social Casework*. Chicago: The University of Chicago Press.

Spencer, Herbert. (1851). *Social Statics: or, the Conditions essential to Human Happiness specified, and the first of them developed*. *London*, UK: John Chapman. 2018. 3.30. Retrieved at https://books.google.co.kr/books?id=cR4RAAAAYAAJ&printsec=frontcover&redir_esc=y&hl=ko#v=onepage&q&f=false

Steiner, J. F. (1925). *Community Organization: A Study of Its Theory and Current Practice*. New York: Appleton−Century.

Steuerle, E. C. (2000). Common Issues for Voucher Programs. In C. Eugene Steuerle, Van Doorn Ooms, George E. Peterson, Robert D. Reischauer (Eds.), *Vouchers and the Provision of Public Services*, Washington DC: Brookings Institution Press. pp. 3−39.

Stuber, J. and Schlesinger, M. (2006). Sources of stigma for means−tested government programs. *Social Science and Medicine*, 63(4): 933−945.

Sumner, W. G. (1924). *The Challenge of Facts*. In Albert Galloway Keller and Maurice Rea Davie, Selected Essays of William Graham Sumner, New Heaven: Yale University Press.

Sullivan, T. J. (2000). *Introduction to Social Problems*. (5th ed.), Allyn and Bacon, Hemel Hempstead.

Taira, K and Kilby, P. (1969). Differences in Social Security Development in Selected Countries. *International Social Security Review*, 2: 139−153.

Taylor−Gooby, P. (2004). New Risks and Social Change. In Peter Taylor−Gooby ed.. *New Risks, New Welfare: The Transformation of the European Welfare State*, Oxford: Oxford University Press. pp. 1−28.

Taylor−Gooby, P. and Dale, J. (1981). *Social Theory and Social Welfare*. London: Edward Arnold.

Thomas, C. (2002). Disability Theory: Key Ideas, Issues and Thinkers. In: Barnes, C, Oliver, M, & Barton L. (eds). *Disability Studies Today*. Cambridge: Polity Pres.

Thomas, R. M. (2000). *Comparing Theories of Child Development*. 5th ed. Wadsworth: Belmont, CA.

Titmuss, R. M. (1968). *Commitment to Welfare*. London: Allen & Unwin.

Titmuss R. M. (1974). *Social Policy: An introduction*. London: Allen and Unwin.

van Oorschot, W. (2002). Targeting welfare: on the functions and dysfunctions of means−testing in social policy, In Townsend, P. and Gordon, D. (Eds.), *World Poverty: New Policies to Defeat an Old Enemy*. Bristol: Policy Press.

Wakefield, J. C. (1996). Does social work need the eco−systems perspective? Part 1, Is the perspective clinically useful?, *Social Service Review*, 70(1): 1−32.

Wanous, J. P. and Zwany. A. (1977). A Cross Sectional Test of Needs Hierarchy Theory. *Organizational Behavior and Human Performance*, 18: 78-97.

Warren, R. L. (1973). *The Community in America*. (2nd ed.). Chicago: Rand McNally.

Wedderburn, D. (1965). Facts and theories of the welfare state. In R. Miliband and J. Saville (eds). *The Socialist Register 1965*. London: Merlin Press: 127−146.

Weitzman, L. (1985). *The Divorce Revolution: The Unexpected Social and Economic Consequences for Women and Children in America*. New York: The Free Press.

Weyers, M. (2013). Towards the Reconceptualisation of Social Welfare in South Africa: An Analysis of Recent Policy Trends. *Social Work/Maatskaplike Werk*, 49(4): 433−455.

Wildt, A. (1999). Solidarity: Its History and Contemporary Definition. in *Solidarity* edited by Kurt Bayertz, 209−220. Dordrecht: Kluwer Academic Publishers,

Wilensky, H. L. and Lebeaux, C. N. (1965). *Industrial Society and Social Welfare State*. New York: Russel Sage Foundation.

Wilensky, H. L. (1975). *The Welfare State and Equality*. Berkeley: University of California Press.

Wilensky, H. L. (1985). *Comparative Social Policy: Theories, Methods, Findings*. Berkeley: Institute of International Studies. University of California.

Wilson, E. (1977). *Women and the Welfare State*. London: Tavistock.

Wolf, Jr., C. (1988). *Markets or Governments: Choosing between Imperfect Alternatives*, Cambridge, MA: MIT Press.

Wolf, Jr., C. (1989). A Theory of Nonmarket Failure: Framework for Implementation Analysis. *Journal of Law & Economics*, 22(1): 107－139.

Wolfensberger, W. (1983). Social Role Valorization: A Proposed New Term for the Principle of Normalization. *Mental Retardation*, 21, 234－239.

York, R. O. (1982). *Human Service Planning: Concepts, Tools, & Methods*. Chapel Hill, NC: University of North Carolina Press.

Zastrow, C. (2010). *Introduction to Social Work and Social Welfare: Empowering People*. (10th ed.). Belmont: Brooks/Cole.

Zastrow, C. and Kirst－Ashman, K. K. (2007). *Understanding Human Behavior and the Social Environment*. (7th ed.). Belmont, CA: Thomson Higher Education.

Zimmerman, S. H. (1995). *Understanding Family Policy: Theories and Applications*. (2nd ed.). CA: Sage Publications.

Zins, C. (2001). Defining Human Services. *Journal of Sociology & Social Welfare*, 28(1): 3－21.

## 그림자료

1－1: https://agilemercurial.files.wordpress.com/2019/02/twofactortheory.png

1－2: https://goham20.tistory.com/339?category＝347287

1－3: https://lh3.googleusercontent.com

1－4: https://lh3.googleusercontent.com

1－5: https://file.namu.moe/file/

2－1: https://lh3.googleusercontent.com

2－3: https://t2.daumcdn.net/thumb/R720x0/?fname＝http://t1.daumcdn.net/brunch/service/user/12rZ/image/qru7U－qezJKAyGqkzHcs8iTLXB4.jpg

2－5: https://img1.daumcdn.net/thumb/R800x0/?scode＝mtistory2&fname＝https%3A%2F%2Ft1.daumcdn.net%2Fcfile%2Ftistory%2F1673FD464F9FC0C307

2－6: https://t1.daumcdn.net/cfile/tistory/2648F83D554A217517

2－7: https://upload.wikimedia.org/wikipedia

3－1: http://liberal.khu.ac.kr/board/bbs/board.php?bo_table＝04_02&wr_id＝59

3－2: https://m.pressian.com/_resources/10/2020/09/28/2020092810492459268_l.m.jpg

3－3: https://i.pinimg.com/474x/96/41/19/964119ac142ab6819297ac2d90e335e3.jpg

3－4: https://encrypted－tbn0.gstatic.com

3－6(SNAP): https://encrypted－tbn0.gstatic.com

3-6(WIC): https://i.pinimg.com/600x315/e8/2b/0b/e82b0bc0e157197f5443e49e74c6087a.jpg(WIC)

4-1: https://ko.wikipedia.org/wiki/%ED%97%A8%EB%A6%AC_8%EC%84%B8

4-2: http://study.zum.com/book/13098

4-3: http://www.ohmynews.com

4-4: https://m.blog.naver.com

4-5: https://3.bp.blogspot.com

4-6: https://encrypted-tbn0.gstatic.com/images?q

4-7: https://m.blog.naver.com/PostView.nhn?blogId=jkh6564&logNo=221274197177&proxyReferer=https:%2F%2Fwww.google.com%2F

4-8: https://jwa.org/encyclopedia/article/perlman-helen-harris

5-1: https://m.blog.naver.com/PostView.nhn?blogId=leespider&logNo=150175040312&proxyReferer=https:%2F%2Fwww.google.com%2F

5-2: http://blog.daum.net/ursangelus/8484406

6-1 (1): https://www.123rf.com/photo

6-1 (2): https://lh3.googleusercontent.com

6-2: https://youthassembly.or.kr

6-3: https://i1.wp.com/wordsanddeedsblog.com

6-4: https://foundationsofliterarystudies.files.wordpress.com

7-3: https://encrypted-tbn0.gstatic.com/images?q

8-1: https://ethicsunwrapped.utexas.edu/wp-content/uploads/2016/10/29

8-2: https://i.ytimg.com/vi/Lr2hGvkGp3o/hqdefault.jpg

8-3: https://images.squarespace-cdn.com/content

9-1: https://lh3.googleusercontent.com

9-2: https://post-phinf.pstatic.net

10-1: https://www.am1660.com/data/editor

10-2: https://lh3.googleusercontent.com

12-1: https://lh3.googleusercontent.com

12-2: https://mblogthumb-phinf.pstatic.net

12-3: https://thumb.zumst.com/640x480/https://static.hubzum.zumst.com/hubzum/2015/11/27/09/6ef6a49a650049bbbe3df71caba050d8.jpg

12-4: https://img.kbs.co.kr/kbs/620/news.kbs.co.kr/data/fckeditor/new/image/20190509_00_2.jpg

14-2: https://newsimg.hankookilbo.com/cms/articlerelease/2016/03/05/201603050480917135_1.jpg

# 찾아보기

## INDEX

—— 저자 약력

권 승

Columbia University, School of Social Work, Ph.D.
Ohio State University, School of Social Work, MSW
연세대학교 정치외교학 학사

동의대학교 사회복지학과 교수
한국청소년상담복지개발원 이사장
여성가족부 정책자문위원
국가공무원 5급 공채 1차 필기시험 출제위원장(운영위원)
국가공무원 7, 9급 필기·면접시험 출제위원

제 2 판

## 사회복지학개론

| | |
|---|---|
| 초판발행 | 2021년 3월 2일 |
| 제2판발행 | 2024년 1월 15일 |

| | |
|---|---|
| 지은이 | 권 승 |
| 펴낸이 | 노 현 |

| | |
|---|---|
| 편 집 | 조영은 |
| 기획/마케팅 | 조성호 |
| 표지디자인 | Ben Story |
| 제 작 | 고철민·조영환 |

| | |
|---|---|
| 펴낸곳 | ㈜ 피와이메이트 |
| | 서울특별시 금천구 가산디지털2로 53 한라시그마밸리 210호(가산동) |
| | 등록 2014. 2. 12. 제2018-000080호 |
| 전 화 | 02)733-6771 |
| f a x | 02)736-4818 |
| e-mail | pys@pybook.co.kr |
| homepage | www.pybook.co.kr |
| ISBN | 979-11-6519-983-8    93330 |

정 가      29,000원

박영스토리는 박영사와 함께하는 브랜드입니다.